鸣　　谢

本书是青岛市委宣传部社科规划办社科重点项目最终成果

本书得到“青岛大学离退休老同志科研专项基金”资助

本书得到“亚伯环保科技有限公司”李翠雯先生资助

本书得到“山东呈元金石古籍博物馆”资助

山东粮食经济研究

唐致卿 著

下册

人民出版社

第四章　山东农业科技与水利设施

第一节　山东农业科技与水利行政

一、农业科学技术的演进

山东农业科技发展历史悠久，古代农业科技曾取得辉煌成就。历史上的汜胜之、贾思勰、王祯等杰出农学家及三大农书，总结了古代农业生产的宝贵经验，对山东农业乃至中国农业的发展有着卓越的贡献。

近代，随着西方科学技术的传入，山东省兴办实业，创办农林学堂和农事试验场，成为近代农业教育和农业科研的开端。

民国时期，农业科技有了长足的发展，先后设立了农业、棉业、蚕业、烟草等试验场、改良场，还设立了农业推广委员会、植棉指导所等。在农业教育方面，兴办实业教育，建立农业专门学校，创建省立农学院等，培养人才，推广农业技术，使农业有了较快发展。

抗日战争胜利后，山东解放区在莒南县成立了农业试验所，在胶东和滨海地区建立了一批农业技术指导机构，传播农业科学技术，交流农业生产经验，为农业科研的发展奠定了基础。

新中国成立后，党和政府十分重视农业教育和科技的发展，逐步建立起农业教育、农业科研和农技推广体系，农业教育和农业科技事业得到迅速发展。1979 年以后，大力实施科教兴农战略，农业教育、农业科研和农技推广体系进一步建立健全，各项设施不断充实完善，农业教育和科技队伍不断壮大，素质日益提高，为山东农业的发展培养了大量的专业技术人才，科技成果大量涌现。农业科技教育事业的振兴，对农业的发展起到了巨大的促进作用。①

（一）农业教育

1. 晚清时期山东高等农业教育

山东的高等农业教育，始于清光绪三十三年（1907 年）。为振兴农学改良农事，山东巡抚吴廷斌奏准，将济南农林学堂改为山东省高等农业学堂，并将农林试验场划归学堂兼管，作为学生实习之用。因高等农业学堂初办，尚无高等合格学生，于是先设中等农、林、蚕三科，三年毕业升入高等学堂。学堂聘任国内知名学者郑僻疆等为教师，亦聘有日本教师。首届学生是济南农林学堂 1906 年 8 月招收的学生，多为科举秀才。宣统元年（1909 年）10 月毕业，属正科甲种毕业生共 78 人，其中农科 31 人，林科 24 人，蚕科 23 人。1910 年正式招收中等正科学生升入高等农科，1912 年毕业本科学生 81 人，其中农科 39 人，林科 42 人。

1908 年，德国与中国学部合办青岛特别高等学堂，设法政、工、医、农林四科，于次年正式开学，并附设胶澳农事试验场，在农业、林业、畜牧等方面曾引入较多的国外优良品种进行试验研究工作。

2. 民国时期山东高等农业教育

1913 年山东省根据国民政府《实业学校令》的要求，改山东高等农业学堂为山东公立农业专门学校，面向全省招生。至 1926 年，该校共招收农本科 8 个班，林本科 4 个班，蚕本科 4 个班，高等制丝科 1 个班，垦殖科 1 个班，甲种农科 2 个班，甲种桑科 6 个班（毕业人数不详）。同年夏，山东省农、商、矿、工、医、法 6 所专门学校合并为山东大学，下设 5 个学院、13 个系。农学院设在济南，设农学研究和推广两部。

1930 年山东大学和私立青岛大学合并改为国立青岛大学，后又改称国立山东大学，农学院仍设在济南。抗日战争期间，山东大学被迫迁往重庆，农学院停办。抗战胜利后，1946 年 12 月，山东大学迁回青岛，山东大学农学院也相继在青岛复课，设农艺、园艺、水产 3 系。

1947 年 9 月，在济南又创建了一所独立建制的山东省立农学院，设农

---

① 参见山东史志编委会、俞宽钟主编：《山东省志 · 农业志》，山东人民出版社 2000 年版，第 879—880 页。

学、园艺、森林 3 系，翌年春又增设农业经济系。

在解放区，为培养农业技术干部，于 1948 年 6 月建立青州农业专科学校，济南解放后，将青州农业专科学校并入山东省立农学院。①

3. 新中国成立后山东高等农业教育

新中国成立后的山东高等农业教育有了很大发展，但也经历了曲折的道路。新中国成立初期，将山东省立农学院与青州农业专科学校和黄河水利专科学校合并，建成新的山东省立农学院，1950 年面向华东地区招生。1952 年全国高校进行院系调整，教育部确定将山东大学农学院、齐鲁大学农业专科、金陵大学和南京大学的园艺系及浙江大学的农学部分调整并入山东农学院，共设 7 个系，5 个专修科。调整后的山东农学院，增加了系、科，充实了师资队伍，扩大了学校规模，使山东省建成学科比较完整的高等农业教育体系。

1958 年因受“大跃进”的影响，农业教育出现了大哄大办极不稳定的局面，山东的农业高校由 1 处猛增到 9 处。1959 年，根据中央教育会议精神进行整顿，农业高校又调整为 3 处（即山东农学院、莱阳农学院、昌潍农学院）。

1979 年后，根据中央和山东省关于教育体制改革的精神，农业教育坚持为农业现代化建设服务的办学方向，经过不断深化改革，使农业教育走上了稳定健康发展的阶段。

4. 新时期农业教育

第一，重视发展高等农业教育，恢复高考招生，积极扩大办学规模。省政府把发展农业和教育并列为经济发展的战略重点。1983 年 9 月，将山东农学院改名为山东农业大学。莱阳农学院也相应充实加强。1983 年 10 月，将山东省农林干部学校改建为山东省农业管理干部学院。至 1990 年，山东省共有 3 处高等农业院校。自 1979 年以来，省财政部门为山东农业大学、莱阳农学院、省农业管理干部学院投入的基建投资，使教学、科研条件发生了很大变化。

---

① 参见山东史志编委会、俞宽钟主编：《山东省志 · 农业志》，山东人民出版社 2000 年版，第 882—883 页。

第二，师资队伍得到充实加强。师资队伍建设是提高教学质量的关键。1949年，高等农业院校只有教职工141人，其中教师50人。1979年，教职工人数发展到1974人，其中专任教师784人。1990年，教职工总人数发展到3019人，其中专任教师1216人。从1985年下半年开始，各高校实行教师职务聘任制，进一步激发了广大教师的教学积极性。与此同时，还通过选派教师出国进修，广泛开展国际学术交流活动，参加国际学术会议等形式提高教师队伍素质。1980年，经教育部、外交部批准，山东农业大学与美国肯塔基州立大学农学院建立了校际交流关系，该校还聘任美国、日本、加拿大籍教师等来校进行短期讲学。1979—1990年，该校有56人出国考察和访问，有432人在国内参加进修并选派64人出国留学，大大促进了教学和科研工作的开展。

第三，积极改革招生和毕业分配制度。从1983年起，根据农村和农业生产的需要，将原来的学校生源全部统招改为统招、定向招生两种形式并举的招生办法，并招收部分委培生和有实践经验的农民学生。为了解决农业职业教育师资缺乏问题，从1985年起，采取推荐加考试的办法，从农业职业中学毕业生中招收专科生，毕业后再回农业职业中学任教。

第四，积极调整专业结构。根据农村商品经济发展的需要，各院校新增了一些社会上急需的针对性强的专业，通过专业调整，使偏重种植业，忽视养殖业、加工业，重生产轻管理的人才培养状况得到了改善。

第五，加强科学研究工作，坚持教学科研生产相结合。山东农业高校共建成有关作物栽培、生物遗传育种等学科的4个研究所、13个研究室，承担了国家和省的许多重点科研项目。同时在30多个县建立了科技开发基地和150多个科研开发试验点，加强了教育与科研生产的结合，促进了科技成果向生产力的转化，为农业发展创造了巨大的经济和社会效益。①

第六，农业科技教育事业得到较快发展，促进了农业经济的振兴，建立健全了农业教育体系，培养了大批农业科技人才。农业教育事业有了很大发展，已建立起高等农业教育与中等农业教育、普通教育与业余教育相结合

---

① 参见山东史志编委会、俞宽钟主编：《山东省志·农业志》，山东人民出版社2000年版，第884—887页。

的农业教育体系。到1990年，全省普通高等农业院校由新中国成立初期的1处增加到2处，已成为学科专业比较齐全，师资力量较雄厚、设施较为完善的农业院校，已为国家培养高等院校毕业生29942人。中等农业学校由新中国成立初期的1处增加到12处，至1990年累计培养毕业生49542人。高、中等农业教育的发展对于充实全省农业科技队伍发挥了重要作用。

在积极办好高等农业院校和中等农业学校的同时，山东省还积极发展农业在职干部教育和成人教育，建立了农业管理干部学院，轮训培养各级农业干部，举办农业广播学校和会计函授学校，培养基层农技和经济管理人才。到1990年培养各类农业管理干部8467人，广播学校和会计函授学校培养毕业生163044人，提高了农业干部队伍的素质，充实了基层农业技术力量。

（二）农业科研

1. 古代农业科技

山东对农业科技的研究，最早见诸春秋战国时期的典籍。在《诗经·鲁颂》、《管子·地员篇》、《孟子·万章下》、《孟子·滕文公上》等文献中，已有作物播种期、土壤肥力和结构、作物施肥等问题的总结性记述。至北魏《齐民要术》中，农业科技的总结记述已相当系统。

2. 晚清农业科学研究

从晚清“洋务运动”至20世纪40年代，国内陆续有学生出国学习西方农业科技，山东省也兴办了一批农业教育和试验机构，延聘省内外人才从事农业教育和科研，并通过西方宗教传播，引进国外先进科技成果，使长期封闭状态下的传统农业逐步得到改进。

晚清民国时期山东农业科学研究的工作主要是引进国外、省外作物和畜禽良种，试种驯化、观察比较，评选农家良种。育种、栽培技术、耕作、肥料、植物保护等项，居于次要地位。多数试验为技术措施的验证改进的单因子试验。至新中国成立前，科研单位接收的仪器设备，主要是低倍显微镜、天平、手摇计算机、气象观测仪器、农药器械之类。①

---

① 参见山东史志编委会、俞宽钟主编：《山东省志·农业志》，山东人民出版社2000年版，第952页。

山东省于1901年设立农工商务局，提倡兴办实业和农业学堂。在农业方面，建立了几处农事试验场。1903年设立山东农桑总会，并在济南东郊七里堡创设山东农事试验场，购地500亩，从事粮食作物培植等试验及气象、土壤、肥料、种子、蔬菜、果树和林业等方面的试验研究，开创山东近代农业科学研究的先河。1908年，新设山东劝业道，负责全省农工商矿及各项交通事务，大力“开通知识，改良种植”，发展屯垦、林业、渔业、树艺、蚕桑及农会、农事试验场等。1909年，青岛德华特别高等学堂在李村设立李村农场，占地80余亩，开展了各项农作物试验和调查。①

3. 民国前期农业科学研究

民国建立后，在山东劝业道的基础上，先后设立了实业司、实业厅、农矿厅、建设厅等行政机构，加强农业生产的领导和管理。同时先后增设农事试验场、棉业试验场、区农场、蚕业试验场、烟草改良场、气象测候所、淤荒垦丈局、棉业研究改良委员会、省立植棉指导所、农业推广委员会、合作事业指导委员会等，培养人才、推广农业技术、鼓励种植，使农业有了较快发展。

1915年，山东农事试验场成立，场址在济南商埠南大槐树庄，有耕地10.67公顷（160亩），设农艺、园艺、农艺化学、病虫害学四部以及种子交换所、测候所，配有一些新式仪器。1929年改为省立第一农事试验场。1936年又改称省立农业实验所。1917年，日本外务省文化事业部将其控制的李村农场改为青岛李村农事试验场，新增果园、畜舍、温室、农业化学试验室。1922年年底由国民政府接管，1923年与林务局合并为胶澳商埠农林事务所。

1918年，省立临清棉业试验场成立，场址在临清东门外，有耕地7.8公顷（117亩），设技术室、测候台、标本陈列室和轧花室。1926年改称山东省立第一棉业试验场。1935年又改称省立棉作改良分场。

1926年10月，山东省立棉种场成立，场址在齐东县东门内，有耕地7.33公顷（110亩），设试验、推广、总务三股，配备显微镜、喷雾器等，

① 参见山东史志编委会、俞宽钟主编：《山东省志·农业志》，山东人民出版社2000年版，第8—10页。

专门从事脱字棉和中棉良种的育种改良及配发良种工作。1930 年 1 月改为山东省立第二棉业试验场。1934 年又改称省立棉作改良场。

1929 年齐鲁大学农场成立，进行小麦、粟、大豆、马铃薯、高粱、棉花等作物的育种实验以及肥料、病虫害防治实验。同年华洋义赈会山东分会在济南建立农事试验场，以培育小麦与粟的优良品种。

1930 年，山东大学农学院直属试验场分农艺部、蚕丝部、森林部，进行作物园艺改良、育养苗木、蚕桑及丝业改良、农作物病虫害预防研究。同年青岛商品检验局附设研究场，研究驯育美国棉，改良中国棉。

1933 年 5 月青岛工商学会棉业改良委员会植棉试验场总场在青岛李村成立，分设棉作改良、研究、推广 3 部。1933 年 7 月齐鲁大学与胶济铁路合办农事试验场，总场设于济南，另在青州、周村设立分场。

1935 年 3 月，山东省建设厅在临淄城外建立山东省烟草改良场，占地 20.99 公顷（314.9 亩），以引进驯化美国烟草为主旨。同时还在青州设立黄烟试验场。同年金陵大学、华洋义赈救灾会山东分会、山东乡村建设研究院合办济南农事试验场。

这一时期还建立了一批县农事试验场，1922 年有 50 处，占地 81.8 公顷（1227 亩）。1931 年省、市、县农事试验场共计 58 处，居全国第三位；总面积 200.13 公顷（3002 亩），其中试验田 93.8 公顷（1407 亩）；年度财政拨款 75167 元。

1935 年春，各县试验场奉建设厅令停办，集中经费于翌年建立 4 个专业研究的区农场：第一区农场在历城（农学院内），研究小麦；第二区农场在惠民，研究大豆；第三区农场在莒县，研究高粱；第四区农场在莱阳，研究果树。迄至抗日战争以前，山东省建设厅所属的农业科研机构有：省立农业实验所、齐东棉作改良场、临清棉作改良分场、临淄烟草改良场、青州黄烟试验场、烟台蚕丝改良场以及省立一、二、三、四区农场。

此外，1936 年 9 月，日本外务省文化事业部已在青岛市江苏路 19 号设华北产业科学研究所，为其掠夺农产品进行技术准备。

据 1931—1936 年的统计，山东省年均粮食作物种植面积 16156.9 万亩，总产 107 亿公斤，亩产 66 公斤。棉花种植 623.1 万亩，总产 0.86 亿公斤，亩产 13.9 公斤。花生种植 641 万亩，总产 6.4 亿公斤，亩产 99.7 公斤。

1936 年大牲畜发展到 508.9 万头，养猪 408.7 万头。

4. 日本侵华战争时期的农业实验

日寇侵占山东后，山东各省市县公私农事试验场工作停顿。1938 年 5 月起，伪山东省公署开始陆续接收、恢复试验场。1938 年 5 月 1 日，华北农事试验场接管济南的第一区农场及济南大槐树的农业实验所及所属农场，成立华北农事试验场济南支场；同年 5 月 15 日，接收青岛李村农事试验场及李村师范学校，开设华北农事试验场青岛支场。

1939 年 5 月前后，伪山东省建设厅开办济宁、惠民、临淄、齐东、临清 5 处农事试验场。翌年，又开办莱阳、莒县、张店 3 处农场。1942 年 1 月，取消齐东、临淄、莒县、莱阳 4 处农场，将张店农场改为省立农事训练所，将省立蚕业试验场改为益都农场，并停办明水稻作试验地，成立章丘农场。

1941 年开始建立县试验场，一般设农业、林业、畜产 3 部；1943 年全省建县试验场 48 处。

5. 山东解放区的农业实验

“七七事变”后，中共领导的抗日民主政府为促进生产的恢复与发展，为适应大生产运动的需要，除兴办农业干部训练班推广先进生产经验，兴办农业试验场、示范农场外，省设农业指导所和农业实验所，以莒南县大店区为改进农业、增加生产的实验区，开展选育良种、改进栽培技术、防治病虫害等科学研究，推广农业技术，使解放区的农业生产有了较快的恢复和发展。①

1947 年，山东省府在《关于春耕工作的指示》中，强调应组织变工互助以解决春耕中缺乏劳力、缺乏耕牛的困难。《指示》提出动员一切整半劳力参加春耕生产。政府发放耕牛贷款，奖励养牛，保护畜主利益，使老区农民耕牛数恢复到战前的 50%，新区恢复到战前的 30%。政府还提倡“妇女参加劳动光荣”，并制定妇女参加田间劳动同工同酬的条规。

农业生产的中心问题，是农业科学化问题。所谓农业生产科学化，主要是指提高农业生产技术，如改良农具，改进耕作法，改良品种，积肥除

---

① 参见山东史志编委会、俞宽钟主编：《山东省志 · 农业志》，山东人民出版社 2000 年版，第 8—10 页。

虫，植物保护与增殖牲畜，兴修水利等。1946 年全省农业会议后，便将接收日伪的农场改造为示范农场，从事于农业生产的示范推广工作。省实业厅举办农业指导讲习所，将示范农场的经验推广到群众中去。截止到 1949 年年初，山东共有农业试验场 12 个，示范农场 85 个，林场 18 个，蚕场 10 个，苗圃 36 个。省实业厅在莒南大店设农业指导讲习所一处，并附设示范农场，及时传播交流农业新科技。以前大店当地农民很少锄地，经提倡锄地后，有 378 户锄地计 7620 亩；施豆饼 8 万斤，棉籽饼 20 万斤。植棉修棉成绩也很可观，滨海棉田每亩增产 15 斤，比 1945 年增产一倍。莒南植棉 3 万亩，滨北植棉 9.24 万亩，最高产量每亩达 60 斤。各地农场植棉示范与技术指导，对农村植棉起了很大推动作用。

在落后的山东农村，改进生产技术的主要方向，不是采用大农业机械，而是把群众现有的生产技术，通过典型示范的办法加以传播，重点是精耕细作和兴修水利。

提倡中耕锄草，深耕深刨。过去本省大部分地区无锄麦习惯。1949 年，山东的农业生产方针，以精耕细作、加工施肥、提高粮食产量为主，口号是："每亩多上一车粪，多锄一遍地，多打一成粮。"精耕细作被群众简化为多施肥，多锄地，除虫选种。文登县望海隋家村的张福贵，在精耕细作方面，成为胶东农民的榜样。他带领全村打井浇地，实行间作，深刨多锄。1945 年亩产为 245 斤，较 1944 年增产 35%。1948 年，他做到耕一余一，生产粮食万余斤；麦地施肥每亩 82 驮，并用大垄种植地瓜、花生。① 胶东西海区的打井灌溉、精耕细作法推广到东海区，很多地方产量提高 1 倍。② 莒县劳动模范冯长杜打井浇地，增产 10 倍，推动了全区打井。

各地农业试验场普遍进行了农业试验研究，他们搜集各种作物的优良品种进行比较试验。根据各地经验，采用良种一般可以增产一成到一成半。在胶东发现扁穗小麦，比一般小麦增产 20%；渤海区发现邹平洋小麦成熟早、品质好，病害较少，比当地小麦增产 10%。鱼鳞白小麦在胶东、渤海、莒县的试种，也证明较其他品种增产显著。同时，还发现了红白秃头麦等品

---

① 参见鲁档：《胶东生产总结》，第 7 页，原档案件编号为 TD4-285-1。

② 参见薛暮桥：《山东解放区的经济工作》，山东人民出版社 1984 年版，第 39 页。

种有较高的抗疸病能力。他们发现和推广了齐大195号小麦，鲁麦2号、6号，36号小洋麦，冲绳100号地瓜。省实业厅派出技术人员到各地鉴定选收优良品种，繁殖推广棉花、地瓜、玉米新品种。渤海、莒县农场将斯字棉、大白字棉与金皇后玉米同当地棉花、玉米做了比较实验，证明这些品种适合山东各地种植，产量皆高于当地现有品种。棉花新品种经实验推广，改变了群众亩种833株的旧习惯，推广亩种3000株。渤海、莒县共推广斯字棉种2.7万斤，约种3000亩，可多收7万斤籽棉，提高了农民对改良品种和生产发家的信心。地瓜的种植面积，在胶东占全部耕地的21%，对解放区解决粮食问题起了很大的作用。胶东棉花种植面积曾高达40余万亩。

在病虫害防治方面，经实验，发现浸种和早播可消除小麦黑穗病和线虫病。他们还制造出多种杀虫剂，推广了生物杀虫法，在各地产生显著效益，打破了群众中流传的所谓病虫害“是天意，无法治”的迷信思想。高粱黑穗病与谷子白发病的实验，发现了许多无病品种。对危害作物的蝼蛄的防治实验，证明用诱饵拌和土砷砒化物、氟化物是有效的。胶东对杀除害虫的研究与制造杀虫药剂方面有相当的贡献。如研究作物害虫天敌，以寄生蜂对付豆虫与松花虫，以疣蚂蚱的寄生菌对付蝗虫，都有相当成效。

在杀虫方面，利用当地的五花虫作原料，制成各种氟化物杀虫剂，如杀除盖子虫的氟化铁钾、杀除蚜虫的花生油乳剂以及杀除多种虫害的多种除虫剂，都有不少成绩。各地示范农场对作物病虫害的防治实验，为大面积种植高产作物、争取农业增产，起了很好的推动作用。为了解决农民春荒粮食问题，政府提倡种植地瓜。地瓜耐干旱，产量高，山地平原种植面积都有较大增加。荣成1948年种地瓜面积，占耕地面积的16%。

1948年统计，全胶东地瓜种植面积占全部耕地的五分之一以上。1948年胶东种花生120万亩，增加了外汇收入。胶东还推广了水稻和土豆。文登县种水稻3553亩。1948年渤海植棉180万亩。山东种麦面积逐年增加，1948年种麦面积占全部耕地38.62%，较1947年提高10.25%。据全省90个县的统计，每亩谷子可产156斤，玉米产量为144斤，高粱138斤，大豆175斤，籽棉67.6斤，花生139.5斤，地瓜931斤（按5斤鲜薯折粮1斤计算），黄烟156斤。全省种植面积达到了华东局要求的“种麦面积占耕地三分之一，平原区占二分之一”的目标。

各地对冬耕施肥十分重视。省实业厅和各地实验农场，还加强了秋收秋种和冬耕积肥的技术指导。冬耕积肥是冬季生产工作中的两个重点，据全省 92 个县的统计，冬耕地占春耕地面积的 30.3%。胶东冬耕 200 余万亩，渤海冬耕地约 900 万亩，占春耕地面积近 61%。各地重视积肥，胶东提出开展“三大堆”（粪、泥、草堆）运动。北海分区增加施肥二分之一或三分之一。渤海贷豆子 700 余万斤，豆饼 100 余万斤，北币 10 亿元，作为肥料贷款，推动群众积肥。群众开始重视养猪，据匡五、平原、商河、齐河、禹城五县统计，养猪数目超过战前，产出大量肥料。

民主政府十分重视大牲畜的繁殖和畜疫防治。由于日伪的三光政策及战争破坏，全省农用牲畜在数量和质量上大为降低。据统计，1934 年全省共有大牲畜 511 万头，1933—1936 年平均数为 570 万头，到 1947 年仅剩 239 万头。役畜负担耕地面积从每头牲畜年耕 26 亩，猛升为 40 亩左右，全省缺乏 180 万头牲畜。各地农场先后设立种畜站 69 处，推动耕畜繁殖。渤海、胶东地区召开中兽医座谈会，搜罗人才，建立兽医血清厂，制造出牛疫、炭疽疫苗。1949 年，渤海区、鲁中南区发生牲畜疫病，各地政府积极组织抢救工作。省实业厅组织兽医工作队分赴渤海、鲁中南，并到外地采购血清疫苗，将邹平、惠民等 5 县的炭疽病扑灭，防治牲畜病疫共 3 万余头，多方保护与繁殖耕畜。经解放区政府大力提倡，1948 年夏收后，各地牲畜普遍增加。据不完全统计，1936 年全省役畜为 508.9 万头，而经过战争破坏，到 1949 年 3 月，全省共有耕畜 378.5 万头，仅及战前的 74%，[①] 以驴、牛为大宗。鲁中南莒县等 10 县共添牲畜万余头，胶东西海 6 个县买进和繁殖牲畜 2.1 万余头，占原有牲畜的四分之一；南海专区增添牲畜 2.4 万头；渤海的临邑、广饶、寿光等 10 县统计，增添牲畜近 5.5 万头。全省共添耕畜 30 万头以上。

解放区政府号召人民打井浇地，共修复旧井近 7.7 万眼，使 472 万亩土地受益，平均每亩可增产粮食 50 斤，全解放区共可增产粮食 13 亿斤以上。各地政府还领导人民修治运河、小清河、胶莱河、潍河，救出土地 4300 万亩。1948 年秋汛，全省 22 万人抢护蛰陷，加高堤防，战胜三次洪峰，保护

① 参见山东省统计局编：《山东省关于社会主义改造统计提要》，内部资料，1957 年，第 26 页。

了人民生命财产安全。

抗战前，本省每亩施粗肥不过1000斤到1500斤，油饼和化学肥料除少数地区外，一般均无力使用，间有使用者，也不过每亩施用10—30斤作追肥。农民在积肥和施肥方法上不够合理。鲁中南和鲁西北有些地区存有"粪汪过水"、"肥料不泥不盖"以及干灰与尿混积，甚至广泛存在"人无厕所，猪无圈，牛无栏"的现象。惠民区有施明肥、铺粪、大撒粪的习惯，使很有限的肥料浪费很多。

山东大部分地区有稀植习惯。小麦条播，以一尺到一尺半行距最为普遍，甚至有宽到二尺的；高粱，在鲁中南每亩不到2000株；玉米在德州每亩不到1200株；谷子，一般每亩20000株，昌潍、德州专区各县不到15000株；棉花，蒙阴、诸城、菏泽等地，多在每亩2000株左右，甚至有不足1000株者。

推行密植后，小麦缩小行距，实行窄垅密植，一般较宽行条播增产20%以上，改点播为条播亦能增产20%以上；在水浇地区实行宽幅密植，一般能增产20%以上；密植面积占小麦种植面积的5%。棉花由每亩1500株增加到2500株。①

6. 解放战争时期的农业实验

抗战胜利后，国民党统治区主要在济南、青岛及胶济铁路沿线周围地区。1946年2月，国民政府将济南农场所属各场合并为东、西二场。同年3月，又将农场合组为农业改进所，不久又改组为农林处。华北农事试验场的青岛支场恢复为李村农场，归青岛特别市农林事务所管辖。1946年，山东大学农学院设附属农场，下设城阳农事试验场、畜牧试验场和酿造实验工场。

中共领导的山东解放区，据有山东除济南青岛等几个大城市和胶济铁路沿线的中小城市和广大农村。1945年8月胶东行政公署建立后，胶东农场改称胶东行署农业实验场。1946年秋，山东省实业厅在莒南县官地和冷水沟两村创建了山东省农业实验所。该所研究人员不足10人，主要来自胶

① 参见山东省农业厅统计局编印：《山东省农业生产调查统计资料（1949—1952）》，内部资料，1955年，第140页，原档案件编号TD4-497-2。

东行署农业实验场。1948 年 9 月济南解放后，省农业实验所迁至济南纬七路，1949 年 3 月再移至济南东郊桑园，设立作物系、植物保护系、土壤肥料系和园艺组、气象组，即山东省农业科学研究所的前身。①

7. 新中国成立后山东农业科学研究

(1) 50 年代农业科学研究。

1950 年 5 月，省农业实验所改为省农业科学研究所，隶属山东省实业厅。研究所下设粮食作物系、园艺系、病虫害系、土肥系、农化系、棉作系、试验农场，1953 年又设立农具组、综合组、山区工作组、气象站。

1951 年，山东省政府充实科研力量，农业科研单位的科研人员达 250 余人。除省属徐州、莱阳、莒县、青岛、坊子 5 个试验场外，并将青州烟草试验场改名为山东省立青州烟草改良场，省立惠民农业试验场改为棉作试验场，连同济南市黄台苗圃，均归省农科所领导。

1953 年，各地试验场按照省农林厅“照顾农业生产地域性，依照自然条件，分区进行技术指导”的要求，选择有代表性的单位，建立了一批试验点。

1954 年，省农林厅针对全省试验网点过多、技术骨干缺乏、领导不力的问题，对全省科研机构的设置，按农业区划设置综合试验站，胶东、鲁南、鲁西、鲁北 4 个农业区分别在莱阳、莒县、菏泽、临清设站，鲁中农业区由省农科所承担试验，不另设站；同时，还在鲁中南山区、鲁西湖区、渤海岸盐碱区、果树区、烤烟区各设 1 个专业试验站。示范农场中，除已建立的 44 处试验站外，其余一般不承担试验任务，附设的试验点、配种站逐步撤销。

1956 年，中国农科院批准山东农学院建立烟草研究室。

1957 年，省农科所机构进一步扩大，设粮食作物、经济作物、植物保护、土壤肥料、畜牧兽医 5 个系，农机、湖区、广北滨海、山区工作 4 个组以及气象站、农场，连同各农业区的综合试验站，共有 16 个直属单位，科技人员 244 人。

---

① 参见山东史志编委会、俞宽钟主编：《山东省志 · 农业志》，山东人民出版社 2000 年版，第 619—620 页。

1958年，中共山东省委发布了《关于加强对科学工作的领导 建立各级科学领导组织和研究工作的决定》，要求全党全民办科学技术事业，迅速建立全省的科学技术网。同年11月山东省人民委员会召开了农业科学研究所所长会议，要求成立山东省农业科学研究院，并在全省范围内开展建立“百所”（省农科院直属所及每个专区（市）、县都建农科所）、“千站”（县以下建农科站，另外还建30个专业研究站）和50万人农业科技队伍的活动。中心任务是调查、总结、研究各种不同地区、不同作物大面积高额丰产的栽培技术，组织农业科学大跃进。

1958—1959年，先后建立了惠民、青岛、济宁、泰安、临沂、潍坊、烟台、济南、聊城、菏泽、淄博11个专区、市农科所，73个县农科所。①

(2) 60年代前期的农业科学研究。

60年代前期，农业科研机构精简整顿后，科研工作突出重点，强调紧密结合生产，深入基层，推广成本低、见效快的短线成果。

1960年1月，编制完成《山东省1960—1967年农业科学发展规划纲要(草案)》。1960年，农业科研单位建立114个试验点，派到点上的科技人员285人。同年建立枣庄市农科所。

1960年12月至1961年4月，开展了以纠正科研浮夸风为重点的纠正“五风”的学习。1961年7月，中共中央发布《关于自然科学研究机构当前工作的十四条意见（草案）》，山东省首先在农科院进行贯彻试点，以后扩展到各级农业科研机构，在调整机构和科研任务、制定规章制度、调动知识分子积极性方面做了大量工作。

1961年，省农科院移交农业厅领导，其所属的林科所、蚕业所、果树所移交林业厅，农机所移交农机局，撤销农经所，增设情报资料室、植物生理研究室、同位素农业应用研究室和化验室。县农科所除基础较好者外，大部分陆续停办。

1962年11月，农业厅发布《关于调整和加强农业科研工作的意见》，调整充实机构、人员，农科院各单位行政干部不超过15%，研究室配备技

① 参见山东史志编委会、俞宽钟主编：《山东省志·农业志》，山东人民出版社2000年版，第938—940页。

术工人。除济南市外，其他市、专区农科所不得撤销，每所平均30—40人，试验田不少于300亩，业务由省农科院领导。每个专区设县农业试验站1—3处。确定全省农业科研重点为：选育增产10%以上的主要作物良种，开展盐碱地改良和农业综合措施研究，培肥地力、施肥和耕作制度的研究，黏虫、玉米螟、小麦锈病、烟草毒素病、花生线虫病、大白菜病害防治研究，抗旱抗涝增产技术研究，农民先进经验研究，大家畜增殖生理、繁育技术和地方猪种改良选育研究。

1963年5月，中共山东省委、省人民委员会召开了全省农业科学技术工作会议，贯彻全国和华东农业科技工作会议精神。10月又批转了省科委《关于全省农业科学技术工作会议的报告》。在此之前的8月，省科学技术委员会、省农业厅制订了《山东省1963—1972年农业科学技术发展规划纲要（草案）》，10月省农业厅印发《关于开展科学实验工作的意见》。通过上述会议和文件的贯彻，明确了研究工作目标，克服了工作中的盲目性，迅速掀起了群众性的科学实验运动。同年成立了山东省家畜布氏杆菌病防治研究所。1964年省委又批转了省科委《关于开展农业科学实验运动意见的报告》。这一年省农科院和专区、市农科所共建立试验基点100多个，驻点科技人员200多人。

1965年1月，省农业厅召开全省农业科学技术工作会议，讨论农业科技为农业生产高潮服务的问题，交流了“样板田”的经验。5月省科委、省农业厅、省科协印发了《关于加强对农村群众性科学实验活动领导的通知》，在全省组织群众性学科学、用科学的活动和大田生产相结合，抓好“样板田”的群众性科学实验活动。专区（市）、县、公社三级共落实各类样板田2063.3万亩。省组织干部和科技人员458名，专区（市）、县、公社组织干部和技术人员6767名，进驻“样板田”。省委、省人委指出搞样板田是领导农业生产的最重要方法，并要求样板田平均亩产粮食200公斤（黄河北）、250公斤（黄河南），皮棉50公斤，花生150公斤，烟叶150公斤以上。

同年，在全省进行机构整编工作中，对农业科研单位采取“撤、并、交、改、放、建、减”七字措施进行整顿。撤销济南、枣庄、淄博三市的农科所。菏泽鲁西黄牛、德州驴、济宁青山羊、垛山猪、临朐绵羊改良站、宁阳家畜改良站等7个育种辅导站统划归所在专区农科所领导（菏泽未实施)。青岛农科所和城阳试验场分别改为所在县良种场。临沂专区建立了水稻试验站，省农科院隶属省人委农林办公厅。1966 年 4 月，省人民委员会发出《关于实行农学科学研究示范推广工作统一领导的通知》，确定省农业厅的技术推广处和种鸡场交农科院领导，各专署农业局的农技站与专区农科所合并。①

(3)“文革”时期的农业科学研究。

“文化大革命”时期是省农科院各专业所由下放到回归，科研管理由无序到逐步恢复的时期。从 1966 年夏季以后，科研人员受到“文化大革命”的冲击，部分科研项目被迫中断。以后随着机构拆散下放，资料、设备、品种资源等都遭受较大损失。

1970 年 2 月，省革命委员会发出组建省农业局工作的通知，省农业局所属单位中包括省农科院，建局后即研究农业科研机构改革。1971 年 1 月，省革委生产指挥部批转省农业局《关于改革农业科学研究机构》的报告。省级农、林、水产等 19 个专业研究所（包括中央下放到山东的中国农科院土壤肥料研究所、烟草研究所和国家水产总局海洋研究所）中，除黄海水产所（与海洋养殖所合并）和烟草研究所外，其余全部下放，与地区农科所合并。其中有 426 人（占 24.7%）充实基层农业技术站或其他岗位。水产研究专业可在地区农科所之下设试验站。省农科院保留 70 人，主要任务是总结群众经验，推动农业科学实验活动，制订全省农业科研规划，调查研究农业科学实验运动中的政策问题。各地区农科所都把主要工作场所转移到了农村。

1973 年 12 月，省革委生产指挥部批转了省农业局《关于充实调整农、林、水产科研机构的报告》，充实加强省农科院。至 1974 年春季将农林部下放的 3 个专业所和省农科院下放的各专业所全部收归省农科院，人员原则上全部调回。此后，对原来撤销的济南、淄博、枣庄市农科所也逐步予以恢复。1975 年，省委决定省农科院恢复为厅局级。1976 年，水产科研机构移交省水产局。②

① 参见山东史志编委会、俞宽钟主编：《山东省志 · 农业志》，山东人民出版社 2000 年版，第 940—943 页。

② 参见山东史志编委会、俞宽钟主编：《山东省志 · 农业志》，山东人民出版社 2000 年版，第 943—944 页。

(4)“文革”后的农业科学研究。

1978—1979 年，将林科所移交林业厅，布氏杆菌病防治研究所收归省农业局，原属中国农科院的土壤肥料研究所和烟草研究所回归中国农科院(另一个国家下放的海洋水产研究所在此之前已划归水产部门)。省农科院共设 13 个研究所，包括作物、植保、土肥、蔬菜、原子能应用、畜牧兽医、棉花、花生、果树、蚕业、家禽、玉米、情报资料。1979 年又建立了农业自然资源调查和农业区划所。

1978 年 5 月，山东省革命委员会召开了山东省科学技术大会，贯彻全国科学大会精神，树立科学技术是生产力，知识分子是工人阶级一部分的认识，总结交流了经验，肯定了科技工作的成绩，奖励了一批科研成果，极大地调动了科技人员的积极性。

1979 年 3 月，省委召开全省科技工作会议，要求把地、市以上的研究所整顿建设好，实行党委领导下的所长责任制，在科技工作上实行定方向、定任务、定人员、定设备、定制度。①

(5) 80 年代的农业科学研究。

这一时期，科研工作主要是延伸研究层次，拓宽服务范围，改革服务方式，促进传统农业向现代农业的转化。同时，由于在政策导向上，科研成果、学术论文对技术职称和科技人员奖励起着决定性的作用，因此农业技术推广系统越来越多地参加或主持科研项目，尤其是省级和部分市地级的各专业站，均成为推广兼科研的机构，这是 80 年代的一个显著特点。

从 80 年代初到 1990 年，大体上分为三个阶段。

1980—1984 年为第一阶段。这个阶段主要是建章立规，因地制宜调整研究方向，落实知识分子政策。1980 年 7 月，根据国家农委、农业部《关于加强农业科研工作的意见》，确定济南、青岛、淄博、枣庄 4 个市农科所主要研究蔬菜，其他地区农科所研究具有本地特点和优势的 3—5 种作物的品种选育、栽培和土壤改良。调整后，市地农科所的课题比 1979 年减少 48.5%，但突出了重点，避免了重复。1981 年，省政府召开全省农业科技工

① 参见山东史志编委会、俞宽钟主编：《山东省志 · 农业志》，山东人民出版社 2000 年版，第 944—945 页。

作会议，交流了科研、技术推广和科学普及活动的经验，讨论了《山东省农业科技发展的五年规划和十年设想的要点》以及省农委、省科委《关于加强农业科技工作若干问题的决定》。这一年，省农科院建立了中心实验室，加强了科研的测试分析功能。为了统一管理科技成果的评审，省组织农业行政、科研、院校、技术推广的有关领导、专家，建立了山东省农牧业科学技术委员会，办公室设在省农业厅，承担农牧业科技成果评审工作。为了探讨科研事业单位的管理体制改革，1984 年省政府办公厅批转了省科委《关于贯彻开发研究单位由事业改为有偿合同制改革试点的意见》，确定省玉米研究所、烟台农科所等 15 个科研机构作为第一批科研改革试点单位。

1984 年烟台市果树试验站改为烟台市果树研究所。同年省科委和省编委决定将山东省家畜疾病防治研究所移交惠民地区管理，更名为惠民地区畜牧兽医研究所。

从 1979—1985 年，给 151 名农业科研人员平反了冤假错案，给 225 人解决了夫妻分居问题。

1985—1989 年为第二阶段。这一阶段主要抓了科技体制改革、丰收计划实施、管理工作落实、科研机构和工作普查等项工作。

第一，1985 年 10 月，省委、省政府发出《关于科学技术体制改革的试行方案》，要求省属农业科技单位、高等农业院校，都在省科技发展规划的指导下，用较大的力量进行超前研究，为农业持续发展提供技术储备，并建立各自的科技成果综合运用示范基地，加速成果向生产力的转化。推行农业技术责任制和合同制，实行联系经济效益计算报酬的各种技术责任制和收取技术服务费的办法。

第二，“七五”期间，山东省共承担农牧渔业部“丰收计划”项目 41 项，省级“丰收计划”71 项，市地、县级“丰收计划”272 项。1989 年统计，累计新增产值 34.4 亿元，为投入专项经费的 107 倍。

第三，结合体制改革，进一步加强了科研工作管理。1985 年，省政府批准颁发《山东省科研事业费拨款管理暂行规定》，对社会公益型科研机构实行工资总额包干，经费与任务挂钩。对科技成果管理，规定了统一申报、统一评审、评审程序和奖励的具体办法，由省科委、省农业厅通过有关文件颁布执行。1989 年 12 月，山东省农业厅又颁布《山东省农业软科学进步奖励办法》，奖励为现代农业管理和宏观决策提出科学依据，并在决策中被采纳和应用的项目，为此专门设立了评审委员会。

第四，1985 年省科委组织了对科研机构及其工作的普查。当时全省农业系统共有省和市地级的研究所、站、室 39 个。其中省农科院 16 个（80 年代新建中心实验室和饲料研究所），山东农业大学有遗传育种、作物栽培生理、果树栽培生理、植物病毒、畜禽饲养饲料、烟草共 6 个研究所、室，市地除东营外，都建有农科所，还有惠民地区畜牧兽医研究所、烟台市果树研究所、临沂地区水稻试验站和临沂地区茶叶试验站。

同年，省棉花研究所改为山东省棉花研究中心。全省农业科研系统共有职工 3608 人，其中从事科研工作的人员 2505 人，占 69.4%。在这些人员中，大学本科及本科以上学历的占 27.7%，高级技术职称者占 4.2%，不具备大中专学历的 1208 人，无技术职称的 1437 人（其中见习期未定职称的 283 人）。当时农科院和市地农科所共承担课题 447 项，研究人员 1298 人，投入经费 514 万元，平均每项 1.15 万元。上级拨科研专项经费 295.4 万元，事业费 830.8 万元。成果转让 45 项，金额 115.4 万元。全省农业科研系统固定资产总值 5096.7 万元。

1990 年进入第三阶段。省委、省政府作出《依靠科技进步　振兴山东农业的决定》，加速农业科研成果的推广应用，作出地域性农业综合开发宏观规划和专题规划。重点推广的科研成果有农作物及畜禽优良品种、农作物高产模式化栽培、地膜覆盖、节水灌溉、旱作栽培、配方施肥、农作物病虫害综合防治、饲料配方及秸秆青贮氨化、速生丰产林、防护林及经济林栽培、产品加工保鲜、水产品精养、农业机械化等。在区域开发上，重点抓黄淮海平原、黄河三角洲、贫困山区、沿黄滩区、湖区、浅海滩涂和海岛。每年安排一定数量的专项经费用于区域性重点科技项目推广。省、市地根据需要，有计划地安排外汇指标和配套资金，用于引进农业新技术、新品种和关键仪器设备。国家安排的各种农业开发资金都要拿出一定比例用于农业科技推广，到“八五”期末，全省有 1500 万亩粮田亩产过吨，并开发出一批吨粮乡、吨粮县。

到 1990 年，农业科研机构空前发展，共有全民性质的种植业（含果茶，不含林业）和畜牧业科研机构 67 个，并涌现出集体和个体科研机构 29 个。

全民所有制机构中，属省农科院的17个，属山东农业大学和莱阳农学院的15个，国家驻鲁单位2个，市地级农业部门的16个，县级17个。全民所有制农牧业科研机构共有职工4233人，其中科技人员2073人，有高级职称人员348人，占科技人员总数的16.8%。①

8. 山东农业科研课题和成果

（1）粮棉油作物。

突出的农业科研项目是引进了一批粮、棉、油作物良种，经试验后在生产中推广，提高了单位面积产量和品质，促进了种植面积的扩展。如陆地棉良种脱字棉、斯字棉基本上取代了中棉；冲绳百号（胜利百号）甘薯在很大程度上取代了原有的品种；水稻良种银坊主在稻区部分推广；美国大花生的传入，部分取代了明代传入的秘鲁型（龙生型）花生。

育种也有一些开展，如选育出了齐大195小麦、齐东细绒棉花以及农民选育的扁穗麦、伏花生良种。栽培方面，进行过甘薯育苗、翻蔓及花生种植密度等试验。

（2）水果和蔬菜。

突出的项目是先后引进美、英、德等国的苹果良种试验成功，逐步取代了果小质差的中国彩苹等，果园迅速扩展，确立了山东作为苹果大省的地位。还引进了一批近代酿酒和鲜食的葡萄良种以及巴梨、草莓等，并且进行过梨种资源调查。甘蓝、番茄、马铃薯、芦笋（石刁柏）等蔬菜，也是在这个时期引种成功的。

（3）土壤肥料。

主要是改进土壤耕作技术和肥料试验，如改冬耕不耙为耕后随耙、棉田深耕，进口化肥肥效试验，麦田直接浇尿等。

（4）植物保护。

一般以就地取材的简单的病虫防治方法试验为主，但也进行过棉虫种类、习性和分布调查。重要的突破是40年代后期在解放区发明了“粪种隔离”防治小麦腥黑穗病的措施，1952年获华东农业技术会议特等奖。

---

① 参见山东史志编委会、俞宽钟主编：《山东省志·农业志》，山东人民出版社2000年版，第945—950页。

（5）畜牧兽医。

引进了一批优良畜禽品种，如约克夏、巴克夏猪，荷兰奶牛，萨能羊，莱航鸡。并已开始将引进良种猪与地方品种杂交改良，形成了沂蒙黑猪、垛山猪、昌潍黑猪等类群。1935 年青岛研制兽疫血清成功，结束了完全依靠进口的历史。①

（三）农业科技推广

1. 古代到晚清时期的农业科技推广

据《宋史 · 食货志》记载，早在宋代宋太宗兴国中期，就在县一级设立了专管农业技术推广的民间职司——农师。宣传朝廷农业条令，指导农民学习技术。农师之家可免税差，有成绩者还获得物质报酬。

到了元代，元中统二年（1261 年）九月，初设“劝农司”，专司农业生产。到元至元七年（1270 年）三月又改为“司农司”，翌年又改“司农司”为“大司农司”。元仁宗期间，著名农学家苗好谦（武城人）为山东的“大司农”。

清朝末年，随着维新思想在中国的传播，清政府推行“新政”，有识之士创办设立农业机构，兴办农业教育，开展农业试验，便出现了官办的农业技术推广组织的萌芽。到光绪二十九年（1903 年），在济南设立了山东农桑总会（后又改称农务总会），确定以发展经济、增进民知、推广农业技术、改善农民生活为目的。光绪三十三年（1907 年）9 月，奉农工商部通知，将省农桑总会改为农务总会，各州县将已设立的农桑分会，改为农务分会（以下简称农会），并拟定了农会章程曰：“农会之设，实为整理农业之枢纽，综厥要义约有三端：曰开通知识；日改良种植；日联合社会农民。”光绪三十二年（1906 年），增设劝业道，并督促各地成立商会，筹办蚕业讲习所，设立省农务总会和地方分会，筹办商品陈列馆等事宜，对促进新技术的推广应用，如引进示范推广美国棉花等作物新品种，起到了一定作用。

为了培养农业技术人才，传播西方农学知识，推广新品种、新技术，清朝末年开始抓农业技术教育工作。光绪三十年（1904 年），山东巡抚周馥倡议设立兖州初级农业学堂。1906 年在济南设立山东农林学堂，1907 年又

① 参见山东史志编委会、俞宽钟主编：《山东省志 · 农业志》，山东人民出版社 2000 年版，第 952—954 页。

改为山东高等农业学堂，到1910年陆续兴办初级农业学堂12处，并在各农业学堂附近设了农业试验场，供学生实习和对一些新品种、新技术进行试验、示范。①

2. 民国时期的农业科技推广

辛亥革命以后，山东境内战乱不止，农业科技推广工作受到很大影响。但是，当时省政府为了适应潮流，利用行政、教育、农会三个系统从事农业科技推广工作：一是政府使用经济和物质补助的手段诱导农民。二是教育系统办农业学校致力于引进美国棉花、玉米等优良品种，进行试验示范推广。三是民国元年（1912年）国民政府改山东农务总会为农会，各县皆由县知事、各乡长兼任农会会长，使农会与政府推广工作集于一体。全省的农会，分为省、县（市）、区、乡四级分会，村里设小组。指导农民改良农具、整修农田水利、选种、施肥、防御水旱虫灾等农业改良工作。

1913年1月25日，山东省政府成立实业司，办理行政和实业教育，并于1914年3月指导部分县推广棉业生产技术。民国八年（1919年）2月12日实业司改为实业厅，并成立实业教育研究会，提议创设各县劝业所，以发展地方物产，增加人民富力。1920年省实业厅要求各县都设立劝业所，作为技术推广组织。据1922年林修竹撰写的《山东各县劝业所十年成绩报告书》中载："山东各县劝业所实为全国之创举……本省的劝业政策实为生利之行政"。同年1月25日，山东实业厅厅长田步蟾训令："本届（第三届）劝业会议大会公决，各县劝业所附设种子交换所，以改良农业。"1922年北洋政府国务会议决议，由农商部下令改各县劝业所为实业局。1924年1月23日第四次全省劝业会议认为："劝业所规模狭隘，于实业行政之设施尚有未能推行尽利之处，应扩充范围，以宏建设，实业与教育并重，教民以富民为先。"此后，山东各县劝业所改为实业局。

民国十七年（1928年），山东省政府设农矿厅，并组织成立了合作事业委员会，着手合作事业。到1931年省农矿厅改为实业厅，后又改为建设厅，其合作事业委员会也同时改为合作指导处，为全省合作事业的主管机关，并

① 参见山东史志编委会、俞宽钟主编：《山东省志·农业志》，山东人民出版社2000年版，第763页。

分别设立了棉业、蚕业、烟业、大豆业、花生业以及信用、供给、运销、消费等多种合作社，其中最发达的是棉业合作社。据1936年统计，全省各种合作社总数达6687处，其中棉业合作社即占3933处。尤其邹平等县的棉业合作社最为活跃。

1929年国民党第三次全国代表大会通过“中华民国之教育宗旨及实施方针”，规定了农业推广的方针与范围：“农业推广，须由农业机关积极设施，凡农业生产方法之改进，农业技术之增高，农村组织与农民生活之改善，农业科学知识之普及以及农民生活消费合作之促进，便以全力推行。”同年10月1日，国民政府农业、教育、内政三部联合公布《中央农业推广委员会组织章程》，并于12月25日成立了全国性农业技术推广机构——中央农业推广委员会，其职能为：“制定方案及法规；审核章程及报告；设立直接实验区；调查各省推广工作；编印计划、季刊等刊物。”1931年3月全国建立起农业改进事业的统一组织系统。山东省遵照中央农业推广委员会的要求，重视农业技术推广工作，各县也遵照中央和省的指令设立了农业推广所，或设立农业指导办事处，设立农村指导员及农村合作指导员，以协助推广农业技术。

农业试验场由于采取科研、推广相互配合的工作方法，较好地发挥了示范作用。例如，1912年设立在济南商埠的省立农事试验场，专门从事作物栽培、良种繁育、桑蚕饲育、土壤肥料的调查及试验、作物病虫害防治、园艺栽培等试验研究。1918年2月临清东关建立省立棉业试验场；1926年2月10日在齐东（邹平县）建立棉作育种场；1935年1月将这两个棉业试验场合并改称省立棉作改良场，场部设在齐东县，场内分设试验、推广两部。在试验场的示范作用推动下，使美棉推广业在山东棉区大为振兴，到“七七事变”前，山东成为全国第一大产棉省。

1935年9月，山东省建设厅为进一步加强全省农业技术试验、推广工作的领导，按照山东的自然特点，分别设立了4个区农场，即：第一区农事试验场在济南桑园；第二区农事试验场在惠民大崔家庄；第三区农事试验场在莒县南关；第四区农事试验场在莱阳城南村。

1936年1月，山东省建设厅将在济南的省立第一农事试验场改为省立农业实验所，负责全省的农业科学研究工作。

1937年“七七事变”后，日寇强行推行“工业日本，农业山东”政策，以战养战，把农业推广纳入殖民统治的轨道，一切推广措施均用行政命令来推动。如强迫胶济铁路沿线的农民全部种甘薯、大豆，严禁种植高粱、玉米等高秆作物，给敌占区的农业生产带来严重破坏。据省档案记载，山东棉花产量，1936 年总产量为 8950 万公斤（179 万担），而 1938 年和 1939 年平均产量仅为 2000 万公斤（40 万担）。为了寻求恢复生产之路，伪省政府于 1939 年 4 月 24 日成立了华北棉产改进会山东分会，分别在德县、邹平、惠民、临清 4 县成立了美棉指导区办事处。1941 年 2 月，日本侵略军驻山东陆军特务机关内设置了山东省棉花增产实施委员会，内设专任技术员 26 名，其中有 12 人为日本人，均在陆军特务机关长指挥下开展工作。1941 年其他推广组织机构也作了相应的调整。12 月 30 日，日伪山东省政府会议通过决议，自 1942 年 1 月起，取消齐东、临淄、莒县、莱阳 4 个农业试验场，扩充济宁、惠民、临清、烟台、益都、章丘 6 个省立农场，并改张店农场为农事训练所，以训练推广人员。

抗日战争胜利后，1945 年 9 月 10 日，国民政府山东省建设厅将日伪华北农场济南支场及华北棉产改进会山东支部合并改组为山东省农业改进所，负责全省农业试验研究及推广事项；将敌办农场改为示范农场，从事农业生产技术的示范推广工作。1946 年 2 月 16 日，又将省农业改进所、林务局、畜产改良场、养殖场合并，建立山东省农林处，统管全农林事业。省农林处内设推广科，主管全省农技推广事宜。1946 年 2 月 22 日国民政府山东省政府决定，“为改进农作，增加生产，并依中央法规，令各县于民国三十五年度成立县农业推广所”。因当时局势动荡，仅潍县、昌乐、安丘、历城、临淄、滕县 6 县成立。①

3. 新中国成立后的农业科技推广

（1）种子生产基地。

山东省种子生产基地有全民性质的国营良（原）种繁育场和集体性质的预约繁殖基地两类。国营良（原）种繁育场的主要任务是繁殖农作物的亲本种子和科研部门新培育并经省农作物品种审定委员会审定通过的新品种及

---

① 参见山东史志编委会、俞宽钟主编：《山东省志 · 农业志》，山东人民出版社 2000 年版，第 763—765 页。

品种提纯复壮工作。预约繁殖基地的主要任务是配制农作物杂交一代种和繁殖生产用的常规种。

第一，国营原（良）种繁育场。新中国成立初期，多是在专区、县农场的基础上建立起来的，以后随着农业生产的发展和需要，国营原（良）种繁育场的建设规模、耕地面积、职工人数、每年提供的良种数量、各种机械都有大幅度的增加。1978 年以后，全省各国营原（良）种场积极推行农业联产承包责任制，创建了以户为单位的“家庭农场”，坚持了“以繁育农作物原、良种为主，积极开展多种经营”的办场方针，国营原（良）种场有了新的发展。自 1980 年以后，全省 141 处国营原（良）种场，每年提供原、良种 700 万公斤左右。国营良（原）种场基本情况，见表 4–1。

表 4–1　国营原（良）种场基本情况表

项目	单位 / 年	1952	1963	1973	1979	1990
场数	个	30	54	113	141	141
耕地	亩	9582	26993	49095	66766	65327
良种总量	万公斤	18.85	91.12	469.02	1060.47	601.73
	公斤 / 亩	19.67	33.76	95.53	158.88	92.10

第二，农作物种子预约繁殖基地。新中国成立初期，农作物种子预约繁殖基地很少。1949 年山东省仅有 4300 亩，1952 年 1.24 万亩。1956 年增加到 116 万亩，1981 年以后全省预约种子基地就稳定在二三百万亩之间，生产农作物原、良种 2.5 亿—6.5 亿公斤，占全省需种量的 50% 左右，其中县以上种子部门生产的原、良种占全省需种量的 20% 左右。

表 4–2　山东省 1981—1990 年农作物原良种特约生产基地情况表①

单位：万亩、万公斤

年份	全省基地总面积	生产原良种总数	省地县基地面积	生产原良种数量	乡（镇）村基地面积	生产原良种总数
1981	306	64856.6	94.6	12048.8	214.4	52815.8

① 参见山东史志编委会、俞宽钟主编：《山东省志 · 农业志》，山东人民出版社 2000 年版，第 1052—1054 页。

年份	全省基地总面积	生产原良种总数	省地县基地面积	生产原良种数量	乡（镇）村基地面积	生产原良种总数
1983	327.8	46713.2	152.5	18599.2	175.3	28114.0
1984	299.8	36060.9	112.2	14412.4	187.6	21648.5
1985	186.8	26749.9	76.8	9930.6	110	16819.3
1986	200.8	30197.2	120.8	16247	79.9	14950.2
1987	202.9	30109.6	139.4	20792.4	63.9	10217.3
1988	316.2	56422.3	145.2	19085.4	171	37336.9
1989	299.7	66835.7	127.5	20040.4	172.1	46795.2
1990	200.82	24916.6				

（2）新中国成立后，农业科技进入新的历史时期。

其间虽也有曲折，但纵观四十余年间，机构、队伍、设备条件发展迅速，研究范围不断拓宽，研究内容逐步深入，成果数量与日俱增，其中有些已跻身于国内外先进行列。仅 1978—1990 年间，申报成果达两千余项，获奖成果 992 项，其中国家级奖励 46 项，省部级一等奖 19 项，省科学大会奖 115 项，对农业的发展起到巨大的促进作用。

其一，建立完善了全省农业科研体系，取得了一大批农业科技成果。省级农业科学研究所及高等院校，重点承担省科研项目，实行基础研究与应用研究相结合，以应用研究为主；地市级科研所主要面向地方，进行应用研究与开发相结合，以开发为主；县和民办研究所，主要进行专业研究和技术开发。省及地市农业科研机构有专业科研人员 2018 人，占全省农业专业技术人员的 15.5%，已形成一支学科专业较为齐全、技术能力较高的科研队伍。

各级农业科研单位深入实际，协作攻关，在农作物品种选育、栽培技术、病虫防治以及畜牧兽医等研究工作上，取得许多重要成果。改革开放以来，1978—1990 年全省共取得省级以上奖励的农业科技成果 649 项，其中有的达到国际先进和国内领先水平。这些科研成果，对促进全省农业的发展和增加农业科技储备发挥了重要作用。

其二，建立完善了农业技术推广体系，促进了农业技术改造。四十多年来，从省到市（地）、县（市区）、乡（镇），自上而下建成比较健全的农业技术推广网络。截至1990年年底，全省有各级农牧技术推广机构5764个，共有农业专业技术干部22244人。对基层农技推广人员还实行了优惠政策，稳定了基层农技队伍，使他们在农技推广中发挥了重要作用。建立起农技推广的新机制，促进了农业科技成果转化，提高了农业生产科技水平。同时还加强农业科技宣传，建立农业出版、电影和展览等机构，编辑发行农业学报、农业技术期刊，举办农业展览，摄制农业科教电影与录像，加强了农业科技交流和农业科技普及。

农业科技教育的发展促进了农业科技进步，“七五”期间农牧业生产的科技进步贡献率提高到35%，全省农业生产已逐步转向依靠科技的轨道。①

二、先哲的水利思想

（一）古代的水利思想

何谓水利？1933年，中国水利工程学会第三届年会的决议中对水利给出的定义是：“水利范围应包括防洪、排水、灌溉、水力、水道、给水、污渠、港工八种工程在内。”其中的“水力”指水能利用，“污渠”指城镇排水。20世纪后半叶，水利概念中又增加了水土保持、水资源保护、环境水利和水利渔业等新内容，水利的含义更加广泛。不难看出，这个定义，涵盖了全部城乡与水相关的人为活动，其中给水、污渠、港工是指城市的给排水和地下管道，水力指水能利用，如水力发电等。这与一般的农业水利论著中的水力，即通过治河、治水变水害为水利，引河湖水和地下水进行人工灌溉，及治碱治涝等水土保持的水利概念不同。笔者在本节中所用水利的概念，仅是取其与农业相关的防洪、排水、灌溉、水力及治碱、治涝、水土保持相关内容。本章第一第二节主要探讨治河引水与人工灌溉，其他治碱、治涝、水土保持等项，列入第三节以后另行述论。

我们常说：黄河是中华民族的母亲河。黄河威猛雄浑影响着中华民族的性格，形成了中华民族勤劳勇敢、所向无前的民族性。山东人具有更为明显的黄河性格，豪放粗犷，勇敢任事，却也有不顾得失、不计后果的粗野性。

① 参见山东史志编委会、俞宽钟主编：《山东省志·农业志》，山东人民出版社2000年版，第23—25页。

中国自古以来以农业立国，水是农业生产的命脉，也是人类生活存在必不可少的资源。没有水就没有农业，没有水人类也无法生存发展。不可一日或缺的生活用水、农业灌溉用水，决定了人们将水资源的开发和利用当作头等大事。江河和降雨在给人诸多方便的同时，又会给人类带来水旱灾害、洪涝灾害，因此，治黄、治河、抗洪、抗涝、抗旱，兴利除害所需的水利工程，国家调运粮食百物所依赖的漕运，都决定了先民对水利建设和水利设施十分重视，在中国古代历史上，兴建过无数的水利工程和水利设施。

水系、水资源和水旱灾害是水利自然条件。水旱是一种与河流水位高下、大气降水、地表径流量及地下水多少、有无容纳余水的沟渠设施等多种因素相关的自然现象，本无所谓好坏利害。人类所认定的水利与水害，是否是水旱灾害，是以人类生产和生活所需为准绳，是以江河水的荣枯和大气降水多少，是否对人类生存环境和农业生产有利而言。纵观两千年农业地理，非水即旱，有水有旱，此旱彼涝，此涝彼旱，很少风调雨顺的年头，而且有灾年多，无灾年少。水旱之所以成灾，固然是自然条件造成，但人工不加改造，或者说，水利工程与设施的空白与废弛，实是基本原因。同样的降水多少，是否成灾，是旱是涝，不只是自然状况，还在于水利设施是否完备，与农田水利工作是否得宜有绝大关系。兴水利即是除水害，除水害即是得水利。只有兴修水利，水旱之灾才有可能逐渐消除。兴修水利是兴农富国的大计，也是防灾备荒的先策，兴水利不仅可以防灾，而且可以裕国，可以富民安民。

水利工作就是通过采取各种人工措施，主要是建设各类水利工程和设施，对自然界的江河水和气象降雨进行调节、控制、治导、开发、管理和保护，以达到减轻和消除水旱灾害，满足人类生活和生产发展对水的需要的目的。

1. 先秦齐国的水利思想

山东开发较早，是中国北方传统的农业区，先秦、秦汉时期一直是中国的经济和文化重心之一。

先秦齐国是一个大国、强国和富国，以《管子》为代表的齐国政治经济学，有许多超越时代的先进思想，其关于水利与农业，水利与国家的思想，是值得我们好好研究的。《管子·水地篇》说："是以圣人之治于世也，不人告也，不户说也，其枢在水。”这是说：在农业社会，治理国家的关键，是不言而喻的，治世牧民的关键是水政。

水利是农业的命脉，国赋民食出于土地，而土地有赖于水利。国计者何？“赋税是也。民生者何？力田是也。王政所重，莫先民食。而食出于农，农资于水。”古人深切懂得水利的重要，有水才有农，有农才有粮，有粮才有民，有民才有国。在一个农业社会里，生产的主要部门是农业，农业的丰歉，粮食收获多少，关乎国计民生，而农业的一切利害，都与水利息息相关。

山东是齐鲁之邦，齐地先民的治水思想与治黄作为是值得后世借鉴的。齐国既重视水利灌溉，也很注意把防止水害与水利灌溉结合起来。齐国地处黄河下游，黄河对齐国的农业生产有重要影响。黄河往往是中段溃决，下游泛滥成灾，齐国沿黄河建筑了一条离河，即 25 里长的堤防。齐国黄河长堤防的建筑对于防止水灾、保护农业生产，保障人民生命财产安全起到了重要作用。①

齐国的水利灌溉事业是很发达的，在水利灌溉和水利利用方面取得了丰富经验。《考工记》为战国初齐人所作。总结了前代及当时的水利灌溉的经验，说明春秋末期到战国初期，齐国调节水利的方法已相当进步，而到战国中后期必然是更进一步。其时灌溉工程约有两种：一是蓄水之渠，二是流通之沟。荀子指出“司空”的职掌是“修提梁，通沟浍，行水潦，安水藏，以时决塞”。说明荀子生活的战国中后期，人们既注意了水的流通，水的蓄藏，也注意了及时地调节水量，化水害为水利。②

2. 两汉到元代的水利思想

两汉创造了一个奇迹，就是其后黄河有八百年无大害的历史，这与当时治河思想的先进及治河措施的得当，是有相当关系的。

汉武帝是位有雄才大略的帝王，他即位之后，就遇到了黄河大灾，因此他在治国理念上，就对水利特别重视，充分认识水利对于农业的重要性。《史记·平准书》载武帝诏：“农，天下之本也。泉流灌浸，所以育五谷

① 参见王阁森、唐致卿主编：《齐国史》，山东人民出版社 1992 年版，第 418—419 页。

② 参见王阁森、唐致卿主编：《齐国史》，山东人民出版社 1992 年版，第 418 页。

也……故为通沟渎，畜陂泽，所以备旱也。”武帝的提倡，成为各级官府的行政导向，形成一种社会风气，当时“用事者争言水利”。[①] 水利建设在此时达到高潮，关中开凿了许多渠道，形成了一个系统庞大的水利灌溉网。[②]

山东地处黄河下游，土质肥沃，极利于农业的发展。但是，要发展农业，就必须首先治理黄河，克服黄河水患。山东人民为保证农业生产，在同黄河水患进行长期斗争的实践中，积累了丰富的治河与农田水利经验。

两汉时期，山东大的治河工程有四次。这些治河工程，是当时治河思想的最高智慧，给后世留下了可资借鉴的宝贵经验和精神财富。

第一次是在西汉武帝元光三年（前132年），黄河瓠子决口，严重水患给劳动人民生命财产和农业生产带来了极大的灾难。后来，武帝封禅巡祭山川时，看到瓠子决口严重，亲临瓠子决口现场，“令群臣从官自将军已下皆负薪窴决河。”表现了汉武帝对黄河水患的极大关心和决心治理瓠子决口的坚强信念。终塞瓠子口之决，自瓠子口以下的黄河三角洲一带也大受益处。

第二次是馆陶决口与屯氏河的开凿。山东人民在决口处顺水势开凿了一条与黄河深、宽相等的屯氏河，使黄河安然流入大海。开凿新河，这是首次，也为后世治河提供了宝贵经验，此后山东一直保持了大约三十余年没遭大的水患。

第三次是汉成帝时筑堤堵塞馆陶及东郡金堤决口。成帝建始四年（前29年），黄河从馆陶及金堤决口，“泛溢兖、豫，入平原、千乘、济南，凡灌四郡三十二县，水居地十五万余顷。”汉成帝派河堤使王延世堵塞决口。王延世以“竹落长四丈，大九围，盛以小石，两船夹载而下之。三十六日，河堤成”。由于王延世“长于计策，功费约省，用力日寡”，受到汉成帝的嘉奖，“赐爵关内侯，黄金百斤”[③]。

第四次是东汉明帝时（58—75年）进行的治河工程。这次治河是由王景和王吴二人负责，动员民工数十万人，“修渠筑堤，自荥阳东至千乘海口千余里。（王）景乃商度地势，凿山阜，破砥绩，直截沟涧，防遏冲要，

① 参见《河渠书》，《史记》卷二九，中华书局1986年版。

② 参见齐涛主编：《中国古代经济史》，山东大学出版社2000年版，第150页。

③ 参见《沟洫志》，《汉书》卷二九，中华书局1986年版。并参见孙祚民主编：《山东通史》，山东人民出版社1992年版，第114—115页。

疏决壅积，十里立一水门，令更相洄注，无复溃漏之患。……明年夏，渠成”①。这次千余里筑堤工程完成后，使黄河下流一直保持了八百年之久没有发生大的水患。②

宋代以后，中国的经济文化重心南移，山东渐趋衰落。由于宋代以后黄河泛滥频繁，山东成为中国北方水旱灾害最严重的省份之一。③

元代政府重视兴修水利，深知兴修水利对保证农业生产的决定性作用。所以元朝政府从中央到地方，都为水利设官分职，专掌农桑水利；以兴举水利，修理河堤为务，并出台了农桑水利政策。以元代郭守敬代表了元代水利科技的最高水平，他首先提出实地测量作为水利工程设计的先决条件，水利规划第一位的工作是“测量审，规划精”，水利工程强调精确的测量和对河道、湖泊、地貌、土壤全面的调查，作为水利工程设计的基础。他认为，只要有了精审的测量和规划，搞清楚这些基础资料，就能确定河道最大流量，堤防修筑尺度，决定是否兴修灌溉工程等。水利工程设计要靠科学手段，而不是靠直觉经验，不是靠想当然。在元朝所颁布的《农桑之制》十四条中，就规定：“凡河渠之利，委本处正官一员，以时濬治。或民力不足者，提举河渠官相其轻重，官为导之。地高水不能上者，命造水车；贫不能造者，官具材木给之。俟秋成之后，验使水之家，俾均输其值。田无水者凿井，井深不能得水者，听种区田。其有水田者，不必区种。”④

可以说，农田水利建设事业的进步，首先在于水利思想的进步，自元代始，工程设计已开始脱离经验学的范畴，而朝着实地测量与规划的科学实践方向前进了。⑤

3. 明代的水利思想

山东在明代就是水旱灾情严重的省份。明清水利科技进步的一个重要表现，是区域性水利规划，综合治理的思想得以发展了。

明嘉靖时人周用在《理河事宜疏》中曾这样描绘河南、山东的水旱灾

---

① 参见《河渠书》，《史记》卷二九；《沟洫志》，《汉书》卷二九，中华书局 1986 年版。

② 参见《循吏・王景》，《后汉书》卷七六，中华书局 1986 年版。

③ 参见王林主编：《山东近代灾荒史》，齐鲁书社 2004 年版，第 1—2 页。

④ 参见周良霄、顾菊英：《元史》，上海人民出版社 2003 年版，第 484 页。

⑤ 参见吴存浩：《中国农业史》，警官教育出版社 1996 年版，第 956—957 页。

情："臣窃见河南府、州、县密迩黄河地方，历年亲被冲决之患，民间田地决裂破坏，不成陇亩。耕者不得种，种者不得收。中土之民，困于河患，实不聊生。至于运河以东，山东济南、东昌、兖州三府，虽有汶、沂、洸、泗等河，然与民间田地，支节脉络，不相贯通。每年泰山、徂徕诸山水发之时，漫为巨浸，漂没庐舍，耕种失业，亦与河南河患相同。或不幸值旱燎，又无自来修缮陂塘渠堰，蓄水以待雨泽，遂至齐、鲁之间，一望赤地。于时蝗蝻四起，草谷俱尽。东西南北，横亘千里。天灾流行，往往有之。此皆沟渠不修之故也。善救时者，在乎得其大纲；善复古者，不必拘于陈迹。所谓修沟渠者，非谓一一如古，亦惟各因。但令自高而下，自少而大，自近而远，盈科而进，委之于海而已。"①

周用认为，水旱所以成灾，甚至造成赤地千里、人民死亡的惨像，是因为平时没有修缮陂、塘、渠、堰蓄水以待雨泽。有了水利齐备的水利设施，各因水势地势之相因，随其纵横曲直修沟渠、筑河堤，就可以将洪水导之入海而不会造成大的灾害。他指出："昔禹播河海，而沟洫之修尤尽力焉，固以利民，亦以分杀支流。"他认为沿河诸郡邑，访求故渠废堰，"疏为沟会，引纳支流，使霖潦不致泛溢于诸川，则并河居民，得水利成田，而河流渐杀，河患可弥矣"。"天下有沟洫，天下可容水之地，黄河何所不容。天下皆修沟洫，天下皆治水之人，黄河何所不治。水无不治，则荒田何所不垦"，"治河垦田，事实相因，水不治则田不可治，田治则水益治，事相表里"，"使天下人人治田，则人人治河也"，如此则"一举而兴天下之大利，平天下之大患"。② 周用的治河思想，反对历来治河头痛医头、脚痛医脚，治标不治本的治河思想，他认为，在区域干流治理中，也要有全流域治理的总体观念。周用继承汉代贾让的分洪溉田和杀洪蓄洪理论，将其发展为治河与农田水利建设结合的思想。

这种治黄理论，是富有创意地把农田水利建设和治河防洪统一起来，将兴利与除害融为一体的思想，在当时和后世都是具有开创意义的。以水利除水害，以水利设施应付水旱灾害，这就使水利思想和事业奠定在积极开发

---

① 钱穆：《国史大纲》（下册），商务印书馆 1994 年版，第 754 页。

② 《周恭肃集·理河事宜疏》，《明经世文编》，天津古籍出版社 1992 年版。

利用水利，消减水灾的高度上了。

徐贞明则提出了“治水先治源”理论。他指出：“夫利水之法……然其致力，当先于水之源。源则流微而易御，田渐成则水渐杀。水无泛溢之虞，田无冲激之患。”他认为，河上游水势较弱，便于控制和利用。治水的办法是浚上流入田，浚下流入海。

徐贞明认为：“水在天地间，本以利人，非以害之也，惟不利，期为害矣。人实贻之，而咎水可乎？盖聚之则害，散之则利，弃之则害，而用之则利。如血之在人身，流贯于肢节，而润泽其肌肤。一有雍注，则上为之痈，下而为痔，又或溢于口鼻，而因以戕其躯，遂曰血之于人害也，亦舛矣！”“古昔盛时，画井而田，达于沟畎，畎沟达于洫，洫达于浍，浍达于川，纵横因其地势，以取利于水。……岂古以为利，而今以为害乎？”[①] 他形象地比喻，水在天地间，如同血在人体，本是润泽其肌肤，维持生机，如果血有栓塞，则人上下受病。不能因为血栓致病，而认为是血有害，同样不能因为有水旱灾害，而认为是水害人，水害实际上是人类自己造成的，不能把责任推到水上。他认为有沟渠则无水害，有沟渠分水，则水不成患。

治河自上而下，多建沟渠，引水灌溉，将两岸的土地依次改造为水田；在中游留出淀泊蓄洪，沿淀洼地可仿照南方经验，兴修圩田：在下游则多开支河，分流入海。治黄先治源的思想，是针对着历代治黄只治中下游水灾，而不治上游的偏片性而发，统筹治河之策，在区域性规划中规划全局，先治水源，从上流治起，分流杀洪，是一种先知先觉的创见。[②]

明末杰出的科学家徐光启十分重视农田水利的基础性工作，认为这是“师于地不听于天，向所谓可得而知之之术”[③]。因地制宜，顺水势地势之纵横曲直，修沟渠、筑河堤，用地利补天时之失，不听命于天时顺逆，天灾流行，从实地治理河湖设法从治水中获得水利真知。

徐光启很主张发展农田水利建设，提倡旱田水利化。他认为这样可以

---

① 徐光启：《水利》，《农政全书校注》卷十二，上海古籍出版社 1979 年版，第 297 页。

② 参见徐贞明：《潞水客谈》，转引自徐光启：《水利》，《农政全书校注》卷十二，上海古籍出版社 1979 年版，第 300 页。

③ 《漕河议》，《徐文定公集》，《明经世文编》。

尽地力，救旱防旱，救潦防潦，防治江河水患。① 他的这种思想实际上是周用“天下人人治田，则人人治河”观点的进一步阐述，② 是将农田水利和治河统一的体现。

徐光启对找水脉、水井定位、凿井方法作了较科学的总结。他认为：“高地作井，未审泉源所在，其求之之法有四。”即气试、盘试、缶试、火试。这些方法尽管简陋，但已带有某种科学性了。③

徐光启还记载了凿井法。指出“凿井之法有五”：“择地，量浅深、避震气、察泉脉、澄水”。择地，是根据地形的差异与地下水的有无，来酌情确定井位；量浅深，是根据地下水的深浅来定凿井的深度；避震气，是凿井时要注意地质构造，防止地下有毒气体的溢出和因为缺氧而造成施工人员的伤亡；察泉脉，则是根据掘出水层的构造来判断水质的优劣，认为沙中带石子地层水质最佳；澄水，是井打成后，要在井底上层铺上一二尺厚细石子，对泉水起过滤作用。这种考虑到井位选择、凿井深度、地质构造、水质优劣及井水过滤等措施的凿井五法，比较系统而全面地反映了我国古代凿井技术的发展水平。④

徐光启在其著作中有专章研究泰西的水利，将西方的最新的科学方法介绍到中国来。对于多种不同水源的提取利用，徐光启也进行了总结，并提出了“用水五术”的具体用水办法：用水之源、用水之流、用水之潴、用水之委和作源作潴以用水。用水之源，是指对泉水的利用；用水之流，是指对江河塘浦水流的利用；用水之潴，是对湖荡沼泽积水的利用；用水之委，是指对江河出口处及岛屿、沙洲水流的利用；作源作潴以用水，是指通过修塘以蓄积雨水，凿井以开发地下水源。⑤ 如此多种水源开发和利用的经验总结，

---

① 徐光启：《旱田用水疏》，《农政全书校注》卷十六，上海古籍出版社 1979 年版，第 399—400 页。

② 参见吴存浩：《中国农业史》，警官教育出版社 1996 年版，第 957 页。

③ 参见徐光启：《泰西水法下》，《农政全书校注》卷二十，上海古籍出版社 1979 年版，第 515—516 页。

④ 参见徐光启：《泰西水法下》，《农政全书校注》卷二十，上海古籍出版社 1979 年版，第 516—517 页。

⑤ 参见徐光启：《旱田用水疏》，《农政全书校注》卷十六，上海古籍出版社 1979 年版，第 400—401 页。

反映着明代的人们因地制宜、发展各地不同特色的农田水利事业的积极进取精神。①

明代农田水利的发展方向上，徐贞明鉴于南粮北调带来人力物力的巨大浪费，主张开发北方水田建设，一则开发北方，二则减少漕运的虚糜。万历初年，工科给事中徐贞明，以北方兵食尽仰给东南，南粮北调，而河流多变，运道多梗，请大力兴修北方水利，开发京东水利溉田。起初，明神宗表示支持，命其兼监察御史领垦田使。不久，即在永平等地垦田39000余亩。贞明又遍历诸河，穷源竟委，拟将大力疏浚水利。而那些广占闲田为已业的宦官、勋戚，"恐水田兴而已失其利也，争言不便"②，极力反对修新河，诬陷徐贞明。明神宗惑于流言蜚语，遂下令停役，京东水田开发由此而罢。③

4. 清代的水利思想

满族入主中原以后，为了招民屯垦开荒，恢复农业生产，也开始注意水利的事情。康熙帝亲自学习西方的科学知识，试用测试仪测量土地，带头讲求水利原理。李光地曾主张建立沟洫井渠系统以兴水利。他说："北土地宜，大约病潦十之二，而苦旱十之八，苦旱遂至于不可支……盖根在于水利不修，束手无策故也。……凡州县各因其山川高下之宜，如近山者导泉通沟，近河者引流入渠；若无山无河平衍之处，则劝民凿井，亦可稍资灌溉。若一县开一万井，则可溉十万亩。约计亩获米一石，十县之人，已当全属之仓储矣，勺一沟之水又可当百井，一渠之水又可当十沟。以此推之，水利之兴，与积谷备荒，其利不止倍蓰什佰也。用地利以济天时之穷；用人力以补天地之缺。"④

清代的思想家继承了历代的农田水利思想，科学用水，科学种田思想开始提上日程了。陆陇其也说："欲民之富，在于垦田；欲田之垦，在兴水利。……水利之泽在万世。""水利兴，水患亦除矣。"⑤"盖财赋俱出农田，农田资乎水利。故水利不修，则田畴不治；田畴不治，则五谷不登；五谷不

① 参见吴存浩：《中国农业史》，警官教育出版社1996年版，第959页。

② 参见《徐贞明传》，《明史》卷二二三，中华书局1986年版。

③ 参见王毓铨主编：《中国经济通史・明代经济卷》，经济日报出版社1999年版，第380页。

④ 张清恪：《切问斋文钞》，乾隆四十年。

⑤ 陆濯：《切问斋文钞》，乾隆四十年。

登则国用不足矣。欲求水利，先除水害。”治水得宜，可以除水害，抑泛溢，可以资灌溉而为田利；水得其用，可以挽凶年而为丰收，化瘠土而为沃壤。江南三吴之地曾是荒蛮之野，田地列农田之下下地，后来却成为国家财赋重地，天下之利薮。究其原因，是因为江南有太湖之蓄泄，江海之利便也。“水得其用，可以挽凶而为丰，化瘠以为沃，利莫大焉。水不得其用，可以反丰而为凶，化沃以为瘠，害莫甚焉。”①

农田水利建设方面，在涝洼地上种植水稻，以改造涝洼地，变废地为沃壤，增加粮食产量的稻改用水策略，成为清中期后水利利用新思维。乾隆时期，国力充实，社会安定，经济已经复苏，人民在利用水利、改造农田、化害为利方面表现出了极大的历史创造性。

在整治运河的同时，阿尔泰还主持对山东境内的主要河道进行了疏通。像鲁西北及西南地区的老黄河、马颊河、徒骇河、洸水、泗水等六十余道，“皆节节疏通，畅流无滞”。对鲁中地区的五龙、白狼等河三十余道，“俱节次挑浚”。② 此外，还对沂州、济南、东昌等府的一些常年积涝地开挖沟渠，疏导整治。③ 通过治理，不但减少了这些地区的水患，而且还退出大片土地令民树艺耕垦。④

林则徐曾主编过《畿辅水利议》一书，主张利用水利技术的改良，在直隶省涝洼地区发展水利建设，扩大水稻种植，以满足京畿部分粮食需要，减少漕运南米数量。不过，林则徐及他同时代的包世臣、魏源等人，主要是从改革漕运制度的角度出发，提倡北方兴修水利，扩大水稻种植的。

冯桂芬则从当时中国人口众多、耕地面积严重不足的基本国情出发，主张大兴农田水利建设，以扩大水稻种植，解决民食困难。他说：“生齿数倍……而生谷之土不加辟，于是乎有受其饥之人，弱者沟壑，强者林莽矣。……夫一亩之田，可以活一人；十亩之粱若麦，亦仅可活一人……夫宜

---

① 钱泳：《履园丛话》，清代史料笔记丛刊，中华书局 1979 年版，第 96、98 页。

② 《清高宗实录》卷六一二，乾隆二十五年五月。

③ 参见《清高宗实录》卷六三五，乾隆二十六年四月；《水利》，《(乾隆) 沂州府志》卷三；《阿尔泰传》，《清史稿》卷三二六，中华书局 1986 年版。

④ 参见陈冬生、王赛时主编：《山东经济史 · 古代卷》，济南出版社 1998 年版，第 526—527 页。

稻而种粱麦，已折十人之食为一人之食，况不能种粱麦乎？”因此，冯桂芬主张应“相其高下，宜疏者疏之，宜堰者堰之，宜弃者弃之”，“得是法而相度疏浚”，使硗瘠之地变为膏腴。至于如何因地制宜，主张在北方地区兴建引流灌溉工程，要更多地运用水车提水浇灌。①

清代陈仪也曾对海河流域提出过类似的规划设想。他针对诸支流汇聚海河的状况，建议在南北运河上修建减水闸，泄水入海；针对子牙河、滹沱河、大清河下游排水不畅的特点，主张或疏浚旧河，或增开新河；针对永定河泥沙挟带量大，下有潮白河、北运河限制难以另辟入海新河的现状，建议引之入淀河，希图利用诸淀清水裹挟浊流入海；对于淀河，则建议采取定期疏浚的办法。②

（二）近代的水利思想

近代是西学东渐的时代，也是中国传统的水利思想与西学合流，借重西方科学知识与科学仪器，而逐步近代化的过程。

早期资产阶级思想家，对于农田水利建设同样重视。陈炽专以兴水利，广种树为功。他指出：“兴水利以防旱潦，勤纺织以殖货财，斯农政可兴，农功可立，民生日厚，而民气日强也。”他认为要使“数亩数十亩之田”而不宜使用大型机械农具的小农富裕起来的措施之一，就是“为之广开水道”，“专以兴水利，广种树为功”。这样就可以改变“北方水利湮废，肥饶听之地，水旱听之天，乐岁无仓箱，凶年有沟壑”的状态而“救我兆民”。③

郑观应也曾为“万里中原，沟渠湮废，粟麦而外，物产无多，地之肥者，变而瘠矣”④而焦急过。他们已经有了水土保护和生态保护的观念了，知道要保护环境，保持水土，主张兴水利以除旱潦，勤纺织以殖货财，注重加强小农经济的基础。

---

① 参见郑欢应：《农功》，《盛世危言》，转引自吴存浩：《中国农业史》，警官教育出版社1996年版，第1208页。

② 参见《直隶河渠志》，《畿辅河道水利丛书》。

③ 参见陈炽：《讲求农学说》，《续富国策》，1868年。

④ 郑观应：《农功》，《盛世危言》，参见吴存浩：《中国农业史》，警官教育出版社1996年版，第1208页。

西学为中国传统水利思想和水利工程带来新的观念。比利时工程师卢法尔的治河方案，就较有全局观念，与明代周用的治河治源的观念不谋而合。他认为黄河之所以难治，在于治标不治本，舍本治标。光绪二十五年（1899年）他提出："推原其故，良因治水仅就一隅，不筹全局。""黄河在山东为患，而病源不在山东。若只就山东治黄河，何异于按疮敷药，虽可一时止痛，而不久旧疾复作矣。盖其毒未消，其病根未拔也。"他主张用数学和现代工程测量地理绘图为基础，从测量全河源流入手。其具体方法是："Ⅰ.测量全河形势，凡河身宽窄深浅、堤岸高低厚薄以及大小水之深浅，均需详志；Ⅱ.测绘河图，须纤悉不遗；Ⅲ.派人查看水性，较量水力，记载水志，考求沙数。以上三者最关紧要。""此三事未办，所有工程终难得当。即可稍纾目前，不旋踵而前功尽隳矣。"①

从明晚期开始，中国的知识界开始学习西方的科学知识，徐光启就介绍了泰西的水利知识和仪器工具。到了近代，水文、气象台站开始建立，西方的水文和气象观测引入中国，开农田水利科学化的先河，是水利思想历史性进步的标志。

水文和气象是农田水利建设工程设计的基础。我国最早出现的近代气象台站是外国人设置的。1873年，法国天主教会在上海设立徐家汇观象台，后又在沿海设立了许多气象站，构成了独立气象网。

辛亥革命后，我国设立中央观象台，但比较重要的科学研究成果的取得以及气象学会的成立和气象杂志的发行，都是在20年代以后的事。1928年，国民政府在南京设立中央研究院，内设气象研究所，原中央观象台之一部改组隶属该所。以后又陆续在酒泉、贵阳、上海、宁夏、包头、拉萨、北京以及泰山日观峰设立8个测候分所。自民国五年（1916年）始，我国即已开始天气预报，每日两次，晚上的一次在报纸上公布，而不是用无线电广播。水文站的设置同样如此。

民国八年（1919年），始设河南陕县、山东泺口水文站，测量流量、水位、含沙量和雨量。到1949年新中国成立前，黄河全流域已建有16个水文

① 林修竹、徐振声编：《历代治黄史》卷五，第51—52页，转引自王林主编：《山东近代灾荒史》，齐鲁书社2004年版，第88页。

站，4 个水位站和几个测量队。尽管水文站规模有限，但为农田水利工程的设计提供了基础性设施。①

农田水利工程理论和建筑技术的提高，主要是清末和民国时期。其代表人物是以献身中国水利事业的李仪祉成就最为显著。

李仪祉（1882—1938 年），陕西蒲城人。清末民初，他曾两次留学德国，专攻水利工程学。他重视勘测研究，提倡模型实验，研究范围从水文、水力、灌溉、航运到河道治理，从基本理论到计算方法等国外多门类、多方面最新科学技术成就。近代水利科技的进展，正如他说："泰西各国治水成法，可供吾国人仿效者多。因其地理关系，各有特长。论中下游之治导，则普鲁士诸河可为法也。论山溪之制驭，则奥与意可为师也。论海洋影响及河口一段之整治，则英法及北美诸河流可资仿效也。论防止土壤冲刷，则美国及日本今正在努力也"。李仪祉先生积极翻译介绍各国近代水利技术，"凡于水工学术有关的基本科学，如水工试验、最小二乘法、宇冰学说、诸莫术、实用水力学等重要学理，莫不尽先译著，教我国人，启我民智"。李仪祉是我国近代水利界的泰斗，他所主持的陕西关中四惠渠，是近代水利科技理论改良的典范。②

李赋都博士也提出了新的治河方略和理念。他在《黄河问题》一文中阐述自己的治河观点。他认为，"导致黄河之根本方法，在中上游，则为阻止泥沙之冲洗，减除河水之含沙量；在下游，则为防止泥沙之淤积，使河槽深入地内，使河水所带之泥沙，尽量输之入海，使河身有充分的、深且固定之槽线，及坚固而线形适宜之堤防"。欲根治黄河，上、中、下游均应注意，但当务之急是治理下游河道。在黄河下游的治理上，李赋都同意德国水利专家方修斯的方法："首在筑成与河流方向适合而带弱曲之窄堤，其宽度约在五六百公尺。近堤之处，植以丛木，以保护堤身。设计堤内河体横断面，只需使其能容收普通每年之大水，利用此每年大水，以冲深河底。"据估计，"河底于八年之后，即可冲深四公尺。如此，则高水仅达于现在边床之高处。新堤之上，并设溢水段，使特别大水溢入新旧二堤之间，使该地渐次淤高，

① 参见吴存浩：《中国农业史》，警官教育出版社 1996 年版，第 1211—1212 页。

② 参见吴存浩：《中国农业史》，警官教育出版社 1996 年版，第 1211—1212 页。

既系临时性质，又未改往日状况，可谓有利无弊”。①

三、水利行政

（一）先秦至唐代的水利行政

1. 先秦的水利行政

我国水利行政，实肇基于三代。因年代久远史迹湮没，关于水政之官，史册阙焉不详。颛顼设五官，冬官水正，曰玄冥，然其职掌，书无记焉。舜摄帝位，伯禹作司空，负平水土之责，此为水利特设专司之始，厥后夏以契之子冥为司空，殷汤以咎单为司空，迄于周室，历而未改。《礼记·月令》：“季春之月，命司空曰：‘时雨将降，下水上腾，循行国邑，周视原野，修利堤防，道达沟渎，开辟道路，毋障塞’。”司空是掌平水土之官，凡此所命，皆备防水灾也。又《礼记·月令》：“孟秋之月，命百官始收敛，完堤防，谨壅塞，以备水潦。”此所谓百官，犹今之大小河官也。②

2. 秦汉的水利行政

秦朝是短命王朝，其水政职官之见诸史册者，有都水长丞，主陂塘灌溉，保守河渠，自太常少府及三辅等，皆有专官司其职。

汉承秦制，水利职官制度承袭秦朝，但水利职官与河官机构较比秦朝更趋完备。《后汉书·百官志》称：“司空公一人，掌水土事，凡营起城邑，浚沟洫，修堤防之事，则议其利，建其功，凡四方水土功课，岁尽则奏其殿最而行赏罚。”司空下属有秩一千石长史一人，掾属二十九人，令史及御属四十二人，并如秦制设都水丞。汉武帝置秩比二千石水衡都尉，也称都水使者，下属置左右使者以领众水官。东汉时罢都水官，置河堤谒者，官位与职掌即如西汉之都水使者官。③

3. 三国至隋朝的水利行政

魏晋以下，三公为崇阶，无关水利。魏以水衡都尉主天下水军舟船器械，又因袭汉代的水利职官，如东汉时设河堤谒者。

---

① 王林主编：《山东近代灾荒史》，齐鲁书社 2004 年版，第 289—290 页。

② 参见郑肇经：《中国水利史》，上海书店 1939 年版，第 325 页。

③ 参见郑肇经：《中国水利史》，上海书店 1939 年版，第 326 页。

晋武帝受命，在中央置水部，后又置运漕，共三十五曹。康穆以后，置都水部，后又省，中央由大司农统率都水部，都水掌东西南北部护漕掾，职掌重点在护漕。及哀帝，省并都水，设水衡。武帝又裁并水衡，立都水台，置都水使者一人，都水之下设河堤谒者，并设江左省河堤谒者，共置谒者六人，在诸州置都水从事官各一人。

南北朝时，宋孝武帝复立都水台，置都水使者官，下设有参军二人。齐有都水台使者一人，另有官船典军管理漕运船务。梁初亦有都水台使者一人，后改为大舟卿，主舟航河堤，都水台使者下有丞、主簿。陈因之。后魏北齐有水部，属都官尚书，掌舟船津梁之事。亦置都水台二使者，下属有参军。后周主管水利官员有司水中大夫、小司水上士、小司舟中士。

隋初中央设有都水台，主官为水部侍郎，属工部；炀帝改称水部侍郎为水部郎。又文帝开皇二年（582 年），废都水台，入司农。开皇十三年（593 年）复置都水台。仁寿元年（601 年）改都水台为都水监，更名都水使者亦为都水监。炀帝又改都水监为都水使者，寻又改都水使者为都水监，加置都水少监，又改都水监及都水少监并为都水令，职掌为统领舟楫、河渠二署；都水监有丞，下属的舟楫署、河渠署各有令丞各一人。①

4. 唐五代的水利行政

唐朝中央有工部尚书一员，侍郎一员，尚书、侍郎之职，掌天下百工，屯田山泽之政令。其下属有四：一是工部，二是屯田，三是虞部，四是水部，下属四部分任工部尚书的职掌，受负责执行尚书的命令。水部有郎中一员，主事二人，令史四人，书令史九人，掌固四人，郎中员外郎之职，掌天下川渎陂池之政令，以导达沟洫，堰决河渠，凡舟楫灌溉之利咸总而举之。就是说，到了唐代，才有了真正专职负责天下川渎陂池之政令，以维护疏导通达沟洫，培修堰堤防备河决渠溃事。

高宗龙溯二年（662 年）改水部曰司川。咸亨二年（670 年），复改司川为水部。玄宗天宝十一年（752 年）再改水部曰司水监。又设司水监使者二人，使者掌川泽津梁之禁令，司水监总领下属的舟楫署、河渠署二署之官属。凡虞衡之采捕，渠堰陂池之坏决，水田斗门灌溉，皆行其政令。司水监

---

① 参见郑肇经：《中国水利史》，上海书店 1939 年版，第 326—327 页。

内部下设丞二人，主簿二人，录事一人，府五人，史十人，掌固三人；舟楫署有令一人，丞二人。舟楫署令掌公私舟楫运漕之事。河渠署有令一人，府三人，史六人，河堤谒者六人，掌修补堰渔之事。基层有典事三人，掌固四人，长上渔师四人，短番渔师一百二十人。河渠令掌川泽渔醢之事。各要津并设津令一人，丞一人，津令各掌其津济渡舟梁之事。五代沿袭唐代，无大变动。①

（二）宋元的水利行政

1. 宋朝的水利行政

宋朝中央政府有工部，工部尚书掌百工水土之政令，稽其功绪，以诏赏罚。工部尚书的副手是侍郎，其下有三部，一是屯田，二是虞部，三是水部。水部设官有郎中、员外郎，掌管农田水利的沟洫津梁及运输舟楫漕运之事。大凡堤防决溢，疏导壅底诸事，按时约束下属，而堤防决溢疏导河道及管理漕运诸事，每年费用和各项物资供给的规划措施，如果不能按法修治，则予以惩罚，规划措施对国家百姓谋利者奖赏之。全系统分案为六块，置官吏十三人。绍兴中，累减吏额，都水监旧隶属三司河渠司，仁宗嘉祐三年（1058 年）始专置都水监以统领水利漕运事，设判监事一人，以员外郎以上官员充任；有同判监事一人，以朝官以上充任，设主簿一人，并以京朝官充任，还有轮遣丞一人，负责派出外地巡视治河埽之事，一般是一二年而罢。有些谙知水政者，或留任至三年。

外朝置都水局于澶州，号曰外（都水）监。元丰时正名，置都水使者一人，丞二人，主簿一人，都水使者掌中外川泽河渠津梁堤堰疏凿浚治之事，都水丞参领之。有南北外都水丞各一人，都水监提举官八人，监埽官百三十有五人，皆分职立事即于机速，非外丞所能治，则都水使者行治河渠事。神宗以后，屡设屡废。②

2. 元代水利行政

元代的工部，有工部尚书、侍郎、员外郎各一至四员不等；巡河提领所，提领二员，副提领一员。

---

① 参见郑肇经：《中国水利史》，上海书店 1939 年版，第 327—328 页。

② 参见郑肇经：《中国水利史》，上海书店 1939 年版，第 329—330 页。

（1）河道管理方面。

元初，设都水监（从三品），统管治河、水利、闸堰、桥梁等。中国著名水利专家郭守敬就曾担任过都水监，专职开凿运河、兴修水利。都水监二员，少监一员，监丞二员，经历知事各一员，令史十人，蒙古必阇赤一人，回回令史一人，通事知印各一人，奏差十人，壕寨十六人，典吏二人。至元二十七年（1283 年），会通河竣工，置都水分监于张秋镇。大都河道提举司提举一员，同提举一员，副提举一员。至正六年（1346 年），以连年河决为患，置都水监于河南、山东，以专事疏通淤塞之任。至正八年（1348 年），又以河水为患，于山东济宁、郓城两地，设行都水监专管山东运道。九年又立山东、河南等行都水监。所谓行都水监，是都水监下属机构，应该是临时工作机构。至正十一年（1351 年）立河防提举司，隶行都水监，掌巡视河道。元代重视水利，内立都水监，外设各处河渠司，皆以兴举水利、修理河防为务，并不专主漕运。至正十二年（1352 年），行都水监添设判官两员，至正十六年（1356 年）又添设少监、监丞、知事各一员。①

（2）漕运管理方面。

元初设有都漕运司使，隶属户部，主管内河与海上的漕运。至元十九年（1282 年），改为京畿漕运司，由正三品官统领，并设有同知、副使、判官、经历，知事等官员，分管各项漕运事务。同年十月，漕运实行分级管理，大都到中泺、中泺至瓜州（今江苏扬州附近）。其中，南漕运司设于济州（今山东济宁）。至元二十五年（1288 年）十月，改济州漕运司为都漕运司，管领河南、山东由内河北运的糟粮及其仓储等。② 元代重视兴修水利，为保证农业生产，专设官分职。元朝统治者认识到水利的兴修对保证农业生产有着决定性的作用，因此对兴修水利十分重视。在至元七年（1270 年），中央成立了司农司，寻改大司农司，专掌农桑水利；仍分派劝农官及知水利者，巡行郡邑。在中央专设都水监，外设各处河渠司，以兴举水利，修理河堤为务。

---

① 参见山东航运史编委会编：《山东航运史》，人民交通出版社 1993 年版，第 96 页。

② 参见山东航运史编委会编：《山东航运史》，人民交通出版社 1993 年版，第 96 页。

（三）明清的水利行政

1. 明代水利行政

明工部尚书、左右侍郎，掌天下营作，山泽采捕、窖冶屯田、榷税、河渠、织造之政令。

属有水部，后改水部为都水清吏司，设郎中、员外郎、主事，分掌川渎、陂池、桥道、舟车之事。

明世河官之制，运河重于黄河。其初或以工部尚书、侍郎、侯伯、都督、提督运河，自济宁分南北界，或差左右通政少卿，或都水司属分理。又遣监察御史、锦衣卫、千户等官巡视。其沿运河之闸泉，及徐州吕梁二洪，皆差官管理，或以御史，或以郎中，或以河南探察使司官，后皆革去而只设主事，俱为漕运之河，不为黄河也。

惟总督直隶河道大臣，则兼理南北直隶、河南、山东等处黄河，亦以黄河之利害与运河同也。

总督之名自成化、弘治间始，或以工部侍郎，或以都御史，常于济宁驻扎。其河南山东二省巡抚都御史，则玺书所载河道重。

明初河道事原本归一，永乐时令漕运都督兼理河道，偶遇黄河溃决，则专敕总河大臣一员往治，竣事还京，不常设。后遇有水患，遂以为定员，其职专管黄河，于曹州驻扎，河南山东管河副使则属之管河郎中。①

（1）漕运管理机构。

明初，为确保京杭运河通行无阻，对漕运管理工作极为重视，“保漕运输”是明代漕河管理的最高原则，重点是江苏、河南、山东三省河段。明初，置京畿漕司，设漕运使，以管理漕运。永乐十五年（1417 年），始设漕运总兵官，“掌漕运河道之事”，平江伯陈碹为首任。景泰二年（1451 年），设漕运总督，驻淮安，与运粮总兵官同管漕务。每年正月，总督巡察扬州、瓜洲及淮安，总兵则驻徐、邳督漕船过江、过徐吕二洪入闸河北上。1561 年总督漕运兼提督军务，直至明亡不变。②

---

① 参见郑肇经：《中国水利史》，上海书店 1939 年版，第 333—334 页。

② 参见山东航运史编委会编：《山东航运史》，人民交通出版社 1993 年版，第 96—97 页。

（2）河道管理机构。

永乐九年遣尚书治河，自后间遣侍郎、都御史。成化七年（1471 年）置总河侍郎（以下简称总河）；与漕运总督分理河漕，即总河专门主持黄河、运河河道修守，总漕理漕政；1587 年，总督兼管河道；总河以下设分水司，由工部郎中或主事任职；万历时，总河下设都水分司，分为：南河（淮扬河段）；中河（加运河段，驻吕梁）；北河（会通河段，驻张秋）；通惠河（驻通州）四河段。分司主要管理工程设施和运河水源，运河河道的具体管理则由地方主持。①

成化七年（1471 年），为了保障漕道畅通，朝廷在“治黄保运”方面采用了一个空前未有的大动作，命王恕为工部侍郎，奉敕总理河道，②“总理河漕兼提督军务一员”。王恕为总理河道，为设总河侍郎之始。总督河道之设，自有利于治理黄、淮河等水患。它既是明代“治黄保运”的一项重大举措，又是在治水方面不同于前代的一个特点。成化后，始称总督河道。

黄河为患，由来已久，非始于明代。明代设立河道总督（驻山东济宁），专管黄、淮等河堤防疏浚诸事。是时河道总督虽非常设之官，却也足以说明黄、淮水患的严重性。③ 明朝灭亡以后，“清承明制”，不仅沿用此一制度，而且改为常设，其职权范围除黄、淮两河之外，还兼及永定河。正德四年（1509 年）定设都御史。嘉靖二十年（1541 年）以都御史加工部职衔，提督河南、山东、直隶河道。嘉靖三十六年（1557 年），添设提督军务都御史，嘉靖四十年（1561 年）并为总督漕运兼提督军务，直至崇祯不变。嘉靖四十年（1565 年）命朱衡为工部尚书，兼理河漕。又以潘季训为佥都御史，总理河道。隆庆四年（1570 年）加提督军务，八年革。万历五年（1577 年），命吴桂芳为工部尚书，兼理河漕，而裁总河都御史官，于是河漕合一，改总理河漕兼提督军务。万历六年（1578 年）夏，潘季训代，自桂芳季训时，罢总河不设，其后但以督漕兼理河道。十五年（1587 年），命工科都给事中常居敬行河，居敬及御史乔璧星皆请复专设总理大臣，乃复

① 参见山东航运史编委会编：《山东航运史》，人民交通出版社 1993 年版，第 96—97 页。

② 参见《职官二・都察院》，《明史》卷七三，中华书局 1986 年版。

③ 参见王毓铨主编：《中国经济通史・明代经济卷》，经济日报出版社 1999 年版，第 370—371 页。

命潘季训为右都御史，总理河道，自是总河复设专官，河、漕之事又分。①万历十五年（1587 年），总督兼管河道，以后又几经分合。万历二十六年（1598 年）以总河工部尚书杨一魁兼管漕运，万历三十年（1602 年），分设河漕二臣，命曾如春为工部侍郎，总理河道。迄于明末，河漕之务，不复合矣。明代地方水利事的管理，设主事或郎中兼管。②

2. 清朝的水利行政

（1）工部。

清工部尚书满汉各一人，掌天下工虞器用，左右侍郎满汉各一人，掌综理训工，以贰尚书。工部所属，有营缮、虞衡、都水、屯田四清吏司，都水清吏设郎中、员外郎，均满五人，汉一人；主事满四人，汉一人；掌河防海塘及直省河湖淀泊川泽陂池水利之政令，凡道路之平治，桥梁之营葺，舟楫之制度，咸总而举之。③

（2）清代运河管理机构。

至清代，水利机构有了进一步发展，工部尚书以下设立河道总督、河库道、管河同知、通判以及兼管河务的知县、县丞、主簿等官。清初，运河管理机构参酌明制，逐渐调整简化。管河道者为河道总督（明代称总河），清初以河道总督总理两河事务，通惠等北中南各设分司管理，通惠河分司驻扎通州，北河分司驻扎张秋。下分道、厅、汛三级管理。康熙前河道总督驻山东济宁州（今山东济宁市），后驻清江浦（今淮阴市）。到清雍正七年（1729 年）分设江南河道总督及河南山东河道总督（驻济宁）。分设四个河道总督。其中，河南、山东境内黄河、运河称东河，设河东道总督，驻济宁。管运者则为漕运总督，分辖的则有粮储道；监兑押运则有同知、通判；漕运则有沿河镇将领等官。④

（3）黄河治理管理机构。

顺治初设总河一人，总理黄（河）运（河）两河事务。驻扎济宁州。康熙十六年（1677 年）以后，江南河工紧要，总河移驻清江浦。雍正二年

---

① 参见山东航运史编委会编：《山东航运史》，人民交通出版社 1993 年版，第 96—97 页。

② 参见郑肇经：《中国水利史》，上海书店 1939 年版，第 333—334 页。

③ 参见郑肇经：《中国水利史》，上海书店 1939 年版，第 336 页。

④ 参见山东航运史编委会编：《山东航运史》，人民交通出版社 1993 年版，第 97 页。

(1724 年) 以河南堤工紧急，设副总河一人，驻扎济宁州，总河兼理南北两河，副总河专理北河。雍正七年（1729 年）改总河为总督江南河道，副总河为总督河南、山东河道，分管南北两河。江南河道总督，掌黄淮汇流入海，引黄济运，南北运河泄水行漕，及瓜洲江工，支河湖港堤防之事。河南山东河道总督，掌黄河南下，汶水分流，运河蓄泄，及支河湖港疏浚堤防之事。初，南北两总河，并兼兵部尚书右都御史衔。雍正八年（1730 年）置直隶河道总督，掌漳卫入运归海，永定河疏浚堤防之事。乾隆四十八年(1783 年)，以总河无地方之责，况又有由道员升署及简擢初任之员，嗣后但与兵部侍郎右副都御史衔，著为令。咸丰五年（1855 年），黄河北徙，乃于咸丰十一年（1861 年）裁南河总督缺，以漕督兼管河务。光绪二十八年(1902 年) 裁河东河道总督缺，河工归巡抚兼管，所属山东运河道亦裁，改设运河工程局。光绪三十年（1904 年），裁漕河总督缺，改为江淮巡抚。光绪三十一年（1905 年）裁江淮巡抚缺，改以淮扬镇总兵为江北提督，仍循例兼管河务。①

(4) 地方水利职官。

康熙十五年（1676 年），归并济宁道管理，夏镇分司驻扎夏镇，以下各州县分分合合，原管地方水利事务，由府州县下佐贰董其事，各难事以管理水利职务衔，事关奏题，均由督抚。② 康熙十七年（1678 年），归并济宁天津二道管理，南旺分司驻扎济宁州。

(四) 民国的水利行政

1. 国民政府全国统一的治河机构

自中华民国成立之初，中央政府主管水利事务者为内务及农商两部，在内务部则属土木司，在农商部则属农林司。民国三年（1914 年）设全国水利局，局设总裁，关于水利事项，由内务、农商两部与全国水利局协商办理。民国十六年（1927 年）南京国民政府成立后，水灾防御属内政部，水利建设属建设委员会，农田水利属实业部，河道疏浚属交通部。

治河机构不统一，也是黄河无法标本根治和统一治理的重要原因。《大

---

① 参见郑肇经：《中国水利史》，上海书店 1939 年版，第 336—337 页。

② 参见郑肇经：《中国水利史》，上海书店 1939 年版，第 337 页。

公报》社论指出："向来河患发生，多在省界交接区域，即所谓工在甲省，而祸在乙省是也。山东对于河防，并无不力，乃十五年来，黄河决口六次，皆在豫冀两省，鲁居下游，适当其冲，故终不免受池鱼之殃。此后非统一治水机关，通盘筹划防堵，殊不足安鲁人之心，平灾民之怨。"①

国民政府也认识到统一全国河政的重要性和迫切性，于是决定将筹备已久的黄河水利委员会正式推出。民国二十二年（1933 年）水利建设又改归内政部主管。民国二十三年（1934 年），以水利行政职权不专，系统紊乱，由全国经济委员会统一水利行政，乃先后颁布《统一水利行政事业办法纲要》及《统一水利行政事业进行办法》。以全国经济委员会为全国水利总机关，各部会有关水利事项之职掌，统归全国经济委员会办理，是年十一月接管水利行政，全国水利行政乃告统一。

1933 年 9 月 1 日，黄河水利委员会在南京开成立大会，25 日，在河南省政府礼堂举行全体委员宣誓就职典礼，黄河水利委员会以李仪祉为委员长，王应榆为副委员长。② 委员会由秘书处和工程处组成。

秘书处"管理会议记录、文书统计、任免、考成、会计、出纳及庶务等事"。下设四科：文书科、会计科、考核科、庶务科，处长为张含英。

工程处"统辖全河工程及关于河防之管理事项"，下设五科：管理科、交通科、设计科、测绘科、实验科。处长为许心武。李仪祉兼任工程处总工程师，许心武兼任副总工程师。

工程处并设五工程局，分段治理黄河。第一分局设于济南，管辖海口至濮县一段黄河及其支流。第二分局设于开封，管辖濮县至孟津一段黄河及其支流。第三分局设于潼关，管辖孟津至吴堡一段黄河及其支流。第四分局设于包头，管辖吴堡至石嘴子一段黄河及其支流。第五分局设于皋兰，管辖石嘴子至贵德一段黄河及其支流。

黄河水利委员会初设时直隶于国民政府，但因水利建设归行政院管辖，为便于统一管理，后划归行政院。按照组织法规定，黄委会"掌理黄河及渭洛各支流一切兴利防患、施工事务"。但依照中央政治会议决议，冀、鲁、

---

① 参见《大公报》1933 年 9 月 5 日。

② 参见《大公报》1933 年 9 月 28 日。

豫三省河务局受黄委会指导监督，“照旧负河防之责”。因此，黄委会“只居指导监督之地位而已，而防守之责，仍归三省河务局。则又似仅有合治之形式，而无合治之精神”。

各中央水利机关整理后，直隶于全国经济委员会者如下：(1) 导淮委员会，掌理治导淮河；(2) 黄河委员会，掌理治导黄河；(3) 扬子江委员会，掌理治导扬子江；(4) 华北水利委员会，掌理治导黄河以北注入渤海之各河流域。①

2. 民国各河流域水利行政

在水利行政未统一前，各河流域之中央特设之水利机关，颇不统一，分述如下：

淮河方面。民初，江苏省设有江淮水利测量局，后改为导淮测量处，属全国水利局。民国十八年（1929 年）特设导淮委员会，掌理治导淮河事务，直属国民政府。

黄河方面。民初，黄河无专管机关。民国十八年（1929 年）制《黄河委员会组织条例》，旋废。治理黄河事宜，由建设委员会统筹办理。民国二十年（1931 年）黄河事宜由内政部主管。民国二十二年（1933 年）黄河水利委员会正式成立，直属国民政府，后改隶行政院。

运河方面。民国七年设督办运河工程局，专办河北、山东两省运河工程事宜，设总局于天津，并于山东济宁设立分局，民国十一年（1922 年）因经费不济而停顿。又民国九年就江苏省筹浚运河工程局改组为督办江苏运河工程局。民国十六年（1927 年）后改为江北运河局，隶江苏省政府。

华北方面。民国七年成立顺直水利委员会，直属国务院。民国十七年（1928 年）由建设委员会接收，改组为华北水利委员会，其管辖区域以黄河以北，注入渤海之各河湖流域及沿海区域为范围。民国二十年（1931 年）改隶内政部。②

3. 山东省水利行政

民国成立后，各省的水利行政，概由各省长公署主持，亦有特设水利

① 参见王林主编：《山东近代灾荒史》，齐鲁书社 2004 年版，第 291—292 页。

② 参见郑肇经：《中国水利史》，上海书店 1939 年版，第 342—344 页。

处或水利局者，受各该省长之指挥监督，其关系重要之各河流域，则特设各该河河务局或水利工程处，俾负修防导治之专责，仍隶属于省长。

民国十六年（1927 年）国民政府定都南京后，省制改订，省水利行政属建设厅而受成于省政府。民国二十三年（1934 年），统一水利行政，各省水利行政由建设厅主管，各县水利行政由县政府主管，受中央水利厅机关之指挥监督。①

1914 年 12 月 1 日，山东南运河疏浚事宜筹办处成立，兼办全省水利事务。总办潘复，下设工务、工程、测绘 3 科，共有职工 48 人。

1924 年，山东南运湖河疏浚事宜筹办处改组为运河工程局，隶属山东省建设厅，并由济宁迁移至济南办公。因时局不定，并未开展实际工作。

1928 年，山东省政府建设厅设水利组，主管全省水利事务。

1930 年 4 月，小清河工程局成立，主管小清河及其支流、湖泊的整修事项，隶属山东省建设厅。局下设总务、工务两课。10 月，山东运河工程局成立，隶属省建设厅，主管境内南北运河及其支流、湖泊之整修事项。下设总务、工程两科和两个测量队。

1932 年，按水系将全省划分为 18 个水利区，每区设水利专员 1 人，隶属省建设厅，主管该区境内水利事业勘测、计划、施工事项。

1942 年 1 月，伪山东省公署决定成立“华北河渠建设委员会山东省分会”。

抗日战争胜利后，于 1946 年 1 月 19 日，在省建设厅下设立水利局，办理全省水利业务，统一水利事权。下设秘书室、设计科、工务科、农贷科、总务科、会计室及人事管理员。附设机构有：黄台、睦里庄两水文站，五柳、边庄两监闸所，北园灌溉工程处，绣惠渠工程处。

山东解放区的水利机构。1945 年 4 月 15 日，山东省战时行政委员会（抗日民主政权）成立水利委员会，林一山、耿光波分任正、副委员长。1946 年 1 月，在省政府实业厅内设立水利队。10 月，苏皖边区民主政府水利局撤来山东，其中部分人员并入山东省政府实业厅水利队。水利队下设调查组、地形组、水准组、断面组。1948 年 9 月 24 日济南解放，实业厅水利队

① 参见郑肇经：《中国水利史》，上海书店 1939 年版，第 345—346 页。

接管山东省政府建设厅水利局及其职员。12 月初，徐州解放，山东省水利队派员于 12 月 5 日随军入市，对原山东省南运河工程处进行接管。将该处大部分人员及全部档案、资料、仪器、物资接回济南。

1949 年 4 月，山东省人民政府实业厅水利局成立。局设技术室、测绘科、工务科、行政科、秘书室及 4 个测量队。9 月，改设为秘书室、技术室、工务科、测绘科、3 个测量队、1 个农田水利工作队、2 个水文站、2 个监闸所，编制员额 278 人。①

（五）新中国成立后的水利行政

1950 年 9 月，山东省人民政府实业厅水利局改为山东省人民政府水利局。局下设技术室、测绘科、工务科、行政科、财务科、秘书科、人事科、测候所。共有干部 192 人。下属 4 个流域工程处，共 255 人。

1952 年 1 月，水利局并入农林厅，与该厅的农田水利处合并为山东省农林厅水利局。局内设办公室、工务室、规划室、水利行政室、垦区总队、测量工程总队。

1955 年 3 月成立山东省水利厅。1956 年 7 月，山东省治淮指挥部与山东省水利厅合并为山东省水利厅。②

1958 年 10 月，山东省水利厅与山东省黄河河务局合并为山东省水利厅，下设山东省水利厅黄河河务局，同时保留黄河水利委员会山东黄河河务局名义。该局受水利厅与黄委会的双重领导。水利厅机关增设水土保持局、水电局。

1959 年对水利厅机关和事业单位机构设置作了调整，增设规划处、技术革新处、劳动工资处、水库局。

1961 年年底至 1962 年年初，水利厅与黄河河务局分设，水利厅机构进行整编和调整，撤销规划处、技术革新处、劳动工资处、水库局、水电局，将农田水利局分设为农田水利局和灌溉局。

1964 年 1 月 1 日，将省水文总站上交水利电力部直接领导。1966 年 3 月，

① 参见山东史志编委会编：《山东省志 · 水利志》，山东人民出版社 1993 年版，第 583—585 页。

② 参见山东史志编委会编：《山东省志 · 水利志》，山东人民出版社 1993 年版，第 586 页。

撤销省水利厅，成立省人委农林办公室，下设山东省水利局。[①]

1966年下半年"文化大革命"开始后，1967年由省水利局革命委员会、革命领导小组接替工作。1968年撤销省水利局，人员仍在原单位。

1970年2月，中共山东省水利局核心领导小组成立。3月省革命委员会决定设立山东省水利局。10月，局机关部分人员下放"五·七"干校劳动。11月山东省水利局改为山东省革命委员会水利局，局机关设政工组、办事组、水利组、财供组，共99人。局属事业单位有：省水利勘测设计院、省水利科学研究所、省水文总站、局建筑安装总队、省治淮南四湖工程指挥部、省水利学校、省水利机电学校。业务指导单位有省鲁北根治海河指挥部，至1972年年底，局机关实有216人，局属事业单位3881人。

1978年2月，成立科技教育处，山东省根治海河指挥部正式归省水利局领导。

1979年12月，省革委水利局改名为山东省水利厅。同年，在原机械管理站的基础上，成立水利机械管理局。1980年增设引黄灌溉处。

1983年1月，恢复山东省水利厅。1983年，根据中央和省委统一部署进行机构改革。厅属事业单位有：省海河流域治理指挥部、省南四湖流域工程指挥部、省水利勘测设计院、省水利科学研究所、厅建筑安装总队、省水利学校、省水利职工大学、省水利机电学校、省淄博水利技工学校。

1984年对机构进行个别调整，水利工程管理局和省抗旱防汛指挥部办公室合署办公，农田水利处和省水利灌溉公司合署办公。5月建立山东省水利史志编辑室。同时恢复山东工业大学水利系。

1985年2月，将打渔张引黄灌溉管理局收归省水利厅领导。1月将原山东省水利机电学校改为山东省水利学校。12月建立山东省引黄济青工程指挥部办公室。

四、新中国成立后山东的水利建设

山东省水旱灾害频繁，新中国成立前抗灾能力很低，受灾即成灾。新中国成立后通过大规模的水利建设，提高了抗御水旱灾害的能力，水旱灾情

① 参见山东史志编委会编：《山东省志·水利志》，山东人民出版社1993年版，第587页。

有很大程度的减轻，在受灾范围内成灾面积减少。1949—1985年，平均每年水旱灾害受灾面积为3730万亩，而成灾面积为2475万亩，成灾率66%，水利工程对减轻水旱灾害发挥了显著作用。但水旱灾害仍然相当严重，除害兴利的任务仍很繁重。①

新中国成立后，山东省首先以防洪除涝、消除水患为重点，进行了导沭（河）、整沂（河）和其他河道治理，并积极开展了小型水利建设和水土保持工作。1958年后，为发展灌溉，修建了一大批水库和引黄工程；同时开挖治理了鲁西北地区骨干河道，兴建了南四湖二级坝和韩庄枢纽，调整了湖西水系。70年代前半期，治水改土并举，广泛开展建设旱涝保收高产稳产农田的群众运动。1978年以后，全省水利建设走上了以“内涵”为主的路子，通过配套挖潜和加强管理，充分发挥已建工程效益，围绕解决灌溉水源问题，大搞农田水利基本建设，在农业生产中发挥了重要作用。

经过新中国成立后四十多年的建设，到1990年年底，全省已初步治理大中型河道31条，整修加固堤防8000多公里，基本形成了骨干排水体系。上游建成大型水库32座、中型水库136座、小型水库5427座、塘坝31190座，总拦蓄能力160.9亿立方米。各级河道建成大中型拦河闸128座、小型拦河闸498座，建成引黄涵闸40座、虹吸67条，设计引黄能力达2376立方米每秒，年平均引黄水量70亿—80亿立方米。累计打机井、大口井75.9万眼、配套65.1万眼；修建固定排灌站2.69万处，装机130万千瓦。②

（一）水利建设的历史分期

1949年新中国成立后，山东的水利事业进入一个新的历史时期。山东水利事业的发展，大体可划分为1949—1953年、1953—1957年、1958—1962年、1963—1970年、1971—1978年和1979—1985年六个时期。

1. 恢复与初步建设时期（1949—1953年）

国民经济恢复时期（1949—1952年），山东省根据1949年年底全国水利会议提出的“防止水患、兴修水利、以达到大量发展生产的目的”的水利

① 参见山东史志编委会编：《山东省志·水利志》，山东人民出版社1993年版，第24—25页。

② 参见俞宽钟主编：《现代山东农业》，山东科学技术出版社2000年版，第106页。

建设基本方针，针对河道失修、排水不畅、洪涝灾害严重威胁全省农业生产的实际情况，着重于防洪除涝工程。先后进行了导沭整沂，泗河下游改道，疏浚徒骇、土马、沟盘、赵王、万福、白浪等河，培修黄河大堤，整治潍河、大沽河、白马河等河湖治理工程。导沭整沂工程是新中国成立初期山东省规模最大的治水工程。自 1949 年 4 月开工，到 1953 年 11 月完工，先后组织当时的鲁中南行署所辖 6 个专区 37 县的民工 114 万人次，分 10 期导沭、3 期整沂施工，共计完成土石方 4800 余万立方米。导沭整沂工程的完成，减轻了鲁南、苏北一带 1450 万亩土地的洪涝灾害，并为全面治理沂沭泗河流域奠定了基础。①

在治理河湖的同时，涝洼地区开始在郓城十二连洼等地试办沟洫畦田工程。山丘地区在莒沂县（今沂水县）修建谷坊、改梯田及建设塘坝、小水库等水土保持工程试点。

2. 第一个五年计划时期（1953—1957 年）

在"一五计划"时期，全省进一步开展了打井下泉、引河灌溉、水土保持、涝洼治理等农田水利工程建设。在鲁西北黄泛平原，于 1956 年建成第一批 24 处虹吸引黄灌溉工程，并动工兴建打渔张引黄灌区。打渔张引黄工程是国家第一个五年计划的重点工程，设计灌溉面积 324 万亩，是山东第一大型灌溉工程。山丘地区涌现出沂水县夏蔚、莒南县厉家寨、黄县下丁家等治山、治水先进典型，推动了全省水土保持工作的开展。此外，还动工兴建莒南县石泉湖等 3 座中型水库，建成历城县东方红等 5 处水电站。

新中国成立初期的水利建设，重视质量，经济效益显著，同时为全省大规模水利建设培养了大批干部和技术人才，锻炼了队伍，积累了经验。②

3."大跃进"与调整时期（1958—1962 年）

1957 年以后，贯彻实施"蓄水为主、小型为主、社办为主"的水利建设方针。1958—1960 年，掀起大办水利的群众运动，重点是兴建蓄水、灌溉工程。在水库建设方面，有峡山等 33 座大型水库和黄前等 113 座中型水库动工兴建。另有太行堤等 17 座大中型平原水库动工。在大建水库的同时，

---

① 参见山东史志编委会编：《山东省志 · 水利志》，山东人民出版社 1993 年版，第 6 页。

② 参见山东史志编委会编：《山东省志 · 水利志》，山东人民出版社 1993 年版，第 6—7 页。

大力进行灌区开发，动工兴建位山等10处大中型引黄灌区，以及小埠东等8处引河灌区。并兴建了250余座小水电站。在河湖治理方面，整治卫运河、泗河、韩庄运河，开挖梁济运河及位临运河，兴建南四湖二级坝枢纽、韩庄枢纽、卫运河四女寺枢纽以及黄河位山、泺口、王旺庄三大枢纽工程。

随着水利建设的发展，从1956年开始逐步建立专业水利建设安装施工队伍。到1959年发展到6367人，承担全省大中型骨干水利工程的建筑安装施工任务。

1958—1960年大办水利，全省人民付出了辛勤的劳动，共投工15.7亿个，完成土方19.3亿立方米。国家投资6.9亿元，建成大型水库27座，中型水库88座，小型水库3812座，塘坝8566座，大中型灌区17处。工程规模之大，投入人力、物力、财力之多，以及完成的工程数量，在山东水利史上均属空前。已建成的工程为山东水利事业的发展打下了基础，在防洪、灌溉等方面发挥了巨大效益。由于盲目"上马"以至在"大跃进"时动工兴建的太行堤、金堤河等17座大中型平原水库，南陶洛、东风等20处大中型山谷水库，临淄灌区及泺口南、北灌区等10处大中型灌溉工程，黄河位山、泺口、王旺庄三大枢纽，质量达不到设计要求，劳民伤财。

1961—1962年，全省水利部门贯彻中共中央"调整、巩固、充实、提高"的八字方针，总结经验教训，没有再上新的工程项目，并停建、缓建了部分工程。同时，山东省委于1960年组织水库检查鉴定组，对已建大中型水库逐个进行检查，校核防洪标准，鉴定工程质量并提出补强处理意见，把大办水利的积极成果巩固下来。①

4. 充实与发展时期（1963—1970年）

从1963年起，山东省水利事业也开始复兴。由于60年代初期平原地区洪涝盐碱灾害严重，1963—1970年间山东水利建设的重点转移到鲁北和鲁西南平原河道治理以及除涝改碱工程上。1963年11月17日，毛泽东主席为河北省抗洪抢险斗争展览会题词"一定要根治海河"。山东省黄河以北地区划归海河流域，国家投资对徒骇河、马颊河等骨干排水河道进行大规模整治，并开挖了德惠新河等骨干排水河道，共完成土方4.53亿立方米，完

① 参见山东史志编委会编：《山东省志·水利志》，山东人民出版社1993年版，第8—9页。

成投资2.9亿元。治理后，鲁北地区的防洪、排涝能力分别比治理前提高二三倍。

同期，本着高低水分排、洪涝水分治的原则，为调整鲁西水系而开挖了东鱼河、洙赵新河等骨干排水河道，治理了万福河，形成了鲁西平原较为合理的水系新格局，提高了防洪除涝能力，为发展灌溉、改良盐碱地提供了基础条件。

平原地区除骨干排水河道治理和开挖外，从1965年开始，原有引黄灌溉工程逐步恢复利用。同时，兴建李家岸等11处大中型引黄灌溉工程，兴建斜屋、刘桥等7处大中型引河（湖）灌溉工程，并大力开展水库灌区配套。

与此同时，又兴建了一批大、中型水库。1964年到1970年年底，全省小水电站已达988处，总装机容量为6485千瓦。1970年还动工兴建乳山县金港及白沙口两处潮汐发电站。

全省大中型水库达到149座，万亩以上灌区达298处，配套机电井10.5万眼，排灌机械拥有量增加到19万台202万马力，全省有效灌溉面积从1962年的1478万亩发展到3752万亩，机电灌溉和引黄灌溉发展尤快。①

5. 巩固与配套时期（1971—1978年）

1970年，中共中央召开北方地区农业会议，总结推广山西省昔阳县大搞农田基本建设，粮食产量翻番的经验。

在治理河道方面，鲁北海河水系治理工程从1970年冬开始，由干流治理转向支流治理和面上配套，至1973年，53条支流治理工程全部完工。1971年冬开始扩大治理卫运河、漳卫新河，扩建四女寺枢纽及修建涵闸桥等配套工程，经冀鲁两省人民五个冬春施工，于1976年6月完工。治理后，漳卫新河成为漳卫南运河下游主要排洪入海河段。漳卫河洪水主要通过四女寺枢纽及漳卫新河排泄入海，基本解除了漳卫河洪水对鲁北、运东、天津市及津浦铁路的威胁，改善了河道两岸的排涝条件。

在灌溉工程方面，1971—1973年，兴建了潘庄等6处大中型引黄灌区

① 参见山东史志编委会编：《山东省志·水利志》，山东人民出版社1993年版，第10—11页。

及明堤等 3 处中型引湖、引河灌区。1973 年山东省水利部门对全省水利工程进行了全面检查，为加强工程管理提供了基本资料。①

6. 重点转向经营管理时期（1979—1985 年）

1978 年 12 月，水利工作的重点由建设转向管理。1979 年 6 月，山东省水利局根据"调整、改革、整顿、提高"的方针，制定山东水利工作的任务是：调整投资方向，缩短基建战线，重点搞好配套、挖潜、保安全工程和部分续建项目，整顿加强计划管理、技术管理、施工管理、工程管理，充分发挥投资效益。在调整期间，清理了在建项目，停建、缓建部分水利工程。同时，随着农村联产承包责任制的推行，农民的生产积极性空前高涨，农业生产迅速发展。但在实行承包责任制之初，由于宣传组织工作不力，有些地方将某些原为全民或集体所有、所用的水利设施也分到户，使许多水利工程不能充分发挥效益，甚至遭到破坏。80 年代，国家对水利建设的投资大幅度减少，"五五"（1976—1980 年）期间，全省平均每年为 3.21 亿元，"六五"（1981—1985 年）期间为 1.51 亿元，只占"五五"期间的 47%。

1981 年 5 月，全国水利管理会议决定在 1973 年水利工程大检查的基础上，开展水利工程"三查三定"（查安全，定标准；查效益，定措施；查综合经营，定发展规划）工作，进一步摸清工程状况，制定加强管理的规划和措施。1983 年成立山东省水资源管理委员会及其办事机构，各市（地）、县相继成立水资源管理机构，以加强水资源的管理工作。

1983 年，全国水利工作会议确定把"加强经营管理，讲究经济效益"作为水利建设指导方针，将水利工作重点转移到全面提高经济效益的轨道上来。1984 年全国水利改革座谈会，进一步明确水利工作的转变方向是"全面服务，转轨变型"，即从为农业服务为主扩大到为国民经济和整个社会发展服务，从不够重视投入产出，转到以提高经济效益为中心的轨道上来；从单一生产转到综合经营方面来。山东省水利部门据此采取了一系列改革措施。

为加强水利管理，全省推行了各种形式的责任制。改变水利建设资金完全依靠国家投资的办法，采取多层次、多渠道集资，1979—1985 年，群

① 参见山东史志编委会编：《山东省志 · 水利志》，山东人民出版社 1993 年版，第 11—13 页。

众累计集资23亿元，完成各类农田水利工程50万项。

到1985年，全省共建大中型水库167座（不包括尚未被国家认可的15座中型水库），小型水库5000余座，塘坝3万余座，总库容159.5亿立方米。对河道和湖泊进行了大规模治理，堤防总长达1.6万余公里，建大中型节制闸150座，基本形成布局比较合理的防洪排涝工程体系。开发万亩以上灌区754处。修建固定机电排灌站2.6万余处，装机126万千瓦。配套机电井527万眼。拥有排灌机械106.8万台983万千瓦，其中喷灌机具8万余套。建成水电站296座，总装机7.7万千瓦。①

（二）水利建设的成就

1949—1985年，国家累计投入山东省水利建设（不包括黄河治理）的资金达59亿元，各级自筹及群众劳务折款96亿元，群众投工116亿个，形成固定资产120多亿元。

大批水利工程的兴建，减轻了洪涝灾害，保障了人民生命财产安全，基本保证了工农业供水，对促进工农业生产发展，发挥了巨大的社会效益和经济效益。1949—1985年，全省向城镇工矿供水15亿立方米。新中国成立后的36年，山东省水利工程在防洪、除涝、灌溉、水土保持、人畜饮水、小水电等方面的总效益累计达748亿元，为同期水利总投入316亿元的2.4倍。水利工作在曲折前进的道路上积累了经验，壮大了队伍。到1985年年底，全省水利职工达4.5万人，其中工程技术人员7332人。②

山东省的水利事业在取得巨大成就、发挥显著效益的同时，还存在工程遗留问题多，老化严重及水资源供需矛盾突出等问题。山东省大部分大中型水利工程是在“大跃进”、“学大寨”运动中兴建的，不少工程标准低、质量差。全省167座大中型水库，建成后虽然经过多年的除险加固，仍有55座达不到近期防洪标准。水电部开列的全国43座重点险库中，山东占10座。80年代，由于水利投资减少，又无大修折旧资金积累，许多工程失修，处于“带病运转”状态。由于工程失修，水土流失和引黄沉沙，致使省内主要

---

① 参见山东史志编委会编：《山东省志·水利志》，山东人民出版社1993年版，第13—14页。

② 参见山东史志编委会编：《山东省志·水利志》，山东人民出版社1993年版，第15—17页。

河道淤积严重。东鱼、洙赵、梁济、徒骇、马颊、德惠6条骨干排水河道，淤积量达1亿立方米，防洪排涝能力降低30%—50%。全省754处万亩以上灌区渠系工程损坏严重，需大修的约占总数的57%，约有30%的渠系建筑物需要大修。农田灌溉工程失修老化，效益减退，1985年全省有效灌溉面积增加99.2万亩，却减少104万亩，增减相抵，净减4.8万亩。这种情况在新中国成立后还是首次出现。山东省人均占有水资源量少，水资源污染日趋严重，供需矛盾日益突出。特别是大中城市供水紧张，给居民生活和工业生产带来困难。80年代，全省持续干旱，青岛、济南、淄博、泰安、潍坊、枣庄、德州等城市先后出现“水荒”。有关部门不得不采取“弃农保工”、“定量供应”、“长距离调水”等应急措施。全省已有20多座大中型水库从为农业供水为主转为主要向城市供水。①

（三）山东县市水利建设典型

1. 莒县

新中国成立后，莒县开展生产自救，抗旱灌溉成为发展农业生产的一项重要措施得以推广。水井发展进入一个新的时期。1953年，全县打土井21眼，打砖、石井397眼；打土井每眼用工20—30个，打砖、石井每眼用工100—150个。是年，安水车95部，井灌面积发展到13385亩。

1955年，县政府在五区荆家村农业生产合作社进行打井抗旱试点，以打井抗旱夺丰收。仅用20天，就打井15眼，安水车提水灌溉。春季浇小麦7.1亩，平均亩产130公斤，比未浇水的地块，每亩增产65公斤；夏秋季，又水浇玉米18亩，平均亩产220公斤，比未浇水地块每亩增产85公斤；水浇地瓜8亩，平均亩产地瓜干280公斤，比未浇水地块每亩增产60公斤；水浇黄豆5亩，平均亩产76公斤，比未浇水地块每亩增产22公斤。

1956年，县委、县政府统一规划，在平原宜井地区，纵间500米，横隔300米打井1眼，到1957年，全县水井发展到27395眼，安装水车2785部，浇地面积7.5万亩。安装水车的水井，每天可浇地2—3亩。60年代逐渐向机井发展。从单一井灌逐步发展到机、电灌和自流灌溉。至1995年年

---

① 参见山东史志编委会编：《山东省志 · 水利志》，山东人民出版社1993年版，第17—19页。

底，共有大中型灌区2处，小型灌区4处，国营扬水站3处，民办固定机灌站876处，配套机电井4010眼，排灌机械总动力8303台，61.53千千瓦，灌溉渠道（干、支、斗、农渠）3500公里，有效灌溉面积61万亩。全县平均每个农业人口有水浇地0.68亩。灌溉工程的兴建和发展，改变了莒县干旱低产的生产环境，一般年份，旱不成灾。1995年，全县粮食平均亩产544公斤，水利效益增产占105公斤。①

2. 莱芜市

莱芜县历史上旱涝灾害频繁。新中国成立后，莱芜连年进行大规模的水利建设。38年中，投入工日17481万个，搬动土石13406万立方米，修建大中小型水库158座、塘坝1088座，拦蓄洪44652万立方米，占来水量的55.86%。对牟汶、嬴汶、淄河及15条主要支流进行治理，有效地控制了山洪爆发和河水漫溢。建水利发电站4座，机电扬水站1201处，打机电井5942眼，有效灌溉面积达到62.42万亩，占耕地面积的72%。对18万亩易涝田进行不同程度的改造，旱涝保收面积达到50.87万亩，占耕地面积的58.6%。治理水土流失面积860平方公里。已解决了85个村、67900人的饮水困难。②

3. 泰安市

泰安井灌历史悠久。民国年间，政府规定60亩凿井1眼。1930年，发放无息凿井贷款，仅1933年即凿水井1228眼。至新中国成立前夕共有小井37287眼。新中国成立后，政府注重凿井并逐步改造水井。至1957年，水井增至50806眼。至1972年，提水井减至23465眼，机电井增至5452眼。1975年，提水井基本淘汰。1980年，在泰城打出百米以上的深井34眼，最深的达437米。至1984年，全市机电井累计达到10880眼，有效灌溉面积为54.76万亩。③

4. 邹平县

邹平县井灌历史悠久，但多为提水灌园，灌溉农田较少。井以土井为

---

① 参见莒县县志编委会编：《莒县志》，中华书局1999年版，第323页。

② 参见莱芜市志编委会编：《莱芜市志》，山东人民出版社1991年版，第469页。

③ 参见泰安市志编委会编：《泰安市志》，齐鲁书社1996年版，第182—183页。

主，间有砖井。1933 年，乡村建设研究院利用竹弓锥于院内打出第一眼压水井，深 30 米，并安装压水机，以后在全县推广，全县新凿井 1035 眼。据《胶济铁路经济调查报告》载：1934 年长山县有灌溉井 7300 眼。齐东县有灌溉井 437 眼，饮水井 2860 眼。1940 年，邹平县有辘轳井 5940 眼，富裕人家已使用鸳鸯罐和水车。至 1949 年，邹平县水井增至 29070 眼，井灌面积 9 万亩，占全县耕地面积 18%。

1959 年，邹平全县井灌面积达 25.3 万亩。至 1968 年，全县土砖井 27000 眼，机井 1101 眼，湖溉面积达 32.4 万亩。1981 年，全县共有机井 11785 眼，大口井 2020 眼，灌溉面积达 49.8 万亩。1985 年，全县井灌面积达到 55 万亩，占全县总耕地面积的 46.3%，占全县有效灌溉面积的 64.7%。①

5. 青岛市

新中国成立前青岛农田灌溉全靠自然山泉、湾塘、沟河及少量土井。1949 年，全市有水井 3 万余眼，可浇地 13.8 万亩。新中国成立初期，水井多为土井和砖井，主要分布在村外菜园地。土壁井一般深 5 米以内，取浅层地下水，水质差，寿命短，很多用过即弃，砖、石壁井井深一般在 5 米以上，10 米以上极少。此类水井水位较稳定，水质较好，使用期较长。从 1972 年起，水井不再列入井灌统计数字之内。至 1987 年，全市尚保存水井 10 万余眼。②

新中国成立后兴建了大量机（电）井、平塘、扬水站、水库、塘坝及河道引水等灌溉工程。到 1987 年，总有效灌溉面积达 381.24 万亩，占总耕地面积的 51%，是新中国成立前的 28 倍。其中机（电）井灌溉面积 21404 万亩，引河灌溉面积 44.69 万亩，水库塘坝灌溉面积 107.82 万亩，其他灌溉面积 14.69 万亩。70 年代后，农田灌溉开始由渠灌、畦灌逐步发展到喷灌、管灌和微灌等节水型灌溉，同时在主要灌区内建各类防渗渠道 280 多条，共长 351 公里。这些措施，不仅节约了大量水源，而且提高了作物的产量和质量。③

新中国成立后，青岛市之井灌发展经历了四个阶段：

---

① 邹平史志编委会编：《邹平县志》，中华书局 1992 年版，第 465—466 页。

② 参见青岛市志编委会编：《青岛市志 · 水利志》，新华出版社 2000 年版，第 170 页。

③ 参见青岛市志编委会编：《青岛市志 · 水利志》，新华出版社 2000 年版，第 167 页。

(1) 1949—1965 年为第一阶段。1949—1965 年，以发展土砖井为主。1952年和1956年形成打井高潮，但缺少全面规划，布局不尽合理，质量差，成井率低。1957 年开始发展机井、大口井，1958 年再次掀起打井高潮。此阶段井打得很多，但实际效益不高。

(2) 1965—1976 年是巩固、提高的第二阶段。在该时期，不管是定井方法、打井工具以及成井质量都有了发展和提高。1968 年在周恩来总理主持下，国务院部署华北地区打机井工作，并以此作为扭转南粮北调的一项战略措施。特别是 1973 年 7 月 25 日国务院召开了北方 17 省、市、自治区抗旱会议之后，打井配套正式纳入国民经济计划，国家对各县在资金、设备、材料等方面给予扶持，掀起第三次打井高潮。此时打井纯属支农，抗旱保粮，主要经费由国家包揽。

(3) 1977—1982 年为第三阶段。1977 年后，井灌工程列为农田基本建设重点工程之一，并逐步走上正轨。各县（市、区）专业打井队均配备了较先进的钻机设备和技术人员，坚持常年打井，并逐步实行“成本核算”、“单机核算”，打井主要经费由受益村镇自筹，国家和地方扶持。

(4) 1983—1987 年为第四阶段。1983 年后，实行生产责任制后，井灌建设开始走向抓打井、攻配套、求质量、重管理的科学道路。打井效率及质量比以前有显著提高。至 1987 年，井灌总投资达 2.7 亿元，其中国家投资 3180 万元。①

青岛市的引河灌溉情况介绍：

（1）青岛市引河灌溉。青岛市引河灌溉最早见于 1958 年大沽河临时坝引水和崖头无坝引水。至 1987 年，已建成较大引河灌区 56 处，总有效灌溉面积 44.69 万亩。设计灌溉面积万亩以上的引河灌区有 19 处，其中有引河自流灌区 4 处，提水灌区 15 处，总设计灌溉面积 41.29 万亩，总有效灌溉面积 27.05 万亩，占全市引河总有效灌溉面积的 61%。1987 年实灌 10.11 万亩。②

（2）青岛市引河自流灌溉。全市 4 处万亩以上引河自流灌区总设计灌

---

① 参见青岛市志编委会编：《青岛市志 · 水利志》，新华出版社 2000 年版，第 170 页。

② 参见青岛市志编委会编：《青岛市志 · 水利志》，新华出版社 2000 年版，第 173 页。

溉面积 19.6 万亩，总有效灌溉面积 17.12 万亩，1987 年实灌面积 7.28 万亩。总投资 490.6 万元，其中国家投资 310.6 万元，群众自筹 180 万元。①

（3）青岛引河提水灌区。全市万亩以上引河提水灌区有贾疃、张家屯、闸子、麻湾、河套、上马、瓦戈庄、王家岭、新河、仲家、北滚泉、瓦庙口、孙家、王家埠、虎山 15 处，建设总投资 1225.06 万元，其中国家投资 323.31 万元，集体自筹和群众集资 901.75 万元。总设计灌溉面积 21.69 万亩，总有效灌溉面积 9.93 万亩，1987 年实灌 2.83 万亩。较大灌区为贾疃、上马、瓦戈庄 3 个灌区。②

（4）喷灌。1975 年，崂山县首次试用喷灌，使用 195 型柴油机作动力，3B33 型水泵提水，用崂山县沙子口、仙家寨及威海市生产的流动式单喷头进行喷灌，但因喷头质量差而失败。是年年底，又在狗塔埠投资 5.6 万元建 140 亩固定式喷灌工程，选用 3B57 型深井泵提水，用 PYS－20 型喷头。试验证明比畦灌每亩增产蔬菜 2000 公斤，每亩增产小麦 60 公斤。之后，即墨、胶南、平度、胶县、莱西 5 县都先后进行了喷灌试验，并举办了喷灌技术训练班。通过 4 年多试点证明，喷灌具有节电、节水、保土、增产、减少病虫害、提前收获等诸多优点，因而在全市推广较快。各地在推广中逐步掌握和熟练了操作技术，因地制宜地选择喷灌机具。

6. 威海市

新中国成立前，威海灌溉水源主要是土石井。井多分布在平泊地区，井深多在 5—10 米，单井控制灌溉面积小。提水工具以辘轳为主。据 1946 年统计，威海仅有土井 400 余眼。1955 年冬至 1956 年春，全市打土石井 589 眼，修塘坝 95 座。到 1956 年年底，土石井增至 2765 眼。50 年代初始推广水车。据 1956 年统计，全市有水车 345 部，辘轳 5070 架，水浇地由新中国成立前的 600 亩扩大到 3000 亩，平均每眼石井控制面积 1.5 亩，每部提水工具控制面积 0.6 亩。

从 1946 到 1982 年，威海全市共治理 9 条大河，筑堤 21.5 公里，堵塞较大险口 106 处；兴建小 I 型水库 1 座、小型水库 38 座、塘坝 145 座，总

---

① 参见青岛市志编委会编：《青岛市志 · 水利志》，新华出版社 2000 年版，第 173—176 页。

② 参见青岛市志编委会编：《青岛市志 · 水利志》，新华出版社 2000 年版，第 176—178 页。

容量4577万方，可控流域面积113平方公里，占全市总面积的28.6%；修筑渠道178条，总长125.1公里；打机井516眼，砖石井4254眼。水利开发利用总量达2203万方，其中地下水960万方，地表水1243万方；有效灌溉面积增加到94229亩；正常年景旱涝保收稳产高产田达79700亩，占总耕地面积的44.5%。

威海市农田灌溉。50年代后期，修筑部分塘坝和中小型水库，开始自流灌溉，灌溉区由泊区逐渐扩大到山地，提水工具渐向机械化和电气化发展。70年代初期，全市大挖地下水。70年代中期，重点发展扬水站和渠道配套工程。1976年秋，开始推广喷灌。1981年年末，全市有喷灌机具625套，喷灌面积达60000亩，占有效灌溉面积的70%。

1982年，全市有效灌溉面积94229亩，占耕地总面积53.6%，保证灌溉面积83645亩，占有效灌溉面积88.8%。农田灌溉，按水源分，纯井灌溉35800亩，水库灌溉26900亩，引河灌溉5529亩，塘坝灌溉26000亩；按提水形式分，机械灌溉39000亩，电力提水灌溉15500亩，自流灌溉39729亩；灌溉方式，70年代中期以前，全为漫灌，70年代后期推广喷灌，并在陶家夼、国营苗圃和园艺场进行滴灌试验。①

7. 乳山县

1949年，乳山境内有水井1250眼，主要是吃水井和菜园井。50年代，在农业合作化高潮的推动下，全县掀起打井高潮。1956年新打灌溉井万余眼，井口直径一般1—2米，深4—6米，大多用石、砖砌筑井壁。至60年代末，这些水井大多因失修干枯而废弃。70年代开始，境内广泛开挖平塘和大口井，一般选址在河床附近或底层为沙质的平原泊地上。平塘多呈方形，上口面积为千余平方米至上万平方米不等，用块石垒筑四壁。大口井多呈圆形，直径大小依水源条件而定，一般在10—30米，井壁用石砌。至1980年，全县修建平塘536座，大口井678眼。1985年后，兴修蓄水工程本着投资少、方便灌溉的原则，以挖大口井和机井为主。至1995年年底，全市共有平塘557座，大口井和机井1160眼。设计灌溉面积18.57万亩。②

① 参见威海市志编委会：《威海市志》，山东人民出版社1986年版，第225—226页。

② 参见乳山市志编委会编：《乳山县志》，齐鲁书社1998年版，第377页。

8. 烟台市

烟台境内9条河流流域面积300平方公里以上，以伟德山、昆嵛山、牙山、艾山、罗山等为分水岭，呈现众川入海、南北分流形势。烟台市域属低山丘陵区，河流均属半岛边沿水系，多为砂石河，系季风区雨源型河流，径流量受季节影响差异甚大。枯水期断流且常干涸，一旦汛期暴雨，集流迅速并源短流急，往往暴涨暴落，形成灾害。新中国成立后政府重视水利工作，不断开展河道治理。1957年8月，对烟台境内的河流、水系勘测普查。上述9条河流由有关县政府及县水利部门组织治理，主要是筑堤护岸，修建涵闸，裁弯取直，清障清淤及加固险工险段等。治理后河道的防洪能力均相应提高。自60年代中期始，结合河道治理兴建拦河闸，蓄水灌溉。到1985年，全市共建成大、中、小型拦河闸150多座，平均拦蓄水量4585万立方米。存在的问题是，部分河道缺少整体治理规划，治理不彻底，防洪标准低。①

1949年以前，烟台灌溉农田多为打井、引河灌溉。到1949年年底，全区有机井7眼，水井14.64万眼，塘坝12座，有效灌溉面积56.34万亩。新中国成立初期，建有一些小型水库、塘坝、机井和扬水站，到1957年小型水库、塘坝、机井、水井的灌溉面积134.81万亩，其中水井灌溉面积93.08万亩，占69%。1958年起水利灌溉事业发展速度加快，到1970年，全区建成大中小型水库、塘坝和机井以及扬水站，有效灌溉面积374.79万亩，其中机电井灌溉面积85.95万亩，库坝灌溉面积146.1万亩，引河灌溉面积24万亩，其他方式灌溉面积118.74万亩。1970年全国北方地区农业工作会议以后，境内农田水利建设又有新发展，逐步转入以提地下水和配套挖潜为主并引进喷灌和滴灌新技术。到1985年，全市又建成中型水库6座，小一型水库111座，小二型水库511座，机井50912眼，扬水站5626处，有效灌溉面积681.08万亩，占全市耕地面积63.12%。②

（四）水利科技成果

山东省地处黄河下游，因历年决口为患，沿岸大片土地变成沙碱地。沿黄地区农户传统治沙、治碱，多采用压沙、刮碱、深耕等方法，费工大

① 参见烟台市史志编委会编：《烟台市志》，科学普及出版社1983年版，第953—954页。

② 参见烟台市史志编委会编：《烟台市志》，科学普及出版社1983年版，第961页。

收效微，也无法大面积改良土壤。20年代，国内有不少人提出用虹吸管引黄淤田的办法，改造沿黄沙碱地。从民国二十二至二十三年（1933—1934年），省建设厅运用地方经费（县款）安设了四组虹吸管，至民国二十四年（1935年）四处虹吸工程共灌溉改良农田十余万亩，淤成好地近2000亩。这种利用黄河水沙资源改良沙碱土壤的虹吸田灌溉方式，在中国是首创，在近代农业推广史上具有重要意义。①

1927年，掖县河套村农民马寿图研制成人力水车，后其子又仿照潍坊水车加以改进，制造出翻斗式水车，并兴办富民水车厂，产品用于井灌。②

新中国成立后，各地市县政府把领导抗旱抗洪保丰收当作是政府重大工作，因此，在水利设施方面的成绩就比较突出，农田水利方面的科技成果也很丰富。

五六十年代，重点进行土壤盐渍化防治、农田灌溉和排水方面的研究。七八十年代，开展了电测找水技术、灌溉新技术及旱涝碱综合治理方面的试验研究。共取得重要科技成果108项，其中获省、部级奖29项。编著出版了《盐碱地改良》、《电测找水技术》、《灌区设计与施工》、《农田水利》等书。

新中国成立后山东的水利科技成果，有九个方面是很有相当大成绩的。

1. 凿井及排灌机械技术革新

1973—1975年，济宁市水利机械服务公司研制出“M-150型水井钻机”。1976年，泰安市水利水产局和平阴县研制成“1030型水压闸阀”。1982—1983年，省水利学校和泰安地区水利水产局共同完成《机井机泵（离心）减速配套技术》。1983—1984年，肥城县水利局和泰安地区水利水产局完成《农用潜水电泵、深井泵改造节能安全运行技术》。1981—1986年，省水科所与聊城地区水利局、临清市水利局等单位协作完成《多孔混凝土砾石滤水管井透水性能及使用寿命的研究》。以上成果均获省科技成果（进步）三等奖。此外，省水利厅、省农机研究所和寿光县水利局等单位完成的《195型柴油机检机节油技术》，获国家科委、农委农业科技

① 参见张玉法主编：《农业志》《（民国）山东通志》卷十五，（台北）山东文献杂志社2000年版，总第1518页。

② 参见烟台市史志编委会编：《烟台市志》，科学普及出版社1983年版，第961—962页。

推广奖。

2. 地下水找水技术研究

1966年，省水科所开始在山丘地区进行综合地质法寻找地下水的研究，到1973年提出《山区找水经验总结》报告，获1978年全国科学大会奖。该成果在全省推广应用，获得显著社会经济效益，1982年获国家科委、农委重大项目推广奖。同期，开展机井增水和旧井修复技术研究，取得一系列科技成果，出版专著《找水技术》。

1975—1978年，省水科所和山东工学院电子系合作。研制出“SDJ–1型积分式电测仪”，并提出《激发极化法寻找基岩裂隙水的形容研究》报告。同时，省水科所研制出“DTF–1型伽马射线找水仪”，并提出《伽马射线法在探测基岩裂隙水中的应用》的成果，获省科技成果二等奖。1983—1987年，巨野县水利局完成《激发极化法探测黏土裂隙含水层》的研究成果，获省科技进步三等奖。

3. 灌溉制度及灌水技术研究

省水科所从50年代开始在六户、德州等试验站进行主要作物灌溉制度和灌水技术的试验研究，取得《鲁北易碱平原麦田耗水量、土壤水分动态和灌溉时期分析》等成果。

1982—1985年，省水利厅组织、省水科所主持，在全省13处灌区试验站，对主要作物高产省水灌溉技术进行了试验研究。

1982　1984年，济宁市水利局在麦仁店水稻试验站进行节水灌溉技术试验，取得《水稻控制湿润灌溉》研究成果，获省科技进步三等奖。

4. 引黄灌溉泥沙处理和利用技术

省水科所在50年代初即开展了引黄泥沙方面的试验研究，先后完成《黄河下游引黄灌溉渠系的泥沙运行及其计算》、《刘庄引黄渠首引水防淤测验研究报告》及放淤改土等成果。

5. 喷、滴灌及低压管道输水灌溉

50年代末，省水科所开始进行喷灌机械及自压喷灌试验。1975—1983年，省水科所在黄县下丁家进行固定式喷灌工程试验。省水利学校及有关市、县水利部门进行了喷灌自动控制技术、轻小型喷灌机组配套方案及花生、棉花等喷灌试验。1982年，省水科所完成的《风对PY.30喷头喷灌均匀度的影响试验研究报告》，获省科技成果三等奖。

1977 年，省水科所在济南市郊区、历城县缺水山区开始进行果树、蔬菜滴灌试验。随后，蓬莱、平度和肥城县水利局分别进行了花生、葡萄和肥城桃滴灌试验。安丘县水利局于 1985 年开始进行山区山楂滴灌技术开发研究。

1976 年开始在平度县进行地面软管灌溉试点，至 1985 年，全省有固定式管道输水灌溉试区 10 处，控制灌溉面积 1 万亩，开展管道输水灌溉技术试验研究工作，取得初步成果。

6. 除涝及排水工程技术

50 年代，省水科所在鲁西平原设站，进行大地畦田防涝、涝洼地适宜作物种植及河网化综合效益等研究。60 年代初，在齐河县温聪河流域建成除涝系统工程，进行试验研究，并广泛开展台、条田治涝工程的调查研究，完成《齐河县温聪河流域治涝经验初步总结》等报告。

1954—1963 年，省水科所在六户、德州、北杨集等试验站开展地下水临界深度研究，在国内率先发表《地下水临界深度的确定》、《鲁北平原地下水安全深度的探讨》、《试论华北冲积平原弱矿化地下水的适宜深度》等研究论文。

1973—1978 年，省水科所等单位在打渔张灌区试验区进行竖井排水试验。1978—1984 年，又在打渔张灌区万亩耕地上进行暗管排水试验，并结合进行室内电阻网络模拟试验。《打渔张灌区暗管排水技术的研究》获省科技进步三等奖。

此外，山东省根治海河指挥部等单位，总结 1963—1977 年期间鲁北海河水系治理经验，提出的《海河治理经验》获 1978 年全国科学大会奖。

7. 盐碱地改良

1953 年，山东省打渔张引黄灌溉工程局，组织力量进行了近 500 万亩滨海盐渍土的详测，完成《打渔张灌区滨海盐土的形成及改良利用》、《打渔张灌区土壤和地下水》等论文。1958 年，山东省水科所与山东省农科所等单位进行全省盐渍土的调查研究，完成《山东省盐渍土分布和改良利用调查报告》及二十五万分之一的山东省盐渍土分布图。

从 50 年代开始，省水科所在鲁北平原开展土壤水分物理性质及水盐动态的观测试验，总结论文《打渔张灌区土壤水分物理及水盐动态特征的探讨》，1965年刊布于国家科委《科学技术研究成果公报》。

1954—1957年，山东省水科所在六户试验站进行了盐土冲洗排水试验。1957年后，在五一农场进行了大面积开发性试验，并在引黄灌区进行种稻洗盐试验，取得“冲洗试验”、“地下排水试验”、“种稻洗盐试验”等成果，对灌区开发规划设计和土壤改良利用起到指导作用，并被水利院校有关学科教材采用。

8. 黄淮海平原旱涝碱综合治理

1978—1980年，山东省水利科学研究所、山东省水利勘测设计院等单位完成的《鲁西北黄泛平原微地貌及其与旱涝碱治理关系的研究》，获省科协优秀论文三等奖。同时，编制了《鲁西北平原旱涝碱综合治理区划》。1979—1985年，山东省水利科学研究所、水文总站等单位，在茌平县建立了13万亩的实验区，进行《引黄提灌井渠结合综合治理旱涝碱试验研究》，获水电部科技进步三等奖。

9. 水土保持

1957—1962年，山东省水利科学研究所沂水试验站，进行了水土流失因素及水土保持技术措施的单项试验。1981—1985年，曲阜市水土保持办公厅和红山水土保持试验站进行了影响水土流失的主要自然因素试验，为定量研究水土流失及其治理措施提供了资料。

1962—1966年，山东省水土保持委员会组织农、林、水利部门，对黄县下丁家大队综合治理山岭薄地的技术经验进行调查总结。山东省水利科学研究所对鲁中南和胶东山丘地区梯田布局、技术经验进行了调查总结。

1983—1985年，山东省水土保持委员会组织5000余名科技人员完成了全省水土保持普查区划。

1981—1985年，栖霞县水保办完成《十八盘小流域综合治理技术》的试验研究，获省科技进步三等奖。①

① 山东史志编委会编：《山东省志·水利志》，山东人民出版社1993年版，第542—547页。

第二节　农田灌溉工程设施

一、灌溉系统之一

（一）沟洫制度

据现有文献史料和考古发掘报告可知，自周朝建国，就在周王畿和各诸侯国中，实行了井田制度。

其一，历史文献中有明确的井田制度和沟洫制度的记载。关于沟洫制度，齐国的历史典籍《考工记》是有记载的。《考工记・匠人》云："匠人为沟洫。耜广五寸，二耜为耦。一耦之发，广尺深尺，谓之甽。田首倍之，广二尺，深二尺，谓之遂。九夫为井，井间广四尺，深四尺，谓之沟。方十里为成，成间广八尺，深八尺，谓之洫。方百里为同，同间广二寻，深二仞，谓之浍。专达于川，各载其名。"

在《周礼・地官・遂人》中，还有另一种以十夫为单位的沟洫制度："凡治野，夫间有遂，遂上有径。十夫有沟，沟上有畛。百夫有洫，洫上有涂，千夫有浍，浍上有道。万夫有川，川上有路，以达于畿。"

不论是"九夫为井"或"十夫有沟"，都是一种与排水和灌溉密切相关的沟洫系统，同时是一种特定的土地疆理制度，用井田制来概括这种土地彊理制度是恰当的。①

井田之公田私田的划分，是封建农奴制下土地集体耕作，每家有份地，八家同养公田的标准形式。到春秋时代，郑国子产还曾确立井田制，使"田有封洫，庐井有伍"。《孟子・滕文公上》说："方里而井，井九百亩，其中为公田，八家皆私百亩，同养公田，公事毕，然后敢治私事。""公田"也称"籍田"或"助"，就是集体耕作的耕地，"私田"就是平均分配给每家每户的份地，这正是村社的土地制度，无疑是古代村社的土地制度。②

---

① 参见林甘泉主编：《中国封建土地制度史》（第一卷），中国社会科学出版社 1990 年版，第 12 页。

② 参见杨宽：《西周史》，上海人民出版社 1999 年版，第 187—188 页。

其二，井田是与古代北方族群定居所选择的地理位置相符合的。古代人选择城郭和村落居住，都是在大山之下，或于广川之上。因为在山下水边，一是有土地可种，二是离河川不远，可以引水灌溉，可以利用山林川泽的天时地利之便。《管子·乘马》说：“凡立国都，非于大山之下，必于广川之上，高毋近旱，而水用足，下毋近水，而沟防省，因天材，就地利。”① 这种沟洫系统和土地疆理制度，又主要是在当时黄河流域的平原地区，所以，《汉书》称：“此谓平土可以为法者也。”即认为古代的井田制主要是在平原地区实行的。② 因为当时人口稀少，大多是在平原上生活。而在山区丘陵地带居住的人少，可以因土地等级较差而分给二百亩的份地，土地份地的划分则不拘于一家百亩，也没有井字形的土地，是依山地具体形制而分配份地的。“故城郭不必中规矩，道路不必中准绳。”③

我国古代推行井田制度之地区，与天然河道有密切关系，它完全受天然河道的制约。商周时代的人们，都辗转在几条大河流域。我们从河流与农村公社的土地划分、从沟洫结构等关系中便可以了解。我们祖先居住的遗址，总离不开当地河流湖泊。④

其三，东亩、南亩的历史遗存，证明当时确实存在着奉周天子之命而全国统一的土地经营管理方式。自从西周时代起，田亩就有“东亩”、“南亩”之分。《诗经·周颂》的《载芟》、《良耜》，《小雅》的《大田》、《甫田》，都曾说到“南亩”。《信南山》还说：“我疆我理，南东其亩。”所谓“南亩”是行列南向的亩，“东亩”是行列东向的亩。

胡承珙《毛诗后笺》说：“古人制田始于一亩，行水始于 畎。姑以一亩之畎言之，畎顺水势，亩顺畎势。畎纵则亩纵，畎横则亩横，此自然之理也。南北曰纵，东西日横。畎自北而注南为纵，则亩之长亦随畎而南，曰南亩。畎自西而注东，亩之长亦随畎而东，曰东亩。”

程瑶田《沟洫疆理小记》的“阡陌考”说：“天下之川皆东流，故川横则浍纵，洫又横，沟又纵，遂又横，遂横者，其畎必纵，而亩陈于东，是故

① 黎翔凤撰：《乘马第五》，《管子校注》卷一，中华书局 2004 年版，第 83 页。

② 参见《食货志》，《汉书》卷二四，中华书局 1986 年版。

③ 黎翔凤撰：《乘马第五》，《管子校注》卷一，中华书局 2004 年版，第 83 页。

④ 参见乌廷玉：《中国历代土地制度史纲》，吉林大学出版社 1987 年版，第 32—33 页。

东亩者天下之大势也。”又说：“天下之川，大势虽皆东流而河东之川独南流，河为川之最大者，而或南流，则其亩必南陈而为南亩矣。”

东亩与南亩的成因，即是因为亩与畎要走势一致。这时所以要把田亩分别开垦成“南亩”和“东亩”，是为了适应地势和河流。为了使得水利灌溉适合地势和水势，就必须对一个地区沟渠的开凿和田亩的开垦，作统一的安排，分别开垦成“南亩”和“东亩”。①

最典型的是，晋国称霸后，屡次逼迫被其征服的小国改变土地垅亩方向。《左传》载鲁成公二年（前589年）晋齐案之战，晋胜齐败，齐派宾媚人（即国佐）向晋求和，晋国也对齐国提出以“使齐之封内尽东其亩”作为讲和条件。宾媚人为此质问说：“先王疆理天下，物土之宜而布其利，故诗曰：‘我疆我理，南东其亩’。今吾子疆理诸侯，而曰尽东其亩而已，唯吾子戎车是利，无顾土宜，其无乃非先王之命也乎?”齐国的使者面对晋国的无理要求，据理力争，认为齐国的土地是南亩，小则是符合土宜，大则是符合周天子先王之命的，而晋国要求齐国尽东其亩，改变地亩方向，变南亩为东亩，则仅仅是为了晋国戎车的调动和行进，既不符合土宜，也不符合先王之命。由此可见，古时为了“物土之宜而布其利”，把田亩开垦成“东亩”和“南亩”，而这种“东亩”、“南亩”的安排，即所谓“疆理天下”的事，是由国家统一办理的。②

齐国的著作《考工记》，就曾详细谈到井田制度中水利灌溉的结构，大小沟渠有浍、洫、沟、遂、畎等。虽然各地的井田不一定都有这样的规模，但是这样统一的排水系统是必需的。《考工记》在讲到井田的沟渠时说：“凡沟必因水势，防必因地势”，又说：“凡沟逆地防，谓之不行；水属不理孙，谓之不行。”这是说：开沟渠如果不顺地的脉理，水就不能流畅，水的灌注如果不顺地理，水也不能流畅。为了使得水利灌溉适合地势和水势，就必须对一个地区沟渠的开凿和田亩的开垦，作统一的安排，分别开垦成“南亩”和“东亩”。③

① 参见杨宽：《西周史》，上海人民出版社1999年版，第190页。

② 参见杨宽：《西周史》，上海人民出版社1999年版，第190—191页。

③ 参见杨宽：《西周史》，上海人民出版社1999年版，第190页。

其四，是沟洫制度的功能。关于井田制度与水利的关系，学术界有三种看法：第一种意见认为井田就是人工凿井灌田，是井与田相结合的农田灌溉系统；第二意见认为，井田的沟洫单纯为了排水，不是为了灌溉；第三种意见认为，井田的沟洫是灌溉与排水相结合的农田排灌体系。是利用渠道水利工程的人工灌溉设施，成了东方农业的基础。“中央政府如果忽略灌溉或排水，这种设施立刻就荒废下去。”①

郑玄和程瑶田认为沟洫是为了抗洪除涝除水害，并非为灌溉备旱。郑玄认为，“沟与洫为除水害”。清人程瑶田说：“初分终合，所以尽水之性情不使之有泛溢之害也。”郑氏注《小司徒》说：“沟洫为除水害。余以为非备旱也。岁岁治之，务使水之来也，其涸可立而待。若以之备旱，则宜潴之，不宜沟之，宜蓄之，不宜泄之。今之遂广而遂深也，是沟之法，非潴之法，是泄之，非蓄之也。”②

与井田制度相关联的，就是井田的田间排灌的沟渠系统，历史上称为沟洫制度。

辞海的解释是：沟洫，用以防旱除涝的田间水道。小者称“沟”、大者称“洫”。《考工记·匠人》：“匠人为沟洫。”郑玄注：“主通利田间之水道”，可见开挖沟洫自古即被视为农田水利的重要措施，故亦有以沟洫借指农田水利。

按照农田水利基本标准来讲，所谓农田水利，就是为农业生产服务的水利事业。基本任务是通过各项工程技术措施，改造对农业生产不利的自然条件，合理、充分利用水利资源，以调节农田土壤水分状况和地区水情，防止旱、涝、洪、碱等自然灾害，提高土壤肥力，为保证农业高产稳产创造有利条件。农田水利主要内容包括：灌溉、除涝排水、水土保持、盐碱地改良、沼泽地改良、围垦，改造沙漠等水利措施。

孔子称之曰“卑宫室而尽力乎沟洫”。致力沟洫，则畛涂在其中。程瑶田不知井田之制，百步为亩，深尺广尺，为田间水道，而不立封限。百亩为遂，遂上有径。十夫有沟，沟上有畛。百夫有洫，洫上有涂。千夫有浍，浍上有道。万夫有川，川上有路。言致力沟洫，则畛涂在其中。井田系统借陂

① 乌廷玉：《中国历代土地制度史纲》，吉林大学出版社 1987 年版，第 29—31 页。

② 郑玄：《沟洫疆理小记·井田沟洫名义考》，1868 年。

障围潴成泽，开浚与封筑，本是治河的两个侧面。《禹贡》称九泽必曰“既陂”，是彭蠡、震泽之底定。亦藉陂障围潴成泽。开浚封筑，信非两事也。于此想见唐虞三代之用民力，专用之于此而已。①

沟洫制度是一个整体，保旱涝无患。沟洫是田间排灌的沟渠系统，一般由总渠、干渠、支渠、农渠组成。中国的沟洫在商周时代就已成系统。当时实行井田制度，对沟洫有具体的规定，要求在井田上必须修建排灌系统。该系统由畎、遂、沟、洫、浍等大小渠道组成，具有排水和灌溉的功能，也具有水土保持、盐碱地改良的作用，是标准的农田水利设施。

“水利之在天下，犹人之血气然，一息之不通，则四体非复为有矣。故大而江河川泽，徼而沟洫畛浍，其小大虽不同，而其疏通导利，不可使一息壅阏则一也。故成周沟洫之制，與井田并行。”

“匠人之职：方井之地，广四尺者，谓之沟。十里之成，广八尺者，谓之洫。百里之同，广二寻者，谓之浍。营沟行水之制，则职之匠人”。其职责就是以沟洫引水灌溉。

沟洫畛浍的修筑开挖，当然一定会占用一部分土地，但也正是有了这些沟洫畛浍等大小渠道的开挖，才使得大部分土地得到水利，除去水害。“夫自四尺之沟，积而至于二寻之浍，其捐膏腴之地，以为沟洫者，凡几也？小司徒经土地而井牧其田野，说者谓田税之所出。则百井之地，出田税六十有四，而三十六井则治洫也。万井之地，出田税者四千九十有六井，而五千有奇，则治沟与洫也。夫自一成之地，积而至于一同、万夫之众，其损赋税之入，以治沟洫者，凡几也？成周之君，岂不爱膏腴之地，赋税之入，而弃以为无用之沟洫哉？诚以所弃者小，而所利者大也”。

引水与蓄水各有专职人员各负其责，保证旱涝均无患。“然其所以得沟洫之利者，治之者非一官，领之者非一人。营沟行水之制，则职之匠人；俾任浚导之功，止水、蓄水之令，则领之稻人，俾专储蓄之利。夫既有以浚之，又有以积之，此所以旱涝均无患也”。②

---

① 参见徐光启：《水利 · 总论》，《农政全书校注》卷十二，上海古籍出版社 1986 年版，第 282 页。

② 徐光启：《水利 · 总论》，《农政全书校注》卷十二，上海古籍出版社 1986 年版，第 281 页。

中国具体的自然环境，如气候、地势等，黄河流域每年平均降雨只有400毫米，并且雨量多在仲夏，自然降雨不能满足农作物生长对水的需求。为了粮食生产得以进行和获得丰收，就必须蓄水引水和排水，还要防洪和抗旱。井田制度就是行之有效的水利排灌网。无论“国”与“野”，开沟渠的目的都是引水、蓄水、灌溉、排水。

秦国的郑国渠，可以看作是一个有代表性的大型的沟渠系统。其干渠修建在泾河与洛河之间的渭北旱原上，沿途吸纳冶峪、清峪、浊峪、石川诸水，规模极为宏大。干渠上有若干引水大支渠。大支渠上又有许多用于灌溉的小支渠。由于它采用了川泽结合和利用客水的措施，利用流域内各种天然河道水流，扩充水源，从而解决了长途供水输水问题。干渠选址于灌区地势较高的北山山麓，居高临下，使大片农田处于郑国渠灌溉流域之内，以自流灌溉能最大限度地发挥效能。①

古代的井田制度，就是与蓄水、引水、排水、灌溉有机结合的土地制度。井田制上的沟洫制度，就是井田制下农田水利的水利排灌网。②

从全局看，设置沟洫的总任务不是为了排水，川主流，泽主聚，川与泽，流与蓄不可偏废。《荒政要览》之《论禁淤湖荡》篇曰：“古之立国者，必有山林川泽之利，斯可以奠基而蓄众。川主流，泽主聚。……川流淤阻，其害易见，人皆知浚治者。万顷之湖，千亩之荡，堤岸颓坏，鲜知究心。甚有纵豪强阻塞，规觅小利者。不知泽不得川不行，川不得泽不止，二者相为体用。……国有大泽，涝可为容，不致骤当冲溢之害；旱可为蓄，不致剧见枯竭之形。”③“至于后世，与水争地，贪尺寸之利，而遂遗无穷之害矣”。徐光启批评了围湖垦田与水争地、破坏生态现象。

《辞海》编者称：现时在我国山东、河南、河北等省平原地区利用挖沟取土筑埂，形成畦田，称“沟洫畦田”；在排水较畅的洼地或地势较平坦的缓坡地开挖浅而密的田间沟，形成条田，称为“沟洫条田”，以利除涝排水；又在地势低洼、下游水位顶托、排水不畅的易涝易碱地区，开挖深而密的田

---

① 参见王双怀：《中国古代的水利设施及其特征》，《陕西师范大学学报》2010年第39卷第2期。

② 参见林甘泉主编：《中国封建土地制度史》（第一卷），中国社会科学1990年版，第12页。

③ 徐光启：《水利·总论》，《农政全书校注》卷十二，上海古籍出版社1986年版，第281页。

间沟道，利用挖沟取土抬高地面，形成台田，称为“沟洫台田”，借以相对降低地下水位，有利于除涝治碱。

以笔者所见的山东史志资料中，确实有的地方利用沟洫制度在进行灌溉和排涝。如曹县的农田水利中，就有沟洫畦田、台田条田和方田三种：

第一种是沟洫畦田沟连塘的设施。新中国成立初期，曹县兴办沟洫畦田，以减轻涝灾。1954—1958 年，全县路基加高者 9500 里，修筑一级畦埂 6917 里，二级畦埂 1169 里，三级畦埂 35957 里，共完成土方 2536 万立方米。1958 年，学习河南省鄢陵县马兰乡搞沟连塘的经验，首先在东方红（城关镇）人民公社先锋大队搞试点，此后全县普遍推广。一个多月的时间，挖成沟连塘 921 个，整修村头坑 1200 个。4 月，太行堤水库动工，沟连塘蓄水工程停挖。水库建成后，修筑了大量的地上干、支、斗、农渠道，沟洫畦田、沟连塘工程失去作用。

第二种是台田条田。1964 年，为改变洼地积水淹坏庄稼的状况，在建立排水系统的同时，兴办“台条田”。坡地挖条田，洼地建台田，碱地搞深沟台田。从 1964 年冬至 1965 年冬，先后挖台田 23.5 万亩，条田 23.2 万亩，碱地深沟台田 7 万多亩。台田面宽 12 至 15 米，沟口宽 2.5 至 3 米，沟深 1 米，底宽 0.8 至 1 米；条田面宽 20 至 25 米，沟口宽 1 米，深 0.5 至 0.7 米，底宽 0.4 至 0.6 米。台、条田沟与路、河沟相通。

1965 年，经对 65 个大队的调查，台田对农业生产有重要作用。可防涝防渍，在大雨期间，每亩台田沟蓄水 80 至 100 立方米，相当于 100 至 150 毫米的降水量。条台田能分隔涝水，缩减河道洪峰，避免下游洼地成灾；且地下水位上升幅度小，回落快。据观察，雨后三日，台田比非台田地下水位上升幅度小 0.3 至 0.8 米，地下水回落比非台田大 0.5 至 1.0 倍。可改良土壤，提高土壤肥力，台田大都是上层淤土下层沙，挖台田后，可混合成两合土，改变土性，抬高地面，加厚耕作层，利于好气性细菌活动，把作物不能利用的有机质变成可吸收的养料。可防旱，还有改碱作用，台田沟降低了地下水位，起到了排碱作用。经化验，碱地台田 20 厘米土壤含盐量为 0.042%，相邻未搞台田的碱地，20 厘米土壤含盐量为 0.546%。①

① 参见曹县史志编委会编：《曹县志》，中华书局 2000 年版，第 195 页。

第三种是“八化一体”工程。1958 年 9 月，曹县在东方红人民公社兴办了“八化一体”试点工程。河网、渠网是的骨干工程。工程的设计要求：防百年一遇涝灾，半月连续降雨 750 毫米不成灾；枯水年，保证每亩旱田用水 500 立方米灌溉水量。

工程完成后，整个试点区被干、支、斗、农、毛五级渠道划分为 5000 亩一大方，500 亩一小方，50 亩一块地。每方田地之间，是笔直的生产路，路旁植树，路的背水面是渠道，引黄灌溉；路的迎水面是河网，保持一定水位，以便养鱼。

经中央水利科学院、山东省水利科学所考查，工程效益如下：

① 小麦灌溉产量提高。1959 年尹坑大队小麦浇越冬、返青、拔节三次水，每亩产量 101.35 公斤，比往年平均亩产量 67.5 公斤多收 33.85 公斤。

② 土壤含水率增高。1959 年 7 月 13 日至 8 月 23 日，40 天仅降雨 42.4 毫米，试点区内基本上没有旱灾，主要原因是土地普遍进行了深翻，土壤保水能力增大，河网蓄水和灌溉都增加了土壤含水量。而试点外张岗等大队，受灾面积达 70%。

③ 涝灾减少。往年受涝面积占耕地面积的 25%。1959 年 7 月 12 日，两小时降雨 77.2 毫米，相当于“十年一遇”的暴雨。尹坑大队工程雨后没有涝灾。

④ 主要作物产量增多。尹坑大队未修工程前，实有耕地 2019 亩，一般年受灾面积 1100 亩，年收粮食 18.62 万公斤。兴修工程后，实有耕地 1539 亩，1959 年收粮食 28.61 万公斤，占压土地利用 144 亩，收粮食 1080 公斤，共计收粮 28.72 万公斤。兴建工程后，虽然耕地减少了，收入反而增多了。

⑤ 土壤脱盐率增高。六级河网的脱盐率：距河网 40 米以内脱盐率 50%；而尹坑村周围 460 亩碱荒地变为拿苗田，70% 的盐碱地含盐量均有下降。①

惠民县的农田水利，主要就是沟洫畦田和台田条田。

① 沟洫畦田。沟洫畦田，小者为沟，大者为洫，主要用于洼地排涝，亦可蓄水浇地。1954 年，以十年九涝的辛店区小郭家洼作试点建造沟洫畦

① 参见曹县史志编委会编：《曹县志》，中华书局 2000 年版，第 195—196 页。

田，使3000亩洼地获得粮棉丰收。其具体做法是：洼地外围挖沟截流，把客水引入排水河道，洼地中心挖排水沟1条，沟两侧横向挖沟，沟洫之间做成畦田，日雨量150毫米以下不致形成涝灾。此后，相继在皂户李区的伙龙居洼、颜家洼，石庙区的庞家洼、青杨店洼、于王洼，城郊区的水波杨洼、八方寺洼、后王洼，桑落墅区的河套孙洼等地推开。至1957年，全县沟洫畦田发展到15万亩。沟洫的一般标准：底宽1米，挖深1.5米，间距300—500米。

② 台田条田。1958年，县内开始建造台田和条田。台田的主要作用是在大洼中心地带和无排水出路的死洼中，通过挖沟抬高地面，借以改良耕作土层，使无收荒地变良田。台田一般面宽30米左右，长200—300米。四周修筑围埝，底宽1米，高0.5米，顶宽0.5米。台田沟挖深1.5—2米，可抬高地面0.15—0.2米。条田主要解决二坡地截流、排涝和改碱问题。其沟间距一般100—150米，长300—400米，深1.5米左右。沟内出土除作围埝外撒入条田面中，围埝标准与台田同。1964年，全县掀起大规模洼地改造运动，提出实现大地条田化。到1966年，县内台田、条田面积达23.7万亩。方田建设开展后，70%以上的台田、条田被平毁。

③ 方田。1956年引黄复灌后，黄灌区内开始进行以整平土地、排灌配套、高产稳产为目的的方田建设。1971年春，全县组织10万劳力，展开田间工程配套大会战。完成沟、路、渠、林、桥、闸六配套方田12.8万亩，建成旱涝保收高产稳产田18.5万亩，修建筑物1150座，共做土方1290万立方米。1976年冬，以建造14万亩土地的8个方田为重点，带动其他12个公社计11万亩土地的20个方田建设，全县10万余人上阵，做土方1150万立方米。1977年春，徒骇河、沙河之间总面积470平方公里的方田建设重新规划，各公社致力于方田的排灌配套，以提高排灌标准。截至1985年，全县排灌配套的方田达40万亩，建成稳产高产田近44万亩。①

惠民的沟渠网对治理涝洼起了很好的作用。惠民境内有大小低洼地85处，易涝面积达33万亩。其中万亩以上的大洼12个。1949年，淄角区杨家洼和寇家洼挖排水沟一条，长1200米，排水于土马河，排涝面积3577亩。

---

① 参见惠民史志编委会：《惠民县志》，齐鲁书社1997年版，第221—222页。

1951年，围绕突出的易涝洼地开挖了寨子支沟等27条排水沟，共做土方180万立方米，解决了大小30余个涝洼的排涝问题。1952—1954年，先后开挖了单家干沟等59条排水沟，计做土方413万立方米，使50多个涝洼有了排涝途径。到1966年，全县计挖排水干沟13条，排水支沟87条。1970年，疏挖13条排水干沟。1976年，第二次大规模疏挖排水干沟，至1985年，全县21条排水干沟疏挖均达2—3次，个别的疏挖5次，支、斗、农沟由各乡镇、村队及时疏挖。涝洼地排涝难题基本得到解决。①

（二）堰坝陂塘

山东省的洪涝灾害按成因可分为四种类型：一是黄河等过境大河决口、漫溢，造成大面积洪涝灾害；二是本省暴雨径流导致省内河道决口、漫溢成灾；三是暴雨山洪直接冲毁农田地埝，毁坏禾稼；四是当地暴雨或长历时的"霪雨"，河道排泄不及，造成内涝。② 所以必须有堰坝陂塘等可用来束水、导水、蓄水和提水的设施。

川与泽，川主流，泽主聚，二者相为体用，流与蓄是不可偏废的。河川有堤防，可以导水防洪，川下有泽，可以容水，可以溢洪，涝可排水，旱可提水灌溉。

中国古代的灌溉工程数种类繁多，计有堰坝、陂塘、沟洫、水门等。堰坝系拦截河渠、抬高水位或防止水泄的大型建筑。为谋求生存与发展，山东人民很早就开始了水利工程设施的建设。

战国时期，为防御黄河洪水泛滥，已修筑堤防。

西汉时期，山东兴建了大型的引水灌溉工程。泰山下引汶水灌溉和古济水下游引巨淀湖（在今寿光县、广饶县一带，为古济水与淄水的滞洪湖泊）灌溉，灌溉面积均达万余顷（汉时万顷约合今70万亩）。此外，琅琊郡稻县（今高密县西南），引用潍河水灌溉，全县种植水稻一万余顷，故县以稻命名。

东汉王景治河，修筑了西自荥阳（河南省）东至千乘（今广饶县北）海口一千余里的黄河大堤，这段大堤主要在山东境内。

① 参见惠民史志编委会：《惠民县志》，齐鲁书社1997年版，第221页。

② 参见山东省水利史志编辑室编：《山东水利志稿》，河海大学出版社1993年版，第73页。

三国两晋南北朝时期，为运军粮，着重航道开发。曹魏时，开挖白沟，经鲁西北地区，直达天津，以通粮道。这条运河即漳卫南运河的前身。东晋时，开挖了南起鱼台、北至东平，长达300余里的桓公沟，以沟通淮河、泗水与黄河的水运交通。

隋代除开永济渠沿白沟流经鲁西北之外，文帝时曾在兖州城东泗水上筑金口坝，开丰兖渠引泗水向西至济宁与桓公沟连接。这是一项排水、灌溉、航运等多目标开发利用工程。

唐代在鲁南水（今峄城大沙河）流域建成山东首批水库塘坝灌区，蓄水灌溉面积达万顷，流域内有面积达数千顷的大型水稻灌区。在鲁北平原，利用黄河故道及其他河道，疏浚开通了马颊河。此外，还开发沂沭河下游航运，沟通鲁南、苏北一带的水运交通。

北宋初年，开挖由开封至梁山泊的广济河，以沟通豫鲁间水运。

南宋初年，为解决山东大清河（现黄河）之南与泰沂山脉以北地区的洪涝和海盐运输问题，开通小清河。至今800余年，小清河一直是山东省一条排水、灌溉、航运等多功能的河道。

明清农田水利建设取得了前所未有的成就，一是上至皇帝下至官员的重视提倡，二是西方的科学技术传入中国，以徐光启为代表的科学家把西方的科学技术应用到农田水利上来。所以，明清有大规模的水利工程建设。据记载，朱元璋在创建南京政权初期时便异常重视农田水利。为全面发展水利事业，他屡屡下诏："所在有司，民以水利条上者，即陈奏。"洪武二十七年（1391年），又特谕工部："陂塘湖堰可蓄泄以备旱潦者，皆因地势修治之"，并派遣"国子监生及人材，分诣天下郡县，督吏民修治水利"。① 至洪武二十八年（1392年），南北各省共开塘堰40987处，浚理河渠4162条，修建陂塘、堤岸5048处。据统计，明代新水利工程达2270处，清代为3503处。② 而清代乾隆朝50多年间，仅黄河流域西安等47州，修建的灌溉渠道即有1171条，灌溉面积达64万余亩。明清时代农田水利工程建设的盛况，

① 参见《明史·河渠志》，中华书局1986年版。

② 参见冀朝鼎：《中国历史上的主要经济区域与水利事业的发展》，中国社会科学出版社1981年版。

由此可见一斑。明清两朝重视农田水利建设，发挥中央和地方两个方面的积极性，加强农田水利建设事业，成为明清时代农田水利建设政策演变的一个重要特点。① 水利建设事业出现了全面发展的局面。

清代对山东运河的经营着重于浚治泉源，改建、增建闸坝桥涵等建筑物以及培修河湖堤防、河道清淤等维修养护工程。清咸丰五年（1855 年），黄河在铜瓦厢决口，改走今道，山东运河被截为南北两段，航运之利渐失，给山东带来了频繁的黄泛灾害，但也为新中国成立后山东省开发利用黄河水资源提供了条件。②

明代的大科学家徐光启总结出水源提取利用的“用水五术”。堰坝陂塘，相当于他所说的“作源作潴以用水”，是指通过修塘以蓄积雨水，凿井以开发地下水源。徐光启所说的“用水之潴”的办法是：“用水之潴者，水之积也，其名为湖、为荡、为泽、为洵、为海、为波为泊也。用潴之法有六：其一，湖荡之傍田者，田高则车升之，田低则堤岸以固之，有水车升而出之；欲得水，决堤引之。湖荡而远于田者，疏导而车升之。此数者，与用流之法略相似也。其二，湖荡有源而易盈易涸，可为害可为利者，疏导以泄之。闸坝以节宣之。疏导者，惧盈而溢也。节宣者，损益随时资灌溉也。宋人有言‘闸窦欲多广’，谓此也。其三，湖荡之上不能来者，疏而来之。下不能去者，疏而去之。来之者，免上流之害。去之者，免下流之害，且资其利也。吴之震泽，受宣歙之水，又从三江百渎，注之于海。故曰三江既入，震泽底定是也。其四，湖荡之洲渚可田者，堤以固之。其五，湖荡之潴太广而害于下流者，从其上源分之。江南五坝，分震泽以入江是也。其六，湖荡之易盈涸者，当其涸时，际水而艺之麦。艺麦以秋，秋必涸也。不涸于秋，必涸于冬，则艺春麦。春旱，则引水灌之。所以然者，麦秋以前，无大水，无大蝗，但苦旱耳，故用水必稔也。”③ 徐光启的意思是说：所谓水之潴，就是积水储水，大而可以是湖海，小而可以是泊湾。徐氏主要讲这种水的用法，一种办法是湖荡高于田地，则修堤束水，有水车提水，或田高用水车升

① 参见吴存浩：《中国农业史》，警官教育出版社 1996 年版，第 961 页。

② 参见山东史志编委会编：《山东省志 · 水利志》，山东人民出版社 1993 年版，第 3—5 页。

③ 徐光启：《水利》，《农政全书校注》卷十六，上海古籍出版社 1986 年版，第 403—404 页。

水溉田；一种湖荡有源而或盈或涸，主要是疏导泄水，多建闸坝，随时用于灌溉；有湖荡但上无来水，下无去处，则疏通水道，接受来水，疏泄流通，这样来免除上下流的水害；在湖荡中可以种田的洲渚，可以修堤以护田；如果湖荡来水太多，就从上源分导，办法如同江南五坝分震泽入江的成功案例；湖荡之易涸者，则种一季麦子，这是因为种麦之前，没有大水大涝，只是天旱无雨，用水浇麦必定丰收。

1. 堰坝

由于中国古代主要采用自流灌溉的形式，因而往往在渠首或渠道的关键部位修建堰坝。自春秋战国以来，历朝历代都曾修建过堰坝。如战国末期修的都江堰，秦汉时期修的山河堰，南北朝时期修的艾山堰、浮山堰、富平堰，唐宋时期修的通济大堰等等，其数量之多完全超出了常人的想象。

在这些堰坝中，最有名的首推李冰父子修建的都江堰。都江堰是秦昭王时在成都平原修建的大型水利工程。司马迁在《史记》中说："蜀守冰凿离碓，辟沫水之害；穿二江成都之中。此渠皆可行舟，有余则用溉浸，百姓飨其利。"①

都江堰渠道连绵伸延，纵横交错，既有灌溉、航运功能，又起到防洪排水的作用，为成都平原灌溉农区的形成和发展奠定了基础，使该地区的面貌社会经济发生了很大的改变。②《华阳国志》载：都江堰建成，灌溉三郡，开稻田，于是蜀沃野千里，号为陆海；旱则引水浸润，雨则杜塞水门。故《记》曰："水旱从人，不知饥馑，时无荒年，天下谓之天府也。"③具有很大的经济效益。由于此堰建造科学，又得到很好的维修，直到现在仍在发挥灌溉的作用。

新中国成立前，山东的农田水利建设以1936年达到高峰。1936年全省实有灌溉面积28.4万公顷（426万亩），仅占耕地面积的3.4%。抗日战争期间，许多提防闸坝年久失修，灌溉设施遭受破坏，防洪排涝和抗旱能力进一步下降，加上多年来滥伐山林，使气候失调，旱灾不断发生，也使山区水土

---

① 《史记·河渠书》，中华书局1986年版。

② 参见唐光沛：《都江堰的修建及其伟大成就》，内部资料，1975年。

③ 常璩：《蜀志》，《华阳国志》卷三，上海书店1989年版。

流失严重，河道淤塞，洪涝灾害加重。1949年，全省实有有效灌溉面积减少到24.77万公顷（371.5万亩），占耕地面积的比重下降到2.8%。①

2. 陂塘

先秦灌溉工程——陂塘，是蓄水设施，起到水库的作用。

徐光启说："《说文》曰：'陂，野池也。塘，犹堰也。陂必有塘，故曰陂塘'。《周礼》：'以潴蓄水，以防止水。'说者曰：潴者，蓄流水之陂也；防者，潴旁之堤也。今之陂塘，既与上同……后世故迹犹存，因以为利。今人有能别度地形，亦效此制，足溉亩千万。比作田围，特省工费，又可蓄鱼养鳖，栽种菱藕之类，其利可胜言哉！"② 徐光启认为可以用陂塘的方式，蓄水养鱼栽种藕菱，也可以有灌溉田地。

所谓井田，就是外有封疆、内有阡陌的土地灌溉系统。古人为了维持这种井田制，从来就很注意封疆阡陌的修理和整顿。③《尚书·梓材》说："惟曰若稽田，既勤敷菑，惟其陈（田）修，为厥疆畎。"

三代之后，所修沟渠不计其数。如先秦时期有漳水渠、郑国渠，秦汉时期有龙首渠、白渠、六辅渠等。其中漳水渠和郑国渠是有代表性的。

除都江堰之外，郑国渠的渠道大坝也具有很大的规模。据《史记·河渠书》、《汉书·沟洫志》记载：郑国渠渠首工程在中山瓠口。考古人员在此发现了渠首大坝。经实地勘察，大坝残余东起距泾水东岸1800米的高坡，西到距泾水西岸100多米的山头，全长达2300多米。其中河床上的350米，已被洪水冲毁，无迹可寻，但其他残存部分历历可见。郑国渠大坝与都江堰一样，采取了分水技术。用鱼嘴将部分河水拦入坝内，蓄积起来。灌溉时通过导水槽引入总渠，不用时则通过退水槽退入泾河。其设计思想是很科学的。惟关中土质松软，分水鱼嘴多次被洪水冲毁，河渠下切，引水困难，在一定程度上影响了它的灌溉效力。④

漳水渠兴建于魏文侯时。公元前422年，西门豹治邺，破除"河伯取妇"的迷信，发动民众引河水溉民田，根据漳水落差大、泥沙多、引水口容

---

① 参见俞宽钟主编：《现代山东农业》，山东科学技术出版社2000年版，第106页。

② 徐光启：《水利·总论》，《农政全书校注》卷十二，上海古籍出版社1986年版，第419页。

③ 参见杨宽：《西周史》，上海人民出版社1999年版，第193页。

④ 参见王双怀：《中国古代的水利设施及其特征》，《陕西师范大学学报》2010年第39卷第2期。

易淤塞的特点，在漳水河道上修建了12座滚水坝。[①]一百多年以后，邺令史起对漳水渠进行过修缮，扩大了它的灌溉能力，“民大得其利”。[②]

郑国渠位于关中地区的渭北旱原上。关中平原水源充沛，物产丰富，号称“陆海”、“天府”。但渭北地区地势高亢，有大片的“泽卤之地”。公元前246年，秦王命郑国主持修建渭北水利。经过十多年的艰苦劳动，终于建成了郑国渠。郑国渠是先秦时期规模最大的水利工程。[③]据《史记·河渠书》记载：郑国渠西起泾水瓠口（今陕西泾阳县西北），向东北注入洛水，长300余里。故史学家司马迁在评价郑国渠的作用和意义时说：“渠成……关中为沃野，无凶年，秦以富强，卒并诸侯。”

楚国的孙叔敖也曾作期思陂。楚庄王时令尹孙叔敖在淮河流域修建水渠系统，“决期思之水，而灌雩娄之野”。《太平御览》卷七二载：“《淮南子》曰楚相作期思之陂，灌雩娄之野。”期思陂在今河南固始一带，孙叔敖是将古期思水（今史河和灌河）引入众多的中小陂塘，而形成期思—雩娄渠导工程，期思陂的兴建是我国最早的大型水利工程。后来孙叔敖之孙药掩在规划土地时，也将修蓄水池作为农田灌溉的重要内容。春秋时在兴修水渠的基础上，开始修建我国最早的人工运河。据记载，当时修筑的运河有陈国和蔡国之间沟通沙、汝水的运河。[④]

在中国古代，北方地区曾存在过一些较大的湖泊池沼，但由于黄河泛滥及其他原因，这些湖泊相继消失。南方地区河流纵横，湖泊众多，陂塘在近世虽略有减少，但总体上远远多于北方。

中国在古代已注意对陂塘的开发和利用。秦汉时期，开始推广陂塘灌溉。考古人员曾在四川、广东、贵州、陕西、河南等地的汉墓中发现了不少小型水库模型。模型一般呈长方形，中间有坝相隔，一侧为池塘，另一侧为水田，坝上设有闸门；也有水田与池塘分离的情况。其中出土于陕西汉中和广东佛山的模型很有代表性。汉中出土的模型为方形圆角，坝在池塘与稻田中间，其中部有拱形的出水口，并装有提升式闸门。池中有鱼、鳖、蛙、螺

---

① 参见《滑稽列传·西门豹传》，《史记》卷一二六，中华书局1986年版。

② 参见吕不韦：《乐成》，《吕氏春秋》，中华书局2007年版。

③ 参见王双怀：《中国古代的水利设施及其特征》，《陕西师范大学学报》2010年第39卷第2期。

④ 参见顾德融、朱顺龙：《春秋史》，上海人民出版社2001年版，第208—209页。

之类，田里有纵横成行的秧苗。佛山的水田模型也颇为复杂。水田被田埂分为六块，农夫在不同的田块里犁田、插秧、收割、脱粒，在收割后的田块里还堆着肥料。① 水井和水田池塘模型的大量发现，说明到东汉时期，南方和北方的某些地区已经建立起了许多小型的灌溉系统，水稻种植面积随之扩大。②

在中国古代所修建的陂塘中，芍陂是最著名的。芍陂是楚庄王十七年（前 597 年）前后由孙叔敖在安徽寿县主持兴建的中国最早的蓄水灌溉工程。当时安丰城（今安徽寿县南）一带东、南、西三面地势较高，北面地势低洼，向淮河倾斜。每逢夏秋雨季，山洪爆发，形成涝灾，而当雨少时又常常出现旱灾。孙叔敖组织当地人民将东面积石山、东南面龙池山和西面六安龙穴山流下来的溪水汇集到低洼的芍陂中，并修建 5 个水门，水涨则开门以疏之，水消则闭门以蓄之，通过调节水流避免水旱灾害。后来他又在西南开了一道子午渠，上通淠河，以扩大芍陂的灌溉水源，使芍陂可“灌田万顷”。

此后，东汉章帝建初八年（83 年），庐江太守王景，“驱率使民，修起荒废”。③ 对芍陂进行了修治。献帝建安五年（200 年），扬州刺史刘馥兴治芍陂以溉稻田。

建安十四年（209 年），曹操亲临合肥，复“开芍陂屯田”。④

曹魏齐王正始二年（241 年），邓艾在芍陂附近修建大小陂塘 50 余处，增加了芍陂的蓄水能力和灌溉面积。西晋武帝太康年间（280—289 年），刘颂为淮南相，修芍陂，“计功受分，百姓歌其平惠”。⑤

隋文帝开皇年间（581—600 年），赵轨为寿州长史，对芍陂再次修治，将原有的 5 个水门改为 36 个。⑥ 北宋仁宗明道年间（1032—1033 年），张旨“浚淠河三十里，疏泄支流，注芍陂，为斗门，溉田数万顷，外筑堤，以备

① 参见广东省文物管理委员会：《广东佛山市郊澜石东汉墓发掘报告》，《考古》1964 年第 9 期。

② 参见王双怀：《中国古代的水利设施及其特征》，《陕西师范大学学报》2010 年第 39 卷第 2 期。

③ 《循吏・王景传》，《后汉书》卷七六，中华书局 1965 年版。

④ 《魏书・武帝纪》，《三国志》卷一，中华书局 1959 年版。

⑤ 《刘颂传》，《晋书》卷四六，中华书局 1975 年版。南朝宋文帝元嘉七年（430 年）。

⑥ 参见《赵轨传》，《隋书》卷七三，中华书局 1973 年版。

水患”。[①] 使灌溉面积达到历史最高水平。明清两代对芍陂的修治多达 24 次之多，但规模不大。新中国成立后，对芍陂进行了综合治理，大大提高了它的灌溉能力。[②]

3. 堤防

水有利，也有害。中国古代的水害主要来自山洪和海潮。为了防止水患，确保人民的生命财产安全和农作物收成，中国古代曾修建过不少防洪设施。其中堤坝、围堰、海塘都是比较重要的。

相传禹的父亲崇伯鲧在治水的时候，就是采取筑堤挡水的方法。商代之后，历代王朝多在大江大河之滨，特别是黄河中下游地区修筑堤坝，以防止水灾。史载战国时期，齐、赵、魏诸国均曾在黄河下游修筑堤防。

汉武帝元光三年（前 132 年），黄河在瓠子（今河南濮阳西南）决口，夺淮入海。21 年后，汉武帝组织人力物力，完成了规模巨大的瓠子堵口工程，使黄河复入故道。[③] 汉成帝建始四年（前 29 年），黄河在馆陶决口，波及东郡金堤。次年，河堤使者王延世率领民众，以竹笼装石堵口获得成功。[④]

东汉明帝永平十二年（69 年）王景率数十万军队治理黄河，修成比较坚固的堤防。[⑤] 此后八百余年，黄河基本安澜。

4. 围堰

围堰一般修在河、湖之滨或行洪区域。如果说堤坝主要是束水，那么围堰的作用就主要是护田了。围堰护田在唐代以前比较少见。从宋代开始，圩垸大量出现。明代更扩大围垦，与江争田，与河争田，与海争田，在河滩、海涂或沼泽地带筑堤建闸，挡水排盐，改良土壤，垦辟农田。以华南地区为例，明代华南各地建围极多，大小不一。[⑥] 如洪武年间，在“桑围园”

① 《张旨传》，《宋史》卷三〇一，中华书局 1974 年版。

② 参见王双怀：《中国古代的水利设施及其特征》，《陕西师范大学学报》2010 年第 39 卷第 2 期。

③ 参见《郊祀上》，《汉书》卷二五，中华书局 1975 年版。

④ 参见《沟洫志》，《汉书》卷二九，中华书局 1975 年版。

⑤ 参见《王景传》，《后汉书》卷七六，中华书局 1965 年版。

⑥ 参见王双怀：《明代华南水利建设的区域特征》，《陕西师范大学学报》2001 年第 2 期。

中建“鸡公围”、“东洲围”，堤长560余丈。

嘉靖年间建“东方子围”，护田66顷。崇祯年间建“大成围”，护田28.67顷。据《珠江三角洲农业志二》所提供的材料统计，在明代270多年间，珠江三角洲至少修筑了180多条堤堰，其总长度约735公里，捍卫耕地达10000余顷。在大量围垦荒滩的同时，围海造田的活动也在加紧进行。据估计，当时广州府围海造田的数量也在万顷以上。围堰的作用主要是防止洪水泛滥，保护民居、田舍，其作用与堤坝相近。①

5. 提水工具

与川泽湖湾堤坝相关的，就是灌溉提水设施。在不具备自流灌溉的地方，往往需要使用提水机具将水从低处提到高处进行灌溉。提水灌溉设备有桔槔、辘轳、戽斗、翻车、筒车、刮车、井车、连筒、架槽等。桔槔、辘轳前面已经言及，兹不赘述。

戽斗。是一种小型人力灌溉工具。《农政全书》说：“戽斗，挹水器也。《唐韵》云：戽，抒也。抒，水器挹也。凡水岸稍下，不容置车，当旱之际，乃用戽斗。控以双绠，两人挈之，抒水上岸，以溉田稼。”② 其斗或柳筲，用竹木编制而成，形如蟹篓，两边系绳，由二人同时操作，可以将河渠之水提到高田。但其提水高度有限，只能在水位差不大的地方提水灌溉。

翻车。又称龙骨车，至迟在东汉中平三年（186年）已经出现。后经马钧改造，“其巧百倍于常”，灌溉效果很好。其基本结构是：车身以板木作槽，长两丈，宽不等，四寸、七寸皆可，槽中架行道板一条，放置数十块与木槽宽度相当的木斗（即刮水板）。木斗之间以铰关相联，形成环状。木槽上下两头置带齿轮轴。转动上轴，则木斗循环运转，将板间的水体自下而上带出。根据所用动力，分为人力翻车、畜力翻车、水力翻车和风力翻车。人力翻车由单人或多人操作，踏动拐木，龙骨板随之转动，将水刮到岸上。畜力翻车与卧式水转翻车相似。风力翻车则以风作为动力，在有风的情况下，比人力翻车功效更为显著。

筒车。是一种轮式水车，在唐代文献中已见诸记载。这种水车以木为

① 参见王双怀：《中国古代的水利设施及其特征》，《陕西师范大学学报》2010年第39卷第2期。

② 徐光启：《水利》，《农政全书校注》卷十七，上海古籍出版社1986年版，第435页。

轮，小轮以竹为筒，大轮以木为轮。其基本构造是在水流湍急处置一水轮，将其底部没入水中，使其顶部高出河岸，轮上倾斜安置竹筒若干。水流冲动水轮，水筒临流取水，并随轮转动，至轮顶时，将水倒入岸上所设木槽，流入田间。此为水转筒车。还有高转筒车，可将水提高 10 余丈。高转筒车在唐代已经出现，一直沿用到近代。

（三）新中国成立后的库塘工程

1949 年后新中国成立初期的库塘工程，着重防洪除涝工程，以除害为主，结合兴建小型农田水利工程。1958 年以后，大量兴修水库、塘坝和引水灌溉工程，并进行灌区配套，发挥了灌溉效益。

70 年代开始大规模机井建设，开采利用地下水。

到 1985 年，全省已建成大中小型水库 5500 余座，塘坝 3 万余座，总库容 159.5 亿立方米，兴利库容 78.9 亿立方米。在各级河道上建成大中型拦河闸 150 座，小型拦河闸 750 座，总设计蓄水能力 4.8 亿立方米。

全省共建成设计灌溉面积万亩以上的水库灌区 174 处，总设计灌溉面积 1218 万亩，有效灌溉面积 729 万亩。其中设计灌溉面积 30 万亩以上的大型灌区 7 处，10 万—30 万亩中型灌区 27 处，1 万—10 万亩小型灌区 140 处。自 1956 年至 1985 年年底，全省用于发展水库灌溉的总投资 4.65 亿元，其中国家投资 3.17 亿元，完成总工程量 4.89 亿立方米，累计用工日 4.92 亿个。这些水库灌区开发前，粮食单产一般在 125 公斤左右。开灌后，据 1981 年调查统计，粮食单产 500 公斤以上的灌区 43 处，单产 400—500 公斤的灌区 55 处，单产 250—400 公斤的灌区 67 处，单产 250 公斤以下低产灌区 9 处（均为小型水库灌区）。

在黄河两岸建成引黄涵闸 42 座，虹吸引水工程 31 处，设计引水能力 1828 立方米每秒。

建成机电井 61.93 万眼，其中配套 52.7 万眼。修建固定机电排灌站 2.6 万余处，装机 126 万千瓦。17 个城市建自来水厂 57 个，日供水能力为 150 万立方米，各单位自备水源供水能力 185.2 万立方米。

这些水利工程设施，将天然水资源变为可利用水资源。经科学测算，保证率为 50%，全省现状可利用水资源量为 230.82 亿立方米。其中地表水 84.95 亿立方米，地下水 73.87 亿立方米，客水 72 亿立方米。1985 年各类水利工程向农业供水147.5亿立方米。[①]

1. 大型水库灌区

（1）陡山水库灌区。这是山东省第一处大型水库灌区。灌区工程于1959年10月动工，翌年9月建成开灌，受益者为莒南、临沭两县。渠首位于莒南县大店乡铃铛口拦河坝，在沭河支流浔河左岸建引水闸，由陡山水库供水，引河自流灌溉。设计引水流量21.2立方米每秒，正常实引流量14立方米每秒，设计灌溉面积30万亩，有效灌溉面积16.2万亩。灌区有总干渠1条，长41公里，干支渠23条，长139公里；排水总干沟1条长31公里，排水干支沟47条长183公里；干支渠沟建筑物898座，斗渠以下建筑物2354座，干支渠已完成浆砌石渠7条长30公里。由于是60年代"大跃进"时期建的工程，质量较差，加之失修、老化，灌溉效益不能充分发挥。

（2）日照水库灌区。第一期工程于1959年11月开工，翌年3月竣工。第二期工程1966年10月开工，至1968年6月竣工开灌。渠首为日照水库放水洞，自流灌溉，正常引水流量14.5立方米每秒，设计灌溉面积32万亩，有效灌溉面积19.5万亩。有总干渠1条，长4.7公里，干渠4条，支渠27条，总长187公里，排水干支沟305条，总长370公里。干支渠沟建筑物741座，斗支渠以下建筑物2250座。干支渠已完成浆砌石渠2条总长49公里。灌区粮食产量，由开灌前的每亩138公斤，增长到每亩500公斤左右。

（3）牟山水库灌区。牟山水库位于安丘县，1962年5月动工，1964年5月竣工。渠首为牟山水库放水洞，南放水洞为隧洞1孔，直径3米；北放水洞为涵洞1孔，宽2.3米，高2.75米。正常引水流量25立方米每秒，设计灌溉面积39.0万亩，有效灌溉面积24万亩。有总干渠2条长55公里，干渠4条长59公里。排水干沟2条长32公里，干支渠建筑物1670座，斗渠以下建筑物6003座。干支渠完成砌石、灰土防渗渠道4条，总长9.3公里。

（4）峡山水库灌区。灌区工程于1964年2月动工，翌年3月开灌，受益范围有昌邑、高密、潍县、安丘4县和潍北农场。灌区采用多渠首引水。根据渠首分布可把灌区分为永旺屯、四屯、双羊、赵戈4处灌区及木树、金

---

① 参见山东史志编委会编：《山东省志·水利志》，山东人民出版社1993年版，第378、56—58页。

口两处引河灌区和昌邑、高密及安丘的库区扬水灌区。正常实引流量 100 立方米每秒，设计灌溉面积 153 万亩。1972 年开始对灌区进行全面更新改造，继续配套完善，至 1985 年灌区有总干渠 5 条长 120 公里，干渠 37 条长 386 公里，支渠 416 条长 759 公里，排水干沟 42 条长 493 公里，排水支沟 435 条长 1539 公里，干支渠沟建筑物 18897 座，斗渠以下建筑物 10215 座。支渠已完成防渗渠 32 条长 47.4 公里，有效灌溉面积达 104 万亩。

（5）墙夼水库灌区。灌区工程于 1964 年 12 月开工，1965 年开发一分干灌区，1966 年建北灌区。诸城县 8 个乡镇、五莲县 1 个乡镇受益。渠首为墙夼水库东、西放水洞，自流灌溉，正常实引流量 22 立方米每秒，设计灌溉面积 38 万亩，有效灌溉面积 27 万亩。有总干渠 1 条，长 51 公里，分干渠及支渠 28 条，长 193 公里。排水干支沟 28 条长 149 公里，干支渠沟建筑物 551 座，有固定扬水站 77 处，装机 3212 马力。干渠防渗渠 1 条长 27.4 公里，斗渠以下防渗渠 8 条长 28.7 公里。

（6）青峰岭水库灌区。青峰岭水库位于莒县，1965 年 10 月开工，1966 年 2 月开灌。全灌区由南干渠灌区和扬店子、张宋两处引河灌区组成。南干渠首为水库放水洞，设计流量 4.4 立方米每秒；在扬店子建拦河坝，并在沭河左岸建水闸，流量 3.6 立方米每秒；在张宋建拦河坝，并在沭河左岸建水闸 4 孔。该灌区为水库、引河自流灌区，正常实引流量 10 立方米每秒，设计灌溉面积 30.5 万亩，有效灌溉面积 14 万亩。总干渠一条长 28 公里，干支渠 45 条，总长 202 公里，排水总干沟 7 条，长 77 公里，干沟 14 条总长 117 公里，干支渠沟建筑物 1180 座，干支渠完成浆砌石和混凝土板防渗渠 9 条，总长44.5公里。灌区粮食亩产由开灌前的168公斤，增长到500余公斤。

（7）太河水库灌区。灌区工程于 1972 年 11 月开工，1976 年 4 月基本建成放水，受益范围为淄博市的淄川、张店、临淄区。渠首为太河水库放水洞，设计引水流量 25 立方米每秒，正常实引 15 立方米每秒，设计灌溉面积 40 万亩，有效灌溉面积 15.7 万亩。灌区有总干渠 1 条长 26.5 公里，干支渠 42 条，长 283 公里。一干渠有万米隧洞。干支渠建筑物 1100 座。灌区工程不配套，未能充分发挥灌溉效益。①

---

①　山东史志编委会编：《山东省志・水利志》，山东人民出版社 1993 年版，第 378—382 页。

2. 中型水库灌区

全省 27 处设计灌溉面积 10 万—30 万亩的中型水库灌区，总设计灌溉面积 461 万亩，有效灌溉面积 261 万亩。择其中 3 处加以记述。

（1）冶源水库灌区。老龙湾引泉灌溉是临朐县最早的灌区，也是省投资较早建设的灌区之一。建于 1951 年，引用冶源村南海浮山下老龙湾泉水。1959 年并入冶源水库灌区。冶源水库灌区范围包括临朐、益都两县部分土地，设计灌溉面积 19.2 万亩，有效灌溉面积 18 万亩。1959 年 10 月 28 日，东、西干渠工程动工，翌年 2 月 22 日开灌。东放水洞设计引水流量 30.9 立方米每秒，东干渠全长 44 公里，其中浆砌石渠 8.8 公里，混凝土板渠 4.8 公里，沿渠建筑物 247 座，沿渠扬水站 45 座，控制灌溉面积 10.4 万亩。西放水洞设计引水流量 17.5 立方米每秒，西干渠全长 20.7 公里，其中浆砌石渠 13.1 公里，混凝土板渠 7.1 公里，沿渠建筑物 132 座，沿渠有扬水站 20 座，控制灌溉面积 6.9 万亩。老龙湾引泉干渠全长 15.3 公里，引水流量 1.4 立方米每秒，控制灌溉面积 2 万亩。支渠 22 条，长 47 公里，全灌区斗渠以下建筑物 1770 座，排水干沟 3 条总长 10 公里，支沟 23 条总长 16 公里。干支渠沟建筑物共 1113 座。到 1985 年年底，累计完成土石方 419 万立方米，工日 605 万个，国家投资 433 万元。该灌区是山东省水利灌溉工作的先进典型，曾多次受到水电部、山东省政府的表彰、嘉奖。

（2）雪野水库灌区。1960 年 10 月开工，1964 年竣工开灌。灌溉莱芜县 6 个乡镇。灌区渠首为雪野水库西放水洞，设计引水流量 23.1 立方米每秒，设计灌溉面积 20 万亩，有效灌溉面积 12.5 万亩。灌区内有总干渠 3.1 公里，东干渠 31.7 公里，西干渠 27 公里，均用浆砌石护砌，支渠 9 条长 37 公里，干斗渠 23 条，干支渠 33 条。干支渠沟建筑物 479 座，斗渠以下建筑物 151 座。到 1985 年年底完成土石方 414 万立方米，工日 762 万个，累计国家投资 642 万元。

（3）岩马水库灌区。老灌区于 1964 年开发，利用水库下游城河故道修建 5 处拦河坝，灌溉滕县官桥、城关等 13 个乡镇的 15 万亩土地，1966 年扩大到 22 万亩。1970 年 3 月，在津浦铁路以东开发新灌区，1971 年 2 月 27 日竣工放水。渠首为岩马水库放水洞，设计引水流量 17.5 立方米每秒，设计灌溉面积 21.3 万亩，有效灌溉面积 11 万亩。灌区总干渠长 37 公里，沿途过16条河、67道沟，绕过95个山头，穿过89个岭。主要建筑物166座，其中“胜利渡槽”长1700米，高3—6米。分干渠7条长44公里，支渠27条长90公里。另有1条北干渠，长9.2公里，建筑物34座。灌溉渠道不仅可引库水上山灌溉山陵农田，同时还解决25个村1.5万人吃水困难。到1985年年底，累计完成土石方321万立方米，工日844万个，国家投资470万元。①

3. 小型水库、塘坝灌区

全省有设计灌溉面积1万—10万亩小型水库灌区140处，总设计灌溉面积395万亩，有效灌溉面积248万亩。累计完成土石方10108万立方米，完成工日11373万个，国家投资1043万元。

其他设计灌溉面积小于万亩的小型水库灌区，主要是1965年以后，在山丘区大搞治山治水的农田水利基本建设中兴建的。这类灌区的建设，一般是国家扶持，受益单位自办。到1985年，全省有这类水库灌区5314处，设计灌溉面积740万亩，有效灌溉面积419万亩。

塘坝灌区。这类灌区大部分是在地下水埋藏较深的山丘区，靠塘坝蓄积雨水灌溉农田。因塘坝蓄水少，春天抗旱时往往水量不足。到1985年全省修建塘坝31435座，兴利库容8.5亿立方米，有效灌溉面积165万亩。②

二、灌溉系统之二

（一）水系水资源

山东灌溉用水主要有两大来源：一是地表径流，二是地下水。天然径流与地下水总量，据有关方面测算，全省年平均264亿立方米天然径流量，与163.36亿立方米地下水资源量，由于地表水和地下水之间的相互转化，有82.4亿立方米重复水量须扣除，全省年平均水资源总量为345亿立方米。③

1980—1985年，山东省水利厅按照水电部的统一部署，进行了全省水资源调查评价工作。按照全国水资源评价工作统一规定的时限1956—1979

① 参见山东史志编委会编：《山东省志·水利志》，山东人民出版社1993年版，第382—383页。

② 参见山东史志编委会编：《山东省志·水利志》，山东人民出版社1993年版，第386页。

③ 参见俞宽钟主编：《现代山东农业》，山东科学技术出版社2000年版，第24页。

年估算，全省多年平均地表水资源量为264亿立方米，地下水资源量为163.4亿立方米。地表水和地下水互相联系和转化，河川径流中包括一部分地下水排泄量，而地下水补给量中有一部分来源于地表水入渗。地表水和地下水资源之和再扣除重复计算量82.4亿立方米，全省多年平均水资源量为345亿立方米。仅占全国水资源总量28124亿立方米的1.23%。按人口、耕地平均占有量计算，山东省分别为448立方米/人及327立方米/亩，均约为全国平均数的六分之一，属水资源短缺的省份之一。

按全国统一的水资源分区，山东省分属海滦河流域、黄河流域和淮河流域3个一级区，并分属海滦河流域的徒骇、马颊河区，黄河流域的黄河下游区，淮河流域的沂沭泗区和山东沿海诸河区4个二级区。在全国统一分区的基础上，山东省按水系和河流划分成鲁北平原区、黄汶区、湖西区、湖东区、中运河区、沂沭区、小清河区、潍弥白浪区、胶莱大沽区、胶东半岛区、东南沿海区11个三级区。①

山东水资源有明显的特点：其一，是水资源相当紧缺。全省平均每人占有水资源量408.8立方米，仅及全国人均占有量的14.8%，是全世界人均占有量的3.8%。全省需水总量，正常年份为325亿立方米，枯水年份为402.28亿立方米，分别超过现状可供水量的40.8%和74.3%。其二，地面水年际年内变化大。地面水直接受降水影响，由于降水的年变率大，季节分布又很不均匀，因而年际径流量和各季的径流量悬殊，加之7—8月的大量降水又系几场暴雨所致，更给径流的栏蓄利用造成很大困难。其三，水资源丰、枯悬殊地域分布不匀。全省年平均天然径流深172.2毫米，然而其分布自东南向西北逐步锐减，半岛东部大于300毫米，马颊河以北只有40毫米以下。多年平均水资源总量，临沂地区最多，为74.77亿立方米；最少的东营市仅5.19亿立方米。其四，水污染日趋加重。1985年109处河道、水库监测站和南四湖、大明湖的监测结果，符合国家地面水质量标准Ⅰ、Ⅱ、Ⅲ类（可作生活用水）的占29.9%，轻污染占24.8%，严重污染污染占8.5%。②上述原因，使水资源的供需矛盾更加突出。

① 山东史志编委会编：《山东省志·水利志》，山东人民出版社1993年版，第46—47页。
② 俞宽钟主编：《现代山东农业》，山东科学技术出版社2000年版，第24—25页。

1. 地表径流

山东省的河流分别划属黄河、淮河、海河三大流域。

华北平原的地表径流分布大致是：黄河以北的北部鲁北平原诸河，属海河流域。除漳、卫、南运河水系的卫运河、漳卫新河中下游为鲁冀两省界河外，主要有徒骇、马颊、德惠等河，均自西向东流入渤海。流域面积为2.97万平方公里，占全省总面积的19.4%。

华北平原中部为黄河流域，黄河流贯河南、山东两省，在山东利津入海。黄河自西南而东北贯穿全省，有大汶河、玉符河等少量支流汇入。流域面积1.83万平方公里，占全省总面积的12%。

华北平原南部属淮河流域。黄河以南的河流除大汶河、玉符河等黄河支流外，均划属淮河流域片。包括南四湖水系、沂沭河水系、中运河水系、鲁东南滨海诸河、鲁中诸河及胶东半岛诸河。

在鲁中南地区，以泰沂山脉为中心，形成辐射状水系。南流的主要有沂河、沭河，均流经江苏省入黄海，组成沂沭河水系；北流的有潍河、弥河、白浪河等汇入莱州湾，加上黄河与泰沂山脉之间自西向东流入渤海的小清河、支脉河等，组合成鲁中诸河；向西流的除大汶河经东平湖入黄河属黄河水系外，还有洸府河、泗河、白马河、十字河等，均入南四湖，与鲁西平原注入南四湖的梁济运河、洙赵新河、东鱼河、万福河等组成南四湖水系；南四湖出口的韩庄运河、伊家河以及陶沟河、邳苍分洪道等属于中运河水系；鲁东南滨海地区主要有付疃河、两城河、绣针河、白马河、吉利河等流入黄海。在胶东半岛以大泽山、艾山、昆嵛山、伟德山构成一个西南一东北向的分水岭，形成南北分流及黄、渤海的诸河，主要有胶莱河、大沽河、五龙河、大沽夹河等。

此外，京杭大运河从台儿庄入省境，经韩庄运河、伊家河入南四湖，复经梁济运河至黄河，黄河以北经临运河（位山引黄灌区三干渠）至临清入卫运河，至四女寺入南运河经德州通天津，涉及黄、淮、海三大流域。

除黄河横亘东西，京杭运河纵贯南北外，流域面积10000平方公里以上的河流有徒骇河、小清河、沂河3条；流域面积1000—10000平方公里的有马颊河、德惠新河、东鱼河、洙赵新河、沭河、汶河、泗河、潍河、弥河、胶莱河、大沽河等45条；流域面积300—1000平方公里的河流107条；流域面积小于300平方公里的小河沟1000余条。河网密度达0.24公里/平方公里。

山东省的河流均为雨源型，多年平均年径流量为264亿立方米。由于人口众多，耕地面积大，人均、亩均占有地表径流量仅343立方米和250立方米，只有全国人均2710立方米、亩均1770立方米的八分之一和七分之一，属水资源短缺省份之一。①

华北的河流具有以下特征：第一，华北河流的流量很小。华北平原河流的分布颇为密集，但是，其流量甚小。例如，作为全国第二大河的黄河，径流总量只占全国的2.21%，约只及长江流域的5.9%，其绝对量尚不及华南的闽江。② 因此，可供农业灌溉之用的河水严重不足。第二，河流流量的年相对变率和季节相对变率都很大，对农业灌溉非常不利。华北平原河流的水源主要是雨水，地下水的成分不多。因此，河流的特征就与降雨的特征紧密联系在一起。据统计，华北平原河流的年相对变率达40%—60%，高于我国东部各地区；季节性变化更大，6—9月的径流量占全年流量的60%—80%。这与农用灌溉的要求正好相左，河流很少起调节旱涝的作用。③ 第三，华北河流危害性很大，经常发生水患。华北河流危害性很大，使该地区人民历来饱受苦难。黄河在历史上"发生泛滥1500多次，主要的改道26次"。致使流域内许多多年辛苦开垦的良田变成沙荒瘠地。旧河道纵横交错，又形成了许多排水不良的洼地。④ 华北平原的河流利用很少。

华北的降雨量即使全部用于农业灌溉，也只能基本满足一季旱作的需要，要彻底解决农业用水问题，只能依靠人工灌溉。我国淮河以北降雨量较少，变率又大，要保证旱地作物的丰收，必须进行人工灌溉。关于灌溉的功效，民国时期有一些实验数据可以表明。卜凯认为，"在小麦地带，灌溉地之小麦及小米产量，较不灌溉地约增60%—70%"。⑤40年代初，伪华

① 参见山东史志编委会编：《山东省志·水利志》，山东人民出版社1993年版，第24—26页。

② 参见刘明光：《中国自然地理图集》，地图出版社2010年版，第70页。

③ 参见从翰香主编：《冀鲁豫乡村》，中国社会科学出版社1995年版，第232—234页。

④ 参见华北政务委员会政务总署水利局编：《华北之水文》第1期（1930年8月）。

⑤ 卜凯主编：《中国土地利用》，金陵大学农业经济系译印，1941年，第292页。

北农事试验场就华北小麦灌溉地与非灌溉地产量进行了比较试验，结果表明，北平的灌溉地较非灌溉地增收 42.3%，石家庄增收 934.6%，济南增收 102.5%。[①] 增收量的大小，各年不可能一致，因为越是干旱的年份，灌溉的功效越显，因灌溉而致的增收量势必越大；雨水较多的年份，灌溉的功效就不那么显著。因此，排除过旱过涝的因素，灌溉对于平年小麦的增收率在 50%—100%。棉花的灌溉地较非灌溉地也增收 50% 左右。[②]

2. 地下水

地下水的分布有自己的规律。华北平原的太行山东麓、燕山南麓和泰山山麓是地下水含量丰富、质量优秀而且较易开发利用的地方，这些地区在明代就已较广泛地利用地下水进行农业灌溉，形成了粮食稳产高产的地下水灌区。矿化度小于 2 克 / 升的浅层地下水年平均水量，山地丘陵区总量为 77.01 亿立方米 / 年，平原总量为 90.11 亿立方米 / 年。上述两项扣除重复计算量 3.76 亿立方米，合计地下水资源总量为 163.36 亿立方米 / 年。[③]

1980—1985 年，山东省水利厅按照水电部的统一部署，进行了全省水资源调查评价工作。按照全国水资源评价工作统一规定的时限 1956—1979 年估算，此次评价的地下水资源量是与大气降水、地表水体有直接联系，易于开采和更新的浅层地下淡水资源量。全省多年平均年地下水资源量为 163.36 亿立方米，平均地下水资源模数为 12.2 万立方米 / 平方公里。山丘区地下水主要是基岩裂隙水和岩溶水，水资源模数为 9.2 万立方米 / 平方公里。基岩裂隙水主要分布在胶莱河以东及沿海地区的岩浆岩、变质岩地带，地下水资源模数 4 万—12 万立方米 / 平方公里。潍河、弥河、白浪河、小清河及沂、沭、汶、泗地区有大量石灰岩分布，岩溶山区为 13.0 万—20.0 万立方米 / 平方公里。平原地区以孔隙水为主，补给源主要为降水和地表水体，其次是山前侧渗。地下水资源模数平均为 17.7 万立方米 / 平方公里。山前平原一般为 20 万—25 万立方米 / 平方公里。湖东、中运河及沂沭河山前平原为 30 万立方米 / 平方公里。鲁西北平原为 15 万—20 万立方米 / 平方公里。

---

① 参见应廉耕：《以水为中心的华北农业》，北京大学出版部 1948 年版，第 16 页。

② 参见从翰香主编：《冀鲁豫乡村》，中国社会科学出版社 1995 年版，第 231—232 页。

③ 参见俞宽钟主编：《现代山东农业》，山东科学技术出版社 2000 年版，第 24 页。

黄河两岸为 20 万—25 万立方米 / 平方公里。

此外，在鲁西北平原和莱州湾沿海一带，平原有 17147 平方公里的浅层咸水区，约占全省平原地区面积的 25%，其中少部分地区深层也无淡水，属于严重缺水区。①

按 1984 年实际年型，选取保证率为 50% 的可供水资源作为现状供水能力，全省计 230.8 亿立方米；其中地表水 84.9 亿立方米，地下水 73.9 亿立方米，客水 72 亿立方米。②

表 4–3　山东省分区水资源总量表③

<table>
<tr><th colspan="3">水资源分区</th><th rowspan="2">面积（平方公里）</th><th colspan="4">水资源量（亿立方米）</th><th rowspan="2">产水模数（万立方米 / 平方公里）</th></tr>
<tr><th>一级区</th><th>二级区</th><th>三级区</th><th>地表水</th><th>地下水</th><th>重复计算量</th><th>水资源总量</th></tr>
<tr><td rowspan="13">海滦河流域
黄河流域
淮河流域</td><td rowspan="7">徒骇马颊河区黄河卜流区沂沭泗区</td><td>鲁北区</td><td>29713</td><td>15.8</td><td>30.2</td><td>2.14</td><td>43.9</td><td>14.8</td></tr>
<tr><td>黄汶区</td><td>13531</td><td>23.1</td><td>13.6</td><td>12.2</td><td>24.5</td><td>18.3</td></tr>
<tr><td>湖西区</td><td>16334</td><td>11.2</td><td>24.9</td><td>1.64</td><td>34.5</td><td>21.1</td></tr>
<tr><td>湖东区</td><td>9921</td><td>20.6</td><td>14.8</td><td>6.43</td><td>28.97</td><td>29.2</td></tr>
<tr><td>中运区</td><td>4247</td><td>13.7</td><td>6.72</td><td>4.24</td><td>16.2</td><td>38.1</td></tr>
<tr><td>沂沭区</td><td>17071</td><td>54.2</td><td>16.9</td><td>15.8</td><td>55.3</td><td>32.4</td></tr>
<tr><td>合计（含湖面）</td><td>90817</td><td>138.6</td><td>107.12</td><td>42.45</td><td>133.3</td><td>28.0</td></tr>
<tr><td rowspan="5">山东沿海诸河区</td><td>小清河区</td><td>14223</td><td>15.2</td><td>17.1</td><td>4.21</td><td>28.1</td><td>19.8</td></tr>
<tr><td>潍弥白浪区</td><td>10203</td><td>17.8</td><td>5.76</td><td>5.54</td><td>17.9</td><td>17.6</td></tr>
<tr><td>胶莱大沽区</td><td>19991</td><td>54.1</td><td>16.9</td><td>16.9</td><td>54.1</td><td>27.1</td></tr>
<tr><td>胶东半岛区</td><td>5370</td><td>16.1</td><td>4.98</td><td>4.98</td><td>16.1</td><td>30.0</td></tr>
<tr><td>东南沿海区</td><td>62483</td><td>127</td><td>56.0</td><td>40.0</td><td>143</td><td>22.9</td></tr>
<tr><td colspan="2">合　计</td><td>112270</td><td>230.2</td><td>100.74</td><td>71.63</td><td>259.2</td><td>25.1</td></tr>
<tr><td colspan="3">全省总计</td><td>203087</td><td>368.8</td><td>207.86</td><td>114.08</td><td>392.5</td><td>22.5</td></tr>
</table>

① 参见山东史志编委会编：《山东省志 · 水利志》，山东人民出版社 1993 年版，第 53 页。

② 参见俞宽钟主编：《现代山东农业》，山东科学技术出版社 2000 年版，第 24 页。

③ 参见山东史志编委会编：《山东省志 · 水利志》，山东人民出版社 1993 年版，第 48 页。

表 4–4 山东省各市水资源总量表[①]

市地	总面积	水资源量（亿立方米 / 平方公里）			水资源（万立方米 / 平方公里）		耕地占水量（立方米 / 亩）	人均占水量（立方米 / 人）
		地表水	地下水	重复	模数	水资源		
总量								
济南市	5600.6	7.58	7.98	3.87	11.69	20.9	364	305
青岛市	10840.3	24.1	8.92	7.82	25.2	23.2	332	402
烟台市	18913.2	50.3	15.05	15.09	50.26	26.6	466	613
潍坊市	17116.7	29.1	14.68	10.29	33.49	19.6	286	425
淄博市	3413.4	5.5	6.16	4.14	7.52	22	349	273
东营市	6039.2	3.86	1.42	0.09	5.19	8.6	191	362
枣庄市	4541.9	13.1	7.19	4.46	15.83	34.9	526	562
济宁市	10273	11.5	14.05	4.45	21.01	20.5	274	359
含湖区								
泰安市	9451.6	19.8	11.93	9.74	21.99	23.3	373	381
惠民区	9571.2	6.14	5.68	0.3	11.52	12	171	319
德州区	12746.3	7.05	14.82	0.83	21.04	16.5	192	370
聊城区	8618.2	4.17	11.93	0.66	15.44	17.9	181	332
临沂区	26676.4	72.1	22.15	19.48	74.77	33	573	690
菏泽区	13499	9.32	21.4	1.1	29.62	21.9	255	403
全省	173300.4	263.62	163.36	82.42	344.57	21.49	323.78	414

表 4–5 山东省分区年径流量表[②]

流域分区	1956—1979 年平均		不同保证率年径流量（亿立方米）			
	年径流深（毫米）	年径流量（亿立方米）	20%	50%	75%	95%
鲁北区	53.2	15.8	25.9	9.16	3.16	0.316
黄汶区	170.7	23.1	34.2	19.9	11.6	4.62

① 参见山东史志编委会编：《山东省志 · 水利志》，山东人民出版社 1993 年版，第 49 页。

② 参见山东史志编委会编：《山东省志 · 水利志》，山东人民出版社 1993 年版，第 51 页。

流域分区	1956—1979 年平均		不同保证率年径流量（亿立方米）			
	年径流深（毫米）	年径流量（亿立方米）	20%	50%	75%	95%
沂沭区	317.5	54.2	74.3	49.9	35.2	19.0
中运区	322.6	13.7	19.2	12.3	8.22	4.25
湖东区	207.6	20.6	29.9	18.1	11.3	4.94
湖西区	74.3	11.2	16.6	9.63	5.60	2.24
（南四湖湖区）	–123.8	–1.57				
小清河区	106.9	15.2	23.1	12.6	7.14	2.42
潍弥白浪区	184.3	23.4	34.6	20.1	11.7	4.68
胶莱大沽区	174.5	17.8	27.8	13.7	6.94	1.78
胶东半岛区	270.6	54.1	75.7	48.7	32.5	16.8
东南沿海区	299.8	16.1	22.7	14.5	9.50	4.83
全省	172.2	264	384	238	143	65.9

全省 1956—1979 年平均天然径流量 264 亿立方米。另外，黄河干流入省水量 433.36 亿立方米；南四湖水系的苏、豫、皖三省入鲁 4.17 亿立方米；徒骇、马颊河自豫、冀两省入鲁 0.65 亿立方米。这些客水或入海出省，或转入地下，或用于灌溉。

全省平均年入海水量 540.5 亿立方米，出省水量 90.2 亿立方米，合计 630.7 亿立方米（未扣除引黄灌溉尾水量）。其中黄河入海达 410 亿立方米，其余为海河流域和沿海诸河区入海水量。①

（二）古代水井设施

农田灌溉包括两个系统，其一是河灌系统，利用地表水灌溉；供水设施以河渠和湖、泉为主，浅水可以直接灌溉，建造灌溉工程，比如堰坝，陂塘，沟洫，水门等，起储水作用以及用于田间灌溉。其二是井灌系统，如华北山东的水井、机井等，用地下水灌溉。

《王桢农书》对“水井”的解释是：穴地出水也。《说文》曰：井，清也。

① 参见俞宽钟主编：《现代山东农业》，山东科学技术出版社 2000 年版，第 24 页。

故《易》曰："井洌寒泉，食。甃之以石，则洁而不泥；汲之以器，则养而不穷：井之功大矣"。按：《周书》云："黄帝穿井。"又《世本》云："伯益作井"。"尧民凿井而饮。汤旱，伊尹教民田头凿井以溉田，今之桔槔是也。此皆人力之井也。若夫岩穴泉窦，流而不穷，汲而不竭，此天然之井也。皆可灌溉田亩，水利之中所不可缺者"。①

水井，在河北邯郸涧沟龙山文化遗址（距今四五千年前）、浙江余姚河姆渡遗址第二文化层（距今约五千多年前），都出土过原始水井。古史传说黄帝作井，或说伯益作井，说法虽不尽相同，但都在发生在原始社会期间，证之出土遗物，似无乖戾。

史称伊尹教老百姓凿井溉田，用的就是用桔槔提水。《通俗文》曰：桔槔，机汲水也。《说文》曰："桔，结也，所以固属。槔，皋也，所以利转。又曰：皋，缓也。一俯一仰，有数存焉，不可速也。然则'桔'其植者，而'槔'其俯仰者欤?"《庄子》曰："子贡……过汉阴，见一丈人，方将为圃畦，凿隧而入井，抱瓮而出灌，骨骨然用力甚多，而见功寡。子贡曰：'有械于此，一日浸百畦……凿木为机，后重前轻，挈水若抽，数如泆汤，其名为槔。"② 今濒水灌园之家多置之。实古今通用之器，用力少而见功多者。

水利灌溉设施的建立，沟洫井田的开发，水井的挖掘，都是农业经济发展到一定程度后的产物。在中国的传疑时代，就有关于作井的传说，我们在新石器时代的考古发掘中，也发现了史前期的水井，但水井和大规模水利工程，单纯用原始的木石工具是不行的。战国中后期，铁器的发明，成为古代社会经济发展的时代标志。铁制农具的普遍使用，才使关键水利工程设施的建设成为可能。

战国中后期，铁器开始普遍应用于社会生产。《管子·轻重乙》载："一农之事，必有一耜、一铫、一镰、一货、一锥、一丝，然后成为农；一车必有一斤、一锯、一钻、一凿、一銶、一轲、然后成为车。"反映了战国中期齐国铁制生产工具的普遍使用。战国中期齐国的"铁耕"已非常普遍，铁农

---

① 徐光启：《水利》，《农政全书校注》卷十六，上海古籍出版社 1986 年版，第 445 页。

② 王祯撰：《东鲁王氏农书译注》，缪启愉、缪桂龙译注，上海古籍出版社 2008 年版，第 586—587 页。

具的普遍使用在考古发现中得到证明。1958年，对临淄故城进行考古试掘，发现数件战国时期铁制农具，其中有铁犁一件，铁镢两件，铁锄两件，铁铲一件。① 这些铁农具，有的已由可锻铸铁制成：初步具备了坚硬，锋利，耐用的性能。在造型设计上，铁犁呈“V”形，前端尖锐，后端宽阔，能加强刺土力，便于破土划沟，“比过去依靠人力耕作用的耒耜，显然是耕作技术上的一次重大革新。”②

铁镢有两种：一是长条形，上端有孔；二是高式三齿形。铁镢的出现，在掘土工具上是一大改进，用时执柄，挥动双臂，由上向下刨挖，入土后由前向后拉。铁镢是开垦荒地，挖掘沟渠的好工具。铁制农具的广泛使用，为战国时期农业的发展提供了新的劳动手段和技术条件，有利于扩大耕地面积，增加水利设施，提高耕作技术。③

毫无疑问，铁器的广泛使用，大大促进了水利灌溉事业的发展。傅筑夫认为，人工灌溉，始于春秋后期。进入战国时代，特别是战国中期以后，各地竞修水利，“出现了中国水利史上的一个高潮时代”。④

春秋战国时期齐国的水利灌溉是很发达的，在水利灌溉和水利利用方面取得了丰富经验。《考工记》为齐人所作，该书所总结的水利灌溉经验，说明战国初齐国调节水利的方法已相当进步。其时灌溉工程约有两种：一是蓄水之渠，二是流通之沟。荀子指出“司空”一职，是负责“修提梁，通沟浍，行水潦，安水藏，以时决塞”。说明荀子生活的战国中后期，人们既注意了水的流通，水的蓄藏，也注意要及时调节水量。

明代以前，山东一些县境内民众已在田间打土砖井浇地，初步改变了“纯靠天然雨水”的耕种习惯。当时的水井，多为浅井，井壁易塌。

明清两代，山东的井灌得到了初步发展。自明朝末年开始，我国北方地区旱作农业带即大力开展凿井，挖掘地下水源，以弥补地表灌溉用水的不足。河南及河北真定诸府的打井灌田，曾引起过农学家徐光启的注意而被载入《农政全书》。顾炎武谈到井灌时说：“每田百亩，四隅及中各穿一井，每

① 参见《山东临淄齐故城试掘简报》，《考古》1961年第6期。

② 杨宽：《我国历史上铁农具的改革及其作用》，《历史研究》1980年第5期。

③ 参见王阁森、唐致卿主编：《齐国史》，山东人民出版社1992年版，第416—417页。

④ 傅筑夫：《中国封建社会经济史》第一册，人民出版社1982年版，第229页。

井可灌田二十亩，四周筑以长沟，深阔各丈余。则掣井水以灌田，潦则放田水以入沟。”[①] 可见，明代后期，河南地区已出现群井群灌技术。群井群灌，投资少，见效快，是提高干旱农业区抗旱能力的有效措施。[②]

明代徐光启对找水脉、水井定位、凿井方法作了较为科学的总结。徐光启认为：“高地作井，未审泉源所在，其求之之法有四。”第一气试，所谓气试，即在夜间观望着水气上腾的地方，掘一地窖，天明后到地窖中看有水气如烟，腾腾上升，其下则有水脉。第二盘试，所谓盘试，即在认为有水泉之地掘深 3 尺的坑，把用清油擦过的盘放在坑中比坑底高一二寸的木桩上，然后用草覆盖，隔一天后发现盘底有水珠欲滴者，则有泉脉。第三缶试，缶试的原理如盘试相同。第四火试，所谓火试是掘坑后在坑底点燃柴草，烟气上升蜿蜒曲折则下有水脉，直上者则否。[③] 带有某种实践经验实用科学性了。

徐光启还记载了凿井法，指出“凿井之法有五”：择地，量浅深、避震气、察泉脉、澄水。择地，是根据地形的差异与地下水的有无来酌情确定井位；量浅深，是根据地下水的深浅来定凿井的深度；避震气，是凿井时要注意地质构造，防止地下有毒气体的溢出和缺氧而造成施工人员的伤亡；察泉脉，则根据掘出水的地层构造来判断水质的优劣，认为沙中带石子地层水质最佳；澄水，是井打成后，要在井底上铺上层一二尺厚细石子，对泉水起过滤作用。这种考虑到井位选择、凿井深度、地质构造、水质优劣及井水过滤等措施的凿井五法，比较系统而全面地反映了我国古代凿井技术的发展水平。[④]

徐光启提倡的用水之法之五，是“作原作潴以用水”。“作原者，井也。作潴者，池塘水库也。高山平原，与水违行，泽所不至，开浚无施其力，故以人力作之。凿并及泉，犹夫泉也。为池塘水库，受雨雪之水而潴焉，犹夫潴也。高山平原，水利之所穷也，惟井可以救之。池塘水库，皆井之属。故

---

① 顾炎武：《天下郡国利病书 · 河南》，上海古籍出版社 2012 年版。

② 参见吴存浩：《中国农业史》，警官教育出版社 1996 年版，第 965 页。

③ 参见徐光启：《水利》，《农政全书校注》卷二十，上海古籍出版社 1986 年版，第 515—516 页。

④ 参见徐光启：《水利》，《农政全书校注》卷二十，上海古籍出版社 1986 年版，第 516—517 页。并参见吴存浩：《中国农业史》，警官教育出版社 1996 年版，第 959 页。

《易》井之象，称‘井养而不穷’也”。

“作之之法有五：其一，实地高，无水，掘深数尺而得水者，为池塘以畜雨雪之水而车升之，此山原所通用。江南海壖，数十亩一环池。深丈以上，圩小而水多者，良田也。其二，池塘无水脉而易干者，筑底椎泥以实之。其三，掘土深丈以上而得水者，为井以汲之。此法北土甚多，特以灌畦种菜。近河南及真定诸府，大作井以灌田，旱年甚获其利，宜广推行之也。井有石井、砖并、木井、柳井、苇井、竹井、土井，则视土脉之虚实纵横，及地产所有也。其起法，有桔槔，有辘辘，有龙骨木斗，有恒升筒，用人用畜。高山旷野，或用风轮也。其四，井深数丈以上，难汲而易竭者，为水库以畜雨雪之水。他方之井，深不过一二丈。秦晋厥田上上，则有深数十丈者，亦有掘深而得咸水者。其为池塘，为浅井，亦筑土椎泥，而水留不久，不若水库之涓滴不漏，千百年不漏也。其五，实地之旷者，与其力不能多为并，为水库者，望幸于雨，则歉多而稔少。宜令其人多种木。种木者，用水不多，灌溉为易，水旱蝗不能全伤之。既成之后，或取果，或取叶，或取材，或取药。不得已，而择取其落叶根皮，聊可延旦夕之命，虽复荒岁，民犹恋此不忍遽去也。语曰：‘木奴千，无凶年’。”①

徐光启在这里是专门论述淘井的水库池塘用水法。他把池塘水库，都算作水井之属。认为在高山平原，不得江河水利之便者，惟有井可以救旱救急。他历数有各种水井，提水可以用人力或用畜力，提水工具有桔槔、有辘辘、龙骨木斗，有恒升筒等。掘地数丈才得水的，可以建设水库以蓄水，水库存水较比井为好。

明末，桓台县境内民众已广泛使用撑杆提取井水，用于生活用水和经济作物的灌溉。清代初年，撑杆被辘轳取代。②

临清市的砖井是开采地下浅层空隙水的一种水利设施。它是古代由挖土井、竹井、柳井取水演变而来的。秦砖出现后，用砖砌井筒的称砖井。城东林园村的“古槐荫井”，据 1934 年《临清县志》载：“为六朝时物。”到明

① 徐光启：《水利》，《农政全书校注》卷之十六，上海古籍出版社 1986 年版，第 405—406 页。

② 参见桓台县史志编委会编：《桓台县志》，齐鲁书社 1992 年版，第 189—191 页。

朝时期，在临清有关井的记载就比较多，如“漱玉泉”、“琉璃井”等，都是明代以前的古井。以后，井在临清日渐增多，但建井多为供给人畜吃水，很少用于农田灌溉。据《临清县志》载：原临清有砖井12658眼，多分布在境内农村。①

进入清代之后，井灌受到人们的普遍重视。在清康熙四年（1665年）莒县就有“民凿井取水润田”之记载。雍正时陕西布政使帅念祖认为，水井一眼，可灌田20余亩，确系“井养而不穷”。与他同时的王心敬也积极提倡井灌，认为凿水井一眼，深3丈左右，需银7—10两，添置水车需10两，两项合起来也不过20两，然而井灌效益却非常可观，每口井可灌田20亩至40亩，如果粪溉及时，耘耨工勤，一井之力，可获百石，而且常年可种菜蔬，旱年仍得丰收。②

乾隆十三年（1748年），所开新旧井即达67500余眼。其中山西凿井最多，陕西、河北、河南等地的井灌也很有成绩。陕西巡抚崔纪在西安、凤翔、汉中、乾州、郴州、商州、兴平等地大力提倡发展井灌，共开井32900余眼。这些井灌设施，在他的后任陈宏谋时发生效益：“凡一望青葱烟户繁盛者，皆属有井之地。”③可见，井灌确使北方某些旱作农业区的农业生产得到繁荣。周焯《过港诗》曰：“水车灌车疾于毂，少妇推犁健似男；莫讶此乡风景异，年来何处不江南。”④说的则是对井灌前景的乐观设想。

河北省的井灌事业甚至受到了满清皇帝的注目。道光帝曾将河北的井灌经验加以肯定，曾下诏提倡井灌：“如有民间不知此法，即于颁发式样后，劝令按井制车试行。”⑤但是，由于受时代的局限，清代前期凿井技术终究没有超越古代凿井的范畴，提水工具也较落后，无论地下水资源的开发量和提取量都受到了限制，井灌并没有大的发展和普及。⑥

清末，莒县农田灌溉依靠井灌。土井、砖、石井等水井作为人畜饮水

① 参见临清市史志编委会编：《临清市志》，齐鲁书社1997年版，第166—167页。

② 参见王心敬：《井利说》，《皇清经世文编补》卷三十八。

③ 陈宏谋：《通查井泉檄》，《培远堂偶存稿·文檄》卷二十六。

④ 吴锡麒：《南旧记》，小方壶斋丛抄本。

⑤ 刘锦藻撰：《续文献通考》卷十三，浙江古籍出版社1988年版。

⑥ 参见吴存浩：《中国农业史》，警官教育出版社1996年版，第966页。

之源历史悠久。也主要用于园田灌溉。①

细审晚清的灌溉设施，可以看出：山东水利灌溉是进入了一个从古代到近代的转变时期了，西方的打井技术和凿井机器都传到了山东，打井方法有较大进步，汲水的水车成为主要取水工具，井灌成为社会关注的事情，甚至皇帝也屡屡提倡井灌。

（三）民国时期的水井设施

1. 抗战前国民政府统治时期（1912—1937 年）

自民国元年至民国二十六年（1912—1937 年），由于战乱较少，农业生产有相对稳定的和平环境，再加上当时国内外工业发展对农业发展的需求，以及各级政府和民间的重视，山东农业总体是向前发展的，农业开发与粮食产量达到了历史上最好的成绩。其间，主要粮食作物生产稳中有进，主要经济作物如棉花，烟叶、花生等，不论是播种面积、产量，增长势头均较为迅猛。最能体现农业发展的各项农业改良也都取得了较明显成绩，不少农业指标都显示，山东确属当时全国的农业大省之一。

民国时期，山东的井灌区主要分布在蓬莱、黄县、掖县、益都、临淄、寿光、桓台、泰安、莱芜、肥城、宁阳、曲阜、兖州等县地下水丰富的山前冲积平原。水井是人工挖掘而成的土井及少量砖、石井，井深一般 3—5 米，多用于人畜饮用和浇灌经济作物或菜园地。②

民国时期的水井设施的建设，有四个明显的特点：

第一个特点，是农村水井建设，纳入各级政府日程，成为政府的一项要政。山东省政府命令各地县打井抗旱，而且地方政府与社会团体等先后通过引导示范、技术指导、发放优惠贷款等办法，鼓励农民发展井灌，防旱救荒，尤其注意推广机器凿井技术和新式汲水工具等。

1930 年山东省建设厅要求每 60 亩地凿井一眼，1936 年全省实有灌溉面积 28.4 万公顷（426 万亩），占耕地面积的 3.4%。到 1949 年新中国成立时，全省有灌溉面积 372 万亩，其中井灌面积 331 万亩。③

---

① 参见莒南县史志编委会编：《莒南县志》，齐鲁书社 1998 年版，第 222、229—230 页。

② 参见山东史志编委会编：《山东省志 · 水利志》，山东人民出版社 1993 年版，第 349—350 页。

③ 参见山东史志编委会编：《山东省志 · 水利志》，山东人民出版社 1993 年版，第 5—6 页。

凿井灌田是华北平原重要的抗旱措施之一。民国时期提倡打井，与开渠相比，井灌成本低、易于推广。

1935年，山东省建设厅厅长张鸿烈指令莒县县长卢少泉“查该县贷款为数甚少，求贷者不甚踊跃，应将凿井及水车款各办法，切实公布，并劝导贷借，以期普及。又该县平原城区，应凿模范井，以资提倡。”1936年，县长指示凿井，各村普遍执行，掘土井，垒砖井，凿石井，1年成井810眼，可浇菜园950亩。提灌工具为木桶、吊杆、辘轳等。到1949年，全县共有土、砖、石井7800眼，可灌溉7500亩农田和菜园。①

滨州境内凿井灌田历史悠久。1922年，惠民县开凿水井1016眼。1931年，齐东县建设局将凿井列为要政，捐贷4500元作凿井经费，提倡和支持民众凿井灌田。1935年，山东省建设厅曾通令各县根据土质情况，开凿砖井和自流井，按60亩一井为标准，凿井抗旱。为此，各县均在建设局内设凿井专员一人。1940年，境内共有各类水井7329眼，抗旱灌溉中发挥了很好的作用。②

第二个特点，是民国时期政府和农村组织致力于推广井灌凿井、机器凿井。清末民国时期，西方的机器凿井和新式汲水工具已传入中国。机器凿井可以增加井水深度，保证灌溉水源，而牲畜拉的铁制水车，既可以提高灌溉效率，也能减轻农民的劳动强度，推广价值甚高。某些县份重点以推广机器凿井和水车为主。

据调查，1930年前后，水车已成为主要的汲水工具之一，甚至超过辘轳等。每架水车每日可灌田5官亩，每井灌30余亩，而辘轳则每日可灌田3官亩，每井灌18余亩。③

淄博水井灌溉农田历史悠久。到清末民国初期，临淄、桓台等北部平原地区，水井已遍及农村。富用水车（斗式，有铁、木制两种和大小之分），贫用桔槔、辘轳头、鸳鸯罐等提水工具，提水灌田。政府曾发放贷款资助农民打井。1932年，临淄县政府按每眼水车砖井210元，辘轳砖井120元，

---

① 参见莒南县史志编委会编：《莒南县志》，齐鲁书社1998年版，第222、229—230页。

② 参见滨州市史志编委会编：《滨州市志》，齐鲁书社1993年版，第163页。

③ 参见赵宝爱：《20世纪二三十年代冀鲁两省的凿井灌田与防旱救荒》，《中国农史》2005年第1期。

土井60元标准发放贷款。并将该县一区（现齐都镇）评为凿井模范区。至抗日战争爆发，全县农用水井达7270眼，井灌面积由民国初期的4.34万亩，发展到5万余亩。1940—1941年山东省行政公署建设厅向桓台县发放打井贷款2万元，当年打井600余眼。

19世纪初，连年干旱，桓台人民纷纷打井抗旱，水井数量大增，至1920年，乌河两岸乡村平均每6亩地配一眼水井，井深一般为5—8米，最深的达15米。1933年，全县有土、砖井4万眼，1949年达4.9万眼。1933年，索镇花园村高氏兄弟始在乌河于家磨处挖一条40余米长的地下隧洞，将乌河水引至水井内提水灌溉。此后，沿河群众效仿，穿洞掘井，引水浇地大受裨益。桓台、临淄及张店北部平原沿乌河两岸，掀起了挖洞子井的热潮，即挖隧洞将乌河水引至洞中，沿洞打井，用鸳鸯罐提水，日浇地3—5亩，用斗子水车可日浇6亩。1942年，全县农用水井发展到4万余眼，控制灌溉面积18万亩，是全省著名的老井灌区。①

在民国时期，山东农民利用地下水灌溉，大部是于田中掘土井或砖井，所用工具大部分为辘护木桶。在潍县，辘护井"每日可润地一亩余"，也有用水车者，以牲畜（多为毛驴）牵引，"每日可润大亩地三亩"（大亩），如购这种水车，约需大洋130—140元，一般小自耕农是无力购买的，所以在乡间并不普及。在历城县路家庄134户农家中，有井户18家，拥有水车者仅6家，这6户大多是拥地10亩以上的小自耕农。潍县高家楼村，有土井7眼，砖井10眼。土井直径约3尺，深17尺，掘井费用每井约需20元，归单个农户所有，砖井直径9尺的有2眼，直径3.6尺的有8眼，掘一眼砖井所需材料、人力成本共约300元，非一户农家所能支付，故有数家农户共同出资开掘的。

据《临清县志》载：临清境内新法所凿钢管封闭真空手压井10眼，井深20米左右，当时人称"龙吸水"。②

第三个特点，是井水灌溉由经济作物区向粮食作物区扩展，由抗旱之

① 参见淄博市志编委会编：《淄博市志》，中华书局1992年版，第1386—1387页。并见桓台县史志编委会编：《桓台县志》，齐鲁书社1992年版，第189—190页。

② 参见临清市史志编委会编：《临清市志》，齐鲁书社1997年版，第166—167页。

举变成了经常性的生产措施。华北平原有井水灌溉之利的地方，往往也是经济较发达的地区。这些地方普遍种植棉花、小麦、水稻等经济效益较好的作物。济南附近等地下水水位高，往往有涌泉喷流的地方，多种植水稻。①

此后，人工凿井灌溉由经济作物区向粮食作物区扩展。截至民国十八年（1929年），总计全省水井数（包括少部分饮用水井）共33万余眼。当时各地所凿水井多为土井，挖凿工费较省，一般在10至50元左右，提水用具大部分使用传统手摇辘轳或桔槔，一天约可浇地3至5亩。桓台、长山一带还盛行两个水斗的"水鸳鸯"辘轳，提水时实者下，虚者上，省去空放水斗的时间。20年代中期，水车在部分地区也有一定发展。当时盛产烟叶的潍县，已有三分之一的水井用上水车，宁阳、泰安、莱阳、桓台以及长清、汶上等县，也有相当部分换掉辘轳，改用水车。水车井多为砖井，井筒比土井略粗，便于水斗上下。砖井每眼工料费约50—100元，提水工效比土井辘轳高三四倍。统计山东省灌溉面积占耕地面积比例，民国三年至八年（1914—1919年）为3%，民国十三至十八年（1924—1929年）为5%。②

民国初年，泰安、桓台等地农民在农会的倡导下，开凿灌田水井，发展花生、烟草等经济作物生产。20年代，鲁东和鲁南的花生、烟草等经济作物区也开始发展人工灌溉，不单农会倡导凿井开渠，劝业所也派出人员专门指导凿井事宜。民国十四年（1925年）全省各地开凿灌田水井9万余眼。

人工灌溉由抗旱保苗的活动，演变成农业生产中较为经常性的工作。历城县"自民国十年以来每年天气亢旱，雨泽逾期，二麦秋禾均歉收。……使用水车者，亦历年增多。本境南部地势高燥，及黄河以北，地性沙淤，对于提倡水利极为困难。"而"城北北园一带历水等流域，农民多利用通渠以资种植蔬菜，历经多年，附近五十余村藉以生活。"县境南部"地势高燥"，地下水位深，凿井成本高；黄河以北县地，"地性沙淤"，不似黏土土壤保水性能强，故不易收墒保墒，灌溉投入成本必大；只有北园一带以通渠利用地表水灌溉，成本较低。③

---

① 参见从翰香主编：《冀鲁豫乡村》，中国社会科学出版社1995年版，第233—234页。

② 参见珀金斯：《中国农业的发展1368—1968》，上海译文出版社1984年版，第85页。

③ 参见张佩国：《近代山东农业技术体系的社会生态学考察》，《中国农史》1999年第4期。

广饶县县内井灌历史悠久，县境东南部阳河两岸水质较好，最适灌溉，民国二十四年（1935 年）统计就有砖井 500 余眼，土井千余。1949 年全县砖、土井 4990 眼，水车 896 部，简易提水工具 4328 件。井灌面积 2.09 万亩。①

第四个特点，推广井灌，代表着华北农田水利建设的一个发展方向。灌溉条件的差别对农作物产量的影响是十分明显的，据研究结果，灌溉之小麦产量，较不灌溉地小麦，约增产 60%—70%。② 排涝是否顺畅，甚至关系到作物种植结构及分布，灌溉条件优劣也影响到土地价格高低。③

山东春秋雨季干旱缺雨，不利小麦和秋禾的生长，在无河渠可资利用的地区，凿井灌田为抵御干旱的一项有效办法。推广井灌，就抓住了提高小麦产量的关键。井灌可保证小麦的灌溉条件，促进了小麦的大量生产。小麦的商品性输出又带来了很大的经济效益。井灌的推广，一定程度上改善了小麦生产条件，并改变了农民靠天吃饭的观念。这一时期的井灌，就凿井和灌溉工具说，既有量的增加，也有因采用新技术、新设备而带来的质的进步，故有学者将推广井灌和引进优良品种、改进耕作技术等，一起列为近代农业技术进步的标志。④ 推广井灌，代表着华北农田水利建设的一个发展方向。⑤

2. 抗日战争时期（1937—1945 年）

民国二十六年（1937 年）是山东农业的一个转折点，日本侵华，山东沦陷，受害极深，无论国民政府统治区，日伪统治区还是中共根据地，农业均因战乱和日伪焚掠、破坏而急剧衰退。⑥

日本侵华战争时期，迫于经济与军用物资的需求，日伪也在沦陷区内实行了一定的水利开发。但日本侵华战争，打断了山东正常的农业经济运转，人们救死不暇，许多提防闸坝年久失修，灌溉设施遭受破坏，防洪排涝

① 参见广饶县史志编委会编：《广饶县志》，中华书局 1995 年版，第 220 页。

② 卜凯：《中国土地利用》，金陵大学农业经济系 1941 年铅印本，第 292 页。

③ 张佩国：《近代山东农业技术体系的社会生态学考察》，《中国农史》1999 年第 4 期。

④ 汪敬虞：《中国近代经济史》，中华书局 2000 年版，第 1196 页。

⑤ 徐丙奇、王志军：《论民国时期华北小麦生产的发展》，《古今农业》2008 年第 2 期。

⑥ 参见张玉法主编：《农业志》，《（民国）山东通志》卷十五，（台北）山东文献杂志社 2000 年版，总第 1547 页。

和抗旱能力进一步下降，加上多年来滥伐山林，气候失调，旱灾不断发生，山区水土流失严重，河道淤塞，洪涝灾害加重。①

日伪认为“灌溉为集约的中国农耕之基础”，把开发水利作为农业增产的中心环节。民国三十一年（1942 年）伪山东省公署成立省、道、县“食粮增产实行委员会”，在其拟采取的促进农业生产办法中，首要强调的就是开发水利，计划在临朐、曲阜、章邱、临淄等县之近水洼地续开水田 18900 亩，用一年二熟制，轮种水稻、小麦；在恩县、武城、临清等运河两岸地区，安设扬水机，利用河水灌溉；在铁路沿线，地下水位较浅之地带，贷款掘井约 4 万眼，每 10—20 亩准掘一眼水井。为开发水利，日伪在设备、资金等方面都有较多投入。如山东省农业增产推进委员会在其民国三十二年（1943 年）《施政报告》中称，该年度经其“斡旋”栗原式、大仓式、升恒机器式及人力式扬水机（即管式水车）计达 3000 台用于灌溉，经其“斡旋”的凿井资金为 1600 万元，以此凿井达 13 万眼（大井 3 万，小井 10 万）。当时以此种水车灌溉农作物，收效显著，与未灌溉者相比，一亩得到适当灌溉的小麦，收获量可增产 80%，粟可增产 85%。②

3. 抗日战争胜利后（1945—1949 年）

抗日战争胜利后，国民党统治区的山东省政府建设厅水利局，曾编制若干水利复兴计划，多未实施。③

在山东解放区内，中共极为重视农业生产，虽仍处于紧张的战争环境，数十百万民工经常服务前线，但由于中共华东局坚持生产与支前结合的方针，解放区农业生产比民国三十六年（1947 年）有所恢复和发展。④ 解放区于 1946 年 1 月在实业厅下成立水利队，领导人民疏浚河道，整修堤防，兴修农田水利，并于 1947 年拟定导沭工程方案。1948 年 10 月，成立山东省沂沭河流域水利工程总队，进行导沭工程的勘测设计工作。1949 年 4 月，

---

① 参见俞宽钟主编：《现代山东农业》，山东科学技术出版社 2000 年版，第 106 页。

② 参见张玉法主编：《农业志》，《（民国）山东通志》卷十五，（台北）山东文献杂志社 2000 年版，总第 1532—1533 页。

③ 参见山东史志编委会编：《山东省志 · 水利志》，山东人民出版社 1993 年版，第 5—6 页。

④ 参见张玉法主编：《农业志》，《（民国）山东通志》卷十五，（台北）山东文献杂志社 2000 年版，总第 1547 页。

导沭工程开工，20 万民工上阵，揭开了大规模水利建设的序幕。①

解放区于 1939 年建设局成立打井队，专为农民打井。1940 年 5 月，中共胶东区党委在领导解放区大生产运动中，号召扩大农田灌溉面积，提倡井灌、河灌，是年黄县打井 13911 眼；1944 年春又深入农村，组织召开打井会议，成立打井包工队，推动打井抗旱。②

山东解放区 1945 年各地掀起打井热潮，到 1949 年全区共打井 14.64 万眼，井灌面积 56.34 万亩。③

1949 年以前，烟台农田多为打井、引河灌溉。到 1949 年年底，全区有机井 7 眼，水井 14.64 万眼，塘坝 12 座，有效灌溉面积 56.34 万亩。④

1949 年新中国成立时，淄博全市有农田水井 7.6 万眼，水车 1.7 万部，简易提水工具近 5 万件，灌溉面积达 48.8 万亩。⑤

1949 年，全省实有有效灌溉面积减少到 24.77 万公顷（371.5 万亩），占耕地面积的比重下降到 2.8%，不及民国十八年（1929 年）的一半。⑥

总体上看，民国水利事业的发展是可称道的，主要有两项成绩是可以入史的：

其一，是农业技术的改进。与 20 年代人工灌溉技术起步时期相比，30 年代凿井灌溉技术出现了大量开凿砖井和新式钻井以取代土井、并以水车或压水机代替辘轳的趋势；同时，政府的主导和扶持作用极为突出。民国十八年（1929 年）建设厅建立不久，即分饬各县添设凿井专员，根据本地土况，开凿改良水井（砖井或钻井）。同年冬该厅在泰安举办凿井训练班，招集学员二十人，教习自流井开凿技术。民国十九年（1930 年）举办第二期，由各县选送学员 120 人，学成后回县主持指导凿井事宜。夏津、临清、昌邑等县还自办机器凿井训练班，推广新法凿井技术。为了解决各地凿井器械不足，建设厅还专门拨出款项，补助每县器械购置费 100 元，另由各县自筹

① 参见山东史志编委会编：《山东省志 · 水利志》，山东人民出版社 1993 年版，第 5—6 页。
② 烟台市史志编委会编：《烟台市志》，科学普及出版社 1983 年版，第 961—962 页。
③ 烟台市史志编委会编：《烟台市志》，科学普及出版社 1983 年版，第 962 页。
④ 参见烟台市史志编委会编：《烟台市志》，科学普及出版社 1983 年版，第 961 页。
⑤ 参见淄博市史志编委会编：《淄博市志》，中华书局 1992 年版，第 1386—1387 页。
⑥ 参见俞宽钟主编：《现代山东农业》，山东科学技术出版社 2000 年版，第 106 页。

100元，由省督造配发凿井器械。民国十九年（1930年），领取器械并开始推广新法凿井的县有三十余个。同年建设厅颁布《各县建设局凿井贷款暂行办法》，据此各县建设局在建设费项下设立凿井贷款资金，无息贷给凿井户，借以鼓励农户按新法凿井。凿井贷款以拥有土地60亩以下农户为限，贷款期以一年为限，分两次偿还。至民国二十年（1931年），各地共发放凿井贷款56700元，贷款农户1837户，新增水井6709眼。第二年，全省靠贷款帮助开凿的新井3300余眼，由各县建设局组织开凿的新井4359眼，农户自行开凿的新井则达13万余眼。

建设厅还以建立凿井试验区的方法，进一步推广凿井技术。民国二十二年（1933年），建设厅选定运河沿岸地区的平原、恩县、夏津、武城四县为试验区，由县建设局组织凿井队，集中使用凿井机器，逐村开凿新式灌井。经过示范推广，凿井灌溉的功效日益为农户所信服和接受。

随着新法凿井的推广，和砖井钻井数的增加，水车使用数量不仅有较大增长，而且性能也有较大改进。传统旧式水车多为木制，车体笨重，使用极不灵便。后随着潍县、济南、青岛等多家铁工厂的成立及铁轮、铁斗水车的批量制造，部分地区的农户开始使用铁制水车，民国二十二年（1933年），建设厅所属交通水利机械制造厂将水车2000部以工本费价格发售给各县凿井农户。另据同年实业部调查，山东各地铁工厂平均年产铁斗水车109三部，其中绝大部分销于省内。铁制水车与木制水车相比，既省力，出水也多。如30年代初潍县华丰机器厂制造的铁水车，有水斗50个，车体轻，只有旧水车重量的一半，每小时可出水11吨，而旧水车只能出水8吨。民国二十四年（1935年），建设厅曾制定“推销办法”，用分期付款的方式向农户推广这种新式水车。①

其二，是有了农业气象观测。农业气象观测属本期创新农业技术，创始于北伐之后，由省建设厅办理，各县设有气象观测员、气候观测站，购有气压表、湿度表、温度表、日照计、风向计、雨量计等设备。但因地方科学水准不够，多不重视，各县的气象观测，多徒具虚名。

① 张玉法主编：《农业志》，《（民国）山东通志》卷十五，（台北）山东文献杂志社2000年版，总第1516—1517页。

（四）新中国成立后的水井设施

新中国成立后，山东省井灌的发展，经历了由浅井到深井，由人力挖掘沙层水到钻机钻取岩层水，并由人、畜力提水发展为机械提水的过程。

1. 水井

1949 年冬开始，全省 10 个专署、43 个县先后成立了水利推进社，主要任务是推广销售解放式水车，发放水车贷款。1950 年全省新制水车 1.6 万部，打井 4.2 万眼，受益面积 15.6 万亩。1952 年开展了以打井下泉为中心的农田水利建设，全省共打井 58.5 万眼，井灌面积增加到 455 万亩。但由于单纯赶任务，忽视打井质量，新打的井有 30% 不起作用。1955 年在组织农业合作社的同时，形成第二次打井高潮，主要是打井径 2—3 米，井深 6—10 米的砖井。从 1955 年 10 月到 1956 年 4 月初，就新打可架设水车标准井和临时井 175 万眼。1957 年冬至 1958 年春，又掀起打井运动，至 1958 年年底新打井 90 余万眼，全省水井累计达 207 万眼，水车 85.8 万部，提水工具 82 万件，井灌面积 907 万亩。

从 1959 年起，随着提水工具的不断更新换代，机井发展较快，原来取浅层水的砖石、土井逐渐淘汰，水井数量逐年减少，至 1972 年全省尚存水井 70.9 万眼。此后，省水利统计资料年报不再将水井列入统计范围。①

（1）烟台市。烟台市可以作为胶东的代表，该地新中国成立后打井工程，土井、水井，向机电井方向发展，到 1963 年年底，全区有机、电井 3268 眼，灌溉面积 23.24 万亩。②

莱州境内农田灌溉历史悠久。1949 年年底，全县井灌面积 26.12 万亩，占耕地面积的 18%，占烟台地区灌溉面积的 43.9%。灌溉方式有泼灌和沟灌两种。随着提水工具和农田基本建设的发展，到 1953 年前后，泼灌淘汰，畦灌大量发展。畦灌，主要用于小麦，虽扩大播幅，但用水量较大。沟灌，对土地平整程度的要求比畦灌低，除小麦外各种作物均适用，省水。

新中国成立后，广泛开辟新水源，发展提水工具，不断改进灌溉方法和技术，由提水灌溉发展到部分自流灌溉。灌溉范围，从河川、平原发展到

---

① 山东史志编委会编：《山东省志 · 水利志》，山东人民出版社 1993 年版，第 349—350 页。

② 烟台市史志编委会编：《烟台市志》，科学普及出版社 1983 年版，第 961—962 页。

丘陵、低山。1958—1964年，由于水源条件较好，8年发展灌溉面积23万亩（平均每年2.87万亩），占新中国成立后灌溉面积总和的34.4%，为解决水源供需矛盾，1975年由县水利局主持，国家投资2万元，在西由公社王贾村农业技术队进行喷灌试点。

1976—1977年，塑料喷头问世，全县两年引进半固定式和活动式喷灌设备26套，发展喷灌面积700亩，1978年发展到7.15万亩。1982年国家和县财政投资768万元（其中国家投资35万元），鼓励农民发展喷灌。是年，全县总投资256万元，购置喷灌设备2116套，塑料管55万米，喷灌面积达到12.64万亩。

1980年将喷灌改为管路直接灌溉，当年发展塑料管20万米，控制灌溉面积3.2万亩。1981年在全年降雨仅310毫米的情况下，灌区获得平均亩产500公斤以上的好收成。

1985年，全县灌溉面积发展到93.01万亩（其中自流灌溉面积9.39万亩），比新中国成立前增长2.56倍。农田灌溉由占耕地面积的18%提高到73.85%，全县平均每人占有水浇地1.18亩。1985年年底，管道灌溉在全县普遍应用，并向着半固定式管道灌溉发展，受到上级水利部门重视。①

（2）广饶县。广饶县于1955—1957年掀起打井高潮，全县井泉数量不断增加，井灌面积逐步扩大，并开始出现机井。至1958年年底，全县砖、土井发展到29696眼，机井135眼，井灌面积达到11.03万亩。随着机井的逐年增加，地下水位不断下降，砖土井随之淘汰。②

（3）临清。临清的井灌工程，在新中国成立后大量发展，且多用于农田灌溉。1949年大旱，政府领导农民打井抗旱，一年内田间建井8000眼。到1956年砖井已发展到3.6万眼，灌溉面积达10万亩。1966年培训砖井下泉技术员500名，对砖井采用井底下泉和子母井的办法，以增加出水量。是年下泉砖井达到2211眼。

（4）莒县。莒县多年平均降雨量（1951—1996年）为809毫米。由于降雨年际变化大，丰水年为枯水年的3倍多，且年内分配不均，雨季一般集

① 莱州史志办编委会编：《莱州市志》，齐鲁书社1996年版，第253—255页。

② 广饶县史志编委会编：《广饶县志》，中华书局1995年版，第220页。

中在6—8月，占全年降雨量的三分之二。春旱、夏涝、秋旱，旱多于涝。1949年前，全县仅有土、石、砖井7800眼，水浇地主要为菜园共7500亩。山丘区农民历代整修了少量地堰，其他水利设施几乎没有。平原每值夏汛洪水泛滥，沙压良田，平地水淹。而山丘地区缺水干旱，严重制约生产发展。到1949年全县粮食总产只有1.4亿公斤。

新中国成立后，在莒县县政府领导下，劳动人民开展生产自救，抗旱灌溉成为发展农业生产的一项措施，得以推广。水井发展进入一个新的时期。

1952年，引进“解放”牌水车，安设在水井上提水，增加了出水量，促使土井向更深的砖井发展。1953年，莒县全县打土井21眼，打砖、石井397眼；打土井每眼用工20—30个，打砖、石井每眼用工100—150个。是年，安水车95部，井灌面积发展到13385亩。1955年，县政府在五区荆家村合作社进行打井抗旱试点。荆家村合作社破除迷信，不等不靠，全力打井抗旱夺丰收。仅用20天，就打井15眼，安水车提水灌溉。春季浇小麦7.1亩，平均亩产130公斤，比未浇水的地块，每亩增产65公斤；夏秋季，又水浇玉米18亩，平均亩产220公斤，比未浇水地块每亩增产85公斤；水浇地瓜8亩，平均亩产地瓜干280公斤，比未浇水地块，每亩增产60公斤；水浇黄豆5亩，平均亩产76公斤，比未浇水地块每亩增产22公斤。1956年，莒县县委、县政府统一规划，在平原宜井地区，纵间500米，横隔300米打井1眼，到1957年，全县水井发展到27395眼，安装水车2785部，浇地面积7.5万亩。安装水车的水井，每天可浇地2—3亩。为充分发挥水车作用，增加单井出水量，1955年，在韩家村进行井底下泉技术试验，获得成功。1956年一年下泉86眼。1958年以后，利用水泵抽水灌溉，土井、砖、石井涌水量供不应求，60年代逐渐向机井发展。

1995年莒县全县有效灌溉面积达到61万亩。山丘地区开展治理水土流失工作，工程措施与生物措施并举，计植树造林27.3万亩，育草3万亩，完成各类工程3500多项，治理水土流失面积787.82平方公里。①

（5）莒南县。新中国成立后，莒南县农田灌溉逐步兴修灌溉工程，灌

---

①　莒县县史志编委会编：《莒县志》，中华书局1999年版，第303、323页。

溉面积不断扩大。50年代中期，打井灌田形成高潮，1958年前，人工开挖的水井有土井和砌石井两种。土井在平原区凭借沟边、河崖挖土井蓄水，井壁不加修砌，用戽斗等提水浇园或供人畜饮用；砌石井多在村头或村内用块石或砖修砌井壁，井深一般3—5米，口径1米左右，用桶或铲辘提水。

到1959年，全县有水井5595眼，水车6371部，有效灌溉面积14.95万亩，保浇面积9.2万亩。20世纪六七十年代，灌溉工程建设规模较大，以自流灌溉工程居多。1958年后，依靠集体力量打机井、大口井、隧洞井。①

（6）桓台县。至1949年，桓台全县有铁制水车4878部，灌溉面积约20万亩。1951年，全县土砖井发展到5.2万眼。1952年起，县政府领导农民打井抗旱。至1956年，全县有土、砖井7.1万眼，比1951年增长36.5%。1953年，提水工具始用大型铁制畜力水车。1955年，使用“鸳鸯罐”“拧不够”，至1956年，农田灌溉面积达27万亩。

1958年，在“大跃进”中，打了近千眼土排井、连珠井，只因井浅而废弃。60年代土、砖井逐步被机井所取代。70年代，农田中的土、砖井已少见。农村人民生活所用的土、砖井，也被压水井、自来水井所取代。②

2. 机井

机井是用机械开采地下水的水利设施。它能大量开采浅层地下水及地下深层承压水。

1950年，全省仅有筒式机井4眼，装机16马力。1955年机井达到878眼，装机119台1552马力。1956年前，机井成井工艺一般采用大开口明挖和沉盘法打筒式机井。1957年春，高唐县三十里铺乡打成一眼木管机井，井深90米，井管内径20厘米，配5马力锅驼机，每小时出水35立方米。同年，寿光县水利局试验成功砖管机井，至1958年5月，全县打成砖管机井315眼。

1958年6月，省水利厅在寿光县召开砖管机井现场会，推广寿光县的经验，在全省掀起机井建设高潮。1958年，刘少奇来山东视察时指出：搞地上水是必需的，但不完全可靠，应该大力搞地下水，多打大机井，来个双保

① 参见莒南县史志编委会编：《莒南县志》，齐鲁书社1998年版，第222、229—230页。

② 桓台县史志编委会编：《桓台县志》，齐鲁书社1992年版，第189—190页。

险，进一步改善大地畦田，使防涝和蓄水结合起来。《大众日报》于8月5日发表《多打大机井，来个双保险》的社论。中共山东省委提出“国庆节后大干一个半月，全省实现机井化”的号召。全省各地（市）、县、社随即成立机井建设指挥部，组织了数十万人的机井建设大军，截至1959年2月统计，全省完成机井6.85万眼，占计划20万眼的34.2%。1965年核实1958年实有机井1.18万眼，其中能用的仅7580眼，配机6907台97596马力，机井灌溉面积30万亩。1962年全省实有机井1.37万眼，1965年达3.1万眼。

1968年，在周恩来总理主持下，国务院部署华北地区打机井工作，并以此作为扭转南粮北调的一项战略措施。此后，在各级政府的领导下，形成机井建设高潮，到1970年全省配套机电井增加到10.5万眼99.5万马力。井灌面积达1667万亩（含水井灌溉面积，下同）。1973年1月17日，山东省革命委员会成立抗旱打井领导小组，省委第一书记白如冰任组长，并成立省革命委员会抗旱打井办公室（设在省水利局）。7月25日，国务院召开北方17省、市、自治区抗旱会议。会议要求“地面水源不足的地区要坚决打井，并要下决心打一部分深井”。会议同时要求计划、农林、水电、机械、财政、商业、交通、物资、地质等部门主动配合，密切协作，为抗旱打井出力。省、地、县根据具体情况，组织有关部门，建立抗旱打井办公室，加强统一领导。自此以后，山东省有关部门通力协作，加强领导，发展机井建设。至1980年，全省机电井达50.6万眼，其中配套41万眼，井灌面积达2851万亩。

1981 1985年，虽然国家拨打井补助费3590万元，仅相当于1980年前一年的打井补助费，但在1980年前国家大力扶持打井设备的基础上，广大群众主要靠自力更生，在这5年中新打机井23.5万眼。到1985年年底，全省有机电井61.9万眼（其中深井1.7万眼，大口井10.2万眼），配套机电井达52.7万眼，井灌面积达3365万亩（含部分井渠双灌面积，纯机电井灌溉面积2922万亩）。①

（1）滨州。新中国成立后，为发展农业生产，扩大灌溉面积，滨州大力开展打井运动。1955年冬，全区掀起打井高潮。1956年，为提高打井质

① 山东史志编委会编：《山东省志·水利志》，山东人民出版社1993年版，第351—352页。

量，惠民专署从河南省聘请百余名打井技师分到各县作技术指导；同时还举办技术训练班，为农业生产合作社培训打井队长，全区砖井数量达到 18 万眼。1957 年，全区水井达到 19.4 万眼，井灌面积达 72.88 万亩。

1965 年后，随着水利建设的大规模开展，机井建设加快了步伐。1967 年，全区机井数量上升到 1174 眼。1971 年增到 6283 眼，井灌面积发展到 44.12 万亩。1976 年，建成深机井 220 眼，当年增加灌溉面积 3000 余亩。1978 年，打井机械 240 台，新打井 7421 眼，其中配套机井 6132 眼，新增灌溉面积 23.1 万亩。1985 年，全区机井发展到 2.7 万眼，其中深井 197 眼，配套机电总动力达 26.37 万马力，灌溉面积发展到 97.45 万亩。①

（2）广饶县。1982 年，广饶全县机井发展到 5637 眼，井灌面积 33.7 万亩，占宜井面积的 92.6%。至 1985 年，机井发展到 6601 眼，井灌面积增加到 33.94 万亩，占宜井地区面积的 93.4%。②

（3）临清。1957 年 10 月 10 日，临清县水利局在老赵庄区五股道村林场，用旧砖井下木管泉，井深 34 米，安装抽水机抽水，出水量 44.5 立方米 / 小时。同年在金郝庄区张伴屯村东砖井下木管泉 2 眼，用机器提水，每小时出水量 20 立方米左右。从此，开始了机井建设，用机械提取地下水。

1958 年各公社建立打井下泉专业队，是年砖井下泉 232 眼，全部使用机械提水。1959 年在沙窝屯试打成功铁管封闭式真空机井，井深 50 米，出水量 40 立方米 / 小时。1961—1963 年是丰水年，机井建设停止。1964 年生产出水泥砾石多孔滤水管（以下简称砂管），成井质量逐步提高。

为了以河补源，以井保丰，充分利用地下水，临清打机井 7528 眼，配套提水机械（内燃机、电动机）25865 台，计 313778 马力。全市形成沟渠纵横交织，机井星罗棋布，遇旱能灌，遇涝能排的新格局。农田灌溉面积，由 1949 年的 2.7 万亩，增加到 85.62 万亩，占总耕地面积的 85.7%。大旱之年农业也不会严重减产；日降雨 200 毫米，低洼易涝地区不成灾。基本上摆脱了粮棉产量长期低而不稳的徘徊局面。1989 年临清被列入全国水利建设先进县的行列，受到水利部的嘉奖。1965 年在李资庄试打第一眼内径 50 厘米

① 滨州市史志编委会编：《滨州市志》，齐鲁书社 1993 年版，第 163 页。

② 广饶县史志编委会编：《广饶县志》，中华书局 1995 年版，第 221 页。

的大管井，井深32米，出水量90立方米/小时，人称“机井王”。党的三中全会后，由于农村全面推行联产承包责任制，机井建设也随之变为个体或联户建设。机井建设的全面开展，大大改善了农业生产条件。到1985年累计打机井1.3万眼，除损坏和自然淘汰外，1990年有机井7528眼，控制灌溉面积29.16万亩。①

（4）莒南县。至1993年，莒南县全县开发万亩以上灌区8处，浇地千亩以上万亩以下的小型灌区55处，修建机电扬水站438处，打机井、大口井1751眼，有效灌溉面积63.93万亩，其中库塘灌溉占67%，井灌占19%，机电提灌占11%，其他灌溉占3%，保浇面积41.03万亩。②

（5）莒县。新中国成立后，莒县从单一井灌逐步发展到机、电灌和自流灌溉。1958年9月，始在城关、爱国等公社打机井，口径为500毫米，井深10—15米，透水段筛管用棕皮包裹，铁丝捆扎，以隔沙滤水。经抽水后，多数坍塌。1965年3月，水利局从巨野县引进人力回转钻（大锅锥），在石井区洙流一带试打成功。使用此钻一般由15—18人操作，打深18—30米，8—12天即可成井，井管为木管或砖管（1968年改为水泥管），周围填砾石。成井后每小时涌水量90—150立方米。此钻成井具有水量足，耐使用等特点，很快在平原区推开，到1970年，全县共有人力回转钻20多台，一年成井48眼。到1978年，全县形成城阳、爱国、招贤、店子、长岭5个机井灌区。至1995年年底，共有大中型灌区2处，小型灌区4处，国营扬水站3处，民办固定机灌站876处，配套机电井4010眼，排灌机械总动力8303台，61.53千千瓦，灌溉渠道（干、支、斗、农渠）3500公里，有效灌溉面积61万亩。全县平均每年农业人口有水浇地0.68亩。灌溉工程的兴建和发展，改变了莒县干旱低产的生产环境，一般年份，旱不成灾。1995年，全县粮食平均亩产544公斤，水利效益增产占105公斤。③1970年年底，机、电井发展到14282眼，灌溉面积136.49万亩，其中机井灌溉面积85.95万亩，占63%。1970年以后，机井建设速度加快，机灌逐步代替了井灌，到1985

① 参见临清市史志编委会编：《临清市志》，齐鲁书社1997年版，第157、166—167页。

② 参见莒南县史志编委会编：《莒南县志》，齐鲁书社1998年版，第222、229—230页。

③ 参见莒县县志编委会编：《莒县志》，中华书局1999年版，第323页。

年年底，全市有机井50912眼，机井灌溉面积278.4万亩。①

（6）桓台县。桓台县在1955年开始打机井。1957年，利用竹弓钻、冲击钻，打机井24眼。利用麻花钻头，横穿成辐射井（俗称横泉井）或井中井的竖泉井。1963年3月，果里公社伊家大队首次使用双开箭机井钻（大锅锥钻）打出40米深的机井。当年，全县打机井19眼。至1970年达2613眼，平均钻井深度为60米。1976年，全县机井达到6812眼。1978年，有动力灌溉机械12326台、87173.2千瓦，水泵7670台，配套机井3299眼，井灌面积达47.13万亩，占全县有效灌溉面积的94.35%。1983年，农村实行家庭联产承包责任制，广大农民对农业投入不断增加，农田排灌机械发展迅速。1983年，有动力排灌机械14234台，水泵8585台，配套机井8580眼，11472台。配套机井占全县机井总数的98.26%。在连年干旱，地下水位下降的情况下，历年井灌面积保持在46万亩左右，农田作物每年浇水7—8遍，轮灌周期10天左右，灌溉面积达300万亩次。②1985年，全县拥有机井9415眼，井灌面积由1980年的45.05万亩增加到1985年的45.86万亩，占全县耕地总面积的89.92%。1986年，随着商品粮基地县的开发，机井建设迅速发展。至1987年全县共有机井9610眼，其中150米以上的深井502眼；机电配套机井9443眼，基本建成标准化农业井灌区。③

（7）淄博市。在全省各地市中，淄博市井灌设施具有较大的代表性，从中可以看出山东省在新中国成立后的四十多年间井灌历程的历史缩影。新中国成立后，淄博专设机构，配备专业人员，拨专款扶持打井灌溉，使井灌建设迅速发展。成井技术，由人工开挖、下盘，发展到钻机打井；井型，由土、灰、砖、石井，发展到管深井；提水工具，由人工提水，发展到机、电动力提水；找水技术，由土法发展到用电测仪与水文地质相结合的方法等。自新中国成立至1985年，大体经历了四个发展阶段。

第一阶段，50年代初期，为发展土、灰、砖井阶段。新中国成立初期，各区（县）先后分别成立打井抗旱办公室、农田水利建设指挥部，并拨专

---

① 烟台市史志编委会编：《烟台市志》，科学普及出版社1983年版，第961—962页。

② 桓台县史志编委会编：《桓台县志》，齐鲁书社1992年版，第189—190、195—196页。

③ 桓台县史志编委会编：《桓台县志》，齐鲁书社1992年版，第190页。

款，组织和扶持农民打井抗旱。当时打井，仍沿用人工打井方法，井型有土、灰、砖、石井。土井不护井壁，浅者2—3米，一般5—10米，圆形居多，井直径1—2米不等；灰、砖、石井，则是用灰土、砖和石护井壁，井深一般10—15米，井直径2—4米不等。提水工具是根据水位深浅和出水量，仍沿用桔槔、辘轳头、鸳鸯罐、斗式水车提水。1950年始推广使用手摇式两人拧动水车和解放式畜拉水车。1955年，全市有普通水井11.04万眼，水车2.77万部，辘轳等简易水具5万余件，灌溉面积67.8万亩。主要分布在桓台、临淄以及张店、周村胶济铁路以北的平原地区。

1955年以后，各农业生产合作社纷纷成立各种形式的打井队，打井方法、井型、提水工具均有所发展。临淄城关、孙娄、辛店一带，1955年采用河南“下盘打井法”，用苇子、竹木盘堵塞流沙，解决了打井遇到流沙层的难题，并在全区推广。张店、周村、淄川等地，修建部分大口井。在此期间，开始试用人力钻机打井，配机泵提水。1957年，全市普通水井达13.27万眼，有水车3.81万个，简易水具5万余件；打机井109眼，配套103眼。总灌溉面积77.46万亩，其中机灌面积1.7万亩。1960年比1957年减少16万亩，降低20%。以后，普通水井随着机井建设的发展逐年减少，1965年比1957年减少6.68万眼，减少50%。至70年代初期，农田普通水井基本被机井取代。

第二阶段，机井建设试验推广阶段。1952年12月19日，组成打井队，在淄博专署农场首次用土钻机打井，至次年2月5日，打成一眼“下泉井”，井深34米，下竹管34.2米，每小时出水量45立方米，用解放式水车提水，可灌溉农场300亩土地。1955—1958年，临淄、周村、桓台、张店等区（县），在平原地区逐步推广打机井。当时试打机井，是用人力冲击钻、大锅锥钻、人力回旋钻、土钻机等人力钻机。井壁用竹木或陶瓷管。开始多配以锅驼机、蒸汽机、煤气机为动力提水，50年代末又开始逐步改用柴、汽油机以及电机提水。

临淄是全市机井灌溉发展较早的地区。1965年，全市有机井2870眼，配套2286眼，23327马力。其中电配井1057眼，9803马力。总井灌面积72.71万亩，其中机电井灌面积51.54万亩，占总井灌溉面积的近70%。

第三阶段，机井建设普及发展阶段。1965年前后，各区（县）水利局先后建立机井队，配备专业打井人员打井。打井机具由人力钻机发展到动力钻机，打井深度达300米；井型由竹木、陶瓷管井逐步发展到水泥、铁管井。机井建设由平原发展到山区，打井速度较快，质量较好。

1972年，全区有机井3343眼，其中配套2760眼，30087马力。机井灌溉面积42.38万亩，平均单井效益154亩。在此期间，其他各区自制和购置动力钻机，机井建设均发展较快。1965年年底至1972年年底，全市共打机井10853眼，年均打井1550余眼。1972年年底，全市共有机井13723眼。农田普通水井基本被机井取代。机电井灌溉面积117.13万亩，其中电配井灌溉面积60.86万亩。平均单井效益111亩。

1972—1977年，全区打机井3436眼。至1977年共有机井6144眼，井灌面积48.17万亩，单井效益85亩。1978年年底，全市有机井22997眼（不含报废数2377眼），其中深井840眼。配套21262眼，装机293600马力。6年净增9274眼，176876马力。灌溉面积由1972年的117.13万亩发展到139.4万亩。其中电灌面积由60.86万亩，发展到68.72万亩。

第四阶段，机井建设巩固发展阶段。临淄区1975—1985年，地下水位平均下降16米，年均下降1.6米，致使4973眼农田机井报废。截至1985年，全市打机井39187眼，成井26208眼，其中深井2438眼，大口井3732眼。其中电配井17804眼，装机19028台。井灌面积142.72万亩。①

新中国成立后，大力发展农田灌溉，到1985年止，全省有效灌溉面积达6848万亩，占耕地面积的65%。全省粮食产量，1949年为87亿斤，1985年达到314亿公斤，灌溉事业的发展是粮食增产的重要因素。②

3. 水资源开发利用现状

新中国成立初期着重防洪除涝工程，以除害为主，结合兴建小型农田水利工程。1958年以后，大量兴修水库塘坝等蓄水工程和引水灌溉工程。70年代开始大规模机井建设，开采利用地下水。至1985年，全省已建成大中小型水库5500余座，塘坝3万余座，总库容159.5亿立方米，兴利库容78.9亿立方米。在各级河道上建成大中型拦河闸150座，小型拦河闸750座，

① 淄博市志编委会编：《淄博市志》，中华书局1992年版，第1386—1389页。
② 山东史志编委会编：《山东省志·水利志》，山东人民出版社1993年版，第349页。

总设计蓄水能力 4.8 亿立方米。在黄河两岸建成引黄涵闸 42 座，虹吸引水工程 31 处，设计引水能力 1828 立方米每秒。建成机电井 61.93 万眼，其中配套 52.7 万眼。修建固定机电排灌站 2.6 万余处，装机 126 万千瓦。17 个城市建自来水厂 57 个，日供水能力为 150 万立方米，各单位自备水源供水能力 185.2 万立方米。

1985 年各类水利工程向农业供水 147.5 亿立方米，向城镇和工矿区供水 12.5 亿立方米。这些水利工程设施，将天然水资源变为可利用水资源。经计算，保证率为百分之五十。全省现状可利用水资源量为 230.82 亿立方米。其中地表水 84.95 亿立方米，地下水 73.87 亿立方米，客水 72 亿立方米。

长期以来，由于对全省地上、地下水资源的开发利用缺乏统一规划、统一调度和综合利用，使得有限的水资源得不到充分合理的利用，水的有效利用率低，水资源浪费比较普遍。全省灌溉水利用系数仅 0.4 左右、工业用水重复利用率全省平均为 40% 左右。综合万元产值取水量全省平均 481 立方米，有些市地达 500—800 立方米，个别地方竟高达 1000 立方米以上。工农业生产和城市的迅速发展，用水量与日俱增。

80 年代以来，部分地区超量开采地下水，年超采地下水 30 亿立方米左右，致使地下水位大幅度下降，形成临清、桓台、章丘、临淄、寿光、潍坊、平度、黄县、掖县、枣庄、滕县、汶上等 15 处大的漏斗区。至 1985 年底埋深大于 6 米的地下水位下降漏斗区达 9600 平方公里，比 1975 年的 2600 平方公里扩大了 7000 平方公里，平均每年扩大 700 平方公里。造成原有机井报废，提水费用增加，出现沿海海水入侵、水质变咸，地面塌陷，有的房屋裂缝、倒塌，地下水遭到污染等一系列不良后果。①

1949—1957 年，国家用于山东省水利建设投资达 2.39 亿元，群众投工 5.2 亿个，完成土石方 8.34 亿立方米。与 1949 年相比，灌溉水井由 78.7 万眼增加到 211 万眼，水车由 5.9 万部增加到 67 万部，机电井由 10 眼发展到 2260 眼，灌排机械从无到有，发展到 1452 台 16400 马力。小型水库从 2 座发展到 2804 座，塘坝从 332 座增加到 12835 座。农田灌溉面积从 372 万亩

---

① 参见山东史志编委会编：《山东省志 · 水利志》，山东人民出版社 1993 年版，第 56—58 页。

发展到1352万亩，三年一遇以上标准除涝面积由48.9万亩增加到556万亩，水土流失治理面积由0.27万平方公里增加到1.26万平方公里。①

1960—1963年间，由于在平原地区大引、大蓄、大灌，忽视排水工程，60年代初又遇上丰水年，致使洪涝盐碱灾害加剧，灌区土壤次生盐渍化面积迅速扩大。到1961年，全省盐碱耕地面积从1957年的849万亩猛增到1437万亩。

1964年冬，平原地区大量兴修台田、条田等治涝改碱工程，至1965年年底，全省建成条、台田1460万亩。骨干排水河道的整治及田间排水系统的健全，为恢复和发展引黄灌溉创造了条件。至1970年，由于对平原地区骨干排水河道进行了大规模治理，以及田间排水沟网和台、条田建设，提高了防洪排涝能力，并对改良盐碱地起到显著作用，三年一遇以上除涝面积增加到3202万亩，盐碱耕地面积减少到834万亩。

1970年，北方地区农业会议，推广昔阳县大搞农田基本建设，粮食产量翻番的经验。全国掀起以建设旱涝保收高产稳产农田为目标，治水和改土相结合，山水田林路综合治理的农田基本建设高潮。1971—1978年，山东省的水利建设以建设旱涝保收，高产稳产田为主攻方向，以水库、灌区、机井等方面配套工程为重点。

国务院确定从1973年起将开发利用地下水，作为发展地区农业生产的一项重要措施，纳入国家计划，山东省兴起抗旱打井高潮，机井建设发展尤快。1971—1978年，全省配套机电井从10.5万眼增长到41.3万眼，平均每年新增3.85万眼。8年间，新增井灌面积1638万亩，使全省井灌面积达到2953万亩。

1971—1978年，山东省集中力量大搞以治水改土为中心的农田基本建设大会战。济宁地区于1975年秋组织6县（市）22个公社的92万民工，开展邹西农田基本建设大会战。会战区面积近千平方公里，历时3年建设旱涝保收、高产稳产田51万亩，共完成土石方1.2亿立方米。

1971—1978年间，国家投资山东水利建设20.6亿元，群众投工44亿个，完成土石方73亿立方米，与1970年相比，有效灌溉面积增加2870万

① 参见山东史志编委会编：《山东省志·水利志》，山东人民出版社1993年版，第6—7页。

亩，达到 6622 万亩；三年一遇以上标准除涝面积增长 1090 万亩，达到 3292 万亩；旱涝保收、高产稳产田增加 2270 万亩，达到 4128 万亩。①

到 1985 年全省农田有效灌溉面积达 6848 万亩，是新中国成立初期的 18 倍，占耕地面积的 65%，另有林果灌溉面积 139 万亩。三年一遇以上标准除涝面积 3485 万亩，是新中国成立初期的 71 倍，占易涝面积的 78%。

治理水土流失面积 3.4 万平方公里，占水土流失面积的 55%。建成旱涝保收、高产稳产农田 4961 万亩，占耕地面积的 47%。解决滨海、山区农村 486 万人的饮水问题，占应解决缺水人口的 43%。修建防病（主要是除氟）改水工程 2300 多项，使 1912 个自然村、163.7 万人喝上了清洁水，占全省应解决防病改水人数的 44.7%。

1949—1985 年，全省累计灌溉农田 11 亿亩次，因灌溉增产粮食累计达 650 亿公斤。平均每年向农村供水 160 亿立方米。

（五）井灌投资与效益

农田灌溉面积。新中国成立以来，全省农田有效灌溉面积，50 年代后半期至 1978 年增加较快，80 年代以后减慢。1949 年全省农田有效灌溉面积为 24.77 万公顷（371.5 万亩），仅占耕地面积的 2.8%。新中国成立之后，经过近 30 年的建设，到 1978 年，全省农田有效灌溉面积已发展到 441.48 万公顷（6622.2 万亩），比 1949 年增长了 16.8 倍，占耕地面积的比重已上升到 60.5%。进入 80 年代以后，农田灌溉面积的发展重点转向了巩固提高，有效灌溉面积增加的速度明显减缓，个别年份还出现了减少的情况，占耕地面积的比重稳定在 60%—65% 之间；1990 年，全省农田有效灌溉面积为 446.37 万公顷（6695.5 万亩），仅比 1978 年增加 4.89 万公顷（73.3 万亩），增长 11.1%，占耕地面积的比重上升到 65.1%，比 1978 年提高了 4.6 个百分点。

水利灌溉事业的发展，对农业生产的发展起着重要作用。北方井灌单位面积产量提高尤为突出。新中国成立前山东省的农田灌溉主要以井灌为主，1949 年全省有效灌溉面积仅有 372 万亩，其中井灌面积 331 万亩。新中国成立后，各地大力发展了井灌、水库塘坝蓄水灌溉、引河引湖和引黄灌

① 山东史志编委会编：《山东省志 · 水利志》，山东人民出版社 1993 年版，第 11—13 页。

溉等，灌溉设施的数量、结构质量、设计效能及其效益都有很大提高。全省新建大中型水库 169 座，小型水库 5500 座，塘坝 3.1 万座，建排灌站 2.5 万处。沿河、沿湖和沿黄地区，兴建了一批引河、引湖和引黄灌溉工程。①

截至 1952 年，山东省各县已有的灌溉面积：全省总计为 6515608 市亩，其中引河水灌溉 374877 亩，小型农田水利灌溉面积为 6140731 亩，灌溉设施主要有水井 1824608 眼，下泉 1064 眼，挖山泉 38505 个，蓄水池 41244 个，水车 161069 部，辘轳 730712 架，鸳鸯罐 32374 副。灌溉最好的县份是长山县和桓台县。长山县灌溉面积 202381 亩，有水井 50556 眼；桓台县灌溉面积为 559944 亩，有水井 65466 眼。桓台县一个县的灌溉面积超过济宁地区。②

据山东省政府在 1931—1936 年对全省十六个县的四十九个典型村的调查，每村平均灌溉面积为 137.91 亩，1948 年为 157.17 亩，1949 年为 159.19 亩，1950 年为 162.45 亩；灌溉面积占耕地面积的百分率，1931—1936 年为 8.7，1948 年为 10.2，1949 年为 10.2，1950 年为 10.3；灌溉面积百分比如果以战前为 100，则 1948 年为 113.9，1949 年为 115.4，1950 年为 117.8。③

在黄县平原，一般是打井浇地，每亩施 20 驮粪外，再加施一片豆饼，约 50 斤。这是胶东最先进的方式。全胶东大多数地区，一般是不打井浇地的，每亩施粪 20 驮，不额外加肥料。④

农民打井浇地，特别是对那些地势高亢的高燥土地，对作物增产有明显的作用。如张福贵 1943 年打井一眼，浇地一亩，收苞米 351 斤，而不浇水者仅可收 190 斤；1945 年浇萝卜半亩，收 1500 斤，秋种苞米间作豆子，结果收苞米 432 斤，收豆子 190 斤；如专种豆子，收豆 275 斤。何孔歧 1943 年打井一眼，浇地半亩，收玉米 245 斤，1945 年浇一亩萝卜，收 6000 斤。该村 1945 年全村打井 23 眼（1944 年时该村仅有 2 口井），外村经张福贵指

---

① 参见山东史志编委会、俞宽钟主编：《山东省志 · 农业志》，山东人民出版社 2000 年版，第 771 页。

② 参见山东省人民政府农林厅、统计局编印：《山东省农业生产统计资料（1949—1952）》，（1955 年），附表第六十七、六十八，第 632、634 页。原档案件编号为 TD4-497-2。

③ 参见农业部计划司编：《两年来农村经济调查汇编》，中华书局 1952 年版，第 230 页。

④ 参见鲁档：《鲁中南胶东典型负担调查》，第 95 页，原档案件编号为 DT4-396-3。

导打成的井 145 眼。[①] 莒县毛家堰庄冯长杜，打井浇田，增产十倍，推动全区打井。[②]

1946 年莒南县兰墩官庄兴办水利，变歉年为丰收年，五顷洼地增产 25000 斤粮。该村原是湖洼地，平常年份的雨水，庄稼就会大半被淹毁。该庄农民在政府倡导下，开挖 4 里长的泄水路沟，在大雨到来时能及时宣泄，每亩较 1945 年增产 50 斤以上。如王洪涛 1945 年种了 13 亩地的糁子，只收了 70 多斤，1946 年种黄豆，虽然遇上洪涝，却比往年增产。有的农民打井浇地。农民宋立义种了二分地的大麦，在春旱时浇了三遍水，别人都是歉收，他却收了 200 斤粮。当地农民反映："不怕地少，只要打井浇地，跟种菜园那样的下工夫，一亩地管能顶十亩地用。"[③]

随着农田基本建设的开展，山东旱涝保收田面积有很大发展，1970 年全省仅有 124.56 万公顷（1868.4 万亩），占耕地面积的 16.2%；1978 年达到 275.87 万公顷（4138 万亩），占耕地面积的 37.8%；1990 年达到 332.12 万公顷（4831.8 万亩），占耕地面积的 47%。1990 年与 1970 年和 1978 年相比，旱涝保收田面积分别增加 1.6 倍和 16.8%，占耕地面积比重分别提高 30.8% 和 9.2%。[④]

山东省为兴利除害，建立良好生态环境，投入大量人力、物力、财力，兴修农田水利工程。从 1949 年到 1985 年，国家投资 17.9 亿元，群众投工 77 亿个，建成一大批灌溉、排涝、改碱、水土保持、人畜饮水和小水电等水利工程设施，使全省农业生产条件发生了根本变化，保障和促进了农业生产的发展。

新中国成立前，山东的井灌区主要分布在蓬莱、黄县、掖县、益都、临淄、寿光、桓台、泰安、莱芜、肥城、宁阳、曲阜、兖州等县地下水丰富的山前冲积平原。水井是人工挖掘而成的土井及少量砖、石井，井深一般 3—5 米，多用于饮水和浇灌经济作物或菜园地。

新中国成立后，山东省井灌的发展，经历了由浅井到深井，由人力挖

---

① 参见山东《民主导报》第十期，1946 年，第 35 页。

② 参见（山东）《大众日报》1946 年 4 月 6 日。

③ （山东）《大众日报》1946 年 7 月 15 日。

④ 参见俞宽钟主编：《现代山东农业》，山东科学技术出版社 2000 年版，第 106—107 页。

掘沙层到钻机钻取岩层水，并由人、畜力提水发展为机械提水的过程。

在农田灌溉方面，1950年全省新制水车1.6万部，打井4.2万眼，受益面积15.6万亩。1952年开展了以打井下泉为中心的农田水利建设，全省共打井58.5万眼，井灌面积增加到455万亩。1955年在组织农业合作社的同时，形成第二次打井高潮，主要是打井径2—3米，井深6—10米的砖井。从1955年10月到1956年4月初，就新打水车标准井和临时井175万眼。1957年冬至1958年春，又掀起打井运动，至1958年底新打井90余万眼，全省水井累计达305万眼（后经1968年核实为207万眼），水车85.8万部，提水工具82万件，井灌面积907万亩。全省建成万亩以上灌区754处，配套机电井52.7万眼，固定排灌站2.6万余处，拥有排灌机械106.8万台，982万千瓦。全省农田有效灌溉面积达6848万亩（其中喷灌273万亩），占耕地面积的65%。在全国各省（市、区）中居第一位。另有林果灌溉面积139万亩，居全国第二位。对战胜干旱、促进农业和林果增产发挥了重大作用。①

据1973—1979年对典型公社机井建设投资调查，每亩井灌投资：黄泛平原为47.5元，山前平原43.4元，山丘地区106.8元。全省平均发展一亩井灌需投资64.1元。在总投资中，国家拨款占14.4%，地方财力占0.8%，贷款占18%，社队自筹占66.8%。1985年全省井灌面积3365万亩，全省井灌（按每亩投资64.1元）总投资21.57亿元（不含已报废井灌设施投资）。1973—1985年省政府拨给各地市打井补助费2.99亿元。

1949年，全省有水井78.7万眼，井灌面积331万亩，平均单井控制灌溉面积4.2亩。1956年全省水井达196.7万眼，井灌面积821万亩，平均单井控制灌溉面积4.17亩。1964年有水井133.7万眼，井灌面积840.4万亩，平均单井控制灌溉面积6.28亩。

1979年全省机井普查，山前冲积平原平均单井控制灌溉面积77.2亩，山丘地区平均单井控制灌溉面积96.5亩，黄泛平原平均单井控制灌溉面积94.4亩。井灌后粮食增产显著。桓台县是个老井灌区，耕地53万亩，井灌

① 参见俞宽钟主编：《现代山东农业》，山东科学技术出版社2000年版，第347、349—350页。

面积1985年发展到50.98万亩。1950年粮食单产195公斤，1985年增长到616公斤，为1950年粮食单产的4.24倍。1950年全县粮食总产6688万公斤，1985年达到24045万公斤，为1950年的3.6倍。宁阳、兖州、寿光等县老井灌区1985年的粮食总产分别是1950年粮食总产的4.6，2.6，2.3倍。①

三、灌溉系统之三

（一）引河引泉

水利是农业的命脉。水利设施的兴废，与农业生产的盛衰息息相关，也是影响社会安定的一个重要因素。中国自古以来就是一个农业大国，水利事业在国家的各项事业中占有特殊的地位，向来为朝野各界所共同关注。

水利工作就是通过采取各种人工措施，主要是建设各类水利工程和设施，对自然界的江河水进行调节、控制、治导、开发、管理和保护，以达到减轻和消除水旱灾害，满足人类生活和适应生产发展对水需求的目的。

山东自然降雨不足且季节不均，作物用水不能得到充分的适时的满足，春秋季节作物急需水分时往往正是干旱时期，致使许多农田常常受到干旱而成灾减产。因此，灌溉对农业生产具有特别重要的意义。中国古代灌溉用水以河水为主，也有用泉水、井水的。从取水来源的角度，我把灌溉设施分为利用地下水的井灌系统，和利用地表水的引河引泉系统。

引水渠道分为有坝引水和无坝引水两种类型，渠道则有干渠、支渠和小支渠等，与之配套的还有斗门、节制闸、泄洪闸、退水闸、渡槽、涵洞等水利设施。这些设施种类繁多，大小不一，都是与农田灌溉密切相关的。旨在通过畦灌、沟灌、淹灌或其他灌溉形式改良土壤，补充水分，提高农作物的产量。②

徐光启对于多种不同水源的提取利用，进行了总结，并提出了“用水五术”的主张：用水之源、用水之流、用水之潴、用水之委和作源作潴以用水。

---

① 参见山东史志编委会编：《山东省志 · 水利志》，山东人民出版社1993年版，第354—355页。

② 参见王双怀：《中国古代的水利设施及其特征》，《陕西师范大学学报》2010年第39卷第2期。

徐光启总结取水用的“用水五术”之一是“用水之源”，是指对泉水的利用。其法是：泉高于农田时，开渠引流；泉低于农田而流急者，利用水力本身转动龙骨车、筒车等提水入田；泉低于农田而水流缓慢时，则用人力、风力或畜力车水提灌；水泉和农田有涧壑阻隔时，则设渡槽引流。

徐光启总结取水用的“用水五法”之二是“用水之流”，是指对江河塘浦水流的利用。其法是：水源离农田较近的流量大者，可筑坝抬高水位，再修渠引流灌溉；水源流量小者，可车水入田。水源离农田较远者，或开河引水，车戽水田；或分别筑坝，分疏成渠，引流入田。“用水之潴”是对湖荡沼泽积水的利用。其法是：湖高田低者，筑堤护田，设闸开渠引流；湖低田高者，车水入田。“用水之委”是指对江河出口处及岛屿、沙洲水流的利用。江河淡水被海潮顶托回灌者，可车水入田，岛屿、沙洲有泉源者可引水灌溉。“作源作潴以用水”，是指通过修塘以蓄积雨水，凿井以开发地下水源。①如此多种水源开发利用的经验总结，反映了明代人们因地制宜，发展各地不同特色的农田水利事业的积极进取精神。②

1. 先秦时期

山东引河水灌溉出现较早。春秋战国时期，肥城、泰安、宁阳故地沿汶水一带已有引汶灌溉。济南地区从先秦时代开始，就开发利用明水泉种植水稻，所产稻米品质优良，封建时代列为贡米。

战国时期主要的水利工程有鸿沟、郑国渠、都江堰、引漳水灌邺等。大大小小的渠道则遍布全国。《史记》指出：“荥阳下引河东南为鸿沟，以通宋、郑，陈、蔡、曹、卫，与济、汝、泗。于楚，西方则通渠汉水、云梦之野，东方则通沟江淮之间。于吴，则通渠三江、五湖。于齐，则通淄、济之间。于蜀，蜀守冰凿离碓、辟沫水之害，穿江成都之中。此渠皆可行舟，有余则用溉浸，百姓飨其利。至于所过，往往引其水益用溉田畴之渠，以亿万计，然莫足数也。”③

先秦齐国的水利事业是很发达的，在水利灌溉和水利利用方面取得了

① 参见徐光启：《水利》，《农政全书》卷十六，上海古籍出版社 1984 年版，第 405—406 页。
② 吴存浩：《中国农业史》，警官教育出版社 1996 年版，第 959 页。
③ 司马迁：《河渠志》，《史记》，中华书局 1986 年版。

丰富经验。《考工记》为战国初齐人所作。总结了前代及当时的水利灌溉经验。其时灌溉工程约有两种：一是蓄水之渠，二是流通之沟。荀子指出“司空”的职掌是“修提梁，通沟浍，行水潦，安水藏，以时决塞”。说明荀子生活的战国中后期，人们既注意了水的流通，水的蓄藏，也注意了及时地调节水量引河灌溉。说明春秋战国时期，齐国调节水利的方法已相当进步。

齐国很注重把防止水害与兴办水利结合起来。齐国地处黄河下游，黄河对齐国的农业生产有重要影响。当时齐国和赵、魏两国以黄河为界，赵、魏两国地势较高，齐国地势较低，黄河泛滥时齐国所受灾害最为严重。为了防止水害，齐国沿黄河建筑了一条离河 25 里长的长堤防。齐国修筑长堤防只是为了本国利益，堤防建成后“河水东抵齐堤，则西迄赵、魏”，使黄河泛滥的水流向赵、魏两国。于是赵、魏两国也效法齐国，沿黄河建筑了一条离河二十五里地的长堤防。此后，黄河两岸河水“时至而去，则填淤肥美，民耕田之。或久无害，稍筑室宅，遂成聚落。大水时至漂没，则更起堤防以自救，稍去其城郭，排水泽而居之。”① 黄河长堤的修筑对于防止水灾、保护农业生产，保障人民生命财产安全起到了重要作用。

2. 汉魏至唐宋

山东引河、引湖灌溉工程，始于西汉时的引汶水和引巨淀湖灌溉。

西汉时期，山东兴建了大型的引水灌溉工程。泰山下引汶水灌溉和古济水下游引巨淀湖（在今寿光县、广饶县一带，为古济水与淄水的滞洪湖泊）灌溉，灌溉面积均达万余顷（汉时万顷约合今 70 万亩）。此外，琅琊郡稻县（今高密县西南），引用潍河水灌溉，全县种植水稻一万余顷，故县以稻命名。东汉王景治河，修筑了西自荥阳（河南省）东至千乘（今广饶县北）海口一千余里的黄河大堤，这段大堤主要在今山东境内。

魏晋南北朝时期，中国处于大分裂的状态，水利建设受到一定影响。但仍出现过一些引河灌溉工程。

三国两晋南北朝时期，为运军粮，着重航道开发。曹魏时，开挖白沟，经鲁西北地区，直达天津，以通粮道。这条运河即漳卫南运河的前身。如曹魏嘉平二年（250 年），刘靖在蓟城（今北京）西筑戾陵堰，开车箱渠，引

---

① 王阁森、唐致卿主编：《齐国史》，山东人民出版社 1992 年版，第 418—419 页。

湿水（永定河）灌田。

东晋时，开挖了南起鱼台、北至东平，长达300余里的桓公沟，以沟通淮河、泗水与黄河的水运交通。①

太平真君五年（444年），刁雍在宁夏平原修复汉代的艾山渠，溉田4万余顷。太和四年（480年），薛虎子在徐州兴修水利，②灌溉农田。孝明帝时，幽州刺史裴延儁在范阳等地修复督亢渠及戾陵诸堰，“溉田百余万亩”。③

隋代除开永济渠沿白沟流经鲁西北之外，文帝时曾在兖州城东泗水上筑金口坝，开丰兖渠引泗水向西至济宁与桓公沟连接。这是一项排水、灌溉、航运等多目标开发利用工程。

唐贞观年间，在今峄城大沙河，筑十三陂蓄水溉田，建成山东最早的水库塘坝灌区，蓄水灌溉面积达万顷，大沙河流域内有面积达数千顷的大型水稻灌区。在鲁北平原，利用黄河故道及其他河道，疏浚开通了马颊河。此外，还开发沂沭河下游航运，沟通鲁南、苏北一带的水运交通。

宋代对河灌比较重视，尤其重视用河水淤灌。如宋仁宗嘉祐五年（1060年），将河东路引洪淤灌的经验推广到9州26县，并编成历史上最早的引浊水灌溉的专著。熙宁二年（1069年）至元丰二年（1079年），引黄河、汴水、漳水、滹沱河水淤灌两岸农田。这一时期水利建设的重点是关中等地。当时关中最主要的水利工程仍旧是引泾灌溉工程。

北宋初年，开挖由开封至梁山泊的广济河，以沟通豫鲁间水运。南宋初年，为解决山东大清河（现黄河）之南与泰沂山脉以北地区的洪涝和海盐运输问题，开通小清河。至今800余年，小清河一直是山东省一条排水、灌溉、航运等多功能的河道。

3. 元明时期

元、明、清三代建都北京，视漕运为国家根本，遂有京杭运河的开发。山东南北运河是元明两代京杭运河开发的重点河段。

元至元二十年（1283年）完成由济宁至安山长150余里的济州河，南

---

① 王双怀：《中国古代的水利设施及其特征》，《陕西师范大学学报》2010年第39卷第2期。

② 杨衒之：《灌溉农田》，《洛阳伽蓝记》卷四，北京燕山出版社1998年版。

③ 魏收：《裴延儁传》，《魏书》卷六九，中华书局1972年版。

接泗水，北通大清河以联海运。至元二十六年（1289年）开挖会通河。南起安山与济州河接，北至临清通卫运河，全长250余里，并在会通河、济州河上建闸以节水便航。

洪武元年（1368年），朱元璋在南京称帝建国，要求农田水利建设必须紧紧跟上，以使田地有水灌溉，湖渠蓄泄有时，水患减少，河道畅道。于是，在全国各地兴起了治理江、湖、河、海水患，争取农业丰收的治水工程。同年，修筑南直隶和州铜城堰闸，周围200余里农田受益。有明一代大规模的水利兴修由此开始。

洪武二十七年（1394年），再次掀起兴修水利高潮。是年八月，朱元璋派遣大批国子监生和其他人员，到全国各地督责地方官民用心修筑水利工程，诏曰："朕尝令天下修治水利，有司不以时奉行，致令民受其害。今遣你等往各郡县集吏民，乘农隙，相度其宜，凡陂塘湖堰可潴蓄以备旱潦，宣泄以防霖潦者，皆因其地势修治之。毋妄兴王役，掊克吾民。"据洪武二十八年（1395年）十二月统计，整修了陂渠4162处，堤岸5048处。①

洪武年间的水利建设，改变了元末以来农田水利灌溉的落后面貌，有力地促进了农业生产的恢复和发展。也是明代水利建设的开端时期，为后来的治水兴农奠定了基础。②

明代，由各地方官府组织进行的农田水利建设也相当活跃，这些水利建设事业对促进本地的农业生产发展起了直接的积极作用。如永乐年间，东阿知县贝恒引导本地人民挖沟挑渠，导涝洼地水入大清河，"得腴田千余顷，民获利焉"。③

明永乐九年（1411年）对北起临清、南至济宁的山东运河进行全面疏浚和局部改线，并建戴村坝，开小汶河，引汶水至南旺，南北分水济运，设安山湖等"水柜"蓄水济运。为避开黄河对济宁以南运河的侵淤，明嘉靖四十五年（1567年）完成自南阳镇经夏镇至留城，长140里的南阳新河。明万历三十二年（1604年）完成自夏镇傍微山湖东岸至韩庄湖口，

---

① 参见《明太祖实录》卷六六，一五六；《明史·河渠志》，中华书局1986年版。

② 参见王毓铨主编：《中国经济通史·明代经济卷》，经济日报出版社1999年版，第342—343页。

③ 《宦绩志·贝恒传》，《（道光）东阿县志》卷一一。

东出经台儿庄等地与江苏中运河相接，全长260余里的运河，运道由此大通。

成化年间，东昌府同知陈乔领导濮州、范县两地县民浚河筑堤，使万余顷“巨津”变为良田，免遭水患。此后，“水不为患，农业骤兴，获利者数千家”。①

成化十一年（1475年），山东巡抚牟俸、劝农参政唐虞调发5.7万民工，先后疏通了张秋至平阴滑口一段的大清河河道，和历城至堰头又至乐安一段的小清河河道，共疏通河道250余公里。并在两河上分别建置了储水闸、减水闸及叠闸等设施，以调节河水水量。大、小清河经疏浚治理后，“水循故道”，历城一带“得湖田数百顷”。②“退出邹平等邑膏腴可耕之田数万顷，民用大悦”。③

嘉靖年间，恩县县丞杜杰，带民“开渠泄水”，“厚筑河防凡五处”，从此减少了本地农田的水患。④

嘉靖年间，章丘至博兴一段的小清河，因汇注从南部山区来的山洪，多次发生泛滥。嘉靖二十三年（1544年），山东巡按郑芸调发3万民工，疏通河道150余公里，“增筑堤岸百八十余里”，⑤又在堤岸植树固堤。经过这次治理，终明一代小清河基本没有再发生较大灾害，保证了小清河沿岸一带人民的生命财产安全，并直接促进了小清河流域农业生产的发展。⑥

隆庆、万历时期，滨州知州万鹏程、阎司讲督率本州人民“挑浚沟渠”，排泄低洼地水入大清河，400余顷涝洼之地“无复水患，渐渐可望桑田矣”。⑦

在万历时期（1573—1620年），不少地方的水利建设已从单纯的防治，

---

① 《艺文志》，《（乾隆）曹州府志》卷二十。

② 顾炎武：《山东》，《天下郡国利病书》卷三六，上海古籍出版社2012年版；许成名：《小清河记》，载《小清河历代文汇》，济南出版社2008年版。

③ 《重修大小清河记》，《明经世文编》卷五一，天津古籍出版社1992年版。

④ 《词翰志》，《（万历）恩县志》卷六。

⑤ 《地理志·山川》，《（嘉靖）青州府志》卷六。

⑥ 参见陈冬生、王赛时主编：《山东经济史·古代卷》，济南出版社1998年版，第410—411页。

⑦ 《艺文志》，《（咸丰）滨州志》卷十一。

变为利用本地水利资源，改旱田为水田，发展稻作生产。如小清河流域的博兴县，过去“邑多洲渚，而水利不兴”，县丞郑安国相度小清河地势，“建地漏引水灌田，招南民十余人教民种稻”，沿河地区变为水田，“颇以殷饶”。①位于运河西部的巨野县，城北一带多水泊泽地，当地人民辟为水田，形成了大面积的“稻橹坡”。②

登州府福山县城外，有清、洋两河，万历时，知县宋大奎根据河流沿岸地势，“开渠筑堰”，新辟水田千余亩，沿河斥卤之地“渐成膏腴”。

明代引泉灌溉的情况很普遍，明代地理学家王士性说他来到西北，颇有“依稀江南”之感。③关中东部地区水利较西部更为发达。华州境内的西溪、东溪、北溪、教坊及清湫诸水，皆有灌溉之利。同州属县多引水溉田，关中中部是关中水利最发达的地方。除广惠渠外，在渭北的诸河沿岸，还修有一些引水渠。如冶谷水上有灌渠七条，引水灌溉云阳北面的高仰之地。三原县则多引清、浊二谷之水灌田。④就全国而言，水利建设呈现出规模小，数量多的特点。⑤

总之，在明代，山东各地人民对治河引河灌田的农田水利建设投入了巨大的劳动力，对农业生产发展做出了贡献。⑥

4. 清代

清代对山东运河的经营着重于浚治泉源，改建、增建闸坝桥涵等建筑物以及培修河湖堤防、河道清淤等维修养护工程。康熙以后，随着社会的安定与经济的复苏，山东各地水利建设也开始兴办起来，不少地方官领导当地人民兴修水利，并收到明显成效。康熙四十年（1701年）城武知县赵嗣晋组织人民治理涝洼，开渠二道，同时修复新河河堤，“由是水之泛滥者入新河，水之沮洳停蓄者入渠河以入新河”。⑦通过整治，渠河两岸农田“俱成

---

① 《宦绩志　郑安国传》，《(道光) 博兴县志》卷十。

② 《漕渠志》，《图考》，《(万历) 兖州府志》卷一九。

③ 王士性：《江北四省》，《广志绎》卷三，中华书局1981年版。

④ 《政事二·水利》，《陕西通志》卷三十八，三秦出版社2006年版。

⑤ 参见王双怀：《中国古代的水利设施及其特征》，《陕西师范大学学报》2010年第2期。

⑥ 参见陈冬生、王赛时主编：《山东经济史·古代卷》，济南出版社1998年版，第412页。

⑦ 《艺文志》，《(康熙) 城武县志》卷七。

嘉禾”。①

前述莱州府所属州县的官府在康熙时期带领本地修复的水利设施，也都收到了良好的经济收益。② 清咸丰五年（1855 年），黄河在铜瓦厢决口，改走今道，山东运河被截为南北两段，航运之利渐失，给山东带来了频繁的黄泛灾害，但也为新中国成立后山东省开发利用黄河水资源提供了条件。③ 如长清，距县城 25 公里的柴家夼，“一望平衍，每逢秋霖，汇为潢污，田禾尽没”。康熙初，知县巴朝柱带领人民开渠疏导积水入河，农田“皆成膏腴，向之叹汪洋者，未几而来牟在望矣。”当地人民遂称新渠为“巴公河”。④

寿张知县张慎言带领县民治理本地涝洼、筑堤“三十里”，“所计保全者八百余顷，是秋收获三倍于昔”。⑤

5. 清末民国时期

在清末民国时期，在国家没有大型水利工程建设的情况下，为了帮助农民抗旱灌溉，政府主要是提倡和推动发展井灌。1930 年山东省建设厅要求每 60 亩地凿井一眼，截至 1949 年，全省共有有效灌溉面积 372 万亩，其中井灌面积 331 万亩。⑥

民国时期，曾兴修历城北园和章丘绣惠渠等小型引水灌溉工程。民国虽引进西方水利科学技术，兴办水利教育，开展水文、勘测等基础工作，编制过一些除水害、兴水利的工程计划，但付诸实施的甚少。

1927—1937 年，山东兴办过一些水利工程。1929 年在济南东门外护城河上，建成山东省第一座小型水力发电站。1931—1932 年整治小清河泉源，在小清河上修建边庄和五柳两座新型船闸。1931—1933 年疏浚鲁北、鲁西平原河道。1933 年创办虹吸引黄工程。山东省引黄灌溉始于 20 世纪 30 年代。1933 年，山东省建设厅拟定引黄淤田计划。1934 年先建成历城王家梨行、齐东马扎子（今高青县内）、齐河红庙、蒲台（今博兴县）王旺庄等处

---

① 《艺文志》，《（康熙）城武县志》卷七。

② 参见陈冬生、王赛时主编：《山东经济史・古代卷》，济南出版社 1998 年版，第 525 页。

③ 参见山东史志编委会编：《山东省志・水利志》，山东人民出版社 1993 年版，第 3—5 页。

④ 《舆地志上・川》，《（道光）长清县志》卷一。

⑤ 《艺文志》，《（康熙）寿张县志》卷八。

⑥ 参见山东史志编委会编：《山东省志・水利志》，山东人民出版社 1993 年版，第 349 页。

虹吸引黄工程。①

1934年疏浚山东北运河。1935年兴办黄河与运河联运工程。1936年全省实有灌溉面积28.4万公顷（426万亩），占耕地面积的3.4%。②

黄河的防灾事宜，由黄河水利委员会负责；一般河道的防治，主要由建设厅项目办理，以“各县人民服役治河”方式完成。从民国二十年至二十五年（1931—1936年），疏浚、整理及筑堤的河道计38条，其中包括徒骇河，万福河、西沟、沙河、徕河、东沟、南渠河，赵牛河、漯河、清水河、南运河，小清河等主要河道。③

农业气象观测，属本期创新农业技术，创始于北伐之后，由省建设厅办理，各县设有气象观测员、气候观测站，购有气压表、湿度表、温度表、日照计、风向计、雨量计等设备。各县的气象观测，多徒具虚名。

1939年，日寇为把明水至章丘城北一带旱田改种水稻，以充军粮，开挖一条长15公里的渠道，引绣江河水灌溉旱田4000多亩。

1947年，国民党山东省建设厅计划整修和扩大绣惠渠灌区，未能实施。④

6. 新中国成立后的引河引湖

1949年到1985年，全省共兴建设计灌溉面积万亩以上的引河灌区34处，其中大型2处（葛沟和龙窝灌区）；10万—30万亩中型灌区14处，1万—10万亩的小型灌区17处。兴建大型胜利引湖灌区1处，绣惠渠引泉灌区1处。设计灌溉面积1838万亩。⑤

（1）大型引河引湖灌区。

① 葛沟引河灌区。葛沟引河灌区是新中国成立后山东省最早兴建的一处大型引河灌区，临沂、沂南、莒县、临沭4县（市）受益。1958年8月

---

① 参见山东史志编委会编：《山东省志 · 水利志》，山东人民出版社1993年版，第362页。

② 参见山东史志编委会编：《山东省志 · 水利志》，山东人民出版社1993年版，第5—6页。

③ 参见张鸿烈：《山东之经济建设》，《各省市经济建设一览》（民国二十六年一月），第177—178页。

④ 山东史志编委会编：《山东省志 · 水利志》，山东人民出版社1993年版，第361—362页。

⑤ 参见山东史志编委会编：《山东省志 · 水利志》，山东人民出版社1993年版，第355—356页。

渠首工程动工，1963 年 4 月开灌。渠首位于沂南县葛沟村北，在沂河上建拦河滚水坝，长 325.5 米，坝上设翻板闸门 105 孔。左岸建引水闸一座，为砌石拱涵洞，共 4 孔，孔宽 3.0 米，高 2.2 米，闸室洞长 20 米，引沂河水自流灌溉，设计引水流量 35 立方米每秒，设计灌溉面积 36.5 万亩，正常实引 14 立方米每秒，有效灌溉面积 18 万亩。有总干渠一条长 65 公里，干渠 7 条长 84 公里，支渠 42 条长 132 公里。排水总干沟 3 条长 65 公里，干沟 9 条长 80 公里，支沟 13 条长 68 公里。干支渠沟建筑物 632 座，斗渠以下建筑物 273 座，灌区内配套机井 728 眼。到 1985 年年底，灌区完成土石方 890 万立方米，工日 1324 万个，投资 2147 万元，其中国家累计投资 780 万元。开灌前，灌区粮食亩产 102 公斤，棉花亩产 15 公斤。开灌后，灌区粮食亩产最高达 514 公斤，棉花亩产达 56 公斤。1985 年灌溉供水 6714 万立方米，灌溉面积 14 万亩，实灌 84 万亩次。

② 龙窝引河灌区。龙窝引河灌区工程于 1966 年 10 月开工，1967 年 4 月建成开灌。渠首位于莒南县板泉镇，在沭河上建拦河坝 1 座，坝上设多铰翻板闸门，在沭河左岸建引水闸 1 座，为砌石拱涵洞，共 4 孔，断面尺寸 3.0×2.9 米，闸室洞长 15.1 米，设计引水流量 20.6 立方米每秒。设计灌溉面积 31.4 万亩，有效灌溉面积 13 万亩，临沭县受益。有总干渠 1 条长 30.5 公里，干渠 4 条总长 60 公里，支渠 71 条长 160 公里，排水干沟 3 条长 62 公里，排水支沟 170 条总长 332 公里，干支渠沟建筑物 2861 座。到 1985 年年底，灌区共做土石方量 674 万立方米，工日 562 万个，总投资 972 万元，其中国家累计投资 410.5 万元。因灌区水源没有保证，1985 年仅供水 32 万立方米，实灌溉农田 0.47 万亩。①

③ 胜利引湖灌区。枣庄市胜利灌区是山东省修建的第一座引用微山湖水的大型灌溉工程。1976 年 1 月开工，1977 年 6 月完成第一期工程开灌。1977 年冬第二期工程开工，主要是建设孝庄、泥沟、刘后 3 个灌溉系统，及其主要电力提灌站 11 处，1978 年年底竣工，峄城、台儿庄两区受益。1979—1985 年，继续进行续建配套工程，灌溉面积逐步增加。灌区渠首位

---

① 山东省地方史志编委会编：《山东省志・水利志》，山东人民出版社 1992 年版，第 356—357 页。

于峄城区曹庄乡八里沟村，上游通过老运河与微山湖相接，引水闸为无压砌石拱涵式平面直升钢闸门。设计灌溉面积47.6万亩，其中，自流8.6万亩，一级提水23.0万亩，二级提水9.9万亩，三级提水6.1万亩。有效灌溉面积32.6万亩。有总干渠1条，长36公里，干渠44条，总长114公里，支渠101条，总长137公里，排水干沟30条，总长127公里，支沟101条，总长189公里，干支渠沟建筑物1480座。干支渠已完成防渗护砌42条，总长9.3公里。扬水站机组199台，装机容量12385千瓦，总抽水能力98.3立方米每秒。到1985年年底，灌区共做土石方量9032万立方米，总工日1314万个，总投资2385万元，其中国家累计投资1480万元。

灌区自1977年开灌以来，年平均灌溉面积15万亩，1979年最高达24万亩。灌区粮食亩产由开灌前的230公斤，到1982年增长到400公斤，1983年以后，稳定在500公斤以上。①

（2）中型引河灌区。

1985年，全省设计灌溉面积10万—30万亩的中型引河灌区15处，设计灌溉面积242万亩，有效灌溉面积126万亩。②

① 小葛庄灌区。小葛庄灌区1956年3月开工，1957年3月开灌，临沂市6个乡镇受益。渠首在临沂市小葛庄附近，在河上建干砌石拦河坝，长670米，在河右岸建渠首进水闸，为砌石拱涵洞2孔，断面为1.5米 ×3.2米，洞室长12.9米，设计引水流量15立方米每秒，正常实引流量8立方米每秒，自流灌溉。设计灌溉面积15万亩，有效灌溉面积8万亩。井渠双灌面积4.12万亩。灌区建干渠5条长30公里，排水干沟10条长61.1公里，干支渠沟建筑物867座，配套机井338眼。到1985年完成土石方量722万立方米，工日526万个，投资726万元，其中国家累计投资201万元。

② 小埠东灌区。小埠东灌区1958年3月开工，1959年12月竣工，受益范围为临沂市5个乡镇。渠首在小李埠东村东，在沂河上建竹筋混凝土板桩组成的滚水坝，长1300米，河右岸建渠首进水闸，为砌石拱涵洞，共6

① 山东省地方史志编委会编：《山东省志 · 水利志》，山东人民出版社1992年版，第360—361页。

② 山东史志编委会编：《山东省志 · 水利志》，山东人民出版社1993年版，第357—360页。

孔，断面为1.6米 ×2.2米，洞室长18.3米，设计引水流量21.8立方米每秒，正常实引流量7立方米每秒，设计灌溉面积12.9万亩，有效灌溉面积10.5万亩，井渠双灌面积2.2万亩。总干渠1条长6.5公里，支渠195条长239公里，排水干沟2条长262公里，支沟194条长262公里，干支渠沟建筑物3395座，灌区内配套机井304眼。到1985年年底，完成土石方1631万立方米，总工日859万个，投资1131万元，其中国家累计投资272万元。①

（3）小型引河灌区。

全省有设计灌溉面积1万—10万亩小型引河灌区17处，总共设计灌溉面积82万亩，有效灌溉面积45万亩。到1985年年底，已完成工程总量2773万立方米，总工日2424万个，总投资4395万元，其中国家投资2142万元。② 小型引河灌区以绣惠渠引泉灌区为代表。灌区引绣江河之源明水百脉泉诸泉水，灌溉章丘县明水、相公等7个乡镇90个村的大部分土地。设计灌溉面积7万亩，有效灌溉面积6万亩。明水泉多年平均流量4.2立方米每秒。

1948年秋济南解放，省人民政府便选定绣惠渠为试办灌溉工程的重点。1949年3月27日，省实业厅水利局决定举办绣惠渠工程。1949年4月动工，分三期施工。1951年4月竣工开灌，实灌面积2.3万亩。30多年来灌区工程不断整修完善，现有干渠6条，长55.5公里，已衬砌44.2公里，支渠98条，长72公里，斗支渠610条，共长135公里。排水干沟3条，长13.6公里，支排19条，长20.22公里，控制排水面积13平方公里。干支渠沟建筑物302座。灌区内配套机井272眼，提水站39座，装机2175千瓦。到1985年，灌区共完成土石方406万立方米，总工日420万个，总投资835万元，其中国家投资540万元。灌区粮食亩产由1950年115公斤，到1985年增长到794公斤，同时为章丘县化肥厂、造纸厂等厂矿、机关、事业单位和城镇居民提供用水，对促进章丘县工农业生产的发展起了重要作用。③

---

① 参见山东史志编委会编：《山东省志 · 水利志》，山东人民出版社1993年版，第359页。

② 参见山东史志编委会编：《山东省志 · 水利志》，山东人民出版社1993年版，第357—360页。

③ 参见山东史志编委会编：《山东省志 · 水利志》，山东人民出版社1993年版，第361—362页。

（4）引黄灌溉。

新中国成立后，山东省引黄灌溉经历了兴、废、再发展的曲折过程。1954—1955年，山东省水利厅、黄河河务局在利津佛头寺等处试办虹吸引黄工程。1956年1月，省委决定大力发展虹吸引黄灌溉工程，分两期施工。第一期24处135条虹吸管，于1956年汛前建成，同时完成了灌区干、支、斗渠道3000余公里，土石方4200余万立方米，各种建筑物555座，国家投资840余万元，当年冬灌小麦5万亩。第二期工程8处21条虹吸管，先后于1957年、1958年完成。截至1958年，共兴建虹吸引黄工程34处，共安装虹吸管162条，设计引水流量160立方米每秒，设计灌溉面积560万亩，对促进农业生产发挥了重要作用。以后随着农业生产发展的需要，有的虹吸管改为涵闸。到1985年尚存虹吸管23处71条。

虹吸工程规模小，引水少，不能满足农业生产发展的需要。1956年动工修建打渔张大型引黄灌区，1957年兴建黄寨、1958—1959年动工兴建刘庄等大型引黄灌区。截至1961年，全省引黄灌区设计灌溉面积达5752万亩，实灌1515万亩。但由于对黄河冲积平原旱、涝、盐碱三大自然灾害并存的特点认识不足，片面强调了灌而忽视排，在排灌工程不配套的情况下，大引、大蓄、大灌，引起地下水位上升，加上耕作粗放，土地盐碱化迅速发展。到1961年，全省沿黄6地（市）盐碱耕地面积从1957年的661万亩，猛增到1169万亩。

1962年3月17日国务院副总理谭震林在山东范县主持召开冀、鲁、豫3省及有关地区负责人会议，会议决定停止引黄灌溉。4月9日，省水利厅召开平原地区排涝改碱会议，研究决定：停止引黄灌溉后，除打渔张、位山、刘庄北干渠、沟阳家虹吸灌区渠道保留外，其他灌区渠道废渠还耕。灌区建筑物，除渠首涵闸保留外，其他渠系建筑物废除。

引黄灌溉停止以后，沿黄地区积极采取排水措施，整治河道和开挖田间排水工程，提高了防洪除涝能力，为恢复引黄灌溉创造了条件。1964年，济南市郊区开始恢复运用虹吸管，引黄河水种稻获得成功。1965年，山东省政府拟恢复引黄灌慨，并向水电部报送了《关于恢复和发展引黄灌溉的报告》。1966年3月，水电部函复同意复灌，并指出："但要积极慎重，所有引黄灌区均应编制规划设计，做好灌排和田间工程配套，防止再次发生盐碱化。”

菏泽、聊城、德州、惠民、东营5地（市）是引黄灌溉主要受益地区，区内有耕地4127万亩。1980—1985年，每年引黄灌溉面积2000万亩左右。在连续干旱的情况下，粮棉连年增产。1970年5地（市）小麦平均单产44公斤，总产8.35亿公斤，棉花平均单产23公斤，总产1.74亿公斤。1985年小麦平均亩产263公斤，总产56.8亿公斤，棉花平均单产65公斤，总产8.73亿公斤。①

（5）青岛引河灌区。

青岛市引河灌溉，最早见于1958年大沽河临时坝引水和崖头无坝引水。至1987年，已建成较大引河灌区56处，总有效灌溉面积44.69万亩，其中设计灌溉面积万亩以上的引河灌区有19处。在19处万亩以上的引河灌区中，有引河自流灌区4处，提水灌区15处，总设计灌溉面积41.29万亩，总有效灌溉面积27.05万亩，占全市引河总有效灌溉面积的61%。1987年实灌10.11万亩。②

总之，新中国成立后，大力发展农田灌溉，到1985年止，全省有效灌溉面积达6848万亩，占耕地面积的65%。全省粮食产量，1949年为87亿斤，1985年达到314亿公斤，灌溉事业的发展是粮食增产的重要因素。③

（二）治河济运

黄河，是中国第二大河，也是世界闻名的巨川，被尊为“四渎之宗、百水之首”。大禹治水以后，黄河稳定在河北、天津一带注入渤海。

黄河流经山东省境是从周定王五年（公元前602年）开始的。《周谱》云：“定王五年河徙，则今所行非禹之所穿也。”经后人考证，黄河决宿胥口（今河南淇河与卫河合流处）西南，东入漯河，大致经过现在的滑县、浚县、濮阳、清丰、大名和山东境内的南馆陶、临清、高唐、德州，再经河北省沧州等地，流入渤海。这次黄河改道，经由山东省境内，维持了612年，直至

① 参见山东史志编委会编：《山东省志·水利志》，山东人民出版社1993年版，第362—364页。

② 参见青岛市史志编委会编：《青岛市志·水利志》，新华出版社2000年版，第173页。

③ 参见山东史志编委会编：《山东省志·水利志》，山东人民出版社1993年版，第349页。

王莽始建国三年（公元 11 年）再次发生大改道。[①] 黄河因历史上河患不断，成为一条害河，给沿河人民的生命财产造成巨大的威胁和灾难。因此，历朝历代，都面临着黄河泛滥成灾和治理黄河的严重问题。

元明清三代都建都北京，国家征收的赋税粮食，沿河的漕粮与白粮，均由水路北运入京。水路，即京杭大运河，简称运河，是我国古代伟大的水利工程。它北起北京，南至杭州，经北京、天津及河北、山东、江苏、浙江四省，沟通海河、黄河、淮河、长江、钱塘江五大水系，全长 1801 公里。

隋朝、元朝两次大规模扩展，利用天然河道加以疏浚修凿连接而成。全程共分七段：由北京城——通州（县）段称通惠河；通州——天津段称北运河；天津——临清段称南运河；临清——台儿庄段称鲁运河；台儿庄——淮阴（清江）段称中运河；淮阴——扬州段称里运河（古称邗沟）；镇江——杭州段称江南运河，向为历代漕运要道。

在大运河连结的五大水系中，对它威胁最大的是黄河。要保证漕运畅通无阻，必须大力治理黄河。于是“治黄（河）保（漕）运”自然也就成为明代治水的一项中心任务，成为朝廷投入人力、物力、财力最多的国家重点工程。“治黄保运”具有无可替代的重要性。[②]

1. 治河目的与策略

要治理黄河，首先应明确治河目的。李仪祉认为，“以前之治河目的，可谓完全在防止洪水之患而已。此后之目的当然仍以防洪为第一，整理航道为第二。至于其他诸事，如引水灌溉、放淤、水电等事，只可作旁枝之事，可为者为之，不能列为治河之主要目的”。他认为，治理黄河应该以治本为主。[③]

为达到治河防洪的目的，就要从根本上治理黄河之患，而要根治，他提出的治河措施是：(1) 整治河床。李仪祉认为，“河床不可不固定，河床固定以后，方可使之刷深”。[④] (2) 减免泥沙。李仪祉认为，“黄河最费研

---

① 参见山东航运史编委会编：《山东航运史》人民交通出版社 1993 年版，第 21—22 页。

② 参见王毓铨主编：《中国经济通史 · 明代经济卷》，经济日报出版社 1999 年版，第 364—365 页。

③ 参见李仪祉：《黄河概况及治本探讨》，黄河水利委员会，1935 年，第 104 页。

④ 李仪祉：《黄河概况及治本探讨》，黄河水利委员会，1935 年，第 112 页。

究者为泥沙问题”。泥沙的来源多在西北黄土高原，因此，欲根治黄河，应上、中、下游综合治理，而不应仅注意下游。对于黄土高原的防冲工作，李仪祉对“森林治水”这一办法不认同。“予欲减径流与其所挟沙量，予拟有三途以代森林，有大益而无碍。三途惟何？曰植畔柳、开沟洫、修道路。”① (3) 节制洪水量。李仪祉认为，“非常洪水如无节制，则下游仍须泛滥”，为节制洪水流量，“拟在中上游黄河支流山谷中分设水库，停蓄过分之洪水量”，并将洪水分数处停蓄，“洪水之时，互通消息，迭为控制，使流至下游之水量，不能超过每秒六千五百立方公尺，则非常河患，可以从此消失”。②

2. 明代治河济运工程设施

(1) 开南阳新河。

明代大规模的治河工程及设施，为后世提供了很多可借鉴的经验。明太祖朱元璋，从一开始就重视农业问题，把兴修水利作为兴农立国的头等大事认真对待。在历史上，明代尤为重视治水，从明初到明末频频兴工，成绩不少，其中，比较突出的有三个方面：一是以保护灌溉农田为主要目标的全国各地常年性的水利工程建设与维修；二是以确保国家财赋重地为根本的江南苏、松诸府水患的治理；三是以保障漕运为中心的国家治黄（河）工程。③

嘉靖朝开南阳新河以分流，是明朝重要的水利措施。明嘉靖以后，黄河干扰运道多集中于济宁至徐州之间的泗水河段上，冲毁和淤塞运道。其时，运道之东已形成南阳湖和昭阳湖。如何规避黄河侵袭，是亟待解决的问题。有人建议将运道东移到湖东岗地上开挖运道，以避免黄河冲毁运道。

嘉靖七年（1528 年）正月，嘉靖皇帝采纳了南司空胡世宁“东移运道”的建议，并派河总盛应期征调民夫 9.8 万多人，开挖北至南阳镇、南至留城（今沛县东南）、中经夏镇长 140 多里的新河。这条河位于湖东丘陵边缘，地势较高，可避免黄河冲淤之害。但半途而废，盛应期被撤职查办。

嘉靖四十四年（1565 年），黄河大决于沛县赵家口，泛滥而北，淤塞运

---

① 李仪祉：《黄河之根本治法商榷》，转引自《近代治河方略探讨》，第 152 页。

② 李仪祉：《黄河概况及治本探讨》，黄河水利委员会，1935 年，第 120 页。

③ 王毓铨主编：《中国经济通史 · 明代经济卷》，经济日报出版社 1999 年版，第 339 页。

道百余里，漕运受到较大破坏。沟通漕运成为当务之急，督理河漕尚书朱衡“循览盛应期所凿新河遗迹，请开南阳、留城上下”。工程完成，运道又得以畅通，改线运道称南阳新河。①

（2）引汶济运。

明永乐、嘉靖、万历年间，改建了山东运道，使京杭运河得以重新沟通。黄河、济水、漯水、泗水、潍水等许多天然河流，为山东早期水运的开发提供了优越的自然条件。在重修会通河时，解决了运道水源补给的问题，船舶得以畅通。引水与蓄水济运所采用的方案，充分体现了劳动人民的聪明才智。

永乐九年（1411 年），工部尚书宋礼受命重浚会通河。宋礼采纳汶上白英老人的“南旺水脊分水”方案，征调民夫 16 万，在东平县戴村附近汶水上筑坝挡水，堵截汶水北汇大清河，并向南开一新河道，引汶水和附近诸泉流入南旺交于运河。在交叉口的运河上下河段建闸各一座，以节制南北分流之水，亦为过船建筑物，实现了南北分流目的，解决了运河水源，史称“引汶济运”。②

（3）遏黄保运。

明代引黄济运或者是遏黄保运，均因黄河势大和含沙量特大而有其弊病。景泰年间，徐有贞的治理沙湾，弘治年间白昂、刘大夏的治理张秋，都是由于黄河从河南境内改道北犯沙湾、张秋一带，冲毁会通河，阻断了漕运而引起的。经过他们的先后治理，黄河北岸陆续修起了长堤，防止黄河北犯的目的基本实现。

但如何防止黄河冲毁徐州上下的运道，又不使徐州以南的运道因缺水而受阻，是个大难题。治河者忙得焦头烂额，修堤防、堵决口、浚河道，下了许多工夫，一直到明末运河受阻的问题始终没有得到很好解决。

（4）筑成广济渠。

黄河，在历史上曾多次改道。又自正统十三年（1448 年）黄河复故道改流为二以后，一由故道流入沙湾。而沙湾水流湍急，且其南地势高，水不

① 山东航运史编委会编：《山东航运史》，人民交通出版社 1993 年版，第 72—73 页。

② 山东航运史编委会编：《山东航运史》，人民交通出版社 1993 年版，第 73、75 页。

得南入运河。景泰皇帝命徐有贞为佥都御史，主治沙湾。有贞至沙湾，上治河三策：一置水闸门，二开分水河，三挑深运河。不久又上言："沙湾之东，所谓大洪口者，适当其冲，于是决焉，而夺济、汶入海之路以去。诸水从之而泄，堤以溃，渠以淤，涝则溢，旱则涸，漕道由此阻。然骤而堰之，则溃者益溃，淤者益淤。今请先疏其水，水势平乃治其决，决止乃浚其淤。"景泰皇帝依其议，于是费木铁竹石数万计，民夫5800余人，用时550多日，筑成广济渠。"沙湾之决垂十年，至是始塞"。乃浚漕渠，由沙湾北至临清，南抵济宁，复建八闸于东昌，以平水道。山东河患稍息。①

（5）疏浚大小清河。

大清河由河南流经山东后，经范县、寿张、东阿、长清、齐河、历城、济阳、齐东、蒲台等地，由利津入海。小清河发源于济南，流经历城、章丘、邹平、新城、高苑、博兴，由乐安境内的高家港入海。在明代，大、小清河不但是沟通山东西部与东部渤海沿海一带地区的两条重要运输航道，而且还是两河流域地区农田灌溉的用水之源。明代前期，在大清河的西段，小清河的中段，经常发生河道淤塞，水失其径。"一值天雨，茫茫巨浸，坏民田庐，弗以数计"，② 严重危害两河流域人民的生命财产安全及农业生产。

3. 清代八次疏浚运河

清朝黄河决溢，多集中于苏北运河段，对山东运河的影响较少。但顺治、康熙、嘉庆、咸丰历代，也有因黄河决溢而冲淤山东运道的记载。据不完全统计，在有清一代中，因黄河决溢淤积而疏浚运河有八次。黄水漫溢运河，造成运堤溃决和运道淤垫。当时，清王朝采取加固与疏浚运道的措施。如：顺治八年（1651年），征用民工，大规模挑浚山东运道。嘉庆九年（1804年），"因山东运河浅塞，大加浚治。在导浚运道的同时，也经常进行对运堤的修筑和加固工程。为了解决运道本身及支流经常性的淤积问题，顺治十年（1653年）"令南旺、临清岁一小浚、间岁一大浚"。③ 乾隆时期（1736—1796年），为了解决通航和挖河停航的矛盾，确定在每年冰冻季

① 王毓铨主编：《中国经济通史·明代经济卷》，经济日报出版社1999年版，第369—370页。

② 《重修大小清河记》，《明经世文编》卷五一。

③ 《运河考》，《（光绪）山东通志》卷一二六。

节筑坝挑河，其启坝日期以南船抵台庄为率。为解决挖河时排水问题，每闸都挖有固定月河（或称引河），挖时则扒开月河排水，工浚则堵塞月河蓄水通航。①

（三）水利成就

1. 合理灌溉受到了重视

明清时代合理灌溉受到了重视。灌溉是否合理，看是否有利于保持生态平衡，是否有利于改善土壤的生产性能和是否有利于农作物的丰产。正是在这种历史前提下，姚文灏的《浙西水利书》、金藻的《三江水利论》、归有光的《三吴水利录》、王凤生的《浙西水利备考》、钱中谐的《三吴水利条议》等水利专著产生了。治理方略提出了方向，即应抛弃头痛医头、脚痛医脚的治标道路，实行统观全局，标本兼治，综合治理，把治水治田、治水用水结合起来，在蓄、泄、防、控上作文章。灌溉必须以有利于农作物生长，有利于丰收为出发点，这是灌溉的根本目的。而灌溉有利于土壤物理性状的改善和自然生态的平衡，也是为这个根本目的服务的。②

2. 水利工程建设成为国家行政大事

明清两代，一个很显著的特点，是人规模的水利工程建设成为国家行政大事和常规。据记载，明初至洪武二十八年（1395年），南北各省共井塘堰40987处，浚理河渠4162条，修建陂塘、堤岸5048处。③据统计，明代新水利工程达2270处，清代为3503处。④而清代乾隆朝50多年间，仅黄河流域西安等47州，修建的灌溉渠道即有1171条，灌溉面积达64万余亩。明清时代农田水利工程建设的盛况，由此可见一斑。

明清王朝对农田水利建设较为重视。朱元璋在创建南京政权初期时便异常重视农田水利。为全面发展水利事业，他屡下明诏："所在有司，民以水利条上者，即陈奏。"洪武二十七年，又特谕工部："陂塘湖堰可蓄泄以备旱潦者，皆因地势修治之"并派遣"国子监生及人才，分诣天下郡县，督吏

① 山东航运史编委会编：《山东航运史》，人民交通出版社1993年版，第77—79页。

② 吴存浩：《中国农业史》，警官教育出版社1996年版，第959—960页。

③ 《明太祖实录》卷二三四、二四三。

④ 参见冀朝鼎：《中国历史上的主要经济区域与水利事业的发展》，中国社会科学出版社1981年版。

民修治水利”。[①] 有中央和地方两个方面的积极性，来加强农田水利建设事业，成为明清两代农田水利建设的重要特点。[②]

3. 现代科技在水利建设得以应用

其一，勘测水平的改进。进入近代之后，欧美的水利工作者纷纷来我国进行考察，首次把西方的近代水利科学技术传入我国。光绪四年（1878年），我国已开始采用公制拔海计高来观测黄河水位的涨落。光绪二十九年（1903 年），北京练兵处首先设立了测绘科，后又设京师陆军测地局。辛亥革命后，南京政府参谋本部设立陆地测量总局，各省设陆地测量局。1916年开始了改编 1/50000 图，并定 1/50000 图为基本地形图。如此勘测技术的进步，对于农田水利建设工程的规划设计和施工，无疑是有科技价值的。[③]

其二，是水文、气象台站的建立。水文和气象是农田水利建设工程设计的基础。我国最早出现的近代气象台站，是在 1873 年，法国天主教会在上海的徐家汇设立观象台，后又在沿海设立了许多气象站，构成了为船舰安全服务的独立气象网。

辛亥革命后，我国设立中央观象台，但比较重要的科学研究成果的取得以及气象学会的成立和气象杂志的发行，都是在 20 年代以后的事。1928年，国民政府在南京设立中央研究院，内设气象研究所，原中央观象台之一部改组隶属该所，以后又陆续在酒泉、贵阳、上海、宁夏、包头、拉萨、北京以及泰山日观峰设立 8 个测候分所。自民国五年始，我国即已开始天气预报，每日两次，晚上的一次在报纸上公布，而不是用无线电广播。水文站的设置同样如此，如黄河水文站。

民国八年（1919 年），始设河南陕县、山东泺口水文站，测量流量、水位、含沙量和雨量。到 1949 年新中国成国前，黄河全流域已建有 16 个水文站，4 个水位站和几个测量队。尽管水文站规模有限，但为农田水利工程的设计提供了基础性设备。[④]

直到 1949 年前，山东的引水灌溉工程是比较落后的。沂蒙泰山地周围

---

① 《明史 · 河渠志》，中华书局 1986 年版。

② 参见吴存浩：《中国农业史》，警官教育出版社 1996 年版，第 961 页。

③ 参见吴存浩：《中国农业史》，警官教育出版社 1996 年版，第 1211 页。

④ 参见吴存浩：《中国农业史》，警官教育出版社 1996 年版，第 1211—1212 页。

山麓堆积平原地带河流泉源较多，建设引水较多，灌溉工程的自然条件相对较好，明清山东引水灌田的兴利工程主要分布在此范围之内。

明清山东绝大多数地方农业生产还是靠天吃饭，水浇地不能超过总耕地的20%，因为直到1932年，山东省仍仅有水田23950顷，占总耕地面积的2.16%，远远低于河北省与河南省同年的水田比例。①

第三节　农田综合治理

一、山东土壤类型性质与利用

（一）土壤资源调查

1. 古代至民国时期的土壤资源调查

土壤资源调查，起源于先秦时期，两千多年来，经历了由原始、粗略到系统、精细的历程。

山东土壤资源调查最早见于战国时期的《尚书·禹贡》，依据土色、质地、水文等条件，划分了九州的主要土壤类型和赋税等级，其中将涉及现今山东范围的兖州、青州、徐州的土壤，划为“黑坟”、“白坟”、“广斥”、“赤埴坟”等类，并依据土壤肥力，划出3等9级。同时指出：“九州之内，田各有等，土各有差，山川阻隔，风气不同，凡物之种，各有所宜”，即不同地理条件形成不同土壤，适宜不同植物。先秦时代齐国的《管子·地员篇》，进一步把山东境内平原地区的土壤分为“渎田恶徙”、“赤垆”、“黄堂”、“斥埴”、“黑埴”5类，将平原之外的土壤分为三等18级，记述了各种土壤适宜生长的作物和草木，这是关于土壤类型及其合理利用的最早记述。北魏时期的《齐民要术》中，按土壤肥力和物理性质，分为弱土、重土、紧土、缓土、肥土、瘠土、燥土、湿土、生土、寒土等，以制定农耕办法。

山东省现代土壤调查分类始于20世纪30年代。在中央地质研究所土壤

① 参见《统计月报·农业专号》1932年第一二月合刊本资料。转引自李令福：《明清山东农业地理》，台湾五南图书出版公司2000年版，第53页。

研究室的主持下，美国土壤学家梭颇（James.Thorp）和中国学者周昌芸等人，于1935年5月来山东考察土壤，将山东省土壤主要分为淋溶土、钙层土和幼年土三个土纲。淋溶土纲下有“山东棕壤”一个土类；钙层土纲下分为排水良好的钙层土和排水不良的钙层土；幼年土纲下，续分为无石灰性冲积土和石灰性冲积土。同时还初步划出了盐碱土、水稻土、湖积土、砂丘和石质山等。

2. 1949年后的土壤资源调查

1949年后，山东省进行了多次土壤调查，为土地开垦、水利建设、土壤改良利用提供了科学依据，也使土壤科学分类逐步完善。

（1）沿海荒区勘察。1952年6月至8月，山东省棉垦委员会组织由省农林厅、省农科所、山东农学院、山东大学农学院、中国科学院地质所及有关专业人员参加的勘察队，对南起连云港，北至板塘河口的山东沿海荒地进行勘察。查清了沿海荒区面积和可垦土壤面积，对沿海土壤进行了基层分类（划分12个单元），并对棉垦区土地分配利用、水利和造林作了规划。

（2）华北平原土壤调查。1955年6月至1956年9月，中国科学院和中央水电部组织专业队开展华北平原土壤调查，山东省土壤科技人员参加了本省黄河以北的调查。该调查建立了4级分类单元，将华北平原土壤分为7个土类18个亚类并续分出土种和变种，为开发黄河水利资源、发展农业灌溉提供了重要科学依据。

（3）盐渍土调查。1958年5月，山东省农业厅会同省水利科学研究所、省农业科学研究所对本省黄河以北地区盐碱土分布和改良利用进行调查，完成《山东省盐渍土分布图》和调查报告。

3. 第一次土壤普查

1958—1960年，全国开展第一次土壤普查。山东省把耕地土壤按农民的俗称分为37个类型，观察描述了各自生产特性，勾绘出大致分布情况，记述了农民的识土、用土、改土经验。由于当时“大跃进”、“反右倾”的影响，没有进行土壤系统分类，物质手段和人员培训欠缺，又片面强调进度和普查成果的群众性，所以没有形成系统的、高精度的成果资料。

4. 第二次土壤普查

1979年，遵照《国务院批转农业部关于全国土壤工作会议报告和关于开展全国第二次土壤普查工作方案》的部署，由山东省农业厅于同年 5 月主持第二次土壤普查。经过省市试点、县级普查和逐县验收后，陆续进入市地级补充调查和研究汇总，1987 年进入省级补充调查和研究汇总，于 1990 年年底完成。

这次普查，依据全国统一技术规程和土壤分类方案的原则要求，结合山东省实际情况进行。对原 2025 个公社全部作出土壤调查报告和专业图，完成了土地利用现状和各类土壤面积的勘察量算。123 个农业县（市、区）都编撰了土壤志、土地利用现状调查报告、专题调查报告和专业地图，完成了土壤常规分析。省级研究撰成《山东土壤》、《山东土种志》、《山东省第二次土壤普查成果应用和专题论文选编》，建立了土壤普查数据库，编绘了 19 种专业地图，除了与县级同类的专业地图外，又增加了土壤微量元素、土壤 pH、土壤碳酸钙等地图。

这次普查，基本查清了土壤面积、土地利用现状、土壤类型及性状、耕地土壤的生产潜力和障碍因素、部分特产土宜条件，同时对土壤进行了评价、分级和改良利用区划。通过普查，首次实现了全省土壤的系统分类，建立了分类诊断的主要指标，共分为 6 个土纲，9 个亚纲，15 个土类，36 个亚类，86 个土属，257 个土种。土属和土种的命名采用发生学连续命名和农民俗名“双名制”。本着边查边用的原则，在 1980—1990 年间，应用成果累计面积 2.92 亿亩次。在国土整治、环境保护、农业开发项目论证和规划、教育和科研等方面，土壤普查成果也得到广泛的借鉴应用。

此外，1980—1982 年间，进行了山东省山地丘陵区土壤的考察研究，重点探讨了棕壤、褐土的形成条件、分布规律和属性差异，澄清了长期以来二者概念和具体分布上的混淆，为种植业布局、特产开发、施肥及其他应用技术研究提供了科学依据，编著出版了学术专著《山东省山地丘陵区土壤》。①

（二）土壤类型

1. 潮土

潮土是山东省分布最广，面积最大的一种土壤，面积为 68189 平方公

① 参见山东史志编委会、俞宽钟主编：《山东省志 · 农业志》，山东人民出版社 2000 年版，第 42、1068—1071 页。

里，占全省土地面积的43.5l%。集中分布在鲁西北平原、河谷平原以及滨湖洼地。潮土是直接发育在河流沉积物和湖积物上、受潜水作用形成的一种土壤。剖面质地层次明显，潜水浅，土壤呈中性至碱性，pH值7.0—8.5。因受潜水影响程度不同，分为潮土、脱潮土、盐潮土、湿潮土等类型，均为黄泛冲积母质上发育的土壤，土体有石灰反应。

（1）潮土：面积45008平方公里，占全省土地总面积的28.72%。主要分布在鲁西北、鲁西南，在济南、潍坊、泰安、济宁等市也有分布。土层深厚，灌溉方便，有史以来都是山东大豆生产的集中地区，但土壤中往往缺磷和微量元素硼、锌等。

（2）脱潮土（褐土化潮土）：面积9973平方公里，占全省土地总面积的6.36%，主要分布在马颊河以北的冠县、临清、武城、宁津一线以及马颊河与徒骇河之间的莘县、平原、临邑、商河和菏泽地区的菏泽、曹县、单县等县（市）境内的高岗平地。由于所处地势较高，常年潜水位低，盐化威胁小，综合属性优良，是黄泛平原上生产力较高的土壤。适宜种植夏大豆和其他作物。

（3）盐化潮土（包括部分碱化潮土）：面积11233平方公里，占全省土地总面积的7.16%。点片分布在黄泛平原的二坡地上，与潮土呈复区分布，耕层土壤含盐量0.1%—0.8%，大豆不能出苗生长，也影响其他作物生长，是山东省低产土壤之一。

（4）湿潮土：面积1975平方公里，占全省土地总面积的1.26%。集中分布在东平湖和南四湖洼地及黄泛平原的零星洼地中，常年潜水位在50—100厘米之间，适种水稻及其他水生植物。①

2. 褐土

全省褐土面积约36070平方公里，占全省土地总面积的23.0%。主要分布在鲁中南低山丘陵区及胶济、津浦铁路沿线的山麓平原地带，是在暖湿半湿润气候条件下形成的地带性土壤。母质类型多为残积、洪积、冲积物及黄土、红土等。根据土体发育、钙质淋溶状况可分为潮褐土、褐土、淋溶褐

① 参见山东史志编委会、俞宽钟主编：《山东省志·农业志》，山东人民出版社2000年版，第42页。

土、褐土性土。

（1）潮褐土：面积13613平方公里，占全省土地总面积的8.68%。主要分布在鲁南地区洪积扇缓斜平地上。成土母质多为黄土性洪积、冲积物。由于长期耕种，土壤熟化程度较高，土体结构一般为上轻下重的“蒙金型”，通体无障阻层次，耕性良好，是全省熟化程度较高的耕作土壤之一。土壤养分丰富，保水、肥能力强。

（2）褐土：面积9045平方公里，占全省土地总面积的5.79%。主要分布在泰沂山区西、北侧的山前平原和南部山区北侧的山间盆地上。胶东半岛的蓬莱、龙口、莱州也有零星分布。成土母质以黄土为主，还有石灰岩、钙质砂页岩的残积、坡积物。土壤均含有游离碳酸钙，并有菌丝状钙质新生体，普通褐土肥力中等，排水条件好。

（3）淋溶褐土：面积5570平方公里，占全省土地总面积的3.55%。在鲁中南地区以南部分布面积较大。主要发育在低缓丘陵及山前平坦扇形地、山前倾斜平原及河谷、高阶地上。成土母质主要为非钙质砂页岩残积、坡积物、人工堆积物、厚层洪积物、红土及黄土状物质。土层深厚，表层多中壤土，下层稍黏紧，多为“蒙金型”，适宜种植作物。

（4）褐土性土：面积1520平方公里，约占全省土地总面积的1%。广泛分布在石灰岩或砂页岩组成的低山丘陵的中上部，多为荒草坡或岭坡地，是褐土类中受侵蚀影响最重的一类土壤。成土母质为岩石风化的残积、坡积物。土层浅薄，并含有大量母岩碎块。土壤养分低，保水能力差，特别易旱。植被稀疏，水土流失严重。①

3. 砂姜黑土

面积约9970平方公里，占全省土地总面积的6.36%。集中分布在莱西、即墨盆地、胶莱河谷（包括平度、高密等市县）、临、郯、苍平原洼地及南四湖周围的洼地。为洼地长期积水干涸后形成的土壤。土壤质地黏紧，湿时泥泞，干时坚硬，耕作困难。耕层以下有柱状、核状结构，漏水漏肥，有涝、渍、旱、瘦等障碍因素。50—100厘米以下多出现砂姜层，但表土有机

---

① 参见山东省农业科学院、李永孝主编：《山东大豆》，山东科学技术出版社1999年版，第8—9页。

质含量高，土色灰黑，地温容易上升，养分转化快。在风调雨顺或有灌溉条件时，作物产量高；干旱又无灌溉条件时，由于土壤透气性差，导致大幅度减产。

4. 棕壤

山东省棕壤土类面积 27715 平方公里，占全省土地总面积的 17.68%。主要分布在鲁东丘陵，潍河以东的潍坊、烟台、威海、青岛四市，沭河以东的临沂地区的部分县，鲁中南山地丘陵区，以及枣庄、济宁两市的运河、南四湖以东的县、市、区。根据成土过程和发育阶段，又可分为棕壤性土、棕壤、潮棕壤、白浆化棕壤等。

（1）棕壤性土（又称粗骨棕壤）：面积 9660.06 平方公里，占全省土地总面积的 6.16%。主要分布在由花岗岩、片麻岩等组成的侵蚀缓丘、低山丘陵的中上部、中山山坡及山脊，系母质基岩风化物的残积、坡积物。土层薄，一般仅 10—30 厘米，下部为半风化母岩，质粗砾多，不耐旱水土流失严重，是山地丘陵区最瘠薄的土壤。

（2）棕壤：面积 8593 平方公里，占全省土地总面积的 5.48%。广泛分布于胶东、沭东以及鲁中南的缓坡丘陵中下部和山麓地带。地形较平缓，土层较厚。成土母质多为花岗岩和片麻岩风化物，坡积、残积物或厚层洪积物。土壤颜色以棕色为主。质地多砂壤土至重壤土，呈微酸性反应，盐基饱和度较高，剖面有明显的淋溶淀积，铁锰结核较多见。心土层质地黏重，通透性差。所处地势较高，水土有流失现象。多种植小麦、花生和地瓜，山麓地块也可种植大豆。

（3）潮棕壤：面积 10258 平方公里，占全省土地总面积的 6.54%。潮棕壤与普通棕壤分布地域和成土母质相同，唯分布的地势较低，地形平坦。土层深厚，排灌条件较好，旱涝保收。适宜种植作物。

（4）白浆化棕壤：面积 5655 平方公里，占全省土地总面积的 3.6%。主要分布在临沂地区的临沭、莒南、费县、莒县、苍山及日照市，胶东半岛地区沿海县也有点片分布。所处地貌为缓坡低丘。成土母质为厚层残积、洪积物。质地上轻下黏，透水性差，旱时僵硬，涝时滞水泡浆，且白浆层各种养分含量低，生产性能差，为山丘地区瘠薄土壤。不适宜种植大豆。

5. 盐土（包括碱土）

山东省约有盐碱土 4760 平方公里，占全省土地总面积的 3.1%。主要分布在鲁西北平原地势低平的地段，河间洼地和滨海地带。根据所处地理位置可分为滨海盐土和内陆盐碱土两类。滨海盐土 1746 平方公里，占全省土地总面积的 1.1%，含盐量一般在 0.4% 以上，最高可达 1.5%. 土层盐分含量上下基本一致。山东内陆盐碱土约 3013 平方公里，占全省土地总面积的 1.92%。所含盐分主要为氯化物、硫酸盐。含盐量一般在 0.2%—0.5%。表层含盐量最高，心底土层含盐量明显下降。由于盐碱土含盐量高，不适宜种植作物。

（三）土壤利用

1. 新中国成立前山东土壤利用

山东新石器时代的北辛文化、大汶口文化、龙山文化遗址中有石制和鹿角制耕锄农具，用以播种和松土。此后至战国时代，土壤耕锄逐步演进为青铜以至铁制农具。西汉时期更在犁铧上方增加了曲面犁壁，并推广二牛一人和二牛三人的犁耕方式，增加了犁的翻土能力和深耕，提高了土壤熟化水平。至唐代已有与近代相同的曲辕犁。

土壤耕作制度方面，中国在夏商时代已由撂荒制（生荒制）演进为爰田制（轮荒制、熟荒制），以放火烧荒的草木灰补充土壤养分，轮流垦种、撂荒，以恢复土壤肥力。周代根据土壤肥力高低，在熟荒制中分化出不易制、一易制和再易制，即连年种、隔年种和撂荒二年再种。至春秋时代《管子·治国》中已有轮作复种制的记述；隋唐至宋代，农田二年三作制逐步传到黄河中下游并初步推广。

垦种的植物种类，由粮食扩充到瓜果及其他。《论语》中即有“老圃”（种菜的老农）一词；齐国的《管子·主政》中，已把“百果具备”作为“富国五事”之一，可见当时的齐鲁菜园、果园已和种植大田作物的农田分离，成为土壤利用的独立内容。在实施农田灌溉后，有充足水源的地方，原先种植麦、粟、豆的有些旱作农田改为水稻。从春秋到西汉的古籍中，先后有鲁南西部和鲁中种稻的记载；元代的地方志《齐乘》提到沂州的水“溉田数千顷，……古称琅琊之稻”。清代有利用“斥卤”（滨海盐土）种稻的记述。元、明、清代，山东先后引入棉花、烟草、花生三种主要经济作物和西洋苹果等，提高了土壤利用的经济效益。

在用地和养地结合方面，北魏《齐民要术》中已有精耕细作、豆禾轮作、绿肥轮作、增施粪肥和集中施肥等论述，反映了农田复种条件下以养促用，用中有养，保证“地力常新”的技术成就，其主要原则沿袭至今。

在防治土壤旱涝方面，夏代已出现排蓄结合的“沟洫农业”；春秋战国时期已引汶水灌溉农田；唐宋时期兴修沂州陂塘13处、马颊河、无棣河、窦公渠等。从南北朝至清代，水井提水工具屡有改进，至清末井灌遍及山东各地。

在农田开垦方面，往往受社会局势安定与否，特别是有无战争动乱的影响而兴衰起伏。三国时期、五代十国、元代末年等每次大的战乱平定之后，山东都有移民屯垦或军垦之举，使农田得以恢复增加。据现有统计资料，宋朝后期山东耕地不过3000万亩，明朝前期超过7000万亩，清朝后期超过1亿亩。①

清中期以后，多数湖泊河洼盐碱荒滩及滨海斥卤之地得到不同程度的开垦，而山冈丘陵林地也被耕种起来。凡有可以种植之处，农民“久已争先恐后”去开垦。嘉庆十八年（1813年），“胶州开垦海滩田六十七顷三十三亩，照例升科”。② 当时，“兖州济宁境内……等湖皆运道资以蓄泄，昔人谓之水柜，民乘涸占种，湖身渐狭”。③ 安山湖放垦以后，“堤内垦种如鱼鳞，无隙地矣”。④ 连黄河“河滩地亩，尽皆耕种麦苗，并多居民村落”。⑤

在乾隆帝倡导下，地方大员也注重开垦荒地，以补益于小民恒产口食。山东地方大员，注意到将洼地改作稻田转害为利。乾隆二十三年（1758年）山东巡抚阿尔泰十月初七日奏：“……青州府属之高苑、博兴、乐安等县地处极洼，连年被潦。……令民改作稻田，布种大米，向之遇水即淹者今则藉兹长养。现查成熟者博兴已万有余亩，高、乐次之。此则转害为利，民鲜被

---

① 参见山东史志编委会、俞宽钟主编：《山东省志·农业志》，山东人民出版社2000年版，第1072—1073页。

② 《清仁宗实录》卷二六六，嘉庆十八年二月初七日。

③ 赵尔巽主纂：《清史稿·齐苏勒传》，中华书局1986年版。

④ 《漕渠志》，《（光绪）东平州志》卷四。

⑤ 《清高宗实录》卷一一四七，乾隆四十六年十二月戊子。

淹之患，官无赈恤之需。现令附近乡农仿照耩耘以收地利。”①

乾隆二十四年（1759 年）山东巡抚阿尔泰四月二十日奏：“上年经历济青两府属之新城高苑、博兴等县，见有古荒积洼并不垦种，验其土性并非砂碱不毛。询问土人，据称地势洼下易潦，不宜种植黍谷；且水草丛生之处每生蝻孽等语。臣心切筹办，因周视地形，属最洼，种植黍、豆原易淹浸，随相度附近颇有湖泊及有源之河道，可以引水灌溉改作稻田。新城县之夏庄地洼地百余顷，因易潦抛荒。……洼内堪作稻田。田塍沟洫营治非难，民情踊跃，计已改垦稻田一十六顷零，其余尚应陆续改垦。……计新城、高苑、博兴三县改垦、新垦稻田共七千七百余亩。现令地方官将有粮之地，令业主收花纳赋，无粮之地照例详题六年升科。”②

乾隆二十四年（1759 年）山东巡抚阿尔泰五月初六奏：“东省幅员辽阔，环山负海，滨河近湖处所颇多不耕之土……乡民或指为受水弃地，或称为刈草滩场。……所称受水弃地、刈草滩场，皆因地势低洼所致，但既非砂碱不毛，断无不可垦种者。只缘民俗习于游惰，难与图始，抑由水利未尽兴修，常年患潦，是以甘心废弃，岁岁不耕，无论有粮无粮之地，均咸荒瘠也。……臣思东昌地势平衍，非山海交错之区，尚有无粮荒地　百余顷，其余各府将来报垦为数尚多，似于小民恒产口食稍有裨益。”③

东省稻作很快在青州、济南府、莱州府推广试种。乾隆二十五年（1760 年）山东巡抚阿尔泰十月初八日奏：“东省地土率皆树艺麦、谷、杂粮，向不种稻。缘青州府所属之博兴、高宛等县地洼易涝，灾赈频仍，且多废弃。臣于藩司任内查勘情形，将低洼地亩引水筑塍，酌改稻田，以资耕种，年来收获颇丰。嗣后新城、章丘等县查有洼地引水可资灌溉者，俱皆仿照酌改稻田，通计三万余亩，俱经奏闻在案。今岁雨水调匀，收成加倍，所收稻谷十有余万石。不惟本处民食充裕，兼可贩运邻封懋迁获利。臣查东省

① 中科院地理所、第一历史档案馆合编：《清代奏折汇编・农业环境》，商务印书馆 2005 年版，第 172 页。

② 中科院地理所、第一历史档案馆合编：《清代奏折汇编・农业环境》，商务印书馆 2005 年版，第 178 页。

③ 中科院地理所、第一历史档案馆合编：《清代奏折汇编・农业环境》，商务印书馆 2005 年版，第 179 页。

洼地可资改垦者尚多，通饬所属悉心查办，俾无旷废。兹据济南府属之新城县禀报，除今岁动垦水田四千八百一十八亩外，今又查出可开水田七千一百余亩，农民踊跃认垦。……莱州府属之潍县禀报南北台等庄，有近河荒地五百余亩……开渠引水足资种稻。”①

开渠束水归槽，涸地垦种成为一个造福地方的措施。乾隆三十四年（1769 年）山东巡抚兼提督富明安九月初四日奏：“臣亲勘百脉湖形势，因受上游胶河二分之水，是以每年夏秋水深数尺。自乾隆二十三年（1758 年），前任高密县知县张乃史于湖内东南上游挑河十余里，束水归槽，是以东南一隅现有可垦地七十一顷零。兹臣测量湖内西北一隅，虽比东南稍低，若照上游开河束水归槽，引水入胶莱运河归海，则土游胶河之水夏秋不致存积，湖内所有西北一隅，可涸出垦种，约有可垦地四五百顷。……将稍高之地即于今岁示召近村人民试种秋麦；其低洼之地俟水势涸出，于来岁播种秋禾。”②

应注意的是，涝洼地稻改固然好，但垦山与围湖所造成的恶果，因为破坏自然生态所造成的水灾频仍，往往是不可逆性，永久性的。这些失去的山林及水域是几百年内难以恢复旧观的。③

2. 新中国成立后的土壤利用

（1）新中国成立后土壤利用的成绩。

第一，加强了土地的开发利用。除了恢复战争荒芜的农林用地外，原有荒地也逐步得到利用。晚清至抗日战争前，山东省耕地 1.1 亿—1.2 亿亩，在战争中部分弃耕荒芜，但 1949 年年底已恢复发展到 1.3 亿亩，面积最大的 1955 年达 13866.2 万亩，以后又逐渐减少。瓜菜面积，据 1933 年的不完全统计分析，约在 100 万—150 万亩，1949 年达 201 万亩，“一五”期末增至 375 万亩，80 年代后期超过 500 万亩。果园面积 1949 年仅有 33.6 万亩，1958 年突破 100 万亩，1985 年超过 500 万亩，80 年代末增至 1000 万亩左

---

① 中科院地理所、第一历史档案馆合编：《清代奏折汇编·农业环境》，商务印书馆 2005 年版，第 198—199 页。

② 中科院地理所、第一历史档案馆合编：《清代奏折汇编·农业环境》，商务印书馆 2005 年版，第 234 页。

③ 赵冈、刘永成、吴慧等：《清代粮食亩产量研究》，中国农业出版社 1995 年版，第 144 页。

右。林地面积1936年1200万亩，1949年仅剩451.4万亩，进入60年代以后，基本稳定保持在1000万亩以上，1990年达到2185.8万亩（以上林地面积中都不含果园）。

第二，土壤管理水平提高。耕作方面由推广改良农具进而推广机耕，80年代机耕面积占耕地60%左右。农田施肥，1979—1990年平均每亩每年投入养分总量32.7公斤，为1950—1965年的5.1倍，其中有机养分为2.78倍，无机养分达52倍。50年代后期省农科院土肥研究所建立化肥试验网，80年代省土肥站建立配方施肥试验示范网，并推广了秸秆还田和因土补施微量元素。土壤灌溉排水方面，至1990年灌溉面积占耕地面积的65%，为新中国成立初期的18倍。80年代推广喷灌300多万亩；排涝能力有很大提高，鲁西、鲁南和胶莱河谷的大型洼地，由秋季不保收变成麦秋双稳产。水土保持方面，至1990年，累计治理水土流失面积25859平方公里，占应治理面积40.7%。在预警机制方面，1955年以后水利部门即陆续建立和增加地下水位和地下水化学监测站点；60年代起气象台、站普遍进行春秋播种前土壤墒情测报；七八十年代，省农科院土肥所和省土肥站先后建立土壤肥力动态观测网点，农业环保站进行了土壤污染监测。

第三，土壤利用率提高，效益增长。农田一年二作制面积由新中国成立初期占农田面积1.3%，上升到1990年占48%，二年三作制面积由1950年占农田面积80.1%，于1990年降至23%；复种指数上升19个百分点，达到158.8%；其中粮田复种指数上升37.6个百分点，达到186.4%。种植业结构也有很大调整，打破了片面执行“以粮为纲”的格局，粮食作物、经济作物、蔬菜、水果的面积比率，由1949年的100：9.1：1.2：0.2，变为1990年的100：28.2：4.4：7.9。由于土壤利用率提高、投入增加和利用结构调整，1990年种植业产值按可比口径，比1949年增加4.8倍。另一方面，1990年林木总覆盖率达到16.8%，其中林地（含果茶）覆盖率达14.5%，比1949年增加12.4个百分点，面积为1949年的5.9倍，提高了生态效益。

第四，土壤肥力从总体上有所积累和提高。据省农科院土肥研究所和省土肥站监测资料，80年代末和70年代相比，105个点的土壤有机质含量，有69个点增加，占总点数的65.7%，平均增加0.26个百分点；36个点减少，平均减少0.16个百分点。108个点的土壤全氮含量，有76个点增加，占总点数的70.4%，平均增加0.014个百分点；32个点下降，平均下降0.019个百分点。碱解氮、速效磷含量大部有明显增加。44.4%的点速效钾含量提高，平均提高50ppm；55.6%的点平均降低39ppm。土壤中氮、磷、钾三要素的比例，从总体上向协调的方向发展。

（2）土壤利用的问题：在土壤利用上也陆续出现一些问题，主要有两方面：其一是破坏土壤生态平衡，出现物理、化学、生物退化；其二是利用不合理，滥占耕地。

历史上由于战乱和贫困，毁林毁草、滥垦滥牧导致严重土壤侵蚀和水源流失，新中国成立后也因为1958年“大炼钢铁”和1959—1962年三年大饥荒、“文化大革命”十年（1966—1976年）的影响以及经济体制转轨时出现的片面追求经济效益的短期行为，存在着边治理、边破坏的状况。全省土壤沙化、石化面积3615.1平方公里（主要在山地丘陵），80年代后期平均年扩展317平方公里；1982—1988年间，破坏面积相当于同期治理面积的51.4%。

1958年大搞引黄大水漫灌和平原水库，导致土壤盐化，农田撂荒。1961年盐渍化耕地达1539万亩，比50年代增加38%，耕地比1958年减少7.6%。经采取措施，60年代后期盐渍化耕地降至960万亩。80年代对农田增肥细作，土壤盐化程度大大减轻，但局部地方引黄灌溉水位高、灌水量大，土壤又出现积盐过程，另外有些盐荒地垦为耕地。所以就盐渍化耕地面积而言，却比60年代后期增加27.4%。

耕地日益减少，尤以80年代中期为高峰。1985、1986两年减少耕地297万亩，年平均148.5万亩，其中除了合理调整种植利用结构者外，尚有违背国家关于发展林果应“上山、下滩、进村、入院”的要求，把较多耕地改为果园以及农村扩大宅基，侵占耕地。

在减少耕地的同时，开垦了部分荒地，但其中包括荒坡林草开垦，河滩束河造地，近海新淤地的不科学开垦等，这些地的生态基础极为脆弱。例如70年代黄河三角洲4号桩北开垦的16.5万亩耕地，因垦后很快盐渍化，至80年代多已弃耕撂荒。又如蒙阴县东沟村在30多年间，先后将600多亩荒坡地垦作农田，至80年代初为止，表土被冲走0.5米以上，村前河床淤高1.3米。

土壤污染日益加剧。1990年全省工业污水灌溉面积450万亩，还有废气、废渣、塑膜、农药、化肥污染。

农田有机肥投入增长速度远低于化肥，土壤有机质含量与高产、稳产、低成本的要求还不相适应。80 年代普查汇总结果，耕作层土壤有机质含量 0.81%—1.00% 的面积最大，占耕地的 31.5%；含量 1.01%—1.50% 的面积占 29%；含量 0.61%—0.80% 的面积占 23.4%；含量 0.60% 以下的面积多达 12.8%；含量超过 1.5% 的面积仅占 3.3%。此外，80 年代大部分农田处于土壤钾素消耗过程，并缺乏某些微量元素。①

二、治碱

（一）山东盐碱地分布

山东省涝洼盐碱地主要分布在鲁西北黄河冲积平原。这个地区地势低平，坡降平缓，受海潮顶托，排水不畅，地下水埋藏浅，土壤蓄水能力低，汛期雨量集中，低洼处极易积涝成灾。同时，土壤和地下水中均含有一定盐分，蒸发强烈的春秋季节，盐分往往上升聚集于地表而形成盐碱地。

鲁西北平原大平小不平，岗坡洼相间，有许多形如碟状的浅平洼地，如聊城的白家洼、阳谷的西湖景洼、德州的四女寺洼、齐河的大黄洼、乐陵的铁营洼、无棣的东下洼、郓城十二连洼及南四湖滨湖洼地等。这些浅平洼地，为平原上滚坡水汇集之处，经常造成毁灭性的涝灾。这些洼地地表多为黏质土，土壤一般无盐渍化现象，盐碱地多分布在洼地边缘和缓平坡地上。在黄泛平原中沿古今黄河堤外呈带状分布的背河槽状洼地，如放马场、平陵洼、太行堤洼等，土壤多为粉砂壤土，既易涝又易返碱，有成片的盐碱地分布。北自马颊河口、南至胶莱河口的渤海湾沿海，地面高程 10 米以下的滨海地区，受海潮侵袭的影响，有大片盐碱地分布。此外，胶莱河谷平原及鲁南临郯苍平原也有部分涝洼盐碱地分布。

山东省涝洼盐碱地区的群众早就仿照古代的井田沟洫排水制度采取开沟排水、修筑沟洫畦田、台田及稻改等措施来治理涝洼盐碱地。高密、东平等县在清代即开始在涝洼盐碱地修筑台田。新中国成立后才开始大规模的进

① 参见山东史志编委会、俞宽钟主编：《山东省志·农业志》，山东人民出版社 2000 年版，第 1074—1078 页。

行治涝改碱工程。

新中国成立初期，全省有盐碱耕地757万亩，盐碱荒地692万亩，三年以上标准除涝面积仅49万亩，占易涝耕地面积4479万亩的1.1%。新中国成立初期为治理平原涝洼地区，初步疏浚整治了徒骇、土马、万福、赵王、白马、泗河等河道，在涝洼地推广兴修沟洫畦田，取得一定成绩。但在盐碱地改良方面，仍然采用传统的围埝平种、蓄淡压盐、翻淤压碱、扫碱等措施。到1957年，全省盐碱耕地面积不但没有减少，反而增加了92万亩。

1958—1960年，大力兴建蓄水及引水灌溉工程而忽视排水工程，破坏了自然流势，打乱了排水系统。60年代初，鲁西北平原降水偏多，造成涝碱灾害加重。1960—1964年，连续5年全省涝灾成灾面积均在2000万亩以上，土壤次生盐渍化迅速发展。1961—1962年全省盐碱耕地面积达到1400万亩，占当时耕地面积（12019万亩）的12%，严重危害农业生产的发展。从1963年开始，全省水利工程的重点转到鲁西北平原河道治理及治涝改碱工程。在开挖、整治骨干排水河道的基础上，兴建各级排水沟网和沟洫畦田、条田、台田等田间配套工程，以及在涝洼盐碱地进行放淤和稻改，使涝洼盐碱逐步得到治理和改良。①

（二）涝洼盐碱地治理

1. 生物改良法

一是种植耐碱作物以抗碱。在长期生产实践中，广大农民与盐碱作斗争，不断总结经验，北方传统旱地作物如谷子、黍、稷、高粱等都有一定的耐碱抗盐性能。盐碱地多种高粱、谷子、棉花等耐盐碱性强的作物，采取适当耕作措施减轻盐碱危害。山东农民培养出一种踵子谷，“性甚耐碱，虽极重碱地，也可以收成”。据老农说，前清开始，登莱二府沿海潍、掖、黄县等地多种此种谷子。在一些常年积水的小面积涝洼地，就有种苇蒲、种水稻以利用盐碱地的做法。二是种植苜蓿治碱。“碱地寒苦，惟苜蓿能暖地不畏碱，先种苜蓿，岁夷其苗食之，三年或四年后犁去其根，改种五谷蔬菜无不发矣”。苜蓿耐碱养地，是我国首先用来治盐的一种绿肥作物，明清在内陆盐

① 参见山东史志编委会编：《山东省志・水利志》，山东人民出版社1993年版，第392—394页。

碱土分布地区，此法十分普通，效果也很灵验。① 三是种树治盐。光绪《观城县乡土志·物产》称荫柳耐盐碱，碱地栽植易生，“枝条可编筐篓等”②。

明代最成功的治盐碱地的方法，则是滨海盐土地上引流淡水种植水稻，“海上斥卤，原隰之地皆宜稻，播种苗出，耘过四五遍，即坐而待获，但雨旸以时，每亩可收五六石，次田五石”，这就是清代钦定《授时通考》所称的青州海稻田，所产之米，雪白，气香，味甘滑，可比……无锡之秔。③ 清中期以后，种稻改良涝洼盐碱地成为生物改良法的主流。

新中国成立后，大规模治理和开挖骨干排水河道，为涝洼盐碱地改良提供了基本条件，加上田间排水工程以及放淤、稻改等措施，使全省涝洼治理与盐碱地改良成效显著。

山东省平原地区的内涝与盐碱两大自然灾害有着密切的内在联系。在有水源条件的涝洼盐碱地，修建灌溉排水系统改种水稻，是治涝改碱的有效措施。稻改的特点是改良与利用相结合，边改良边利用，在利用中继续改良。在重盐碱地上实行稻改，一般当年即可获得亩产 200 公斤以上的好收成。

全省大面积的稻改工程始于 20 世纪 50 年代末，先后兴办了沂沭河下游临（沂）、郯（城）、苍（山）平原稻改，沿黄稻改及南四湖滨湖机电排灌稻改工程。至 1985 年，全省三年以上标准的除涝面积已达 3485 万亩，占易涝面积 4479 万亩的 78%。1949 年，全省有盐碱耕地 757 万亩，历经改良与次生盐渍化几度反复，到 1985 年，全省尚有盐碱耕地 505 万亩。此外，全省还有盐碱荒地 785 万亩，主要分布在鲁北滨海地区，有待改良利用。④

山东沿黄洼碱地比较大规模的改种水稻始于 1958 年。1958 年打渔张引黄灌区建成开灌，在涝洼盐碱地改种水稻 17 万亩，亩产达 200 公斤。1958 年秋，山东省组成稻改办公室，沿黄稻改面积迅速扩大。水源不足使沿黄稻田发展受到挫折，至 1962 年，沿黄稻改随着停止引黄而夭折。停止引黄后，沿黄涝洼盐碱地灾情严重。齐河县沿黄 83 公里宽 3 公里地带，“春天白茫茫，

---

① 参见《物产·附治碱法》，《（乾隆）济宁直隶州志》卷二，又《杂事志·抬碱》引《观录》同，《（道光）观城县志》卷十。

② 李令福：《明清山东农业地理》，台湾五南图书出版公司 2000 年版，第 62 页。

③ 参见顾炎武：《山东下·种稻》，《天下郡国利病书》原编第十六册，上海古籍出版社 2012 年版。

④ 山东史志编委会编：《山东省志·水利志》，山东人民出版社 1993 年版，第 392 页。

夏天水汪汪”。为救灾，1963 年齐河县南坦虹吸灌区在旧县城北关开辟稻田 500 亩，获得亩产 250 公斤的好收成。1964 年，稻改推广到齐河全县沿黄 5 个公社 2750 亩，其他各县也纷纷仿效。全省沿黄各县共改种水稻 1.8 万亩，其中济南市西郊沿黄河与小清河之间的涝洼盐碱地带改种水稻 1.8 万亩，群众口粮达到 245 公斤。

1965 年 2 月，省水利厅、农业厅、黄河河务局联合在济南召开沿黄地区稻改现场会，1965 年全省沿黄地区实际完成稻改面积 35.7 万亩。60 年代后期，全省沿黄稻改面积每年平均在 40 万亩左右。

70 年代，在农业学大寨运动中，山东为改变鲁西北地区农业生产的落后面貌，再次兴起稻改热。1972 年，菏泽地区计划种稻 200 万亩，实际种植 65 万亩；德州地区计划种稻百万亩，实际在齐河、济阳等县种植二三十万亩。到 1975 年，全省沿黄稻改面积只保留了 30 万亩，菏泽地区只剩下 2.8 万亩。至 1985 年，有些沿黄县，如菏泽地区沿黄各县已基本停止种稻，只有济南市郊区、济阳、博兴和东营市种植面积稳定下来，每年种稻面积 40 万—50 万亩。产量也比较稳定，一般亩产 300—400 公斤，稻麦轮作亩产可达 500 公斤以上。①

表 4-6　1949—1985 年山东省治涝改碱面积统计表②

单位：万亩

年份	1949	1952	1957	1962	1965	1970	1975	1978	1980	1985
三年以上标准除涝面积	49	156	556	1043	1769	2202	2764	3292	3350	3485
其中台条田面积					1460	1409	1313	1272		
盐碱耕地面积	757	759	849	1402	1113	834	661	682	718	505

说明：① 全省易涝耕地面积 4479 万亩。

② 台、条田面积 1978 年以后无统计资料。

③1961 年全省盐碱耕地面积 1437 万亩，为历年最高数。

① 参见山东史志编委会编：《山东省志 · 水利志》，山东人民出版社 1993 年版，第 402—404 页。

② 参见山东省地方史志编委会编：《山东省志 · 水利志》，山东人民出版社 1992 年版，第 395、401 页。

2. 耕作改良法

滨州盐碱地改良。滨州境内土地大部分为黄河泛滥淤积而成，地势平缓，地下水矿化度高，凡低洼处，地多盐碱，对作物生长危害甚大。

1954年，惠民专署推广改良法，即：(1) 花掘法：在田中掘窝，利用自然降雨淋盐，称为“伏天刨个窝，来年收一棵”；(2) 围堰平地，蓄水压碱法；(3) 敛碱种植法，即盐碱地不冬耕，春季充分泛碱后，将表层含盐土清出田外，随即浅耕粗耙后播种；(4) 晒垡养坷垃法，即早春耕地，耕后不耙，以耧耠或锄耪，使表层养成核桃大小不等的坷垃，抑制土壤盐分向表层聚积，播种前轻耙一遍，随即下种。

1958年起，推广种稻改碱法。其后遍及全区沿黄河各地。1960年后，推广山东省曹县安才楼公社苗庄生产大队“开沟躲碱植棉技术”，1966年在滨县试验成功，亩产皮棉45公斤。1976年，全区普遍推广开沟后灌水压碱，营养钵育苗移栽，增产比原有方法更加显著，推广面积达50余万亩。是年起，还先后在滨县北张、魏家等生产大队试验绿肥改碱获得成功。①

3. 沟洫台田法

以治涝改碱灌溉三合一的齐河温聪河流域样板工程为代表。温聪河属徒骇河水系，流域面积184平方公里，涝洼盐碱地占50%，其中有2.98万亩不毛之地。1961年全流域受涝绝产面积达17万亩，占总面积的62%。1962年因涝绝产11万亩。1963年春，省水利厅决定以该流域作为鲁北平原治涝改碱样板。样板区本着“以排为主，排灌结合”的原则，于1963年秋统一进行了流域规划。从1963年冬开始，首先疏浚了温聪河，达到三年一遇除涝标准，然后开挖支、斗、农各级排水沟网，在此基础上在坡洼地兴建间距30米—60米，沟深0.8米—1.0米的条田6万亩和台田905亩。历时三年建成了一个河道、沟网及条田全面配套的排水体系，并统一规划进行机井建设，把治涝改碱与灌溉结合起来。该流域27.6万亩耕地1963年治理前一般亩产粮食100—150公斤，到1985年，90%的耕地粮食混合单产达到500公斤以上，盐碱地由13.8万亩减少到3万亩左右。②

① 参见滨州市史志编委会编：《滨州市志》，齐鲁书社1993年版，第126页。

② 参见山东史志编委会编：《山东省志·水利志》，山东人民出版社1993年版，第399页。

郓城十二连洼沟洫畦田工程。1952 年春，郓城县在十二连洼试办沟洫畦田工程。十二连洼长约 7.5 公里，最宽处 3.5 公里，有耕地 1.6 万亩。采用挖沟筑路划框的办法，分割雨水，变大洼为小洼。共筑路 24 条，长 25 公里，沿路两旁挖沟，抬高路基，用沟蓄水，以路阻水，控制坡水集中。各沟分段打截（又叫竹节沟），不相连通，起蓄水作用，沟内可蓄水 8 万立方米。在无排水出路的情况下，一般年份也能收到一定的治涝效益。当年汛期降水 170 毫米，全洼未受灾，增产粮食 40 万公斤。

齐河县流洪洼沟洫畦田试点工程。1954 年冬，省水利厅以齐河县流洪洼为治涝改碱沟恤畦田试点。流洪洼面积 2 万亩，开挖南北支沟 4 条，沟深 2 米，间距 1000 米，挖东西斗沟 9 条，沟深 1.5 米—1.8 米，间距 300 米。支、斗沟将全洼分割为若干方田，方田整畦耕种，对避免坡水漫流，减少洼地积水有明显效果。同时，田面雨水均通过下渗入沟排出，有利于洗盐、排盐。1964 年，又在原支斗沟基础上，按 50 米一条的间距开挖条田沟，沟深 1.5 米，治涝改碱效果更为显著。70 年代以后，又统一规划进行了机井建设，使该试点区变成了旱涝保收、高产稳产田。①

开沟引水灌田可以洗碱脱盐，排水又能排碱防盐，水利是改良盐碱地的最基本方法，无论是内陆盐碱还是滨海盐碱都一样。济阳县令胡德琳在其《劝谕开挑河沟示》中指出：荒碱地在铲除表层盐土之后，“仍照谕定宽深丈尺，开沟泄水，并即将碱地犁深为沟，以泄积水，如不能四面尽犁，即就最低之一隅挑挖成沟；或将碱地多开沟湾为泄水之区，以卫承粮地亩，是以无用抛荒而为永远之利益矣。”②

光绪年间博兴县受盐碱侵害严重，地方官在低洼盐碱地上“率众掘为台地，民众始得粒食”。台田法是在耕地周围掘深沟，土覆左右两边，使田块高出原来地面，从而相对降低地下水位，减少地面返盐。每块耕地约 2 亩，以小沟相隔，其外有中沟、大沟以通淡水灌溉，又可以排水洗盐，一个改良单元可多至万亩。③

---

① 参见山东史志编委会编：《山东省志・水利志》，山东人民出版社 1993 年版，第 397—398 页。

② 《水利志・文告》，《(民国）济阳县志》卷五。

③ 参见《人物志》，《(民国）重修博兴县志》卷十三。

4. 河网、渠道为纲的综合水利改良法

曹县“八化一体”工程。1958年冬，曹县在城关东北部缓坡地上试办蓄灌排航相结合的“八化一体”试点工程。“八化”是：灌溉自流化，平原河网化，大地园林化，耕地畦田化，遍地机井化，水利电气化，交通运输舟船化和公路化，水产多样化。这是以河网、渠道为纲的综合水利工程，河网化的中心任务是除涝和防治盐碱，灌溉和机井解决旱的威胁，实际上是旱涝碱综合治理工程。试点工程面积39平方公里，全县调集2.5万人，经40天施工，挖四、五、六级河网83条，长135.7公里，完成土方560万立方米，修桥、涵、闸等建筑物115座，水电站1座，建鱼种场1处，挖鱼塘50个，植树54万株，试点区2.7万亩耕地全部园田化。一、二、三级河网为调水、蓄水、航运、发电等综合利用的河道，四、五级河网为蓄水灌溉干、支沟（渠），也是田间航道，六级河网为末级排水沟，深2米，底宽1米，沿农渠开挖。农渠间距600米，下设六条农渠（间距200米），每条农渠分三格，做三条灌溉沟，引水入畦田。①

潍坊市全市有盐碱地91.87万亩，主要分布在沿海寿光、昌邑、寒亭三县（区）北部，面积72.91万亩，占全市盐碱地面积的79.4%；在胶莱河沿岸的高密县北部有盐碱地18.14万亩，占全市盐碱地面积的19.7%。盐碱地是由沿海滩地演变而成的耕地，地势低洼，雨季积水受涝，大海潮海水浸淹，旱季干涸，地表水大量蒸发，而地下水上升可溶性盐和其他矿物质遗留下来，随着土壤的毛细管作用积聚于表层，形成盐碱土。在一般情况下，播种不易立苗，立苗后遇旱极易枯死，有种无收。地下水不能灌溉，也不能饮用。

改良盐碱地，历史上已形成群众的自发行动。但1949年前，主要利用雨季蓄洪压碱，春季播种前撵碱。1949年以后，随着水利事业的发展，采取发展灌溉，以淡洗碱；挖沟排水降低地下水位，随水排碱等办法，逐步得到治理。50年代末到1966年，改碱11.56万亩，占盐碱地面积12.6%；1966年至1976年，改碱66.91万亩，占盐碱地72.9%；1976年至1990年，改碱7.36万亩，使全市盐碱地改良面积达85.85万亩，占盐碱

① 参见山东史志编委会编：《山东省志·水利志》，山东人民出版社1993年版，第398页。

地面积的93.4%。[①]

东明县闫潭淤灌工程。东明县因受黄河侧渗影响，涝碱灾害严重。全县有盐碱耕地38万亩，另有沙碱荒地14万亩，农业生产水平低而不稳，吃粮靠统销，生产靠贷款。为改变生产面貌，从1968年开始用小闫潭引黄闸进行放淤改土，1969年淤地3000亩，1970年淤地2000亩，过去的不毛之地，粮食亩产达到100公斤左右。1971年动工兴建闫潭引黄灌区，引黄灌溉和放淤改土相结合。于1972年10月建成开灌。至1985年，全县已放淤改土43.3万亩，一般淤厚0.3米—0.5米。放淤改土后，生产面貌大为改观，1978年粮食开始自给有余，1983年粮食购销相抵后，净向国家贡献4756.5万公斤，居菏泽地区各县之首。1984年向国家提供商品粮890万公斤，皮棉1600公斤。[②]

垦利县十八户放淤工程。这种办法是盐碱治理放淤改土为主，结合灌溉引水。十八户放淤区地处渤海海滨，东西长30公里，南北宽13公里，面积400余平方公里，85%以上的土地是盐碱地，约有10万亩耕地单产不过50公斤。1969年建十八户引黄放淤闸，设计引水流量200立方米每秒，以放淤改土为主，结合灌溉引水，设计淤灌面积60万亩。淤区工程采用上窄下宽的条渠放淤方式，共修5条条渠和1个块淤区，尾水入海，于1970年汛前竣工。进行了4次放淤，累计放淤71天，总引水量12.8亿立方米，落淤5538万立方米，淤地8万亩，淤厚0.5米—1.0米。淤改后，农业生产上升，淤区粮食总产，淤改前的1969年为379万公斤，淤改后的1977年增长为707万公斤。[③]

三、治涝

60年代以后，山东省在易涝地区按流域规划兴建了与骨干排水河道配套的各级排水沟网，在不同的地貌单元上兴建畦田、条田、台田（以下简称“三田”），在不同时期兴办了不同类型的治涝改碱试验示范推广工程。

---

① 参见潍坊市地方志编纂委员会编：《潍坊市志》（上卷），中央文献出版社1995年版，第327—328页。

② 山东史志编委会编：《山东省志·水利志》，山东人民出版社1993年版，第407页。

③ 山东史志编委会编：《山东省志·水利志》，山东人民出版社1993年版，第407—408页。

（一）田间排水沟网及“三田”建设

新中国成立初期，为探索鲁西北平原治涝改碱的路子，于1952年在郓城十二连洼试办沟洫畦田工程，在大洼中开沟筑路，将大洼分割成若干方田，以路阻水，以沟蓄水，控制坡水漫流以减少洼地积水。在一般降雨情况下，取得良好效果，随即在全省推广。1955年平原涝洼地区大办沟洫畦田工程，到1957年，全省三年以上标准除涝面积达到556万亩。

60年代，随着鲁北海河水系及南四湖湖西水系治理，在整治和开挖骨干排水河道的同时，本着“以河为纲，以沟为网，排滞蓄并举”的原则，进行了大规模的开挖田间排水沟网配套工程。

排水沟网以小流域为单位，按高水高排、低水低排的原则全面规划。一般干、支排水沟采取等高布置，然后以斗、农沟来插大框，沟、渠、路、林统筹安排，统一施工，形成方田，分割雨水，各方田坡水就近入沟，按系统入河排出。有防治土壤盐碱化任务的地区，末级排水沟（斗沟或农沟）的深度一般为1.5米—2.5米，黏土地区沟浅一些，粉砂壤土地区沟深一些，以便控制地下水位在临界深度以下。末级排水沟间距一般200米—400米。在开发灌区时，排水沟网与灌溉渠系统一规划、设计，同时兴建。

在兴修田间排水沟网的同时，全省平原地区从1963年开始，本着“高地畦田、坡地条田、洼地台田”的原则，兴起了“三田”建设高潮。台、条田根据地形条件分别采取一面汇水的“梳子式”或两面汇水的“篦子式”。

修筑条田大体有两种规格：一是深沟宽面，条田沟深0.8米左右，田面宽50米左右，即条田沟间距为50米左右；二是浅沟窄面，条田沟深0.3米0.5米，间距15米—20米。条田长一般为200米—400米。

台田的规格也大体分为两种：一是单纯治涝的台田，一般沟深1米—1.5米，间距20米—25米，田面抬高0.15米左右；二是涝碱兼治的台田，台田沟深一般在2.0米左右，台面宽20米—25米，田面抬高0.3米左右。此外，个别地区还修筑了一种宽浅沟台田，台田沟深0.8米，宽6米左右，台面宽20米，田面抬高0.25米上下，台面沟底全种作物。在黏土地区台面种旱作物，沟中种水稻。

到1965年，全省共修建台、条田1460万亩。此后，因雨涝较少，工程老化、退化，台、条田面积逐年减少，到1978年全省台条田面积还有1272

万亩。1978 年以后，有些地区的台条田工程已不存在，水利统计资料也取消了这个统计项目。①

（二）各地市治涝情况

1. 青岛市洼涝治理

青岛市共有易涝面积 272.79 万亩，占耕地总面积的 27.69%。主要分布在莱西县西南部、即墨县西北部、胶州市北部以及平度县西南部。1949 年前，这些洼涝区十年九不收，百姓饥寒交迫。1949 年后，经过近 40 年治理，已除涝 254.96 万亩，占易涝面积的 93.46%，其中达到 5 年以上标准的 234.56 万亩，占易涝面积的 85.49%。到 1987 年，洼区已是旧貌换新颜，成为高产的米粮川。②

2. 莱西县姜山洼治理工程

莱西姜山洼位于莱西、即墨两县边境，五沽河横贯东西，是两县的天然交界线。莱西县有 13 条、即墨县有 3 条主要河沟汇入五沽河。上游北、东、南三面均属丘陵高地，中下游全系平原洼地。全流域有耕地 77.5 万亩，其中洼地 46.8 万亩，占耕地面积的 60.5%。因姜山一带涝渍灾情尤重，故称姜山大洼。③ 姜山洼自古积水成灾，洼区人民深受其苦，俗有“春天白茫茫，夏季水汪汪，高粱一杆枪，谷子软丢耷，地瓜不爬蔓，豆子喝了汤，吃饭全靠菜和糠”的歌谣。

清光绪年间，王维恺、胡光弼二县丞曾先后发动百姓开挖月河，使岭后、姜山、耿家庄一线水势略减，终无解洼涝之害。民国《莱阳县志》载：“即雨则称平，而流潦归聚，经夏秋不散，双山菽粟已荡然无存，岁以为常。”

1953 年 2 月 27 日，莱西县政府提出“长远根治与当年受益相结合，排涝与耕作制度相结合”的治洼要求，开始挖河排涝。1957 年 9 月 7 日，莱西县成立洼涝改造委员会，发动群众修围堰 1000 余条，围田 13 万亩，挖沟洫 3600 条。④

① 参见山东史志编委会编：《山东省志 · 水利志》，山东人民出版社 1993 年版，第 385—387 页。

② 参见青岛市志编委会编：《青岛市志 · 水利志》，新华出版社 2000 年版，第 230 页。

③ 参见青岛市志编委会编：《青岛市志 · 水利志》，新华出版社 2000 年版，第 230 页。

④ 参见莱西县史志编委会编：《莱西县志》，山东人民出版社 1989 年版，第 223 页。

1971年，烟台地区决定治理莱西县姜山洼。地、县两级成立洼改指挥部，在洼地中心夏格庄现场办公。在总结以往治洼经验教训的基础上，实行排、灌、路、林统一规划。到1976年，开挖干、支、斗沟1125条，长1358公里；修筑干、支、斗渠545条，长56公里；筑路400条，长500公里；建桥、涵、闸1200座；整台田3.9万余亩，改稻田20万亩。并在路旁栽树，沟边植棉槐绿化大洼。到1983年，共整台（条）田37.83万亩，使渠渠相通，沟河相连、沿路成林、土地成方。1985年8月9号台风侵袭，3日降雨达304毫米，大洼基本上没成灾。①

在挖沟整地的同时，莱西改革耕地制度，改变传统的种植习惯。1965年试种水稻，水稻丰收。1966年在夏格庄、姜山、绕岭三处公社改种水稻。1976年，洼区种水稻14.22万亩、红麻10.21万亩，均获丰收，粮食亩产由1970年的159公斤增加到300公斤。②

3. 滨州治涝工程

滨州境内土地大部为黄河冲积平原，历来为旱、涝、碱多灾地区。历史上虽有治涝、改碱之举，但因受社会制度和经济条件的限制，规模小，标准低，收效甚微。新中国成立后，大搞农田水利建设，治涝改碱取得显著成效。政府根据土地低洼易涝的特点，组织群众挖沟、浚河、排水治涝。1949年5—6月，高青、博兴和广饶三县组织民工疏浚支脉沟及其7条支流，增加除涝面积63万亩，排除涝洼积水面积200余万亩，全区挖大、中排涝沟24条。此后，利用冬闲时间有计划地连续干了5年，到1954年，先后开挖了高青县芦湖洼支沟、邹平县杏花沟、无棣县麦河干沟、沾化县胡营干沟、惠民县单家干沟共五条骨干排水工程，全区初级排水网络基本形成，提高了排涝抗灾能力。

1958年，在“大跃进”影响下，滨州全区增建了部分排水工程，但因盲目发展，破坏了自然流势，加之大量引黄，泥沙淤塞，不少排水工程遭破坏，降低了除涝能力。1962年，全区停止引黄灌溉。1964年，全区普降暴雨，排水不畅，造成了严重的洪涝灾害。

---

① 参见山东史志编委会编：《山东省志·水利志》，山东人民出版社1993年版，第400页。

② 参见莱西县史志编委会编：《莱西县志》，山东人民出版社1989年版，第223页。

1965年，滨州全区上下认真总结水利建设的经验教训，地、县成立河网化治涝、改碱领导小组，确定了以除涝为主，旱涝碱兼治，洪涝分排，独流入海的方针，实行全面规划，统筹兼顾，分流域、水系整条整段地进行系统治理，达到以河为纲，以沟为网，沟河相通。1965—1970年，连续奋战五年，到1970年年底，海河工程以及其他骨干排水河沟治理基本完成。与此同时，进行了涝洼治理，兴修条田、台田94万亩，初步形成了布局合理，河沟相通，纵横成网，建筑物配套的排涝工程系统，除涝面积达216万亩。

1970年后，按旱涝保收、稳产高产的标准，加强田间排水工程建设，实现了沟、渠、路、涵配套，全区除涝面积达385万亩，占易涝面积的87.3%。①

4. 桓台涝洼治理

境内有青沙、锦秋、马踏三湖及太平、绍兴、官庄、刘茅、邢家（新城镇）、崔姚、邢家（邢家乡）八大洼，易涝面积25万亩。新中国成立初期，每年都有几千亩乃至几万、十几万亩土地遭受水害。对易涝地全面治理，基本根治了水涝灾害。

涝洼治理。1949年8月，桓台全县修堤37公里，开挖大沟67条，长70公里，疏挖小沟渠2218条，长72公里，治理涝地11.1万亩。1953—1954年，疏通孝妇河一、三支流，筑起西自里仁，东至荆家村北的孙家埝，拦阻滚坡水，以减轻埝北洼地涝灾。1966年起，为排除小清河南岸河套积水，开挖河套夹河，先后在小清河南岸建造排水涵洞闸和相应的排水沟及数十座排灌站，除涝面积达7.2万亩。80年代，实现了洼地排涝有路，旱地浇水有源。涝洼地变成了能排能灌，旱涝保丰收的良田。

湖洼治理。1976年，开始湖洼治理。是年冬，在锦秋湖的辕文洼改造洼地800亩。次年10月，开始改造青砂湖洼。拓宽加深湖区东、西干沟，整修南、北干沟11条，将5000亩湖洼地改造成为27块方田地。1978年秋，马踏湖改造工程全面展开。将5834块小台田改造成为437块大台田，近3万亩湖洼地被条条台沟割成棋盘状的湖区，扩大耕地面积2551亩。至80年代初，全县25万亩易涝农田初步摆脱了洪涝灾害侵袭。旱涝保收稳产高产

① 参见滨州市史志编委会编：《滨州市志》，齐鲁书社1993年版，第165页。

田由1966年的24.2万亩，增加到1987年的48.45万亩，占全县耕地面积的94.4%。①

5. 无棣县洼地治理

县境濒临渤海，有70%的耕地是遇旱不能浇，遇涝排不出的“涝洼地”。据1950年勘察，全县有积水草洼50个，总面积近50万亩。县人民政府为发展农业生产，以治涝改碱为重点，大搞农田基本建设。1953年，县政府组织各区、乡负责人去河西营建国农场学习治涝改碱经验。1957年冬，县政府建立洼改指挥部，划分5个洼改片，进行大面积的洼改。1964—1965年修台田97000亩，1975年达到327000亩，至1990年，全县洼地治理率达70.1%。②

6. 东平湖新湖区渔农间作台田工程

1952年东平湖改建水库后，新湖区成为封闭洼地。湖区公社于1977年10月成立改造涝洼施工指挥部，对3万亩常年渍涝、芦苇丛生的洼地采取修筑鱼池、台田，实行渔农间作的治理措施。首先在解家洼一带组织万余人，大干一冬春，挖成宽40米—50米、深1.5米的鱼池38个，筑成宽50米、田面抬高1.4米的台田42块，共治理1018亩，池内养鱼，台面种植，实现了旱涝保收。此后逐年扩大，至1985年已治理2万亩。③

7. 潍坊市治涝改碱涝洼地治理

全市共有易涝地383.18万亩，盐碱地91.87万亩。这些地方，常积水成灾，特别是盐碱洼地，涝了水灾，旱了碱灾加旱灾，生产条件很差。治涝改碱是洼碱地区发展生产的重要措施，有较长的历史，但仅是群众自发的挖沟排水、刮碱撵碱。有组织进行治涝改碱，是从新中国成立以后开展起来的。到1990年年底，全市涝洼地治理面积达到310.26万亩，占涝洼地面积80.97%；改良盐碱地85.85万亩，占盐碱地面积的93.45%。

抬高地面和排水治理涝洼地历史比较长。《高密县志》载：“元至正十年（公元1350）县尹秦裕伯见低洼田亩因积水为患，难于耕种，连年歉收，遂

① 参见桓台县史志编委会编：《桓台县志》，齐鲁书社1992年版，第200—202页。

② 参见无棣县史志编委会编：《无棣县志》，齐鲁书社年1994版，第129—131页。

③ 参见山东史志编委会编：《山东省志·水利志》，山东人民出版社1993年版，第400页。

召集民众，沿低洼地块周围开挖沟洫，将沟内弃土置于沟外侧，并用弃土筑成围堰"，结果"连岁大熟"，成为台田的开端。后来成为北部沿海和胶莱河两岸严重涝洼地治理较普遍采用的方法之一。结合中小河流治理，开挖骨干排水沟，排除大面积积水，在田间开挖小支沟，排出田面积水。50年代中期，先在昌邑、潍县交界处的涝渔洼试办沟洫畦田工程，高水高排，低水低排，分割水势，减轻了涝灾。试点成功以后，在全区推开，到1957年发展到72万亩。1958年到1960年，随着灌溉事业的发展，涝洼地治理由单纯排涝发展到综合治理。完善灌溉和排水系统，因地制宜的建设台田、条田，实行沟、渠、路、林和建筑物配套，建设旱涝保收高产稳产农田。到1990年年底，全市有80%的涝洼地得到治理，其中77.8%达到5年一遇除涝标准。①

四、水土流失与水土保持

（一）山东水土流失状况

根据1983—1985年全省水土保持普查结果，到1985年统计，山东省水土流失面积61964平方公里，其中山丘区水土流失面积50438平方公里，占水土流失面积的81.4%；平原风沙区水土流失面积11526平方公里。全省年平均土壤流失量达2.56亿吨，其中山丘区年平均土壤流失量2.07亿吨，平原风沙区年平均土壤流失量0.49亿吨。

山东省水土流失主要分布在鲁中、鲁南和胶东山丘区以及鲁西、鲁北平原风沙区。按国家土壤侵蚀分类标准，山东省水土流失，剧烈侵蚀区主要分布在沂蒙低山区一带，极强度侵蚀区主要分布在抱犊崮低山区；强度侵蚀区主要分布在泰沂山北、胶东低山丘陵区以及湖西平原风沙区；中度侵蚀区主要分布在胶南低山区及黄河沿岸、鲁西北平原风沙区。这些严重和较严重的水土流失区，是沂、沭、泗、汶、潍、弥、胶莱、大沽河流泥沙的来源，每年向南四湖输入泥沙782万吨，向东平湖输入泥沙100万吨。全省年平均土壤流失量为2.56亿吨，相当于每年流失氮、磷、钾化肥356万吨。严重的水土流失，淤积河道、湖泊，降低防洪除涝能力，土地日益瘠薄，农田持

① 参见潍坊市地方志编纂委员会编：《潍坊市志》（上卷），中央文献出版社1995年版，第327—328页。

水力下降，加剧干旱的威胁，破坏了发展多种经济的基础，并使生态环境恶化。①

表 4-7　山东省水土流失分级表②

区　域	级　别	年平均流失（毫米）	面积（平方公里）
山丘区	轻度侵蚀	0.16—2.0	14638
	中度侵蚀	2—4	16178
	强度侵蚀	4—6	11365
	极强度侵蚀	6—12	6201
	剧烈侵蚀	＞12	2056
	小计		50438
平原风沙区	轻度侵蚀	0.16—2.0	3248
	中度侵蚀	2—4	6289
	强度侵蚀	4—6	1989
	小计		11526
合　计			61964

1. 青岛市水土流失状况

日本侵华战争时期，青岛的森林植被遭到日寇的破坏，山丘区如崂山的茂密森林几乎被日本人砍伐殆尽，水土流失严重。1949 年后，水土流失日趋严重。特别是 20 世纪六七十年代，滥垦、滥伐、滥牧以及工业建设中的开矿、采石等，促使水土流失面积又有扩大。

据 1983—1985 年普查青岛水土流失情况实地调查测算：全市共有水土流失面积 6228 平方公里，占全市土地面积的 58%；全市土壤年侵蚀模数 2133 吨 / 平方公里，年均侵蚀深 1.58 毫米，年侵蚀总量 2296.7 万吨。山丘区土壤侵蚀模数为 2727 吨 / 平方公里，年均侵蚀深 2.02 毫米，年侵蚀总量 952.9 万吨。③

---

① 参见山东史志编委会编：《山东省志 · 水利志》，山东人民出版社 1993 年版，第 411—412 页。

② 参见山东史志编委会编：《山东省志 · 水利志》，山东人民出版社 1993 年版，第 411 页。

③ 参见青岛市志编委会编：《青岛市志 · 水利志》，新华出版社 2000 年版，第 215 页。

青岛全市水土流失轻重程度，按国家土壤侵蚀分类标准，主要有三种情况：

（1）强度侵蚀。青岛属强度侵蚀区面积 785.33 平方公里，占全市土地总面积的 7.37%，占全市水土流失面积的 13%，年均侵蚀深 4.62 毫米，年侵蚀模数 6237 吨 / 平方公里，年侵蚀量 504.3 万吨，主要分布在即墨县东部崂山山脉延伸的沿海丘陵地带。主要侵蚀地种有地面坡度 15 度—20 度之间的顺坡耕地、幼林果地、坡式梯田、稀林地和部分荒山荒坡等。

（2）极强度侵蚀。青岛属极强度侵蚀区面积 197.13 平方公里，占全市土地总面积的 1.85%，占全市水土流失面积的 3.26%，年均侵蚀深 7.67 毫米，年侵蚀模数 10355 吨 / 平方公里，年侵蚀总量 210.2 万吨。主要侵蚀地种有坡度 20 度—25 度的山坡地，包括较陡的坡式梯田、农田隙地、开荒地、沟道坡面等。

（3）剧烈侵蚀。青岛属剧烈侵蚀区面积 140.06 平方公里，占全市土地总面积的 1.32%，占全市水土流失面积的 2.32%，年均侵蚀深 0.6 毫米，年侵蚀模数 810 吨 / 平方公里，年侵蚀总量 11.7 万吨。主要分布在山区有石砾和裸岩坡、高山峻岭植被差的崂山、大泽山的一部分，胶南县的铁橛山、大小珠山等荒山秃岭上。①

由于复杂的自然因素和历史上滥用土地资源、生物资源，使水土流失比较严重，而且日益加剧。有些山丘贫困区只图近利，不顾长远，滥垦滥伐，水土流失严重，形成越垦越穷，越穷越垦的恶性循环。1985 年普查证明，水土流失总面积比新中国成立初期的 4987 平方公里增加了 1241 平方公里，增长了 25%。水土流失造成土层变薄，地力下降。全市土壤年流失量为 2296.7 万吨，相当于 8.5 万亩土地的 30 厘米厚的耕作层流失。据土壤普查资料估算，每年流失土壤中的有机质 19.28 万吨，氮肥 1.29 万吨，钾 0.17 万吨，磷 0.01 万吨，折合标准化肥 9.5 万吨，全市受危害的耕地 280 万亩，占全市耕地面积的 31%。水土流失对水利工程危害也很严重。全市 3395 座水库、塘坝都有不同程度的泥沙淤积，尤以小型水库、塘坝淤积严重。全市每年沟河、库塘淤积泥沙约 1700 万立方米，其中山丘区 1446.6 万立方米，

① 参见青岛市志编委会编：《青岛市志 · 水利志》，新华出版社 2000 年版，第 217 页。

占淤积总量的85.1%。据抽样调查推算，水库塘坝淤积量约占总淤积量的25%，沟河淤积约占75%。淤积最严重的是即墨县一座兴利库容16万立方米的小Ⅱ型水库，至1985年已淤积了14万立方米，仅剩2万立方米库容，已基本报废。水土流失致大量泥沙进入河道，抬高河床，影响防洪排涝。①

2. 淄博市水土流失状况

淄博市内水土流失区域主要分布在南部山丘地区。20世纪60年代初期核定为1336平方公里，占山丘区面积1754平方公里的76%。1983—1985年期间，全市水土流失面积为1577平方公里（含初步治理面积统计数778平方公里），占1983—1985年普查山丘区面积1929.5平方公里的81.73%。

按国家水土侵蚀分类标准，全市水土流失轻重程度划分为：(1) 微度侵蚀面积为352.55平方公里（微度侵蚀不算水土流失面积），占山丘区面积的18.3%；(2) 轻度侵蚀面积为265.63平方公里，占13.8%；(3) 中度侵蚀面积为570.63平方公里，占29.6%；(4) 强度侵蚀面积为399.92平方公里，占20.7%；(5) 极强度侵蚀面积为216.37平方公里，占11.2%；(6) 剧烈侵蚀面积为124.40平方公里，占6.4%。

全市山丘区水土流失形式，以水力侵蚀为主，其次是农田耕地的侵蚀和草地、林地的鳞片状侵蚀，也有为数不多的淄河、孝妇河两岸的风力侵蚀和中低山陡坡部位的局部重力侵蚀。据全市16个不同类型区小流域水土流失普查资料，运用土壤侵蚀量还原平衡计算，全市山丘区各种地类地种的年侵蚀深平均为2.02毫米，年侵蚀模数为每平方公里2745吨，年土壤侵蚀总量为529.02万吨，即相当于2.8万亩耕地20厘米深的表层熟地被剥蚀，流失的养分折合标准化肥计6万吨。②

3. 莒县水土流失状况

到1985年年底，莒县水土流失面积1664平方公里（包括已治理787.82平方公里），占全县总面积的85.23%。按国家土壤侵蚀分类标准，全县水土流失轻重程度划分为：(1) 微度侵蚀面积287.83平方公里，主要分布在沭河

---

① 参见青岛市志编委会编：《青岛市志·水利志》，新华出版社2000年版，第217、219页。

② 参见淄博市志编纂委员会：《淄博市志》（上下），中华书局1992年版，第1405页。

沿岸、县城周围平原，年平均侵蚀深度 0.4 毫米；(2) 轻度侵蚀面积 361.35 平方公里，主要分布在陵阳、招贤、峤山等乡镇，年平均侵蚀深度 1.5 毫米；(3) 中度侵蚀面积 645.10 平方公里，主要分布在夏庄、闫庄、大官庄、洛河、果庄、龙山、中楼、寨里、长岭、小店等乡镇，年平均侵蚀深度 3 毫米；(4) 强度侵蚀面积 302 平方公里，主要分布在东莞、库山、安庄、果庄、大石头等乡镇，年平均侵蚀深度 4.9 毫米；(5) 极强度侵蚀面积 280.41 平方公里，主要分布在低山丘陵区的岩石裸露和植被破坏严重地带，年平均侵蚀深度 6.3 毫米；剧烈侵蚀面积 75.77 平方公里，主要分布在浮来山、碁山、石山子等岩石裸露地带。①

4. 莱芜市水土流失状况

莱芜境内水土流失严重，据 1984 年土壤普查统计，至 1984 年年底为止，全市水土流失面积 241.68 万亩，占总面积的 76.6%，年平均侵蚀深度 2.76 毫米，侵蚀土壤总量 783.9 万吨。按国家土壤侵蚀分类标准，莱芜全市水土流失轻重程度划分为：(1) 一级微度侵蚀面积 20.62 万亩；(2) 二级轻度侵蚀面积 65.33 万亩；(3) 三级中度侵蚀面积 65.83 万亩；(4) 四级强度侵蚀面积 18.01 万亩；(5) 五级极强度侵蚀面积 67.33 万亩；(6) 六级剧烈侵蚀面积 4.56 万亩。一二级侵蚀主要分布在平原，三级及以上侵蚀主要分布在上游、鹿野等乡镇。侵蚀力以水为主，重力和风仅作用于局部地区。侵蚀潜在危险程度（侵蚀速率）分为五级：一级侵蚀速率大于 1000 年的有 97.67 万亩，二级侵蚀速率 100—1000 年的有 65.29 万亩，三级侵蚀速率 20—100 年的有 57.17 万亩，四级侵蚀速率小于 20 年的有 44.11 万亩，五级裸岩及土层小于 5 厘米的有 51.22 万亩，占总面积的 16.24%。1949—1984 年，土壤流失总量 2.7 亿吨，侵蚀深度 11.63 厘米。土层变薄以至砂砾化、裸坡化面积增加，全市有裸沙化面积 31.44 万亩。土壤中肥料大量流失，按照土壤有机质及氮磷钾含量标准计算，年流失有机质 7.9 万吨，纯氮磷钾 1.3 万吨，折合标准肥 6.25 万吨。植物赖以生存的物质基础受到破坏，自然灾害增加。②

---

① 参见山东莒县县志编委会编：《莒县志》，中华书局 1999 年版，第 311 页。

② 参见山东省莱芜高史志编委会编：《莱芜市志》，山东人民出版社 1991 年版，第 489—490 页。

5. 乳山县水土流失状况

据 1985 年统计，按国家土壤侵蚀分级标准，乳山县的水土流失主要是以下几种情况：(1) 全县微度侵蚀面积 445.19 平方公里，占总面积 26.96%，侵蚀深为 0.18 毫米，年侵蚀量 7.19 万吨，主要分布在乳山河、黄垒河两岸的平原畦地和部分“三合一”梯田、密林、密草地。(2) 轻度侵蚀 227.95 平方公里，占总面积的 13.8%，年侵蚀深为 0.72 毫米，侵蚀量 22.05 万吨，主要分布在水平梯田及山间平原地、中密林、中密草地。(3) 中度侵蚀面积 237.16 平方公里，占总面积 14.36%，年侵蚀深为 1.16 毫米，年侵蚀量 36.98 万吨，主要分布在平原与丘陵相交转折地带的坡式梯田及较密林地、草地。(4) 强度侵蚀面积 448.73 平方公里，占总面积的 27.17%，年侵蚀深为 2 毫米，侵蚀量 121.22 万吨，主要分布在山丘地带，较缓坡式梯田、稀林地、疏草地以及农田隙地。土壤流失总量为 280 万吨 / 年。全部水土流失带走土壤中的养分，折合标准氮肥 1306 吨、磷肥 25 吨、钾肥 125 吨。年平均淤积水库、塘坝、河流泥沙总量达 41 万立方米。①

（二）水土流失治理与水土保持

1. 治理水土流失

综述。山东省是全国水土流失严重省份之一。据 1985 年全省土壤侵蚀普查统计最后结果显示，全省水土流失面积 61964 平方公里，占土地总面积的 40.5%。新中国成立前，山东水土保持主要是农民自发地进行筑地堰、整梯田、植树造林等，成效不大。至 1949 年，全省水土流失治理面积仅 2737 平方公里，占水土流失面积的 4.4%。

新中国成立初期，水土保持工作在国家扶持下，仍以一家一户为主体展开。

1949 年 11 月，华东农林会议决定在鲁中南开展水土保持试点工作。1950 年，华东农科所多次派员到鲁中南进行沂水林场造林及保土植物繁殖试验推广工作，并协助沂水县于沟村进行苇子山典型地段规划和改良梯田、葛藤、腊条栽培试验推广工作。

1953 年，省水利局在潍、弥河上游蒋峪村建立水土保待事务所，协助

① 参见山东省乳山市史志编委会编：《乳山县志》，齐鲁书社 1998 年版，第 374 页。

临朐县蒋峪、大关、九山等乡，开展封山造林、闸山沟工作。从此，水土保持工作逐步在鲁中南山区、胶东地区的部分河流上游推广。

至1953年年底，全省已治理水土流失面积5394平方公里。1954年后，水土保持工作向一村一社的联片治理发展。

1955年10月，全国水土保持工作会议提出了“统一规划、综合开发、沟坡兼治、集中治理”的方针。1956年5月，山东省成立山区生产规划委员会，组织领导全省水土保持工作，逐步向农林水各项措施综合治理发展，并涌现出一批水土保持先进典型，创造了一些治山、治沟、治田的办法和经验。

1956年全省第一次山区水土保持工作会议后，由单项治理向农林水各项措施综合治理发展，涌现出治理水土流失典型。特别是厉家寨农业合作社创造了“三合一”梯田，综合治理效益显著。至1957年年底，全省水土流失治理面积达12628平方公里。

1958年，推广沂水县夏蔚公社“鱼鳞竹节水平沟，库坝梯田自流渠”的治山治水经验。至1959年年底，新增水土流失治理面积7460平方公里。1960年以后，省、地、县各级抓重点，以典型带动全面，在全省推广厉家寨和黄县下丁家大队创造的高标准治理经验。至1965年年底，全省已治理水土流失面积23090平方公里。

1966年“文化大革命”开始后，各级水土保持机构陷于瘫痪，随着全国“农业学大寨”运动的兴起，也搞了一些以整地改土为中心的水土保持工作。至1976年，全省水土流失治理面积31260平方公里。

1978年以后，随着改革开放和农村经济体制改革，实行多种形式的承包治理小流域，加强了水土保持的技术研究和推广。1980年后，由省资助治理小流域298条。

1983—1985年，山东省水土保持委员会对全省山区、风沙区119个县(市、区)，进行水土保持大普查。有史以来第一次查清了山区、风沙区及其水土流失面积，土壤年均流失量和造成的危害，以及不同类型区的区划，总结探讨了不同分区的防治水土流失方向和实施规划，为从根本上整治国土、治理河流，合理开发利用水土资源提供科学依据。至1985年，全省已治理水土流失面积 34000 平方公里，占水土流失面积的 55%。①

山东在治理水土流失方面积累了成功经验，表现在以下几个方面：

（1）治山方面：沂水县杨家庄，采取封山造林措施，至 1956 年年底，使 90% 以上的荒山变成了林地和果园，基本上控制了水土流失。1956 年汛期下了 70 年来未有的大雨，没有成灾，农业取得了较好收成。莒南县石泉湖村，自 1956 年在荒山上封山造林，创造了缓洪拦沙的围山腰工程，在山坡上筑围埝 200 道，筑月牙埝 45 道。1957 年，虽遇到几十年未有的大雨和大旱，粮食亩产仍达 194 公斤，人均收入 163 元，穷山沟开始走向富裕。1957 年，国务院水土保持委员会授予石泉湖农业合作社“水土保持的榜样山区建设的典范”的锦旗。

（2）治沟方面：除沟头防护、沟坡种草和闸谷坊外，海阳县发城农业社创造了水坝头地和旱坝头地（淤地坝）代替谷坊。至 1957 年，全社共有坝头地 460 亩，占总耕地面积的 33%。坝头地既排涝又抗旱，比一般梯田增产一倍，最多亩产在 500 公斤以上。

（3）治田方面：费县汪沟区的“二合一”梯田和莒南县厉家寨农业社的“三合一”水平梯田效益突出。汪沟区是一个水土流失严重的丘陵区，未治理前，小麦亩产 25 公斤　30 公斤。1956 年春，汪沟区委领导全区人民，把 3.4 万亩坡地全部改造成了“二合一”梯田，起到了蓄水保土作用。当年增产粮食 110 多万公斤，由缺粮区一跃成为余粮区。1957 年虽遭受多年未有的特大洪水和晚秋大旱，仍比治理前增产 80 多万公斤。厉家寨人民在汪沟区“二合一”梯田的基础上，创造了“修埝培埂、深翻整平、挖蓄水排水系统”的“三合一”高标准梯田，削平了 5 个山头，填平了 21 个大汪和 300 多条山沟，把 1000 多块零碎小地，整成了 76 块 1520 亩的大块“三合一”水平梯田，每亩梯田能蓄水 150 立方米，每亩产量比一般农田增产 60% 以上。同时，还把 1180 多亩荒山，全部栽上了树。修建塘坝 11 座，蓄水 100 多万立方米，浇地 1500 亩，建谷坊 1600 座。由于进行了综合治理，基本控制了水土流失，平均亩产达到 276 公斤，比 1949 年翻了一番半。1957 年 10

① 参见山东史志编委会编：《山东省志 · 水利志》，山东人民出版社 1993 年版，第 409—410 页。

月9日，毛泽东主席在《山东省莒南县厉家寨大山农业社，千方百计夺取丰收、再丰收》的报告上批示："愚公移山，改造中国，厉家寨是个好例。"

1953—1957年，全省共营造水土保持林510万亩，修梯田439万亩，筑坝头地150万亩，筑沟头防护9800处，闸谷坊25万道，建蓄水池8.7万个，治理水土流失面积8500平方公里。

2. 水土保持

1957年秋，根据全国山区工作会议和全国第二次水土保持会议精神，山东省编制了《1958—1967年山区生产建设规划纲要（草案）》。有关专署、县、社积极制定水土保持规划，统一治理。水土保持工作发展到一社、一县或一个专署的大联合、大协作、大会战的阶段。

1958年3月，在沂水县召开全省山区工作现场会，在全省山区形成了有标准、有规划、坡沟兼治、农林水各项措施统一安排、综合集中治理的治山治水高潮。

五莲县组织了三次协作，治山21万亩，造林18万亩，修"三合一"、"二合一"梯田47万亩，深翻地12万亩，初步控制水土流失面积470平方公里。临沂专区组成1550万人的常年治理建设队和突击队，奋战在沂沭河流域。临沂驻军包治孟良崮，自1958年4月4日始，苦战13天，治山整地1万亩，从山上到山下，建造了鱼鳞坑、水平沟、蓄水池、谷坊、塘坝、梯田等，形成了一个完整的防洪拦沙体系。

1960年国民经济困难时期，水土保持机构和实验站撤销，部分地区出现毁林开荒，破堰种植，水土流失加重。1962年11月，山东省水土保持委员会成立，临沂、烟台、泰安、淄博、枣庄、昌潍、济宁7个地（市）和54个山区县中的39个县相继成立水土保持委员会，推动全省水土保持工作的开展。

黄县下丁家大队，在学习厉家寨经验的基础上，坚持9年连续治理、综合治理，终于在这水缺地薄的穷山沟里，实现了"高山水利化、坡地梯田化、耕种园田化、荒山绿化"的高标准治理样板。截至1964年，改造薄地、沙地1534亩，占总耕地的64%。创造了整平田面和底平的二平整地法，加厚了土层。绿化荒山100亩，造林840亩，植树4.12万株；栽果树2.7万株，结果1.6万株，水果产量达到150万斤；松林7500亩，郁闭度达到0.5%，草覆盖度70%，以林果为主的多种经营发展到12种。1964年收入27.8万元。1964年，全年降雨1100多毫米，汛期降雨980多毫米，阴雨连绵两个多月，仍然获得好收成。全大队1998亩粮食作物，总产93万公斤，平均亩产463公斤。

1964年春，在沂水县召开全省水土保持现场会，推广厉家寨、下丁家的经验。厉家寨、下丁家成为山东省山丘地区蓄水保土的典范。1958—1965年间，全省治理水土流失面积10462平方公里，年均治理面积1308平方公里。

1966—1972年，受"文化大革命"影响，水土保持工作处于停顿状态，毁林开荒，陡坡开荒、滥牧、乱扒草皮等现象日趋严重。

1972年12月，省水利厅在泰安召开全省山丘地区水利建设经验交流会，要求各地全面规划，山水林田综合治理。1973年7月，国务院召开北方地区抗旱会议之后，加快了"农业学大寨"的步伐，山丘地区水土保持工作有所进展。至1978年年底，全省已治理水土流失面积32102平方公里。其中1971年至1978年，新增治理面积5652平方公里。

党的十一届三中全会以后，随着农村联产承包责任制的实行，水土保持工作重点逐步转到小流域承包治理。同时，平原风沙区水保工作取得较大发展。至1985年，全省山丘区修水平梯田1422万亩，沟坝地134万亩，营造水土保持林1675万亩，种草22万亩；平原风沙区营造农田林网181万亩，片林85万亩，种草7万亩，压条132万墩，林粮间作138万亩。全省水土流失治理面积达34000平方公里，其中山丘治理31769平方公里，平原风沙区治理2231平方公里。①

3. 水土保持典型经验

（1）青岛市治理水土流失。

新中国成立前，水土流失治理工程很少，规模也小，多是农民自发垒地堰、整修梯田、种草、植树等，崂山一带在历史上就有修梯田、砌石地堰、植树造林的传统，收效不大。

---

① 参见山东史志编委会编：《山东省志·水利志》，山东人民出版社1993年版，第412—418页。

新中国成立后，水土保持工作得到了重视，开展了大规模的治山治水运动。1953 年农业合作化后，进行有领导、有组织、有计划的水土保持治理，采取因地制宜、沟坡兼治、集中治理、工程措施和生物措施相结合的办法，挖鱼鳞坑、修围山渠、建谷坊、缓水坝、塘坝、水库，封山育林，植树造林，水土保持工作大规模地开展起来。

1949 年后，即封山育林、植树造林。据 1955 年统计，崂山一带共植树造林 50.97 万亩，其中封山育林 40.49 万亩，人工造林 7.8 万亩，栽植果树 2.68 万亩，修复了被冲垮的梯田。至 1956 年，共治理了北九水以上小流域 18 条山沟，修建谷坊 200 余座。即墨县于 1957 年 12 月确定以闸山沟植树造林为主开展水土保持工作。1958 年闸山沟 209 处，挖鱼鳞坑 38 万多个，修梯田 3 万多亩。在山区实行封山育林和植树造林，使全县的树木面积由 4 万亩增至 17.6 万亩。1959—1962 年三年大饥荒时期及"文化大革命"（1966—1976 年）时期，山林植被破坏严重。

50 年代后期，大、中、小型水库从无到有发展很快，相继建成后的水库很快地发挥了水土保持、防汛、灌溉等效益。60 年代，推广莒南县厉家寨、黄县下丁家大队创造的高标准水土流失治理办法，各县树立自己的样板，举办水土保持培训班。1974 年，平度县推广山区水土保持的经验，治山治水，大搞以整地改土为中心的农田基本建设，整修"三合一"梯田 4.1 万亩，治理水土保持面积 24.51 万亩。胶南县于 70 年代以铁橛山为重点进行了大面积的水土保持工程建设。1976 年冬，胶南县组织寨里、藏南、张家楼 3 处公社 2.5 万人对横寨岭进行治理，并组织 2000 人的专业队年年进行水利配套建设。已治理水土流失面积 6.9 万亩。1987 年共治理水土流失面积 6.4 万亩，水土流失基本得到控制。

1979 年后，各级政府更加重视水土保持工作。到 1987 年，山地丘陵区已治理水土流失面积 3444 平方公里，占全市水土流失总面积的 55%，占山区水土流失面积的 69.06%，共整修水平梯田 144.52 万亩；整治沟坝地 2.33 万亩；栽植水土保持林 141.37 万亩；种草 2.31 万亩；其他方法治理的 226.17 万亩。①

① 参见青岛市志编委会编：《青岛市志 · 水利志》，新华出版社 2000 年版，第 219—221 页。

（2）莱西治理水土流失。

明清及民国时期，莱西境内山区丘陵农田仅有少数谷坊拦缓洪水。虽有修堰习惯，但因土地分散经营，规模小，质量低，一遇暴雨，有大量土地被冲，水土流失严重。

新中国成立后，农田建设逐年加强。互助组时，农民筑坝修堰，建造谷坊，挖鱼鳞坑，以减少水土流失。50年代后，开始对农田实行综合治理。1955年筑拦水坝299条、修地堰5670条、挖鱼鳞坑2万亩、植树21万棵、压棉槐21万墩，对水土保持起到一定作用。1964年开始，每年秋、冬集中劳力，修建水平梯田。当年，全县修梯田4.76万亩。到1976年，有田堰沟配套梯田11.69万亩。1985年，共有梯田14.8万亩、水土保持林3.5万亩。1987年秋，整地改土由乡镇统一规划，分村进行，整平山区丘陵地3万亩。[①]

（3）乳山县水土保持。

新中国成立后，政府重视水土保护工作。1952年，成立乳山县山区老根据地建设委员会，首先在马石山一带组织民工529人，投工4000多个，投入土石2958立方米，修建缓水坝15条。此后，在全县展开挖鱼鳞坑、筑谷坊、垒梯田、植树种草、闸沟建库、修渠排洪等水土保持工作。至1966年，全县已治理水土流失面积300多平方公里。

“文化大革命”期间，水土保持工作被忽视，水土流失加剧。

1979年后，国家先后颁布了《森林法》、《环境保护法》和《水土保持工作条例》。乳山县恢复水土保持工作委员会及其办事机构，水土保护实行工程措施、生物措施、农业措施并举。1982年，以福山流域（今城北镇境内）为基地，建立三水转化均衡实验站，定期测量该区域内的侵蚀模数、流失量及所含氮、磷、钾成分，为乳山水土保持工作的全面规划、综合治理提供依据。

1983年，农村实行家庭土地承包责任制后，水土保持工作实行以户承包治理小流域为主要形式。至1985年，全县户包小流域123条，水土保护治理面积417.2平方公里。其中，整修水平梯田40300亩，修复地堰2.3万条（长46万米），整水平阶7700亩，挖鱼鳞坑1.85万个，修谷坊1068条，

---

① 参见莱西县史志编委会编：《莱西县志》，山东人民出版社1989年版，第223—224页。

种草育苗1.77万亩，封山育林18.98万亩。综合治理水土流失面积910平方公里。

1986年后，水土治理工程由以往的“全面展开”转向“以小流域为单元重点治理”。先后对石头圈乡的福山、崖子镇的垛山、诸往镇的尚山、马石店乡的马石山4个小流域进行规划治理。治理方法采取独户承包或联户承包，统一治理和管理。治理后，达到“山顶黑松戴帽，山腰果树成林，山脚梯田成方”。至1992年，在四个流域内整修水平梯田7200亩，修复地堰6800条，挖鱼鳞坑5400亩，修谷坊960条，种草育苗4200亩，封山育林6700亩，综合治理水土流失面积59.82平方公里。①

（4）莱芜市水土保持措施。

1951年，莱芜县政府成立老区建设委员会，领导群众封山造林，修建谷坊（缓水坝），缓洪拦沙。1952年春，察勘水土流失严重的裴家庄、辛庄一带，测绘成万分之一地形图，制订谷坊工程技术设计，报山东省沂沭汶泗区治淮指挥部批准，由国家投资4.58亿元（旧币），于1954年10—12月建成谷坊143座，共动用土石4968立方米。

1957年春，国务院颁布《中华人民共和国水土保持暂行纲要》。同年冬，中央又提出“全面规划、因地制宜、集中治理、连续治理、综合治理、坡沟兼治、治坡为主”的水土保持工作方针。1958年3月，山东省委在沂水县召开水土保持现场会议，莱芜的水土保持工作更加广泛地开展起来，当年挖鱼鳞坑625万个，修水平阶35.3万米，建谷坊13828座，治理荒山29084亩，造林19374亩，治理水土流失面积达278平方公里。

1963年，莱芜县水土保持委员会发动群众建谷坊、修梯田、绿化荒山。至1966年，增加水土保持面积182平方公里。1984年7月，市人民政府成立水土保持办公室，专管水土保持工作，当年完成治理面积78.9平方公里，发展治山造林专业户2.5万户，承包治理面积51万亩。至1987年，全市修建梯田36.3万亩，营造水土保持林62.55万亩，种草4.8万亩，“沟坝地”5.35万亩，治理小流域面积13处、128平方公里，修建了大量谷坊、鱼鳞坑、水平阶等缓水拦沙工程，水土保持面积达到860平方公里，占总流

① 参见山东省乳山市史志编委会编：《乳山县志》，齐鲁书社1998年版，第374—375页。

失面积的 71.7%。①

（5）莒县水土保持。

从 1982 年始，至 1996 年年底，莒县已治理水土流失区 5 处，正在治理的 13 处。治理过的 5 处，通过验收达到规定标准。1988 年 6 月，山东省水土保持委员会对莒县小流域治理的评价是："山青林茂，花果飘香，梯田平整，五谷丰登，封山育林，雨后水清，沟坝蓄水，五业俱兴。"

① 黄山小流域。位于桑园乡西部山区，流域面积 13 平方公里，有 10 个村，940 户，3929 人。土地瘠薄，水土流失面积达 95%。1982 年，采取工程措施和生物措施相结合的做法，通过集中治理、连续治理，到 1986 年，共建塘坝 9 座，修谷坊 698 座（其中石拱坝 178 座），筑路 10 条，长 45 公里，整修水平田 2050 亩，植用材林 1030 亩，经济林 2330 亩，水保林 7985 亩，插条栽花 9.5 万墩（棵）。完成土方 63 万立方米，浆砌石 4720 立方米，干砌石 1.2 万立方米，完成劳动工日 66 万个，总投资 32 万元（其中国家投资 14 万元，群众自筹 18 万元）。治理面积 11.7 平方公里。林木覆盖率 60%，植被率 87.8%，土地利用率 91.8%，土壤年平均流失量由治理前的 6.34 万吨，减少到 1.7 万吨。侵蚀深度由治理前的 3.7 毫米，减到 1 毫米。经过治理，收效明显。1986 年，粮食平均亩产 560 公斤，比 1982 年增加 350 公斤，人均收入由 1982 年的 95 元，增加到 430 元。

② 院山小流域。位于大石头东部山区，有 12 个村，1172 户，4519 人，面积 16 平方公里。1984 年始规划治理，1988 年完成治理。共修拦沙谷坊 1150 座，拦水谷坊 122 座，塘坝 22 座，整修水平梯田 4700 亩，植树造林 1.05 万亩，其中经济林 3200 亩。完成土石方 28 万立方米，工日 23.3 万个，总投资 38 万元，其中国家投资 7.5 万元，群众自筹 30.5 万元。治理流失面积 13.9 平方公里，占流域面积的 86.9%。林草植被率达 44.2%，土地利用率 89%。土壤年流失量比 1984 年减少 4.3 万吨。土壤侵蚀深度由治理前的 4.5 毫米减到 2.5 毫米。经过治理，1988 年粮食平均亩产达 600 公斤，比 1984 年增加 80 公斤。总产值由 1984 年的 108.95 万元，增加到 275 万元。人均收入比 1984 年增加 117 元。

---

① 参见山东省莱芜市史志编委会编：《莱芜市志》，山东人民出版社 1991 年版，第 490 页。

③ 峪子小流域。位于中楼镇西部山区，4 个村，1177 户，4787 人，面积 15 平方公里。1984 年水土保持办公室规划，中楼乡组织治理，到 1988 年，修拦沙谷坊 806 座，拦水谷坊 112 座、塘坝 20 座，整水平梯田 4800 亩，植树造林 8700 亩，种花植条 26.9 万墩（棵）。治理流失面积 12.3 平方公里，占流域面积的 82%，林草植被率达 43.42%，土地利用率 90%。年土壤侵蚀深度由 1984 年的 4 毫米减到 2 毫米，土壤年流失量比 1984 年减少 4 万吨。完成土石方 24.5 万立方米，工日 19.6 万个，总投资 33.7 万元，其中国家投资 7 万元，群众自筹 26.7 万元。经此治理，1988 年粮食平均亩产比 1984 年增加 180 公斤，总产值比 1984 年增加 125.4 万元，人均收入由 1984 年的 346 元增加到 580 元。

④ 前横山流域。位于小店镇南部横山前，有大小山头 56 个，山沟 96 道，面积 10 平方公里。流域内 5 个自然村，672 户，2566 人，耕地 3150 亩。1983 年规划治理，到 1988 年已治理 8 平方公里。共修拦沙谷坊 1122 座，拦水谷坊 47 座，塘坝 16 座，整水平梯田 3800 亩；植树造林 6000 亩，插条种花 31.9 万墩（棵）。林草植被率达 43.8%，土地利用率 91.5%，共完成土石方 24 万立方米，工日 16 万个，总投资 31 万元，其中国家投资 6.5 万元，群众自筹 24.5 万元。经过治理，土壤年侵蚀深度由 1983 年的 4 毫米减到 1.8 毫米，土壤年流失量由 1983 年的 5.4 万吨，降到 2.43 万吨。1988 年粮食平均亩产比 1983 年增加 320 公斤，总产值比 1983 年增加 75 万元，人均收入比 1983 年增加 260 元。

⑤ 石山子小流域。位于安庄镇北部，内有 2 个村，571 户，2233 人，面积 6.6 平方公里。1986 年开始治理，到 1988 年年底，已治理 2.3 平方公里，占流域面积的 34.85%。共修筑拦沙谷坊 200 座，拦水谷坊 15 座，塘坝 3 座，整修水平梯田 1750 亩，植树造林 4100 亩，种花插条 30 万墩（棵），林草植被率达 48%，土地利用率 85%。土壤侵蚀深度得到控制，年壤土流失量比 1986 年减少 1.23 万吨。完成土石方 20 万立方米，工日 19.8 万个，总投资 14.9 万元，其中国家投资 4 万元，群众自筹 10.9 万元。1988 年人均收入达到 520 元，比 1986 年增加 230 元。

⑥ 山乡王家山进行小流域水土保持试点。主要项目：生物措施与工程措施相结合，因地制宜，因害设防，综合治理。4 年造林 1215 亩，修梯田

700 亩、地堰 4 万米、谷坊 531 道、塘坝 28 座、拦河闸坝 150 座、小水库 1 座。林木覆盖面积由治理前的 33.2%，提高到 44.6%。人均收入由 221 元提高到 543 元。1985 年重新确定水土保持治理方针："防治并重，治管结合，因地制宜，全面规划，综合治理，除害兴利"；措施：合理开发利用资源，合理利用土地，实行生物、工程、农业治理措施并举。即：植树种草，插条栽花，封山育林，闸山沟，修谷坊，建塘坝，造梯田，垒地堰，挖鱼鳞坑，改进耕作方法等。根据上述方针和措施，1986—1990 年，水土保持工作效果明显，挖鱼鳞坑 3.3 万个，修梯田 4.24 万亩，地埝 3.6 万道，建拦水谷坊 615 座，塘坝 64 座，植树造林 10.63 万亩，封山育林 5.6 万亩。完成土石方 1600 万立方米，投入劳动工日 1200 万个。治理流失面积 124 平方公里。①

（6）淄博市水土保持。

新中国成立后，淄博大规模的开展水土保持工作始于 1952 年 5 月。是年在孝妇河上游各支流闸山沟建缓水坝，同时普遍开展封山育林、植树造林、整修地埝等。当年年底共建成缓水坝 455 座，其中淄川县 205 座，博山县 250 座，挖蓄水池 347 个。1953 年，在白洋河、范阳河、苏宾河建成谷坊 194 座。以后逐步发展到建塘坝和小型水库。至 1957 年年底，全市共闸大小山沟 112 条，建成缓水坝、谷坊 2080 座，塘坝 181 座，小型水库 4 座，挖蓄水池 2780 个，林地面积由新中国成立时的 3 万余亩残林发展到 17 万亩，初步治理水土流失面积由新中国成立时的 46.3 平方公里发展到 342.6 平方公里，其中效益明显的达 205 平方公里。

1963 年冬淄博贯彻"山区建设要抓好水土保持这个根本"，和山东林业的发展要走"先封后造，先草后木，封造并举"的方针，使水土保持工作又出现了高潮。当时全市 10 万人上阵，自 1963 年冬至 1964 年年底，共挖蓄水池 429 个，新建和维修谷坊 1190 座，塘坝 20 座，小型水库 1 座，整修梯田 1.56 万亩，封山造林 2.5 万亩，初步治理水土流失面积 37.5 平方公里。到 1965 年年底，累计挖蓄水池近万个，修建缓水坝、谷坊 3000 余座，塘坝 394 座，小型水库 25 座，三合一梯田（深翻整平，修堰打埂，修建蓄水排水系统）3.86 万亩，林地面积达 27.4 万亩，累计治理水土流失面积 157.77 平方公里。

---

① 参见山东莒县县志编委会编：《莒县志》，中华书局 1999 年版，第 312—313 页。

进入70年代，淄博水土保持纳入正常的农田水利基本建设计划，年均治理水土流失面积37平方公里，重点修建了一批蓄水工程。

1979年后，淄博市政府认真贯彻省府有关水土保持工作的指示，总结经验教训，水土保持工作呈现新的局面。1985年1月又制定《关于水土保持小流域治理办法》。在此期间还进行了水土保持普查、区划、规划工作。在治理水土流失过程中，坚持“防治并重，治管结合，因地制宜，全面规划，综合治理，除害兴利”的水土保持工作方针；在治理措施上，以小流域为基本治理单元，以村为治理单位，生物、工程、农业等各项治理措施相结合；在治理形式上，以联户或户承包治理为主；在治理方式上，以经营开发性治理为主，以水土保持为中心，走农、林、牧、副、渔全面发展，农工商综合经营的路子，使治理与开发有机地结合起来。1981—1985年，初步治理面积300余平方公里，其中造林面积21.07万亩；维修和新建保水、保土、保肥田2.06万亩；挖水池、旱井194个，建谷坊861座、塘坝209座，截潜流5处，修防洪渠4643米。

至1985年，全市共建成大、中、小型水库55座，塘坝500座，谷坊1066座，建成“三合一”和水平梯田41.9万亩，沟坝地1.22万亩，水土保持林59.03万亩，累计初步治理和改善水土流失面积778平方公里（其中小流域治理13条，185.89平方公里），达到治理标准的为330.2平方公里。①

（7）烟台水土保持。

境内水土流失严重，尤以山丘土地为甚，1949年水土流失总面积10577.9平方公里，占山丘面积的72%以上。新中国成立后全区以昆嵛山等山区为重点，修建缓水坝、修筑梯田、挖蓄水池、闸坝头地、封山育林，进行综合治理，控制水土流失。

到1958年全区共建成中小型水库1467座，塘坝9671座，坑17643个，闸山沟4万多条，闸谷坊5700多道，整修梯田81.3万亩，建造畦田134.2万亩，挖鱼坑19.7万亩，植树造林66万余亩，控制水土流失面积3038平方公里，水土流失治理面积6487.4平方公里，占水土流失面积的61%。这一时期水土保持卓有成效。1959年进一步推广招远县“统一规划，全面安

---

① 参见淄博市史志编委会：《淄博市志》，中华书局1992年版，第1405—1406页。

排，农林水综合治理，工程措施与生物措施相结合，治一坡成一坡用一坡”的治理方法，水土保持进一步加强。1963 年 8 月烟台专署正式成立专署水土保持委员会，加强对水土保持工作的领导。1964 年进一步总结推广黄县下丁家、掖县东赵村水土保持工作的经验，全区水土保持工作深入开展。

“文化大革命”中，专管机构被撤销，水土保持工作无人过问，据测试，这期间全区大、中型水库每年淤积泥沙 400 多万立方米，全区年流失土壤 1918 吨，耕地土层每年减少 1—3 毫米，水土流失极为严重。

1978 年以后，全区水土保持工作走上健康发展轨道。1984 年烟台市政府恢复成立水土保持委员会，颁布《烟台市水土保持试行规定》，建立专门办事机构，制定“防治并重，治管结合，因地制宜，全面规划，综合治理，除害兴利”的方针，1985 年根据山东省政府指示，开展水土保持普查、规划工作，确定“以小流域为单元，统一规划，综合、连续、集中治理”的原则，具体实施坚持工程措施与生物措施相结合，以生物措施为主；治沟治坡相结合，以治坡为主；社会效益与生态经济效益相结合，以生态经济效益为主。

到 1985 年年底，全市累计完成治理水土流失面积 100318 平方公里，其中水平梯田 381.16 万亩，坝头地 18.59 万亩，水保林 323.66 万亩，种草 5.08 万亩，闸塔坊 72075 道。①

五、山东土壤改良与农田综合治理

（一）土壤养分

山东省耕地土壤养分的基本状况为：有机质偏少，氮素不足，严重缺磷，部分缺钾，微量元素缺乏症逐渐扩大。

土壤中全氮及水解氮含量受施肥量影响比较大。因全省缺少富含磷素的基性岩石分布，所以全省土壤严重缺磷。但由于施肥、耕作、气候及土壤的差异，速效磷含量也有差异。一般主要粮果基地及城郊工矿区，施用磷肥和机肥较多，速效磷含量高于其他地区；土壤中含钙少、呈微酸性的棕壤地区，速效磷含量稍高于含钙量较多、呈中性至微碱性的鲁中南石灰母岩褐土区及鲁西北潮土区。

---

① 参见烟台市史志编委会编：《烟台市志》（上下卷），科学普及出版社 1983 年版，第 961 页。

（二）土壤改良

据1949年统计，全省有不良耕地土壤3825万亩。其中盐碱地950万亩，山岭薄地975万亩，涝洼黏土地1300万亩，平原沙地600万亩。1949—1957年，随着土地改革和农业合作化运动的开展，共改良土壤202.6万亩。1959年全省第一次土壤普查，耕地中有：盐碱地1150.5万亩，涝洼地2008.5万亩，山岭薄地1849.5万亩。1958—1959年，全省掀起了深耕改土、兴修水利的运动，使一部分土壤得到改良。但由于受"大跃进"和经济困难的影响，缺乏科学规划，土壤施肥耕作水平降低，部分土壤退化。1958年大搞引黄灌溉，因缺乏科学管理，1961年次生盐渍化（耕地）土壤达1539万亩。1961—1962年，贯彻《农村人民公社工作条例（修正草案)》，土壤改良得以恢复，1962年改良土壤163万亩。1963年后，全国掀起改良土壤的高潮，是年山东改良土壤247万亩。

20世纪60年代，山东省涌现了许多闻名全国的治山治水、改良土壤的典型，如黄县（今龙口市）下丁家大队等。同时，从1963年开始，进行除涝排盐水利骨干工程建设，先后治理了马颊河、徒骇河、万福河、洙水河、韩庄运河和漳卫河中下游，开挖了德惠新河、潮河、东鱼河、洙赵新河等。另一方面，从1966年开始，先后建成引黄灌区63处，灌溉农田2000万亩左右。1970年，在"农业学大寨"的号召下，全省进行了大规模的整地改土和农田水利工程建设。

80年代，全省第二次土壤普查查清了不良土壤类型及其障碍因素，为改良土壤提供了科学依据。山东省土壤障碍因素有12类，分别为干旱缺水、水土流失、土层薄、多砾石、黏重板结、盐碱危害、漏砂层、低洼易涝、陡坡、砂姜层、砾石层、白浆层。各地土壤存在障碍因素种类的多少和障碍因素的强度不一。按面积比率，占耕地30%以上的障碍因素是干旱缺水和水土流失。占15%以上的障碍因素是土层薄、多砾石、黏重板结、盐碱危害、漏砂层这4类障碍因素均占10%左右。其余5类（低洼易涝、陡坡、砂姜层、砾石层、白浆层）均占7%以下。①

---

① 参见山东省农业科学院、李永孝主编：《山东大豆》，山东科学技术出版社1999年版，第8页。

全省12799.5万亩耕地中，中产田5158.0万亩，低产田3622.0万亩。中、低产土壤按主导障碍因素分为：山岭薄地2314.0万亩，盐碱地1223.3万亩，低洼易涝地854.6万亩，黏重板结1236.0万亩，风沙化1041.4万亩(包括山区和平原)，还有干旱缺水和养分含量低等类型。

1982年全省水土保持会议和1983年全省山区工作会议，确定了山区建设的方针，部署推广山地丘陵区以小流域为综合治理单元，实行承包责任制的水土保持工作。1980—1983年，全省建立6处水土保持试验站，对16个小流域进行重点扶持和指导。1985年统计，共治理小流域1500条，承包面积2700平方公里。1988—1990年，坚持以小流域为单元，以贫困山区和大中型水库上游为重点，以联产承包形式治理开发，全省治理面积6344平方公里。沂源、沂水、平邑3县39条小流域、648平方公里5年治理结果，蓄水和保土效率分别提高36.9和53.5个百分点，土壤侵蚀模数下降73.4%，累计净经济效益4.08亿元，为总投资的3.4倍，农民人均年收入增加281元。

1. 利津土壤改良

利津改良土壤的成效是很大的。利津土地碱、薄、沙、旱、涝，是农业生产发展的主要障碍。新中国成立前，生产力水平低下，农民无力改造农田。有领导有计划地进行农田改造，始自新中国成立以后。1950—1957年，以增施农家肥培肥地力为改土重点。1958年提倡深翻土地加深耕作层。1963年推行培地堰、刮碱土和早耕晒垡、养坷垃与增施农家肥相结合的方法，进行改碱，但收效不大。1970年推广“开沟躲碱，淡水压碱，围堰平种”经验，全县6万亩棉田平均每亩增产5.5公斤。1975年开始，推行“沟渠林路统一规划，旱涝碱综合治理”经验，建设旱涝保收田。当年冬春组织5万名劳力出工，干了一个冬春，完成土方1223万立方，扩大排涝面积3.5万亩。以后每年冬春组织3万—5万名劳力参加，到1978年，全县总计整平土地35万亩，建成连片成方的丰产方20多万亩，每个公社都有丰产方，小方2000—3000亩，大方万亩。明集公社富顷方、田家方，盐窝公社十六户方、盐窝方，北岭公社盖西方，标准高，质量好，成为高产田。1980年农村实行生产责任制以后，农户广泛应用地膜覆盖保护技术，连年搞覆盖，有效的改变了土壤理化状态，扼制了土壤碱化，增强了地力。到

1985年，全县应用地膜覆盖的面积达到18万亩，比一般农田增产1倍乃至数倍。①

利津农田土壤改造的另一个重要举措是旱田改水田。1965年，中共利津县委和利津县人民委员会研究决定，在城关公社北部试种水稻，当年将3000亩旱田改建成水田，引用黄河水试种水稻，平均亩产250公斤。1966年，店子、城关、王庄等公社的沿黄大队改碱种稻，2.3万亩旱田变水田。1978年全县种水稻面积2.92万亩，到1985年，扩大到4.4万亩，平均亩产水稻370—400公斤。②

2. 临郯苍土地改良

临郯苍平原稻改工程曾经是全国的一个典型。临郯苍平原有易涝耕地200余万亩。著名的涝洼有临沂的邵八湖、洪湖、俄庄湖、马厂湖，苍山的青竹湖、糖稀湖、弧山湖，郯城的彩莲湖、大埠湖、万亩湖等。

1957年春，郯城县动工兴建马头引沂灌区总干渠（又称幸福河）直达采莲湖，为采莲湖稻改提供了水源条件。1958年采莲湖试种水稻90亩，取得平均亩产150公斤的好收成。1959年全地区在涝洼地种稻2万亩，亩产均在200公斤以上。同时，临沂地区在临沂塘崖建立了水稻试验站，进行涝洼地稻改试验研究。1960年，沂沭河上游建成30座大中型水库，为稻改提供了水源，并兴建引河灌区24处，修灌排沟渠1.3万公里，种稻14万亩，取得大面积丰收，亩产250公斤左右。此后，继续进行平原洼地灌排工程配套，先后兴建涵闸等建筑物3.4万座，为大面积稻改创造了条件。

1965年稻改面积达到120万亩。1965年3月14日，《人民日报》发表《大米小传》的报道及《做社会主义时代的新愚公——评临沂地区改造自然的成功经验》的社论，充分肯定了临沂地区涝洼地稻改的做法和经验。70年代以后，由于降水偏少，水库蓄水不足等原因，稻改面积有所下降，但一直稳定在70万亩左右，亩产300—500公斤。昔日多灾低产的涝洼地，如今沟渠纵横，涵闸林立，成了稻谷飘香的粮仓。③

---

① 参见利津县史志编委会编：《利津县志》，东方出版社1990年版，第230页。

② 参见利津县史志编委会编：《利津县志》，东方出版社1990年版，第230页。

③ 参见山东史志编委会编：《山东省志·水利志》，山东人民出版社1993年版，第401—402页。

3. 沿黄涝洼盐碱地改良

山东沿黄洼碱地比较大规模的改种水稻始于 1958 年。1958 年打渔张引黄灌区建成开灌，在涝洼盐碱地改种水稻 17 万亩，亩产达 200 公斤。

1958 年秋，省有关单位组成稻改办公室，大力宣传推广，沿黄稻改面积迅速扩大。菏泽地区在河网化规划中，提出发展稻麦连作 300 万亩。由于稻田分散，灌排工程不配套，造成稻田周围地下水位抬高，土壤盐渍化加重。1960 年黄河来水少，特别是在稻田育苗插秧大量需水的 2—6 月，进入山东省的水量仅 18.7 亿立方米，6 月仅 0.38 亿立方米。水源不足使沿黄稻田发展受到挫折，至 1962 年，沿黄稻改随着停止引黄而夭折。

停止引黄后，沿黄涝洼盐碱地灾情严重。齐河县沿黄 83 公里宽 3 公里地带，“春天白茫茫，夏天水汪汪。”为救灾，1963 年齐河县南坦虹吸灌区在旧县城北关开辟稻田 500 亩，获得亩产 250 公斤的好收成。1964 年，推广到齐河全县沿黄 5 个公社 2750 亩，其他各县也纷纷仿效。全省沿黄各县共改种水稻 1.8 万亩，其中济南市西郊沿黄河与小清河之间的涝洼盐碱地带改种水稻 1.8 万亩，群众口粮达到 245 公斤。

1965 年 2 月，省水利厅、农业厅、黄河河务局联合在济南召开沿黄地区稻改现场座谈会，参观了济南西郊引黄稻改的田间工程，交流了经验。会议根据水源、资金等情况，落实 1965 年稻改面积 25.3 万亩。1965 年全省沿黄地区实际完成稻改面积 35.7 万亩。

1965 年 9 月，省水利厅、农业厅、黄河河务局在济南联合召开沿黄地区稻改工作会议。会议制订了沿黄稻改发展规划，计划 1966 年稻改面积发展到 88.6 万亩。但是由于种稻季节黄河水源不足，加之稻改只适于涝洼盐碱地，范围稍一扩大，则周围旱田渍涝返碱，如果插花种稻，对周围旱田危害更大，使沿黄稻改面积受到限制。60 年代后期，全省沿黄稻改面积每年平均在 40 万亩左右。

70 年代，在农业学大寨运动中，为改变鲁西北地区农业生产的落后面貌，相继从鲁南及滨湖稻改区调出部分地、县领导干部到鲁西北地区工作，再次兴起稻改热。1972 年，菏泽地区计划种稻 200 万亩，实际种植 65 万亩；德州地区计划种稻百万亩，实际在齐河、济阳等县种植二三十万亩。到 1975 年，全省沿黄稻改面积只保留了 30 万亩，菏泽地区只剩下 2.8 万亩。

此后，除东营市外，沿黄稻改没有大的发展。80年代，东营市胜利引黄灌区为给油田供水，尽可能向沿海荒碱地延伸渠道，发展稻田。

至1985年，有些沿黄县，如菏泽地区沿黄各县已基本停止种稻，只有济南市郊区、济阳、博兴和东营市种植面积稳定下来，每年种稻面积40万—50万亩。产量也比较稳定，一般亩产300—400公斤，稻麦轮作亩产可达500公斤以上。①

4. 青岛市土壤改良

青岛市于1959年进行了第一次土壤普查。1979年进行了第二次土壤普查，查清了青岛市土壤类型。棕壤、砂姜黑土、潮土是青岛市粮食和经济作物的主要产地土类。市域土地总面积为1645.58万亩，可利用的土壤面积为1219.1万亩，占总面积的74.08%，耕地面积905.55万亩。

首先是砂姜黑土的改良。砂姜黑土是青岛市的一个中低产土类，面积为263.51万亩。主要分布在平度县和莱西县的西南部，即墨县和崂山县的西北部，胶县北部的浅平洼地。其所处地势低洼，易涝易旱，质地偏黏，结构不良，适耕期短，土壤有效养分较低。

新中国成立后，各级人民政府组织农民进行大规模土壤改良活动，特别是近年来，通过挖条、台田沟完善排灌系统；深翻压砂，改良土壤；增施农家肥和化学肥料，加施磷肥，实行秸秆还田培肥地力；挖平塘，打机井，搞好节水型灌溉；发展农田林网等措施，到1986年，改良砂姜黑土270多万亩次，取得了良好的增产效益。1964年即墨县确定了“以排为主，滞、改、灌密切结合”的治理方针和“高水高排、低水低排、高洼分治”的原则，疏挖排水沟429条，长358公里。70年代即墨提出了以整地改土、兴修水利、大干3年，建设旱涝保收高产稳产田为主攻方向的治理目标，全面开展了排、灌、路、林、田综合治理工作。1975年以后，开始以改土治水为中心，打破社、队界限，实行大面积统筹规划，山水林田路综合治理，使砂姜黑土地带面貌大为改观，粮食亩产由1971年的152公斤，增长到1976年的297公斤。

① 参见山东史志编委会编：《山东省志·水利志》，山东人民出版社1993年版，第402—404页。

其次是棕壤的改良。棕壤是青岛市的一个主要低产土壤类型。耕地中的棕壤面积有 310.64 万亩，占全市总耕地面积的 34.3%。分布于山地、丘陵和山前缓坡地。土壤通透性差、水土流失严重、养分含量缺乏。1956 年前主要是采取闸山沟、砌谷方、垒地堰等小规模治理。1958 年后开始兴建水库、塘坝、挖鱼鳞坑、修围山渠、建梯田进行治理。1970 年后发动群众大搞深翻改土、平整土地、展开了山水林田路综合治理。80 年代，青岛市以小流域治理为主；到 1987 年全市共修建水平梯田 140 多万亩，营造水土保持林 140 多万亩，建水库、塘坝 3640 多座。①

5. 乳山县土壤改良

乳山县在新中国成立初期，即开始大面积压沙换土。1953 年，全县压沙 2000 余亩。1956 年实行农业合作化以后掀起压沙换土高潮，当年压沙 1 万余亩。60 年代，对未经改良的碱性、黏性土壤继续压沙。1975 年以后，改压沙为压“松沙土”、“绿线土”，每年压土 3 万亩左右。1985 年以后，压沙换土面积渐少，全县每年压土面积不足 1 万亩。

治涝。50 年代，境内治涝措施主要是对低洼平泊地压沙。60 年代初期，对泊地治涝采用“挖沟抬田”的方法，搞好田间排水，降低土壤地下水位，增加土壤透气性。至 1965 年挖台田治涝 5 万余亩。1976 年，在实行山、水、林、田、路综合治理的同时，重点进行平泊地的内涝治理。至 1977 年，全县共治理涝泊地 20 万亩。1980 年以后，开始治理山丘坡地“半边涝”，在梯田堰下挖 0.3 米深的堰下沟，以根除“半边涝”。②

（三）农田综合治理

山东农田基本建设概况。山东省政府对农田基本建设十分重视，坚持“统一规划，因地制宜，综合治理”的原则，进行了大规模的农田基本建设，为建立旱涝保收稳产高产田，广大农民付出了巨大的劳动，国家投入了大量的资金和物资，使全省农业生产条件发生了很大变化，为提高农业生产水平和农业现代化建设奠定了重要基础。改革开放以来，又相继进行了农业商品

① 参见青岛市志编委会编：《青岛市志・农业志》，中国大百科全书出版社 1996 年版，第 66—68 页。

② 山东省乳山市史志编委会编：《乳山县志》，齐鲁书社 1998 年版，第 360 页。

基地建设和吨粮田建设。①

20 世纪 80 年代的农业综合开发项目，主要有黄淮海平原农业综合开发、商品基地建设、贫困县经济开发以及 80 年代末开始的黄河滩区开发、黄河三角洲开发等，都把加强农田基本建设、改良低产田土壤作为重要内容，土壤改良摆脱了局部、单项治理的旧路子，走向宏观科学规划、综合措施、大规模改良的道路。至 1990 年，全省累计营造水土保持林 1205.03 万亩，修水平梯田 1605.52 万亩，对 1203.61 万亩盐化碱化土壤实施了改良措施，占盐化碱化土壤总面积 2102 万亩的 57.3%，平原风沙化土壤治理面积 4475 平方公里，除涝面积 3558.69 万亩，其中达 5 年一遇标准以上的 2448.35 万亩。

经过几十年的实践，山东省在土壤改良方面摸索出了一些切实可行的办法。

1. 山岭薄地土壤改良

主要包括棕壤性土、褐土性土、粗骨土和白浆化棕壤。这些土壤土层薄、砾石多、肥力低、水土流失严重，有的有障碍层。在治理上按照“统一规划，综合治理，沟坡兼治，治坡为主”的原则，采取工程措施、生物措施和农艺措施结合，蓄水保土。具体措施为修建水平梯田、谷坊、大口井、封山育林育草等。莒南县原大山公社、蒙阴县石泉小流域、莒县黄山小流域等都是山岭薄地改良的典型。在农艺措施方面，薄层棕壤、酥石棚底的丘陵地，用“大犁”（机引单铧犁附心土加深器）深耕改土效果非常明显。

（1）平度县以治山为主的农田基本建设。

1956 年冬，在蟠桃、崮山、旧店等区开展治山，建拦腰带 5 条，闸山沟 36 道，挖鱼鳞坑 2.5 万个，并深翻土地，修筑梯田，植树种草，保持水土。1958 年 7 月，组织 34000 人治理现河、白沙河、龙王河上游，建谷坊 2500 座，中小型水库、塘坝 120 座。1963 年，水土保持治理 75 平方公里，全县修筑梯田 2 万亩。1964 年，修建砌石堰梯田 110 亩，为治山样板。全县水土保持治理达到 100 平方公里。1964 年到 1966 年，全县完成沙土保持

① 俞宽钟主编：《现代山东农业》，山东科学技术出版社 2000 年版，第 553 页。

治理面积累计 17 平方公里，修筑梯田累计 4 万亩。1973 年冬，云山公社五埠大队搞山区整地改地，到 1974 年春修筑梯田 120 亩，在山区推广了他们的经验。

1974 年，山区公社各成立农田水利基本建设专业队，治山治水，大搞以整地改土为中心的农田基本建设，缩河造地 1900 亩，整修梯田 4.1 万亩，全县沙土保持治理面积达到 163.4 平方公里。1978 年，搞大泽山水库南干渠配套，治理山丘地 3000 亩。1979 年至 1980 年，缩河造地、治山整地 4000 亩。

1981 年，开始对旧店公社方家和大田公社陈家小流域治理。到 1983 年，闸山沟 9 处，修谷坊 30 处，配套建筑物 50 座，修水平梯田 2500 亩，挖大穴 19 万个，挖鱼鳞坑 11 万个，修水平阶 1060 亩，新修道路 25 条长 67 华里，维修加固旧路 50 华里，营造用材林 500 亩，发展果园 1000 亩，种草 200 亩，绿化面积达 8900 亩。

1982 年至 1985 年，在旧店、大田等 11 处山区公社（乡、镇）整修梯田 20000 亩，修水平阶 12000 亩，修环山路 835 公里，治理沙土保持面积 80 平方公里；全县沙土保持治理面积，累计达到 264 平方公里。①

（2）章丘县土壤改良。

章丘境内南部山峦起伏、沟谷纵横，土壤侵蚀严重。又因东西巴漏河及其支流的强烈冲击，山体前后形成大片洪积、冲积扇形地与平地，地表内隐伏着诸多大小岗丘，土层深厚不一。北接黄河、小清河冲积平原，局部地区潜水位高，风、沙、涝、洼、盐碱地多，为发展农业生产的主要障碍因素。新中国成立后，重视土壤改良工作。经过近 40 年的艰苦努力，取得显著成效。

山区修筑梯田，缓平地带并块连片。大力进行土地深翻整平，全县整平耕地达 70%。其中有 45.58 万亩达到平整、耕层深厚、土质肥沃、能灌能排、稳产高产标准。且以土促水，以水带土，适宜耕作的平整水浇面积逐步扩大。整平的土地，一般垫土深度 0.9 米，最深达 2 米以上。凡是熟土在上、翻淤压沙，土层不乱的，均收到良好效益。土地经过深翻整平，活土层加

① 平度县志编纂委员会：《平度县志》，内部资料，1987 年，第 227 页。

深，土壤通气、透水、保水、保肥性能改善，水土流失减少。促进水利化、机械化的发展，提高了科学种田水平。①

（3）枣庄低产土壤的改良。

黏土地的改良。黏土地土质黏紧，通透性差，蓄水保肥力差，产量很低。对这种土壤采取了深翻深耕，不乱土层，适时耕、耙，播种多种绿肥，增施有机肥等措施。砂土地的改良砂土养分缺乏，蓄水保肥力差，作物产量低。改良的主要方法是“压土法”和“翻淤压砂法”。滕县董村大队有 288 亩白砂地，常年废弃荒芜不毛，自 1952 年始连续 15 年压砂，厚者达 60 公分，浅者达 40 公分，现已成为一片茂密的苹果园，亩产达 4000 多斤。

砂姜黑土的改良。砂姜黑土是本市低产田的主要地区。自清末以来，群众一直探索其低产的原因。近几年终于摸清了低产的主要原因是“易涝、易旱、贫瘠、僵硬”。采取了挖沟排水，降低地下水位解决涝的问题；扩大水源，发展灌溉解决旱的问题，增施磷肥、有机肥，协调氮磷钾比例，广种绿肥解决瘦的问题；深翻改土解决僵的问题。改善砂姜黑土的蓄水保肥、保墒、透气性能，氮磷比例也逐步趋于协调。粮食单产由 1936 年的 200 斤，提高到 1985 年的 900 多斤。

配方施肥，快速改良低产薄地。全市有低产田 80 万亩，针对低产田严重缺磷的状况，增施磷肥，提高氮磷比到 1：0.5 以上。在施用方法上，重施基肥，巧施种肥，早施追肥。自 1979 年以来，推广合理施肥，协调氮磷钾比例，全市 200 万亩小麦，亩产量从 1979 年的 384 斤，增至 1985 年的 550 斤。②

2. 盐碱土改良

主要改良措施有排水洗盐，种稻改碱，引黄落淤，围埝平种，蓄淡压“碱”，台田淋盐，压沙改碱，扫碱刮碱，还有平整土地、增施有机肥、沟种躲碱、覆盖地膜等耕作栽培措施。60 年代初提出“以水为纲、综合治理”，实施以排水为先导的改良措施。70 年代，中国农科院、中国科学院与山东省有关单位合作，先后建立陵县改碱实验区和禹城改碱实验区，采用井灌井

① 参见章丘县地方志编纂委员会：《章丘县志》，济南出版社 1992 年版，第 156 页。

② 参见枣庄市史志办编：《枣庄市志 · 农业志》稿本卷十六，第 20—21 页，

排和浅沟相结合，淡化潜水和培肥土壤相结合等综合治理措施，树立了内陆盐碱地改良样板。省水利厅建立了广饶县打渔张引黄灌区暗管排水改良滨海盐碱土实验区，山东省农科院建立了寿光滨海盐碱地改良实验区，为滨海盐碱土改良提供了有益的经验。

东明县放淤改土。东明县从1957年开始引黄放淤改土。但由于工程配套少，质量差，到1972年，淤改土地累计2.5万亩。1973年后，灌区加强工程配套，并扩建改建引黄工程，淤灌面积扩大较快，到1985年，全县淤改土地43.85万亩。淤改后的土壤有机质、含氮量、速效钾均能成倍增加，尤其是速效磷可增加6倍以上。

经过放淤改土，农作物产量大幅度提高。临河店乡王庄大队有耕地2468亩，淤改前大部分是带碱性的沙壤土，1978年，粮食总产不过15万公斤，平均单产60公斤，每年吃统销粮4万公斤，依靠国家救济和贷款6000元。淤改后，1980年粮食总产54.4万公斤，单产225公斤，为淤改前的3.67倍。马头乡放淤前麦季绝产的就有90个队，1972年，粮食总产201万公斤，单产不过百斤；1973年开始放淤；1978年，粮食总产达到600万公斤；1985年，粮食总产达1600万公斤，为淤改前的8倍。①

表4–8　全省除涝改碱及水土保持发展情况

单位：万公顷/万亩

年份	除涝面积（万公顷/万亩）	盐碱耕地改良面积（万公顷/万亩）	水土流失治理面积（平方公里）	解决缺水人口（万人）
1936				
1949	3.26/48.9	3.01/45.2	2737.0	
1952	10.67/160	3.60/54	4127.0	
1957	37.07/556	7.99/119.8	12627.7	
1962	69.53/1043.0	14.74/221.1		
1965	117.91/1768.6	21.63/324.4	23089.8	63.1
1970	146.79/2201.9	40.19/602.8	26450.4	150.6

① 参见东明县史志编委会编：《东明县志》，中华书局1992年版，第204—205页。

年份	除涝面积（万公顷 / 万亩）	盐碱耕地改良面积（万公顷 / 万亩）	水土流失治理面积（平方公里）	解决缺水人口（万人）
1975	184.26/2763.9	55.89/838.3	30379.9	279.7
1978	219.45/3291.7	50.35/755.3	32101.7	335.4
1980	223.33/3349.9	54.76/821.4	30352.0	367.1
1985	232.35/3485.2	69.91/1048.7	31769.0	487.7
1990	237.25/3558.7	80.24/1203.6	21384.0	757.2

说明：①1990 年，全省有易涝面积 295.35 万公顷（4430.3 万亩）；盐碱耕地面积 103.68 万公顷（1555.2 万亩）；原有水土流失面积 63536 平方公里，需要解决缺水问题的人口为 1129 万人。② 全省原有盐碱耕地面积，中间因引黄处理不当，一度增加次生盐碱耕地 45.33 万公顷（680 万亩）。俞宽钟主编：《现代山东农业》，山东科学技术出版社 2000 年版，第 108 页。

3. 涝洼黏土改良

包括黏质潮土、湿潮土和砂姜黑土几种类型土壤。通过提高骨干河道排水标准，完善排水系统，辅以台田、条田等排水措施，配合增施有机肥料、客土掺沙等，大部分已得到很大程度改良。

① 滨州土壤综合治理。旱、涝、碱是影响境内农业生产的三大自然灾害。新中国成立后，疏通河道、兴建引黄灌溉设施，打井、修水库，发展农田灌溉，提高了抗御旱灾的能力。1956 年，开始修建台田以治涝治碱。1964 年，学习治理旱涝碱经验，接受引黄自流灌溉造成土壤次生盐渍化的教训，拟定了“河水桥闸，一沟三用（灌、排、改），大搞台田、条田”的治理方案，由水利部门进行规划、实施。全区在涝洼荒碱地区修建了一大批台田、条田。

1970 年，全国北方地区农业工作会议和第一次全国农业学大寨会议后，全区农田建设的抗旱涝，保丰收，建设高产稳产田为目标，每年冬春，县、社以农田水利工程为重点，整修灌溉设施，开掘新的干、支排水沟，修筑条田和台田，整平土地等。1981 年，全区已建成旱涝保收农田 195.17 万亩。1985 年，全区建成旱涝保收高产稳产田 257.8 万亩。①

② 枣庄涝洼地的改良。1932 年峄县疏通河道，排泄积水，以涸复洼地。

① 滨州市史志编纂委员会编：《滨州市志》，齐鲁书社 1993 年版，第 126—127 页。

1936 年山东省立农业实验所肯定了挖沟排水的方法，1937 年总结了土壤深耕、挖沟排水、涸复洼地的经验。

自新中国成立以后，采用排灌蓄结合、沟渠河结合、台田畦田结合、深翻深耕结合、换土压沙结合的排涝防涝的方法，改良这些土地。1958 年开始修筑台田、条田。到 1964 年全市基本上控制了涝灾。至 1985 年，沿运沿湖的涝洼地区共植树 1000 多万株。①

③ 威海市整地改土。威海地处海滨，旧时“山厉土斥”。至 1940 年后，威海境内沿海阴涝、盐碱地达 43500 亩；西起初村、东至港西北海的 60000 余亩沙滩，年年内侵；境内河流河床高，两岸 10000 余亩土地阴涝为患；山腰梯田，地面凸凹不平，土壤流失严重，面积达 31500 亩。威海开展整地改土活动，对山、水、林、田综全治理，重点是对 40000 亩盐碱地、阴涝地进行挖沟排水，修台条田，淡水洗碱或冬耕沉碱；在山顶陡坡挖鱼鳞坑、水平沟、“水簸箕”、缓水坝等，防止水土流失；建造防护林，以防风沙侵埋农田。但因战争影响，整地改土收效不大。

1957 年以后，学习莒南县厉家寨修整“二合一”、“三合一”梯田的经验，整沟改土由低洼泊地转向山地，搞“三合一”梯田，把加高地堰、整平水面、挖缓水淤泥沟等结合起来，使部分十地改变土壤层次，活土层加深到 1.5 尺，减少水土流失。

70 年代，“农业学大寨”运动中，整地改土成为农业生产活动的中心内容。1964 至 1982 年，全市共整地改土 11 万亩，占总耕地面积的 62.1%。涝台、双岛等沿海荒沙已被封住，防护林内已改造成大批良田，全境河流通畅，堤岸坚固，自 1965 年以来，未出现大的河水泛滥；沿河两岸的低洼碱地均改成适宜机械耕作的台条田，总面积 37000 亩；公路沿线及近村山岭地，多数修成平坦方整梯田，面积 70000 余亩；全市耕地 93% 以上能够使用不同型号的拖拉机耕作。

但是，大规模的整地改土，活土层基本被打乱，影响了土地有机质及氮、磷、钾的含量。据 1979 至 1982 年土壤普查，全市土壤含有机物质、全氮、速效钾没有一、二级地块；有 92% 的耕地缺有机质，99% 缺全氮，88%

① 参见枣庄市史志办编：《枣庄市志 · 农业志》稿本卷十六，第 20 页。

缺速效钾，95% 缺速效氮。①

4. 风沙化土壤改良

包括风沙土土类和潮土土类中瘠薄的砂质脱潮土等。在改良上以营林固沙为先导，从 50 年代起，采取陆续营造防护林带和田间林网，配合增施有机肥料，沿黄放淤压砂，局部小面积翻淤压砂等措施；部分风沙化土壤还得到了灌溉，使土壤风蚀大大减轻。风沙化土壤中原来风蚀最严重、流动性大的风沙土土类，面积共 83.1 万亩，第二次土壤普查时有 29.7% 已固定，68.1% 半固定，流动的仅占 2.2%。②

① 泰安市的农田改造。新中国成立后，随着农业社会主义改造的完成，泰安政府组织农民开展了以深翻整平、改良土壤、培肥地力为主要内容的农田改造工作。50 年代初，提倡深翻土地，1956 年共深翻土地 2 万亩，深翻地瓜沟 42197 亩。1958 年深翻土地 598808 亩，占总耕地面积的 40%，有较好的增产效果。有的深翻五尺以上，打乱土层，劳民伤财。1964 年开展“农业学大寨”运动，深翻整平土地建“大寨田”。70 年代形成高潮，各社队组织整地改土专业队，冬春发动全体劳力上阵，组织跨社大会战。1975 年 10 月，范镇埠东岭会战工程动工，两万余名劳力上阵，大干一冬春，整地 1.8 万亩。同年秋，西住公社万人奋战乡城岭，投工 180 余万个，整平土地 2 万亩。1976 年下港公社 6000 人上阵，40 华里一条线，建成高标准“大寨田”6000 亩。据统计，至 1979 年全县共整平土地 64 万余亩，将原来凸凹不平、零星分散、土层浅薄的山岭地，改造成了平整宽展，土层深厚的良田，收到了显著增产效果。范镇埠东岭农田改造后，粮食作物由原来亩产 185 公斤，提高到 357 公斤，提高 93%。③

② 滨州植树固沙。境内沿黄河各县多为黄河淤积而成沙质土壤，土质松薄，易于风蚀，植树固沙早有施行。新中国成立后，普遍推行植柳桑固沙，以保土壤。1960 年后，国家扶持社、队造林，在沙荒地成片植树，营造农田林网，锁住风沙。1969 年起，邹平县码头公社李坡生产大队封沙造

① 威海市地方志编纂委员会：《威海市志》，山东人民出版社 1986 年版，第 223 页。

② 参见俞宽钟主编：《现代山东农业》，山东科学技术出版社 2000 年版，第 855—857 页。

③ 泰安市地方史志编委会编：《泰安市志》，齐鲁书社 1996 年版，第 150 页。

林，共栽植成片林650亩，果园700亩，桐粮（棉）间作2000余亩，并在沟、渠、路旁遍植树木，初步制住了风沙灾害，粮、棉产量成倍增长，1984年粮食总产达70万公斤，比1969年增加32.5万公斤，皮棉总产高达80万公斤，比1969年增加6.85万公斤。①

③蓬莱市改土整地。县内历有冬耕冬刨、整修地堰和挖排水沟的习惯。1957年大柳行乡上陈家村深耕整平地面、堰边挖缓水淤泥沟和竹节沟的整地方法（时称"三合一"整地法）在全县推广。是年全县整地2900亩。1958年，曾盲目强调深翻，部分农田深翻达1.7米，打乱了耕作层，造成减产。此后总结教训，强调科学深翻，既整平地面，又不打乱耕作层，结合整地增施有机肥，收到良好效果。1964年，县政府在团结大队进行农田规划整地试点，营造"三合一"梯田和再加灌溉系统的"四合一"梯田及畦田。1965年向全县推广。1974年3月，《人民日报》以《你追我赶　遍地花开》为题，综合报道聂家、王格庄、战家庄10个大队治山治水、大搞农田基本建设的经验。是年，全县动员10余万人，治山治水，整修旱涝保收的丰产田6.7万亩，扩大水浇地3.2万亩。1975年，贯彻全国农业学大寨会议精神，开始全面规划，实行山、水、林、田、路综合治理，当年营造丰产田8万亩，扩大水浇地6万亩。1978年冬至1979年春，县设农田基本建设指挥部，在解宋营村西烟潍公路两侧组织东西长7.25公里、南北宽4公里、包括12个生产大队2万亩耕地的整地战区，投资50万元，整地1000亩，修建平塘1座、扬水站1处。此后，每年冬春县内各级政府都组织群众开展整地活动。1991年，全县农田旱涝保收面积达到31.26万亩。②

第四节　山东省的农具与牲畜

一、农具

据专家研究，明清之际，农具有所改进。主要生产工具如耕犁改进，

① 参见滨州市史志编纂委员会编：《滨州市志》，齐鲁书社1993年版，第126页。

② 参见山东省蓬莱市史志编纂委员会编：《蓬莱县志》，齐鲁书社1995年版，第250页。

出现了几种改进的人力犁，以应农民缺乏耕畜的急需。另有代耕的农具。①但总的来说，生产工具的革新与普及是不足的。

传统观点认为，中国农业落后，主要表现在农业生产工具的落后上。一般是以生产工具作为生产力的主要标志。人们很轻易地下结论，说传统农业的落后，主要在于农业技术的长期停滞与缺乏革新。而农业技术停滞，又主要表现在生产工具的粗陋与缺乏革新的几百年一贯制上。明朝中期以后，山东农业因为美洲作物的引进，在农业技术的层面引发了足可以称为绿色革命的大变革。这场静悄悄的绿色农业革命，养活了几千万新增的人口，新品种所引发的巨大经济效益，足以抵消生产工具的长期停滞与缺乏革新。

（一）各地区的传统农具

据山东省农机局 1983 年对近代山东农具的调查，仅就种植业中的耕耙整播、施肥植保、收获脱粒、储藏运输、水利灌溉、农副产品加工等 130 余种农具中，许多与元代王祯《农书》所载农具基本相同，或完全一样，沿袭旧制，几百年一贯制。②

在美洲作物新品种引进推广之前，山东农业生产多是粗放经营，不讲求革新，农业技术沿袭传统形态，死守祖宗之法。下面从一些典型县区看农村农具情况。

1. 章丘县传统农具

据城子崖出土文物证明，早在五千多年前，即有用石、骨、角、蚌壳制作的农具。使用的磨制精细的石器主要有石斧、石铲、石镢、石锄、石刀等。距今三千多年前，发明耒耜。春秋战国时期，基本具备耕地、播种、收割、加工等一系列配套农具。汉代，东平陵城为冶铁重地。冶铁业的发展，促进农具逐步改为铁器，“唐时铁器章丘最盛”。元末，成为“铁匠之乡”。清末民初，“章丘铁匠饶有声誉，每年售技于奉、吉、黑、山、陕等省者，道相望而踵相接，所得工资为数极巨”。章丘铁匠凭着一盘红炉、一只风箱、两把铁锤，锻打精制耐用的锄、镰、锨、镢等。随着农业的发展，农具不断

① 参见李文治：《明清时代中国农业资本主义萌芽》，中国社会科学出版社 1983 年版，第 16 页。

② 吴绪银：《山东近代犁耕浅折——从山东农具调查说起，也论古耒、耜及今之农机化》，《民俗研究》1992 年第 2 期。

改进，日趋完善，沿用至今。

按生产需要和使用习惯，境内旧式农具可分为八大类共八十余种。

① 整耕农具。有犁、耙、耮、耠、锨、镢、镐、锹、抓钩等。

② 播种施肥农具。有耧（又名耩子，分独腿、双腿、三腿）、套种具（又名漏斗、点葫芦）、砘车（又名砘子）、粪筐、粪篓、驮篓、粪铲子、粪叉子等。

③ 中耕培土工具。有锄、铁耙、铲、板镢等。

④ 收获及场间农具。有镰刀（还有钐刀）、木叉（分二齿、三齿）、排叉、竹筢、笸箩、簸箕、扫帚、筛子、刮板、碌碡、木锨、扇车、升、斗、苇席、搢子等。

⑤ 运输农具。有铁木轮大车、拖车、手推车、太平车、驴驮子、背篓、扁担等。

⑥ 提水用具。有辘轳、鸳鸯罐、斗子水车、戽斗、桔槔等。

⑦ 农副产品加工工具。有石磨、石碾（油碾）、杵臼、碓、罗面具、脚踏轧花机、织布机、手摇纺花车等。

⑧ 其他农具。明正德年间，绣江两岸安装水磨、水碾，为境内手工劳动向机械化发展之始。至 1932 年，置有水磨、水碾 40 盘。50 年代末期，有水磨、水碾 50 盘。进入 60 年代，因水流短缺，电力机械增加，水磨、水碾逐渐淘汰。①

2. 菏泽传统工具

1953 年前，菏泽地区内农业生产工具发展缓慢，农民仍完全使用传统的人力、畜力农具，到 1985 年，仍将其作为主要辅助工具从事农业生产。旧式农具按其作业种类可分为：耕作工具、轧脱工具、运输工具、农产品加工工具和提水工具等五大类。

① 耕作工具。主要有犁，用以耕翻土地；耙，用以碎地、平地、保墒；耧，播种工具，用以开沟播种；砘车（又叫砘子），供播种后压土保墒；锄，为中耕工具，用以松土、间苗、锄草；镰，收获农作物和柴草的工具；板镢，是一种收获、点种、间苗的多用途工具；锨，是一种翻地、装卸土杂肥、挖

---

① 参见章丘县地方志编纂委员会：《章丘县志》，济南出版社 1992 年版，第 158 页。

坑、掘沟、扬场等多用途工具；抓钩（又名三齿钩），用它收刨花生、地瓜、萝卜等块根作物，也可用以翻土、松土。

② 轧脱工具。主要有石滚（又名碌碡），是场间脱粒工具；捞石，与石滚配套的脱粒工具；大杈，是场间翻晒及堆垛禾秆、柴草等专用工具；排杈，是场间搜集碎禾秆，扬第一遍场的专用工具；竹扫帚，是场间清扫工具，也是家庭清扫卫生的工具；落把（又名拥把、撒把），是在场间搂捡禾秆和堆积粮食的工具；拥板，是场间堆积粮食和糠秕的工具。

③ 运输工具。有独轮车、两轮大车（又称辕车）、四轮大车（又名太平车）、拖车、扁担、粪箕子等。

④ 农产品加工工具：有杵臼，是最古老简单的粮食加工工具；碾，是一种古老的粮食加工工具；石磨，是传统的制粉工具；油榨，是传统榨油工具；轧花车（又名轧车、搅车），是较古老的棉花脱绒工具；弹花弓，古老的棉花加工工具；纺棉车子，传统的棉纱加工工具；织布机子，是较古老的织布工具；铡刀，是一种传统的饲草和作物秸秆、秧蔓加工工具；簸箕，古老的粮食加工精选工具；笸箩，传统的晒粮、箩面、筛米等多用工具。

⑤ 提水工具。有木桶，是古老的简易提水工具；桔（又名挑杆子，称杆），传统提水工具；辘轳，传统提水工具。①

3. 青岛市传统农具

新中国成立前，青岛农业生产所使用的农具基本都是世代相传的简陋、笨拙的传统工具。畜力农具有犁、耙、耧、车四大件。手工农具有田间、场间、加工和运输农具。田间农具有锄、镰、锨、镢、扒、杠犁、辘轳、水车；场间农具有杈、木锨、木制风车、连枷、铡刀等；运输农具有木轮、胶轮手推车，地排车，木轮马车（统称“三车”），扁担，柳条筐，驮篓等；加工农具有石磨、石碾、弹花机、织布机、榨油机等。这些农具大都系地方木匠、铁匠制造。

二三十年代，青岛市开始引进新式农机具。“从民国十八年至二十二年间，青岛海关输入农业机械价值 47835.29 银元”。30 年代初，青岛正祥和铁工厂开始生产水车、弹花机、犁铧、榨油机等，成为山东省比较早的农机生

---

① 参见《菏泽地区农业志》，中国农业科技出版社 1989 年版，第 42 页。

产厂家。1934年，青岛有55家铁工厂能够生产轧花机、织布机等。1936年，青岛市仅有犁6900部、耙5200架、耧5000台。①

4. 桓台县传统农具

新中国成立前，桓台农民耕、耩、锄、浇、收割、脱粒、运输以及加工，全靠畜力人力。全部用简单的手工工具，如大车、水车、犁、耙、锄、镰、锨、镢等。农谚有"桓台县不怕旱，洞子井鸳鸯罐，水车斗子一大串。辘轳杆子嘎啦啦转，不靠老天也吃饭"，是靠传统农具引水浇地夺丰收的写照。1948年，全县有旧式斗子水车4999部，平均13.7户1部。铁瓦木轮马车1406辆，平均48.7户1辆。普通中小农具每户都有，或一户多件。②

桓台境内传统农具可分为八大类。③

表4–9　桓台50年代农具一览表

作业名称	农具名称
耕种农具	犁、耙、耢、铁耙、锨、镢、耧（单腿、双腿、大裆、小裆）榔头
灌溉农具	旧式斗子水车、鸳鸯罐、辘轳、拔斗子、撩斗子、水龙（龙骨水车）
中耕农具	锄（大锄、小锄）、耘锄、耠子、小镢
收割打（脱粒）农具	镰刀、剜刀（割高粱穗用）、碌碡、扬锨、扬簸箕、扇车、扫帚、木杈、排杈、铁杈、竹筢子、推耙、拉耙、大耙、二齿
运输农具	铁瓦木轮大车、木轮手推车、二把手车、拖车、扁担、木锨、篓子、抬筐、挑筐
加工贮藏用具	石磨、石碾、铡刀、轧（弹）花机、纺车、织布机、油榨、簸萝、簸箕、石萝、麻袋、布袋、囤、缸、擢子、苇席、苇筐
新式改良农具	双轮双（单）铧犁、解放水车、拧不够、畜力三行、四行、五行播种机、喷雾器、手摇地瓜切片机、手摇玉米脱粒机、氨水耧、套种（播）耧、点播器、小锄
运输工具	胶轮马车、胶轮地排车、胶轮手推车

① 参见青岛市志编委会编：《青岛市志·农业志》，中国大百科全书出版社1996年版，第278页。

② 参见桓台县史志编委会编：《桓台县志》，齐鲁书社1992年版，第164—165页。

③ 桓台县史志编委会编：《桓台县志》，齐鲁书社1992年版，第164—167页。

5. 东平县传统农具

东平县“所有耕耨播种耘耔肥田诸法以及各种农业器具，率多恪守数千年相沿之旧习，间有改革，亦多本老农经验之得或异地传习之采取，非科学新发明也。然虽株守旧法，近年来地价之昂贵，生齿之繁衍，浸浸乎有人多地少之虞。一般农民，为环境所迫，颇知奋励，对于垦殖耕作不惜劳资，务尽地力，故现在农业之收获物较之三十年前已增加不少，是亦农业中之少许进步也”。①直到清代，东平县一直沿用锄、镰、镢、锨、犁、耙、耧、砘、杈、斗子、辘轳等古老农具。耕耙机具，沿用木铧、铁铧、木耙。播种机具，用独腿耧、双腿耧，豁耧等。中耕锄草的传统工具是锄。收割工具，历来多用镰刀。打场脱粒机具，沿用石滚轧、木棍砸。运输工具，多为肩挑人抬或用铁轮大车、独木轮车运输。提水机具，主要是明代以后普及的辘轳、泼斗，靠人工提水；用畜力拉的旧式链斗水车极少，30年代，始有“挂盒式”水车提水。②

6. 牟平县传统农具

牟平县“普通田器，如耕田用犁，平土用耢，疏块用耙，播种用耧，定苗及耘草用锄，割谷用镰，取根茬用镢，打场用锨杈碌碡箕帚等，均亦旧式。”③

7. 临沂传统农具

临沂在民国时“农器仍沿旧制，农作类用旧法，无机械、水利、施肥、化土、杀虫之种种科学作用，以故收获不丰”。该县“沙土少而瘠土多也，然改良土地首在人工，而农民多沿旧法，不恃肥瘠听之天然，即灌溉亦认为多事，一遇旱干即苦凶荒”。④

8. 聊城的传统农具

聊城地区的传统农具主要有：木犁、木耙、木耢、铁锨、三齿镢、木耧、石砘子、耠子、锄头、辘轳、水桶、镰刀、扳镢、歼刀、削谷刀、大车、四轮车、平车、土车、扁担、钩担、石磙子、木杈、竹筢子、竹扫帚、

① 《实业志》，《(民国)东平县志》卷八。

② 东平县志编委会编：《东平县志》，山东人民出版社1989年版，第126—127页。

③ 《政治志》，《(民国)牟平县志》卷五。

④ 《舆地志》，《(民国)临沂县志》卷四。

扬场木锨、簸箕等。这些农具，都是构造简单的铁木农具，虽有各种用途之分，但都落后于时代，农民用这些农具从事农业生产，劳动强度大，工效低。①

9. 诸城传统农具

有辘轳、倒筲、称杆（桔槔）、戽斗等。1949 年，全县有辘轳 4500 架。境内传统的收割工具有镰刀、镢。脱粒工具有碌碡、竹扫帚、木锹腊杈、簸箕、扇车等。扇车为地主、富农场间或收租时用。运输工具方面，清末至民国期间，境内南部、东南部山区运输主要靠人挑（用扁担、担杖）、驴驮；北部、西部、东北部靠木轮手推车、木轮二把手车；富户则有少量木轮马车、牛车、拖车。②

10. 淄博传统农具

《淄博市志》根据当地农具的情况，对传统农具和农具改良作了系统的总结。淄博农具，近代至新中国成立前后，农业生产基本上沿用旧式传统农具。这些农具虽几经改进，但基本结构与形状没有大的变化。

① 耕整农具。传统耕整农具以犁、耙、镢、锨为主。犁，是主要翻土工具。旧式犁为木制，装有生铁铸造的犁铧，用牲畜牵引，新中国成立前人拉犁现象比较普遍。旧式犁耕地，劳动强度大，效率低，用牲口牵引每天耕地 4—6 亩。新中国成立后自 60 年代起使用渐少。

耙，木框呈梯形，装有铁齿或木齿，框中间钉有八字形木梁，用于作业时载人载物增加碎土的重力。20 世纪 70 年代北部平原为适应小麦窄行密植，创制了一种小耙，拖在播种机后面碎土平畦。实行机耕后多拖在拖拉机的后面使用。

镢，系木柄铁头，用于刨地、开沟、收获。由于土质和用途不同，镢头有宽窄，镢柄有长短之分。山区丘陵用的镢头较窄，平原地区用的镢头较宽。有些作物多用镢收获，如地瓜、花生等。用镢刨地劳动强度大，效率低，一个壮劳力 1 天仅刨地 3—5 分。因用途较广，至今仍广泛使用。

锨，是翻地、起土和装卸的工具。淄博农村使用的主要是铲锨和板锨。

① 参见聊城史志编委会编：《聊城市志》，齐鲁书社 1999 年版，第 142—143 页。

② 参见诸城市志编委会编：《诸城市志》，山东人民出版社 1992 年版，第 174 页。

铲锨多用于翻土，板锨多用于装卸物料。新中国成立后桓台县索镇自70年代以来生产的“云涛”牌铁锨，锋利、光滑、耐用，畅销省内及山西、河南、陕西等地。

此外，还有用于整地平畦的铁耙、耕后碎土平畦的耪、田间砸坷垃用的木榔头和刨石挖穴用的镐等小型辅助工具。

② 播种镇压工具。传统的播种工具为：耧。耧有单腿、双腿之分，除耧腿上的“种金”和耧斗里的耧“蛋子”为铁件外，余为木制。平原地区多用双腿耧，山丘地区多用单腿耧。新中国成立后50年代开始推广小麦密植，旧式耧被淘汰，代之以二三腿耧，70年代三腿耧又为播种机取代。农村实行联产承包责任制后，地块划小，耧的使用量增多。淄川区口头乡西石门村制造的单腿耧，轻便省力，坚固耐用，销往临朐、蒙阴、莱芜等10余县，1964年“石门耧”作为名牌产品参加全省农具展览，山区农村至今仍有使用。

砘子，是播种后的镇压保墒工具。有“单眼”（1只石磙）、“双眼”（两只石磙）两种，单眼用时为推或拉，双眼用时为拉。双眼砘与双腿耧配套使用。

③ 中耕工具。传统中耕农具以锄为主，耘锄次之。锄是木把铁勾，有大中小之分。大锄主要用于灭茬保墒，中锄用于中耕除草松土，小锄用于间苗清禾除草。这几种锄迄今普遍使用。

耘锄，用于中耕灭茬松土，也可开沟、扶垄、培土。有双腿、三腿耘锄两种。

④ 收获工具。传统的收获工具以镰为主。镰刀似月牙形，柄有长短之分。长柄（约2尺）镰用于收割小麦、谷子、大豆之类，短柄镰主要用来割草。淄博农村大部分为通用型镰，其品种因地而异，有鹅头镰、木梳背、大弯头、平头镰、白齐头，黑齐头等。有的按锻打形式分为厚背尖头镰和薄背平头镰。前者用于收割玉米，高粱等作物，后者用于收割小麦、谷子等作物。还有一种抓镰，亦称扦刀或剜刀，用长7—10厘米，宽3厘米左右的铁板制成。有的刀面上端有两孔，用以系绳，用时将绳套在手上操作；有的刀背上镶有木把，握在手里使用。这两种扦刀主要用于收割谷、黍、高粱穗用。20世纪70年代中期推广小麦收割机后，镰的使用骤减。八陡镰刀是省

内名牌产品，约有三百年历史。民国初期，年产量达百万张，畅销山西及东北各省。

⑤ 脱粒及场上工具。传统的主要脱粒工具有碌碡、扇车、擦床等。碌碡，又名石磙，有光面磙和刻有棱沟的磙两种。光面者用于磙场，棱面者用于脱粒。为提高效率，有的在用碌碡脱粒时增加一别杆，即用 1 根长 3—4 米的木杆，在杆的下端内、外侧各固定 1 个便于牲畜牵引和挂碌碡的铁环，打场时操作者握杆的上端随牲畜绕场旋转。

扇车，又称风车、飏扇，是脱粒后的分离清选工具。扇车由风箱、风扇叶、喂料口、出料口、手柄等组成，为木制。使用时 1 人送料，1 人摇动手柄，利用箱内形成的风流将粮壳杂物吹出箱外，粮粒则由出粮口流出。

擦床，用于玉米脱粒，是在长约 50 厘米、宽约 6 厘米的方木上钉 1 粗铁锥，锥的下方挖 1 小孔，使用时 1 手扶擦床，1 手拿玉米果穗往锥上推，辅之以手剥，达到脱粒的目的。

这些脱粒工具劳动强度大，费工多，效率低。20 世纪 60 年代以后逐步被机械代替。农村实行联产承包责任制后，有的农民又使用碌碡打场。传统的场上辅助工具有木锨、木耙、竹耙、木杈、拉耙、扫帚、簸箕、筛子、折子、二齿、苫子等。近年除木锨、木耙、苫子减少外，其余仍普遍使用。

⑥ 传统的提水工具。传统的提水工具主要是斗子水车、辘轳头和鸳鸯罐。

斗子水车，有木制、铁制两种，靠牛拉人推，效率低，1 架水车每日仅浇地 2—3 亩。1894 年前后，桓台县的新城、索镇等地即有这种水车，1949 年全县达到 4999 部，平均 13.7 户 1 部。其次，临淄、周村、张店等地新中国成立前后也多有使用。由于这种水车构造复杂、笨重，50 年代即为解放式水车取代。

辘轳，适于小面积灌溉，建国前各区县普遍使用，新中国成立后随着集体经济的发展，多为水利机械代替。1979 年农村实行承包责任制后又有使用。

鸳鸯罐，是在辘轳的基础上发展起来的，新中国成立前北部平原普遍使用。桓台著名的洞子井配上鸳鸯罐提水，形成乌河两岸农民得天独厚的灌溉条件。2 人操作每天可浇地 6 亩左右。新中国成立后鸳鸯罐逐年减少，70

年代基本淘汰。

提水工具中还有拔斗子和戽斗，但数量较少。拔斗子也叫称杆或吊秤，适于沿河湾的农村及水位较高的浅井使用，每日可浇地1—2亩，新中国成立前农村用得较多，新中国成立后主要用于人畜饮水和菜田浇水，大田灌溉多被水泵代替。戽斗，也称撩斗子、撇斗子、撇碗，是一种历史较久的简单提水工具。20世纪50年代在沿河湾的农村使用较多，60年代后被淘汰。

⑦ 传统的农业运输工具。农业运输工具主要是大车、木轮手推车、地排车是。大车，亦称铁瓦大车，车轮系铁木结合装置，由1—3头牲畜牵引，可载重1000到1500公斤。新中国成立前后在平原农村较普遍使用，60年代后期逐渐为胶轮马车代替。

木轮手推车，载量250公斤左右，新中国成立前农村广泛使用，新中国成立后随着胶轮小车的问世而逐渐减少。

地排车，有普通地排车与畜力地排车之分，至今仍普遍使用。

此外，还有二把手车、猪嘴车子和拖车等多种。二把手车的结构与木轮手推车基本相同，套1头牲畜可载750—1000公斤，新中国成立前平原地区用得较多，新中国成立后逐步淘汰。猪嘴车子多见于山区农村，其构造大体同于木轮手推车，载量一般在1000公斤左右。拖车，又名拖爬，是平原地区农民耕翻土地时运载农具的工具，60年代后期淘汰。

桓台湖区主要运输工具系木制小船，宋代前就广泛使用。船宽1米多，长5—6米，载重1000多公斤。无帆无舵无遮篷，船体光溜，行走快慢、进退转弯和停驶，全靠一根5米左右的长竹篙来驾撑。湖区户户门前停泊小船，出门必用，男女老幼均能执篙驾撑。

⑧ 农副产品加工工具。传统的农副产品加工工具是磨和碾。磨有旱磨、水磨两种。旱磨加工面粉，水磨加工煎饼糊、豆浆等。沿乌河、孝妇河两岸还有一种水轮磨，新中国成立前多用来加工香料，故亦称香磨。磨多为石制。20世纪60年代后期，磨渐为磨面机代替。水轮磨因水位普遍下降，河道断流而绝迹。

碾有花碾、光碾之分。花碾是在碾磙表面顺圆柱方向凿有凹槽，用于粮食脱壳去皮，光碾没有凹槽，用于粉碎小麦、玉米、谷子、高粱颗粒等。新中国成立后碾的使用渐少，60年代后除山区尚少量使用外，大部分为粉碎机、磨面机代替。

较原始的粮食加工工具是杵臼和脚打碓。杵臼由杵木和石臼组成，使用时将粮食置于臼内，用杵反复击捣，使之去壳或粉碎等。脚打碓是一根直径4—5寸、长5—6尺的木梁前端装一圆木，置于坑槽内，木梁中间立一支点，用脚踩木梁后端，前端的圆木即上下击捣粮食。这两种工具新中国成立前市内山区有使用，新中国成立后逐渐淘汰。

作为传统的农副产品加工工具，还有丝罗、筛子、地瓜切片刀、轧花机、铡刀等，新中国成立后多为相应的机具取代。①

（二）农具的分布与利用

山东省政府曾于新中国成立初集中数千人对十六个县四十九个典型村做过精密的农村调查。在农具方面，主要调查了通用的15种农具中的13种主要农具每10户的拥有量。认为13种农具均有增加，其中辘轳、水车已超过战前水平，灌溉设施日渐充实，耕作亦日益集约。

表4–10　山东省十六个县四十九个村主要农具统计表

单位：件 / 十户

	1931—1936年	1948年	1949年	1950年
人车	0.90	0.58	0.58	0.64
小车	2.54	1.42	1.48	1.64
水车	0.38	0.45	0.45	0.49
辘轳	0.54	0.46	0.52	0.58
犁	3.18	2.04	2.04	2.10
耙	2.58	1.74	1.70	1.75
耧	2.20	1.43	1.42	1.52
耘耙	0.48	0.37	0.42	0.45
耠子	0.69	0.64	0.66	0.66
铁锨	7.87	6.32	6.69	7.05
木锨	7.72	5.28	5.53	5.72

① 淄博市志编委员会：《淄博市志》（上下），中华书局1992年版，第1426—1427页。

	1931—1936 年	1948 年	1949 年	1950 年
镢	13.03	9.03	9.94	10.68
锄	16.54	13.24	13.70	13.79

资料来源：《山东省十六个县四十九个村典型调查》，引自中央农业部计划司编：《两年来中国农村调查汇编》，中华书局 1952 年版，第 228—229 页。

抗战前 15 种农具（除上述外，再加鸳鸯罐及耢），每 10 户平均：地主富农为 104.2 件，中农平均为 76.4 件，贫雇农为 56.6 件。①

乳山县鲁家夼村有 1936—1946 年的十年的统计资料，可以看出各阶层农具拥有和变化。

表 4-11　牙前县鲁家夼村各个时期农具表

	1936 年				1936—1942 年				1942—1946 年			
	犁	车	镢	锨	犁	车	镢	锨	犁	车	镢	锨
地主	10		14	15	10		14	15				
富农	42	1	77	52	25	1	46	32	20		45	31
中农	82	2	151	110	80	1	159	107	123	1	266	190
贫农	36		84	56	41	9	99	68	16		43	27
合计	170	3	326	233	156	2	318	222	159	1	354	248

说明：车是大车，可用牲畜拉运输，也可农用。

1936 年时，有地主 7 户，富农 27 户，中农 72 户，贫农 42 户，共计 149 户。每户地主有犁 1.43 架，有镢 1.4 把，有锨 1.5 张；每户富农有犁 1.56 架，有镢 1.83 把，有锨 1.23 张；每户中农有犁 1.14 架，有镢 2.1 把，有锨 1.52 张；每户贫农有犁 0.86 架，有镢 1.83 把，有锨 1.23 张。1936—1942 年间的户数，地主为 7 户，富农 22 户，中农 83 户，贫农 52 户，共计 164 户。地主户数与农具不变；每户富农有犁 1.14 架，有镢 2.09 把，有锨 1.45 张；每户中农有犁 0.96 架，有镢 1.92 把，有锨 1.29 张；每户贫农有犁 0.79 架，

① 参见中央农业部计划司编：《两年来中国农村调查汇编》，中华书局 1952 年版，第 228—229 页。

有镢 1.90 把，有锨 1.3 张。1942—1946 年，地主消灭，富农 22 户，中农 140 户，贫农 25 户，共计 188 户。自日军侵占山东后，农具损失严重，大农具明显下降。大车存有量很少。①

临沭县等三个区，提供了鲁南地区的资料。

表 4–12　临沭三个区农具分配表

	犁		户均		耩		户均		小车		户均	
	1937	1944	1937	1944	1937	1944	1937	1944	1937	1944	1937	1944
地主	63	53	0.93	0.8	41	11	0.6	0.17	37	17	0.54	0.26
富农	75	73	0.65	0.68	29	27	0.25	0.25	28	31	0.24	0.29
中农	229	325	0.4	0.42	74	85	0.13	0.11	59	79	0.1	0.1
贫农	128	166	0.17	0.18	23	27	0.03	0.03	33	26	0.04	0.03
雇农	9	4	0.05	0.07	2	2	0.01	0.04	2	2	0.01	0.04
共计	504	621	0.44	0.43	0.01	33	169	152	159	155	0.09	0.08

1937 年后，该区地主多由雇工经营转为土地出租。在抗战前，该地地主多为经营地主，中贫农则因土地增加而须购买农具，其中犁增加最多，其他农具则因价钱太贵，而将就使用，加之损坏不添，因而有所减少，小车缺少很多，中贫农在运输上甚感困难。②

牙前县榆山后村各个时期的农具，在胶东有一定的代表性。

表 4–13　榆山后村农具统计表

	1937 年前			1942—1943 年		
	犁	耧	耙	犁	耧	耙
地主	13	8	5	14	6	5
富农	10	6	9	20	7	8
中农	33	12	11	36	13	15

① 参见鲁档：《牙前县鲁家夼村调查总结》，第 6 页，原档案件编号为 TD24-17-7。

② 参见《沭水县石河、临沭县蛟龙、大兴三个区农村经济情况调查》，引自华东军政委员会土地改革委员会编印：《华东农村经济资料》第五分册《山东农村调查》，1952 年，第 75 页。

	1937 年前			1942—1943 年		
	犁	耧	耙	犁	耧	耙
贫农	18	12	7	19	9	6
雇农	2	0	0	0	1	0
其他	0	1	0	0	0	0
合计	76	39	32	89	36	34

原出租地主经减租减息削弱后，也开始自耕，置办农具。富农的农具比其他任何层都充裕，因其自已劳动及雇人耕种，所以农具比地主的还多，比中农的农具几乎多一倍；中农之新中农① 的农具较少；17 户贫农仅有耙 7 面，平均两户半才能有 1 面耙。贫农因生活困难没钱买农具。②

原属山东解放区的盐山魏桥村情况如下：③

表 4–14　盐山魏桥村各阶层农具统计表

阶层		富农	中农	贫农	雇农
户数		24	91	23	1
人口		116	411	115	4
农具	犁	34	70	9	
	耧	16	26	2	
	耙	29	46	4	
每农具负担亩		7.57	7.48	7.16	

盐山魏桥村给出了一个主要大农具负担亩的数据。要想拥有较齐全的大农具，至少要有 22 亩以上的土地；这还不包括牲畜的购置等费用，而这一笔费用是中农以下的农民无力承受的。

惠民县萧家等三个村 1944 年各村农具情况是：

---

① 新中农指土地改革后经济状况改善后由部分贫农上升而来的中农。

② 参见鲁档：《牙前县榆山区榆山后村概况调查初步总结》，第 14 页；原档案件编号为 TD24-19-13。

③ 鲁档：《盐山魏桥村的一般概况》，1949 年，第 6 页；原档案件编号为 TD26-74-1。

表 4–15　惠民萧家等三个村 1944 年农具统计表

	大车	小车	耧	耠子	耙
萧家村	9	6	16	18	16
王公范村	10	11	20	20	10
高官村	22	12	42	51	32

从惠民 3 个村农具情况看，每 7.2 户有大车一辆，每辆大车平均负担耕地为 106.93 亩，该地每 80 亩地即需有大车一辆；平均 10.2 户有一辆小车；平均 3.3 户有耧一架，每架耧平均耕地 56.2 亩；平均 3.3 户有一架耠子，每架耠子平均耕地 49.26 亩；平均每 5.1 户有一面耙子，每面耙子平均耕地 75.58 亩。生产力水平的低下，从工具的落后与稀少即可略见一斑，有时一户农民买不起大一点的工具，往往几家合买一样，共同使用，这称为“搭伙买”[①]，凡是能共同出钱共买共用农具的家庭，大多是亲戚或近邻好友，一切都是凭感情和相互信任，没有契约，在农具使用上都是相互尊让。

桓台县后大王庄 1946 年土地改革前较好地保留了原始状态，基本反映了该村抗日战争前的经济情况，其农具分布如下：[②]

表 4–16　桓台后大王庄 1946 年前农具统计表

	户数	人口	大车	小车	水车	水罐
地主	4	39	3	4	9	5
富农	9	46	6	3	13	6
合计	13	85	9	7	22	11
中农	100	538	14	48	65	62
贫农	125	590	5	39	54	51
合计	251	1298	37	101	163	135

从该村情况及以上各村农具分布情况，我们可以断定，在战前农村的

① 鲁档：《关于惠民县城郊区萧家、王范公、高官三个村的调查材料》，第 2—3 页，原档案件编号为 TD26-73-11。

② 鲁档：《桓台县田庄区后大王庄调查材料》，第 100 页，原档案件编号为 TD26-260-6。

耕作工具、收割脱粒工具及提水器具、运输工具等都严重不足。中农和贫农，8家没有1辆大车，2家没有1辆小车，连提水的水罐也不是每家都有；犁、耧、耙等大农具，要几家才能拥有一架，每件农具负担的地亩偏多。因此，每到耕作紧要时节，农民都不得不向富家借主要农具。

桓台索镇区6个村义和庄、宫家庄和前后七里庄等地灌溉主要靠水车、牲口及鸳鸯罐。土改后义和庄有牲口24头，地主富农户均2头；贫雇农在分得4头牲口后，户均只有0.49头，不足地主富农的四分之一；地主富农有水车14辆，户均1.7辆；而贫雇农户均0.08辆，10户贫农还摊不上一辆水车。宫家庄有牲口19头，地主富农户均水车1.1辆，贫农为零；地主富农户均牲口3.3头，贫雇农只有0.2头。①

在农具方面，流坡坞村富农的农具一般都是较多的，每家都有一辆大车，凡是地里或场上要用的东西，他们是样样皆备的。上中农一般都有大车，中中农部分有大车，下中农也有两三家是有大车的。中农中下层的大车是几家伙买伙用的，即几家合钱装一辆大车。其他农具方面，如犁子、耙子等，中中农以上的几乎全部都有，在农忙时是不需要向其他人家借用农具的。该村贫农没有一家有大车的，甚至数家也没有伙买伙用一辆大车的。在农忙时，只有向富农、中农去借大车用，其他农具如犁子、耙子之类，也都是少而又少的。②

（三）新中国成立后的农具革新

1. 菏泽新式农具

1950年4月，建立平原省农业厅菏泽新式农具试验推广站，中央农业部李运笏等带来了铁辕七英寸步犁、手摇玉米脱粒机等新式改良工具。1952年4月，新式农具推广站与水利推进社合并，建立了“菏泽专区供销合作社生产资料经理部”，由单一的试验推广变为经营推广。1954年全区新式步犁达9629部，解放式水车1370部。

① 新式步犁。60年代中期，生产出新式步犁并取代了老式犁子。改革的新式步犁比传统的老式犁子具有耕得深、沟底平、碎土匀、翻伐好、盖

① 参见鲁档：《桓台县索镇区六个村初步调查材料》，第29页，原档案件编号为TD26-37-1。

② 参见鲁档：《流坡坞东街村的经济情况》，第4—5页，原档案件编号为TD26-53-2。

草严、拉力轻、扶犁稳等优点，与老式犁耕种作物相比，单产增加10%—30%。主要型号有铁辕7英寸步犁、木辕7英寸步犁、5英寸步犁、166型黏土犁、8英寸步犁等。另外还有双轮双铧犁、双轮单铧犁等。

② 提水工具。半机械化铁制水车，具有使用方便、节省劳力、出水量大、适应性广的优点。1950年开始推广，到1955年全区水车保有量1941部。在全区推广的水车型号有52型、53型、55型和56型4种型号，通称解放式水车。60年代中后期，逐步被动力排灌机械所代替。

③ 运输工具。40年代初开始，出现胶轮推车、地排车、胶轮马车，60年代成了全区农村主要运输工具。80年代仍然是农村的主要辅助运输工具，在各项生产活动中占相当重要位置。1985年年底，全区拥有胶轮大车5201辆，胶轮地排车1137107辆，胶轮手推车28375辆。

④ 植保工具。在50年代开始使用，主要有单管式喷雾器、压缩式喷雾器、552丙型压缩式喷雾器、背负式喷雾器（1983年引进）、踏板手动高压喷雾器、50型手摇喷粉器、572型手摇喷粉器、丰收-5型手摇喷粉器等。

⑤ 加工工具。有人力皮滚轧花机，是一种半机械化的棉花加工工具，全部铁制，30年代开始引进，60年代以后逐渐被动力轧花机所代替。畜力弹花机，是一种以牲畜为动力的弹花机，较传统弹花弓效率高近20倍。30年代开始在区内使用，60年代以后逐渐被动力弹花机所代替。

50年代后期，全区开始了群众性农具改革运动。本着“以土为主，土洋结合。以改旧为主，改旧创新相结合”的原则，1959年完成各种改革农具有4417943件，其中耕作工具181405件、运输工具855483件、提水工具58896件、田间管理工具11065件、收割脱粒工具642120件、主要小农具1648589件、牵引机3043部、水利设施工具112733件、加工工具107269件、其他工具797340件。同时全区共建农具厂335处、修配站656处和修配间23处。1958年全区农具改革运动，由于缺乏严格的科学态度，不计成本，不讲效益，盲目追求数量，忽视质量，造成相当严重的损失。但对旧式农具进行了一次较彻底的改革，打破了千百年来的旧传统，促进了农具向半机械化和机械化方向转化的进程。①

① 参见菏泽地区史志编委会编：《菏泽地区农业志》，中国农业科技出版社1989年版，第43页。

2. 章丘县的农具改革

新中国成立后，政府贷款扶持农民购置新式农具，组织工业部门面向农村生产新式农具。1953年后，随着农业互助合作化运动的开展，新式步犁、三齿轻便耘锄、解放式水车等新式农具得以推广。并推广双轮双铧犁、十行播种机、十二片圆盘耙、摇臂收割机等马拉大型农具。50年代中期，境内农业机械化运动兴起。以农具改革为重点，普遍推广人畜结合的半机械化农具，引进小马力柴油机、煤气机及锅轮机等配套动力机械，用于提水灌溉和工副业加工。1955年，全县有红炉5726盘，从业1.5万人，生产出镰刀、镢头等名优产品。

① 耕作机具新式步犁。1951年引进。主要有7英寸、8英寸、10英寸三种。以7英寸步犁为佳，其体积小、耕得深、耕幅宽、沟底平、扶犁方便、耕深一致、沟壁整齐、牵引省力，效率较旧犁提高1倍以上。1966年，全县各种步犁保有量达6565部。

② 双轮双铧犁。1953年开始推广。整犁为铁制，犁体两边各有地轮沟轮、两个铧犁，并有控制深浅的升降手柄。耕得深透、翻垡平整、碎土好，效率比7英寸步犁高2倍以上。同时试行推广适合重质土壤深耕的双轮单铧犁。

③ 绣江犁。1963年县农具制修厂研制，适合当地生产条件。具有质量好、成本低、拉力轻等特点。在一般土壤使用，每小时能耕地1亩，绣江犁畅销国内外。

④ 播种耧。为改宽垄稀植为窄幅密植，增加土地利用率，对播种耧进行改革。重点改良旧式单腿耧、双腿耧。增装调整下种量和行距装置。改革后，有双腿耧和五腿耧，并大力推广5行和10行马拉播种机。

⑤ 耘锄。三齿轮轻便耘锄，是新中国成立后推广的中耕除草工具。轻便灵活，可随意调整宽窄。还可根据需要更换不同用途的锄齿，用一头牲畜牵引。适用于棉花、玉米、高粱、谷子等作物的中耕除草。沿用至今。

⑥ 拖拉机。1956年，山东省农业厅从广北农场调拨给国营章丘农场美国福特轮式20马力拖拉机1台，为境内历史上第一台拖拉机。1959年，章丘农场拥有拖拉机9台，229千瓦，并有配套农具。除完成本场生产外，还支援附近社队，为推广农业机械起到示范作用。1960年8月，县拖拉机站

建立。是年，山东省农业厅配给各种大型拖拉机25台，836千瓦。1961年，山东省农业厅又拨给县拖拉机站大型拖拉机45台，该站拖拉机保有量达70台，2517千瓦。境内农机作业大幅度提高。70年代，为农业机械、特别是拖拉机蓬勃发展时期。1970年，全县拥有各种型号的拖拉机105台，2803千瓦。1979年，猛增到2550台，4.34万千瓦。1985年，全县拖拉机增至6106台，9.12万千瓦，其中大中型拖拉机2093台，5.58万千瓦；小型拖拉机4013台，3.54万千瓦。1987年，农用拖拉机达8113台，10.5万千瓦。

⑦运输机具。清末，农业运输工具主要有人推木制独轮车、畜拉铁木轮大车。民国时期，引进畜拉胶轮大车和胶轮地排车。从1953年始，畜拉胶轮大车逐步取代铁木轮车。1958年，载重汽车增多。开展"滚珠轴承化"、"胶轮化"，使旧铁木轮大小人畜力车辆得以改造。将铁木轴改为滚动轴承，木铁瓦改为胶轮胎，使运输能力显著增加。至1965年，田间运输多用胶轮大车和胶轮地排车。1978年以来，随着农村改革的不断深化，实行以"大包干"为主要形式的农业生产责任制，胶轮车、地排车、畜拉大车剧增。1985年，全县拥有大小人畜力车辆12.13万辆，农村户均0.63辆。1987年，农用汽车677辆、机动三轮车522辆。

⑧提水机具。清末、民国时期，农田灌溉提水多用辘轳、桔槔等。1934年4月28日，山东省建设厅以贷款方式为章丘县订购水车30部。翌年6月17日，又续购36部（均为斗子水车），在境内推广使用。1950年，章丘县用贷款购进解放式水车498部。1954年，刁镇区前刘村刘瑞滋根据当时畜力不足的情况，把解放式水车改装成手摇水车。解放式水车密封性好、上水量大、性能可靠，是较先进的人畜两用提水机具。1966年，全县保有量达2.1万多部。旧辘轳淘汰。1978年以来，随着农业生产责任制的实行，此种水车又有新发展，以适应能源不足和小面积灌溉的需要。

⑨收脱机具。地瓜切片机。50年代，境内地瓜切片采用手擦式切片刀（俗称擦床），费工大，效率低，不安全。1958年，推广手摇地瓜切片机，有单刀、双刀和三刀式，以双刀型为佳。使用安全，工效大为提高。一人操作，一人喂入，每天可切地瓜5000公斤，后改为全铁制地瓜切片机。

⑩玉米脱粒机。50年代由外地传入。后经改造仿制，普遍推广，至今仍有使用。其结构简单、效率高、造价低、使用方便，每人每小时能脱玉米

粒20至30公斤，脱净率98%。还有镇压器、扬场机、种子精选机等。至1985年年底，各种型号的脱粒机达4458台。

⑪ 植保器械。喷雾器为境内主要植保工具，尤其产棉区。最早使用的喷雾器是从上海引进的WD—055型单管喷雾器。从1953年始，推广上海产552型（后改为552丙型）压缩喷雾器。1958年，推广山东潍坊产3WB—16型背负喷雾器。

⑫ 农副产品加工机械。清代，农副产品加工靠手工作坊。民国时期，从外地引进少量轧花机、弹花机、榨油机等。1949年后，随着农业生产的发展，农副产品加工机械长足增加。1979年以来，各类专业户蓬勃发展，磨面机、碾米机、饲料粉碎机、打浆机、铡草机、榨油机及各种棉花加工机械剧增。至1985年年底，全县各种农副产品加工机械达1.46万台，基本实现农副产品加工机械化。

⑬ 动力机械。1956年，全县有418千瓦。1965年，发展到8.92万千瓦，比1956年增加212倍。1975年，为12.31万千瓦。1976至1985年10年中，发展到36.41万千瓦。分别比1975、1956年增加1.95倍、869.7倍。全县平均每耕亩0.29千瓦，农村人均占有0.43千瓦。

⑭ 柴油机。1955年，山东省水利厅分配给县办地方国营盘泉寺农场柴油机1台，用于机井配套灌溉。后在全县发展起来。主要有“1140”、“185”、“195”、“295”、“495”、“695”、“1215”等型号。多用于农田排灌，部分用于农副产品加工及发电。至1985年，全县柴油机保有量达9010台，9.91万千瓦。1987年，1.1万台，11.9万千瓦。

⑮ 汽油机。1956年，县供销合作社从青岛购进一台用美国4缸福特汽油机改装配套的移动式抽水机。在旧章丘城南关护城河及张家林桥分别召开现场表演会。后调到垛庄，用于太平渠拦河坝清基排水。因汽油成本高、供不应求、能源不足，至1973年，仅有264台，多为小型抽水机。1985年，达798台，2333千瓦。

⑯ 电动机。60年代初，随着农村电力的发展，电动机开始推广使用。1960年，全县电动机保有量48台，209千瓦。1976年，发展到6568台，3.75万千瓦。1985年，增至1.63万台，11.69万千瓦，分别比1976、1960年增加2.1倍、559倍。1987年，增至1.8万台，14.1万千瓦。

⑰ 机引农具。境内配套的机引农具有犁、耙、播种机、收割机、推土铲、铲运机、平地机、开沟机、镇压器等。轮式拖拉机大都配有拖挂车。1985 年，全县拥有大、中、小型配套农具 7736 台，主机与农具配套比例为 1 : 1.1，农用拖挂车 5854 台，占轮式拖拉机总数的 84%。[①]

3. 历城祝甸村的耕作机具

1949 年前，菜田耕作工具多用板镢、铁锨、铁耙子、锄等。大田耕作多用木犁、大耙等，用牛牵引，效率很低。1951 年后推广双轮双铧犁和新式步犁，用大牲口牵引。1957 年首次用涡轮机配套脱粒机打小麦。1958 年购进 50 马力拖拉机一部；1972 年陆续购进大小拖拉机 43 部，耕作机具总动力为 592 马力。耕作效率明显提高，机械深耕细作，土壤得到改良。传统的灌溉工具多为辘轳头，新中国成立初期推广斗式水车、解放式水车。1958 年使用电动机带动水泵抽水。1970 年后使用潜水泵。1987 年，已配套电动机水泵潜水泵 85 套，合计 721 马力。运输机具，历史上使用肩挑四寨筐、木轮推车、铁轮大车。1953 年始用胶轮太平车、地排车、胶轮大车，1958 年始用拖拉机。1972 年陆续购进“泰山”牌拖拉机，1980 年购进“解放”牌汽车一部，1983 年实行联产承包责任制后，家家有人力三轮车。至 1993 年，全村有人力三轮车 320 辆，“泰山”牌拖拉机 43 台，小货汽车 10 部，大货汽车 16 部。[②]

4. 淄博市改良农具

① 耕作农具。主要有新式步犁和双轮双（单）铧犁。1950 年推广 7 英吋步犁，1953 年推广 8 英吋步犁。与旧式木犁相比，新式犁耕得深，翻垡碎土性能好，沟底平，扶犁轻便，牵引省力，作业效率高一倍以上，很受农民欢迎。但因 7 英吋步犁供应量少，未能普及，8 英吋步犁普及面较广，农村至今仍有使用。1954 年开始推广双轮双（单）铧犁。由于淄博土壤比较硬，需要人、畜力较多，农民不愿使用，故推广数量不大，出现“挂犁”现象。随着拖拉机和机引犁的出现，畜引改良犁逐年减少，60 年代中后期被淘汰。此外，在 50 年代末 60 年代初的农具改革运动中曾制造过绳索牵引犁、

---

① 参见章丘县地方志编纂委员会：《章丘县志》，济南出版社 1992 年版，第 159 页。

② 参见祝甸村志编纂委员会编：《祝甸村志》，内部印行，1995 年，第 37 页。

深耕犁，但因费工多，工效低，加上粗制滥造，很快被淘汰。

② 播种机具。1957 年，为适应小麦密植，推广使用密植播种耧，有双腿、三腿、四腿、五腿之分。与旧式耧相比，该耧具有牵引力小，行距窄，下种均匀，调节方便，效率高，适合密植等优点。70 年代末实行联产承包责任制后，仍有不少农户使用。

1972 年桓台县农机修造厂生产的畜力五行条播机，结构简单紧凑，体积小而轻，排种、覆盖均匀，工效比老式耧高 2—4 倍。十行条播机效果亦佳，据典型试验，用 3—4 头牲畜牵引，每天可播种 40 亩。

1970 年有水浇条件的村庄，使用玉米套种器。1973 年出现由一人操作的玉米点播器。1978 年推广了罗村公社农机站研制的由人畜力牵引的双行玉米点播器。1980 年淄川区农机研究所引进 70 型单体玉米点播机，1983 年又研制成功玉米单行穴播机。

③ 中耕植保机具。中耕机具主要有三齿轻便耘锄。三齿轻便耘锄是推广较早的一种中耕灭茬工具，由 1 头牲畜牵引，1—2 人操作，每天可耘地 15—20 亩，适用于玉米、谷子、棉花等作物。20 世纪六七十年代使用较多，后逐渐减少。

植保机具主要是喷雾（粉）器。20 世纪 50 年代初引进单管式喷雾器，后推广潍坊产 552 丙型背负式压缩喷雾器。这种喷雾器构造简单，操作方便，60 年代即普遍使用。还有周村区萌水农械厂生产的丰收－3 型踏板式喷雾器，用于防治果树病虫害。80 年代初推广的工农－16 型背负式喷雾器，工效高，药箱容量大，农村用得较多。

④ 脱粒及场上机具。玉米脱粒机系手摇式，1954 年引进，首先在淄川作推广试点。该机 1 人操作 1 小时可脱粒 30 公斤左右，脱净率为 98%。1958 年桓台自制的手摇玉米脱粒机，体积小，造价低，且整半劳力都能操作，两人每小时可脱粒 70 公斤左右。地瓜切片机于 1957 年引进，以手摇式为主。这种切片机容易切偏，破碎率高，60 年代即被淘汰。70 年代初引进的地瓜切片器，构造简单，造价低廉，颇受农民欢迎。

此外，在 50 年代末 60 年代初还引进和制造了太谷号收割机、摇臂收割机、快速收割机等，因不受群众欢迎，故未推开。

⑤ 灌溉机具。主要是解放式水车。20 世纪 50 年代初由潍坊引进，后

山东省机械厅定点周村铁业一社生产。开始为推拉式，后有手摇式。推拉式水车由1头牲畜拉或2人推拉，每天可浇地2亩左右。手摇式水车又称“拧不够”，适于水位在4米以下的水井使用。解放式水车于60年代后期基本普及。以后随着动力机械的增多，水车数量趋于减少，有的仅用于菜田灌溉。

⑥运输工具。胶轮手推车，以木轮手推车为基础改制而成，比木轮车载量大、轻便省力，效率高。这种手推车新中国成立初期即有使用，50年代中后期普遍推广，80年代初随着农村联产承包责任制的推行，胶轮手推车数量猛增，1985年全市达到225790辆，比1958年增长2.7倍。胶轮马车，于50年代初推广使用，1958年前后平原地区基本普及，山区及丘陵农村因道路条件差等原因，使用马车的较少。经济体制改革后，农村商品经济活跃，个体户购置马车的增多。1985年全市有胶轮马车11145辆，其中个体拥有量占社会总量的98%。①

二、牲畜

（一）山东饲养牲畜简史

古代家禽家畜有所谓“六畜”之说，主要是马、牛、羊、鸡、犬、豕（猪），六畜早在新石器时代已基本被人们饲养。

大汶口文化出土的畜禽遗骨发现，当时已有鸡、犬、猪、牛、羊的驯养。古代猪的饲养是人们拥有财富的象征，故常常被作为随葬品埋入坟墓，如泰安等地的新石器时代的墓葬中就发现了很多猪骨。大汶口墓地有三分之一以上的墓葬中发现有猪骨，其中43座墓中发现了96个猪头，最多的一座竟达14个，反映了原始农业和家畜饲养业已有很大发展。在畜牧生产方面，龙山文化时期的章丘龙山镇城子崖遗址中出土有大批兽骨，其中有马的遗骸，表明当时已有马的驯养，约有四五千年的历史。在畜牧方面，北魏时期，相畜术有了进一步发展，在相马方面已总结出一套相当科学的鉴定方法，在相猪方面也已积累了不少经验；家畜的阉割术已广泛应用。②

山东大家畜的饲养，随着时代的演变和农村经济的发展，不断发生

---

① 参见淄博市志编纂委员会：《淄博市志》，中华书局1992年版，第1427—1428页。

② 参见俞宽钟主编：《现代山东农业》，山东科学技术出版社2000年版，第3—4、5—6页。

变化。

古代养牛主要用以农耕，养马服务于战役与运输，长期延绵。19 世纪末山东引入奶牛，城市始有牛奶生产。然而大家畜仍以农用为主，马、骡间有军用乘骑或辎重。

山东家畜种类主要有牛，马、驴、羊，猪、骡，鸡等。基本上各地都有饲养繁殖。山东饲养的大家畜主要是黄牛和驴，其次是马和骡，鲁南有很少量的水牛。

据国民政府农业实验所农业报告记载，山东大家畜的存养数量，1936 年曾达到过 659.2 万头。另据 50 年代初期山东省统计局资料记载：1936 年的大家畜存养数量为 508.88 万头。1936 年是战前山东大家畜发展史上空前繁荣时期。据统计，民国十年前全省饲养家畜总数约在 600 万头左右。① 饲养家畜，如牛、驴、马、骡等，主要是为劳动中代替人力的需要，也有部分家畜如牛、猪的饲养用于贸易，而成为农民的副业。山东牛体重大，瘦肉和脂肪都很发达，牛肉因此成为出口之大宗。民国四年，日本商人向日本试销牛肉获得成功后，青岛牛肉出口有了显著增长。由青岛输出牛肉中，有 20% 来自鲁省西部。欧战期间，远销日本、海参崴、菲律宾各处之牛肉，为数甚巨。但至欧战结束，澳州所产牛肉起与竞争，加之农村破产，农民漠视饲养家畜，牛肉贸易渐无生气。②

“七七事变”后，日寇入侵山东，大家畜遭受日寇空前掠夺，损失惨重。抗日战争时期，1942 年全省大家畜数量为 102.1 万头，存养数量下降到 1914 年以来历史低谷。山东解放区内提倡保护耕牛，以发展农村经济、“多打一成粮”为目标。1948 年夏收后各地耕畜普遍增加。据不完全统计，全省共增添耕畜 145628 头，估计在 30 万头以上；但质量较差，幼畜、老畜占五分之一，全省约有 50 万头牲畜不能耕地。以大小牲畜平均每头耕地 25 亩计算，全省尚缺 130 万头耕畜，占当年存养牲畜数的 54.01%；如果以每头

---

① 参见张玉法主编：《农业志》，《(民国）山东通志》卷十五，（台北）山东文献杂志社 2000 年版，总第 1471 页。该段文字原文称“民国十年前全省饲养家畜总数约在 60 万头左右”，恐误，应为 600 万头。

② 参见张玉法主编：《农业志》，《(民国）山东通志》卷十五，（台北）山东文献杂志社 2000 年版，总第 1471 页。

耕牛负担20亩地计算,[①]一说全省缺耕畜180万头，缺额占当年现有耕畜的78.1%。渤海区每头耕畜耕负担亩达32.6亩，鲁中南是主要战区，牲畜损伤最重，平均每牲畜负担亩为40.2亩，胶东在国共内战爆发后也成为主战场，每牲畜负担亩为40亩，全省平均每役畜负担亩为38.34亩。[②]解放区中各级政府都执行了“护牛政策”，省政府颁布了《保护与奖励繁殖耕畜暂行办法》，有重点地发放贷款，鼓励农民增加耕畜，努力生产。[③]到1949年时渤海区的耕牛已上升达战前的83%。1949年全省牲畜达3186414头。[④]一说1949年山东牲畜达390.7万头，占全国总量的6.50%。[⑤]

新中国成立后，山东各级政府大力保护耕畜和鼓励增养牲畜，促进了农业生产的恢复与发展。为了尽快恢复和发展生产力，山东省根据发展畜牧业的有关政策采取了一系列措施。1949年冬和1950年春，选派干部下乡宣传爱畜和保畜工作，储备和调剂饲草饲料，发动群众修补栏圈，并要求做到不饿死不冻死1头耕畜；各农场配种站免费为农户耕畜配种，为民用种畜提供精料；组织兽医人员下乡为农民耕畜防病治病以及从资金和物资上给予扶持，1949年至1957年山东省政府拨出耕畜贷款1821万元，粮食83.4万公斤，1951年华东军政委员会颁布了《华东禁宰耕畜暂行条例》。1954年至1961年省供销合作社与农业厅从云南、贵州、四川、内蒙古、新疆和东北等地购进大家畜21.98万头。因此，山东的大家畜得到了较快速度的恢复和发展。1949年存养390.7万头，1952年发展到464.6万头，1955年又上升到540.8万头。

五六十年代，由于受极“左”政策干扰，盲目强调实行集体喂养大牲畜，严重挫伤了农民饲养大家畜的积极性，全省大家畜存养量出现了连续下滑的局面。1956年下降到487.1万头，1958年下降为367.6万头，当年繁殖成活13.7万头、死亡淘汰73.2万头，生死相抵净减少63.8万头，1960年下降到288.4万头。由于大家畜的数量减少，耕作负担明显加重，全省每头大

① 《中国实业志·山东省》第五编，第十七章，1934年，第412页。

② 参见鲁档：1948年秋收后山东省粮食总局统计。

③ 参见鲁档：《1949年农业生产工作报告》，原档案编号TD4-491-1。

④ 参见鲁档：《1949年的耕牛问题》，原档案编号TD4-236-2。

⑤ 参见山东省委调研室编：《山东省经济和社会发展研究资料》，1982年，第83页。

家畜负担耕地41.7亩，实际能使役的大家畜175万头，平均每头负担耕地68.7亩（其中每头能使役大家畜负担耕地30—50亩的11个县，负担51—70亩的30个县，负担71—90亩的35个县，负担91—110亩的9个县，负担111—120亩的2个县，负担121—140亩的5个县，负担141—150亩的3个县，另外金乡县每头大家畜负担175.6亩）。1962年有大家畜258.8万头，降低到新中国成立以来最低水平，每头大家畜负担耕地增加到46.4亩，有使役能力的大家畜平均每头负担耕地上升到76.4亩。困难最大的德州、惠民、聊城、菏泽、济宁五地区出现了无畜队（村）2611个，1畜的队15569个。许多地方出现了人拉犁、人拉耙、人拉车，以人代畜的现象。给农业生产带来严重影响。经过国民经济三年调整，大家畜数量开始回升，1965年恢复到302.8万头。70年代大家畜的生产状况有了明显好转，但仍不够稳定，存养量长期波动在300万头和近400万头之间。

1978年改革开放以来，实行以农户饲养为主的政策，调动起广大农民饲养积极性，大家畜生产获得了迅速恢复和发展。1978年存养量为349万头，1985年发展到442.3万头，1990年存养量达到725.8万头，创历史最高水平。其中牛511.8万头占70.5%，驴139.7万头占19.2%，骡41.2万头占5.7%，马33.1万匹占4.6%。大家畜的内部结构也发生了变化，牛、驴增长较快，马匹有所下降，改革开放前三年1975—1977年平均牛、驴、马、骡分别占67.8%、18.2%、8.7%和5.3%。1988—1990年三年平均牛、驴、马、骡分别为69%、20%、5%和6%，牛、驴所占比重上升，马所占比重下降。长期以来的牛以使役为主的传统有了新的突破，开始向役肉、役乳兼用生产发展。

1979年后，实行农村经济体制改革，大家畜获得了快速发展，并已开始向产业化转变。①

1. 牛的饲养

山东饲养的大家畜，首推牛为第一位，主要是黄牛。从牛耕发明后，自古以来养牛主要用以农耕，代人力并与人力配合耕作。牛的饲养以胶东最

① 参见山东史志编委会、俞宽钟主编：《山东省志·农业志》，山东人民出版社2000年版，第580—583页。

为普遍。①

黄牛在山东驯化、饲养的历史悠久。由于牛在运输、农耕和产肉方面的重要作用，受到先民们的重视。在临沂金雀山发现了西汉时期的“养牛俑”，在滕县宏道院和城北黄家岭出土了东汉时期的“牛耕画像石”，在济南东八里洼出土了北朝时期的“陶牛”，在嘉祥县还发现了宋代的“铁牛”。原始社会，牛主要用于肉食、祭祀、殉葬和拉运物资的动力；到奴隶社会，牛已成为奴隶主拥有财富的标志，并作为军事的一种重要装备。秦汉时期牛有了进一步发展，据这个时期的资料记载：“牛乃耕农之本，百姓所仰，为作用最大、国家之强弱也”。历代政府对保护和繁殖耕牛都制定过一些法令法规，东汉时期就有关于“偷牛、杀牛要加重治罪”的规定。清乾隆年间所修律例规定：“凡宰杀耕牛，私开圈店及贩卖与宰杀之人，初犯俱枷号两月，杖一百。若计双重罪者，照盗牛例治罪，免刺，罪止杖枷一百，流三千里，再犯，发附近充军。杀自己牛者，枷号一月，杖八十，其残老病死者毋论。”

鲁西黄牛是中国主要优良品种之一，产于山东省西部、黄河以南及运河以西一带，其中心产区是山东省的菏泽、济宁 2 地市的郓城、菏泽、巨野、梁山、嘉祥、金乡、济宁郊区和汶上等县。泰安地区和聊城地区也有鲁西黄牛分布，其他地市饲养的鲁西黄牛多是从中心产区引进逐步发展的。

根据牛只体型的各部位特征可分为大型牛、中型牛几个类型：大型牛，俗称高辕牛，个体较高，体躯较短，四肢较细长，侧视几乎成正方形，一般毛皮较细薄而有弹性，多为浅黄色，毛色一致，行走较迅速。但持久力较差，肌肉欠丰满，母牛则清秀优美。中型牛，俗称抓地虎，个体较矮，身躯较长，四肢较粗短，侧视呈长方形，胸较深广，胸围率、管围率，均较大型牛大，毛色较深，多为红黄色，毛皮较粗厚，耕作速度较慢，但持久力强，一般较大型牛粗糙。其役用性能，挽力大，且能持久。一般中型犍牛双套用木犁或 7 英吋步犁，日可耕、耙黏土地 3 亩以上，砂土地 4—5 亩。母牛耕作能力较低，每犋日可耕耙黏土 2—3 亩，砂土 3—4 亩。

辛亥革命以后，1932 年国民政府实业厅制定了《提倡养牛办法》，进

---

① 张玉法：《中国现代化的区域研究·山东省（1860—1916)》，台湾“中央研究院”近代史研究所 1982 年版，第 41—42 页。

一步促进了山东养牛数量的增长。1936年山东牛的存养量达到267.6万头。日寇入侵山东大肆掠夺耕畜和畜产品，山东耕牛受到严重破坏和巨大损失。1938年全省耕牛存养量下降到42.2万头。中共山东省战时工作推行委员会为了恢复和发展耕牛，曾多次发布保护和禁杀耕畜的通知、布告，1945年全省耕牛恢复到78.9万头，1949年发展到232.6万头。

新中国成立以来，由于政府的重视，养牛业有了较快速度发展。1952年耕牛存养287万头，比1949年净增54.4万头，增长23.39%。1954年华东军政委员会颁布了《禁宰耕牛暂行办法》，同年，山东省政府公布了《关于保护与奖励耕畜繁殖暂行办法》，还依法处理了一批宰杀耕牛的不法分子。因此，第一个五年计划前三年耕牛存养量继续增长，1955年耕牛存养量354.2万头，比1952年净增67.2万头，增长23.42%，存养量是新中国成立后增长最快的时期。

1956年全省实现了农业合作化，将原为社员私有耕牛一律作价入社归集体所有。由于在转社并社过程中存有急躁冒进情绪，对入社大家畜存有“要马骡不要牛驴，要强壮不要弱小”的偏向，耕牛作价偏低，对大家畜留料标准本来就偏低的情况下又没有按标准兑现，引起群众不满，导致耕牛存养量下降，1956年为327.4万头，1957年为282万头，分别比1955年减少7.57%和20.38%。

1958年“大跃进”和人民公社化运动中，组织耕牛投入以农田基本建设为主要内容的“大兵团作战”，调动频繁，歇人不歇牛，超强度使役，露天宿营，喂养不善，又加农业丰产不丰收，发生了饲料荒（翌年3月，就有54个县出现了缺草断料），耕牛存养量继续减少。1961年下降到179.3万头，比1957年净减102.7万头，减少36.4%，存养量是新中国成立以来的最低水平。

1962年11月，中央发出《关于发展大牲畜的几项规定》，要求把大牲畜全部下放给生产队所有，30年不变，并允许和支持社员家庭或者几户伙养一两头大牲畜等。这个规定的贯彻实施，消除了农民的思想疑虑，激发了养牛热情。1962年和1963年农业部又帮助山东先后分两批建立了费县、东阿等29个大牲畜繁殖基地县，因此，山东的养牛业出现了稳定发展的局面。1962年至1968年连续7年逐年上升，1968年牛存栏300.5万头，比1961

年净增121.2万头，增长67.6%，耕牛膘情亦大有好转。1969年开始，由于农业机械化程度的提高，养牛业受到了冲击，整个七八十年代前期耕牛数量一直波动在210万至290万头之间。

改革开放以来，养牛业由役用为主开始向役肉和肉奶兼用、为社会提供商品功能转化，农民养牛积极性得到充分发挥，全省养牛业又有了长足发展，1988年全省牛的存养量突破了400万头大关，达到416万头，1989年上升到472.4万头，1990年达到511.8万头，创历史最高水平，牛在大家畜中的比例达到70.5%。①

2. 马的饲养

山东养马历史可以追溯到新石器时代。章丘县龙山镇遗址出土了马骨，其数量占家畜骨骼第三位，经鉴定与现代马无异。夏、商、西周三代，马匹占有特殊重要的地位，且成为六畜之首。

据1933年的《山东省实业志》对山东省饲养的马匹来源称："山东所饲之马，原有四种：一为南马，二为北马，三为川马，四为本地马。由河南经曹县、徐州输入者名为南马；由四川输入者名为川马；由察哈尔之张家口，热河之古北口以及绥远输入者名为北马，又称口马，本地产为本地马。"作为外地输入马对山东养马有影响的，在近代主要是内蒙古马，即北马。20世纪30年代山东省饲养马进入辉煌时期，约养马35万—50万头。日寇入侵山东，对耕畜进行掠夺、征用，马受破坏最重，数量急剧下降，1945年全省马匹已不足8万匹，到1949年已下降到1.8万匹。

新中国成立以后，山东省政府组织农民恢复生产，并到新疆、内蒙古、东北等地购进马匹供农民饲养。随着农村经济的恢复发展，马已成为农村短途运输和农田生产重要畜力。马骡成群、马车成队成为农民的富裕的标志，全省马匹发展迅速，至1957年恢复到6.8万匹，1967年达到12.4万匹，1972年达到20.9万匹，1976年达到31.4万匹，1980年达到37万匹，马匹已成为新中国成立后30年来发展最快的大家畜。②

---

① 参见山东史志编委会、俞宽钟主编：《山东省志·农业志》，山东人民出版社2000年版，第584—586页。

② 参见山东史志编委会、俞宽钟主编：《山东省志·农业志》，山东人民出版社2000年版，第602—603页。

3. 驴的饲养

驴在山东饲养历史悠久。无论山区、平原、沿海地区，驴都是重要的动力家畜。在北部沿海一带养马地区，习惯于利用当地的大型德州驴来繁殖大骡，成为山东大骡的主要生产区。在20世纪二三十年代，农民饲养驴的数量，在大牲畜中，仅次于牛，占第二位，在耕畜中占40%左右。1936年全省有大牲畜508.9万头，其中驴178.7万头，占35.1%。据近代农业生产及贸易统计资料记载：1933年到1937年的五年，平均驴208万头，占大牲畜总数的40.8%。

新中国成立后，山东省养驴也经过了一个曲折的发展过程。1949年全省养驴142.8万头，1954年173.5万头。合作化时，大牲畜入社中驴受到轻视，挫伤了群众和集体养驴的积极性，到1964年全省养驴下降到60.7万头。1979年后，随着农村政策的调整，农民发展生产的积极性提高，养驴又活跃起来，到1990年全省养驴恢复到139.7万头。①

4. 骡子的饲养

历史上山东的骡子主要是马骡，除部队用于辎重运输的畜力外，主要用作短途交通运输，地主富农也用于耕作运输。据统计，1936年全省有骡42.4万头，占大牲畜508.9万头的8.3%。1938年日军侵占山东后，由于战争破坏，以及马匹的大量减少，全省骡的数量大幅度下降，1949年全省存养骡13.7万头。

新中国成立后，由于全省马匹存养量少，繁殖马骡数量受限，全省骡子生不抵死，呈现日趋减少的趋势，1956年下降到8.6万头，1962年下降到5万头。随着农村经济的发展，对马、骡需求增长，省供销部门有计划从外省购进马匹，各地配种站积极贯彻马生马，驴生骡的号召，钻研与交流马配驴的技术，扩大了驴骡的繁殖，使全省骡的饲养稳步增长，1971年恢复到10.4万头，1977年超过20万头达到21.2万头，1983年超过30万头达到30.5万头。由于骡比马使役耐力强，饲养较耐粗，受到农户的广泛欢迎。1985年全省养骡达到37万头，超过当年养马36.7万匹的水平。1987年全

① 参见山东史志编委会、俞宽钟主编：《山东省志·农业志》，山东人民出版社2000年版，第603—604页。

省骡突破40万头，达到40.1万头。随着农村生产发展农用机械动力的增加，全省骡的发展趋于稳定，1990年全省养骡41.2万头，比同期马33.1万匹多24.5%，占全省大牲畜总量的5.7%，但仍未恢复到战前1936年42.4万头的水平。①

农村劳动生产力，不只是指农业劳动者的人力，还应包括畜力。农用牲畜是农民耕作、运输、积肥和生活各方面不可缺少的生产资料。牲畜的占有与使用情况，是与各阶层的土地经营密切相关的。在没有动力机械用以耕获运输的时代，农业劳动力生产率，主要就是由人力与畜力结合的方式与程度决定的，而最直接的配合就是人工与畜工。

农村社会中流行的“犋犋”，就是农民调节劳力与畜力的原始互助方法。农用牲畜的状况，从某种意义上说，是农村社会经济的指示器。在传统农业生产中，农民最感需求的是牲畜，尤甚于一般农具。

（二）役畜的数量、质量与使用

牲畜数量与质量的高低优劣，标志着农村经济的兴衰。山东农村牲畜，进入20世纪30年代后呈现逐步上升趋势，农村经济得到恢复和发展。日本侵华战争打断了山东正常经济秩序，表现在牲畜存养量上则是大幅度下降，20世纪40年代牲畜只相当于1936年的四分之一甚至更少至五分之一。

表4–17　山东历年主要牲畜统计表

	1934年	1933—1936年	1940年	1941年	1942年
牛	2214370	2344000	709356	778041	6313394
占%	43.3	41.1	47.9	50.88	53.16
马	250758	467000	63013	47287	17107
占%	4.98	8.2	4.4	3.09	1.44
骡	520466	689000	155989	145503	99136
占%	11.72	12	10.5	9.51	8.35
驴	2046058	2301000	550717	558369	439939

① 参见山东史志编委会、俞宽钟主编：《山东省志·农业志》，山东人民出版社2000年版，第605—608页。

	1934 年	1933—1936 年	1940 年	1941 年	1942 年
占 %	40	38.7	37.2	36.52	37.05
合计	5110816	5701000	1479075	1529190	1187576

资料来源：1. 1934 年资料源自《中国实业志》（民国二十三年）。
2. 1933—1936 年资料引自《北支那经济年鉴》，北支那经济通讯社，昭和十二年版。
3. 1940—1942 年资料引自伪山东公署《工作报告》。

如果以 1933—1936 年为基数作 100，则 1934 年为 89.65，1940 年为 25.94，1941 年为 26.82，1942 年为 20.83。在主要役畜中，以牛和驴为大宗，各占 40% 以上，骡占 10% 左右，马在 1936 年前达到最高值，超过 8%，其后则直线滑落，仅占 3% 左右。

山东省 1936—1990 年大家畜数量变化，见表 4–18。

表 4–18　1936—1990 年山东省大家畜存养数量表①

年份	大牲畜（万头）	年份	大牲畜（万头）	年份	大牲畜（万头）	年份	大牲畜（万头）
1936	508.9	1959	328.9	1970	393.6	1981	351.3
1949	390.7	1960	288.4	1971	383.1	1982	364.0
1950	416.9	1961	260.1	1972	378.4	1983	382.0
1951	441.1	1962	258.8	1973	379.6	1984	403.1
1952	464.6	1963	272.5	1974	377.6	1985	442.3
1953	488.0	1964	282.3	1975	370.2	1986	480.1
1954	518.7	1965	302.8	1976	360.2	1987	538.7
1955	540.8	1966	336.8	1977	353.2	1988	621.2
1956	487.1	1967	368.8	1978	349.0	1989	682.9
1957	431.4	1968	391.8	1979	344.1	1990	725.8
1958	367.6	1969	385.9	1980	343.5		

说明：1. 大小家畜系农业厅、统计局统一使用数。
2. 家禽 1936 年系中国近代生产及贸易统计资料数，1977—1990 年系农业厅专业年报数，其他年度为调查分析数。

① 参见山东史志编委会、俞宽钟主编：《山东省志 · 农业志》，山东人民出版社 2000 年版，第 564 页。作者根据《山东省志 · 农业志》原表改编。

也就是说，从新中国成立到1957年，大牲畜还在三四百万浮动，自1958年“大跃进”到1987年大约经过了三十年的时间，大牲畜才恢复到战前1936年的水平。1960到1970的十年间，因为极“左”的政策的干扰和全国性的三年大饥荒，生产力的受到严重破坏，甚至达不到经过八年抗战和四年内战后的1949年的水平。极“左”的政策违背经济规律而对农业生产造成的破坏，比一场长达十几年的战争更能重创农村生产力。

1950年山东省政府对全省十六个县四十九个村进行了典型调查，据调查统计，役畜在战前和战后的变动是很大的，其中保留有牲畜变动百分比资料如下：

表4–19　山东省十六个县四十九个村役畜变动百分比

年份	1931—1936	1948	1949	1950
牛	100	47	60	60
马	100	14	43	14
驴	100	60	63	63
骡	100	55	58	58
亩/头	22.3	31.3	29.6	29.1

资料来源：《山东省十六个县四十九个村典型调查》，引自中央农业部计划司编：《两年来中国农村调查汇编》，中华书局1952年版，第226页。

从四十九个村牲畜调查得知：在战前，地主富农每户占有役畜1.55头，中农占有0.97头，贫农为0.55头。牲畜占有总量，是中农占有牲畜最多，贫农次之，地主最少。1950年每户平均役畜头数，贫农为战前的110%，中农为战前的73.9%，地主富农为战前的36%。①

历城冷水沟农民在农忙时把他们的农具、牲畜和劳动力合在一起统一安排，叫作“搿犋”。一个有土地但没有资本的农民，找到另一个有农具或牲畜但劳力不足的农民，两人安排合用农具和牲畜，在地里互相帮助。有地10—15亩的农户是这种安排的常见的合伙人。这种合作只在很少的情况下依血缘关系形成，大部分是在朋友和邻居之间合作。这种合作的时间持续

① 引自中央农业部计划司编：《两年来中国农村调查汇编》，中华书局1952年版，第226页。

2—3 年，在某些情况下长达 10 年之久。该村据说有八九十例农户的合作，这一习俗在鲁中广泛实行，看来已存在一个世纪以上。①

犋，是农村人力与牲畜农具的组合。据王祯《农书》载：元代南方“一犁用一牛挽之”，北方农俗则“一犁必用二牛、三牛或四牛”。② 明清时代，北方以“牛四头为一犋”。③ 汶上县俗以“牛三只为一犋”。④ 沂州地区，“每犁一犋四其牛力，而拍抹等具亦然”。⑤ 登州府以“牛四谓之一犋，穷民有三四家合一犋者”。⑥ 直到20世纪30年代，山东地区仍然是三头牲畜（三牛、二牛一骡、二骡一牛或三骡）组成一犋犁杖的。⑦

关于土地经营中牲畜与土地的配合比，胶东海阳某村的情况有一定的代表性。

海阳某村在抗战开始的 1937 年，全村有牛 26 头，骡子 14 头，驴 60 头。当地每 20 亩地需养一头驴一头牛，耕种 30 亩地以上，需养一头骡子一头牛才可够用。据海阳九区某村老百姓讲，耕种 8 亩地要养一头驴，耕种 20—25 亩地要养一头牛一头驴；耕种 30 亩地以上要养一头骡子，一头牛。抗战刚开始时，该村曾养过牛 26 头，骡子 14 头，驴 60 头，共合 100 头牲口，全村平均 13—15 亩地就需养或能养一头牲口。⑧ 据平度县 20 世纪 40 年代调查，每牲畜可耕地 15 亩。

农村大牲畜历来很缺乏，日本侵华战争使农村大牲畜大量被征用死亡，农民救死不暇，耕作粗陋，大牲畜蓄养困难，加剧了农用大牲畜的紧缺性，给农村经济带来莫大的灾难。

---

① 马若孟：《中国农民经济》，史建云译，江苏人民出版社 1999 年版，第 100—101 页。

② 王祯：《垦耕篇》，《农书》卷二。

③ 王士禛：《池北偶谈》卷二十一。

④ 《艺文志》，《(万历) 汶上县志》卷八。

⑤ 《艺文》，《(乾隆) 沂州府志》卷三十二。

⑥ 《风俗》，《(顺治) 登州府志》卷八。

⑦ 天野元之助：《山东农业经济论》，第 53—54 页。转引自李文治：《中国近代农业史资料选辑》第一辑，三联书店 1957 年版。

⑧ 鲁档：《(海阳九区) 一个村的调查研究工作总结》，1942 年，第 6 页，原档案编号为 TD24-31-7。

表 4-20　牙前县郭城区各阶层牲畜统计

	牛	占 %	驴	占 %	骡	占 %
1941 年						
地主	11	6.44	10	0.93	27	3.66
富农	95	55.96	141	13.04	250	33.78
中农	62	36.24	670	61.98	401	54.18
贫农	3	1.76	26	24.05	61	8.24
雇农						
总计	171	1004	847	100	739	99.86
1946 年						
地主	3	6	0	0	4	0.65
富农	26	52	73	8.03	167	27.07
中农	21	42	715	78.66	418	67.74
贫农			121	13.31	28	4.54
雇农						
总计	50	100	909	100	617	100

从上表所示的郭城区各阶层牲畜占有情况可以看出：其一，包括富农和中农在内的自耕农，在牲畜占有方面占据主导地位，平均占农村役畜的四分之三到十分之九。其二，经过日本侵略战争破坏的山东农村，包括牲畜农具等农业生产资料已有大幅度的下降。该区 1946 年牲畜占有与 1941 年相比，牛减少 71%，驴减少 16%，骡减少 17%。究其原因，就是因为敌人的烧杀抢掠，加之交通阻断，本地牲畜繁殖少，外地牲畜输入不进来。地主富农的牛的占有量减少 73%，驴减少 52%，骡减少 38%。中农除耕牛减少外，骡与驴稍有增加，平均每户有大牲畜 0.61 个。贫农大牲占有量，平均每户为 0.172，不到五分之一头。①

牙前县鲁家夼村 1936—1945 年间牲畜数量有很大的变化。该村战前（1936 年）共有耕牛 31 头，其中地主有 4 头，富农有 12.5 头，中农 13.5 头，

① 鲁档：《牙前县郭城区阶级关系变化调查材料》，第 6—7 页，原档案件编号为 TD24-529-66。

贫农1头，减租前（1942年）全村的耕牛由31头减至18头，地主有4头，富农5.5头，中农有8.5头。1945年全村耕牛又由18头减至6头。①

表4–21 牙前县鲁家夼村各个时期牲畜

年份		1936			1936—1942				1942—1946			
阶层	户数	牛	骡	驴	户数	牛	骡	驴	户数	牛	骡	驴
地主	7	4	4	4	7	4	4	4	1			
富农	27	12.5	25	12	22	5.5	14	6	22	2	7	34
中农	72	13.5	36	26	83	8.5	32	37	140	4	43	34
贫农	42	1	7	20	52		9	20	25		1	5
合计	148	31	72	62	164	18	59	67	188	6	51	73

鲁家夼村耕牛减少的原因，主要是：①因受战争影响，每户减产，喂养不起；②因土地分散，喂牛的减少；③因使用不方便，牛只能用于耕地；④在伪军盘踞当地时，将农村的耕牛贩到烟台、青岛杀食，当地农民也随便宰杀。

该村战前全村共有骡子70头，7户地主占有4头，27户富农有25头，72户中农占有36头，42户贫农占有20头。1942年减租前骡子由70头减至59头，地主有4头，富农有14头，中农32头，贫农9头。到1945年全村骡子再减至51头，富农7头，中农43头，贫农1头。

鲁家夼村骡子减少的原因：①农村运输主要靠骡子，战争爆发后，更进一步依靠骡子，该村当时有6户搞运输赶脚的。后来日寇对烟台封锁，最严重时，各家都不干了，这6家就减少了13头骡子；②骡子当地不出产，主要是外地输入，因战争关系，运不进来，也是减少原因；③因分家或阶层下降，变卖骡子很多；④该村的差役负担较重，稍远一点的差都是派骡子出送。农民怕差役，不敢买喂骡子。该村周秀亭等3户不养骡子就是因为怕打差。②

① 鲁档：《牙前县鲁家夼村生产调查工作总结》，第6页，原档案件编号为TD24-17-7。

② 鲁档：《牙前县鲁家夼村生产调查工作总结》，第3页，原档案件编号为TD24-17-7。

牙前县迎驾山村提供了土地与畜力配合因战争而下降的个案典型。①

表 4–22　牙前县迎驾山村役畜统计表

	地主	富农	中农	贫农	其他	合计
1938 年						229.5 驴
骡	2	14	44	10		70
驴	10	30	26	1		67
牛	2	10	3			15
亩 / 头	26.79	15.53	11.05	12.1	16.8	12.96
1940 年						189 驴
骡	2	8	39	12		61
驴	1	5	29	21	1	57
牛	2	3	3			8
亩 / 头	18.41	31.32	12.29	12.37		15.41 亩
1944 年						163.5 驴
骡	1	8	26	6		41
驴	1	6	37	31	1	75
牛	1	2	1			4
亩 / 头	16.29	21.91	17.68	15.32		18 亩

说明：当地役畜是以驴为标准，1 骡折 2 驴，1 牛折 1.5 个驴。

从上表可知，到 1944 年该村畜力降低了 29%，这在山东农村算是下降较轻的。该村每牲畜负担亩从不足 13 亩，上升为 15.41 亩，再上升为 18 亩。1944 年是经过减租减息运动之后，地主富农土地财产急剧下降，富农的每个大牲畜负担 21.91 亩，而中农贫农反而少于富农，实际富农畜力强，而中贫农的牲畜多是小驴和老驴。

牙前县榆山后村牲畜占有与使用情况如下：

① 鲁档：《牙前县鲁家夼村生产调查工作总结》，第 62—64 页，原档案件编号为 TD24-17-7。

表 4–23 牙前县榆山后村牲畜统计表

	1936 年前			1942 — 1943 年		
	牛	驴	骡	牛	驴	骡
地主	9	0	7	5	0	4
富农	9.5	3	8	9	1	10
中农	12.5	14.5	6	9.5	14	10
贫农	8	9	5	5	8	3
雇农			1			1
合计	39	26.5	27	28.5	23	28

说明：地主牲畜的减少，主要是因为分家。

榆山后村富农的牲畜是比较充裕的，战前平均每户 2 头，减租期平均每户有牲畜 1.5 个多；战前 23 户中农有牲畜 33 头，平均每户有牲畜 1.5 个弱；在 1943 年的减租期，中农户口 30 户有牲畜 33.5 头，平均每户有牲畜 1 头强。① 富农多养骡子，中农多养驴，在价值上和强度上富农都比中农强。

文登文化区柳林村 1944 年前各阶级土地牲畜占有情况如下表：②

表 4–24 1944 年文登县前柳林村土地牲畜占有统计表

	地主	富农	中农	贫农	雇工
户数	5	5	32	56	3
人口	31	50	193	279	10
占全村人口（%）	5.4	9.4	34	49	2
土地	385	288.4	715.1	259.7	
占全村土地（%）	23	18	34	16	
山岚	123	85	78.6	17	
劳力	6	8.5	42	72	3.5
牲畜	11	9	33	8	

① 鲁档：《牙前县榆山区榆山后村概况调查初步总结》，第 15 页，原档案件编号为 TD24-19-13。

② 鲁档：《昆嵛县文山区柳林村调查总结》，第 31—32 页，原档案件编号为 TD26-553-1。

	地主	富农	中农	贫农	雇工
户均	2.2	1.8	1		
占全村牲畜（%）	18	15	54	13	

说明：该村还有一户游民，是个单身。

从文登柳林村劳力、土地和牲畜占有使用情况可以看出，与土地的占有使用相关，各阶层牲畜的占有大致与土地占有比重相同，中农占有全村牲畜的54%，包括富农在内的自耕农占有牲畜的82%，自耕农是农村生产力的主导方面。

下表是栖（霞）牟（平）边区的崖地村、萧格庄、肇甲庄3个村在抗战前后两个年代组里牲畜变化。

表4–25　栖牟边崖地村、萧格庄、肇甲庄牲畜变化

	1936年			1943年			增减		
	骡	牛	驴	骡	牛	驴	骡	牛	驴
富农	33	24	37	32	20	34	–1	4	–3
中农	37	8.5	112.5	38	13	115.5	+1	+4.5	+3
贫农	13	1	73	4		54	–9	–1	–19
雇农	1						–1		
其他				2		3	+2		+3
合计	84	33.5	222.5	76	33	206.5	–8	0.5	–16

从三个村牲畜的变化可以看出，因战争破坏，农村的牲畜数量大幅减少，其中富农和贫农都减少较大，而中农的牲畜从数目上看还略有上升，但其质量也是下降的，原先的壮牛、大骡、大驴，变成了小牛、弱骡和小驴。牲畜的变化，反映了农村经济的凋敝。①

流坡坞村牲畜饲养方面，地主多是喂的骡马，牛最多，而小毛驴就很

① 鲁档：《群众运动材料——丙种类型村典型调查》，1948年，第29页，原档案件编号为TD24-72-9。

少，用大牲畜拉粮食贩卖。该村土地改革前14家地主，有120口人，拥有土地590亩，平均每人占有土地4.91亩。地主占有全村土地的35.9%。共有牲口23头（骡子11头，牛9头，驴3头），在“七七事变”前有几家地主养活四个牲口，每家地主顶少喂两个牲口，有的喂三四个牲口，他们的牲口不是小驴子，而是大骡大马大牛等。如岳洪桥即喂到两头骡子一头大牛。每家地主都喂一窝肥猪。他们的牲畜是从来不借给穷人使用的。土地改革前，几家地主就将牲口卖掉了，每家只剩下一头牲口，并且没有一家地主再去喂一窝猪的。①

该村中农几乎每家都有牲口，而喂的多是牛和驴子。中农一般都是喂小驴子或牛，除了一二口人的中农外，二三口以上人口的中农都有牲口。大部分贫农都养不起一头小驴子。该村63户贫农只能养18头牲口。两三家才能伙养一头，能养住一头牲畜的，还都些做小生意的农民。该村贫农是靠做小生意来维持生活的，贫农的土地都是瘠薄的小块土地，是用不开一头牲口的。②

鲁北惠民县萧家等三个村，因当地是平原土地，每耕畜负担亩相对要多些。

表4-26　惠民县萧家等三村牲畜统计表

年份	萧家			王公范			高官村		
	1937	1948	1949	1937	1948	1949	1937	1948	1949
牛	24	17	24.5	9	14.3	17	33	40	45
驴	6	14	13	12	16.7	18	7	7	9
骡	4	3	2	1	3	3	1	3	4
马	1	0	1	1	0	0	0	0	1
合计	35	34	40.5	23	34	38	41	50	59

这三个村，按拥有牲畜数，萧家村要1.53户拥有一头，王公范村要2.07户，高官村要2.59户；每头牲畜平均耕地，在萧家村是27亩，王公范村是

① 鲁档：《流坡坞东街村的经济情况》，第1—2、10页，原档案件编号为TD26-53-2。

② 鲁档：《流坡坞东街村的经济情况》，第5—6页，原档案件编号为TD26-53-2。

28.18 亩，高官村是 37.42 亩。①

广饶辛集村战前有牲畜近 250 头，每头牲畜每年可耕地 35 市亩左右。全村共有土地 4239.8 亩，使用牲畜耕种是有余力的。到 1944 年统计时，全村只有 65.5 头驴，2.5 头骡子，数量上减少三分之二，质量上远不如战前。如按每头牲畜每年可耕地 35 市亩计算，全年用畜力耕地仅有 2380 亩左右，全村有一半的土地要靠人力来耕。当时贫苦农民的土地，由于缺乏畜力，往往是锄一遍就种上，想耕了再种难以适时，往往是延误农时。根据该村四个闾的统计，战前有 43 头牲畜，到 1944 年只有 14 头，占战前的 32.5%。②

原属于山东解放区的盐山县魏桥村牲畜统计如下：③

表 4–27　盐山魏桥村各阶层牲畜统计表

阶层	富农	中农	贫农	雇农
户数	24	91	23	1
人口	116	411	115	4
牲畜	30.5	66	3.5	
每牲畜负担亩	25.57	26.41	79.79	

如果说当地是平原，每耕畜负担亩可达 35 亩的话，那么贫农缺乏牲畜在一半以上。

表 4–28　乐陵王香匠家村畜力统计表

	战前	1944 年					
		地主	富农	中农	贫农	总计	减少
牛	30	1	5	14	2	22	8
马	1						1
驴	21		1	1		2	19

① 参见鲁档：《关于惠民县城郊区萧家、王范公、高官三个村的调查材料》，第 6 页，原档案件编号为 TD26-73-11。

② 参见鲁档：《辛集村土地经营的调查》，第 3、7 页，原档案件编号为 TD26-214-2。

③ 鲁档：《盐山魏桥村的一般概况》（1949 年），第 6 页；原档案件编号为 TD26-74-1。

	战前	1944 年					
		地主	富农	中农	贫农	总计	减少
骡	4						4
合计	56	1	6	15	2	24	32

乐陵王香匠家村 1944 年全村共有 24 头大牲畜，其中一家喂一头的有 11 家，一家喂 2 头的有一家，其他都是二三家喂一头。1944 年时的 24 头牲畜，小牛占 22 头，体力较差，有两个连磨都拉不动。与战前的 1936 年相比，牛减少了八头，马减少了一头，驴减少了十九头，原有四头骡子，到 1944 年时完全没有饲养，牲畜从数量上计算是减少了 42 头，只相当于战前的 42.8%，减少 57% 强。①

表 4-29　莒南县大店三个区耕畜变化表

	1937 年			1945 年		
	牛	驴	骡	牛	驴	骡
地主	11	17.5	3	1	25	0
富农	159	119	0	31.5	59	0
中农	270	245	0	266	304	1
贫农	101.5	90.5	0	75.5	78.75	1
雇农	0.5	2	0	1.5	4	0
手工业者	2	4	0	3	12.75	0
商人	1	13	0	3.5	14.5	1
自由职业者	0	1	0	0	1	0
其他	0	1	0	0	1	0
合计	545	492	3	382	500	3

资料来源：《莒南县三个区十一个村调查》，《山东农村调查》，引自华东军政委员会编印：《华东农村经济资料》第五分册，1952 年，第 49 页。

桓台后大王庄 1946 年前牲畜统计表明，即便是经过数年战争破坏的农

① 参见鲁档：《乐陵王香匠村调查总结》，第 8—9 页，原档案件编号为 TD26-4-1。

村，牲畜数量大量下降，地主大牲畜占有量仍是每户 2.25 头，富农每家一头，而中农是 0.61 头，贫农不到五分之一头。[①]

表 4–30　桓台后大王庄 1946 年前牲畜统计表

	户数	人口	牲畜存养量				
			牛	骡	驴	合计	户均
地主	4	39	1	8	0	9	2.25
富农	9	46	0	8	1	9	1
合计	13	85	1	16	1	18	1.39 –
中农	100	538	9	15	37	61	0.61
贫农	125	590	2	6	15	23	0.18 +
总计	251	1298	13	53	54	120	0.43

在 1937—1944 年日本侵华战争期间，沭水、临沭等地地主富农的牲畜大量减少，中贫农拥有的牲畜比重相对增大了。但中贫农饲养的多系小牲畜，不能耕作或不能单独耕作，而地主富农多是大牲畜，其畜力还是有余的。在沭水、临沭等地耕牛历来奇缺，特别是战争发生后，地主卖地、出租土地，耕牛更加减少，而中贫农因缺乏牛草，无力饲养大牲畜，虽有的村民养春牛（养小牛主要为了积粪），但秋后即卖掉。农民因缺乏牛力，深耕是困难的。[②]

临沭九个村耕畜日本侵华战争发生后，在 1938—1944 年间，地主富农各阶层的牲畜不但总量减少了，而且质量也大为下降，见表 4–31。[③]

---

① 鲁档：《桓台县田庄区后大王庄调查材料》，1948 年，第 96 页，原档案件编号为 TD26-260-6。

② 参见《沭水县石河、临沭县蛟龙、大兴三个区农村经济情况调查》，引自华东军政委员会土地改革委员会编印：《华东农村经济资料》第五分册《山东农村调查》，1952 年，第 71—72 页。

③ 《沭水县石河、临沭县蛟龙、大兴三个区农村经济情况调查》，引自华东军政委员会土地改革委员会编印：《华东农村经济资料》第五分册《山东农村调查》，1952 年，第 71—72 页。

表 4–31 临沭九个村耕畜分配表

	牲畜数目		占总数 %		大牛		中牛		小牛		驴	
	1937	1944	1937	1944	1937	1944	1937	1944	1937	1944	1937	1944
地主	124	60	12	5	51	26	5	9	3	2	41	64
富农	191	146	18.42	13.18	13	11	24	23	11	4	52	62
中农	460	601	44.36	54.24	9	8	11	12	8	6	72	73
贫农	248	291	23.91	26.28	3	9	10	9	8	7	79	76
雇农	14	10	1.35	0.9	0	0	0	10	0	10	100	80

资料来源：《沭水县石河、临沭县蛟龙、大兴三个区农村经济情况调查》，山东分局调查，1944 年 6—7 月，《山东农村调查》，第 71—72 页。

龙口市的大家畜。1949 年全县有大牲畜 2.56 万头，其中驴 1.55 万头，占 60.5%；骡、马 5900 头，占 23.1%；牛 4200 头，占 16.4%。农业合作化期间，大牲畜发展迅速。1955 年全县大牲畜发展到 4.01 万头，为历史之最。此后，农业机械化水平逐步提高，驴、牛渐减，马、骡增多，以补运输机械的不足。1979 年后，运输机具增加，骡马头数减少。1985—1990 年，大牲畜存栏数年均 6700 余头。①

（三）小家畜饲养情况分析

山东省在 1936—1990 年间大家畜家禽存养数量变化，见表 4–32。

表 4–32 1936—1990 年山东省小家畜家禽存养数量表

年份	生猪（万头）	羊（万只）	家禽（万只）	年份	生猪（万头）	羊（万只）	家禽（万只）
1936	408.7	225.6	2708.9	1970	1148.7	516.7	
1949	271.0	140.3	2819.2	1971	1594.6	438.2	
1950	295.4	155.6	3403.0	1972	1516.7	367.5	
1951	358.4	175.6		1973	1384.5	394.0	
1952	527.2	207.3	3114	1974	1532.3	486.8	

① 参见龙口市史志编委会编：《龙口市志》，齐鲁书社 1997 年版，第 220 页。

年份	生猪	羊	家禽	年份	生猪	羊	家禽
	（万头）	（万只）	（万只）		（万头）	（万只）	（万只）
1953	448.1	215.4	2800	1975	2002.1	522.0	
1954	330.1	226.3	3000	1976	2264.2	552.6	5495
1955	359.4	276.1	3200	1977	2040.6	614.9	5885
1956	496.5	367.2	4018	1978	1992.1	756.4	6766
1957	700.0	454.1	3957	1979	2117.6	925.8	7204
1958	611.9	304.4	2000	1980	2112.5	1041.3	7796
1959	587.3	331.7	3593	1981	1901.1	1025.6	8075
1960	413.8	374.4		1982	1726.2	989.5	9115
1961	448.5	641.5		1983	1562.7	901.8	10217
1962	704.8	704.2		1984	1681.5	753.9	14689
1963	819.4	559.3	2190	1985	1812.8	783.3	16548
1964	694.6	397.2	2703	1986	1668.9	985.3	15121
1965	850.4	309.7	3000	1987	1547.0	1404.1	16916
1966	1384.3	325.7		1988	1768.3	1827.8	21582
1967	1294.6	388.1		1989	1759.2	2088.8	20471
1968	1045.4	467.6		1990	1810.9	2076.4	23975
1969	905.1	441.5					

说明：1. 大小家畜系农业厅、统计局统一使用数。

2. 家禽 1936 年系中国近代生产及贸易统计资料数，1977—1990 年系农业厅专业年报数，其他年度为调查分析数。①

1. 养猪

山东猪的饲养管理。山东养猪历来较为粗放。西汉时期氾胜之在《氾胜之书》中提到用瓜瓤喂猪致肥。北魏贾思勰所著《齐民要术》中称："春夏草生，随时放牧。糟糠之属，当日别与。八、九、十月，放而不饲。所有糟糠，则蓄待穷冬春初。"长期以来，农村养猪为积肥，传统养猪方法粗放。

① 参见山东史志编委会、俞宽钟主编：《山东省志·农业志》，山东人民出版社 2000 年版，第 564 页。

1949年后，猪的饲养管理水平逐渐得到提高。[①] 山东养猪，历史上就是农户家庭饲养。新中国成立后，随着农业生产所有制的变革以及养猪业的发展，形成多种经济成分的养猪体制。

农户家庭养猪：这是传统饲养形式。以积肥为目的，在庭院内修建小棚大圈深坑积肥，也有少量散养任其自由觅食和常年小群顺沟溜堰放牧的。山地丘陵地区还有利用秋季甘薯、花生茬进行放牧催肥的。在农业合作化前基本是农户养猪。1978年后农村实行家庭联产承包责任制，家庭养猪比重迅速上升，占社会养猪的95%以上。

集体养猪：随着农业合作化的发展，逐步实行了“公私养并举以私养为主”，“队繁户养，私养公助”进而“公养私养并举，以公养为主”以及大办集体养猪场。集体养猪不顾条件上马，极大地挫伤了农户养猪积极性。1958年“大跃进”中大量发展集体养猪，由于饲料、管理、防疫跟不上，造成生猪大量死亡。70年代贯彻了毛泽东主席的关于养猪业的指示信后，又一次掀起大办猪场的高潮，全省集体养猪数量大幅度上升。1976年集体养猪曾达到594.8万头，占社会养猪总数的26.3%。因条件不具备，脱离实际，效益很差。

专业饲养：农村实行家庭联产承包责任制，专业饲养逐渐兴起。随着农村经济发展，畜牧生产上出现了养猪重点户和专业户。重点户以农为主兼营养猪，改变了过去一户一猪的习惯，根据自己的条件与可能，多养猪，作为家庭的副业；专业户，有一定的资金、设备、技术和经验，以适度规模饲养进行专业化经营。1983年全省养猪重点户137605户，养猪729641头，户均5头多；有专业户13315户，养猪136367头，户均10头多。专业户与重点户的出现，促进了养猪的科学技术的应用和生产水平的提高，发挥了规模优势，吸引农民从农田中分离出来，从事专业化养猪生产。到1990年全省有专业户35687户，养猪394408头，其中养母猪户12024户，养肥猪户23663户，当年出栏肥猪430829头，平均户出栏18头，取得较好的经济效益。

国营种猪场：国家陆续兴办国营种猪场，进行良种繁育推广和杂交改良。到1990年，全省共有国营种猪场10处，共饲养引进瘦肉型猪1056头，

① 参见山东史志编委会、俞宽钟主编：《山东省志 · 农业志》，山东人民出版社2000年版，第621—623页。

繁殖母猪 249 头；地方良种猪 2070 头，繁殖母猪 690 头，年推广各种良种猪 7918 头，形成了良种繁育体系的中心。另外，全省国营农场、良种场、果园及粮食、供销、商业系统的猪场养猪约 2 万头。①

表 4-33　山东省 1950—1990 年生猪出栏表②

单位：万头、公斤

年度	年终存养	全年出栏	平均头重	出栏率（%）	年度	年终存养	全年出栏	平均头重	出栏率（%）
1949	271.0				1955	359.4	247.3	83.0	74.9
1950	295.4	163.3		60.3	1956	496.5	309.6	79.5	86.1
1951	358.4	167.4		56.7	1957	700.0	343.1	73.5	69.1
1952	527.2	246.7	73.5	68.8	1958	611.9	347.7	50.5	49.7
1953	448.1	410.3	96.5	77.8	1959	587.3	275.5	50.1	45.0
1954	330.1	325.8	80.5	72.7	1960	413.8	174.1	50.3	29.6
1961	448.5	86.0	55.5	20.8	1976	2264.2	813.4	88.5	40.6
1962	704.8	213.5	58.5	47.6	1977	2040.6	906.7	84.0	40.0
1963	819.4	406.3	63.0	57.6	1978	1992.1	901.2	90.0	44.2
1964	694.5	491.7	61.5	60.0	1979	2117.6	1047.5	104.5	52.6
1965	850.4	479.9	69.5	69.1	1980	2112.5	1241.6	133.0	58.6
1966	1384.3	534.6	75.5	62.9	1981	1901.1	1296.8	127.5	61.4
1967	1294.6	877.3	75.0	63.4	1982	1726.2	1213.2	114.5	63.8
1968	1045.4	922.9	78.0	71.3	1983	1562.7	1159.2	114.5	67.2
1969	905.1	575.1	79.5	55.0	1984	1681.5	1248.0	116.0	79.9
1970	1148.7	516.5	89.5	57.1	1985	1812.8	1482.6	109.5	88.2
1971	1594.6	528.1	76.0	46.0	1986	1668.9	1681.2	110.5	92.7
1972	1516.7	846.7	80.0	53.1	1987	1547.0	1513.9	101.0	90.7
1973	1384.5	722.0	83.0	47.6	1988	1768.3	1619.6	115.0	104.7
1974	1532.3	682.2	97.0	49.3	1989	1759.2	1845.4	113.0	104.4
1975	2002.1	658.3	93.5	43.0	1990	1810.8	1936.2	115.0	110.1

① 参见山东史志编委会、俞宽钟主编：《山东省志 · 农业志》，山东人民出版社 2000 年版，第 614—616 页。

② 山东史志编委会、俞宽钟主编：《山东省志 · 农业志》，山东人民出版社 2000 年版，第 625 页。

据山东省对十六个县四十九个村的精密调查，山东省内猪的存栏数，在几个不同的时期里，变化是很大的。新中国成立初曾经有过猛烈的发展，但很快就回潮了，不及战前1931—1936年的一半。①

表4–34 山东省十六个县四十九个村猪的存栏量变动百分比

年份	1931—1936	1948	1949	1950
猪	100	47	68	48

资料来源：《山东省十六个县四十九个村典型调查》，中央农业部计划司编：《两年来的中国农村经济调查汇编》，中华书局1952年版，第227页。

莒南、沭水等三县牲畜和猪的饲养情况是：出租地主户均养猪为0.2头；经营地主养猪为2头；富农养猪为1.9头；中农养猪0.59头；贫农养猪为0.07头。约计14户地主只养一头牛，5户地主只养一头猪；而贫农100户仅能养一头牛，14户仅能养一头猪。②

莒南县三个区十一个村的养猪情况如下：

表4–35 莒南县大店三个区养猪统计表③

	1937年		1945年	
	猪数	户均养猪	猪数	户均养猪
地主	19	0.11	11.5	0.08
富农	152	0.88	98	0.91
中农	251	0.35	741	0.51
贫农	168	0.18	324.5	0.33
雇农	2	0.01		
其他	24	0.07	40	0.16
合计	616	0.27	1215	0.33

① 参见中央农业部计划司编：《两年来中国农村调查汇编》，中华书局1952年版，第227页。

② 参见鼎夫：《滨海区各阶层转化及生活情况》，《山东革命历史档案资料选编》第9辑，第196页。

③ 《莒南县三个区十一个村调查》，引自华东军政委员会土地改革委员会编印：《华东农村经济资料》第五分册《山东农村调查》，1952年，第50页。

农民养猪本是为了积粪，但从莒南县战前养猪情况看，地主户均养猪才 0.11 头；富农养猪最多，也只有 0.88 头；中农养猪只有三分之一头，贫农养猪不到五分之一头。三个区平均户养猪只有四分之一头，由此可以推断当地农家经济也是相当落后的。

表 4–36 沭水、临沭等三个区养猪统计表

	养猪数		占 %		户均养猪	
	1937 年	1944 年	1937 年	1944 年	1937 年	1944 年
地主	139	80	12.02	5	2.04	1.21
富农	155	183	13.40	11.43	1.35	1.69
中农	474	759	41	47.41	0.82	0.98
贫农	349	553	30.19	34.54	0.46	0.62
雇农	39	26	3.37	1.62	0.22	0.46
合计	1156	1601	100	100	0.98	0.99

从上表所示的三个区养猪统计可知，1937 年时地主占有三个区猪存养量的 12% 强，户养猪 2 头多，富农占 13%，户养猪 1.35 头，而中农占养猪总量的 41%，户养猪 0.82 头；贫农养猪占 30% 强，户养猪 0.46 头。1944 年，由于解放区政府的提倡，各阶层养猪均有增加，但中贫农多是喂养小猪，长到百斤就卖了，因猪是放养在外，粪少而差。①

龙口市养猪。新中国成立后，养猪生产经过四起四落过程。1952 年，国民经济得到恢复和发展，全县猪存养量由 1949 年的 2.23 万头增至 4.8 万头。1954 年，粮食实行统购统销，猪存养量降至 2.1 万头。1958 年提倡大办集体猪场，存养量猛增至 6.1 万头，三年大饥荒期间存养量大幅度下降，1961 年存养量降至 1.9 万头。国民经济调整后，1966 年又增至 14.8 万头。"文化大革命"中的 1967 年降至 9 万头。1976 年提倡一人一猪，一亩一猪，全县猪存养量达 27.8 万头，为历史最高年份。1978 年后，调整畜牧业结构，

---

① 参见《沭水县石河、临沭县蛟龙、大兴三个区农村经济情况调查》，引自华东军政委员会土地改革委员会编印：《华东农村经济资料》第五分册《山东农村调查》，1952 年，第 75 页。

养猪量渐减。1985—1990年，生猪存栏数分别为10.78万头、7.03万头、6.96万头、9.08万头、9.51万头和9.28万头，年均8.77万头。肥猪出栏数分别为12.36万头、8.35万头、7.93万头、8.95万头、10.72万头和11.33万头，年均9.94万头。①

2. 养羊

1950年山东省政府在全省十六个县四十九个村进行的调查，其中有关羊的资料如表4–37所示如下：②

表4–37 山东省十六个县四十九个村羊的存栏变动百分比

年份	1931—1936	1948	1949	1950
山羊	100	34	34	49
绵羊	100	15	31	21

资料来源：《山东省十六个县四十九个村典型调查》，中央农业部计划司编：《两年来的中国农村经济调查汇编》，中华书局1952年版，第227页。

经过十几年战争，山羊在1948—1949年间，仅有战前1931—1936年的三分之一，绵羊到1949年只有战前的五分之一。

新中国成立后的资料，以省政府主持的《山东省志·农业志》最为权威，这是集合全省各方面的专家，调集全省各部门内部资料撰写而成的。其中有关羊的统计资料如下：③

表4–38 山东省历年山羊、绵羊存养数量表

单位：万只

年份	合计	山羊	绵羊	年份	合计	山羊	其中：奶山羊	绵羊
1936	225.5	124.6	100.9	1970	516.7	250.9		265.8
1949	140.3	76.6	63.7	1971	438.2	224.0		214.2
1950	155.6	86.3	69.3	1972	367.5	186.7		180.8

① 参见龙口市史志编委会编：《龙口市志》，齐鲁书社1997年版，第220—221页。

② 中央农业部计划司编：《两年来中国农村调查汇编》，中华书局1952年版，第227页。

③ 山东史志编委会、俞宽钟主编：《山东省志·农业志》，山东人民出版社2000年版，第631页。

年份	合计	山羊	绵羊	年份	合计	山羊	其中：奶山羊	绵羊
1951	175.6	101.8	73.8	1973	394.0	201.7		192.3
1952	207.3	119.6	87.7	1974	486.8	264.0		222.8
1953	215.4	119.1	96.3	1975	522.0	297.8		224.2
1954	226.3	120.3	106.0	1976	552.6	337.8		214.8
1955	276.1	147.1	129.0	1977	614.9	400.5		214.4
1956	367.2	199.5	167.7	1978	756.4	510.6		245.8
1957	454.1	265.4	188.7	1979	925.8	624.3	46.8	301.5
1958	304.4	124.6	179.8	1980	1041.3	682.3	49.4	359.0
1959	331.7	153.7	178.0	1981	1025.6	670.4	46.6	355.2
1960	374.4	214.1	160.3	1982	989.5	668.8	58.6	320.7
1961	641.5	432.8	208.7	1983	901.8	622.7	56.5	279.1
1962	704.2	491.8	212.4	1984	753.9	530.7	61.1	223.2
1963	559.3	373.6	185.7	1985	783.3	560.3	60.0	223.0
1964	397.2	251.7	145.5	1986	985.3	707.1	58.1	278.2
1965	309.7	193.4	116.3	1987	1404.1	1012.9	68.1	391.2
1966	325.7	197.3	128.4	1988	1827.8	1343.7	80.1	484.1
1967	388.1	206.3	181.8	1989	2088.8	1552.7	94.5	536.1
1968	467.6	243.2	224.4	1990	2076.4	1552.7	89.9	523.7
1969	441.5	229.6	211.9					

资料来源：山东史志编委会、俞宽钟主编：《山东省志·农业志》，山东人民出版社2000年版，第631页。

上表统计，不知道原始材料是怎么样的。1956年和1957年的高级合作社比上一年猛增加一百万，1957又比1958年多了150万，这个数字是值得怀疑的。大饥荒的1961年比1960年再次猛增270万，1962年比1961年再增60万，达到了1978年相当的水平，这是不可信的，是与当时的经济形势是不相符合的。1963年比调整后的1964—1967年高出160—260，更是不可想象的。这些数据，在未得到更确切资料前暂时存疑。

龙口市1949年，羊存栏数3400只，1958年增为6400只。三年经济调整后，1963 年增至 1.34 万只，为历史最高年份。70 年代至 80 年代中期，年末存栏数基本稳定在 5000 只左右，1989 年增至 9600 只，1990 年增至 1.1 万只。①

3. 家禽

山东饲养家禽历史悠久，早在春秋战国时期山东饲养家禽已很普遍，并把鸡列为“六畜”之一。抗日战争以前山东鸡蛋已成为重要的出口畜产品。新中国成立后，家禽发展很快，不仅饲养数量增加，品种增多，质量也有明显提高。1979 年后，养禽业发展迅猛，蛋鸡、肉鸡均形成规模化饲养。禽蛋和禽肉的产量大幅度增长，1990 年全省家禽产值（按 1980 年不变价计算）占畜牧业产值的 41.2%，家禽已成为畜牧业的重要组成部分。

全省家禽存养数见表 4–39。②

表 4–39　1949—1990 年山东省家禽存养表

单位：万只

年份	鸡	鸭	鹅	年份	鸡	鸭	鹅
1949	2690	129	*	1958	2067	125	8
1950	3200	203	*	1959	3439	139	15
1952	2921	187	6	1960	3433	*	*
1953	2626	*	*	1961	1815	*	*
1954	2814	*	*	1962	1807	*	*
1955	3000	*	*	1963	2083	95	12
1956	3799	193	26	1964	2587	103	13
1957	3701	224	32	1965	2871	114	15
1975	3982	*	*	1983	8928	631	658
1976	4865	395	235	1984	13042	822	825
1977	5269	382	234	1985	14344	1066	1138
1978	5979	486	301	1986	13159	925	1037
1979	6359	478	367	1987	15118	852	946

① 参见龙口市史志编委会编：《龙口市志》，齐鲁书社 1997 年版，第 220—221 页。

② 参见山东史志编委会、俞宽钟主编：《山东省志 · 农业志》，山东人民出版社 2000 年版，第 646—647 页。

年份	鸡	鸭	鹅	年份	鸡	鸭	鹅
1980	6680	554	562	1988	19519	999	1064
1981	6982	546	547	1989	18528	948	995
1982	7885	593	637	1990	22127	938	910

说明：1.* 缺统计数。

2. 1966—1974 年“文化大革命”期间无家禽统计。

龙口市境内饲养家禽，以鸡为主，鸭次之，鹅较少。1949 年全县养禽 23.09 万只，至 1959 年，10 年间无大变化。三年饥荒期间禽数大减，1960 年为 10.1 万只，此后又得到发展。1972 年开始养殖肉食鸡。1978 年后，家禽养殖业迅速发展，年存养量 43.1 万只。1984 年以来，出现了养鸡专业户、重点户。全县年存养量达到 120.31 万只，其中鸡 117.88 万只，鸭 1.59 万只，鹅 0.56 万只。鸡存养量的最高年份为 1988 年，达到 135.9 万只。①

从山东省政府主管部门对全省十六个县四十九个典型村的调查，可以看出全省小家畜家禽历年的变动升降情况，如下表 4–40 所示：②

表 4–40　山东省十六个县四十九个村小家畜及家禽变动百分比

年份	1931—1936	1948	1949	1950
鸡	100	59	76	90
鸭	100	46	69	123
猪	100	47	68	48
山羊	100	34	34	49
绵羊	100	15	31	21

资料来源：《山东省十六个县四十九个村典型调查》，中央农业部计划司编：《两年来的中国农村经济调查汇编》，中华书局 1952 年版，第 227 页。

从十六个县四十九个村典型调查看，各种小家畜在日本侵华战争后大量减少，以 1931—1936 年为基数作 100，1948 年猪的饲养量仅是 47，山羊

① 龙口市史志编委会编：《龙口市志》，齐鲁书社 1997 年版，第 220—221 页。

② 《山东省十六个县四十九个村典型调查》，引自中央农业部计划司编：《两年来中国农村调查汇编》，中华书局 1952 年版，第 227 页。

是34，绵羊是15，鸡是59，鸭46，分别较战前降低一半甚至三分之二以上，绵羊只有战前的六分之一。

（1）养鸡发展概况。

养鸡在山东历史上一直是农民的家庭副业，面广量大。山东养鸡的统计数字最早见于1919年第8次农商统计表，当年全省养鸡3077.27万只。1921年《山东劝业汇刊》记载“高密城东关私人集股，组织养鸡场一处”，创私人建鸡场之首例。20年代末期，山东鸡蛋出口贸易兴盛一时，促进了养鸡事业的发展。30年代鸡蛋出口减少，养鸡数量有所波动，1936年全省养鸡2483.4万只。

1938年日本帝国主义入侵山东以后，全省养鸡数量急剧下降，据日伪山东省建设厅统计，1941年为682.7万只，比1936年下降了72.5%。1942年以来，山东解放区政府领导农民恢复与发展农业生产，全省养鸡数量逐渐回升，1946年1633.5万只，1949年全省养鸡达到2690万只。

新中国成立后，山东的养鸡业进入新的大发展时期，但也经历了曲折过程。

1950年山东省实业厅调查，全省养鸡3200万只，超过战前1936年水平28.9%。1956年上升到3799.3万只，是新中国成立以后出现的第一个养鸡高峰年。

1958年由于“左”倾错误的干扰和1960年的粮食大减产，1962年全省养鸡下降为1807万只，陷入低谷。

1963年贯彻“调整、巩固、充实、提高”的八字方针，随着农业生产的恢复发展，全省养鸡生产出现了转机，1965年恢复到2871万只。1966—1974年“文化大革命”中没有统计。1975年统计，当年养鸡3982万只，比1965年增长38.7%，比第一个养鸡高峰年的1956年增长4.8%。

1979年后，农村实行了联产承包责任制，农村出现了养鸡热，1980年全省养鸡达到6681万只，比1975年增长67.8%。1980年以后山东打破了传统的养鸡方式，实行规模饲养，出现了大批养鸡专业户、专业村和大规模养鸡场。同时又引进国内外优良鸡种，改变单一饲料为混合饲料、配合饲料，实行科学养鸡，山东养鸡事业出现了大发展。1984年山东养鸡突破亿只大关，达到13042万只，比1978年增长1.18倍，1990年全省养鸡猛增到

22127万只。济南、烟台、青岛、潍坊建成规模10万—20万只大型蛋鸡场，在城市郊区形成蛋鸡专业村和一大批养鸡专业户，成为农村经济的新的增长点。诸城、昌邑、安丘等县市形成贸工农、牧工商多种形式集良种、饲料、饲养、屠宰加工系列化的新兴肉鸡产业。全省鸡蛋、鸡肉产量从1981年的25.16万吨、4.67万吨，到1990年增长到113.54万吨和26.97万吨，分别增长3.5倍和4.8倍，鸡肉占全省肉类总产比重从4.51%提高到12.17%，全省人均占有鸡蛋13.4公斤，鸡肉3.18公斤。养鸡产值占畜牧业总产值的37.8%。鸡蛋、鸡肉产量大幅度增长，成为重要的畜产品，除满足本省消费外，还出口国外和调运省外。①

引进新品种鸡。1911年山东高等农业学堂农事试验场从日本引进英国、美国、印度等原产地种鸡，计有银色汉巴克种、白色普利毛斯罗克种、淡色布拉玛种和梨色普利毛斯罗克种等共11只，在场内作试验性饲养，因试验效果不好，没有在社会上推广。

1917年，日本人将附设于青岛德华学堂的胶澳农场试验场改为农事试验场并附设一个家禽研究部门，主要饲养布拉玛种、莱克航种、名古屋柯庆种和普利毛斯劳克种，在饲养试验中比较，以莱克航种适应性最好，产蛋量最高，曾有较大数量推广。

1922年《山东农业概况》记载：在历城县调查，已养有莱克航、名古屋柯庆鸡等品种。1931年，山东乡村建设研究院曾引入莱克航种鸡。1934年青岛工商学会植棉试验场养莱克航种鸡4000只。1947年国民政府山东省实业厅农村处畜牧场养有莱航鸡和蛋肉兼用的洛岛红鸡。

1949年建立青岛畜牧场，养有莱航鸡。济南种鸡场先后饲养过洛岛红、澳洲黑、沃平顿、芦花等近10个品种。1951年在昌乐县建立山东省立种羊场，后转为养鸡专业场，以引进加拿大星杂系列鸡为主，兼养罗曼、爱拔益加肉用种鸡。到1990年县、市以上农牧系统办的23个养鸡场，引进饲养蛋用和肉用祖代种鸡6.55万只，父母代种鸡33.21万只。②

---

① 参见山东史志编委会、俞宽钟主编：《山东省志·农业志》，山东人民出版社2000年版，第647—649页。

② 参见山东史志编委会、俞宽钟主编：《山东省志·农业志》，山东人民出版社2000年版，第652—655页。

民国二十二年（1933 年）前后，养鸡户数全省共计 5190395 户，泰安最多，计 156505 户；全省共有鸡 24593135 只，仍以泰安最多，计 2095535 只；县外销总数 2663000 只。民国二十二至二十六年（1933—1937 年）五年中每年全省养鸡总数分别为 1933 年 37723000 只，1934 年 24201000 只，1935 年 21794000 只，1936 年 24834000 只，1937 年 21355000 只。①

（2）鸭鹅发展概况。

鸭鹅饲养数量，据 1919 年（民国八年）第八次农商统计表，全省养鸭 122.9 万只，养鹅 9.91 万只。30 年代有了较快发展，战前最多时，1934 年全省养鸭 259.7 万只，1935 年养鹅 43 万只。主要分布于鲁西南南四湖及黄河、运河流域，鲁中南及胶东沿河谷地带亦有饲养。

鸭。民国二十二年前后，全省养鸭县共 44 县，滕县饲养户数最多，全省鸭数共计 1294400 只；鱼台县养鸭最多，计 300000 只，滕县有 110000 只；产鸭县中有外销者仅历城、邹平，桓台、齐东，滕县、济宁、鱼台、茌平，胶县、即墨等十县，外销总数 373600 只。

鹅。山东养鹅极少，民国二十二年（1933 年）前后，全省仅有莱芜、泗水、郯城、费县、单县、临清、陵县、鄄城八县，共计养鹅户数 9090 家，鹅数 16360 只，并无外销。②

日本侵华战争期间，鸭鹅饲养大为减少，最低年份为 1942 年，日伪山东省建设厅第五科统计，这年全省养鸭仅 21.3 万只，养鹅 1.6 万只。

1949 年山东全省养鸭 129.2 万只，鹅缺统计数。五六十年代发展缓慢，且统计数很不全，许多年份没有鸭鹅统计数。70 年代发展较快，养鹅增长尤为迅速。山东鸭鹅畅销南方，全国羽绒服装流行以后更加促进了鸭鹅生产，1980 年全省养鸭发展到 554 万只，养鹅首次超过养鸭达到 562 万只，产鸭蛋 2.13 万吨，产鹅蛋 2.1 万吨。80 年代山东养鸭鹅更为兴旺，1985 年全省养鸭、养鹅均突破 1000 万只，分别为 1066 万只和 1138 万只，产鸭蛋 5.48 万吨，产鹅蛋 5.63 万吨。1986 年以来常年稳定在 900 万只左右，1990 年全省养

① 参见张玉法主编：《农业志》，《（民国）山东通志》卷十五，（台北）山东文献杂志社 2000 年版，总第 1506 页。

② 参见张玉法主编：《农业志》，《（民国）山东通志》卷十五，（台北）山东文献杂志社 2000 年版，总第 1506 页。

鸭938万只，养鹅910万只，产鸭蛋5.62万吨，产鹅蛋5.09万吨。养鸭超过10万只的有34个县，其中养鸭超过20万只有滕州、临沂、寿光、微山、济宁郊区5县，滕州有45万只。养鹅超20万只的有沂水、沂南、临沂、苍山、龙口、泰安郊区、莱芜、新泰、寿光、昌乐、青州、安丘、滕州、平度14个县，其中平度、安丘、昌乐3县在30万只以上，平度达38万只。①

第五节　肥　料

几千年来，山东农业是以种植业为主，种植业又以粮食种植为主。粮食产于土地，就有个土地合理使用和开发利用的问题；地力有限，野蛮用地和开荒毁林，就会造成大量水土流失与旱涝灾害肆虐。因此，对可耕地补充肥力、养护植保就成为农业持续发展必不可少的措施。

粪肥对于农业生产的重要性，已为勤事耕作的老农所深刻认识。历城农谚云："人靠五谷养，田靠粪土长"，"肥足庄稼壮。"② 山东农家肥料"多用人粪、畜粪，及陈灰土，惟蔬菜地，时用豆饼、花生饼，种烟常用肥田粉"③。

一、有机肥及用量

（一）有机肥使用的历史

1. 古代有机肥料的开发利用

山东农田施肥历史悠久。《孟子·万章下》、《孟子·滕文公上》中即有大田施肥的论述。北魏《齐民要术》中更有用肥料培肥薄地，秸秆垫圈积肥，绿豆、小豆、胡麻等作为绿肥作物压青肥地，马骨煮水和以蚕粪、羊粪浸种等记述。唐、宋以后，形成了二年三作制中春播和秋播以前施肥的制度。明清时期提倡养猪积肥，除施用圈肥、人粪外，还施用饼肥、大豆

---

① 参见山东史志编委会、俞宽钟主编：《山东省志·农业志》，山东人民出版社2000年版，第659—660页。

② 历城县地方史志办编：《历城县志》，济南出版1991年版，第457页。

③ 胶济铁路局经济调查委员会编：《胶济铁路经济调查报告》，总编，《农业》，胶济铁路车务处1933年，第28页。

等，并有粪耧施用腐熟细肥的集中施肥技术。清季以来，农民在土地利用中，采取精耕细作方式，特别是要追加肥料投入，以增加土壤肥力，不致造成对土地的过度利用。①

2. 民国时期

1933—1935年，由于美国掌握中国农业经济情况的需要，温菲德（G. F. Winfied）教授在齐鲁大学的协助下，对山东有机肥料和环境卫生进行了调查，对城乡人粪尿、牲畜粪尿、城市垃圾的积制和运输情况，均有详细记述，这是山东近代系统调查研究有机肥料之始。

3. 新中国成立后

随着农田产出的增加和化肥生产的发展，有机肥料的积制和施用量虽逐步增加，但在农田养分投入中所占的比率逐步降低。有机肥施用情况大致分为三个阶段：

(1) 1950—1965年为第一阶段。

有机肥料仍占绝对优势，很少施用化肥。新中国成立初期号召“多上一车粪，多打一成粮”，发动养猪、充分积攒人粪尿、沤草肥、挖坑泥。1958年农业“大跃进”运动中，各地弄虚作假，浮夸乱来，甚至把农家肥加盐加热熬煮成所谓“土化肥”。1965年8月，省府推广日照县“四改造，六统一”（即改造厕所、猪圈、鸡窝、牛栏，统一管理人粪尿、猪圈肥、牛粪、鸡粪、污土、草木灰）的经验以及干土保氮技术。这一阶段，按调查统计和化验资料计算，全省平均每耕亩每年投入养分总量6.38公斤，其中氮1.97公斤，磷1.08公斤，钾3.33公斤。平均每耕亩施有机肥料689.6公斤，折合养分6.08公斤，占养分总投入量的95.3%；这些有机肥的氮、磷、钾含量分别占每耕亩氮、磷、钾总投入量的87.3%、95.3%和100%，可见化肥施用量之少。

(2) 1966—1978年为第二阶段。

该时期化肥工业发展迅速，农田投入养分增加，进入有机肥料为主、化肥为辅的时期。全省平均每耕亩每年养分投入总量11.49公斤，其中氮4.54公斤，磷1.89公斤，钾5.06公斤。平均每耕亩施有机肥料1013公斤，折合纯养分9.12公斤，占养分总投入量的79.4%，有机肥的氮、磷、钾含

---

① 张佩国：《近代山东农业技术体系的社会生态学考察》，《中国农史》1999年第4期。

量分别占每耕亩氮、磷、钾总投入量的 55.7%、80.5% 和 100%，这是普遍施用化肥特别是大量增施氮肥的结果。其间，总结推广了临沂、济宁、昌潍、德州、菏泽、聊城等地区种植绿肥改土培肥、改碱、固沙、绿化荒山、改造蝗区的经验，和莒县“两粮两肥”（小麦、苕子—玉米、绿豆）、稻区水稻苕子轮作模式。1978 年全省绿肥面积达 123.6 万亩。

(3) 1979—1990 年为第三阶段。

该时期化肥施用量迅猛增加，大大超过有机肥料的增幅，二者投入养分比重基本相等，但有机肥料养分比重逐年下降；有机肥料工作引起进一步重视，秸秆还田作为重要措施得到逐步推广。1980 年，全省平均耕亩施用有机肥料 1870 公斤，折纯养分 12.36 公斤；而化肥折纯养分已达 12.80 公斤，有机肥料养分投入量开始低于化肥养分投入量。此后几年，有机肥料养分投入比率又略有降低，形成重用地、轻养地，重无机、轻有机的倾向。80 年代中期，政府开始重视和加强有机肥料工作，省农业厅从 1985 年起每年召开一次有机肥料现场会，各地制定奖励政策，组织检查评比，鼓励增加有机肥料投入，宣传、推广滕州、桓台等土壤有机培肥经验，实行秸秆过腹还田和直接还田技术。在国家投资或引用外资的农业综合开发项目中，将增施有机肥料、培肥土壤作为建设内容。同时，农业科研、教育和技术推广单位进行了多项有机肥料培肥土壤定位试验，有机肥堆腐方法试验和有机肥料与化肥配合施用试验示范。

1988 年，山东省进一步加强了有机肥料工作。1989—1990 年，山东省潍坊、寿光、滕州、泰安郊区等 14 个市、县土肥站和 15 名技术人员，先后获农业部有机肥料工作先进集体和先进个人奖励，省土壤肥料工作站获农业部全国秸秆还田先进单位奖励。山东省政府 1990 年 1 号令颁布了《山东省耕地保养暂行规定》，将增施有机肥料作为耕地保养的主要措施。自 1979 年至 1990 年间，全省平均耕亩每年投入养分总量 32.68 公斤，耕亩每年施入有机肥料 1712.6 公斤，折纯养分 16.91 公斤，占养分总投入量的 52%。这一时期由于耕地复种指数提高，绿肥作物面积减少直至消失。①

① 参见山东史志编委会、俞宽钟主编：《山东省志 · 农业志》，山东人民出版社 2000 年版，第 1082—1087 页。

（二）有机肥的资源

1. 有机肥料

（1）人畜粪尿。新中国成立初期，政府号召“多上一车粪，多打一成粮”，发动养猪、充分积攒人粪尿、沤草肥、挖坑泥。1958年农业“大跃进”运动中，狠抓广辟肥源，除了养猪“大跃进”外，各地提出“三挖五敛”等口号，挖磨道、厕所土，敛老街、院土，换老炕、灶台，熏土等，但存在虚报数量、不讲质量的问题，徒劳无功甚至损失养分。同年省人委发出扩种绿肥的通知，要求早秋收作物生长后期套种绿豆，是年部分地区统计播种绿肥25万亩。60年代初引进田菁和苕子，1964年绿肥面积50万亩。

在莱芜县农村，“凡自耕农以上，家里都至少养一个猪，四五十亩的大农，至少养二三十个猪。养猪的目的主要是积蓄肥料，至于把养猪当作交换货币，那倒是其次的事……‘开冬就出粪’，实际上也是农事的一个重要工作。”养猪是粪肥的主要来源，临沂农谚更是道出了农家养猪的重要性，谚云：“学户人家讲念书，庄户人家讲养猪；念不尽的四库书，赶不尽的山东猪。”①

有人以1990年全省8400多万人口计算，每年有人粪672万吨，以粪土比1∶3造肥，可造粪肥2688万吨；人尿5964万吨，因为收积困难，利用较少。历史上晒大粪干的习惯已经消失，但农村仍有灰粪混积、厕圈不分的不良习惯。畜禽粪肥按1990年全省畜禽存养量，可产猪粪肥12610万吨，大牲畜粪肥6760万吨，羊粪肥2700万吨，禽粪肥810万吨，以90%的收集率计算，共有22880万吨。

（2）堆肥和沤肥。堆肥和沤肥都以作物秸秆、青草、落叶等为主料，与少量的人粪尿和牲畜粪尿混合积制。60年代以后，堆肥逐渐增加，沤肥逐渐减少。自1986—1990年统计，平均每年积制堆、沤肥6854.3万吨。沼气肥也属沤肥类，1990年全省有户用沼气池35.24万个，产沼气肥400万—500万吨。

山东省秸秆资源丰富，据1990年调查，每年产秸秆约5500万吨。秸秆施人农田有3种形式：一是饲养牲畜过腹还田；二是堆沤造肥；三是直接

① 山东省立民众教育馆编：《山东歌谣集》第一集，内部资料，第23、30页。

还田。自 1982 年开始推广秸秆直接还田，当年还田面积 33.33 万公顷（500 万亩）；1990 年还田面积达 286.67 万公顷（4300 万亩），占当年全国还田面积的 11.8%，平均每 0.067 公顷（每亩）还田 197 公斤。9 年累计还田面积 0.113 亿公顷（1.7 亿亩）次，遏制了土壤钾素消耗的势头，增加了土壤有机质。秸秆直接还田方式有高留麦茬、麦秸盖秋收作物或果园、玉米秸切碎还田（用秸秆还田机）3 种，其中高留麦茬简便易行，面积约占秸秆直接还田总面积的 80%；玉米秸机械粉碎推广难度较大，每年还田面积在 13.33 万—20 万公顷（200—300 万亩）之间。

（3）土杂肥。土杂肥资源多样，包括炕土、烧土、墙土、厕所土、磨道土、老街土、坑（塘）泥、草木灰等。不同时期和不同地区土杂肥施用数量差异较大。自 80 年代开始，因重施化肥，加之土杂肥积制、施用费时费力，施用量减少。

（4）饼肥。饼肥是传统的有机肥料，50 年代全省每年约产 200 万吨，以豆饼为主；80 年代后期增加到 400 万吨左右，半数为棉籽饼，其余为豆饼、花生饼，还有少量的油菜籽饼和麻油渣，其中花生饼历来作饲料。1959 年全省施用饼肥 4.08 万吨；60 年代初每年施用 1 万—2.3 万吨之间，主要用于瓜、果、菜、烟草等。以后饼粕均用作饲料和食品工业原料，极少作肥料。

桓台县当地施肥都是以豆饼为主，以土粪为辅。豆饼来源，大都是用麦子换，每年种的麦子，麦季都是掺秋粮吃，节余下的麦子，以便秋天换豆饼。没有副业生产的贫苦农民，省吃俭用，用麦子换豆饼；当地有副业生产的中农以上户，用副业收入买豆饼。①

食品工业有机废渣种类较多，包括酒糟、酱油渣、粉渣、豆腐渣、畜宰场和海产品加工厂的废弃物等，但多用作饲料，极少部分用于农田。此外尚有城镇生活垃圾，1990 年达 380 多万吨，但只有很少过筛处理用作肥料，绝大部分拉至远郊坑埋。

（5）绿肥。能用作绿肥的栽培植物有紫穗槐、绿豆、沙打旺、田菁、草木樨、苕子等。50 年代以前，平原涝洼地有以绿豆作为豆肥兼用作物，

① 鲁档：《桓台县索镇区前七里庄初步调查材料》，第 32—33 页，原档案件编号为 TD26-37-1。

旱则收豆，涝则压青作肥；也有在早秋作物生长后期套种绿豆者；60 年代引进田菁、苕子和少量柽麻，因地制宜试验推广小麦间苕子一玉米间绿豆（“两粮两肥”），水稻—苕子、小麦—田菁—小麦等轮作方式，均有改土、培肥、增产之效。绿肥面积最大的 1978 年达 8.24 万公顷（123.6 万亩）；80 年代粮食作物播种面积扩大，绿肥作物退出农田，1990 年紫穗槐、田菁、沙打旺、苜蓿面积合计 1.4 万公顷（21 万亩），但都不用作绿肥，而分别用作护坡、条编、烧柴，小部分用作饲草。

2. 有机肥料调查

1990 年 3 月起，按照全国土肥总站的部署，山东省进行全省首次有机肥料资源分布和质量调查，到年底已完成大部分调查统计和样品采集，并开始室内分析。①

下面试以典型城乡地区的农家肥制积施用，来观察山东省农家肥料情况。

（1）诸城市农业肥料。新中国成立前，诸城境内农作物施肥均为有机肥，亩均施肥多者四五车，少者一二车，因数量不足，大都采用沟施、墩施或条施。新中国成立初期，政府为解决肥料之不足，组织群众采取各种措施，广开肥源，使每亩施肥量较前有所增加。到 1953 年，全县亩均施肥增加到四五车。随着小家畜的增多和饲养业的发展，到 1956 年，全县平均每亩施肥增至 6—10 车。1958 年，推广夏季沤肥法，并逐渐在全县展开，使有机肥数量大大增加。到 1964 年，全县亩施有机肥增至 10—12 车，是年，推广“四合一”（又名土包氮）造肥法。1974 年，全县掀起“七挖八换”（挖湾泥、挖壕底、挖猪厩、挖栏圈、挖阳沟口、挖鸡舍、挖尿窝，换土坑、换锅灶、换当门、换炕前、换墙皮、换旧屋、换天井土、换壁子墙）积肥运动，并坚持每年冬春进行 1 次。到 1978 年，亩均施肥增加到 25 车，但肥效较差。1983 年，农村全部实行大包干后，大积大造有机肥成为广大农民的自觉行动，有机肥数量和质量大大提高，到 1987 年，全县亩施有机肥一般保持在 25 车以上，有些农户还增施适量的饼肥。②

① 俞宽钟主编：《现代山东农业》，山东科学技术出版社 2000 年版，第 858—859 页。

② 诸城史志编委会编：《诸城市志》，山东人民出版社 1992 年版，第 161 页。

(2) 莱芜市肥料。有机肥料被称为农家肥，首先农家肥以圈肥为主，其主要来源是养猪积肥。民国《续修莱芜县志》(1935 年版) 载："养猪目的不在肉用，而在积粪，以为肥料，故数亩之家，豢养一头或数头不等……"民间素有"一头猪等于一个肥料加工厂"的说法。境内农户厕所向与畜圈混用，圈肥中即包括人粪尿。春秋两季，农民将所积圈肥出栏、捣碎，运往田间作底肥用，每年约有 38 万吨。也有不少农户专积人粪尿，加以沤制，作追肥用。其次是炕洞土、墙土、街土、湾泥等土杂肥。60 年代后期始，农村常在麦后高温季节利用街土、垃圾、烂柴、青草等密封沤制土杂肥，为增施农家肥提供了肥源。再次是绿肥，50 年代末引种紫穗槐，70 年代引种苕子等绿肥作物。1980 年，环境卫生管理处及肥料厂成立后，每年清除粪便 2000—2500 吨，垃圾 12000—17000 吨，密封发酵后售给农户施用。

(3) 青岛市农家肥。50 年代初，青岛主要施用农家肥 (有机肥)。农家肥主要有人粪尿、圈肥、厩肥、炕土、河 (塘) 泥、秸秆沤制肥、绿肥、饼肥、骨粉、腥肥、草木灰、菌肥等。70 年代开始推广秸秆还田，以增加土壤有机质，提高土壤养分。圈肥和厩肥是青岛市优质农家肥。1986 年全市每亩平均施优质农家肥达 1500 公斤左右，比 1949 年增加 7 倍多。①

在中国传统农业时代，养地之法不外二途：一是多施肥粪，增强地力。在北魏《齐民要术》时代，中国已经使用踏粪、火粪、人粪、泥粪与蚕矢，但这些肥粪数量太少，故《齐民要术》中只有给经济作物瓜、葱、葵等施肥的记载，没有对粟、麦等主粮作物的施肥。到元代王桢《农书》时代，北方仍然是这几种类型的肥料。二是充分利用作物轮作的生物养地之法，其中有两大措施：第一是利用绿肥作物与粮食作物的轮作，发挥"美田之法"的养地功效，这在《齐民要术》《耕田第一》中有详细说明："凡美田之法，绿豆为上，小豆、胡麻次之。悉皆五六月中穊种，七月八月犁掩杀之，为春谷田，则亩收十石，其美与蚕矢、熟粪同。"这是一种大面积的养地方法，但却是以牺牲一季收获为代价的。第二是利用豆类作物与麦谷类作物的合理轮作，因为大豆具有独特的根瘤固氮作用，收获后能遗留一部分氮肥于土壤

① 青岛市志编委会编：《青岛市志·农业志》，中国大百科全书出版社 1996 年版，第 68 页。

中，不仅无害反而有利于下季作物的收成。实验证明："种一亩大豆，就可吸收空气中氮素差不多为7斤，相当于三十多斤硫酸铵。"① 与其他作物的耗损地力相比，黄黑大豆是用地与养地相结合的良好换茬作物，它又可大面积种植，养地效果好，规模大。因此，种植大豆是在肥粪不能充分供应的条件下增加复种的最佳方法。华北农谚中有"麦后种黑豆，一亩一石六"，"麦不离豆，豆不离麦"，正说明麦豆复种能够增产，是最好的搭配形式；而且大豆又"地不求熟"，适宜免耕直播。②

（三）有机肥施用方法及用量

肥料和施肥历来为农民所看重，被当作是农作物增产的主要条件之一，是农作物产量能否提高的关键因素。然而，直到60年代，农民所用的肥料，主要还是土草肥（如坑洞灰、河泥、塘泥）、粪肥（人畜粪便与泥土混合发酵的肥料）和部分人工肥（如豆饼、花生饼、豆渣）。山东十六县四十九个典型村的调查，调查了1931年至1950年近二十年的施料资料，列表4–41、表4–42如下：

表4–41　山东省十六个县四十九个村各种肥料施用量统计表

单位：斤/亩

年份	1931—1936	1948	1949	1950
圈肥	1848.7	1161.8	1556	1690.8
油饼	62	60.9	45.8	48.5
豆子	15.8	20.3	23.8	22.7
绿肥	—	1412	2352	963
人粪尿	77	76.9	71.9	73.4
坑土	1052.6	654.3	913.5	998.6
肥田粉	22.7	20	18.4	19.9

资料来源：中央农业部计划司编：《两年来的中国农村经济调查汇编》，中华书局1952年版，第230—231页。

① 《中国农学史》，科学出版社1959年版，第254页。

② 李令福：《再论华北平原二年三熟轮作复种制形成的时间》，《中国经济史研究》2005年第3期。

表 4-42　山东省十六个县四十九个村各种肥料施用量百分比

年份	1931—1936	1948	1949	1950
圈肥	100	63	84	92
油饼	100	98	74	73
豆子	100	128	151	144
绿肥	—	—	—	—
人粪尿	100	100	93	95
坑土	100	62	87	95
肥田粉	100	88	81	88

资料来源：中央农业部计划司编：《两年来的中国农村经济调查汇编》，中华书局 1952 年版，第 230—231 页。

四十九村的农村肥料以圈肥、坑土为主。四十九村平均施用圈肥 1847.7 斤，最高为沂源县西台村，为 4849.3 斤，王家石沟村为 4800 斤；最少为桓台县孟家村，为 175 斤；张家桥村稍高，为 357 斤。坑土实有村平均为 1052.6 斤，最高为莱阳县柳沟村，为 2250 斤，最低为垦利县坨上村，为 243 斤；[①] 1948 年这两种肥施量仅及战前的 63% 和 62%；豆子施用量虽超过战前，因用量甚少，不占重要地位。农民因经济困难和知识上的欠缺，对肥田粉等化肥很少使用。笔者 1972 年在烟台福山县农村驻村调查时，发现即便在经济较为发达的烟台地区，农民因为知识不足，对新事物不理解，满腹孤疑，对县里推广化肥种田，还是拒不接受使用。

表 4-43　牙前县鲁家夼村各个时期肥料表

阶层	1936 年			1936—1942 年			1942—1946 年	
	豆饼 / 片	化肥 / 斤	粪驮	豆饼 / 片	化肥 / 斤	粪驮	豆饼 / 片	粪驮
地主	500	350	2183	300	50	2640		
富农	1000	2640	9244	1100		2355	1150	3288
中农	910	1430	1938	610	100	9609	3740	16486

① 中央农业部计划司编：《两年来的中国农村经济调查汇编》，中华书局 1952 年版，第 230—231 页。

阶层	1936 年			1936—1942 年			1942—1946 年	
	豆饼 / 片	化肥 / 斤	粪驮	豆饼 / 片	化肥 / 斤	粪驮	豆饼 / 片	粪驮
贫农	180	210	3394	100	200	3394		1065
合计	2590	4630	16759	2110	350	17998	4890	20839

资料来源：鲁档：《牙前县鲁家夼村调查总结》第 6 页；原档案件编号为 TD24-17-7。

该村 1936 年全村共有 149 户，地主 7 户，富农 27 户，中农 72 户，贫农 42 户。1936 年后至 1942 年减租减息前上升为 164 户，地主户数不变，富农有 5 户下降，为 22 户，中农上升为 83 户，贫农上升为 52 户；1942 至 1946 年该村后因分家和其他原因，户数上升为 188 户，地主剩下 1 户，富农户数不变，仍为 22 户，部分贫农因分得土地浮财，也上升为中农，中农上升为 140 户，贫家仅有 25 户了。

战前鲁家夼村全村施用豆饼 2590 片，1942 年减租前降至 2180 片，1945 年因解放区提倡生产，施肥量超过战前，为 4940 片。粪肥战前用 24909 驮，减租前降至 17398 驮，1945 年增至 20839 驮。肥田粉因货源断绝，不再用了。施肥是逐步地增多，这是中共生产政策起了决定作用。内中豆饼的增用，也是肥田粉减用的原因。① 中农施肥量很可注意，1936 年时用豆饼 910 片，用化肥 1430 斤，而到战争发生后用豆饼仅为 610 片，减少三分之一；用化肥 100 斤，减少 93% 强，说明战争对于农业生产的破坏是极为严重的。

文登望海隋家张福贵互助组打井施肥增加产量的经验曾在胶东引起很大影响，其施肥与锄地情况如表 4–44：②

表 4–44　文登张福贵互助组施肥与田间管理统计表

年份	施肥（车）		锄地（遍）		产量（斤）	
	1943	1945	1943	1945	1943	1945
苞米	8	20	4	6	135	230
小麦	8	16	1	2	60	80

① 参见鲁档：《牙前县鲁家夼村调查总结》，第 3 页，原档案件编号为 TD24-17-7。

② 《民主导报》第 10 期，1946 年，第 25 页。

年份	施肥（车）		锄地（遍）		产量（斤）	
	1943	**1945**	**1943**	**1945**	**1943**	**1945**
豆子			1	1	80	135
地瓜	12	30	2	3	800	1600

文登望海隋家张福贵互助组的多施肥、深刨地和打井浇地，确实提高了该村的产量。1945 年与 1943 年前相比，苞米增产 70%，小麦增产 33%，豆子增产 68.7%，地瓜增产一倍。该村耕作方法是逐年改进，产量在 1943 年时每亩平均 181 斤，1945 年则提高到 245 斤，增加 35%。在施肥方面，1943 年用豆饼的农户，最多用 10 斤（每片 50 斤），而 1945 年上升为 20 斤，到 1946 年则 140 余斤，超过上年 6 倍。

广饶辛集事变后的产量大减的原因，一是施肥料大为减少，这是粮食产量减少的主要原因；二是人力减少。战前辛集每大亩（相当于市亩 3.6 亩）普通用豆饼 8 片，有的富裕户用到 15—20 片。如张大全战前种地 39.6 亩，每年用豆饼 100 片，骡 1 头可积小粪 50 车，每年可产粮 25 石。1937 年发河水后，只能种麦子和棉花，只是种麦时才每亩用豆饼 7 片，其他牲口粪 50 车，每年产粮 12 石（连棉花折粮在内）。粮食产量仅及战前的 46%。该村张振乾种地 28.8 亩，每年用豆饼 100 片及小粪 35 车，每年产粮 15 石。而 1943 年不用豆饼了，每年只产粮 8 石。产量是战前的 53.3%。张茂桂种地 5.84 亩，每年用豆饼 20 片，大粪 6 口袋（每口袋约 120 斤），每年产粮 6.5 石。1937 年后，每年只用大粪 6 口袋，1943 年产粮仅有 3 石（连棉花产量折粮在内），① 产量仅及战前的46%。在小粪施用上，事变后也是大为减少了。水灾前本村按 250 头大牲畜计算，每头可积小粪 40 车，共可积小粪 10000 车，而到 1943 年只剩 68 头牲畜，每年只能积小粪 7020 车，较比之前减少三分之一，粮食产量相当受影响。从该村典型户施用肥料种类与数量的比较可以知道，施肥数量与肥料种类对作物产量的关系极大，肥料的好坏多少，往往使产量有四五成的浮动。

惠民县农村的作物种植，往往是粗放经营，薄于用工与施肥。当地种

① 参见鲁档：《(广饶）辛集村土地经营的调查》，第 6—7 页，原档案编号为 TD26-214-2。

豆锄2遍，共用工1个；种谷子，锄4遍，共用工3个；种玉米，锄3遍，共用工2个；种高粱，锄3遍，共用工2个；种棉花，锄4遍，共用工3个。耕耩地每亩用工2个，收割每亩用工2个，平均每亩地用工6个。施用的肥料主要是草粪肥每亩1车，大粪每亩1车（约500斤）。①

东平县的肥料主要是农家肥，历史上以土杂肥为主，间有施大豆、芝麻、饼肥者，多用于瓜地、菜园或作种肥。该县1934年始有施用化肥者，数量很少，只在菜园、小地块试用。②

临沭县过去农民每季庄稼上一次铺底肥，一次苗肥，战后一般一次苗粪，养猪不多，猪小又是散养，粪少而差，所以农民一般只上一遍苗粪，约为每亩4篓（每篓约90斤）280斤。据老农讲，这点肥料以庄稼成熟前一个月即消耗殆尽，故粮食皮厚籽粒瘦小，产量较差。为了提高施肥量，中共抗日政府提倡发展副业，鼓励农民榨油、推粉、磨面、做豆腐、养猪积肥，以提高农产量。③

桓台肥料施用很有代表性。清代至民国期间，农民已不惜重金到济南等地购买大粪干、豆饼等。水浇地小麦施2次，有的施3次。高粱、谷子施肥2次，韭菜、白菜、藕等用肥料尤多。小麦每亩普通施用豆饼百斤，人粪百余斤至数百斤。高粱、谷子用肥料较少。济南人粪以桓台为最大销场，豆饼及黄豆输入年达千吨。

桓台索镇前七里庄农业施肥与产量。当地生产特点：一是土地怕旱，指着浇水；二是地薄，不多施肥料不长；三是拿着人工当地种。原因是该地井多，天一旱农民整天在坡里浇地，因为地被浇得很薄瘦，因此又必须多施肥料，不然即不长庄稼。桓台县索镇区前七里庄施肥情况是：麦子施土肥每亩可收270—300斤；用6—7片豆饼，每亩可产400斤；用8—9片豆饼，每亩可产500—600斤；高粱，当地秋粮以种高粱为主，施肥很少，每亩最多有用3片豆饼者，每亩能收五六布袋，合625—750斤；玉米，一般每亩用

① 参见鲁档：《于韩几户家庭账调查》，第118页，原档案件编号为TD26-52-4。

② 参见山东省东平县志编纂委员会编：《东平县志》，山东人民出版社1989年版，第138页。

③ 参见《沭水县石河、临沭县蛟龙、大兴三个区农村经济情况调查》，引自华东军政委员会土地改革委员会编印：《华东农村经济资料》第五分册《山东农村调查》，1952年，第75页。

四五片豆饼，若不失水，能收4—6布袋，合500—625斤；谷子，每亩用10片豆饼者能收10布袋；每亩用7片豆饼者可收7—8布袋；豆子，当地种的很少，过去都是仰给于小清河北，有副业的家庭都是靠副业收入买豆子吃，无副业户用粮食换豆子吃。①

新中国成立以来，临朐先后采取多种措施，改良土壤、培肥地力。五六十年代，以发展畜牧业增施圈肥、沤制绿肥和“四合一”肥为主，以增加土壤有机质。1955年，有的地块亩施圈肥达0.7万公斤，1956年后，大兴沤肥，全县曾先后建沤肥池5000多个。60年代，结合整地改土，采取“三合一”（土、肥、水）和“二合一”（土、肥）改良措施，将有机肥与土层掺合，使土质变肥。80年代后，为避免土壤肥力失调，注意合理施肥。同时继续强调和提倡增施圈肥，以防土壤板结。②

莱州农家肥施肥量。莱州境内农作物种植，50年代前主要施用农家肥，包括圈肥、人粪尿、饼肥、旧屋土、炕洞土、腥肥、绿肥等。新中国成立后，各级政府大力提倡广积农家肥，“庄稼一枝花，全靠粪当家”和“门前没有三大堆，种好庄稼真是吹”的口号家喻户晓。农业集体化中，各生产队普设专职积肥员，生产大队成立专业积肥队，固定积肥场所。六七十年代，社、队多次发动社员大积大挖农家肥，拆旧屋、打旧炕、挖磨道、挖湾泥、沤绿肥等，补充肥源。农家肥多用作基肥。新中国成立前后，亩施农家肥4—6驮（每驮50公斤左右）。后改用胶轮小车推或用胶轮大车、拖拉机拉，亩施1500—3500公斤。丰产田施5000公斤左右。③

山东麦田施有机肥料。传统基肥以厩肥、人粪和土杂肥等农家肥为主。据1931年省实业厅《山东省各县农林工作报告》、1941年日军特务机关《登州道农村实态调查》、1955年省农林厅统计局编《山东省农业生产调查统计资料》，1930—1940年间，一般麦田每亩施农家肥500公斤左右，最低100公斤，最高2500—3000公斤；施用豆饼较普遍，每亩10—40公斤不等。鲁西和鲁中还有少数施用大豆的习惯，一直延续至50年代。抗日战争中牲

---

① 参见鲁档：《桓台县索镇区前七里庄初步调查材料》，第32—33页，原档案件编号为TD26-37-1。

② 参见临朐县史志办编：《临朐县志》，山东人民出版社1991年版，第207页。

③ 参见莱州史志办编委会编：《莱州市志》齐鲁书社1996年版，第220页。

畜损失严重，抗战胜利后未得到充分恢复，1949 年的施肥水平较抗战前下降 40% 左右。新中国成立后大力提倡积肥，至 1952 年调查农家肥施用数量，胶东每亩麦田施用 750—1000 公斤，鲁中施用 750 公斤左右，鲁西施用 500—750 公斤，已超过战前水平，并开始推广化肥。60 年代在鲁西盐碱薄地进行过小麦与田菁轮作的一批试验示范。田菁压青作为小麦的基肥，土壤含氮量增加，容重降低，返盐受到抑制，小麦亩产超过二年三作制的全年粮食亩产。但在当时粮食紧张的情况下，国家每季征购，小麦多产多征购，夏季种田菁也不减免秋粮征购，农民则是收一季吃一季，上季难接下季，因而“一麦一肥”制无法推广。以后随着生产条件的改善和肥料的增加，低复种指数的以田养田制度就不再出现。改革开放以后，麦田农家肥施用量迅速增加。到 1990 年统计，全省农家肥施用总量 26014 万吨，其中半数以上用于秋种施肥，亩均超过 2 吨。此外，80 年代中后期试验示范玉米秸秆就地还田，作为秋种有机肥料，并有较长远的培肥土壤效果。还田方法绝大多数用秸秆还田，但受分户经营的限制，故推广缓慢。到 1990 年，玉米秸秆还田面积仅 200 余万亩，主要分布在临淄、桓台、张店、栖霞、兖州、诸城、高密、安丘等地。①

二、化肥及用量

（一）无机化肥使用的历史

山东省农田使用肥料向以粪肥、厩肥（牛马践踏而成）、堆肥（草木灰渣秽物积久发酵而成）为主，亦有用豆饼、花生饼者。化肥使用始于清末。光绪三十二年（1906 年）省农事试验场向日本购进化学肥料十数种，逐一试验。大约同期，德国洋行也投入资金和人员，在各地推销硫铵肥和磷肥。到宣统二年（1910 年），化肥的销售和使用范围，已从烟台、济南周围农村扩展到胶济铁路沿线和运河沿岸的部分乡村及经营农场。当时化肥不仅由国外购进，省内也有多家工厂能够制造，如济南、泰安、沂州等地均有相关公司或工厂从事化肥生产。20 年代以后，化肥的效用渐为农民所认识，特

① 参见山东史志编委会、俞宽钟主编：《山东省志 · 农业志》，山东人民出版社 2000 年版，第 291—293 页。

别是硫铵肥（肥田粉），当时“以种植烟草者，用之最多”，同时“栽种棉麦，亦有采用之者”。根据胶海关统计，青岛硫酸铵进口有逐年增多之势。民国十四年时进口 945 担，民国十五年进口增为 3318 担，民国十六年进口 13440 担，民国十七年进口增至 34721 担。但由于进口化肥价格高，农村劳动报酬递减及银价低落等因素影响，农民购买力有限，化肥使用并未能普遍推广。①

山东省施用化肥始于 1906 年。当年《山东官报》有“济南济农公司专仿美洲新法制造化肥”的记载，实际为进口。《中国近代史资料》和《中国经济年鉴》都记载民国期间由青岛进口化肥，在胶济铁路沿线销售的情况。1930 年，青岛进口化肥 2805 吨，主要为西欧产硫酸铵，还有少量氯化钾和混合肥料。据《中国土产总览》记述，1931—1936 年间，青岛、烟台两港平均每年进口化肥 1.56 万吨，约占山东省总用量的二分之一。化肥主要销往胶东的黄县、招远、掖县，其次为莱芜、淄博、昌潍。抗日战争期间，化肥由日本进口，数量不定，1942 年为 4905 吨，1944 年 934 吨，进口时有间断。

50 年代初，山东省所用化肥仍依靠进口或由国家调配，50 年代中后期济南、青岛始生产磷肥。1950 年全省施用化肥 4000 吨（实物量，下同），全部是氮肥，主要是硫酸铵，还有少量硝酸铵，平均每亩耕地 0.031 公斤。1959 年，全省施用化肥 27.3 万吨，其中，氮肥 19.8 万吨、磷肥 7.5 万吨，平均每亩耕地施化肥 2.2 公斤。1958—1959 年，全省县、乡镇共生产“土化肥”477 吨，其原理和工艺多不科学，唯硝土制化肥、盐卤钾镁肥、钙镁磷肥尚有实用意义。

60 年代山东省化肥工业发展较快，主要生产氨水，还有少量碳酸氢铵。五六十年代，省农科院土壤肥料研究所指导建立了全省化肥试验网，进行氮、磷化肥配合施用效果等试验，农技推广部门示范推广氨水、碳酸氢铵深施和增施磷肥。全省化肥施用量，60 年代初期因经济困难，用量下降，1962 年仅 13.1 万吨，之后逐年增加。1969 年达到 94.0 万吨，其中氮肥 84.2 万吨，磷肥 9.8 万吨，平均每 0.067 公顷（每亩）耕地施化肥 8.08 公斤。

---

① 参见张玉法主编：《农业志》，《（民国）山东通志》卷十五，（台北）山东文献杂志社 2000 年版，总第 1482—1483 页。

70年代化肥工业进一步发展，至70年代末，山东省有大、中型化肥厂4个，小型化肥厂90个，合成氨生产能力148.8万吨，磷肥生产能力19.53万吨（折五氧化二磷）。

1979年开始的第二次土壤普查，为配方施肥工作提供了基础依据。据土壤养分分析结果，总体概念是有机质含量较低，氮素不足，普遍缺磷，部分缺钾，较大面积缺锌和硼。1980年首先在小麦主产区增施磷肥，以协调氮磷比。1983—1985年，在农业部统一组织指导下，山东省的嘉祥、苍山、惠民、即墨、沂水、鄄城6县参加中低产田配方施肥试点，重点推广以增加中低产田化肥投放量、调整氮、磷钾化肥施用比例为主的定性及半定量配方施肥。同时，在全省主要土壤类型（棕壤、褐土、潮土、砂姜黑土）上进行了小麦、玉米、棉花、花生土壤养分丰缺指标试验和施肥方法试验。1986年5月，农业部在沂水县召开了全国配方施肥经验交流会。1986—1990年间，在全省开展了最佳施肥量的试验研究；同时不断补充和完善土壤养分丰缺指标试验。随着参数的试验积累，配方施肥逐渐由定性配方向定量配方阶段发展。1989年，沂水、嘉祥、即墨、鄄城、青州、莱阳6县被农业部确定为全国优化配方施肥试点县，配方施肥被列为种植业重点推广的八大技术之一。至1990年，全省7年累计完成小区试验3000多处，示范田块4500多个，配方施肥0.153亿公顷（2.3亿亩）次，配方施肥作物也从大田作物扩大到蔬菜、瓜果、烟草。1988年国家经委授予山东省土壤肥料工作站“配方施肥大面积推广应用”技术开发优秀成果奖，菏泽、沂水、莱芜等市县配方施肥获省科技进步奖。

此外，七八十年代，省农业技术推广站与中国农科院土壤肥料研究所合作，进行了土壤速效锌含量分布和锌肥肥效研究，3年累计示范推广施用锌肥70万公顷（1050万亩），经济效益1亿元以上。80年代中期，省农科院土壤肥料研究所开展了土壤硼、锰、锌含量调查和硼、锰、锌肥的肥效试验研究。80年代后期农田施用锌、硼肥的面积迅速增加，铁、锰、铜、钼肥在农作物上也有少数试验。1986年全省微量元素肥料施用面积30.05万公顷（450.7万亩，包括果园），1990年达1315.2万亩。①

---

① 参见俞宽钟主编：《现代山东农业》，山东科学技术出版社2000年版，第859—861页。

1. 利津县无机肥施用

利津县于1952年开始用化肥“硝酸铵”。1954年首次购进“过磷酸钙”。20世纪80年代，以尿素、碳铵、磷肥、过磷酸钙为主。90年代后，磷酸二铵、磷酸一铵等高浓度二元复合肥和三元复合肥施用数量逐年增加。钾肥被农民逐步认识和接受。利津县施用化肥菌肥和植物生长调节剂。1964年，境内开始进行花生根瘤菌拌种实验，以后逐步推广应用。20世纪80年代后，开始应用植物调节剂，主要种类有矮壮素、助壮素、三十烷、乙烯利、增产灵、灭草灵等。农业施肥，境内主要集中在春播和秋种前，多为土杂肥和化肥混合使用。在作物生长初期和中期实行追肥，多为追施化肥。平均亩施农家肥1000公斤左右，施化肥20公斤左右。施肥方法除了施好底肥、配方施肥外，还要根据土壤成分合理搭配肥料品种和数量。追肥除了根部追肥外，叶面喷肥、大棚气化肥等也有应用。①

2. 诸城市无机肥施用

诸城1950年至1952年全县施用化肥只有23吨。此后，随着科学技术的逐步推广，化肥的施用量逐步增加。到1956年，全县化肥施用总量达2468吨，1965年达10865吨，1978年达11657吨，亩均6.7公斤。1987年，全市化肥总使用量27615吨，亩均17公斤。新中国成立初期到60年代初，境内施用化肥品种主要以硝酸铵、硫酸铵、氯化铵氮素肥料为主。60年代中期，开始使用钾肥。1969年，全县使用钾肥2942吨。70年代，多元复合肥越来越被人们重视。氮、磷、钾肥已在全县铺开。1980年，氮肥使用量占化肥总用量的77.2%，磷肥占14.9%，钾肥占2%，复合肥占5.9%。1987年，氮肥使用量下降到61.9%，磷肥上升到15.6%，钾肥上升到4.6%，复合肥上升到17.9%。同时开始使用锌肥、硼肥等微量元素化肥，但施用量不大，且面积小，对土壤、农作物无污染现象。②

（二）无机化肥的资源

新中国成立前，山东农业生产用的肥料，基本上是牲畜圈肥、人粪尿和土杂肥，农作物病虫害主要靠人工捕捉、或使用石灰、硫磺和信石（砷）

---

① 参见山东省利津县史志编委会编：《利津县志》，东方出版社1990年版，第225页。

② 参见诸城史志编委会编：《诸城市志》，山东人民出版社1992年版，第161页。

等进行防治。新中国成立后，随着工业生产的发展，山东省为了加速发展农业生产，有计划地安排农用物资生产的工业项目，50 年代开始创办农药、化肥工厂，生产农药、化肥，60 年代中期开始试制农用塑料薄膜，到 80 年代农用薄膜在全省普遍推广应用。这些农用物资投入农业生产，极大地提高了农产品产量，推动了农村经济的发展。

1. 化肥生产

新中国成立初期，山东农村使用的小量化肥，依靠进口和中央调拨。50 年代后期开始建厂生产，经过 30 多年的发展，已建成大中小型配套，品种规格较齐全的化肥企业。

（1）氮肥。1958 年在化工部支持下，山东在济南和明水分别建立年产 5 万吨和 2000 吨的合成氨装置，同年又在历城和济南分别建立年产 800 吨合成氨装置，于 1960—1963 年期间试产成功，相继投产。1965 年山东省政府成立小氮肥建设领导小组，确定每年拨出专项资金和物资，组织制造年产 3000 吨型的成套设备，采取就地建厂、就地生产、就地使用和分期安排，建一个成一个，尽快发挥效益的措施，为小氮肥生产的迅速发展，创造了条件。从 1966 年到 1976 年又先后建成济南、鲁南、齐鲁石化一厂、二厂 4 座大中型氮肥工厂。1979 年开始贯彻“调整、改革、整顿、提高”的方针，对化肥厂的调整整顿实施“建大、扩中、改小”的发展战略，关、停、并、转了部分小氮肥厂，加快了以发展规模经济，提高技术装备水平、产品质量档次为主要内容的技术改造步伐，并引进了部分国外先进技术，使氮肥生产登上一个新台阶，到 1990 年年底，全省有氮肥企业 90 个，年生产能力达到 158 万吨，年产量 126 万吨（按实物化肥计，下同）。

氮肥的品种主要有以下几种：

① 氨水：是六七十年代的主要品种，小氮肥厂 80% 以上生产氨水，经过改造，逐渐被碳酸氢铵取代，1990 年氨水产量仅 3.12 万吨，占氮肥总产量的比重降为 2.48%。

② 碳酸氢铵：1961 年明水化肥厂率先试制成功，随后逐步扩展，到 1979 年增至 48 个厂，产量达到 24.31 万吨，占氮肥总产量的 24.8%。1980 年开始，省财政拨出专项资金用于氮肥品种改造补贴，加快了改产速度。到 1990 年年底碳酸氢铵产量 91.6 万吨，占氮肥总产量的 72.8%，成为氮肥的

主导产品。

③ 硝酸铵：是肥料、炸药兼用产品。1969 年以来，全省先后有 5 家化肥厂建立硝酸铵装置，但由于硝催化剂紧缺，生产受限，到 1988 年只剩下两家，1990 年用作肥料的只有 3188 吨，占氮肥总产量的 0.25%。

④ 氯化铵：1990 年全省有 6 个厂生产，多为生产纯碱的联产品，年产量 7700 吨，占氮肥总产量的 0.61%。

⑤ 尿素：70 年代山东建成投产的鲁南化肥厂、齐鲁石化一二厂等大中型化肥厂均生产尿素。80 年代进行碳铵改产尿素的小化肥改造，1986 年邹县、平度两厂改产成功投产。1987 年以来，先后利用国家小化肥改造专项基金，继续扩大改造，1990 年全省尿素产量达 29.68 万吨，占氮肥总产量的 23.6%。

（2）磷肥。1956 年济南裕兴化工厂建成磷肥装置，但未形成工业化生产。1959 年改产钙镁磷肥获得成功，是山东最早的磷肥企业。到 1970 年年底全省发展到十多个厂，产量增加到 2.09 万吨。1976 年兴起“找矿、办矿、大搞磷肥”热，到 1978 年全省县办磷肥厂 79 处，社队办的小磷肥厂 600 多处。由于发展过快，多为土法上马，质次价高，滞销积压，亏损严重。1979 年开始整顿，关闭了大多数不具备生产条件的小厂，经过整顿改造，1990 年全省有磷肥厂 60 个，生产能力 35.74 万吨，年产量达到 17.09 万吨。

（3）复混肥与复合肥。

① 复混肥：1982 年兖州化肥厂建成生产复混肥的装置并投产。到 1985 年全省投产和在建的复混肥厂达 19 个，但产量不高。1986 年省石油化工厅确定 27 个企业为复混肥生产定点厂，并建立了复混肥质量检测中心，加强质量监测，1990 年全省有 27 个复混肥企业，生产能力达 37 万吨，产量 23.55 万吨。

② 高浓度复合肥：山东省于 70 年代中期开始复合肥的探索试验，1985 年进入工业化生产，1986 年鲁北化工总厂建成投产了年产 1 万吨磷酸一铵生产装置，1989 年利用国家化肥改造专项基金建成年产 3 万吨磷酸一铵的装置，到 1990 年年产能力共达 9 万吨。为了优化化肥产品结构，1990 年建成年产 15 万吨硝酸磷肥的生产装置，并着手在济宁兴建年产 20 万吨合成氨、

48 万吨尿素、60 万吨磷酸二铵的大型复合肥料厂。①

2. 化肥供应

（1）化肥经营：1952 年，化肥由供销社统一经营，并陆续建立了专门经营农业生产资料的机构，逐步形成了省、县、基层社三级经营体制。80 年代以后，化肥供需矛盾日趋尖锐，一度出现多头经营，市场混乱。为了保护农民利益，从 1989 年 1 月 1 日起，对化肥、农药、农膜由各级供销社实行专营。基层农业技术推广单位，结合技术服务所用小量化肥、农药、农膜，由县农资公司按对基层社的调拨价供应，农业技术推广单位按统一零售价转售给农民。

（2）化肥供应：1955 年前，化肥处于试验推广阶段，采取先予拨后结算，先试验后推广的方式。的增产效果逐步被广大农民所认识后，出现供不应求的情况，于是国家规定，化肥优先供应棉产区、经济作物区和高产粮区，并照顾历年有施用习惯及交通条件较方便的地区。从 1961 年起，国家对农副产品实行奖售政策，化肥被列为奖售物资。1982 年随着农村经济体制改革的深入发展，农民的生产积极性空前高涨，对化肥的需求量持续增长，为了弥补化肥资源不足，国家决定计划外进口一部分化肥，采取高进高出的办法供应农民。②

（三）无机化肥施用方法及用量

随着化肥工业的发展，化肥施用量迅速增加。1970 年全省施用化肥 129.0 万吨，其中：氮肥 117.2 万吨、磷肥 11.8 万吨，平均每亩耕地施化肥 11.2 公斤。至 1979 年，全省化肥施用量猛增到 601.9 万吨，其中：氮肥 488.6 万吨，主要是碳酸氢铵，其次是尿素、氨水；磷肥 95.2 万吨，为过磷酸钙和钙镁磷肥。化肥投入中氮、磷、钾之比为 1∶0.18∶0.02，平均每亩耕地施化肥 55.2 公斤。此时化肥与有机肥料的养分投入量大体相当；有机肥和化肥养分总量中，氮、磷、钾的比例为 1∶0.40∶0.75。上述情况中有两个突出点：一是由于有机肥投入增长缓慢而又很少施钾素化肥，因而钾的投

---

① 参见山东史志编委会、俞宽钟主编：《山东省志 · 农业志》，山东人民出版社 2000 年版，第 187—189 页。

② 参见山东史志编委会、俞宽钟主编：《山东省志 · 农业志》，山东人民出版社 2000 年版，第 190—191 页。

入比例比以往明显降低（由 70 年代以前超过 1.6 降到 0.75）；二是由于多年偏施氮肥，磷肥的增产效果日益显著，由示范而开始推广，1970—1979 年的 9 年间用量增加 8 倍。此外，这一时期还开始有锌、硼、钼肥料试验示范。

20 世纪 80 年代，农田化肥用量持续猛增，科学施肥技术亦相应迅速示范推广，逐渐扭转偏施氮肥、养分失调的积弊。1980 年全省施用实物化肥 696.7 万吨，其中氮、磷、钾的比例为 1∶0.28∶0.02；至 1990 年施用量达 1021.3 万吨，氮、磷、钾的比例进一步调整到 1∶0.35∶0.09，在一定程度上纠正了重氮轻磷，缓解了土壤钾素的消耗。1990 年山东化肥施用量居全国第一位，平均每 0.067 公顷（每亩）耕地用量居全国第五位。化肥品种中，性质稳定、高含量、多元素的尿素、磷酸二铵、磷酸一铵、复混肥的比例渐增，但尚有本省产碳酸氢铵 91.6 万吨、氨水 3.12 万吨。详见表 4–45 如下：①

表 4–45　山东省化肥使用情况表

年份	化肥施用量（万吨）	每亩耕地施用化肥（公斤）	年份	化肥施用量（万吨）	每亩耕地施用化肥（公斤）
1949			1970	129.0	11.2
1950			1971	152.2	13.3
1951			1972	174.7	15.3
1952	4.0	0.3	1973	187.2	16.5
1953	7.3	0.6	1974	131.6	11.7
1954	11.1	0.8	1975	182.9	16.3
1955	15.1	1.1	1976	239.7	21.6
1956	17.2	1.3	1977	386.0	35.0
1957	19.8	1.5	1978	529.3	37.5
1958	22.3	1.7	1979	601.9	55.0
1959	27.3	2.2	1980	696.7	64.2
1960	27.6	2.3	1981	720.4	66.5

① 俞宽钟主编：《现代山东农业》，山东科学技术出版社 2000 年版，第 859—861 页。

年份	化肥施用量（万吨）	每亩耕地施用化肥（公斤）	年份	化肥施用量（万吨）	每亩耕地施用化肥（公斤）
1961	19.2	1.6	1982	779.1	72.0
1962	13.1	1.1	1983	863.8	80.0
1963	30.5	2.6	1984	857.5	80.0
1964	38.5	3.2	1985	753.1	71.5
1965	56.4	4.7	1986	779.7	75.0
1966	94.8	8.0	1987	826.4	80.0
1967	104.4	8.9	1988	885.6	86.0
1968	90.3	7.7	1989	959.5	93.0
1969	94.0	8.1	1990	1021.3	99.0

说明：化肥均系按实物质量计算。

资料来源：山东史志编委会、俞宽钟主编：《山东省志·农业志》，山东人民出版社 2000 年版，第 192 页。

惠民施肥方法。惠民基肥亦称底肥，多以土杂肥充之。耕地前匀撒田间，耕翻地下，为基础肥料。亦有的耕地时撒至沟底，称之“犁底肥”。1960 年后，推广磷肥做底肥。1970 年，始用氨水作犁底肥，亦用硫酸铵、尿素做犁底肥。追肥在作物生长期间，加施肥料。有撒施、穴施、耧串施及冲施等方法。追肥数量及次数，因作物而定，一般 2—5 次。种肥播种时施肥。有用肥拌种和播前耧串肥等方法。1950 年前，以大粪、饼肥、煮熟的大豆及优质圈肥为种肥。1960 年后，始用氮素化肥作种肥。1980 年后，增用氮磷复合肥作种肥。

喷肥亦称“根外施肥”。多在作物生长后期，对叶面喷施肥料。1970 年后，始用磷酸二氢钾和尿素水溶液进行小麦叶面喷肥，后亦对玉米、棉花等喷施。①

1. 山东玉米栽培施肥

20 世纪 30 年代《中国实业志（山东省）》已提到“玉蜀黍吸收肥料之力特大”。当时山东省第一农事试验场也试验总结了玉米需肥规律。但在大

① 参见惠民地方志编委会：《惠民县志》，齐鲁书社 1997 年版，第 165—166 页。

田生产中，玉米施肥受农民财力物力的影响，只能量力而行。据1915年《山东物品展览会报告》，一般每亩仅施粗肥500—750公斤，少数地区施用饼肥。

新中国成立后积肥施肥增加。如1954年文登县每亩玉米施用土杂肥，由1949年的1000公斤左右增加到1500—2000公斤，至60年代后期达到2000—3000公斤。

同时随着化肥货源的增加，大量推广施用于玉米。60年代全省平均每亩玉米施标准氮肥10—15公斤；70年代末为20公斤左右，施磷肥较少。到1988年，全省平均每亩玉米施标准氮肥42.7公斤，标准磷肥17.7公斤。淄博、枣庄、烟台、青岛等地市施化肥量高于全省平均水平；菏泽、聊城、德州、惠民四地区施化肥量低于全省平均数，每亩少施13.8—16.2公斤。80年代初，胶东等地棕壤分布区的小麦玉米一年两熟高产田，玉米缺钾症状明显，施钾肥后增产显著。从此，施用钾肥已成为小麦玉米一年两熟高产区玉米增产的重要措施。

玉米对土壤缺锌敏感，80年代中期土壤缺锌问题突出，以石灰性土壤为甚。缺锌土壤每亩施锌肥1公斤，增产玉米10%以上。从此各地在玉米生产中注意因土施用锌肥。

自80年代中期各地土肥站按照农业部的部署，先后试验推广了玉米全量平衡配方施肥方法。起初定性配方施肥超过玉米面积的半数，以后逐步向建立数学模型的定量施肥演进。龙口、荣成、诸城、泰安、梁山等许多县市还根据当地土壤养分含量和玉米产量需要，生产配制推广了玉米专用复混肥，增产明显。

施肥中追肥的次数和时间，也是逐步演进的。1934年《中国实业志（山东省）》记载，玉米施肥有仅施基肥者；也有追肥者，"于苗长尺许时下之。"五六十年代前期，化肥不多，推广炕洞土、优质圈肥、人粪干作追肥，在拔节前每棵一把，结合培土。

60年代中期以后改用氮肥追施，较普遍采用"小喇叭口期""一炮轰"追肥法。70年代后期，推广按叶龄指数分次追肥法，分别在叶龄指数30%、55%时进行；有的在抽雄穗时补追第三次。一般高产肥地的追肥"前轻、中重"，薄地及施肥量少的"前重、中轻"，高产攻关田"前轻、中重、后补”。①

2. 山东麦田用施化学肥料

化肥施用从无到有，80 年代数量猛增，施肥的科学水平也有很大提高。抗日战争前，麦田施化肥仅限于胶东的水利精种区。50 年代全省化肥用量不足 20 万吨，胶东施化肥占全省的 60% 以上，一般每亩麦田 10—13 公斤，主要是硫酸铵，用作追肥。50 年代后期开始示范推广少量氮素化肥作种肥。

60 年代初随着氯化铵、硝酸铵等货源的增加和县化肥（氨水）厂的建立，麦田施用化肥普及全省，但多为氮素化肥。由于连年重氮轻磷和有机肥数量不足，施肥效果逐渐降低。60 年代全省化肥试验网试验，小麦施磷效果显著，并对后茬作物有残效，氮磷配合联因作用更佳。1979 年第二次土壤普查开展后，各地先后摸清了土壤养分状况。自 1980 年秋种开始，“边查边用”土壤普查成果，进入调整氮磷施肥比例的定性配方施肥阶段。1983 年以后又通过配方施肥试验网的试验，掌握了不同产量水平、不同土壤类型的大量参数，得出不同的施肥数学模式和定量施肥配方，氮磷施用比例渐趋合理，缺钾土壤开始补施钾肥，并推广因土补施锌及其他微量元素肥料。1990 年全省化肥施用量 1021.3 万吨，约 40% 用于小麦，亩均 66 公斤。

施肥运筹：新中国成立前至 50 年代初期，小麦施肥大多是一次施用有机肥料作为基肥。随着栽培技术的提高、化肥的推广和小麦产量的增加，小麦施肥的运筹也相应改革演进。50 年代总结推广增施有机肥，并于冬前、返青、拔节期看苗补追氮素化肥的措施。60 年代中期起，中高产田一般延至起身、拔节期追肥，高产麦田孕穗期适当补肥；氮磷化肥基施逐渐用于生产。70 年代后期起开始推广高产麦田精播，强调重施起身、拔节肥。80 年代基肥施用中，除了科学确定磷肥用量外，对缺钾土壤逐步重视基施钾肥或秸秆还田，并在土壤微量元素含量分布调查基础上，因土补施微量元素肥料作为基肥。

对无灌溉条件的低中产麦田，研究和推广“一炮轰”施肥法，即将所有肥料都用作基肥，比分期追肥增产。对一般晚茬麦田，总结和推广增施基

① 参见山东史志编委会、俞宽钟主编：《山东省志 · 农业志》，山东人民出版社 2000 年版，第 315—317 页。

肥，重施起身肥。对采用独秆栽培技术的晚茬麦田，增施有机肥，重施磷肥，春季控制肥水，促使无效分蘖早亡，到旗叶露尖时追肥。①

3. 山东典型县市无机化肥施用方法及用量

（1）莱西施用化学肥料。1937 年“七七事变”前，莱西县市场即有小量化肥出售，仅少数菜园用之。1950 年，商业部门购进 3.8 万公斤硫铵，政府第一次推广化肥（称肥田粉），采用摊派认购的办法分给农户，群众不予接受。后经试验，农民认识了化肥的效力，并出现供不应求的现象。1971 年、1972 年分别建立县化肥石和磷肥厂，化肥用量迅速增加，化肥种类也陆续增多。1987 年，常用的化肥有氮、磷、钾、复合肥、微肥等品种。氮肥有硫酸铵、尿素、氯化铵、碳酸氢铵、氨水等；磷肥有过磷酸钙、钙镁磷等；钾肥有氯化钾、硫酸钾等；复合肥料有硝酸钾、氮磷钾三要素复合肥等；微肥有硫酸锌、钼酸铵、硼酸等。全年化肥施用量（实物）108067 吨，其中氮肥 60499 吨、磷肥 39543 吨、钾肥 1258 吨、复合肥等 6767 吨，每亩耕地施用化肥 103 公斤。②

（2）莱州化肥施肥量。莱州称化肥为无机肥，包括氮磷钾诸肥。氮肥，初称“肥田粉”。40 年代部分沿海农商户少量引进试用。1945 年县农场开始用氮肥（硫酸铵）作增产对比试验。50 年代普遍推广使用硫酸铵、硝酸铵和氯化铵。60 年代中期推广尿素和县化肥厂生产的氨水、碳酸氢铵。开始使用氮素化肥时用量很少，亩施 2—2.5 公斤（折纯，下同）。多作追肥撒施作物根际土壤表面，肥效有损。60 年代中后期改为浅施覆土，后又改深施覆土。尿素用作种肥，每亩 1.5—2.5 公斤增产效果明显。氮肥亩施量，60 年代增至 6—7.5 公斤，70 年代 10—12.5 公斤，1988 年为 21 公斤。磷肥，1954 年县总结推广后吕村徐铎施过磷酸钙亩增小麦 45 公斤的经验。全县推广试用中，因增产效果不明显地而停用。后因作物逐年密植和单纯施用氮肥，土壤中严重缺磷，1964 年又全面推广施用过磷酸钙和钙镁磷。70 年代末全县平均亩施磷肥 30 公斤，开始使用磷肥，多为犁底深施，后改为种前

① 参见山东史志编委会、俞宽钟主编：《山东省志 · 农业志》，山东人民出版社 2000 年版，第 291—293 页。

② 参见莱西县史志编委会编：《莱西县志》，山东人民出版社 1989 年版，第 224—226 页。

浅施、集中浅追或与氮肥混合使用。对一年两作的小麦玉米大田，采用隔季施磷的方法，将一年用磷量集中施于麦田，下茬玉米不再施磷肥或重施小麦轻施玉米。

钾肥，1975年开始使用硫酸钾、氯化钾。经县农业技术部门的29处试验，亩施用量7.5—12.5公斤硫酸钾效果最佳，每公斤钾肥可增产玉米5.52—6.52公斤。1980年境内大面积推广钾肥，但因肥源不足使推广使用受限。1986—1988年平均亩施钾肥2.5公斤。草木灰含钾元素，新中国成立前后民间多与人畜粪便混积，肥效流失较多。50年代中后期，农业技术队提倡单积、单施，多用于小麦起身前撒施，有预防倒伏的作用。后陆续用于玉米、蔬菜等作物。①

（3）桓台肥料施用。70年代，桓台制作和推广“九二〇”、“五四〇六”和磷细菌肥。引进石油助长剂和磷酸二氢钾，大量施氮、磷、钾各种化肥。全面推广氨水和过磷酸钙及作物叶面施肥。80年代，增施磷肥，推广三肥下地（有机肥、磷肥、氮肥），协调作物中碳氮比和氮磷钾比、提倡肥料分层施、近根施。大量施用尿素、碳铵和复合肥料，试验示范秸秆还田和微肥（硼、锰、铜、锌），推广三十烷醇和各种激素。在化肥施用上掌握“增磷补氮”，配好比例，用量适当，采用重底肥、巧追肥，地下施，有机无机混合施用的科学方法，提倡四肥下地（氮、磷、钾有机肥）配方施肥，经济用肥。

1985年，全县化肥施用量达71489吨，其中氮肥43912吨，磷肥23192吨，钾肥691吨，复合肥3644吨，平均每亩施用量137.5公斤。1987年，全县化肥施用量达9572吨，其中氮肥49298吨，磷肥23312吨，钾肥863吨，复合肥6099吨，每亩平均施用化肥155公斤。②

---

① 参见莱州史志办编委会编：《莱州市志》，齐鲁书社1996年版，第221页。

② 参见桓台县史志编委会编：《桓台县志》，齐鲁书社1992年版，第163页。

第五章　山东农业劳动生产率诸因素

第一节　山东农业生产率

一、山东作物总产量和单位面积产量

（一）农业产量和产值

1949年新中国成立前，山东缺乏系统、全面的农业统计。作物总产量和单位面积产量可依据资料，仅有省农业厅1981年编《农业经济统计提要》附录、1934年《中国实业志》、日伪统治时期《山东农业概况》等资料。1936年抗日战争前，山东粮食年总产100亿公斤左右，棉花0.9亿—1亿公斤，油料6.5亿公斤以上，其中花生3亿公斤以上。当时的年度丰产记录，1930年植棉606万亩，总产1.27亿公斤；1936年花生440万亩，总产6.6亿公斤，均为全国之最。日本侵华战争时期，山东的粮、棉、油生产剧降，1939—1942年平均，粮食（其中小杂粮统计品种不全）年总产44.53亿公斤，棉花0.22亿公斤，花生1.94亿公斤。1946年至1949年的国内战争时期，山东是国共内战重点战场之一，农业深受战争的影响。1949年的粮棉油产量还低于抗日战争之前。①

据某些资料称：1952年粮食、棉花、油料总产都超过了抗战前。丰收的1956年与1931—1936年相比，粮食、棉花、花生分别增长了28.3%、152.3%、100.8%。但更多的资料则显示，直到1972年，山东主要的粮棉油

① 参见山东史志编委会、俞宽钟主编：《山东省志·农业志》，山东人民出版社2000年版，第271—273页。

的总产和亩产都没有超过1933年的产量。1958年以后，“大跃进”和“人民公社化”运动的错误严重挫折了农业。1960年种植业产值比1957年下降28.7%，粮、棉、油总产分别下降26.3%、55.1%、70%。以后随着错误的纠正，农业得以较快的恢复。1965年种植业产值和粮食、棉花总产都略高于1957年，油料接近1957年。以后10年间，农业虽也受到“文化大革命”的干扰，但广大农村人心思定，基本上坚持了正常生产，“农业学大寨”的运动，促进了农田水利建设和科技成果的推广应用，种植业仍有较显著的发展。1978年种植业产值比1965年增长64.2%。农村经济体制改革后，种植业进入迅猛增长的时期。1985年种植业产值比1978年增长83.4%。80年代后期粮食、油料比1949年增产3倍左右，棉花、水果增产10倍左右。①

表5–1 山东不同时期主要农作物产量

年份	总产量		
	粮食总产量（亿公斤）	棉花总产量（亿公斤）	油料总产量（亿公斤）
1931—1936	106.5	0.86	6.7
1949	87	0.81	4.56
1957	112.6	1.74	7

资料来源：山东史志编委会、俞宽钟主编：《山东省志·农业志》，山东人民出版社2000年版，第271—273页。

（二）主要粮食作物产量

1. 小麦

1949年前，小麦播种面积小，生产力低，亩产不高，长期在较低生产水平上徘徊。新中国成立前小麦种植面积一般在4000余万亩，总产约25亿—30亿公斤。其中1931—1936年平均种植面积达5236.3万亩，总产量25.12亿公斤，每亩平均产量为48公斤。

---

① 参见山东史志编委会、俞宽钟主编：《山东省志·农业志》，山东人民出版社2000年版，第271—272页。

表 5-2　1931—1943 年小麦产量统计表

年份	总产量（市担）	亩产量（市斤）	年份	总产量（市担）	亩产量（市斤）
1931	76999000	149	1939	19883543	85
1932	79652000	147	1940	20719031	52
1933	75760000	151	1941	28805455	89
1934	73470000	139	1942	19304729	65
平均	76470250	146	1943	22738684	78
			平均	22290288	74

表 5-3　1931—1943 年大麦产量统计表

年份	总产量（市担）	亩产量（市斤）	年份	总产量（市担）	亩产量（市斤）
1931	8237000	156	1939	936937	130
1932	7902000	151	1940	670317	76
1933	7224000	156	1941	794565	76
1934	7244000	149	1942	1229946	75
平均	7651750	153	1943	1408376	77
			平均	1008028	86.8

资料来源：战前资料，系根据《中国经济年鉴》民国二十五年版改制。战后资料根据伪山东公署《工作报告》，民国二十八年资料为二市七十六县，民国二十九年为二市九十五县，其余为二市（济南、烟台）一百零二县。

1931—1935 年，山东小麦平均总产量为 7463.56 万市担。1936 年因 1935 年冬严寒冻死幼苗甚多，加以当年春病虫为害，小麦产量大受影响，仅为 7102.1 万市担，较前五年平均产量减少 361 万市担。

1937 年山东小麦只相当于 1936 年种植面积的 84%；总产量 57733 千市担，相当于 1936 年总产量的 81%，收获成数只相当于十足年产量的 60%。①

① 参见山东省粮食局粮食志编纂办公室编：《山东革命根据地粮食史料选编》，内部资料，1985 年，第 12 辑，第 1—2、3—4、7—8、10 页。

抗日战争期间的1939年、1942年、1943年中，1939年、1942两年平均总产9.8亿公斤，据此计算，每亩产量仅为33.5公斤，亩产比抗战前下降30%，总产下降61%。

抗战胜利后的1946—1948年，小麦平均播种面积也只有3808.8万亩，但据统计产量较高，1946年、1947年两年平均总产26.5亿公斤（缺1948年统计资料），折亩产69.6公斤。①

表5–4 小麦播种面积与产量表

单位：公斤、亿公斤

年份	亩产	总产量	年份	亩产	总产量
1949	41	22.15	1954	57	35.70
1950	42	23.55	1955	52	31.30
1951	45	24.85	1956	61	36.65
1952	55	32.05	1957	54	33.70
1953	46	27.05			

资料来源：山东史志编委会、俞宽钟主编：《山东省志·农业志》，山东人民出版社2000年版，第280页。

1957年山东小麦种植面积占全国种植面积的15%，总产量71亿斤，占全国总产量的15%，单产量为113斤。② 另据县志资料，1957年山东省亩产达177斤，高于全国平均产量。③

从新中国成立后不同发展阶段亩产总产的发展情况看，从1950年代亩产不足50公斤、总产不足25亿公斤，到1972年亩产接近100公斤，总产超过50亿公斤，用了20年的时间。到1983年，亩产超过200公斤，总产超过100亿公斤，实现第二个翻番，只用了11年，时间缩短一半。以后只用6年，到1989年，亩产超过250公斤，总产超过150亿公斤。④

① 参见农业部办公厅计划处编：《全国主要农作物分布图集》，内部资料，1961年，第26页。

② 参见山东史志编委会、俞宽钟主编：《山东省志·农业志》，山东人民出版社2000年版，第280页。

③ 参见东平县地方史志办编：《东平县志》，山东人民出版社1989年版，第130—131页。

④ 参见山东史志编委会、俞宽钟主编：《山东省志·农业志》，山东人民出版社2000年版，第279—280页。

1949年，东平冬小麦总产3708万斤，平均亩产76斤。1956年后因农业社推广良种、合理密植和科学管理，亩产达124斤，创历史最高水平。春小麦是初春播种，芒种后收获。湖畔、河滩、退水较晚的洼地种植较多。常与扁豆间作，亩产百斤左右；沃田亩产200—300斤。大麦叶茎与小麦相似，分冬种、春种两种。除湖洼退水较晚的地外，多在场园或零星地块种植，用作饲料。亦可早熟接茬。

聊城小麦产量一直很低，1939年小麦单间仅有15公斤。新中国成立后，生产条件得到改善，单产逐年增加。1949年单产39.1公斤，总产33670吨，占粮食总产量的37.3%；1970年，单产48.9公斤，总产29404吨，占粮食总产量的24.7%；1949—1970年，单产一直在50公斤以内。此后，由于增加科学技术投入，更换优良品种，增施化肥，改善灌溉条件，单产逐年增加。1974年单产72.4公斤，总产51500吨。1985年单产290公斤，比1970年增加4.93倍，总产175060吨，占粮食总产量的68%。①

烟台的小麦生产。烟台境内小麦西部早熟区（包括黄县、掖县、招远、蓬莱），面积较大，产量较高；中部内陆中熟区（包括莱阳、栖霞、福山、牟平以及海阳、乳山的一部分），种植面积与产量仅次于西部早熟区；东部沿海晚熟区（包括文登、荣成、威海以及牟平、海阳的一部分），种植面积少，产量低。1860—1916年胶东道小麦种植面积约200万亩左右，上等田亩产0.4—0.5石，中等田亩产0.2—0.25石。1931—1934年种植面积发展到300万亩左右，亩产46—67公斤。1936年后连年战事影响，小麦产量下降，1948年亩产下降到28公斤，为最低年份。1949—1969年，小麦生产稳步发展，种植面积不断扩大，由1949年的451万亩发展到545万亩，增加13.5%；亩产由51公斤增加到102公斤，增加1倍；总产由2.45亿公斤增加到5.55亿公斤，占粮食总产量的25.7%。1970—1979年，种植面积继续扩大，达到597万亩，亩产245.4公斤，总产增加到14.64亿公斤，增加163.8%，单产、总产均为历史最高水平。亩产250公斤、400公斤乃至500公斤的单位不断出现，并有小面积高产田，亩产达到700公斤以上，创造最高纪录。1980—1985年，小麦生产徘徊不前，单产总产略有下降，年际之

① 参见聊城市地方史志办编：《聊城市志》，齐鲁书社1999年版，第145—146页。

间变化幅度较大，单产一般为200公斤左右，总产为12.5亿公斤左右。小麦总产占粮食总产量的36%左右。①

2. 玉米

玉米于明代传入中国，万历年间在山东种植。由于易种高产，逐渐普及成为主要粮食作物。新中国成立后，随着农业的发展，玉米种植面积不断扩大。杂交育成品种的普及应用以及农田投入的增加，使玉米单产迅速提高，已成为仅次于小麦的第二大粮食作物。到80年代后期，玉米已是畜牧业发展的主要饲料来源。

20世纪初，马齿型玉米由美国传入中国，1915年《山东省物品展览会报告》第二编已见记述。1925年《山东省志》载："贫民多恃稷、高粱、山芋、玉蜀黍等"，玉米已成为农民终岁之粮。1931年《统计月报》载，山东当时107个县，有63个县种玉米，以鲁西北地区面积最大，其次是胶东地区，鲁南地区无分布。1934年出版的《中国实业志（山东省）》记载："玉蜀黍在鲁分布颇广，栽培者计达一市、一区七十六县。"

1949年全省118个县（市）中，有107个县（市）种植玉米。按当时面积比率，鲁西占全省玉米面积一半以上，胶东其次，鲁中又次，鲁南最少，只占1.7%。以后随着生产条件的改变，玉米普及全省各县，胶东和鲁南种植面积比重大幅度上升。②

1949年前玉米生产水平。玉米传入山东的早期，仅在"菜园间偶种一二，""乘青半熟，先采而食……。"以后种植面积扩展，产量提高，成为正式粮食作物。据《中国近代农业生产及贸易统计资料》，1914—1916年山东玉米种植面积223万—305.5万亩，亩产40.5—70.5公斤，生产起伏不稳。

至30年代抗日战争前，面积进一步扩大，亩产亦有提高，据省农业厅《山东省农业经济统计提要（1949—1980）》的附录，1931—1936年，山东省平均种植玉米1135.4万亩，平均亩产72.3公斤。

---

① 参见烟台市史志编委会编：《烟台市志》（上下卷），科学普及出版社1983年版，第973页。

② 参见山东史志编委会、俞宽钟主编：《山东省志·农业志》，山东人民出版社2000年版，第298—300页。

表 5-5　1931—1943 年玉米产量统计表

年份	总产量（市担）	亩产量（市斤）	年份	总产量（市担）	亩产量（市斤）
1931	16525000	194	1939	5747801	95
1932	20646000	188	1940	10557883	132
1933	13608000	171	1941	9578017	106
1934	13960000	185	1942	8939118	94
平均	16184000	184	1943	5316448	56
			平均	8027853.4	96.6

资料来源：战后根据伪山东公署《工作报告》。民国二十八年资料为二市七十六县，民国二十九年为二市九十五县，其余为二市（济南、烟台）一百零二县。战前资料，系根据《中国经济年鉴》民国二十五年版改制。

抗日战争期间生产水平下降，据日伪编印的《山东农业概况》，1939—1942 年，玉米平均面积 802.4 万亩，平均亩产只有 46.3 公斤。进入 1948 年，山东广大农村已基本上结束战事，据省实业厅编《山东省农业生产几项主要作物调查》，该年玉米播种面积 1133.4 万亩，亩产 72 公斤，与抗日战争前基本相同。

1949 年后，山东玉米生产水平的提高超过其他粮食作物。1990 年玉米总产为 1949 年 14.2 倍。巨幅增长的构成因素是亩产的剧增和面积的成倍扩大。1990 年玉米亩产为 1949 年的 5.6 倍，面积为 1949 年的 2.5 倍；玉米播种面积占粮食作物总播种面积的比重，由 8.6% 上升到 29.5%，玉米产量占粮食总产的比重由 10.1% 上升到 35.1%。玉米的增产在粮食增产中起到首位作用，为畜牧业的发展提供了物质基础。新中国成立后，山东玉米生产水平的发展分为四个阶段：

(1) 1949—1958 年：玉米种植面积、亩产、总产稳步发展。随着土地改革和农村经济恢复，特别是 1956、1957 年提倡扩种高产作物，玉米面积由 1400 万亩左右扩大到 2000 万亩以上。但当时品种、水肥、栽培水平都很低，亩产增长幅度小，由 70 公斤左右增至 90 公斤左右。总产由 10 亿公斤左右增至 20 亿公斤左右。

(2) 1959—1966 年：玉米种植面积从下降到恢复，亩产和总产经过下降、恢复进入提高阶段。“大跃进”运动对农业生产力的破坏和自然灾害的影响，造成种植业衰退，60年代初期玉米种植面积降到1400万亩以下，亩产仅50多公斤，总产跌到8亿公斤以下，还不及1949年。以后通过纠正错误，生产恢复，1965年玉米面积回升到2000万亩以上。双交种的推广，使亩产显著提高，1966年亩产超过130公斤，总产突破30亿公斤。

(3) 1967—1975年：玉米种植面积由短时缓降转入持续缓增，亩产、总产增长加速。这一阶段农田水利条件大为改善，化肥生产和施用量成倍增加；玉米杂交种普及，三交种取代了双交种，并开始推广单交种，制种纯度也明显提高。一度因耕地减少而下降到1900万亩左右的玉米，又通过发展一年两作，回升到2500万亩以上，亩产提高到180公斤以上，总产接近50亿公斤。

(4) 1976—1990年：玉米种植面积由徘徊到进一步扩大，亩产迅猛提高，总产成倍增加。随着农村经济体制改革，农田投入空前增加，加上粮食作物种植结构进一步调整，玉米单交种普及，一批高产、抗病、紧凑型的新良种用于生产，增加种植密度，推广麦田套种，使玉米面积由3200万亩进一步扩大到3600万亩左右，平均亩产接近350公斤，总产由60亿公斤左右增长到125.2亿公斤。

从新中国成立后不同产量阶段经历的时间看，由新中国成立初期总产10亿公斤左右到1966年突破30亿公斤，经历15年以上；到1976年突破50亿公斤，只用了10年；又经过10年，到1986年突破100亿公斤；至1990年达125亿公斤，4年间又增长20多亿公斤。①

亩产水平的地域分布，以胶东和鲁中的平原地带亩产较高，鲁西黄泛平原和鲁中山区县较低，鲁北黄河三角洲附近最低。1990年平均亩产超过350公斤的县（市、区）共计68个，其中属于鲁西黄泛平原区的11个，其余大部分为胶东和鲁中、鲁南以平原为主的县。亩产500公斤以上的县(市) 4个，为桓台、龙口、招远、兖州，而惠民、东营两地市的北部，一般

---

① 参见山东史志编委会、俞宽钟主编：《山东省志 · 农业志》，山东人民出版社2000年版，第300—303页。

亩产仅70—200公斤。①

1957年山东省玉米种植面积为2092多万亩，占全国种植面积的9%，平均亩产176斤。山东属夏播玉米区，一般是在小麦收割后即种植早熟玉米，胶东半岛则属早播、夏播玉米混合区。

聊城玉米1933年单产只有11.66公斤。1949年单产30.6公斤，总产11645吨。1950—1972年，亩产在100公斤以内徘徊。1973年以后，由于加大科学技术投入，单产逐渐增加。1973年西王公社西王大队，230亩玉米，平均亩产达到51.5公斤。1980年全县种植面积45.79万亩，亩产达到189公斤，总产86625吨，占粮食总产量的48.7%。1984年种植面积26.67万亩，单产257公斤，与过去最高年份相比增长1.5倍，总产66955吨，占粮食总产量的28.5%。②

1949年东平玉米总产2308万斤，1952年，总产3968万斤。1959年，总产2029万斤，亩产108斤。1969年，总产4083万斤，亩产232斤。1975年始，推广麦田串种玉米，做到了适时播种，加之推广杂交品种，科学施用化学肥料，以及合理密植，防治病虫害等增产措施，产量明显提高。1979年，播种面积25.90万亩，总产11707万斤，亩产452斤。③

3. 谷子

谷子是北方对粟的俗称，古代又称禾、粱，是山东省历史上的重要粮食作物。山东省种植谷子历史悠久。距今7400—6300年的滕州北辛文化遗址中，已有谷子的陶片印痕。由于谷子耐旱省水，产量较高，可长期贮存，粟米（小米）营养丰富，因而成为农家必种之粮。新中国成立初期，谷子继续有稳定的发展。以后随着大抓增种高产粮食作物，玉米、甘薯的种植面积扩大，谷子种植面积逐渐缩小，加之谷子育种、栽培技术的研究滞后，产量提高慢，效益低，至1990年全省种植面积较1950年减少了90%。然而随着人民生活水平的提高，人们注重营养，又出现回归传统，喜食小米的现

① 参见山东史志编委会、俞宽钟主编：《山东省志·农业志》，山东人民出版社2000年版，第304—305页。

② 参见聊城市地方史志办编：《聊城市志》，齐鲁书社1999年版，第146页。

③ 参见东平县地方史志办编：《东平县志》，山东人民出版社1989年版，第131—132页。

象，谷子种植又为人们所看重。①

山东省1924—1929年平均种植谷子1950.6万亩，1931—1936年平均种植2233.5万亩，1949—1954年谷子种植面积稳定在2000万亩左右，在粮食作物播种面积中居第四位，高于玉米和甘薯。1954年后扩种甘薯、玉米，到1960年后谷子面积降至1000万亩以下；1972年以后，玉米面积进一步扩大，谷子跌到500万亩以下；1987年后下降到300万亩以下，1990年仅有209.3万亩。抗日战争前1931—1936年，山东省谷子平均亩产90.7公斤，总产20.26亿公斤。新中国成立后，谷子的亩产经历了浮动、稳定、上升三个阶段。50年代受气候、病虫所左右，亩产徘徊于70—100公斤。60年代初因“左”的错误和自然灾害的影响，谷子亩产跌到50—60公斤。60年代中期谷子亩产回升，以后基本稳定在100公斤以上。1981年后谷子亩产增长迅猛，1984年开始突破200公斤，1990年亩产达到218公斤。谷子总产则除了1970年前后稍有回升外，基本上是逐渐下跌的，最高的1952年为18.65亿公斤，80年代末期不到5亿公斤。②

表5–6　山东省谷子面积、产量表③

年份	面积（万亩）	亩产（公斤）	总产（亿公斤）	年份	面积（万亩）	亩产（公斤）	总产（亿公斤）
1924—1929	1950.6	—	—	1969	821.8	125	10.27
1931—1936	2233.5	90.7	20.26	1970	996.7	108	10.76
1949	2040.9	70	14.29	1971	875.1	102	8.93
1951	1998.4	78	15.58	1973	482.7	117	5.65
1956	1620.0	102	16.52	1978	311.6	134	4.18

① 参见山东史志编委会、俞宽钟主编：《山东省志·农业志》，山东人民出版社2000年版，第330—331页。

② 参见山东史志编委会、俞宽钟主编：《山东省志·农业志》，山东人民出版社2000年版，第331—333页。

③ 参见山东史志编委会、俞宽钟主编：《山东省志·农业志》，山东人民出版社2000年版，第332页。

年份	面积（万亩）	亩产（公斤）	总产（亿公斤）	年份	面积（万亩）	亩产（公斤）	总产（亿公斤）
1957	1556.3	88	13.70	1979	320.4	132	4.20
1959	1356.7	72	9.77	1981	217.4	139	3.02
1960	595.7	52	3.10	1982	225.3	178	4.01
1961	859.8	58	4.98	1983	271.2	174	4.72
1965	608.9	96	5.85	1987	268.2	215	5.77
1968	728.6	108	7.87	1990	209.3	218	4.56

说明：1924—1929 年、1931—1936 年均为年平均数。
资料来源：山东史志编委会、俞宽钟主编：《山东省志 · 农业志》，山东人民出版社 2000 年版，第 332 页。

抗日战争前的 1931—1936 年，东省谷子平均亩产 90.7 公斤，总产 20.26 亿公斤。1949 年，东平谷子总产 2096 万斤，亩产 156.40 斤；1959 年，总产 349 万斤，亩产 120.30 斤；1969 年，总产 979 万斤，亩产 251 斤。①

黍稷历年亩产一般虽不到 100 公斤，但这与肥少地孬，管理粗放的生产条件有很大关系。据 1942 年调查资料，东平和淄川县在丰收年份，都曾出现过亩产 300 公斤以上的纪录。②

龙山小米以“东路阴天旱”为主，产地是章丘县龙山镇一带，为国内四大名小米之一，列为历代贡米，米粒大而圆，色泽金黄，80 年代末种植 1500 亩左右。另有“章丘黑汉腿”也属龙山小米，亩产可达 350 公斤左右，品质稍逊于“东路阴天旱”。③

烟台境内谷子历来多有种植，1900—1949 年间播种面积均在 150 万亩左右，亩产 50—100 公斤。1950—1955 年种植 100 万亩，亩产 100 公斤。1956 年后，种植逐年减少。到 1960 年下降至 40 万亩。1970 年后为 10 万亩左右，平均亩产量稳定在 175 公斤上下。1960 年后除当地品种外，又引进

① 参见东平县地方史志办编：《东平县志》，山东人民出版社 1989 年版，第 132 页。

② 参见山东史志编委会、俞宽钟主编：《山东省志 · 农业志》，山东人民出版社 2000 年版，第 382 页。

③ 参见山东史志编委会、俞宽钟主编：《山东省志 · 农业志》，山东人民出版社 2000 年版，第 333 页。

鲁谷五号、潍坊 81 等品种。1950 年前，主要种植春谷，以后逐渐改为播种夏谷。夏谷除直播外，还采取麦田套种办法。①

4. 大豆

大豆古称菽。多数中外学者认为，黄河中下游地区是大豆起源中心。山东栽培大豆有 3000 年左右的历史。战国时期《孟子·尽心上》已有“圣人治天下，使有菽麦如水火”的论述。公元 6 世纪《齐民要术》中，较系统地搜集总结了大豆的土宜、施肥、整地、播种、密度、中耕、收获、产量等经验，以及大豆对光照的要求，当时大豆栽培已有较丰富的实践经验，达到一定技术水平。

由于大豆抗逆力较强，省肥省工，夏播各生育期对水分的要求与山东年内降水时间分布尚吻合，其营养价值又高，还可兼作油料，故历史上一向被作为重要作物。历史上大豆种植面积大，在平原分布较广泛，尤以鲁西南黄河滩地和一般洼地分布最集中，作为农民主食、油料和大牲畜精饲料。近代山东大豆播种面积一般在 2000 万亩上下，占作物播种面积 10%—15%。

山东大豆出产，以惠民、德州、聊城、济宁、潍坊、诸城等地及青岛之胶州、即墨为著。所产大部输往江南，自明末至清初海禁开放的时期，“多自胶州等处运至淮安庙湾口……商船往来终年络绎”。②

康熙年间米粮出洋例禁甚重，惟因“山东青白二豆素资江省民食……必由海运，不在禁例”。此后的 60 年山东的豆麦贩运出境有禁，江南民食主要依赖山东供给。南运豆石限由江海关刘河入口。江海关征收豆税每年约收二万八九千两，山东豆石实居三分之二，约为四五十万石。道光年间上海由北方输入的商品，“最饶衍者莫如豆，由沙船运诸辽左、山东。”③

清乾隆年间，“东省兖、沂州属兰山、郯城、峄县、胶州等处向系广产豆石之所，而峄县尤水运总汇”。山东豆石是运河南运的重要商品。④ 据淮海关所收豆税银测算，每年经由淮海关南下的豆石约有五六百万石之数。

① 烟台市史志编委会编：《烟台市志》，科学普及出版社 1983 年版，第 975 页。

② 《皇清奏议》三，卷十八；姚文然：《请开海运以备荒疏》。

③ 《上海碑刻资料选辑》，上海人民出版社 1980 年版，第 282 页。

④ 《宫中档乾隆朝奏折》第四册，江苏巡抚庄有恭，乾隆十七年十二月二十日折。

山东南运的豆石以占四分之一计，有一百数十万石以上。① 山东所产的黑豆额征 10 余万石，乾隆三年东省额征 11 万石，并采买 5 万石北运通州贮存。

1933 年全省种大豆 2640.8 万亩，当时平均每个县级单位（含青岛市及威海卫特区）种大豆 24 万亩；有 38 个县超过平均面积，即分布在上述主产区。现属菏泽地区的 8 个县（除东明外），在当时大豆面积达 406.7 万亩，平均每县 50.8 万亩。面积达到和超过 100 万亩的县为胶县、平度、单县。

民国时期全省粮食作物中，大豆面积仅次于小麦，其总产居第四位，高于玉米、甘薯、小杂粮，常年销往上海、南京、天津等地。

表 5–7　1931—1943 年山东大豆产量统计表

年份	总产量（市担）	亩均产量（市斤）	年份	总产量（市担）	亩均产量（市斤）
1931	30904000	175	1940	20655515	75
1932	28920000	161	1941	14480521	61
1933	39962000	198	1942	6901823	54
1934	37296000	177	1943	8920204	56
平均	34270000	177.75	平均	10101461	61.5

资料来源：战后根据伪山东公署《工作报告》。民国二十八年资料为二市七十六县，民国二十九年为二市九十五县，其余为二市（济南、烟台）一百零二县。战前资料，系根据《中国经济年鉴》民国二十五年版改制。

新中国成立后，山东粮食需求量迅速提高，各地扩种高产作物，大豆的种植面积逐步下降，由调出变为调入。到 80 年代，历史上的大豆主产区播种面积仍保持较大比重。1990 年全省种大豆 672.49 万亩，超过 50 万亩的市地依次为菏泽（135.53 万亩）、济宁、潍坊、临沂，合计 320.09 万亩；青岛市也达到了 49.96 万亩；黄河三角洲为新发展大豆主产区，东营市种大豆 47.13 万亩。②

① 参见许檀：《明清时期运河的商品流通》，《历史档案》1992 年第 1 期。

② 参见山东史志编委会、俞宽钟主编：《山东省志 · 农业志》，山东人民出版社 2000 年版，第 354 页。

全省大豆播种面积，从民国初期到60年代前期，在2000万亩到3000万亩左右波动，其间日伪时期面积锐降至1200—1500万亩。1958年扩种甘薯、水稻，大豆面积压缩到2000万亩以下。从1972年以后，由于先后推广杂交玉米、杂交高粱和扩种水稻，大豆面积跌至1500万亩以下，70年代后期跌至1000万亩以下，其原大豆播种面积多数为玉米取代。

虽然数十年间大豆亩产增长一倍以上，但由于种植面积减少四分之三以上，故1990年大豆总产仅为7.72亿公斤，比1956年的18.25亿公斤减少57.7%。加之人口增加，人均占有量降幅更大：30年代初全省人均占有大豆40公斤左右，1956年人均占有34.7公斤，1990年只有9.1公斤。①

大豆亩产水平，在70年代以前因完全依靠自然降水，所以亩产低而且起落大。一般年份平均亩产40公斤左右，丰年可达65公斤以上，歉年30公斤左右。70年代后期由于灌溉发展，技术有所改进和农田投入增加，大豆亩产显著增长，至80年代后期突破100公斤。1988年全省大豆亩产平均118公斤，接近50年代丰产单位的亩产水平。②

表5–8 山东大豆总产量与亩产量

单位：公斤/万公斤

年份	亩产	总产	年份	亩产	总产
1916	31.5	5.22	1951	43	13.50
1931—1936	48.4	15.56	1952	47	16.10
1939	31.2	4.78	1953	41	15.80
1942	27.2	3.44	1954	48	13.45
1949	37	11.05	1955	54	16.10
1950	47	14.70	1956	66	15.20

资料来源：山东史志编委会、俞宽钟主编：《山东省志·农业志》(上)，山东人民出版社2000年版，第357页。

① 参见山东史志编委会、俞宽钟主编：《山东省志·农业志》，山东人民出版社2000年版，第355—356页。

② 参见山东史志编委会、俞宽钟主编：《山东省志·农业志》，山东人民出版社2000年版，第354—355页。

1957年山东省大豆占全国大豆种植面积的15.98%，亩产量为77斤。[①]东平1949年大豆总产908万斤，亩产84斤。1956年，总产2053.6万斤，亩产151斤。1969年，总产740万斤，亩产66斤。70年代初，片面追求粮食总产量，视大豆为低产作物，限制播种面积。播种最少为1977年，总产761万斤，亩产133.50斤。1985年，总产2598万斤，亩产200斤，创最高水平。[②]1921—1931年，聊城大豆亩产在50公斤左右。由于战争的影响，1949年亩产仅有27.6公斤，总产11045吨，占粮食总产量的12.2%。1954年，大豆单产52.2公斤，总产22665吨，占粮食总产量的17.7%。[③]

5. 高粱

北方古称高粱为蜀黍，相传系蜀地之“黍”。据唐启宇《中国作物栽培史稿》（1986年）记述，从3世纪以前高粱即传入中国西南，13世纪之后传到北方。但据《中国农业百科全书》（1991年）记述，黄河流域发现3000年前的炭化高粱。山东省历史上除胶东半岛外，高粱种植很普遍，播种面积仅次于小麦、大豆，主要分布在鲁西黄泛平原、黄河三角洲以及鲁中、鲁南的涝洼和丘陵地，是当地农民的主粮。

高粱是山东主要粮食作物之一。高粱是一种抗旱、耐涝和耐碱的作物，在北方的干旱地区、低洼地区和盐碱地区的农业生产中具有重要的栽培价值。高粱有多种多样的用途，主要是供作食用，同时也可作工业原料。高粱的籽粒含有丰富的淀粉，可以用来制造工业用淀粉，也可用做制酒原料；高粱秸秆含有糖分可供制糖，成熟的秸杆也是农村建筑和编织的重要原料，又是农村的主要燃料。

高粱种植最多的是东北各省和山东、河北、河南，1957年山东种植14261多万亩，占全国高粱种植的14%，每亩产量达123斤。烟台市亩产达316.5斤，淄博市亩产214斤，高于全国平均亩产的154斤。[④]

① 参见农业部办公厅计划处编：《全国主要农作物分布图集》，内部资料，1961年，第124页。

② 参见东平县地方史志办编：《东平县志》，山东人民出版社1989年版，第132页。

③ 参见聊城市地方史志办编：《聊城市志》，齐鲁书社1999年版，第146页。

④ 参见农业部办公厅计划处编：《全国主要农作物分布图集》，内部资料，1961年，第84、88页。

高粱有特强的抗涝性，且秸秆高大，为农民普遍用作燃料、建筑材料及日用加工品原料。山东的高粱集中于省内中部和西部，以高粱为主食的县份达 65 县之多。①

在胶济铁路沿线“如平度、胶县、诸城、寿光、益都、历城等县，产高粱最丰，胶东各县，出产稍差；文登、荣成等县，所产尤少。其有盈余可以输出者，为诸城、德县、长山等县”。②

东省对高粱“求过于供，每年尚有大批输入，博山、济南等处输入尤多”。③ 山东在“九一八事变”前，“每年自关外有大量的高粱移入，民国十七年胶济路运入的各站的高粱共计 108345 吨，以后各年虽较民国十七年为少，但亦在 2 万吨左右。此外由船运山东海岸者……为量确极可观”。④

民国时期，山东高粱种植面积一般在 1600 万—2000 万亩，据农商部《第三次农商统计表》（1916 年版），1914 年山东高粱面积达 3075.2 万亩，为已知最大面积。日伪时期严禁铁路沿线种高粱以防青纱帐起来中国军民袭击，全省仅种植 1200 万—1500 万亩。

新中国成立后到 1955 年，高粱种植面积 2000 万—2400 万亩。1956—1973 年面积减少，多数年份保持在 1100 万亩以上。其中 60 年代初期为了提高作物整体抗灾水平，“铁秆庄稼”高粱的面积回升，1962 年达 1480.8 万亩。1966 年以后示范推广杂交高粱，因其亩产高，直到 1973 年，高粱面积保持 50 年代后期 1100 多万亩的水平而没有继续下降。但终因杂交高粱品质差、难脱粒而难以持久种植；同时，品质优于高粱的玉米，亩产逐步提高；现代建筑材料向乡镇普及又部分取代了高粱秸秆，加之农田受涝面积逐步减少，1974 年以后，高粱种植面积一路下跌，1978 年减至 500 万亩以下，1983 年减至 200 万亩以下，1990 年仅剩 10147 万亩。平均亩产，民国成立

---

① 曲直生：《华北民众食料的一个初步研究》，参谋本部国防设计委员会参考资料，第三号，1934 年，第 16—18 页。

② 胶济铁路局经济调查委员会编：《胶济铁路经济调查报告・总编・农业》，胶济铁路车务处 1933 年印行，第 8 页。

③ 陈伯庄：《平汉沿线农村经济调查》，交通大学研究所 1936 年版，第 26 页。

④ 曲直生：《华北民众食料的一个初步研究》，参谋本部国防设计委员会参考资料，第三号，1934 年，第 27 页。

后至抗日战争前为70—80公斤，50年代前中期70公斤左右，1960—1964年降至低谷，仅在50公斤左右；1965年后超过80公斤，恢复到历史上较好年成的水平；1972年首次突破100公斤，但整个70年代在73.5—109公斤之间徘徊；1984年起突破150公斤，1990年达186.4公斤。甘薯等亩产水平提高较快以及河道排水标准提高，气候转向干旱，受涝面积减少，高粱种植面积由渐减进而锐减，从面积2000万亩左右的主要粮食作物降为仅百万亩的零星作物。①

表5-9　山东高粱产量表

单位：亿公斤、公斤

年份	1914	1931—1936	1939	1946	1949
总产	73.7	74.5	—	—	59
亩产	22.68	18.35	—	—	13.60

资料来源：山东史志编委会、俞宽钟主编：《山东省志·农业志》，山东人民出版社2000年版，第365—369页。

表5-10　1931—1943年山东高粱产量统计表

年份	总产量（市担）	亩均产量（市斤）	年份	总产量（市担）	亩均产量（市斤）
1931	44590000	209	1939	12212585	110
1932	41592000	224	1940	15007251	101
1933	36779000	206	1941	18089710	117
1934	34733000	177	1942	9989856	66
平均	39423500	204	1943	10969340	76
			平均	13253748.8	94

资料来源：战后根据伪山东公署《工作报告》，民国二十八年资料为二市七十六县，民国二十九年为二市九十五县，其余为二市（济南、烟台）一百零二县。战前资料，系根据《中国经济年鉴》民国二十五年版改制。

1933年，聊城全县高粱种植面积达25.68万亩，总产23040吨，单产

① 参见山东史志编委会、俞宽钟主编：《山东省志·农业志》，山东人民出版社2000年版，第365页。

89.7公斤，为产量最高的年份。新中国成立后，栽培面积逐年缩小，1957年山东种植高粱14261多万亩，占全国高粱种植的14%，每亩产量达123斤。烟台市亩产达316.5斤，淄博市亩产214斤，高于全国平均亩产的154斤。①

1983年总产355吨，占粮食总产量的0.16%。②东平高粱1949年总产1264万斤，亩产98斤。1952年总产2958万斤，亩产172斤。③

20世纪50年代前，高粱种植各地均为春播，后茬种麦，翌年麦收后种大豆、绿豆等，二年三作。60年代推广麦茬播种或移栽高粱，一年两作。历史上有高粱间作豆类者，称为"隔耧青"，也有间作花生者。60年代后还出现春高粱间作马铃薯、甘薯地里带高粱等间作方式。④

6. 甘薯

甘薯在清代从福建传入山东，亦称"地瓜"、"红薯"、"红芋"等，由于易种、高产，很快在全省传播种植。

在抗日战争时期，日伪军害怕受到中国军民的袭击，强令不得种植高秸作物，八路军为解决军民口粮，也提倡种植玉米和地瓜，因而地瓜种植实际上是多了，但因肥料不足，农具大量被破坏，人民受战争威胁，不能专心务农，所以产量很低，只有战前的一半。

甘薯由陈世元自福建传入山东。乾隆十七年（1752年），山东布政使李渭总结了种植甘薯法则十二条。

20世纪30年代，引进种植了日本及美国品种。40年代已试验示范温床育苗及不翻蔓等技术。甘薯传入山东后，种植面积不断扩大，据1981年编印的《山东省农业经济统计提要》，1931—1936年平均年栽植已达1059.1万亩。但据其他多种资料，民国时期栽种面积都在190万—380万亩。

为发展粮食生产，积极扩大甘薯面积，改良品种，改进栽培技术，提高产量，甘薯成为重要的高产粮食作物，在六七十年代相当长的时间内，全省甘薯种植面积约占粮食作物种植面积的五分之一左右，产量占粮食总产三

---

① 参见农业部办公厅计划处编：《全国主要农作物分布图集》，内部资料，1961年，第88页。

② 参见东平县地方史志办编：《东平县志》，山东人民出版社1989年版，第132—133页。

③ 参见聊城市地方史志办编：《聊城市志》，齐鲁书社1999年版，第146页。

④ 参见山东史志编委会、俞宽钟主编：《山东省志·农业志》，山东人民出版社2000年版，第368页。

分之一左右。甘薯生产的发展对于增加粮食产量，解决农民温饱与提供饲料发展畜牧业，起到重要的历史作用。

至 80 年代，随着全省小麦、玉米等生产技术的提高，产量迅速增长，甘薯种植面积有所减少，已不再是农民的重要口粮，而成为酿酒、制粉等工业的重要原料，农村的辅助饲料以及城乡人民调剂生活的食品。1949 年东平县地瓜总产 577 万斤（按鲜地瓜折干计算，下同），亩产 156 斤。[①] 聊城市地瓜 1960 年亩产 90.4 公斤，总产 27105 吨，占粮食总产量的 33.5%。[②]

新中国成立后，甘薯生产技术不断发展。山东甘薯主要分布于山丘岭坡地、平原河滩高地和高坡地，尤以鲁中南较贫瘠干旱的丘陵、低山种植最多，历史上作为当地农民的常年主食，胶东丘陵种植也较集中，鲁西北黄泛平原则面积较小。从 50 年代至 80 年代，鲁中南甘薯占全省的比重稍呈上升趋势，胶东半岛占全省比重稳中有降。

甘薯面积进一步增加。1949 年为 1412.3 万亩，1956 年起迅增至 1900 万亩以上。1958 年后，种植区域由山区丘陵的旱薄地向平原地区扩展，取代了部分谷子和高粱，上升为山东主要粮食作物之一。

1960 年粮食严重短缺，甘薯种植面积扩大到 3436.5 万亩，占全省粮食作物播种面积的 22.8%，是历史上面积最大的年份。以后直至 70 年代末，种植面积基本上在 2200 万亩至 2900 万亩之间徘徊，1978 年以后，由于生产条件改善，玉米亩产提高，面积扩展，甘薯面积下降。1980 年降至 2000 万亩以下，1984 年降至 1500 万亩以下，1988 年至 1990 年稳定在 1100 余万亩。

甘薯的亩产水平，从 30 年代直到 1964 年，一直徘徊在 100—150 公斤（按鲜薯五折一，下同）之间。70 年代引进和育成一批高产、抗病的品种，实行了品种的更新换代，栽培和防治病虫害技术也有提高。70 年代亩产增至 250 公斤左右。80 年代生产条件和栽培技术的改进加快，亩产也相应迅速提高。80 年代推广了高产、抗病的鲁薯系列品种，高产栽培综合技术和苗床盖膜育苗、茎尖脱毒育苗、配方施肥、地膜覆盖、秸秆还田等新技术，

① 参见东平县地方史志办编：《东平县志》，山东人民出版社 1989 年版，第 133 页。

② 参见聊城市地方史志办编：《聊城市志》，齐鲁书社 1999 年版，第 146 页。

亩产迅速增长。还由于甘薯在食品、酿造、化工等方面的用途进一步开发，使其稳固地保持秋收粮食作物中仅次于玉米的重要地位。1982 年起亩产突破 300 公斤，1987 年达 390 公斤，创历史最高水平。①

表 5–11 1931—1943 年山东地瓜产量统计表

年份	总产量（市担）	亩产量（市斤）	年份	总产量（市担）	亩产量（市斤）
1931	43080000	1379	1939	16680511	746
1932	40912000	1434	1940	29109145	849
1933	50600000	1490	1941	27505622	461
1934	46179000	1361	1942	26180743	686
平均	45192000	1416	1943	31496901	657
			平均	28394422	695

说明：日伪时期地瓜的产量，是按照 5 斤合 1 斤粮的比例折算的。

资料来源：战后根据伪山东公署《工作报告》，民国二十八年资料为二市七十六县，民国二十九年为二市九十五县，其余为二市（济南、烟台）一百零二县。战前资料，系根据《中国经济年鉴》民国二十五年版改制。

（三）粮食亩产量和总产量的估算

关于粮食的亩产量和总产量，历来的学者多有研究，也是争论最多的问题。抗日战争以前，山东省农作物单位面积产量有了一定的发展，经过战争破坏，生产力水平显著下降。新中国成立后山东粮食亩产和总产得到迅速恢复与发展，全省主要农作物单产水平得到稳步发展。

据有关分析资料，1931—1936 年间，山东平均每年粮食作物播种面积 1077.13 万公顷（16156.9 万亩），总产量 106.95 亿公斤，人均占有粮食 292 公斤；棉花 41.54 万公顷（623.1 万亩），总产量 0.86 亿公斤；花生 42.73 万公顷（641 万亩），总产量 6.4 亿公斤。1936 年牲畜存养量 508.9 万头，猪 408.7 万头，这是晚清和民国一百多年中，农业生产和农村经济最好的时期。农业发展，人口也逐渐回升，1931 年和 1936 年全省人口分别达到 3377 万

① 参见山东史志编委会、俞宽钟主编：《山东省志 · 农业志》，山东人民出版社 2000 年版，第 341 页。

和3949万人，比1910年增长14.3%和33.6%。

1931—1936年粮食、棉花、花生的年平均0.067公顷产量（亩产）分别为66公斤、13.9公斤和100公斤。

日本侵华战争时期，在日军“扫荡”所到之处和日伪政权统治区，农村遭受空前的劫难。1945年，山东粮食和棉花的总产量，比日本侵占山东前分别减少64.7%和86%，牲畜比抗战前减少68%。①

1. 粮食亩产

山东省粮食作物亩产量是稳定上升的。按播种面积计算：1949年粮食亩产只有53公斤，1966年突破100公斤，1975年突破150公斤，1982年突破200公斤，1984年突破250公斤，1990年粮食亩产达到292公斤，比1949年增加239公斤，平均每年增加5.83公斤。1990年比1978年增加119公斤，平均每年增加9.91公斤。全省粮食亩产水平与全国比较，1974年以前低于全国平均水平，从1975年开始高于全国平均水平（只有1982年比全国平均水平低2公斤），1990比全国平均水平高27公斤，居全国第12位。其中小麦亩产267公斤，比全国平均高水平52公斤，居全国第三位；1990年玉米亩产347公斤，比全国平均水平高39公斤，居全国第五位。

清末宣统时海阳县农民房毅有地7亩，“风调雨顺时一年收小麦八斗（每斗42斤），谷子五斗（折净粮105斤），穇子一石五斗（折净粮293斤），小杂粮二斗（每斗44斤），地瓜二千四百余斤”。地瓜按5斤折粮1斤计，共折原粮480斤，总共7亩地一年收粗细原粮约1302斤，亩产186斤，折每市亩产粮194斤，产量很高，似因扩种甘薯造成的单产增加。②

清末海阳县地主王海秋“有良田三千余亩，每年收租约二十一万斤”。按照租率50%计，每亩要产粮140斤。不过海阳县并不都是这么高的产量，有些年份收成也偏低，如民国八年（1919年）海阳全县67.2万亩，总产粮食64449.4万斤，亩产只有95斤。③

光绪末年，烟台附近“兄弟二人，有中地四十亩”，春季种高粱及谷子

① 参见俞宽钟主编：《现代山东农业》，山东科学技术出版社2000年版，第11—12页。

② 参见海阳县地方史志办编：《海阳县志》内部印行，十九篇《居民生活，收入》。

③ 参见海阳县地方史志办编：《海阳县志》内部印行，第四篇《农业，种植业》，第191页。转引自李令福：《明清山东农业地理》，台湾五南图书出版公司2000年版，第191页。

20 亩，其余 20 亩种麦子与大豆，把 40 亩地分作两份每年轮换耕作。正常年景每年收获量如下：麦 3 石余，折 1140 斤；豆 2.5 石，折 925 斤；谷子 7 石，合 2310 斤；高粱 4 石，折 1400 斤；总计产粮 5775 斤，平均每亩年产 144 斤，折每市亩年产 150 斤。①

2. 花生亩产

山东省花生亩产总的是呈上升趋势，但各时期发展很不平衡。1949—1956 年花生亩产提高较快，1949 年为 82 公斤，1952 年突破 100 公斤，1956 年达 113 公斤，比 1949 年增加 31 公斤，平均每年增加 4 公斤；1957—1969 年花生亩产下降，1957 年为 65 公斤，比 1956 年减少 48 公斤，以后除 1966 年外都不到 100 公斤，最低的 1960 年只有 54 公斤；1970—1977 年花生亩产呈徘徊状态，其中超过 100 公斤的年份有 5 个，不足 100 公斤的年份有 3 个，最低的 1976 年只有 74 公斤；1978 年以后花生亩产又提高较快，1978 年达到 128 公斤，到 1987 年突破 200 公斤，1990 年为 197 公斤，比 1949 年增加 115 公斤，平均每年增加 2.80 公斤，其中 1990 年比 1978 年增加 69 公斤，平均每年增加 6 公斤。山东花生亩产历来高于全国平均水平，1990 年比全国平均数高 51 公斤，居全国第二位。

3. 主要农作物的单产

1990 年山东省其他农产品的亩产水平与全国比较：黄红麻 154 公斤，比全国平均数低 7 公斤，居全国 19 个生产省的第八位；水果 264 公斤，比全国平均数高 23 公斤。全省主要粮食作物历年单位面积产量见表 5–12。②

黄冕堂据鲁西南平原十八官庄的亩产估算，清代每标准亩粗细粮平均计算，上等田不到 2 石，即 220 斤左右；中等田为 1.5 石即 170 斤左右；下等田为 1 石，即 120 斤左右。③（案：一石原粮的小麦、高粱、黍子各不相同，

---

① 参见李文治：《中国近代农业史资料》第一辑，三联书店 1957 年版；又《支那省别全志 · 山东省》第十编《度量衡量》，载清末烟台地区每市石麦子 380 斤，谷子 330 斤，高粱 350 斤。转引自李令福：《明清山东农业地理》，台湾五南图书出版公司 2000 年版，第 191 页。

② 参见山东史志编委会、俞宽钟主编：《山东省志 · 农业志》，山东人民出版社 2000 年版，第 224、226、227—228 页。

③ 参见黄冕堂：《清代农田的单位亩产量的考辨》，《文史哲》1990 年第 3 期。

平均约为 140 斤。按每清亩折算 0.9216 市亩，每旧斤合 1.19 市斤计，则该村上田产量就为 284 斤，中田产量为 219.5 斤，下田产量为 155 斤。）

表 5–12　山东省主要作物历年单位面积产量表

单位：公斤 / 亩

年份	按播种面积计算（亩产）		粮食耕亩单产	年份	按播种面积计算（亩产）		粮食耕亩单产
	粮食	花生			粮食	花生	
1936	66.2	99.6	—	1969	103	61	161
1949	53	82	78	1970	105	108	163
1950	61	92	92	1971	114	119	182
1951	61	99	91	1972	121	93	199
1952	69	102	104	1973	135	116	224
1953	60	95	91	1974	121	105	200
1954	70	106	109	1975	157	104	262
1955	74	103	114	1976	164	74	282
1956	81	113	125	1977	158	89	267
1957	66	65	103	1978	173	128	294
1958	78	90	121	1979	189	126	322
1959	73	86	108	1980	188	150	325
1960	55	54	91	1981	189	139	327
1961	57	90	89	1982	206	150	360
1962	61	76	94	1983	231	164	412
1963	66	88	101	1985	262	190	483
1964	76	90	119	1986	256	161	484
1965	90	95	143	1987	275	200	507
1966	103	113	163	1988	266	175	497
1967	105	92	165	1989	269	135	497
1968	93	85	144	1990	292	197	544

说明：1936 年资料来自山东省农业厅：《山东省农业经济统计提要（1949—1980）》（1931—1936 年平均水平）；1949—1988 年资料来自陈然、张晓虎主编：《奋进的四十年》，中央党校出版社 1990 年版；1989 年、1990 年资料来自《山东统计年鉴》。

黄宗智认为，在20世纪30年代，河北、山东几种主要农作物“小麦、玉米、小米、高粱的产量只有70—150斤”，现金价值为3—4元；以棉花计，“河北与山东的棉田，当时平均每亩产籽棉55—65斤，现金价值6—8元。”① 这与《聊城市志》所说情况接近，该书称：“因受封建土地所有制的束缚，生产条件改善缓慢，农民终年辛苦，仍不得温饱。民国时期，战乱频繁，各种反动势力竞相对农民横征暴敛，加之连年自然灾害，农作物低产、绝产交替出现。正常年景，粮食亩产仅50公斤，棉花亩产仅10公斤左右。1947年聊城解放，封建土地所有制废除，农业生产力得到初步解放。1949年全县粮食平均亩产为68.5公斤，棉花平均亩产13.6公斤。”②

济南近郊祝甸村的各粮食作物产量有一定的代表性③：

表5-13　祝甸村1949年粮食产量

单位：公斤\吨

	播种面积	占耕地%	单产	总产量
小麦	1075	60.39	150	161.25
玉米	90	5.06	130	11.7
大豆	95	5.34	120	11.4
地瓜	10	0.56	500	5.0
高粱	80	4.49	110	8.8
谷子	150	8.43	140	21.0
黍稷	50	2.8	100	5.0
菜田	230	12.92	1500	345.0

资料来源：祝甸村志编纂委员会编：《祝甸村志》，1995年内部印行，第33—34页。

笔者注意到马若孟著作中依据满铁资料对历城县和冷水沟及后夏寨与恩县1941年与1931年有关粮食作物产量的资料。

① 黄宗智：《华北小农经济与农村社会》，中华书局1985年版，第57页。

② 聊城市地方史志办编：《聊城市志》，齐鲁书社1999年版，第137页。

③ 祝甸村志编纂委员会编：《祝甸村志》，内部印行，1995年，第33—34页。唐案：该村新中国成立后成为专业蔬菜种植村，1985年当全村土地降为1486亩时，该村蔬菜种植面积达1090亩，粮田仅有396亩，蔬菜单产达5000公斤。该村有丘陵地，但主要是洪积平原，土地肥沃，宜于种植蔬菜，又近靠济南，成为蔬菜专营区。

表 5-14　山东历城（1931 年）与冷水沟（1941 年）产量比

单位：斤 / 亩

作物	水稻	高粱	谷子	黄豆	小麦
历城县	150	100	90	100	120
冷水沟	169	194	114	169	

资料来源：[美] 马若孟：《中国农民经济》，史建云译，江苏人民出版社 1999 年版，第 379 页。

表 5-15　后夏寨 1941 年和恩县 1931 年的产量比

单位：斤 / 每亩

作物	高粱	谷子	棉花	玉米	黄豆	小麦	花生
恩县（平均）	98	132	30	99	73	62	218
后夏寨好地	120	160	100	100	80	150	200
后夏寨坏地	100	150	60	40	50	80	150

资料来源：[美] 马若孟：《中国农民经济》，史建云译，江苏人民出版社 1999 年版，第 384 页。

日本的侵华战争，使山东省内农业遭受空前的浩劫。从全省各地得到的材料都显示：1939 年后，各种作物的产量都较战前降低 25%—50%。就某县的一部分村庄产量高于全县平均产量是不少见的，但在当时战争环境下，说 1941 年冷水沟和后夏寨的产量高过历城县和恩县的 1931 年的产量高达 69%，甚至高出 115%，可信度不高；说 1941 年后夏寨好地与坏地产量差别如此之小，则更不可信。好地和坏地的差别到底有多大？安邱县牟家河村的材料是有代表性的。

表 5-16　牟家河农村土地产量

单位：亩 \ 市斤

地亩数量			
产量	**0.9—1.0**	**1.1—1.5**	**1.6—2**
100—200	1		
101—250	1	1	
251—300	1	1	
301—350	3	1	

地亩数量			
产量	0.9—1.0	1.1—1.5	1.6—2
351—400	1		
401—450	1	2	
628			1

资料来源：鲁档：《安邱县牟家河乡牟家河村调查》，原件藏山东省档案馆，编号为 TD24-13-5。

如上表 5–16 所示，牟家河农村土地产量相差悬殊。同是一亩地，有的仅有 100 斤产量，有的则为 300—350 斤。好地产量高者更达 400—450 斤，好地产量相当于坏地产量的三倍多。

再看抗战爆发前后的产量变化：渤海东西苑村当地自然亩为 320 步亩，50 亩地的产量，约为每亩秋粮 150 斤，共 7500 斤；种 15 亩麦子，每亩产 70 斤，共得 1750 斤，或作秋粮 3500 斤。全年合一季半，约合秋粮 11000 斤。每亩每年收草 350 斤，共合 17500 斤草。① 也就是说，如果将麦子兑换成粗粮，每耕亩一年可得粮食 290 斤。如果按柴草缺乏地区农民收草的情况计，则每 10 斤草折 1 斤粮，则 350 斤草可折 35 斤粮，三项相加，则为 325 斤粮。

表 5–17　胶东小英村实产量与平均产量比较

单位：斤 / 亩

地级	三级地	五级地	七级地	九级地
总平均产量	80	120	170	235
总实产量				
贫农	110	165	210	270
增 %	37.5	37.5	20	14.91
富农	90	140	190	240
增 %	12.5	16.67	8.57	2.13

资料来源：山东省档案：《一个村（埠后村）的负担政策调查》，原档案件编号为 TD4-396-6。

① 鲁档：《渤海三分区东西苑雇工剥削调查》，1949 年，第 7 页，原档案件编号为 TD26-38-5。

例如：该村富农张锡链，家有劳力 1 个，平均产量 4605.5 斤，总实产量 5958 斤，实产量高出平均产量的 29.38%；张炳耀，家有劳力 4 个，总平均产量 9512 斤，总实产量 10914 斤，实产量高出平均产量的 12.85%；中农张锡国，有劳力 1 个，总平均产量 2946 斤，总实产量 4000 斤，实产量超过平均产量 35.78%；张锡镇，劳力 2，总平均产量 2448 斤，总实产量 3305 斤，实产量超过平均产量 35.01%。① 笔者认为，农民所报土地和产量一般都少于实际数目，一般瞒地瞒产四分之一到二分之一。材料证明：实产量一般高于政府法定的平均产量。

1928 至 1937 年十年间山东的粮食作物生产，可以看作是 20 世纪初山东农业典型。

山东的粮食作物主要是小麦、高粱、小米、玉米、大麦、甘薯、绿豆、糜子（稷）、稻、豌豆、蚕豆、燕麦等食用作物。根据统计，民国二十年至二十六年期间粮食作物平均播种面积、产量及各作物面积、产量占粮食作物总面积、总产量百分比和部分作物亩产量约如下表所示。

表 5–18　民国二十年至二十六年山东各粮食作物统计表

千市亩 / 千市担 / 市斤

作物	面积	占总面积百分比	产量	占总产量百分比	亩产量
小麦	51213	51.3	7170500	35	140
高粱	17958	18	3863900	18.5	215
小米	16347	16.3	3683500	17.7	225
大麦	4919	4.9	718800	3.5	146
甘薯	3410	3.4	4533200	21.8	1329
糜子	3189	3.2	516800	2.48	
豌豆	1995	2	236000	1.1	
稻	338	0.3	39000	0.2	114
燕麦	163	0.16	17800	0.08	
蚕豆	223	0.2	19200	0.08	
合计	99755	99.76	20798700	100	

① 鲁档：《一个村（埠后村）的负担政策调查》，第 34 页，原档案件编号为 TD4-396-6。

根据上表，山东省七年平均粮食作物总面积为一亿零八百多万亩，占前五位的作物分别是小麦、高粱、小米、玉米、大麦。7 年平均粮食作物总产量为 190 亿多市斤，小麦、高粱、小米、玉米、甘薯占前五位。以上六种作物无论就面积还是产量而言均为最主要粮食作物。亩产量方面甘薯最高，其次小米、高粱，玉米、大麦、小麦，本期山东小麦、小米、高粱、玉米等粮食作物的面积、产量在全国也都占了相当大的比重。

以民国二十四年为例，山东小麦、高粱、小米、玉米耕种面积，产量及占全国百分比情形见表 5–19。①

表 5–19　民国二十四年山东主要粮食作物统计表

千市亩 / 千市担

作物种类	小麦	小米	高粱	玉米
种植面积	54482	15197	16018	9519
占全国百分比	17.4	19.2	22.4	13.5
产量	67297	34912	34143	16190
占全国百分比	15.8	26.6	25.9	12.5

以下是烟台和诸城市两市新中国成立后的粮食生产统计，从中可以看出粮食亩产总产逐步上升的情况。烟台市原辖 17 个县市，是全省农业发展较好的地区，区内风调雨顺，自然灾害较少，粮食生产一直走在全省的前沿。②

表 5–20　烟台市粮食作物播种面积与总产量

单位：万亩、万公斤

项目 年度	播种面积	总产量	小麦		玉米		甘薯	
			播种面积	产量	播种面积	产量	播种面积	产量
1949	1129.4	93497	451	24470	248.8	16624.5	303.1	28787.5

① 参见张玉法主编：《农业志》，《(民国) 山东通志》卷十五，(台北) 山东文献杂志社 2000 年版，总第 1486 页。

② 参见烟台市史志编委会编：《烟台市志》(上下卷)，科学普及出版社 1983 年版，第 976 页。

项目 年度	播种 面积	总产量	小麦		玉米		甘薯	
			播种 面积	产量	播种 面积	产量	播种 面积	产量
1956	1042	181848	494.8	40637.5	341.5	52482.5	315.9	56108
1957	1036.7	160448	522.7	35742	330.1	48705.5	315.9	46480
1962	983.1	150236	455.7	16048	240.6	32554.5	415.9	68299.5
1965	960	193787	500.7	44660.5	285.7	58114	389.2	67831.5
1970	902	218399	538.3	48259	323.4	67773	342.5	78678
1975	821.68	346750	611.33	102260	356.78	115266.5	312.06	126137
1978	812.9	349400	609.76	109272	407.72	117163.5	265.67	111577
1980	741.59	369847	596.56	116673.5	411.1	163199	224.76	77040
1985	644.24	288394	588.92	140039	360.24	90007.5	139.77	47764

注：甘薯产量为 5 公斤鲜薯折 1 公斤粮计算。

1971 年烟台全区种植 882.09 万亩粮食作物，平均亩产达到 271.5 公斤，超过《农业发展纲要》规定的 250 公斤的指标；1975 年全区种植 821.68 万亩粮食作物，平均亩产达到 422 公斤，超过《农业发展纲要》规定的 400 公斤的指标；1979 年全区种植 766.49 万亩粮食作物，平均亩产达到 505.5 公斤，突破亩产 500 公斤大关，被列为全省、全国粮食生产先进地区。1981—1984 年，烟台市农业科技系统分别与黄县、掖县、招远、栖霞、牟平、海阳和乳山 7 县协作，利用系统工程原理，进行亩产吨粮攻关试验，共种植 1336.96 亩试验田，连续 4 年单产均过 1000 公斤，其中 120.5 亩平均亩产达到 1263.95 公斤。①

（四）胶东粮食亩产量典型

粮食亩产量是衡量农业发展水平的重要指标。以胶东地区主作物小麦、玉米、高粱和大豆为例，分析 20 世纪 30 年代该地区亩产量水平，详见表 5–21：

① 参见烟台市史志编委会编：《烟台市志》（上下卷），科学普及出版社 1983 年版，第 972—973 页。

表 5-21　胶东地区部分县份农作物亩产量统计表

单位：斤

地区	县别	小麦	高粱	玉米	甘薯	大豆
东部沿海地带	荣成	100	无	185	900	84
	文登	65	无	160	700	65
	牟平	80	80	150	750	65
	平均值	82		165	783	71
中部丘陵地带	栖霞	70	130	110	800	100
	招远	80	150	130	900	78
	平均值	81	143	127	920	95
西部平原地带	潍县	150	200		900	150
	高密	150	180		1500	160
	胶县	150	250		1000	150
	平均值	150	210		1133	153
山东省平均值		147	224	188	1434	
全国平均值		143	187	192	1117	157

资料来源：山东省各县的数据引自《中国实业志·山东省》（戊编），第 10—97 页；山东、河北和山西三个省平均值的数据引自《中国近代农业生产贸易统计资料》，第 13—19 页；全国平均值的数据引自《中国近代农业史资料》第 3 辑，第 926 页。

胶东各县的数据是 20 世纪 30 年代初的实地调查所得，基本上能够反映当时胶东地区农村的亩产量水平。胶东不同地区的亩产量差别较大，西部胶莱平原地区土壤肥沃，主要农作物的亩产高于中部和东部地区。与全省、华北地区和全国相比，胶东地区的亩产量低于全省的平均水平，这在一定程度上说明该地区农业发展相对滞后，农户更多地依靠家庭副业和赴外做工来维持日常生活。①

① 参见陈国庆：《胶东抗日根据地减租减息研究》，合肥工业大学出版社 2013 年版，第 31—32 页。

1. 诸城

诸城境内粮食作物以小麦、玉米、地瓜、大豆、高粱、谷子为主，其次为大麦、豌豆、荞麦、吉豆、豇豆、蔓豆、黍子、穇子等，稻子极少。

新中国成立前，高粱、大豆在粮食作物中所占比重最大，其次为谷子、小麦、地瓜。民国二十一年（1932 年），全县粮食总产量 26420 万公斤，其中高粱占 21.8%，谷子占 19.9%，小麦、大豆各占 19.7%，地瓜占 18.9%。民国二十五年（1936 年），粮食作物播种面积 264.8 万亩，总产量 16813.35 万公斤。其中，小麦面积 70.6 万亩，占粮食作物面积的 26.7%，总产量 3661.1 万公斤，为第三位；大豆面积 61.3 万亩，占 23.2%，总产量 3815.1 万公斤，为第一位；谷子 60.6 万亩，占 22.9%，总产量 3666.2 万公斤，为第二位；高粱种植 46.6 万亩，占 17.7%；地瓜种植 21.1 万亩，占 8.1%；豌豆、大麦种植 2.75 万亩，占 1.2%；玉米种植 0.37 万亩，占 0.2%。新中国成立后，小麦种植面积和总产量逐步上升，玉米面积亦不断扩大，大豆、谷子、地瓜、高粱面积相对减少。1949 年，诸城全县小麦播种面积占粮食作物播种面积的 26.2%，大豆面积占 20.3%，谷子面积占 17.7%，高粱面积占 15.5%，地瓜面积占 14.9%，大麦、豌豆面积占 3.3%，玉米面积占 1.5%，小杂粮面积占 0.6%。1949 年后，总产量以地瓜为最高，依次为小麦、谷子、大豆、高粱、玉米。到 1957 年，小麦面积占粮食作物种植面积的比例上升为 32.8%，总产量为第二位；玉米面积上升为 10.3%，总产量为第三位；地瓜面积占 16.4%，总产量仍占首位；大豆面积下降为 15.9%，大麦、豌豆面积上升为 7.5%，高粱面积下降为 6.8%，谷子面积下降为 6.5%，小杂粮面积上升为 3.8%。1960 年，对农作物面积进行调整，扩大地瓜面积。到 1962 年，地瓜面积达到 61.4 万亩，占粮食作物面积的 25.8%，总产量占 54.2%；小麦面积下降为 28.6%，总产量占 16.4%；玉米面积 11.1 万亩，比 1957 年缩减 62.1%。1968 年，压缩地瓜、玉米面积，大搞“红色种子闹革命”，扩大种植杂交高粱，是年种植 15.1 万亩，1971 年扩大到 40.2 万亩，占粮食作物面积的 18.1%。

自 1979 年开始，合理调整粮食作物内部结构，稳定小麦、玉米等一年两播作物，适当安排大豆、谷子、地瓜、高粱，兼顾小杂粮。1984 年，粮食作物面积 187.2 万亩，小麦面积占粮食作物总面积的 43.9%，玉米面积占

36.1%，地瓜面积占12.7%，大豆面积占3.5%，谷子、高粱、小杂粮面积占3.8%；粮食总产量62350.9万公斤，其中玉米占52.9%，小麦占25.6%，地瓜占17.7%，大豆占1.1%，谷子、高粱、小杂粮占2.7%，平均亩产达到593公斤。1987年，粮食作物总面积为185.7万亩，其中小麦面积85.8万亩，占46.2%，玉米68.8万亩，占37.1%，地瓜17.3万亩，占9.3%，大豆7.5万亩，占4%，其他粮食作物6.3万亩，占3.4%。小麦产量占居首位。①

诸城市1936年的粮食播种面积达到历史最高水平，达264.8万亩，其后再也没有达到这个总量。

表5–22 诸城市历年粮食作物面积产量表②

年份	粮田合计			小麦		玉米		地瓜		大豆	
	面积（万亩）	亩产（公斤）	总产（吨）	面积（万亩）	总产（吨）	面积（万亩）	面积（万亩）	面积（万亩）	总产（吨）	面积（万亩）	总产（吨）
1949	179.4	87.3	156624	66.5	31709	3.8	2335	37.9	45547	51.4	24072
1952	179.0	97.2	174018	81.4	50939	5.8	4645	36.7	37808	59.2	24582
1957	173.5	125.5	217768	93.6	55530	29.3	24812	46.8	71372	45.5	19897
1959	151.7	145.3	220269	56.0	31990	22.6	21949	55.6	91592	31.4	23506
1960	143.7	113.5	163145	80.0	43569	16.2	7117	60.0	73416	38.6	20034
1961	153.9	129.8	199768	66.2	24245	12.1	9964	56.3	113950	40.4	21926
1962	152.4	120.6	183760	68.2	30116	11.1	10466	61.4	99633	40.0	20706
1963	152.0	158.4	240833	80.3	42662	15.2	19794	59.7	124067	35.0	23988
1964	149.6	173.4	259376	86.3	58389	22.4	32325	58.8	128795	32.7	16223
1965	149.6	165.0	246904	79.1	54548	24.6	40415	62.8	110522	31.4	19174
1966	144.8	185.2	268117	86.5	56600	35.3	54273	56.0	115940	22.0	15031
1967	144.7	178.8	258765	84.0	54693	25.7	36796	58.8	122042	24.0	14262
1968	144.2	168.3	242701	80.5	50307	20.5	31080	63.1	113684	21.0	11505
1969	145.0	168.0	243546	83.8	52104	19.2	29566	62.8	109384	19.8	11094

① 参见诸城史志编委会编：《诸城市志》，山东人民出版社1992年版，第154页。

② 诸城史志编委会编：《诸城市志》，山东人民出版社1992年版，第152—153页。

年份	粮田合计			小麦		玉米		地瓜		大豆	
	面积（万亩）	亩产（公斤）	总产（吨）	面积（万亩）	总产（吨）	面积（万亩）	面积（万亩）	面积（万亩）	总产（吨）	面积（万亩）	总产（吨）
1970	143.0	189.0	270137	74.6	55930	16.5	28035	59.6	122180	16.0	15593
1971	137.5	225.6	310300	85.2	83472	10.8	19595	49.3	108993	14.4	12931
1972	136.2	239.0	325719	90.8	84789	13.3	25705	57.8	132044	12.3	9856
1973	135.0	273.0	368410	80.6	75210	17.3	38140	63.7	180975	12.8	14545
1974	134.1	215.5	288995	80.7	80905	21.3	37990	64.6	126123	14.2	11174
1975	129.0	299.4	386190	81.6	95309	29.1	63275	60.1	182922	12.0	12898
1976	122.7	313.9	385256	85.5	121639	36.6	83842	51.1	138224	11.1	15234
1977	122.9	257.6	316576	74.2	79817	42.4	95026	54.2	110332	8.5	10117
1978	124.6	288.5	359493	80.7	104436	42.7	85003	56.0	145893	9.4	7668
1979	121.6	357.8	435094	79.9	143780	43.8	122772	51.9	139150	9.7	11082
1980	116.7	376.7	439630	79.2	114086	48.9	158398	44.5	137839	11.1	15912
1981	117.9	381.1	449367	79.9	157063	56.1	176349	38.5	90481	12.2	13710
1982	109.3	508.1	555333	81.3	145523	58.9	257777	33.9	128172	8.5	13045
1983	108.1	584.3	631598	83.0	224127	67.8	282506	27.4	109762	7.0	6488
1984	105.2	593.0	623509	82.2	159373	67.5	330038	23.8	110454	6.6	6521
1985	99.6	630.0	627304	83.2	237914	64.3	276278	19.2	85906	7.0	9336
1986	100.1	658.0	658650	85.3	267905	67.5	282170	18.3	80547	7.2	11257
1987	100.3	620.0	621656	85.8	272232	68.8	244011	17.3	80779	7.5	9567

2. 青岛

新中国成立后，青岛农业生产有了很大的发展。1949 年末青岛市有耕地面积 985.6 万亩，其中粮田面积 864.1 万亩，占耕地面积的 87.67%。种植业以生产粮食为主，经济作物少，粮经比为 1∶0.09。粮食以粗粮和薯类为主。1986 年青岛市有耕地面积 754.4 万亩，其中粮田 480.6 万亩，占耕地面积的 63.71%。粮田比 1949 年减少 44.38%，粮田亩产量 532 公斤，总产 2555640 吨，分别比 1949 年增长 5.33 倍和 2.53 倍；花生 193.8 万亩，单产

228 公斤，总产 442716 吨，比 1949 年面积扩大了 1.14 倍，单产和总产分别增长 1.92 倍和 5.23 倍。①

3. 文登

清末民初，文登市常年粮食亩产只有 50 公斤左右，花生亩产 60—70 公斤。1936 年，全县粮食总产 10872 万公斤，亩产 93 公斤，人均 237 公斤；花生总产 1185.5 万公斤，亩产 88.5 公斤，人均 26 公斤。抗日战争和解放战争时期，由于战争的影响，常年农作物产量低于 1936 年水平。新中国成立后，历届政府重视粮油生产，带领农民大力改造生产条件，开展科学种田，发动各行各业支援农业，使种植业得到迅速恢复和发展，昔日的贫粮县，跻身于山东省粮油生产重点县的行列。1950—1990 年的 41 年中，在耕地面积减少 28.6% 的情况下，粮食总产量和耕亩产量分别提高 3.1 倍和 5.5 倍，达到 41.7 万吨和 624 公斤，年均递增 3.5% 和 4.7%；花生总产量和亩产量分别提高 1.4 倍和 0.3 倍，达到 5.8 万吨和 133 公斤，年均递增 2.1% 和 0.7%。1951 年年底，农民生产积极性空前高涨，是作物产量递增率最高的时期。1951—1958 年 8 年间，粮食总产量和耕亩产量年均递增 6.4% 和 6.7%；花生总产量和亩产量年均递增 6.9% 和 3.1%；涌现出一批粮油高产典型。1951 年，侯家区西廒村农民王本山栽培的 1.16 亩春地瓜，收鲜瓜 6193 公斤，平均亩产 5338.8 公斤，被群众称为“地瓜大王”。1952 年，高村区农民王初华，1 亩小麦实收 362 公斤，打破全国旱作小麦亩产纪录。

1958—1962 年，由于“浮夸风”和“强迫命令风”的影响，出现“亩播千斤种，收获万斤粮”的违反科学口号，使种植业受到挫折。粮食总产由 167075 吨，降到 82900 吨，减少一半多，造成 1961 年春严重饥荒。

1961 年以后，调整农业政策，实行“三自一包”，粮油产量迅速回升。1966—1976 年，虽遭“文化大革命”干扰和破坏，坚持开展农田水利基本建设，实行科学种田，使种植业保持较高发展速度。1971 年，粮食亩产达到 266 公斤。1975 年，粮食亩产达到 402 公斤。1966—1975 年 10 年间，粮食总产量和耕亩产量分别以 4.7% 和 6.6% 的速度递增；花生总产量和亩产

① 参见青岛市志编委会编：《青岛市志 · 农业志》，中国大百科全书出版社 1996 年版，第 23—24 页。

量，以4.4%和1.8%的速度递增。

1979—1990年，随着农业生产责任制的推行和完善，种植业跨入稳产高产的新阶段。12年间，粮食总产量和耕亩产量，年均递增3.3%和3.5%；花生总产量和亩产量，年均递增3.6%和1.1%。其间粮油产值最高为1983年，达18734万元，除粮油产量较高外，主要受益于花生外贸收购价较高。1979年，粮食亩产首闯千斤关，达到512.5公斤。1985年，花生总产创历史最高水平，达到99975吨。1990年，全市粮食总产417077吨，创历史最高纪录。①

（五）山东粮食产量的区域分布

如果将全省一百余县在某一年代区间粮食作物平均产额加以分组，则单位产额的地区分布大致可以分为三个类型：

第一，低产量区：指产量下限是100以下，上限是130斤，该区包括惠民、德州、聊城、菏泽四专区。这一类型之各县粮食作物产量在新中国成立初期大部分在100—130斤之间，特别集中在101—120斤之间。

第二，一般产量区：指产量下限是120以下，上限是160斤，该区包括济宁、泰安、临沂、昌潍、胶州五专区。这一类型之各县产量多分布在121—160斤之间，而集中在131—150斤之间。

第三，高产量区：指产量下限是160以下，上限是200斤以上，该区包括文登、莱阳、淄博等三专区和青岛、烟台二市。这一类型各县产量一般在160斤以上。其中尤以文登专区最为突出，全专区8个县除海阳县分布在161—170斤外，其余7县均在181斤以上，其中文登、荣成、昆嵛、威海等四县市超过200斤，是全省粮食作物单位面积产量最高的地区。总之，粮食作物单位面积产量，从全省看是西部低东部高，愈向东产量便愈高。

以上粮食作物平均亩产量是包括高产薯类作物在内的，若不包括薯类作物则可正确体现各地产量水平。除去薯类作物产量，则结果是：其一，低产量区扩大。亩产量在130斤以下的地区，除惠民、德州、聊城、菏泽四专区以外，济宁、泰安、临沂、胶州四专区亦属于此档次。其二，原一般产

① 文登市地方志编纂委员会编：《文登市志》，中国城市出版社1996年版，第210—211页。

量区缩小，只有昌潍、莱阳大部分县属于此档。其三，原高产区缩小，只有文登、淄博、青岛市的部分县及水利精种区的桓台属于此档。其四，总的分布趋势与包括薯类作物在内的粮食作物分布有共同之处，即西部低东部高。①

单产水平的地域分布，以胶东和鲁中的平原地带 0.067 公顷产（亩产）较高，鲁西黄泛平原和鲁中山区县较低，鲁北黄河三角洲附近最低。1990 年平均 0.067 公顷产（亩产）超过 350 公斤的县（市、区）共计 68 个，其中属于鲁西黄泛平原区的 11 个；其余大部分为胶东和鲁中、鲁南以平原为主的县。0.067 公顷产（亩产）500 公斤以上的县（市）4 个，为桓台、龙口、招远、兖州。而惠民、东营两地市的北部，一般 0.067 公顷产（亩产）仅 70—200 公斤。②

二、山东粮食生产成本、收益与农民生活

（一）传统农业社会中农民的经营思想

中国的传统农村社会，一穷二白几成定论。但农村积贫积困的原因，历代都有一些政治家在探讨，特别到了清朝未年，这种讨论更带有进行社会改革的启蒙作用。

在清代，关于土地与人口是否失衡问题，成为在政界与学界重视的社会经济问题。包世臣认为，华北粮食供应不足，不是人地关系失调所致，根本原因是经营粗放。他说："说者谓生齿日繁，地之所产不敷口食，此小儒不达理势之言。夫天下之土，养天下之人至给也，人多则生者日众，庶为富基，岂有反以致贫者哉。今天下旷土虽不甚多，而力作率不如法……西北地广，则广种薄收，广则粪力不给，薄则无以偿本。"③

张之洞论农业落后称："近年工商皆间有进益，惟农事最疲，有退无进。大凡农家率皆谨愿愚拙，无读书识字之人。其所种之物，止系本乡所见，故

① 参见山东省人民政府农林厅编印：《山东省农业生产调查统计资料（1949—1952）》，内部资料，1955 年，第 137—139 页。原档案件编号为 TD4-497-2。

② 参见俞宽钟主编：《现代山东农业》，山东科学技术出版社 2000 年版，第 191 页。

③ 包世臣：《齐民四术》，《安吴四种》，卷二十六，中华书局 2001 年版。

老所传，断不能考究物产，别悟新理新法，惰陋自甘，积成贫困。”①

归纳他们的意见，一是农业衰退的直接原因，是掠夺性的经营，种地不施肥，少施肥，造成地力枯竭；二是农民经营理念落后，耕作但求广种薄收，稼穑溺于贪多务广，功能不暇求精，粗放经营；三是农民愚昧无知，思想保守，对农业科学技术懵然不知，更不能讲求新理新法。其结果是“惰陋自甘，积成贫困”。

张之洞等人的见解代表社会的主流思想，有其合理和率真的一面，但如果从明中期后引进美洲作物玉米、甘薯、马铃薯、花生等新作物品种，而造成中国农业发生了一场长达四百年的悄悄的农业革命的角度看，也就是肤浅之论了。

清代中叶后，随着胶东经济区的崛起，山东形成了各具特色的几个农业经济区。全省各地的农业生产条件差异较大，在靠天吃饭的历史背景下，自然条件是制约生产结构和农业发展的决定因素。按照常规推测，农民选择种植品种时，似乎首先考虑经济收益，其次才考虑人力与肥力的投入与风险；而在事实上，是首先考虑种地打粮，维持一家最低生活，其次才能考虑品种结构和经济效益。有些作物在某些地区，因受制于土质、水利、肥力等自然条件，是无法种植的。农民首先考虑种粮食糊口，而后考虑种经济作物多收益钱的事。也就是说，农民的农业经营，是围绕着保持当地该阶层基本生活水准线波动的。

笔者在一个很长的时期内，都认为近代农民贫穷的主要原因是土地制度和生产关系落后，相信只要改变过去的生产关系、实行集体化就可以使农民自然富足起来。但六七十年代在农村中触目皆是的却依然是贫穷愚昧。1985 年烟台地区实行联产承包制，一开始农民激烈反对“走资本主义道路”，抵制分田。但几年间，有些村大变样了。以笔者在福山县居住了近二十年的西关村为例，还是那个村，还是那二百五六十户村民，还是那些土地，过去一个劳动日六七角钱还发不下来，不少农民辛苦一年，还要欠生产队的口粮钱。但几年间，该村年产值达到几个亿。福山县西关村和众多的其他富村的例子说明，农民富裕一是靠科技，二是靠副业。

---

① 《张文襄公电奏牍稿》卷 32，第 39 页。

（二）农业生产的投入产出

表 5–23 是李尔重 1921 年对齐河 26 个典型村家庭经济调查所得的各类农户的家庭收支情况，① 清末民初，山东农村经济一度恶化，中小地主尚可维持，富农以下的阶层因苛捐杂税的诛求而艰难度日，不少人卖地负债。一部分失去土地的农民出卖劳力，给人做长工或短工；一部分人跑到城市工厂做工，还有一部分游民，或做散工，或为着取得 5 元的代价去当兵，更有甚者是落草为匪，四处烧杀抢掠。

表 5–23　1921 年齐河典型村家庭经济调查：收入

单位：元

	谷子	高粱	豆子	玉米	麦子	棉花	其他	总计
大地主	491.7	345	446.7	150	733.3	206.7	100	2473.4
小地主	153.3	113.3	129.2	139.7	317.5	40	42	935
富农	69.3	50.0	51.1	37.1	91.8	14.2	47.6	361.1
自耕农	34	26.3	23.1	4	29.4	3	4	123.8
贫农	8		1.7	1.5	2	0.8	0.8	14.8
	借债	**卖地**	**其他**	**收入总计**	**人均收入**			
大地主			180	2653.4	119.1			
小地主	31.7			966.7	60.3			
富农	68	22		451.1	34.6			
自耕农	80	25		228.8	38.1			
贫农	23.3	15	10	63.1	22.7			

这里所统计的收入，是农业种植业的收入，未列入手工业的副业工商业的收入。事实上各阶层多从事于手工业和副业，地主富农多有工商业。按富农、自耕农和贫农三者的农产收入，如果乘以每家 5 口人，则分别是 173 元、190.5 元和 113.5 元。

① 李尔重：《山东齐河县社会调查》，齐河县政协编：《齐河文史资料》第二辑，内部资料，1991 年，第 221—222 页。按：此处所说的大地主，是有地三五百亩以上者，小地主是指有地一二百亩者，富农是有地五十至一百亩者。

齐河县典型家庭经济调查的支出项，没有列入赋税和各家食用的值据，只把其他各项调查统计出来作为参考。

表 5-24　1921 年齐河典型村家庭经济调查：支出

支出	家用	肥料	农具	工资	教育	粜米	放债	买地	其他	总计	人均
大地主	95.7	86	60	295	60	75	777.7	233.3	100	1782.7	79.8
小地主	66.2	60	9.5	118.3	30	32	167.0	340.0	7.0	830.0	51.9
富农	22.6	15.7	11.1	78	17	76	55.7	22.0	2.0	300.0	23.1
自耕农	14.0	9.0	7.5	4	8	12.3	0	0	1.0	91.8	15.3
贫农	9.0	4.0	1.3	1.3	1	8.3	12.0	0	0	36.9	15.8

据 26 个村支出调查材料我们可以看到几种事实：

第一，在自耕农的家庭支出中，“粜米”一项占第三重要的地位，全家食粮之全部或大部，已经包括于其中。各阶层的总支出，除去买地和放债的数额，将粜粮与家用合并为生活费用，将肥料、农具、工资作为生产支出，则可以分别计算出各阶层的生活费用与生产费用。据此，富农的总支出为 222.3 元，生产费用为 106.8 元，占总支出的 48.04%，其中肥料占总支出的 7.06%，农具占 5% 弱，工资占 35%；生活费用占总支出的 44.35%；中农的总支出为 91.8 元，生产费用为 20.5 元，占总支出的 22.33%，其中肥料占总支出的 9.8%，农具占 8.17%，工资占 4.36%；生活费用为 27.3 元，占总支出的 29.74%；贫农的总支出为 36.7 元，生产费用为 8.6 元，占总支出的 23.43%，其中肥料占总支出的 11% 弱，农具、工资各占总支出的 3.54%；生活费用为 17.3 元，占总支出的 47.13%。

第二，在上表中，粜米最多的人，却是富农以上的人家，他们田地的收入足够食用，所以粜米，证明他们在做着贩卖粮食的投机事业。① 一般的地主和富农，放债之额比较买地之支出为大。农村各阶层都有放债的问题。农村金融呆滞，民间互助性取借和借高利贷是很普遍的。

第三，是否可以说，每人每年支出 15—16 元，是自耕农生产与生活费

① 李尔重：《山东齐河县社会调查》，齐河县政协编：《齐河文史资料》第二辑，内部资料，1991 年，第 224—226 页。

用之近似数。以每户 5 口计算，则每户一年费用是 75—80 元。就是说，齐河县 26 村所代表的农村生活贫困线应是 75—80 元，只相当于以往学者所定标准的一半多。

山东人多地少，长期以来农业生产十分注重精耕细作，集约经营，土地产出率提高较快，水平也较高。土地的产出率按耕地面积计，1949 年全省平均每亩耕地总产值为 15 元（按当年物价，下同），每亩耕地种植业产值为 12 元。①

近代山东省农民收入水平一直很低。1936 年农户人均纯收入总计 54.66 元，其中家庭经营收入 49.36 元，其他非生产性收入 5.30；1949 全省农户人均纯收入总计为 44.74 元，家庭经营收入 38.74 元，其他非生产性收入 6 元。1954 年前，农村农户分散经营，家庭经营收入占农户总收入的比重在 80%—90% 之间，其余的非生产性收入，1978 年前人均收入在 10 元以下，占农户收入的 7%—10% 之间。②

直接生产费用包括种子、耕畜、农具、肥料和人工费。卜凯统计华北三省农民每亩农作物产值是 9.6 元，每亩经营费用 7.676 元，约占每亩产值的 80% 以上。③ 南方稻作区的生产成本占作物产出价值的 15%—25%。④

据侯建新研究，清苑 1930 年平均每亩生产费用，地主为 3.02 元，富农为 3.37 元，中农为 1.98 元，贫农为 1.51 元，雇农为 1.15 元，总平均为 2.21 元。清苑每亩地粮食收获价值为 8.1 元，则生产成本大约为产值的四分之一。清苑每个劳动者每年平均投入 131.9 个劳动日，平均每亩投入 11.20 个人工，每播亩投入的人工数为 8.89 个，以每个人工 0.4 元计算，折合自工费为 3.56 元，生产成本则是其产值的 68.40%。⑤ 山东与河北同属北方旱农业区，地区相近，其收益与工本应相差不大。据桓台后大王庄村调查，每亩每年产量为

---

① 参见山东史志编委会、俞宽钟主编：《山东省志 · 农业志》，山东人民出版社 2000 年版，第 224 页。

② 山东省农村经济调查队编：《山东省农村经济调查资料》，内部资料，1982 年。

③ 参见卜凯：《中国土地利用》，金陵大学出版社 1941 年版，第 381 页。

④ 参见许涤新、吴承明：《中国资本主义发展史》第 1 卷，第 197—198 页。

⑤ 参见侯建新：《农民、市场与社会变迁》，社会科学文献出版社 2002 年版，第 279—281 页。

40 斗，种籽、肥料、人工等农本费需 27 斗，农本占总收益的 67.5%。①

山东省政府农林厅 1950 年对全省十六个县四十九个村的典型调查应具有较大的代表性和可信性。各年份各种粮食作物与经济作物使用人工数量如下：②

表 5-25　山东省十六个县四十九个村各种作物使用人工数量表

单位：人工 / 亩

年份	1931—1936	1948	1949	1950	平均
小麦	6.73	6.40	7.14	7.34	6.9
大麦	6	6.92	7.89	7.92	7.18
高粱	8.41	7.84	8.55	9.26	8.51
谷子	9.36	8.86	9.70	10.35	9.57
玉米	8.43	7.74	8.52	8.84	8.38
甘薯	13.26	12.48	13.65	14.44	13.46
大豆	4.34	3.79	3.90	4.72	4.19
稻子	8.25	10.50	10.75	12	10.38
平均	8.1	8.07	8.76	9.36	8.57
美棉	11.73	16.61	17.85	18.52	16.18
中棉	16.74	16.40	19.03	20.62	18.20
花生	10.16	9.54	10.09	10.87	10.17
烤烟	51.65	39.9	49.90	49.90	47.83

8 种主要粮食作物在 1931 到 1936 年时平均用工量是 8 个多工，1931 到 1950 年间平均用工为 10.38 个；战前美棉用工为 11.73 个，中棉用工 16.74 个工，花生用工 10.16 个，烤烟为 51.65 个。如果取 1931—1936 年无战争破坏年份，每人工照 0.4 元计算，则粮食作物人工劳务费为 3.24 元，美棉人工费为 4.69 元，中绵人工费为 6.70 元，花生人工费为 4.06 元，烤烟人工费为 20.66 元。

① 参见鲁档：《桓台县田庄区后大王庄调查材料》，第 97 页，原档案件编号为 TD26-260-6。

② 中央农业部计划司编：《两年来中国农村调查汇编》，中华书局 1952 年版，第 232—233 页。

物质费用方面，按十六县四十九个村的统计，在1931到1936年间，每亩施用肥料分别是：圈肥1848.7斤，油饼62斤，豆子15.8斤，人粪尿77斤，坑土1052.6斤。①

在农田经营中，地主的农具、牲畜较齐全，较为省力，施用肥料较充足；但人力不足，雇工和小种地的人工普遍存在偷工现象，锄地中耕等项用工都较自耕农为粗。富农的农具、牲畜较齐全，肥料也充足，用工较精细。中农以下往往缺乏畜力，用工量超过平均数。按照各地农民的种地经验，每亩地在常年收益极不平衡，其收入少者，多系无劳力、肥料不足或人工欠缺者；而收入多者，主要是劳力多，能深耕细作。

19世纪30年代统计，栽种1大亩烟叶，需要肥料费16元，煤炭费10元，工价12元，税捐约20元，共计58元。每大亩烤烟出产600磅。② 以1928年英美烟公司每百磅的收购价，九等平均35.7元，则农民平均产量为600磅，其收益为214元；1919年南洋兄弟公司每百磅的收购价，九等平均价为21.66元，以每亩产烤烟600磅计，则烟农收入为130元弱。上述的工价12元，应是外用工。如果每工按0.4元计，则外工为30个，加自工21个，则为8.4元，共为16.4元。农本和捐税分别占农民收益的31.02%和51.07%。

农业税等征收占粮食总产量的比重，1955年是19.5%，1956年占17.1%，1957年占21.1%。预留种子占总产的比重，1955年为4.1%，1956年占4.5%，1957年占6.1%；预留饲料占总产的比重，1955年占2.8%，1956年占3.2%，1957年占2.8%；储备粮占总产的比重，1956年占总产的0.5%，1957年占0.1%。口粮占总产量的比重，1955年为72.4%，人均口粮214.5公斤；1956年为74.3%，人均口粮223公斤；1957年为69.6%，人均口粮160.5公斤。③20世纪前半期的田赋及各种附加税，不算事变后日伪的诛求和国、共军政方面的征敛，约占农民收益的15%—20%。

---

① 中央农业部计划司编：《两年来中国农村调查汇编》，中华书局1952年版，第230—231页。有些项目是笔者根据原表核算而成。

② 山东史志编委会编：《山东省志·烟草志》，山东人民出版社1993年版，第68、72—73页。

③ 参见山东史志编委会、俞宽钟主编：《山东省志·农业志》，山东人民出版社2000年版，第237—247页。

下面是海阳迎驾山村各地土地的成本及投资产出的调查材料。比较迎驾山村富农与中农各级地的成本和利润的材料，似乎可以启示我们些什么。笔者认为，十七八亩地的经营规模，在1949年前应是一个5口之家农户的最佳经营模式。以山东海阳县（1938至1949年间在根据地内称为牙前县）土地成本、产量和收益为例上，如列表5–26，表5–27所示如下：

表5–26　迎驾山各级地的成本比较①

人工肥料单位：元，粮：斤

	一—四级			五—七级			八—十一级		
	人工	肥料	折粮	人工	肥料	折粮	人工	肥料	折粮
富农	105	60	110	90	80	121	90	100	135
贫农	120	60	120	105	90	139	120	105	160

以上各级地的种地成本显示，愈是好地投资成本愈大。富农与贫农之间，亦是以地级升高而投资差别愈大，一至四级仅差10斤，五至七级差18斤，八至十一级地差25斤。

表5–27　迎驾山各级地产量扣除成本盈亏比较②

地级	二级	四级	六级	八级	九级	十级	十一级
富农	–10	–10	+29	+68	+98	+118	+138
贫农	–20	+20	+51	+90	+140		

愈是好地，所费人工与肥料等成本愈大，纯利润也愈大；但一二级地不仅没有盈余，而且还要亏本，蚀及必要劳动。从富农与贫农种地的成本与盈余来看，精种少种比粗种多种有利。此地精于农事的富农认为一户十七八亩地，缩小经营规模，比多种地有利。

日照碑廓区劳动模范李一怀1945年深耕细作，达到耕二余一，他自述当年的生产成绩如下：（1）春季种了3亩半麦子，收了7斗，折合700斤；春季种了9分地（二级地）谷子，收280斤；谷地隔犁（间种）果子（花

① 鲁档：《牙前县迎驾山村调查表》，原档案件编号为TD24-522-3。

② 鲁档：《牙前县迎驾山村调查表》，原档案件编号为TD24-522-3。

生），收生米160斤；种了1亩1分䅟子，收1石6斗，折800斤；外种3分谷子，收3斗，折合240斤；种1亩2分秫秫（因涝减产）收入4斗，折合360斤；种了小亩2亩棉花，收6斤净花；种了1分稻子，收入1斗5升，重105斤。（2）秋季种了2亩4分黄豆（三级地和六级地对半），收入黄豆1200斤；种地瓜1亩1分，收入地瓜干1600斤。

（三）各阶层农民生活状况

国内学者将农民的生活贫困线定在150元。1929年，有人估计："十亩以下之农户，平均每年收入当在七十五元左右，十亩以上，二十一亩以下之农户，平均每年收入，当在一百六七十元。其中须除去农场必须之费用约十七元。若为佃户，尚须纳租银每亩五元，收支相抵，佃户毫无入息可言。其生活费用，不得不借他种来源以补足之。""中国农户，五口之家的生活最低限度，每年当在一百三十元至一百五十元之间。依此标准，中国农户耕地在二十五亩以下者，均为贫困线以下之农民，此等农户，占63%。"①

日照碑廓区劳动模范李一怀家中生活：全年共收入杂粮5490斤，棉花在外。除去负担小麦178斤，高粱356斤，剩余4956斤。李一怀家中有4口人，每天7斤粮食够吃。一个月吃210斤，年半才吃3780斤，还剩余1176斤，连穿衣也够了。②

关于生活费用及各项费用占农民总收益的百分比，有人测算称：在20世纪20年代，农民的衣、食、住、行四项，占农民全部费用的82%，华北占85.6%。依恩格尔系数衡量，则是绝对的贫困。

根据广饶辛集村两个闾典型户调查，中农、贫农粮食需求量与盈亏如下：中农15户，人口86人，总粮数为24039斤，有8户38人缺粮1475斤；设补足其粮数，则总粮数为25514斤，除以总人口，人均口粮为296.7斤。贫农13户，53口人，总产量为7603，尚有10户45人缺粮2565斤；设补足其缺粮数，则总粮数为10168斤，除以53口人，人均口粮191.8斤。可以认为，人均口粮200到300斤是近代中贫农人均口粮的平均数。

该材料各阶层粮食总产量，是按1943年秋季粮食总产量计算的，但

① 张镜予：《中国农民经济的困难和补救》，《东方杂志》第26卷，第10号。

② 参见徐德轩：《劳动模范李一怀》，《大众日报》1945年12月9日。

农民往往瞒产，报告的产量仅为实产量的 80% 左右。所列粮食盈亏，是按 1944 年为标准，而且所谓不足与盈余，是按农村中各阶层实际生活水平来统计的。富农大多全年吃粮食，而中农贫农是糠菜半年粮。中农和贫农往往靠做短工或做小生意来补足生活。[①]

据民初政俗调查称：临沂“乡民饮食非常粗劣，普通以高粱糁子为主要食粮，其次则为黄豆、红薯、胡萝卜或树叶、菜根而已。富裕之家及城镇居民则多麦面为食”。禹城“普通居民以粗粮为主要食物，麦面酒肉等类为非常食之物”。临朐“普通居民以高粱、小米、黄豆磨粉烙为薄饼，名曰煎饼，为常年食物。”[②]

1912—1937 年间山东民众生活：在饮食方面，莱阳“以小米为大宗，面粉次之，茶酒、烟叶亦为一般嗜好”。日照“以地瓜干为需食品”。宁阳“日常不过杂粮、干粮、米粥、菜蔬，绝无甘旨之供”。[③] 德平“食料以玉蜀黍为主，小米及高粱次之，小麦产量无多，人均矜惜弗食，好遇小麦丰收，亦常易为粗粮而食之。清末民初，乡民之糠秕野蔬者居多数”。[④] 沾化“普通食品以高粱、小米、菽豆为主，盐菜佐之。非宾客养老，不轻用米面、鱼肉。荒岁则多食野菜，饭蔬饮水，安之若素。”[⑤] 青岛、即墨“通年食物以甘薯为主……甘薯之外，杂以粟、豆、高粱、小麦，冬春食甘薯居多，夏秋食粟居多。是为主食品。自制之腌萝卜、白菜、菠菜、韭菜、茄子及豆腐之类，杂以肉杂，或甘薯之干叶制以为冻，更有以盐混于洋粉皮以佐食者，是为副食品”。[⑥]

有关东平县的农民饮食，据该县旧县志称：新中国成立前，农民以粗粮为主食。平原产麦地区，从芒种至处暑吃麦面，余皆粗粮。广大贫农一般都是糠菜半年粮。山区、平原常吃煎饼，贫农多掺糠、高粱壳；湖洼地区常吃窝窝，贫农掺菜。麦忙时有吃薄饼的习惯，贫农也掺些高粱面，俗称银红

① 参见鲁档：《辛集村土地经营的调查》，第 8—9 页，原档案件编号为 TD26-214-2。

② 张青曾、刘敬文编：《山东政俗视察记》，内部资料，1934 年。

③ 国民政府内政部 1930 年代风俗调查资料，中国第二历史档案馆藏，十二，7。

④ 民国二十五年《德平续志》。

⑤ 民国二十四年《沾化县志》。

⑥ 袁荣叟：《胶澳志》，1928 年青岛华昌印刷局铅印出版。

饼。常年吃麦面的只有官绅富商。农家从立夏起，每日三餐，立冬后，每日两餐。忙时有干粮，农闲时山区喝地瓜糊粥，或煮上几个窝窝，多让给老人、劳力吃，家庭妇女靠糊粥、干菜度日。一般农民能做到“糊粥跟上碗”（不断饮）就心满意足了。菜味以咸为主，间食酸辣，较少吃甜。农家很少吃菜，平时以咸菜、辣椒或葱蒜佐餐；节日吃水饺改善生活。①

据栖霞后泊林家村 1945 年测算，当地一个 6 口之家，以一个劳动力计，人均需有 2.5 亩地，才能维持一般的生活。可该村每人只能平均上 2 亩 1 分地。② 胶东朱阳村地势较低洼，质量较差的“涝洼薄碱”地，产量很低，平均每人有四亩地，在八成年景即可维持生活。③

在招远莱西地区，一个中等自耕中农，人均有地 3 亩，如家中有两个半人（孩子算半个人），平均有地七亩半，按每年亩产量 150 斤算，共可收粮食 1100 斤。招远县西北乡杜店村“土地很缺，每人平均不到一亩八分地，产粮 330 斤。该村农民生活大都靠种菜园和做小买卖维持”。④ 有人测算胶东自耕中农的人均口粮与衣被费总计不会超过 440 斤。⑤ 据海阳当地情况，“每人每年需有三亩地，一年的生活可勉强维持。以每户五口之家计算，则每户每年需十五亩地”。⑥

莒南沭水三县 1942 年纯出租地主典型户生活如下：第一，粮食：每人收粮食为 9.7 亩乘以亩产 200 斤，共为 1940 斤。二五减租后，地主余 727.5 斤，设每人每年口粮为 500 斤，田赋负担为 254.6 斤（按乙种负担办法），则全年除口粮及负担外，余粮是 27 斤 4 两。第二，每人每年日用费大约是：油 11 斤 10 两，合 9.3 元；盐 27 斤，合 3.8 元，肉 16 斤 4 两，合 9.75 元，柴 1140 斤，布 16 尺，合 18.2 元，人情费 60.3 元，香纸费 15 元，其他费 18 元，共计 134.35 元。第三，田赋负担：每亩上忙 1.7 元，下忙 3.5 元，共计 5.2 元，共纳 5.44 元。地主负担过重，其田赋负担有超过 70% 以上者，最

---

① 参见东志史志编委会编：《东平县志》，中华书局 2005 年版，第 528 页。
② 参见鲁档：《西栖四村地主统计表》，第 28 页，原档案件编号为 TD24-539-1。
③ 参见鲁档：《丙种类型村典型调查》，1948 年，第 16 页，原档案件编号为 TD24-72-9。
④ 鲁档：《招远县西北乡群众工作总结》，第 3 页，原档案件编号为 TD24-536-2。
⑤ 《招莱边的阶级关系》，载胶东分局调研室编《调研材料》二，第 8 页。
⑥ 鲁档：《一个村的调查研究工作总结》，第 20 页，原档案件编号为 TD24-31-7。

低也是35%。地主中流行这样的谚语："十亩八亩太平年，二三十亩好江山，七八十亩难负担，地主卖地来吃饭。"① 解放区双减增资和乙种负担办法，对地主经济的打击是毁灭性的。

莒南1942年地主生活，可以大店典型户庄汪甫家生活为例。庄汪甫是大店地主中生活最俭朴的，以下材料是从他家生活流水账中摘录的1942年2月3日到2月8日的开支细目：②

表5-28　庄汪甫两个集开支统计表

单位：元

2月3日				2月8日			
物品	价钱	物品	价钱	物品	价钱	物品	价钱
鸡子	1.2	山楂	1	盆	0.4	山楂	0.5
猪肉	3.1	饼	1.5	青带子	2.2	大枣	0.5
鱼	2	花生糖	0.2	花酒	0.7	点心	2.5
梨	1	馍馍	7	年糕	0.5	蟹子	2.7
山药	1.4	白果	1	朝牌	0.4	黄鲫鱼	2.4
红虾	1	萝卜	0.5	油果	0.9	猪肉	1.2
葱	0.3			馍馍	1	对虾	0.6
				黄尖	8.8	豆腐	0.6
共计	10		11.2				14

庄汪甫先生一家五天一个集空，平均费用22元多，而其他各家，据调查多在50元—100元左右。

聊城地区的"农夫，只有上等户才能终年吃麦粉，其余的中户只是在五月节间新麦收获后至秋收期间吃麦粉，余时皆吃粗粮。穷人须终年吃粗粮。粗粮中最好的是小米，贫富都用它煮粥，它也能磨成粉，制煎饼。其次是豆子，绿豆多半用来煮饭，或制粉与各类粉食。黑豆是制油料、饲畜料，

① 鼎夫：《滨海区各阶层转化及生活情况》，《山东革命历史档案资料选编》第9辑，山东人民出版社1983年版，第197页。

② 鼎夫：《滨海区各阶层转化及生活情况》，《山东革命历史档案资料选编》第9辑，山东人民出版社1983年版，第197—198页。

人也吃它。黄豆除制油制豆腐之外，也可以磨成粉供食。最普通的粗粮是玉蜀黍与高粱，这两样供给农民食物的大部分。黍子稷子之类也供制面粉与煮粥之用。红薯也占食物的重要部分。谷类的制法是蒸'窝窝'、煮稀饭、摊煎饼三类。助谷类的食物是辣椒、咸水浸的蛮青萝蔔等。至于白菜、黄瓜、冬瓜、茄子等容易多吃的青菜，都是不常吃的。鸡蛋是供奉老人与待客的。肉食一年不过几次，年、节与麦收后的酬劳，只用盐煮，烹调是全无可讲的。当牛疫的时候，他们便大吃特吃起贱牛肉来，决不怕死的。糖食仅供礼品与老人用。酒的消耗量颇大，有白酒和小米黄酒两种。茶叶也是日用品，但农民所用的茶叶，我看也就和槐树叶差不多了。芝麻油极少用，平常只用豆油。至于为异乡人诟病的食物如葱、蒜、薤菜、臭腐乳、虾酱之类，实在食它的极普遍。"①

福山狮子山胡家夼在战前二十年（1917 年前后）群众的生产与生活情况：该村是一个靠山的村子，民众依靠农业和山岚出产生活。农民的主业是种地，副业收入以山草为主。按全村土地人口看，平常年景，每年劳动所得与食用所需，不亏也无剩余。"战前二十年前，本村有人口七八百人，户数约有 150 户左右，土地两千亩地左右（240 步的亩）。该村山岚很多，各家差不多都有块岚子。约计全村全年出产松柴四千个左右，棒子（松树杆）约计 4 万斤左右，山草梓椤不计，村民的生活维持得住"。②

以海阳某村中等富农中等年景收入与支出为例。全年总收益：有地 32 亩，家中人口 3 口半，雇 1 长工，共 4 口半人，种苞米 8 亩，收获 24 斗（合 1200 斤），种麦子 9 亩，收成 18 斗（合 900 斤），种豆子 9 亩，收成 18 斗（合 900 斤），种谷子 1 亩，收成 3 斗（合 150 斤）地瓜芋头 5 亩，收成 4400 斤，折粮 1100 斤（4 斤地瓜芋头折 1 斤粮食）。总收益为 4250 斤。

全年总支出数：4.5 个人全年吃粮 1860 斤，雇工口粮用 960 斤，其余按 960 斤计算，工人工资按 550 斤计算；全年衣服费 200 斤；再生产费（种子、农具镰镢）228 斤，公粮 1296 斤，田赋 70 斤，合计为 4303 斤。收支相抵，

---

① 孟真：《山东底一部分的农民状况大略记》，《新青年》第七卷第二号（1920 年）。

② 鲁档：《福山县狮子山胡家夼调查册》1947 年 12 月，第 3—4 页，原档案件编号为 TD24-545-5。

尚差53斤，其生活尚可维持。①

据莒南、沭水三县典型调查，中农的生活状况，其中粮食、日用开支与田赋如下：

（1）以人均地3.4亩，平均产量160斤计，则中农每人每年实得粮食547斤，负担按13%抽，需73斤12两，则余粮为473.4斤；每人每年口粮按500斤计，尚差26.6斤。在中农的生活中，粮食占83%，菜占17%。

（2）中农全年日常费用：油7斤，合洋5.6元，肉1.5斤，合洋0.9元，布2尺5寸，合洋13.8元，人情费3元，农具修理费13元，香纸费2.4元，其他14元，共计56.7元。

（3）田赋：17元6角8分。② 中农日常费用和田赋的支出，显然无法从土地产出中获得，只能从副业或出雇的工费收入中支付。平常调查所得的农民的土地与收益数都少于实数，农民都有一些黑地和不在册的畸零地可以得一些粮食，农民的亩产和总产也远高于调查所得的数据。

海阳九区某村中等中农1941年生产收入与支出的统计如下：

该典型户共有地10亩，人2口，房子3间，驴1头，一人参加生产，租地5亩，全年没有剩余，还少有亏空。1941年收入：苞米600斤，麦子300斤，谷子225斤，豆子150斤，江米100斤，地瓜1400斤，黍子10斤，芋头30斤，地豆60斤，共收入粮食1810斤。当年支出：租粮450斤，给父亲养老粮300斤，公粮50斤，卖粮100斤，鞋费4.5元，田赋4元（折合粮28斤），杂费24元（折合粮85斤），种子75斤，以上共支出粮1088斤。该户共余粮为1810－1088=725斤。但又借入了19元钱买粮吃，合68斤。老婆回娘家住了两个月，少吃了两个月的粮。即725＋68=773斤，3个人吃饭，相当于1个人吃了34个月。这样相当于每人每月吃粮23斤，地瓜蔬菜等也折合成粮。该户中农生活证明：农村每人每月有30斤粮可以维持生活。③

① 参见鲁档：《一个村的调查研究工作总结》，第12页，原档案件编号为TD-24-92。

② 参见鼎夫：《滨海区各阶层转化及生活情况》，《山东革命历史档案资料选编》第9辑，山东人民出版社1983年版，第199页。

③ 参见鲁档：《（海阳九区）一个村的调查研究工作总结》，1942年，第13—14页，原档案件编号为TD-092。

在1943年后各地的减租减息运动中，强调一个雇工收入除自身费用外，要能再养活一个人，并且列出了农民生活的各项开支。按这种生活标准，雇工口粮以700斤计，工资为800斤，雇工自身衣被费360斤；要再养活一个人，需口粮500斤，衣被费212斤，则雇工工资最少不能低于1072.5斤，雇主要为雇工付出的粮食是1772.5斤。因为一个中等自耕农平均有地3亩，如是两个半人，平均有地7亩半，每亩产量按150斤计算，全年可收获1100余斤粮。自耕中农的人均口粮与衣被费总计不会超过440斤。如果雇工的口粮以一年900斤计算，则一个雇工全年的口粮及工资之和，相当于自耕中农13.5到16亩地的年产量。①

各地农村流行着一句话："大口小口，一月三斗"。以1斗14—15斤计算，则为42—45斤粮，事实上这是农村富裕的地主富农的生活。到1990年，城市成人粮食供应标准也不过是27市斤，一年粮食也只有324斤，未成年的孩子口粮则更低一些。向前推五六十年的农村，一个5口之家，一年消费口粮也就是1500市斤。20世纪前半期，地主富农也是以粗粮为主，细粮约占总消费粮的三分之一。在富农以下的农民阶层中，细粮只占十分之一甚至更少，一般也就是收麦打场的那几天吃几顿麦面细粮。农民打下小麦，要拿到市场换成粗粮。中农以下的农户，以高粱和地瓜、地瓜面为主食，玉米面也不能经常吃到。30年代以后，由于甘薯的普遍种植，甘薯和晒干粉碎的地瓜面成为农民的主食。农民一般都是"糠菜半年粮"。普通农民几乎整年见不着肉，没有副食品，菜是自家菜地里种的，冬天能吃上清水白菜汤就很好了，煮菜连油都很少用。农民平常年景仅足温饱，一遇灾荒，缺几个月的口粮是常事，遇上特大灾荒，树皮草根都掘食殆尽。

三、各阶层的农业经营

研究者将地主阶级按有无政治特权分为官僚地主和庶民地主；按占有土地数量多少，分为大、中、小地主；按土地经营方式分为出租地主和经营地主。地主经济是一个多种成分的综合经济，是小农经济的放大，包括土地经济和农业之内的手工业、副业，也包括农业之外的工商业。近代以来，纯粹

① 参见《招莱边的阶级关系》，载胶东分局调研室编《调研材料》二，第8页。

的封建地主是没有或很少的，而更多的带有半封建色彩。如果说广大农村在历次政治的与军事的动荡中变化甚微的话，那么农村中首先走出乡村而进入城镇和大城市经营工商业的地主，则更多地得风气之先；他们的子弟开始接受新文化，出现了步入政界、学界、商业和企业界的新一代的人物。比官僚地主和大中地主没落更为严重的事实是，封建地主经济走到历史的尽头，以自耕农为中心的小农经济出现了新一轮的较比以往的封建王朝之初更为广泛、更为深刻的扩张运动。促成自耕农经济扩张的政治原因，是民初孙中山先生提出的“耕者有其田”的保护自耕农的政策，和其后的减租减息与土地改革，而其经济基础则是现代交通和现代工业的发展及美洲作物玉米、花生、甘薯、棉花等粮食作物与经济作物的引进推广，内外贸易促成农民经济及与国际经济的接轨。囿于篇幅，笔者仅从各阶层传统的农业经营的角度加以考察。

（一）地主的农业经营

我们习惯将地主按经营方式分为出租地主和经营地主，事实上两者并无严格界限，地主采取何种经营方式，完全依其需要而变动。如旧军镇进修堂的土地与经营：进修堂有土地1000余亩，在本镇附近有600多亩，在孙官庄店300亩有奇，在水寨镇有150来亩。本镇土地其中有450亩采用雇工经营，其余土地包括外村土地实行租佃经营。一是雇工经营：光绪末年，进修堂雇有长工37人，负责耕种收获，运租粮柴草、饲养牲畜等。家中农具齐全，有大车6辆，骡马70余头，肥料充足。农忙时，靠觅短工生产。二是租佃经营：租佃也叫招佃，即佃户租种土地，向地主交实物地租。根据土地好坏，平均每亩（市亩）定租一至二斗，秋麦各半，柴草平分，赋税由地主负担。

佃户在租地时，必须向管家和账房先生表示恭顺，方能立契领地。立契后，佃户要按租额租期，如数按时完纳，如果两年缴不上地租，东家就要抽回土地，（让佃户）以劳力顶账。①

由此可知：旧军镇进修堂一部分近地实行雇工经营，而远地则实行定额租制。该堂号出租土地须立租地契；佃户缓交地租期为两年，再缴不上，将

① 参见孟昭钺：《孟氏家族的土地与房产》，载章邱县政协文史资料委员会编：《遐迩闻名的祥字号》，济南出版社1991年版，第8—9页。

所欠地租折价成雇工价，要佃户以劳力顶账。

出租地主邵盘之三年经营的变化有相当的代表性。邵盘之自耕所用长短工工资占实收入的34.23%，种子占总收益的3.2%，不计肥料，农本占总收益的37.43%；负担占总收益的49.86%。部分出租，工资占实收入的26.22%，部分出租工资比自耕节省2107.5斤，部分出租比全自耕节省负担2141斤，种子节省114斤，共可节省4362斤。出租地主邵盘之农业经营列表如下：①

表5–29 出租地主邵盘之三年变化

单位：人、亩、斤

年份	1942	1943	1944
人口	10	11	11
劳力	3	3	3
土地：共计	303.73	263.5	250.22
自耕地	48.5	48.5	48.5
出租地	220.73	211.73	201.73
平均产量		16073	11570
实收入：自田	13186	9922	9216
租出地	8920	8920	4672
副业		1150	1000
共计	22106	19993	14888
人均实收入	2210.6	1713	1262
工资支出	1500	1700	2300
负担总数	5203	115.7	7354.2
负担占实收%	23.54	43.07	52.96
支出总计	6703	9815.7	9654.7
剩余总数	15404	10177	5233.2
每人平均数	1540.4	1017.7	475.8

说明：上述人均实收入和负担占实收入项中不包括副业收入。

① 鲁档：《东海区母猪河平原三个村的阶级变化调查》，第5页，原档案件编号为TD24-67-7。

毕氏的树荆堂土地经营方式也大致如此："毕氏在本村的六百亩土地全部是雇工经营，外村的土地采用租佃经营方式。光绪二十年（1894年）前后，毕家共雇长工三十多名，其中大伙计一名，二伙计二十名，牛倌、猪倌、羊倌各一名；在春夏秋农忙时经常雇短工五十余名，大忙时节雇短工多达一百二十多名。"①

从出租地主与经营地主的比例看，近代特别是20世纪上半期，经营地主占有较大比重，一些原先的出租地主也逐渐采用雇工经营。乳山崖子区1941年前出租地主19户，经营地主35户，出租地主与经营地主之比大约是1∶2；地主兼资本家者共15户，其中办工厂者2户，大商人3户，矿房作坊10户。②

不少地方的地主，其土地多不出租，而是靠雇佣长短工经营。山东一些经济作物专业生产区中，一些地主见经济作物效益高，便将自己经营的土地改种经济作物或将原出租的土地收回自种经济作物，主要是靠长工经营。雇工经营尤其是大规模经营，具有一定的优越性。地主富农可以置备较齐全的农具和充足的畜力，在生产过程中适当分工，可以及时耕种和收获，在一定程度上提高了劳动生产率，单位面积产量有所增加。

学术界有一种看法，认为地主经营的农场都能比自耕农的产量高。有些地主的产量是比一般农民多，但不尽然。如小种地土地生产量就比自耕农都差。据郭绍汤对冀鲁豫边区租佃关系的调查研究证明，小种地经营，其规模比富农、中农都大得多，小种地地主占有的耕畜、耕具比较优良，占有了地块大和质量较好的土地，而且将许多承种人合伙耕作，有了初步的分工。也就是说，小种地经营在规模、生产条件和技术上都比较优越，小种地经营土地的生产量应该提高。但事实上却不是如此。相反地，小种地土地产量平均少于自耕农十分之一左右，俗话说"小家小户打的（粮）多，大班活差"。

为什么小种地土地生产量比自耕农土地产出差呢？其一，地主不注意改良生产技术，不增加土地投资，只是单纯要求承种人"犁深土，耙碱土，锄浮土"，多下气力，做活精细。而承种人要求相反，要求地主"三不亏"：

① 罗仑、景苏：《清代山东经营地主经济研究》，齐鲁书社1985年版，第84页。

② 参见鲁档：《乳山县崖子区三十个村调查》，第35页，原档案件编号为TD24-529-2。

一不亏地，多上粪、多打粮；二不亏牲口，牲口肥了有力气好做活；三不亏种地的，待种地的好，做活精。其二，地主要每个承种人少种地，多出力，活做得精，去提高生产量。承种人却是要做活潦草一点，多种几亩地，虽然每亩地收得少了，但亩数多了批（股）的总数仍然增加。而且，承种人把地主地里活做完了，余下时间可以为自己去做活。因此，地主与承种人的利益显然是有矛盾的，这个矛盾形成了粗放经营。其三，承种人做活比起自耕农潦草得多了。自耕农是自己做活，而承种人所做的活三分之二以上都是为地主。如按规矩，承种人应锄春苗三遍，实际上都是二遍，第三遍拉一拉地便是好的。小农锄谷子，都是斑一遍（苗），把谷苗锄三四棵一起，稀稀拉拉不断，发育平衡且收得多；但大班活不斑苗，只是分苗，用锄切成一堆一堆的，每堆十多棵不等，稠稀不均，发育不能均衡，苗长的高底不一，打的粮食少，又不好割谷穗。①

招远玉甲村经营地主王家乐，全家 6 口人，自耕地 41 亩，出租地 2 亩（另有一份出租地不详），家有大牲畜驴骡各一头，自己参加劳动，做赶驮子、打场、送饭等零活。1944 年雇长工 1 人，短工 27 个。其自耕地需用之农业投入如下：长工工资 800 斤粮食，长工口粮 700 斤粮食；短工工资 150 斤粮食，短工口粮 81 斤；自己参加半个劳动力，按工资 750 斤计。所需种子 164 斤，农具费 61.5 斤，牲畜饲料需粮 300 斤。以上各项支出共需粮 3006.5 斤。肥料及草料因是自家生产未计入。该户 41 亩自耕地按等级地平均产量计算，全年收入为 5400 斤粮食，推算其实际产量应为 7430 斤。这样，除去上述各项投资外，可净得粮食 4424.5 斤，占全部实产量的 59.5%，各项投资占 40.5%。② 农业投资中如计算肥料和草料，则又要扣除不少于 20%，其纯收益约为产量的四成或更低。

由此可知，一个经营地主或富农，在一般雇工工资较低的情况下，其土地净收益为土地产出的一半弱。如果计算其他各项负担和田赋，则支出具体情况如下：公粮，占平均产量的 35%，计 1890 斤；田赋，占平均产量的

① 参见王传忠、张玉鹏主编：《中共冀鲁豫边区党史资料选编》第二辑，河南人民出版社 1988 年版，第 798—799 页。

② 参见《招莱边的阶级关系》（1944 年 9 月成文），载胶东分局调研室编：《调研材料》二，内部资料，第 5—6 页。

5%，计 270 斤；教育粮附加，为公粮的 20%，计 378 斤；公柴（因按市价折算，情况不详，不计入）。以上各项负担共计 2538 斤，实际负担占该户粮食所得的 34.3%。平均每人净得粮为 377 斤。农本投入加负担及田赋，超过地级产量，共约占 78.8%—88.8%。也就是说，如果雇工的工资再高一点，则经营地主和富农的实际收入当入不敷出了。

表 5–30　经营地主石连辉自耕与半自耕收支

	地亩	实收入	工资	负担	种子	剩余
自耕	119.5	18466.2	6322.5	9207.5	597.5	2328.7
半自耕	96.7	16073.3	4215	7066	483.5	4308.6

大英村经营地主石连辉如果完全雇工自耕，则需雇长工 3 人，短工 105 人，仍以 1942 年出租地二三十亩为例，自己参加劳动，则长工工资、工食、工费为 5839.5 斤，短工工资每日 6.5 元，春天每日 5 元，秋天每日 8 元，折粮 4.6 斤，共 483 斤，工资占收益总数的 34.24%，负担占总收益的 49.86%。种子每亩 5 斤，共用粮 473.5 斤。①

（二）富农的农业经营

富农是农村中的富裕农民，在旧中国代表了一种比较先进的经济成分。富农经济的经营规模比中农和贫农大，生产资金比中农和贫农多，拥有较多较完善的工具、牲畜和肥料。富农多是农村中的生产把式，精于农作，比较注重生产技术，生产效率较高。富农除自己耕种外，经常雇佣长短工，有的还将部分土地出租；多数富农兼营商业或放高利贷。

据莒南县大店等三个区 11 个村统计，富农户均土地 34.91 亩，人均土地 5.16 亩。这大致是山东省富农的农场规模。②

关于富农经营中自工与雇工比例，据莒县三个区 13 个村的典型调查，三区共有富农 119 户，在富农经营中家工占劳工总数的 67.14%，雇工占 32.88%；而在 831 户中农中，雇工只占劳动力总数的 1.52%，家工占

① 参见鲁档：《地主为什么舍地》，第 55 页，原档案件编号为 TD24-185-17。

② 参见华东军政委员会土地改革委员会编印：《华东农村经济资料》第五分册《山东农村调查》，1952 年，第 33—34 页。

98.48%。就是说，富农经营中雇工劳动约占三分之一的份额，而在中农经营中，雇工所占比例不到 2%。

以流坡坞富农的土地经营为例。该村富农的土地绝大部分是肥沃地，每家都喂一窝猪，地里不缺肥料，粮食出产是相当高的。富农大部分有园地，菜园的出产也是很大一部分收入，他们是靠自己耕耘的。富农中间也有一部分人外出贩运粮食，但不是完全靠短工拉大车，一般的是他们自己去赶车。有的富农也开一间中等的杂货店，卖日用品，有的贩卖一些杂货到集上去卖。也有部分富农有时与人合伙打火烧、卖馒头，但不以此为主。他们的主要生活是靠地亩生产的收入。①

土地改革前，流坡坞村富农主要生产是自己劳动，农忙时雇一些短工。如辛万福家，早年耕种近 30 亩地，爷儿三个都参加劳动，农忙时雇几个短工。再如岳洪武，自种 20 来亩地，很少雇短工，土改后更少雇工了。该村富农未有一家雇长工的。②

富农不愿雇长工的原因，以抗战时期盐山魏桥村为例，在调查中富农表露出的原因是：其一，是通货膨胀，粮食歉收；其二，雇长工不如雇短工合适。雇长工要天天管饭，战后粮食值钱了，不划算；而雇短工则少管饭；其三，生产情绪低落，更怕喊出去（消息传出去）自己吃亏。有很多富农抱这种态度："年头不好，好歹种点够吃就行"，"雇人还得花钱，地里的（庄稼）多锄遍少锄遍不见劲"。如魏德久，有地 68 亩，只雇一个半工（半长工），自己没有能力做活，雇短工也不多。富农李星悦，有地 35 亩，自己只有半劳力一个，但"只是好歹种着就是了，农忙时雇短工也不多"。③ 富农土地不太多，资金有限，而雇一个长工吃饭和工资的费用，相当于中等土地 5 到 7 亩地的产量，这对富农是一个沉重的负担。在战争年代，富农生产情绪低落也是重要原因。

山东档案中有福山县胡家夼村详细的社会经济材料，该村是一个独姓村，据称是明初将领胡大海的后裔，其富农的情况如下：

---

① 鲁档：《流坡坞东街村的经济情况》，第 3 页，原档案件编号为 TD26-53-2。

② 参见鲁档：《流坡坞东街村的经济情况》，第 11 页，原档案件编号为 TD26-53-2。

③ 鲁档：《盐山魏桥村的一般概况》，第 9 页，原档案件编号为 TD26-74-1。

表 5–31　福山县胡家夼村 1931 年富农经营调查表

	户数	人数	房数	地亩	自耕	出租	雇工	山岚产量		
								场	松柴 / 个	棒子 / 斤
自耕	6	85	151	990	390		8	15	1600	16000
全出租	1	8	14	45		45		6	500	5000
半出租	2	24	38	114	83	32	3	6	200	2000
合计	9	117	203	1149	473	77	11	27	2300	23000

该村富农多是自耕为主，向外租地的不多；村中有富农、中农推粉，全村推粉的共有 20 多户。农民的主业是种地，副业收入以山草为主。9 户富农里，自耕的 6 户，全出租的 1 户，半出租的 2 户，土地最多的不过百亩。①

辛集村富农土地经营方式：该村富农占用相当数量的土地，约为全村土地总数的 6.6%。富农除张洪钧外，大部分是雇佣长工或短工耕种所有土地，如“人和堂”张大全、张金户，每户每年都雇佣短工都在百个以上。

富农除种地外，一般都有副业，如开弓坊、弹棉花之类。富农对其土地的经营，一般比较进步的，没有浪费人力的现象，春冬农闲时，则加紧经营副业。富农对土地的施肥，一般也多，因其自己有工具和牲口，在耕种时必较适时。在短工工资上涨时，富农便会减少雇工。②

乐陵王香匠家村“富农王文成，事变前种地 40 亩，是个中农，事变后因其家人都很勤俭能过，日子渐好，20 世纪 40 年代初买地 30 余亩，现种地六七十亩，成了很富裕的富农，喂着两个牲口（全村只他家有两个牲口）”。③

胶东簸箕掌村的富农于振江，1941 年前有地 50 余亩，山岚 60 余亩，全部自耕，每年雇佣一个半到两个长工，自己参加劳动，并兼作运输性买卖，每年收入除开销外有剩余。富农王敖，家中人 5 口，其女王成学为村支部委员。有地 41 亩（老亩），自己参加劳动，并当粮食贩子，经常雇工，群

① 参见鲁档：《福山县狮子山胡家夼调查册》，第 3—4、6 页，原档案件编号为 TD24-545-5。

② 参见鲁档：《辛集村土地经营的调查》，第 3—4 页，原档案件编号为 TD26-214-2。

③ 鲁档：《乐陵王香匠村调查总结》（1944 年），第 7 页，原档案件编号为 TD26-4-1。

众反映他放“蹦钱”(高利贷“蹦蹦利”)。①

昌邑小官庄富农典型户刘成公，有地48.5亩，地质较好，人10口，劳动力3个。土地总是精耕细作。1948年春荒中，还以花种子喂地，收入比别人多，全村收成以他为最好。喂牲畜两头都是好牲口，一驴一牛。他经常当牲口贩子，买牛二头，喂肥了再卖给青岛日本人杀牛锅（屠宰场）；或买上一窝小猪，或养三四个大肥猪，喂肥了再卖。这样可积肥很多。家中有织布机1架，农具有犁1，耧1，耙1，锄3，锨3，大车1，大轮推车1。土地经营靠自有劳力，不雇长工，农忙时雇短工，全年20来个工。放期粮给做买卖的，较刻薄，每年放8斗之数，一般是春放1斗，秋还斗半，放1斗1个月利息8升。有闲时出去卖工，贩苇笠、黄烟，收入很多。生活以高粱、谷子、地瓜为主粮，每年收入可吃两年。刘允公，父子2人，1948年春其子娶媳妇，共3口人。家有地33.58亩，人少地多。1943年前全家在海北拉脚，在临江县帽儿山种地，家中土地全租出去。还乡后将土地收回自种，和弟兄刘让公犋，养一头牛，每年忙时寻工夫20余工；3家共有一辆大车。农具有犁1，耙1，锄3，锨2。养一窝小猪，卖了1石麦子。土地收入一年够两年食用，不放期粮。② 不少富农自身到东北干苦力活或当佃农，挣些钱就省吃俭用攒着买地，生活很刻苦，本身对庄稼活大都很在行。可以说，富农经济的主体部分是靠自身劳动得来的，他们是自耕的劳动农民的上层。在土地私有制的社会中，富农的经济代表着农民的方向。笔者认为，“吴满有方向”就是靠劳动致富的方向。

山东省档案保留有三四十年代农村调查的富农、中农和贫农各阶层农业经营的第一手材料。下面是富农阶层在精耕细作情况下的经营八级地与十一级地的农本与产出。③

从胶东富农1937至1942年经营八级地情况看，当地1自然亩合3市亩。从表5–32可知，按二年三季核算，每市亩年均产量为320斤，年均农本高

---

① 鲁档：《胶东簸箕掌村情况的初步调查》，第9—10页，原档案件编号为DT24-1-152-1。

② 参见鲁档：《群众运动材料——丙种类型村典型调查》(1948年)，第17—18页，原档案件编号TD24-547-3。

③ 参见鲁档：《胶东生产工作总结》，附表第3页，原档案编号TD4-285-1。说明：以下各表中的各种粮的石斗合斤时相差很大，原文如此，保持原样。

达165斤粮，农本占产量的51.6%。其中人畜工占农本的50.45%，农具种子占农本的7.5%，肥料占农本的42%。如果农本不计人畜工的话，则肥料、农具种子三项农本仍占总收益的25.57%。

表5–32　1937—1942年胶东富农农本调查表

八级地·自然亩

<table>
<tr><th colspan="2"></th><th>用工数量</th><th colspan="2">说　明</th><th>折合粮/斤</th></tr>
<tr><td rowspan="4">春季</td><td>人畜工</td><td>34</td><td colspan="2">（原文不可辨认——笔者）</td><td>270</td></tr>
<tr><td>肥料</td><td></td><td colspan="2">施粪70驮，15驮合豆饼1片</td><td>250</td></tr>
<tr><td>农具种子</td><td></td><td colspan="2">农具约折25斤，种子4.5斤</td><td>29.5</td></tr>
<tr><td>产量</td><td></td><td colspan="2">高粱或谷子3石，合主粮2石</td><td>1200</td></tr>
<tr><td rowspan="4">夏季</td><td>人畜工</td><td></td><td colspan="2">耕地人工2，畜工4；送粪人工4，畜工2；撒粪人工半，；耧地人工1，畜工半，收割人工3</td><td>148</td></tr>
<tr><td>肥料</td><td></td><td colspan="2">粪50驮</td><td>166.5</td></tr>
<tr><td>农具种子</td><td></td><td colspan="2">麦种15斤</td><td>15</td></tr>
<tr><td>产量</td><td></td><td colspan="2">产小麦五斗</td><td>300</td></tr>
<tr><td rowspan="4">秋季</td><td>人畜工</td><td>9.5</td><td colspan="2">锄地人工6，耧地人工半，畜工半，收割人工2，畜工半</td><td>76</td></tr>
<tr><td>肥料</td><td></td><td colspan="2"></td><td></td></tr>
<tr><td>农具种子</td><td></td><td colspan="2">豆种30斤</td><td>30</td></tr>
<tr><td>产量</td><td></td><td colspan="2">产豆子七斗</td><td>420</td></tr>
<tr><td rowspan="4">总计</td><td colspan="2">两年农本</td><td>991斤</td><td>一年农本</td><td>495.5斤</td></tr>
<tr><td colspan="2">两年产量</td><td>1920斤</td><td>一年产量</td><td>960斤</td></tr>
<tr><td colspan="2">官亩年农本</td><td>165.17斤</td><td>农本占产量%</td><td>51.6</td></tr>
<tr><td colspan="2">官亩年产量</td><td>320斤</td><td></td><td></td></tr>
<tr><td rowspan="2">合计</td><td colspan="2">人畜工62.5</td><td>折粮500</td><td>农具种子</td><td>折粮74.5</td></tr>
<tr><td colspan="2">肥料</td><td>折粮416.5</td><td>产量</td><td>1920</td></tr>
</table>

从表5–33可以看出，富农种地农本投入是很到位的，其产量高于中农和贫农不少，但其农本占产量的比重太大。以该表所示，二年三季产量达每市亩年产550斤，这在基本没有化学肥料和农业技术相当落后的年代是很

难得的，但农本占其产量的 80.36%。其中人畜工占农本的 49.43%，肥料占农本的 47.76%，农具种子占农本的 2.8%。不计算人畜工的农本占总产量的 25.57%。

富农的十一级地的产量，就是与水利和肥料及农技都较好的 20 世纪六七十年代相比也是较高的。但富农的土地产量扣除农本后，土地利润率是极低的，如果再除去田赋公粮，种地是要亏本的。

富农十一级地的经营投入与产出情况如下：[①]

表 5–33 1937—1942 年胶东富农农本调查表

十一级地 · 自然亩

<table>
<tr><th colspan="2"></th><th>用工数量</th><th colspan="2">说 明</th><th>折合粮 / 斤</th></tr>
<tr><td rowspan="4">春季</td><td>人畜工</td><td>60</td><td colspan="2">浇两水 26 工，余与八级地同</td><td>720</td></tr>
<tr><td>肥料</td><td></td><td colspan="2">施粪 40 驮，15 驮合豆饼 1 片；再施豆饼 5 片</td><td>383</td></tr>
<tr><td>农具种子</td><td></td><td colspan="2">农具约折 25 斤，种子 4.5 斤</td><td>29.5</td></tr>
<tr><td>产量</td><td></td><td colspan="2">产高粱或谷子 3 石，合主粮 2 石</td><td>1200</td></tr>
<tr><td rowspan="4">夏季</td><td>人畜工</td><td></td><td colspan="2">浇两水 28 工，余与八级地同</td><td>376</td></tr>
<tr><td>肥料</td><td></td><td colspan="2">粪 50 驮，再施大豆饼 5 片</td><td>416.5</td></tr>
<tr><td>农具种子</td><td></td><td colspan="2">麦种 15 斤，与八级地同</td><td>15</td></tr>
<tr><td>产量</td><td></td><td colspan="2">产小麦一石二斗</td><td>720</td></tr>
<tr><td rowspan="4">秋季</td><td>人畜工</td><td>41.5</td><td colspan="2">锄地人工 6，耧地人工半，畜工半，收割人工 2，畜工半；浇水人工 32</td><td>332</td></tr>
<tr><td>肥料</td><td></td><td colspan="2">施大豆饼 7 片</td><td>350</td></tr>
<tr><td>农具种子</td><td></td><td colspan="2">豆种 30 斤，与八级地同</td><td>30</td></tr>
<tr><td>产量</td><td></td><td colspan="2">产玉米 2 石 1 斗，豆子 2 斗</td><td>1380</td></tr>
<tr><td rowspan="4">总计</td><td colspan="2">两年农本</td><td>2652 斤</td><td>一年农本</td><td>1326 斤</td></tr>
<tr><td colspan="2">两年产量</td><td>3300 斤</td><td>一年产量</td><td>1650 斤</td></tr>
<tr><td colspan="2">官亩年农本</td><td>442 斤</td><td>农本占产量 %</td><td>80.36</td></tr>
<tr><td colspan="2">官亩年产量</td><td>550 斤</td><td>（1944 年产量为 558.8 斤）</td><td></td></tr>
</table>

① 鲁档：《胶东生产工作总结》，附表第 5 页，原档案件编号为 TD4-285-1。

	用工数量	说　明		折合粮 / 斤
合计	人畜工	折粮 1311 斤	农具种子	折粮 74.5 斤
	肥料	折粮 1266.5 斤	产量	3300 斤

在 20 世纪上半期，富农发生了很大的变化。战前富农是上升的；日伪时期富农受日伪的压榨与抢掠破产很多，该阶层只是勉强维持；而在中共解放区中，因减租减息和雇工增资等清算运动，富农下降达三分之一到三分之二以上。[①] 不少富农土地减少，下降为中农甚至贫农。解放区中的负担政策，对富农征收 35% 以上的累进税，使富农以土地为累，生产情绪低落。

辛集村张金波全家 13 人参加农业生产，男女壮劳力各 3 人，老年半劳力 3 人。其中有男壮劳力 1 个和老年劳力 1 个，参加副业生产开油坊。家有土地 97.5 亩（本村 52.5 亩，垦区 45 亩），大牲畜有二头骡子。其对于土地经营，耕耩完全自己动手，收割与锄地雇佣短工做，每年雇短工 160 个。因其自家开油坊，在肥料方面用得多些，每年用小粪 80 车，种麦棉时，战前除施肥外，每亩另加用豆饼 8—15 片。[②]

迎驾山村事变后当地流传着一首民谣："东顺家穷了，风桥家净了。风林家病重了，镶牙的能行了。轧花的也挣的够用，风选为募捐病了，优救委员愁熊了。"[③] 民谣中所说的东顺家，是一家富农，车风桥家是地主，车风林家是一户降为富农的破落地主，车风选是当地的开明绅士。这基本可以代表当时山东农村各阶层变动的一般情况。

富农是自耕农的上层，在生产工具、生产技术、生产配置及农业经营各方面都是农民生产的典范，被认为是农村中资本主义生产的代表。土地改革的正反两方面的经验证明，在小农经济占主导地位的中国农村，鼓励富农经济的"吴满有方向"，就能较好地发展农业生产，打击了富农，就连带地打击了中贫农的生产积极性。富农都是些勤俭治家的生产行家，他们往往在与贫苦农民相处中，特别在牲畜、农具及金钱借用上显得有些刻薄，这是他

---

① 鲁档：《乳山县崖子区三十个村调查》，第 46 页，原档案件编号 TD24-529-2。

② 参见鲁档：《辛集村土地经营的调查》，第 3 页，原档案件编号 TD26-214-2。

③ 鲁档：《牙前县 1945 年上半年查减工作总结》（1945 年）第 69 页，原档案件编号 TD24-144-7。

们在土地改革中特别为贫农痛恨而被打击的原因之一。

（三）中农的农业经营

中农是农村户数和人口占比重最大的阶层，是自耕农的主体，是农村不可忽视的生产力。其经济地位介于富农与贫农之间。中农土地不足，但劳力充足，牲畜、农具等相对完备，在自耕之外，往往要出外做工或经营副业。

据临沭县三个区 9 个村调查，中农土地占总地亩的 28.99%，户均土地 22.85 亩，使用地占总地亩的 37.17%。另据乳山崖子区 33 个村海阳县 29 个村调查，1941 年前中农占两个区 62 个村土地总数的 52.15%。①

阳信县何坊区中农人口占全区的 50.4%，土地占全区的 57.4%，是全区社会生产和农村阶级构成的主体部分。他们的土地超过贫农的一倍，往往兼有副业。② 当时的渤海区党委认为："脱离了自耕中农，即脱离了农村的基本群众。"惠民孙家庙一带"土地分散，自耕农占了绝对优势，真正的贫佃农还是很少的。……指地（寸土）未有的赤贫户为数已鲜。"该村总户数为 82 户，37 户中佃农自耕地户均 18.65 亩，户均租种地 22.1 亩；而 19 户富佃自耕地 17.29 亩，租种地 14.83 亩。③

胶东小农经济更有地权分散、中农独大的特点。农业经营主要依靠中农，中农不但人口占多数，而且占有农村土地的大半。例如：可代表胶东一般情形的东海区文、荣、威、牟、海 5 县，中农占总户数的 48.6%，占土地总量的 70.5%；贫雇农占总户数的 47.4%，占土地总量的 15%。属北海区的福、蓬、黄、掖、昌、潍几个商业比较发达的县份，土地较比东海区更为分散。该地地主富农的土地据估计不会超过土地总数的 20%，中农土地占土地总量的半数以上。④

---

① 参见《乳山县崖子区卅三个村与牙前县郭城区二十九个村调查》，第 4 页，《调研材料》九。

② 参见鲁档：《渤海阳信县何坊区实验结束土改工作报告》，第 2 页，原档案编号为资料 2175。

③ 参见鲁档：《惠民市龙池区房家、孙家庙土地改革经验介绍》，第 5 页，原档案件编号 TD26-516-2。

④ 参见林一山：《胶东社会研究》二，《胶东大众》第 30 期，第 7—8 页。

中农拥有农村畜力和工具的绝大部分。如临沭九个村耕畜统计中，1937年时中农拥有的牲畜占44.36%，1944年时占54.24%。[①] 在莒南县大店3个区耕畜统计中，1937年中农有牛270头，占总数的49.54%，有驴245头，占总数的49.7%；1945年中农有牛266头，占总数的94.33%，有驴304头，占总数的60.8%，有骡一头，占总数的三分之一。[②]

海阳县前洽村中农典型户萧显章有4个儿子，原有地3亩半。后因大儿萧吉善出继，得地9亩，全家共有地12亩半，人8口。1940年取钱开了一年绸缎庄，赚钱买地5亩，驴一头。到1941年当地解放时共有地17亩半，房12间，骡一头。他家农具齐全，家中劳力多，地不够种的，入租地6亩，种了3年退租。1941年该户开1座油房，收入年年增加。1942年买地2亩7分，1943年买地7亩，以后每年买地2亩多。至1946年时该户有地42亩，岚子30亩（沙河套），人15口，骡子一头，驴一头，房14间。

海阳前洽村萧显章父子没有分家，其子萧吉早能做瓦匠活每年在外干八九十天的营生，其余的时间都在家参加农田劳动。[③] 该户劳动力多，副业有绸缎庄和油房，且其儿子做瓦匠，家中农具和牲畜是较强的，所以生活直是上升的，土地原有12亩，在四年间上升为42亩。

流坡坞村中农共54户，人口257人，是各阶层人口最多的。有土地576亩6分，人均占有土地2亩6分3厘，占全村土地的34%，仅少于地主土地1.9%；全村中农共有牲口45头。中农的土地，从地质上说，较肥沃的土地不到半数，半数以上的土地是较为瘠薄的。中农一般都有打粮的场园，少数中农也有一部分种菜的场园地，有的中农的菜园地收入很不错。该地个别的中农主要依靠菜园地来支持家计。中农的人口一般都在五六口左右，而十几口的大家庭和一二口人的小家庭较少。在商业方面，中农卖包子打火烧

---

① 参见华东军政委员会土地改革委员会编印：《华东农村经济资料》，第五分册《山东农村调查》，1952年，第71—72页。

② 华东军政委员会土地改革委员会编印：《华东农村经济资料》，第五分册《山东农村调查》，1952年，第49页。

③ 参见鲁档：《牙前县长沙区前洽河村复查情况》第149—150页，原档案件编号为TD24-523-7。

的较多。在土地改革前，在54户中农中就有20余家到河南卖过包子……有些中农也当粮食贩子。但他们与地主富农的方式不同，多是用小驴子从贱的地方买来，再到贵的地方去卖，也有一部分中农在集上挑着挑子卖花生、洋烟之类的东西。①

试看胶东昌邑小官庄中农户典型户。该村中农户因土地不足，家有劳动力，每年须租入土地，卖工夫或当长工，以此维持家中生活。

刘增寿家，人10口，劳力3人，地38.9亩，房6间，自地不足吃用，过去租刘允公的地，刘允公回家后，又租入富农刘巨公地7.34亩分种，并租入外出户刘增明地11.7亩，和刘巨公犋犋（刘增寿有劳力，刘巨公有地，并刘保公3家，这样取长补短顶卖工）。他家每年须有1个人在外面当工夫，其余人可出去当十四五个工夫。刘增寿本人会当牲口经纪，经常买牛喂肥了再卖，为了积肥。家中养牲口一头，养猪一头。家中农具有织布机1，犁1，耙1，锄头4，锨2，镢1，镰4，无耧无大车。这家八成年景可以够吃用，1947—1948年因有灾荒，不够吃用，吃期粮二三斗。

崔明志，家有7口人，三年前10口，有地44亩，因连死3口人，卖去14.68亩地，拉了饥荒。全家仅有1个劳动力，靠29.35亩地养活全家。1946年买了一头驴，因喂养不起又卖了。农具有犁1，锄2，锨1，和别人合伙在小王庄染布维持生活。②

福山胡家夼村中有雇农十多人，中农、贫农有剩余劳动力的人家，也外雇给人家当长工、半长工，有时做短工。出雇户与雇佣户相等。“当地群众的性质是很固守的。守家种庄稼，不外出做买卖，差不多遍于全村。在农闲时农民自己山岚出产的松柴、棒子，贫中户摘的松毛、松蒌也不自卖，多半是卖给草贩子。村中有富农、中农推粉，全村推粉的共有二十多户。农暇时搞运输贩卖间或也少有几人，但农民大多是死蹲在家里。村中奢化、吊儿郎当和摆架子的人不多”。③

① 参见鲁档：《流坡坞东街村的经济情况》，第3—4页，原档案件编号为TD26-53-2。

② 参见鲁档：《群众运动材料—丙种类型村典型调查》（1948年），第18—19页，原档案件编号TD24-547-3。

③ 鲁档：《福山县狮子山胡家夼调查册》（1947年12月），第7页，原档案件编号为TD24-545-5。

1937 年后，该村的中农阶层，户数不足 90 户，人口 337 名，地亩数为 1100 亩，人均土地 3 亩之数。差不多每户都有山岚草场，每年生产松柴数，多则一百个，少则二三十个。中农的生产热情很高，拼命干活，勤俭节省，想着过上富农的生活。中农持家是靠小生意、副业等多种经营，一般的中农兼有副业，推粉的很多，农闲时也有的搞运输，贩卖柴草或市集上日用品，不在本钱的多少，能赚回钱即干，如贩卖白盐一类乡间买卖，其余则拾草、拾粪，个别家中有剩余劳动力的户，也出雇或半出雇，有时做短工。性情固守，骂二骗三的不多。如做一件新衣裳，宁可放烂了也舍不得穿；钱攒成串也不舍得拆开乱买东西，攒成堆好买亩地；他们总是梦想着攒钱多买土地，过上富农的生活。不爱出头管村里的事。①

下面是福山胡家夼村 4 个中农典型户的土地经营情况：

表 5–34　福山县胡家夼村 1945 年中农典型户调查②

单位：亩、斤

	人口	自耕	租地	分种	产粮	特地	产粮
胡中秋	17	28.3			3839.5	11.5	3992
胡克灿	15	42.3		2.5	5530	29.8	5595.5
胡克平	2	7.9			744	3.5	784.5
胡文有	3	3.26	2.3	2.5	829.5	2.25	371.75

从表 5–34 可知，中农胡中秋连自耕地和特种地年产粮 7831.5 斤，人均粮食 460.7 斤；本来极差的 11.5 亩特种地反而较 28.3 亩耕地收粮多。胡克灿共收粮 11125.5 斤，人均口粮 741 斤，特种地产量也是高于耕地。即是最下等中农户胡文有，共收粮 1201 斤，人均粮 400.4 斤。可知该村是较富裕的村子。

下面是胶东中农八级地的经营情况：③

① 参见鲁档：《福山县狮子山胡家夼调查册》第 7 页，原档案件编号为 TD24-545-5。

② 鲁档：《福山县狮子山胡家夼调查册》第 17 页，原档案件编号为 TD24-545-5。说明：胡中秋在中农中为上上户，胡克灿为上中户，胡克平为上下户，胡文有为最下户。特地又称为特种地，是一种极差的土地，指河滩山岚地。

③ 鲁档：《胶东生产工作总结》，附表第 1 页，原档案件编号为 TD4-285-1。

表 5–35 1937—1942 年胶东中农农本调查表

八级地·自然亩

<table>
<tr><th colspan="2"></th><th>用工数量</th><th colspan="2">说 明</th><th>折合粮/斤</th></tr>
<tr><td rowspan="4">春季</td><td>人畜工</td><td>29</td><td colspan="2"></td><td>252</td></tr>
<tr><td>肥料</td><td></td><td colspan="2">施粪 40 驮，15 驮合豆饼 1 片</td><td>133</td></tr>
<tr><td>农具种子</td><td></td><td colspan="2">农具约折 20 斤，种子 4.5 斤</td><td>24.5</td></tr>
<tr><td>产量</td><td></td><td colspan="2">高粱谷子一石五斗，合主粮一石</td><td>600</td></tr>
<tr><td rowspan="4">夏季</td><td>人畜工</td><td>19</td><td colspan="2">耕地人工 2，畜工 4；送粪人工 4，畜工 2；撒粪人工半；耧地人工 1，畜工半，收割人工 1</td><td>148</td></tr>
<tr><td>肥料</td><td></td><td colspan="2">粪 40 驮</td><td>133</td></tr>
<tr><td>农具种子</td><td></td><td colspan="2">麦种 15 斤</td><td>15</td></tr>
<tr><td>产量</td><td></td><td colspan="2">产小麦五斗</td><td>300</td></tr>
<tr><td rowspan="4">秋季</td><td>人畜工</td><td></td><td colspan="2">锄地人工 6，耧地人工半，畜工半，收割人工 2，畜工半</td><td></td></tr>
<tr><td>肥料</td><td></td><td colspan="2"></td><td></td></tr>
<tr><td>农具种子</td><td></td><td colspan="2">豆种 30 斤</td><td>30</td></tr>
<tr><td>产量</td><td></td><td colspan="2">产豆子七斗</td><td>420</td></tr>
<tr><td rowspan="4">总计</td><td colspan="2">两年农本</td><td>811.5 斤</td><td>一年农本</td><td>405.5</td></tr>
<tr><td colspan="2">两年产量</td><td>1320 斤</td><td>一年产量</td><td>660</td></tr>
<tr><td colspan="2">官亩农本</td><td>135 斤</td><td>占产量 %</td><td>61.3</td></tr>
<tr><td colspan="2">官亩产量</td><td>220 斤</td><td></td><td></td></tr>
<tr><td rowspan="2">合计</td><td colspan="2">人畜工 57 个</td><td>折粮 476</td><td>农具种子</td><td>69.5</td></tr>
<tr><td colspan="2">肥料</td><td>折粮 266</td><td>产量</td><td>1320</td></tr>
</table>

胶东区党委所采样的中农农本调查，也是精耕细作的各种投入与收益典型。从表 5–35 看，计算人畜工的农本占产量的 61.3%，因产量少于富农，反较富农农本的 51% 的比重多了 10 个百分点；不计人畜工而仅计算肥料和农具种子的农本占总产量的 25.42%，约为收益的四分之一，与富农农本投入相当。从收益上算，中农经营八级地比富农少收粮 420 斤。

再看中农十一级地的农本与收益：①

① 鲁档：《胶东生产工作总结》，附表第 2 页，原档案件编号 TD4-285-1。

表 5–36　1937—1942 年胶东中农农本调查表

十一级地·自然亩

<table>
<tr><th colspan="2"></th><th>用工数量</th><th colspan="2">说　明</th><th>折合粮 / 斤</th></tr>
<tr><td rowspan="4">春季</td><td>人畜工</td><td>42</td><td colspan="2">浇两水 13 工，余与八级地同</td><td>336</td></tr>
<tr><td>肥料</td><td></td><td colspan="2">施粪 40 驮，15 驮合豆饼 1 片；施豆饼 5 片</td><td>382</td></tr>
<tr><td>农具种子</td><td></td><td colspan="2">农具约折 20 斤，种子 4.5 斤</td><td>24.5</td></tr>
<tr><td>产量</td><td></td><td colspan="2">高粱谷子 2 石 3 斗，合主粮 1 石 5 斗 3 升 3</td><td>820</td></tr>
<tr><td rowspan="4">夏季</td><td>人畜工</td><td>47</td><td colspan="2">浇两水 17 工，余与八级地同（耕地人工 2，畜工 4；送粪人工 4，畜工 2；撒粪人工半；耧地人工 1，畜工半，收割人工 1</td><td>284</td></tr>
<tr><td>肥料</td><td></td><td colspan="2">粪 40 驮与八级地同，再施大豆饼 3 片</td><td>283</td></tr>
<tr><td>农具种子</td><td></td><td colspan="2">麦种 15 斤</td><td>15</td></tr>
<tr><td>产量</td><td></td><td colspan="2">产小麦 1 石</td><td>720</td></tr>
<tr><td rowspan="4">秋季</td><td>人畜工</td><td></td><td colspan="2">锄地人工 6，耧地人工半，畜工半，收割人工 2，畜工半；
浇两水人工 16</td><td>204</td></tr>
<tr><td>肥料</td><td></td><td colspan="2">施大豆饼 5 片</td><td>250</td></tr>
<tr><td>农具种子</td><td></td><td colspan="2">豆种 30 斤</td><td>30</td></tr>
<tr><td>产量</td><td></td><td colspan="2">产玉米 1 石 5 斗</td><td>820</td></tr>
<tr><td rowspan="4">总计</td><td colspan="2">两年农本</td><td>1559.5 斤</td><td>一年农本</td><td>779.75 斤</td></tr>
<tr><td colspan="2">两年产量</td><td>2360 斤</td><td>一年产量</td><td>1180 斤</td></tr>
<tr><td colspan="2">官亩农本</td><td>260 斤</td><td>农本占产量 %</td><td>66.1 斤</td></tr>
<tr><td colspan="2">官亩产量</td><td>393 斤</td><td></td><td></td></tr>
<tr><td rowspan="2">合计</td><td colspan="2">人畜工</td><td>89 个，折粮 824 斤</td><td>农具种子</td><td>折粮 69.5 斤</td></tr>
<tr><td colspan="2">肥料</td><td>折粮 666 斤</td><td>产量</td><td>2360 斤</td></tr>
</table>

从表 5–36 可知，中农十一级地的经营，二年三季亩产达 2360 斤，官亩产量达 393 斤。人畜工占农本总量的 52.8%，农具种子占总农本的 4.46%，肥料占农本总量的 42.7%，农本总投入占总产量的 66.1%，低于富农的农本投入。但从收益上计算，则中农经营十一级地，虽然总产不如富农，而纯收益则高于富农 152 斤。

沂水县岸堤区中农变化，在鲁中南具有一定代表性。该区 1937 年有中农户 343 户，536 口人，有地亩 6496 亩，户均有耕地 12 亩；1942 年时，中农户数上升为474户，人口上升为2684人，有地9914亩，户均地20.92亩，人均地为2.1亩。五年间，户数增加131户，人口增加2148人，土地增加3418亩，户均地增加8.92亩，人均地增加1.6亩。

中农增加，一是因分家，其中有24户中农分家，分出新户有中农29户，有地1396亩，分出新户有贫农28户，有地242亩；二是因地主富农破产下降而来，该区有24户地主富农破产，下降为贫农者24户，有地550亩；下降为富农者3户，有地83亩；只有3户贫农上升为中农。

中农一般保持原有的经济地位不变，下降上升都不多，这个阶层因地富下降和贫农上升而日益壮大，三年中增加37%。以该区论，保持原状的中农有295户，占中农总户数的84.5%。①

（四）贫农的农业经营

贫农是农村中的经济地位较低下的群体。贫农在农村占户数和人口的40%左右，他们的土地占有与使用少于农村土地平均数，其农具和牲畜等农本也较差，不少人靠出雇和租地维生。贫农是农村中主要的农业生产者，一般占农村总户数的百分之四五十，占农村耕地的百分之二三十。据胶东两个区62个村调查，贫农占全部土地的23.21%，雇农占农村土地的0.47%，经过1946年土地改革后，所占土地为0.98，纯雇农在农村生产中不占有重要地位。②贫农的平均使用地在12—15亩之间。贫农的经营也是以土地种植为主的手工业与副业综合的经营。

福山县东黄山村100户贫雇农中，1931年原贫者有31户，其余的69户，是由富农和中农下降为贫农者。由富农降为贫农的原因，因吃喝嫖赌挥霍致贫者3户，因办红白喜事致贫者6户，因做买卖赔本下降为贫农者1户；由中农降为贫农者，有两户因被骗，有39户因为分家，有9户因为没有劳动力，有10户因添人不添地，地少人多致贫。1945年后人均口粮375斤。③

① 山东省档案馆山东社会科学院历史研究所合编：《山东革命历史档案资料选编》第11辑，山东人民出版社1983年版，第221页。

② 参见《乳山县崖子区卅三个村与牙前县郭城区二十九个村调查》，《调研材料》九，第4页。

③ 参见鲁档：《福山县狮子山东黄山村农村调查》（1948年），第96页，原档案件编号为TD24-545-5。

表 5–37　福山县东黄山村 1931—1948 年雇贫农统计表

年份	1931	1937—1945	1945—1948
户数	100	103	103
人口	551	457	459
地亩	831	677.5	274.35
房子	455.5	399	466.5
牲畜			
骡	25	13	16
驴	17	14	16
雇工	1	1	
产量			

1937 年胡家夼的贫农共 54 户，人口 328 口，土地共计 338 亩。其中 32 户，因地少孩子多，男人女人都勤俭过日子，兼租种几亩地，或做些短工。该 32 户中 13 户租地 53.5 亩，有 19 户不租地。其他 22 户，有 2 户是有些傻，不会过日子；有 20 户是因为男人女人有些歪毛病。其中 14 户是男人懒，好赌钱，喝酒，不会打理过日子；6 户是老婆有些歪毛病，如老婆馋，好吃懒做，给相好的倒贴等。这 20 户有 6 户租地 28 亩，平均每户租地 4.5 亩。22 户贫农，因有以上原因，加上家口大，地薄，历年穷苦。①

以下选取文登小英村 4 户典型户，可代表农村贫农一般情况：该村贫农于良川共 3 口家，劳动力 1 个，自地共 3 亩，租地 3 亩。地共分 4 块，都是 1 亩半。使用地 6 亩，都是四级地以下的劣质地。全年产量 608.5 斤粮。②该户两块租地，1 块三级地，平均产量为 80 斤，而实产量为 129.5 斤，实产超过估产 49.5 斤；1 块四级地，平均产量为 100 斤，实产量为 185 斤，实产超过估产 85 斤。

① 鲁档：《福山县狮子山胡家夼调查册》1947 年，第 7—8 页，原档案件编号为 TD24-545-5。

② 鲁档：《一个村（埠后村）的负担政策调查》，第 40—41 页，原档案件编号为 TD4-396-6。

贫农于洛湖，该户共口 6 家，劳力 2 个，出雇 1 个半，原有地 7.3 亩，1945 年开荒 1 亩，自有地 8.3 亩，租入 2.5 亩，使用地共 10.8 亩。租入地二级 1 块，平均产量为 60 斤，其实产量为 125 斤，实产量高出平均产量的 65 斤，达 108.3%；其自有地一级地 1 块，平均产量 40 斤，实产量为 87.5 斤，实产量高出平均产量 47.5 斤；三级 1 块 5 亩，平均产量为 80 斤，实产量为 185 斤，实产量高出平均产量 131.3%；六级 1 块，平均产量为 145 斤，实产量为 207.5 斤，实产量高出平均产量的 43.1%；七级地 1 块，平均产量为 145 斤，实产量为 222.5 斤，实产量高出平均产量的 27.1%。也就是说，贫农所耕种的一二三级地，如果耕种得法，可以超过平均产量的四分之一至一倍以上。该户全年产量 827.5 斤。①

贫农于学堂自有地共 3 块，三级地 1 块 11.5 亩，平均产量 80 斤，实产量 144 斤，实产量高出平均产量 64 斤；四级地 1 块 2 亩，平均产量 100 斤，实产量 137.5 斤，实产量高出平均产量 37.5 斤；七级地 1 块 4.5 亩，平均产量 175 斤，实产量 250 斤，实产量高出平均产量 75 斤。

该户共 7 口之家，参加抗日军队者 3 人，家现有劳力 1 个，共有地 17 亩，分为 3 块，5 亩以下者两块，10 亩以上者 1 块，80% 为三四级地，实产量超出平均产量的 80%，37.5%，48.57%。也说明农村的地级定得偏低，贫农一般都比富农和中农的原级地产量高出不少，中农的实产量大都比平均产量高出三十斤到六七十斤。贫农致贫原因，一是缺乏土地，地少地薄；二是孩子多，生活负担重；三是有恶习。该村除租地户中的第一项 9 户没有山岚外，一般都有山岚。其中最优户柳洪福，人口 9 口，有 4 男 5 女，有自耕地 12.5 亩，产粮 1348 斤，有特种地 3 亩，产粮 1105 斤；最劣户胡克祯，家中有 4 男 2 女，共 6 口人，有自耕地 2.3 亩，产粮食 276 斤，有特种地 0.25 亩，产粮 279.75 斤，沾染了赌钱、喝酒等毛病，不会过日子。贫农中不少人有毛病，个人品质好的占五分之二。②

① 鲁档：《一个村（埠后村）的负担政策调查》，第 41 页，原档案件编号为 TD4-396-6。

② 参见鲁档：《一个村（埠后村）的负担政策调查》，第 43 页，原档案件编号为 TD4-396-6。

表 5–38　福山县胡家夼村战前贫农调查

	户口	人口	自地	租地	使用地	房子（间）	致贫原因
租地户	9	51	68	46	114	48	地少孩子多
	4	27	31	7.5	38.5	20	地少孩子多
	3	20	14	13	27	12	懒、赌
	3	16	20	15	35	12	不会过日子
不租地户	16	73	55.5	0	55.5	73	懒、赌不会过
好贫农	19	141	110	—		70	地少地薄孩子多
总计	54	328	298.5	81.5	270	235	

资料来源：鲁档：《福山县狮子山胡家夼调查册》1947 年，第 18—19 页，原档案件编号：TD24-545-5。

贫农在政治上是中共依靠的主要力量，但这个阶层在农具、肥料、农业投入及农业生产技术方面较富农、中农为差，对农业生产的生产力效应因其贫穷愚昧而大为降低，不少人还有从旧社会沾染来的坏毛病。如福山县胡家夼的雇农户有 12 户，占有土地 44 亩，没有山岚草场。由于地少地薄，孩子多，每年不够吃用，终年亏空。内有 5 户雇农常年出雇，节用过日子；有 4 户则是有坏毛病，或赌钱或喝酒或是懒汉，或是老婆有毛病。该村手工业者只有 3 户农闲做木匠活。①

为资比较，请看下面的胶东贫农八级地的经营情况：② 贫农经营八级地的农本占产量的 68.56%，其中人畜工占产量的 44% 强，农具种子占产量的 6% 弱，肥料占产量的 18.5%，不计人畜工的农本，则农本占产量的 24.5%。贫农打粮少主要是施用肥料不足，与富农同级地相比，不及富农肥料投入量的一半，少于中农 66 斤，是中农施肥量的四分之三。

① 参见鲁档：《福山县狮子山胡家夼调查册》1947 年，第 9 页，原档案件编号为 TD24-545-5。

② 鲁档：《胶东生产工作总结》，附表第 4 页，原档案件编号为 TD4-285-1。

表 5–39　1937—1942 年胶东贫农本调查表

八级地 · 自然亩

<table>
<tr><th colspan="2"></th><th>用工数量</th><th colspan="2">说　明</th><th>折合粮 / 斤</th></tr>
<tr><td rowspan="4">春季</td><td>人畜工</td><td>29</td><td colspan="2"></td><td>252</td></tr>
<tr><td>肥料</td><td></td><td colspan="2">施粪 30 驮，15 驮合豆饼一片</td><td>100</td></tr>
<tr><td>农具种子</td><td></td><td colspan="2">农具约 15 斤，种子 4.5 斤</td><td>19.5</td></tr>
<tr><td>产量</td><td></td><td colspan="2">高粱谷子一石二斗，合主粮一石</td><td>480</td></tr>
<tr><td rowspan="4">夏季</td><td>人畜工</td><td>19</td><td colspan="2">耕地人工 2，畜工 4，送粪人 4 畜工 2，洒粪人工半，耧地人工 1 畜工半，收割人工 1</td><td>148</td></tr>
<tr><td>肥料</td><td></td><td colspan="2">粪 30 驮</td><td>100</td></tr>
<tr><td>农具种子</td><td></td><td colspan="2">麦种 15 斤</td><td>15</td></tr>
<tr><td>产量</td><td></td><td colspan="2">产小麦五斗</td><td>300</td></tr>
<tr><td rowspan="4">秋季</td><td>人畜工</td><td>9</td><td colspan="2">耧地人工半，畜工半，锄地人工 6，收割人工 2，畜工半</td><td>76</td></tr>
<tr><td>肥料</td><td></td><td colspan="2"></td><td></td></tr>
<tr><td>农具种子</td><td></td><td colspan="2">豆种 30 斤</td><td>30</td></tr>
<tr><td>产量</td><td></td><td colspan="2">产豆子五斗</td><td>300</td></tr>
<tr><td rowspan="4">总计</td><td colspan="2">两年农本</td><td>折粮 740.5 斤</td><td>一年农本</td><td>折粮 360 斤</td></tr>
<tr><td colspan="2">两年产量</td><td>折粮 1080 斤</td><td>一年产量</td><td>折粮 540 斤</td></tr>
<tr><td colspan="2">官亩农本</td><td>折粮 120 斤</td><td>占产量 %</td><td>折粮 68.56 斤</td></tr>
<tr><td colspan="2">官亩产量</td><td>折粮 180 斤</td><td></td><td></td></tr>
<tr><td rowspan="2">合计</td><td colspan="2">人畜工 57</td><td>折粮 476 斤</td><td>农具种子</td><td>折粮 64.5 斤</td></tr>
<tr><td colspan="2">肥料</td><td>折粮 200 斤</td><td>产量</td><td>折粮 1080 斤</td></tr>
</table>

经过战后历次政治运动，地主富农被严重削弱，大量土地转移到贫农手中。临沭 9 个村贫农土地增加 2193 亩强，占所有地的 33.75%；雇农土地 553.5 亩，增加土地是该阶层所有地的 17.46%。① 胶东经过 1946 年后的土地改革和 1947 年的复查，全区有 600 万土地转移到农民手中。②

① 参见华东军政委员会土改委编印：《华东农村经济资料》，第五分册《山东农村调查》，1952 年，第 59 页。

② 鲁档：《张云逸在胶东会议上的发言》，1948 年，原档案件编件号为 TD5-12-10。

（五）山东主要农副产品成本与收益

表 5–40　山东省单位耕地面积产值表

单位：元 / 亩

年份	每亩耕地面积产值				
	按当年价			按 1980 年不变价	
	总产值	净产值	种植业产值	总产值	种植业产值
1949	15	11	12	36	29
1952	29	21	23	59	46
1957	27	21	22	56	47
1962	32	24	27	45	38
1965	42	33	36	68	58
1970	58	41	48	87	73
1975	83	54	67	119	96
1978	93	64	76	132	104
1979	125	80	102	146	114
1980	148	94	116	160	123
1981	183	121	140	165	128
1982	202	142	156	181	140
1983	241	117	188	208	163
1984	289	203	220	248	194
1985	318	219	129	262	197
1986	346	236	245	266	196
1987	413	272	288	288	215
1988	478	317	304	299	208
1989	532	345	337	305	206
1990	630	411	387	322	214

1. 每亩耕地产值

按耕地面积，全省平均每亩耕地总产值，1949 年为 15 元（按当年价，下同），1978 年为 93 元，按可比价计算，比 1949 年增长 2.67 倍，平均每年增长 4.6%。1990 年每亩耕地总产值达 630 元，比 1978 年增长 1.44 倍，平均每年增长 7.7%，比 1949 年增长 7.9 倍，平均每年增长 5.5%。

全省平均每亩耕地种植业产值，1949 年为 12 元，1978 年提高到 76 元，比新中国成立初的 1949 年增长 2.59 倍，平均每年增长 4.5%；1990 年提高到 387 元，比 1978 年增长 1.06 倍，平均每年增长 6.2%；比 1949 年增长 6.38 倍，平均每年增长 5%。① 全省历年耕地面积产值虽有提高，但总体上讲是一个低水平。据济南东郊殷陈村老农多年的经验，粮食生产的成本，往往是粮食市场价的二三倍。②

2. 农业资金收益率

山东省农业资金收益率方面的资料，是从 1956 年开始调查统计的。分别以费用资金收益率和固定资产收益率两个指标来衡量。全省费用资金收益率三十多年来变化起伏较大，呈下降—回升—再下降趋势。而固定资产收益率自 1975 年以来，呈上升趋势。每百元费用的总收入和纯收入，1957 年分别为 316 元和 216 元，1983 年上升到最高，为 407.9 元和 307.9 元。随后逐年减少，至 1990 年降到最低水平，分别为 204.5 元和 104.5 元。

每百元固定资产的总收入，1975 年为 157 元，1978 年降到 123 元。1979 年以后逐年回升，到 1988 年达到 377.66 元，年均增加 26.62 元。1989、1990 年略有回落，分别为 356.15 元和 370.31 元。每百元固定资产的纯收入，1975 年为 98 元，1978 年降到 72 元，随后逐年上升，到 1984 年达到 242.4 元，比 1975 年增加 144.4 元，年均增加 16 元。1985 年起又开始回落，到 1990 年只有 189.20 元，年均减少 8.87 元。③

3. 主要粮经产品成本与收益

从 1978 年开始，山东省有关部门对主要农副产品生产成本进行了调查。1978 年至 1990 年间，山东主要粮食和经济作物生产成本及收益变化情况如下。

（1）亩产值逐年增加：随着单位面积产量和收购价格的不断提高，按播

---

① 参见山东史志编委会、俞宽钟主编：《山东省志 · 农业志》，山东人民出版社 2000 年版，第 224—225 页。

② 据济南东郊殷陈村村史编写组老农访谈纪录。

③ 参见山东史志编委会、俞宽钟主编：《山东省志 · 农业志》，山东人民出版社 2000 年版，第 229 页。

种面积计算，粮食和经济作物亩产值逐步增加。1990 年小麦、玉米、稻谷、高粱、谷子、大豆、瓜干、花生、棉花、烤烟、红麻、大麻 12 种农作物，平均每亩总产值（按当年平均收购价格计算）为 315.95 元，比 1978 年 78.5 元，增加 237.45 元，增长 3.02 倍（含价格因素，下同），年均增长 12.3%，亩净产值 234.51 元，比 1978 年 44.77 元增加 189.74 元，增长 4.24 倍，年均增长 14.8%。

（2）亩成本增加：随着农业生产条件的改善，物质投入的不断增加和用工作价不断提高，亩成本逐年增加。1990 年 12 种农作物平均每亩生产成本为 159.83 元，比 1978 年的 64.07 元增加 95.76 元，增长了 1.49 倍，年均递增 7.9%。亩成本构成中，人工费用的增长速度快于物质费用的增长速度，1990 年 12 种农作物亩均物质费用 81.44 元，比 1978 年 33.73 元，增加了 47.71 元，增长 1.41 倍，年均增长 7.6%。亩均物质费用增加额占总成本增加额的 49.82%，亩物质费用占总成本的比重，从 1978 年到 1990 年之间基本保持在一半以上。1990 年亩人工费用为 78.39 元（亩用工 30.15 个，工价 2.6 元），比 1978 年 30.34 元（亩用工 37.92 个，工价 0.80 元）增加 48.05 元，增长了 1.58 倍，年均增长 8.2%。亩人工费用增加额占总成本增加额的 50.18%，人工费用占总成本的比重 12 年间基本保持在 48% 左右。

亩成本和农产品亩产同时提高，由于亩产量增长速度低于亩成本增长速度，单位农产品的成本有较大幅度增加。1990 年 12 种农作物每百公斤主产品生产成本平均为 68.39 元，比 1978 年的 40.52 元增加 27.87 元，增长了 68.8%。

（3）亩利润大幅度增加：1990 年 12 种农作物平均亩减税纯收益为 152.12 元，比 1978 年 12.46 元增加了 139.66 元，增长了 11.2 倍，年均增长 23.2%。

（4）劳动生产率逐年提高：1990 年，12 种农作物的每亩平均用工数量为 30.15 个，比 1978 年的 37.92 个减少了 7.77 个，每个劳动日创造的净产值为 7.78 元，比 1978 年的 1.18 元增加了 6.6 元，增长了 5.6 倍。

（5）成本利润率逐年提高：1990 年 12 种农作物的成本利润率为 95.18%，比 1978 年的 19.45% 增加了 75.73 个百分点。[①]

---

① 参见山东史志编委会俞宽钟主编：《山东省志 · 农业志》，山东人民出版社 2000 年版，第 231—232 页。

四、提高农业生产率的各种因素

（一）农业生产结构的调整与复种技术的更新

如果说明清时期山东经济的发展，主要是非农产业的发展—农副产品加工业、商业运输业在山东经济中占有越来越重要的地位。山东农业发展的标志，则主要表现为农业生产结构的调整与经济布局的优化。山东农业生产结构的调整，主要包括粮食种植结构的调整和经济作物种植的发展。

粮食种植结构的变化，经济作物的引种，新的作物品种推广，导致粮食种植制度的变化。粮食种植最主要的变化是两年三熟制的普及，而这一制度得以推广又与粮食种植结构的调整密切相关。

山东两年三熟制的搭配是以麦—豆—秋杂轮种为主。最终成为山东两年三熟制的核心，无论哪一种搭配都是以豆麦复种为中心，即先种越冬小麦→麦收后复种大豆，晚秋收获→翌春种植大秋作物，如高粱、谷子、棉花等。而明清时期山东粮食种植的发展变化，也正是这一种植结构的调整过程。这反映了宋元以来山东粮食作物结构中，粟即谷子是最重要的粮食作物。《崇祯历乘》也说："北人以粟为主，粟收遂称大稔。"① 自明中叶前后这一种植结构开始发生变化。

第一，是小麦种植面积的大幅度增长，这一变化以农业种植条件较好的鲁西南平原开始最早，也最为显著。如万历年间曲阜县张阳庄在161亩分种地中，小麦占了66亩，占全部播种地的40%上，清初，汶上县孔府的屯庄的1220亩土地上，共种植小麦947.95亩，种大麦84.93亩，二麦合计占耕地面积的84.6%以上，占播种面积的72.4%。② 冬小麦种植的发展是两年三熟制实行的基础；大豆种植由春播复种的转化，使两年三熟制的实行从可能变为现实。

康熙《巨野县志》记载："种植五谷以十亩为率，大约二麦居六，秋禾居四"，"二麦种于仲秋，小麦更多，先大麦播种，历冬至夏五月收刈，大麦

---

① 《方产考》，《(崇祯) 历乘》卷十二。

② 参见张维华主编：《曲阜孔府档案史料选编》第三编第十一册，齐鲁书社1980年版，第44—150页，据许檀统计数。

先熟，小麦必夏至方收”；“秋禾以高粱、谷豆为主，其次黍稷，沙地多种棉花，芝麻与稻间有种者”；“初伏种豆，末伏种荞麦，多用麦地，俱秋杪收刈”。①

《峄县志》亦载，“二麦则阖境有之，视他禾十居六七”；②

稍晚的记载如乾隆年间鱼台县，“谷之品，惟麦收独厚，小麦尤多”；③光绪时菏泽县“通计小麦居十之六七，余谷居十之三四”。④

咸丰年间沂水县令吴树声《沂水桑麻话》记载的是鲁中沂州府一带的情况：“坡地（俗谓平壤为坡地）两年三收，初次种麦，麦后种豆，豆后种蜀黍、谷子、黍稷等”；“涝地（俗谓污下地为涝地）两年三收，亦如坡地，惟大秋概种豆子，……麦后亦种豆”。鲁北平原种植比例稍低于鲁西，但也达 50% 左右。如嘉庆年间寿光县，“十亩之田必种小麦五亩，其收早而利赢也”。⑤

甚至土质条件较差的山东半岛招远县，冬小麦所占比重也已是“大率于百谷居十之四云”。⑥冬小麦的种植受农民的欢迎，一是因其是越冬作物，初夏五月即可收获，二是小麦品质优于其他五谷，百斤小麦的价值远高于其他作物，所谓“收早而利赢”，即其很快在全省推广的原因。⑦

第二，山东传统关键性农业增产措施是间套复种技术。

间套复种技术是山东省传统的重要农业增产技术。早在古农书《齐民要术》中就有关于间套复种技术应用的记载。新中国成立后，政府对这一传统技术非常重视，1956 年《全国农业发展纲要（草案）》中，明确提出“合理轮作（换茬）、间作、套种和密植，是增加农作物产量的重要措施”。山东农业科技工作者不断总结群众间套复种经验，推进农作物耕作制度改革。1971 年全省各种农作物间套复种面积达 66.67 多万公顷（1000 多万亩），到

① 《风俗》，《（康熙）巨野县志》卷七。

② 《物产》，《（康熙）峄县志》卷二。

③ 《物产》，《（乾隆）鱼台县志》卷一。

④ 《风俗志》，《（光绪）菏泽县志》卷六。

⑤ 《物产》，《（嘉庆）寿光县志》卷九。

⑥ 《物产》，《（顺治）招远县志》卷五。参见许檀：《明清时期山东经济的发展》，《中国经济史研究》1995 年第 3 期。

⑦ 许檀：《明清时期山东商品经济的发展》，中国社会科学出版社 1998 年版，第 32—33 页。

1978年发展到200万公顷（3000万亩），已成为全省种植业生产上的一项重要增产技术。进入80年代，间套复种技术已发展为集约利用资源的立体种植方式。1986年秋，省政府在昌邑县召开了全省立体农业种植经验交流会，确定把发展立体农业作为农业科技的重点。昌邑、平原、泰安市郊区、嘉祥、莱阳5市县为发展立体农业的试点县，省科委立题“立体农业最佳种植模式筛选与示范推广”进行研究，在16个市地建立46个基点县，到1990年已从400多种种植模式中，筛选出30种三作三收最佳种植模式。主要类型有：

（1）粮粮型。粮粮型是以小麦、玉米为主体作物，在保证粮食作物稳产增产的前提下，参与作物或瓜、菜作物。如小麦间作玉米套种大豆（或谷子）；小麦套种越冬菜间作玉米，再间作大白菜等。

（2）粮棉型。粮棉型是在保证粮食（小麦）、棉花双扩双增（产）的前提下，还可以间套瓜菜。如小麦间套大蒜、间作棉花再间套绿豆（小豆）等。

（3）粮油型。粮油型是在小麦套种花生一年两熟的基础上，利用套种花生的套作行再间套瓜菜。如小麦套种越冬菜间作花生，再套种西瓜；小麦套种西瓜、套种花生再间套玉米等。

（4）粮烟型。粮烟型是在小麦、黄烟一年两熟的基础上，再间套矮秆作物或瓜菜。如小麦间套越冬菜、套种黄烟再间套秋菜；小麦间套越冬菜、套种黄烟、间套甘薯等。

此外，还有粮菜、粮肥、粮果、粮菌、粮桐、粮枣等间套复种类型。

可以说，清代粮食亩产的提高，更多的应归功于增加复种指数。据专家研究，在北方实行二年三熟制土地比一年一熟制，低的可增产12%，高的达32%。在南方实行稻麦二熟制，最低增产20%，最高增产91%。双季稻，最低增产25%，最高增产250%。旱地一年二熟，以陕西汉中盆地为例，可增产162%—186%。实行多熟制，等于提高了单位土地利用率，其意义十分重大。①

间套复种技术的推广应用，使山东省农作物种植制度发生了很大变化。

---

① 参见郭松义：《明清时期的粮食生产与农民生活水平》，载《中国社会科学院历史所学刊》第1集，社科文献出版社2001年版。

1990年全省二年三熟制面积由1949年占耕地面积的80.1%，下降到23%；一年两熟制面积由1949年占耕地面积的1.3%，上升到48%；一年三作三收以上的种植面积达到126.67多万公顷（1900多万亩），农田复种指数由1949年的139.8%，提高到1990年的158.8%。在粮田面积减少300.53万公顷（4507.9万亩）的情况下，粮田复种指数由1949年的148.8%，提高到1990年的186.4%，经济作物播种面积由1949年的99.65万公顷（1494.8万亩），到1990年扩大到230.04万公顷（3450.6万亩），比1949年增加130.4万公顷（1956万亩）。其中：棉花增加95.23万公顷（1428.5万亩）、花生增加26.87万公顷（403.1万亩），对缓解全省人多地少，粮食作物与经济作物争地的矛盾，起到了重要作用。①

以胶州为例，小麦、大豆、高粱三季收入，合计为2.2万—2.65万元，平均每年约为12125元，比单种一季谷子（收入1000元）增收20%以上；以靖平县为例，麦豆秫三季收入，合计在20元以上，平均每年收入在10元以上，与种一季谷子相比，增收25%以上。其中大豆的收入稍少于谷子和高粱，但其生长期短，是固氮植物，能提高土壤肥力，用作两年三熟制的换茬作物，在时间安排上和总体收益上，是理想的选择。高粱抗涝性极强，对于低洼地的增产增收有较大作用。②

总的来看，20世纪以来，粮食的总产量仍是增长的，于1936年达于高峰，其增长速度大体可与人口的增长率相当。经济作物的增长更快些，因而农业生产结构稍有改进，惟棉花增长甚慢，显系受进口棉货的影响。不过，剩余农产品最多的东北地区，自1931年日本帝国主义入侵后，即行衰退，迄抗战结束，东北的粮食和大豆生产都未能恢复到1930年水平。1937年以后，广大华北和华中也遭日寇蹂躏，农产衰退，惟在大后方和解放区，颇有发展。全国粮食产量的最低谷1949年比最高峰的1939年减少20%强，经济作物损失更多。③

第三，山东粮食结构变化的意义。

① 俞宽钟主编：《现代山东农业》，山东科学技术出版社2000年版，第787页。

② 许檀：《明清时期山东商品经济的发展》，中国社会科学出版社1998年版，第71—72页。

③ 吴承明：《中国近代农业生产力的考察》，《中国经济史研究》1989年第2期。

其一，小麦、大豆、高粱取代粟谷成为山东主要粮食作物，提高了粮食的商品率和小农的经济收益。民食主要以谷粟、高粱为主，小麦主要是作为商品出售，粜精籴粗是农民增加粮食数量和扩大收益的可行的办法。民间有“一麦抵三秋”和“一麦胜三秋”谚语，即反映了粜精籴粗扩大食粮与增加收益的实际情况。大豆种植也是主要为了出卖换钱，山东在明清时期大豆外运出口，成为农村的商品粮。光绪《临朐县志》称：“黄豆黑豆最为民利，与麦同重。晚秋丰获，输租税毕婚嫁皆恃以为资。”①

其二，粮食种植结构的变化，使山东种植业实现了从一年一熟制向两年三熟制的转化，提高了耕地复种率。一则多产粮食负担更多的人口食粮，二则为经济作物的种植面积的扩大提供了可能。②

第四，复种的增产作用是很显著的。

（1）复种有利于增加农作物播种面积与耕地作物年产量。通过复种，在有限的耕地上扩大了农作物播种面积，全国每年增加复种面积 0.5 亿平方公里以上，显著地提高了耕地年产量，从而以占世界 7% 的耕地养活了占世界 22% 的人口，举世瞩目。

（2）复种有利于缓和粮、经、饲、果、菜等作物争地的矛盾，促进全面增产。随着人地矛盾的日趋突出，粮、经、饲各类作物的种植面积，实现全面增产。

（3）复种有利于稳产。我国地处季风气候区，旱涝灾害频繁，复种有利于年内作物产量的互补，特别是以秋粮补夏粮，保证粮食作物全年产量的稳定，对促进粮食供给安全有重要作用。

（4）复种还可以对资源的加以集约利用：

① 复种对光能资源的集约利用：复种通过延长光合时间和扩大光合面积，提高对光能资源的集约利用而实现作物高产。一季作物的生长期一般只有 4—7 个月，高叶面积时间一般仅 2—3 个月。在生长季节长的地区，一年一熟制由于光合时间短，光合面积小，光能利用率很低。而通过复种，延长光合时间，可使光能利用率由 0.5% 提高到 1.0%—1.5%。

---

① 《物产》，《临朐县志》卷八。

② 许檀：《明清时期山东商品经济的发展》，中国社会科学出版社 1998 年版，第 41—42 页。

② 复种对热量资源的集约利用：要延长光合作用，首先必须有一定的热量资源保证。热量状况通常用生长季节和积极温等指标表示。一年一熟制时，一季作物生长期 60—180 天，而喜温作物生长期多为 120—180 天，对生长季节利用率低，有 180—240 天的剩余。通过复种可提高对生长季节利用率。所以，将喜凉作物与喜温作物合理组配，建立充分利用四季生长期的复种体系，可有效地提高对热量资源的集约利用。①

粮食单产和生产资料与粮食价格指数比是影响山东粮食产量的最主要因素。其中粮食单产每变动一个单位，粮食总产变化 0.4764 个单位；生产资料与粮食价格指数比每变化 1%，从 1977—2008 年，在有效灌溉面积几乎没有发生变化的情况下，粮食单产从 1979 年的 2835 公斤 / 公顷，增长到了 2008 年的 6391 公斤 / 公顷，增长了 2.68 倍。据测算，在应用机械耕整地、精耕细作、机械化旱作、节水农业等农业机械新技术的产粮地区，由于粮食单产的提高可使粮食增产 11%—15%。

在耕地资源有限的情况下，提高粮食单产是提高山东省粮食产量的最有效途径；采取增加科技投入、改进现有耕作方式和耕种技术、改良农作物管理方式，以及通过常规杂交和生物技术培育良种等方法来提高粮食单产，可有效地增加粮食产量。②

（二）提高科技与资本投入

山东粮食增产，一项重要的原因，就是科技与资本的投入。这主要是粮食品种更新和增施肥料，特别是增施化学肥料，有明显的增产作用。

1. 粮食品种更新

珀金斯农业增长率及增长原因的探讨认为，20 世纪农业增长率有所回升，前半期粮食产量的增加还能跟得上人口的增长。这个增长既有总产量的增长，也包括单产（亩产）的增长。在导致单产增加的因素中，传统的技术只能说明一小部分，大部分的增长，似乎是在技术停滞条件下投入了较大的资本和劳力的结果。③

---

① 王立祥主编：《耕作学》，重庆出版社 2001 年版，第 104—105 页。

② 参见高倩倩等：《基于逐步回归分析的粮食产量影响因素研究》，《当代经济》2010 年第 5 期。

③ 珀金斯：《中国农业的发展（1368—1968）》，上海译文出版社 1984 年版，第 46 页。

吴承明认为，20 世纪以来，粮食的总产量仍是增长的，于 1936 年达到高峰，其增长速度大体可与人口的增长率相当。这在研究中国 30 年代农业生产的中外学者中，是少有的敢于说中国粮食总产量与人口增长率相当的人。吴承明的这个观点，等于是说，粮食产量的增加，基本上供给了二百年来几亿人口增长的粮食。而这样一个结论，会导致所有有关清中期以后人均土地减少、亩产量降低、总产量未大幅提高的结论被改写，甚至会推翻所有各个时期土地数量统计和粮食总产量估计。不要说亩产降低，就算是亩产量提高，以那样的亩产量乘上人们所认可的可耕地总数，也无法养活增长的几亿人口。不能解释几亿人口增长的粮食来源，就证明以往有关清代和近代土地生产率和农业生产率的研究是远离事实的，至少没有对清代农业生产率给出一个科学的解释。所以，吴先生的这个猜测，可以称得上是大胆的猜测，一个特立独秀的结论。

粮食品种的更替，使土地使用趋于合理，使农民收成得到充实。20 世纪的百年间，各种作物品种在种植面积的消长起伏很大，小麦、玉米、地瓜的种植，取代小米、高粱、大豆而跻身前位，成为主要的粮食品种，其主要原因，可以看作：或者是因为迫切需解决口粮，以粗代细，或者是农民生活改善，粗粮渐渐少种了。前者如胶县在 1959—1961 年三年大饥荒期间，高粱从 2.6 万亩，实升到 4 万—10 万亩，1975 年后又降为 3 万亩了。1959—1961 年，农民为了战胜饥荒，又广为种植䅟子，1964 年后又很少种植。

新品种的作用是很显著的。以东明县为例，1952 夏，平均小麦单产 44 公斤，比 1951 年亩增产 11.7 公斤。1987 年 9 月 14 日，东明县政府决定大屯、马头等乡镇为小麦丰产方开发试验区。复壮、更新小麦品种，改进耕作制度和种植方法。翌年，开发区小麦平均亩产近 300 公斤。

相对于资本与劳力投入的增加，美洲新品种的引进和推广，对山东对全国都是一次革命性的大事件，可称为明中期以后的延续四百年的悄悄的绿色农业革命。美洲玉米、甘薯、花生、土豆和棉花的引种与推广，改变了山东的农业种植业特别是粮食种植的结构，为农民提供了大量的食物来源，成为农民备荒与常年主食；这些新品种的粮食，因为适应性强，对土地的肥沃程度要求很小，就使大量的中下等地由低产田和废地变成良田，成为开辟荒地废地的利器；这些新品种，本身就是科技的产物，也代表着新的生产力。所以当大多数人对中国的农业悲观失望，感叹没有新的工具、没有新的技术时，出乎所有人意料之外，新科技却以种子的形态把山东和全国的农业带进了农业革命之中。这场农业革命至今还在继续，只是人们格于定型思维，对种子革命熟视无睹罢了。

2. 增施肥料与化学肥料的施用

农民很早就知道增施肥料对提高作物产量的巨大影响，民谚说“庄稼一枝花，全靠肥当家”。20 世纪 70 年代后，化学肥料的施用成为各地粮食增产的主要因素之一。马若孟认为：作物产量受到了肥料使用的影响。肥料的缺乏肯定是一个解释产量下降原因的关健因素。……农畜和肥料是提高单位面积耕地产量和收入所必须的可变资本。①

（三）综合农田水利措施

山东传统关键性农业增产措施——旱地农业增产技术。山东属暖温带季风气候类型，从晚秋到初夏少雨，特别是晚春、初夏、晚秋，旱灾发生频繁。有关资料记载：从 1470 年到 1969 年的 500 年间，全省出现全年偏旱的年份有 82 次；春、夏、秋、冬季节性出现偏旱的年份有 401 次，占总年数的 80%。从 1949 年到 1979 年严重春旱的有 9 年、夏旱 10 年、秋旱 13 年。因旱成灾面积在 66.67 万公顷（1000 万亩）以上的年份有 24 年，平均成灾面积 128.47 万公顷（1927 万亩）。1980—1989 年平均每年受旱面积 267.33 万公顷（4010 万亩），其中 1989 年受旱面积达 467.27 万公顷（7009 万亩），减产三成以上的有 140 万公顷（2100 万亩），绝产的有 38 万公顷（570 万亩）。山东省地形复杂，山地丘陵多；鲁北降水量少，属半干旱区，易形成干旱。1949 年以来，通过兴修水利，扩大水浇地面积，生产条件有了较大改善，但全省旱地面积仍较大。根据 1990 年统计年报资料：全省现有耕地 685.2 万公顷（10278 万亩），其中无水浇条件的易旱地面积 238.87 万公顷（3583 万亩），占耕地面积的 35%。这些旱地主要分布在鲁中南山区、半岛丘陵区和鲁西北高亢地带。临沂、日照两市旱地面积占耕地面积的 50% 左

① 参见［美］马若孟：《中国农民经济》，史建云译，江苏人民出版社 1999 年版，第 196—197 页。

右；青岛、威海、烟台、济南、枣庄、泰安和菏泽7市地，旱地面积占耕地面积的40%左右。全省有26个县旱地面积占耕地面积的50%以上，有39个县旱地占耕地面积的35%—50%。

山东人民在长期的抗旱实践中，积累了丰富的保墒抗旱经验。在土壤耕作上，形成了“用养结合”、“耕耨结合”的耕作体系；在栽培技术上，采用抗旱作物、抗旱品种、镇压划锄等。新中国成立后，在总结旱地农业传统经验的基础上，研究引进和推广了旱地农业先进技术，开展水土保持，兴修梯田，封山育林育草，工程措施与生物措施相结合，抓小流域治理，改善旱区农业生产条件与生态环境，旱区农业生产有了较大发展。

20世纪70年代中后期和80年代，水资源短缺，旱情持续发展，进一步引起了人们对抗旱的重视。1981年秋，莱阳市农业局在冯格庄乡马岚村进行70.67公顷（1060亩）旱薄地小麦增产技术开发，翌年夏收时，平均0.067公顷产（亩产）380.5公斤。1983年7月，省农业厅在福山区召开了旱地小麦增产技术经验交流会；同年8月，农牧渔业部在陕西省延安市召开了北方旱地农业工作会议，确定北方旱地农业建设的指导思想是：种树种草，发展牧业，实行旱作技术，综合治理，农林牧全面发展。从此旱作农业更加受到重视。1984年省农业厅下达的秋种技术意见，把“旱薄低产小麦增产技术”列为第一条。山东省农业技术推广总站承担了全国农技推广总站主持的国家农业技术重点推广项目——黄淮海低产区小麦综合增产技术推广，在莱阳、莱西、平度、胶州、邹城、滕州、兖州、临沭、费县、安丘10个县市的丘陵旱地和砂姜黑土贫水区示范推广，3年累计示范推广38.63万公顷(579.4万亩)，平均0.067公顷生产（亩产）219.5公斤，比邻近对照田平均0.067公顷（市亩）增产51.9公斤。1986年6月山东省政府在文登市召开了全省大沟麦现场会，重点推广了文登大沟麦、莱阳旱地综合开发和临沭县蓄水聚肥抗旱丰产沟等县市旱地增产的典型经验。1988年省农业厅就旱作农业开发战略及技术对策进行了专题研究，并把旱地农业增产技术列为全省种植业8大重点推广技术之一。到1990年全省旱地农业增产技术推广面积66.67万公顷（1000万亩），取得了良好的经济效益和社会效益。

山东的农业科研人员通过多年的研究和实践，总结出了农艺措施、工程措施、生物措施相结合的配套增产技术经验。在农艺措施方面主要有：建立有效的蓄墒保墒的抗旱耕作制度，以土蓄水；有机肥与无机肥配合，迅速提高土壤肥力的施肥技术，以肥济水；培育壮苗，高产低耗群体结构的播种技术，经济用水；采用抗旱作物、品种，以种节水；镇压划锄、覆盖、深耘的管理技术，以管保水。这些蓄水、节水、用水、保水的技术措施应用后，具有明显的增产效果。①

综合农田水利措施，重在废地改良。胶县在日占时期曾有万余亩滩地种植水稻的历史，以前视为撂荒的荒废滩地，不知此种滩地正可改作成为良田；也可知历代赋役地外，其实是有很多滩荒和山荒地，是因为没有相应的技术与适宜此种土地的作物品种，而成为废地，而一旦有了改地技术和适宜品种，荒废地立即可以变为良田。而这些土地是无赋地，可以增加农民收入，增加农民粮食。

其次，稻改的问题，从胶县的经验看，主要是能否解决稳定水源的问题，水源无保证，一时稻改成功了，也会掉下来。作物的水土条件选择是短期内无法改变的。

第二节　劳动生产率

一、家庭农场最佳模式

（一）劳动力与人口、耕地的比重

农业劳动力占农业人口的比重动态，与占总人口比率的基本趋势一致。农业劳动力占人口的比重，与劳动力数量变化动态有关，但比率的变幅远远小于劳动力的变幅。山东五六十年代的正常年份，农业劳动力均占总人口的32%左右。1959年降至20%。70年代在33%—36%之间；1983年达39%，为最高峰；以后即降至31%左右，1990年为30.4%。

劳动生产率大小是生产力水平的综合性标准，农业中的劳动生产率，主要是指一个劳动力所能耕种的土地和土地产量。新中国成立四十多年来，随着耕地面积的减少和农业劳动者的增加，全省平均每个农业劳动者所负

① 参见俞宽钟主编：《现代山东农业》，山东科学技术出版社2000年版，第788页。

担的耕地面积呈减少趋势。劳动力与耕地的比重，1949 年平均每个劳动力负担耕地 8.82 亩。至“第一个五年计划”（1953—1957 年）期末为 8.76 亩，已出现减少趋势。以后除了 1959 年、1960 年因劳动力锐减而负担耕地增加外，其余年份多为逐年减少。据 80 年代中期土壤普查的耕地数计算，平均每个劳动力负担耕地只有 4.4 亩（按统计耕地算，只有 3.7 亩）。据土地管理部门 1990 年山东省农业劳动者为 2585.7 万人，仅次于四川、河南，居全国第三位。每个农业劳动者仅负担耕地 0.265 公顷（3.97 亩），比 1949 年的 0.592 公顷（8.88 亩）减少了 0.322 公顷（4.83 亩），但比全国平均水平高 0.042 公顷（0.63 亩）。

1949—1990 年四十多年间，农业劳动力占总人口的比率变化不大，而每个劳动力负担耕地减少近 50%。全省平均每个农业劳动者供养的人口，41 年来变化也不大，一直在 3 人（包含劳动者个人在内）左右。1990 年每个农业劳动者供养 2.7 人（包含劳动者个人在内），比 1949 年减少了 0.2 人。

1949 年后的四十多年来，全省农业劳动生产率有了较大提高，每个农业劳动者创造的农业总产值、农业净产值都有较大增长。全省平均每个农业劳动者创造的农业总产值、净产值（当年价），1949 年分别为 135 元和 96 元；1978 年分别为 435 元和 300 元；1990 年分别达到 2504 元和 1632 元。①

表 5-41　山东历年农村户口及劳动力指数

年份	1931—1936	1948	1949	1950
总户数历年变动 %	100	124	128	129
农业户占总户 %	99	99	99	99
总人口历年变动 %	100	117	121	124
农业人口占总人口 %	98.3	99.3	99.2	99.2
劳动力占农业人口 %	42.2	39.5	41.6	41.8

资料来源：《山东省十六个县四十九个村典型调查》，引自中央农业部计划司编：《两年来中国农村调查汇编》，中华书局 1952 年版，第 224 页。

① 参见山东史志编委会、俞宽钟主编：《山东省志 · 农业志》，山东人民出版社 2000 年版，第 54—56、221—222 页。另见俞宽钟主编：《现代山东农业》，山东科学技术出版社 2000 年版，第 96 页。

兹据山东省农林厅1950年夏季调查全省十六个县四十九个典型村449个典型户的材料，分析山东农业户、农业人口及农民生产资料的变动情况。从表中可知，山东在1931到1950年的近30年间，山东的总户数1950年较1936年前增长了29%，农业户占农村总户数的比例没有变，都是占了农村的99%；农村总人口，虽经历了1938年到1949年的十二年的战争，仍在稳步增长，1950年较1936年前增长了24%，劳动力人数略有降低。

山东省农业在20世纪70年代以前基本上是封闭式的单一经营模式，多种经营不发达。所以，农业劳力主要分布在种植业。1979年后，随着农村产业结构的调整，第二、第三产业特别是乡镇企业得到了迅速发展，非农业收入不断增加，农村劳动力逐步由种植业向林、牧、副、渔业转移，由第一产业向第二、三产业转移。据统计，1987年与1980年相比：从事种植业的劳动力由2221万人减少到2104万人，减少117万人，减少5.3%，占农业劳动力的比重由90.1%下降为88.9%；从事林、牧、副、渔业的劳动力由245万人增加到261.7万人，增加16.7万人，增长6.8%，占农业劳动力的比重由9.9%上升到11.1%。

表5–42　农村劳动力分布情况表①

（单位：万人）

年份	农村劳动力合计	第一产业劳动力		其中：林牧副渔劳力		第二产业劳动力		第三产业劳动力	
		数量	比重（%）	数量	占第一产业劳力%	数量	比重（%）	数量	比重（%）
1980	2652.88	2466.46	93.0	245.31	9.9				
1981	2704.75	2522.46	93.3						
1982	2768.12	2502.32	90.4			127.40	4.6	138.40	5.0
1983	2827.47	2498.83	88.4			139.64	4.9	189.00	6.7
1984	2919.28	2491.36	85.3			176.21	6.1	251.71	9.5
1985	3010.32	2365.65	78.6			359.43	11.9	285.24	10.1
1986	3079.80	2353.60	76.4		11.1	416.80	13.5	309.40	8.6

① 俞宽钟主编：《现代山东农业》，山东科学技术出版社2000年版，第98页。

年份	农村劳动力合计	第一产业劳动力		其中：林牧副渔劳力		第二产业劳动力		第三产业劳动力	
		数量	比重（%）	数量	占第一产业劳力 %	数量	比重（%）	数量	比重（%）
1987	3149.60	2365.90	75.1	261.74	10.6	467.50	14.8	316.20	10.1
1988	3227.10	2397.00	74.3	254.76	10.5	496.40	15.4	333.70	10.3
1989	3271.80	2442.63	74.7	256.93	9.8	494.39	15.1	334.78	10.2
1990	3348.30	2507.93	74.9	246.61		492.93	14.7	347.44	10.4

注：表中第一产业劳动力（即农林牧副渔劳力）与表 3–1 中的农业劳动者因资料来源不同，数字略有差异。

改革开放以来，农村劳动力行业分布发生了一定的变化，但农业剩余劳动力基数大，就业门路不足，农村劳动力转移问题十分突出。

80 年代末由于市场疲软、原材料不足、能源紧张，加之银行紧缩“银根”等原因，使部分在效益较差的乡村企业务工、经商的农民纷纷归田还乡，致使劳动力在农村内部转移的规模缩小，向城镇转移的规模扩大，由第二、第三产业向农业“逆转”的劳动力增多。据省统计部门资料，1988 年农村劳动力通过各种途径向城镇转移的总人数达到 43 万人，比 1987 年增加 11.9 万人，增长 35%，占农村劳动力总数的比重约为 1.3%。1988 年全省农村由第二、第三产业转回农业的劳动力为 15.8 万人，比 1987 年增加 5.4 万人，增长 52.2%。1989 年“逆转”劳动力达到 38 万人，比 1988 年增加 22.2 万人，增长 1.4 倍；1990 年“逆转”劳动力仍有 27 万人，比 1988 年增加 11.2 万人，增长 70.8%。

农村内部转移和向城镇转移的劳动力被当年新增劳动力和“逆转”劳动力抵销后，对农村劳动力行业分布影响甚微，种植业仍集中绝大多数劳动力。从 1979 年农村改革以来，农村劳动力行业分布总的趋势是第一产业劳动力所占比重越来越小，第二、第三产业劳动力所占比重越来越大，但行业分布格局没有发生根本性变化，仍然是第一产业劳动力分布最多，第三产业劳动力最少。据 1982 年与 1990 年统计资料表明，第一产业劳力 1982 年为 2502.3 万人，1990 年为 2507.9 万人，占农村劳力的比重由 1982 年的

90.4%，到 1990 年降为 74.9%；第二产业劳力由 127.4 万人，增加到 492.9 万人，占农村劳动力的比重由 4.6% 上升为 14.7%；第三产业劳力由 138.4 万人，增加到 347.4 万人，占农村劳动力的比重由 5% 上升为 10.4%。自 1987 年以来，农村第二产业消化劳动力的作用减弱，第三产业无多大变化。①

表 5–43　农业人口、农业劳动者统计表

年份	总人口（万人）	社会劳动者（万人）	农业人口	农业劳动者			
			数量（万人）	占总人口 %	数量（万人）	占农业人口 %	占社会劳动者 %
1949	4549	1859	4289	94.3	1484	34.6	79.8
1950	4640	—	4379	94.4	—	—	—
1951	4732	—	4460	94.3	—	—	—
1952	4827	1897	4538	94	1505	33.2	79.3
1953	4924	—	4620	93.8	—	—	—
1954	5052	—	4732	93.7	—	—	—
1955	5174	—	4796	92.7	—	—	—
1956	5256	—	4871	92.7	—	—	—
1957	5373	2150	4936	91.9	1568	31.8	72.9
1958	5422	2155	4810	88.7	1347	28	62.5
1959	5373	2033	4794	89.2	1076	22.4	52.9
1960	5188	1958	4642	89.5	1247	26.9	63.7
1961	5265	1936	4804	91.2	1492	31.1	77.1
1962	5426	1981	5015	92.4	1663	33.2	84.0
1963	5585	2028	5151	92.2	1688	32.8	83.2
1964	5606	2100	5161	92.1	1774	34.4	84.5
1965	5711	2146	5258	92.1	1833	34.9	85.7
1966	5851	2199	5398	92.3	1949	36.1	88.6
1967	5968	2219	5514	92.4	1937	35.1	87.3
1968	6086	2254	5631	92.5	1948	34.6	86.5

① 俞宽钟主编：《现代山东农业》，山东科学技术出版社 2000 年版，第 97—98 页。

年份	总人口（万人）	社会劳动者（万人）	农业人口	农业劳动者			
			数量（万人）	占总人口 %	数量（万人）	占农业人口 %	占社会劳动者 %
1969	6265	2274	5808	92.7	2021	34.8	88.9
1970	6441	2606	5966	92.6	2211	37.1	84.8
1971	6568	2752	6038	91.9	2372	39.3	86.2
1972	6683	2744	6157	92.1	2362	38.4	86.1
1973	6793	2869	6251	92.0	2486	39.8	86.7
1974	6876	2894	6327	92.0	2489	39.3	86.0
1975	6971	2925	6408	91.9	2475	38.6	84.6
1976	7038	2928	6455	91.7	2426	37.6	82.9
1977	7099	2942	6507	91.7	2428	37.3	82.5
1978	7160	2970	6533	91.2	2351	36	79.2
1979	7232	3016	6570	90.8	2367	36	78.5
1980	7296	3118	6605	90.5	2458	37.2	78.8
1981	7395	3192	6659	90.0	2508	37.7	78.6
1982	7494	3270	6720	89.7	2521	37.5	77.1
1983	7564	3795	6753	89.3	2951	43.7	77.8
1984	7637	3564	6701	87.7	2509	37.4	70.4
1985	7711	35961	6676	86.6	2439	36.5	68.5
1986	7818	3651	6797	86.9	2431	35.8	66.6
1987	7958	3766	6844	86.0	2423	35.4	64.3
1988	8061	3887	6754	83.8	2475	36.6	63.7
1989	8160	3940	6677	81.8	2528	37.9	64.2
1990	8493	4043	6915	81.4	2586	37.4	64.0

说明：1985—1990 年总人口、1988—1990 年农业人口系统计局人口抽样调查推算数。①

珀金斯有一种观点，认为在导致粮食单产增加的因素中，传统的技术只能说明一小部分，大部分的增长，似乎是在技术停滞条件下投入了较大的

① 俞宽钟主编：《现代山东农业》，山东科学技术出版社 2000 年版，第 92—93 页。

资本和劳动力的结果。①

而笔者更倾向于认为，自明朝中期以降的四百年间，山东和全中国的农业处于一场以引种和推广美洲作物所引发的种子革命过程中，或称为农业绿色革命之中，种子革命引发了农业生产结构，作物结构和耕作方式的巨大变革，当然也会使劳动生产率发生变化，只是因为人口持续增长，劳动生产率的增长被掩盖了，或者说被冲掉了。人们在惊呼人口爆炸的时候，很少人想到，这些人口从地下冒出来，是因为同时从地下长出了可以养活新增长人口的粮食。如果没有足以维持人口增长的粮食，也就不会有人口的持续增长，增长了也会掉下来，甚至会负增长。所以，我认为农业粮食单产和总产的增加，主要不是投入了较大的资本和劳动力，在农具和农业技术没有重大改革的情况下，是种子革命作为新生产力实现了粮食单产和总产的增加，也是农民秘而不宣的无税的后备土地成了农民的经济蓄水池，支持了粮食亩产和总产的增加，养活了大量的新增长人口，这些人口反过来成为农业生产新的劳动力，成为开垦土地增加粮食的生力军。

1949—1990 年的四十多年间，山东农村每个农业劳动者生产的主要农产品都有不同程度的增长。1990 年全省平均每个农业劳动者生产的粮食达 1380.7 公斤，比 1949 年增加 794.2 公斤，增长 1.35 倍，年均增加 19.4 公斤，比 1978 年增加 407.7 公斤，年均增加 34 公斤。1990 年全省生产棉花 39.7 公斤，比 1949 年增加 34.2 公斤，年均增加 0.8 公斤，比 1978 年增加 33.2 公斤，年均增加 2.8 公斤。1990 年全省生产油料为 82 公斤，比 1949 年增加 44.5 公斤，年均增加 1.1 公斤，比 1978 年增加 41 公斤，年均增加 3.4 公斤。1990 年全省生产果品 95.3 公斤，比 1949 年增加 78.3 公斤，年均增加 1.9 公斤，比 1978 年增加 30.3 公斤，年均增加 2.5 公斤。1990 年全省生产猪牛羊肉 72.3 公斤，比 1949 年增加 65.9 公斤，年均增加 1.6 公斤，比 1978 年增加 46.3 公斤，年均增加 3.9 公斤。1990 年全省生产水产品 64.9 公斤，比 1949 年增加 58.4 公斤，平均每年增加 1.4 公斤，比 1978 年增加 33.4 公斤，平均每年增加 2.8 公斤。②

---

① 参见珀金斯：《中国农业的发展（1368—1968）》，上海译文出版社 1984 年版，第 56 页。

② 参见山东史志编委会、俞宽钟主编：《山东省志·农业志》，山东人民出版社 2000 年版，第 222—223 页。

表 5–44 山东省农业劳动生产率统计表①

单位：公斤

年份	每个农业劳动者生产的主要农产品					
	粮食	棉花	油料	果品	肉类	水产品
1949	586.5	5.5	37.5	17.0	6.4	6.5
1952	796.5	11.5	56.0	23.0	9.9	14.5
1957	718.0	11.0	44.5	24.0	14.0	17.5
1962	547.0	2.5	25.5	16.5	7.2	14.0
1965	726.5	11.0	36.5	18.5	13.6	17.0
1970	662.5	12.5	35.5	29.5	16.4	15.0
1975	877.0	10.0	34.0	48.0	21.0	22.5
1978	973.0	6.5	41.0	65.0	26.0	31.5
1979	1045.4	7.0	46.0	75.0	27.5	26.5
1980	970.0	22.0	58.0	62.0	36.5	25.0
1981	922.0	27.0	56.5	71.5	38.5	23.5
1982	942.0	38.0	56.5	61.5	37.5	26.0
1983	915.5	41.5	52.0	72.0	32.0	23.0
1984	1211.6	68.8	72.5	75.0	41.6	30.1
1985	1286.5	43.5	109.8	87.8	49.1	33.4
1986	1336.9	38.7	85.4	82.2	53.8	37.6
1987	1400.6	51.3	96.7	101.1	52.2	45.7
1988	1303.0	45.9	79.9	106.8	60.6	54.8
1989	1285.8	40.6	59.3	101.2	68.3	60.9
1990	1380.7	39.7	82.0	95.3	72.3	64.9

（二）家庭农场最佳模式

据 1934 年国民政府土地委员会对山东 18 县的统计，不足 10 亩的农场占 49.7%，10—29.9 亩的农场占 38.5%，30—49.9 亩的农场占 7.9%，50—

① 参见山东史志编委会、俞宽钟主编：《山东省志・农业志》，山东人民出版社 2000 年版，第 223 页。

99.9 亩的农场占 3.3%，100 亩以上的农场占 0.6%，平均每户经营面积为 15.298 亩。[①] 合计 30 亩以下的农场占 88% 以上，10 亩地以下的农户很多，百亩以上的地主很少。土地委员会 1937 年对 6 省的统计，全国每户平均土地 18.4 亩，山东为 19.3 亩；全国人均地亩为 3.6 亩，山东为 3.7 亩。[②] 户均土地高于全国平均数的18.4亩，少于河南、河北的22—23亩，而高于江苏、安徽的 14.3 亩与 15.9 亩；人均土地高于全国平均数，低于河南河北的 4.2 亩，江苏的 3.8 亩，而高于安徽的 2.5 亩。

山东省政府 1948 年对全省农村（包括农村小城镇）土地人口做了一项统计，1948 年数据主要依据当年秋征统计和实业署各期报告，统计结果是：战前（1937 年）每户平均人口是 5.2 口，1948 年为 4.5 口；每户平均占有土地，1937 年是 18.7 亩，1949 年是 12.1 亩；每农村人口平均占有耕地，1937 年是 3.7 亩，1948 年是 2.72 亩。[③]

1933 年《中华民国统计提要》载：乐陵县“全县共有农户六万四千七百二十户，三十一万三千五百五十五人，总耕地一百一十三万六千七百六十九点三亩”。人均土地 3.64 亩，占全县不到 0.1% 的 22 户地主大户，占有近 2.3% 的土地。[④]

表 5-45　1933 年陵县土地占有情况表

占地分类（亩）	户数	占总户数的 %	共占有土地亩数（亩）	占总地亩数的 %
8 亩以下	22341	34.5	153851.6	13.5
9—27	34957	53.4	536780.4	47
27—45	5144	7.902	231201.4	20.3
45—90	2161	3.301	172049.3	15.1
90—180	54	0.8	5895.8	0.5
180—270	26	0.04	6266.9	0.55

① 参见严中平编：《中国近代经济史统计资料选辑》，科学出版社 1955 年版，第 26、27 页。

② 参见土地委员会：《全国土地调查报告纲要》，1937 年，第 25 页。

③ 鲁档：《山东省战前与 1948 年面积人口统计》，原档案件编号为 TD4-497-2。

④ 鲁档：《山东省战前与 1948 年面积人口统计》，原档案件编号为 TD4-497-2。乐陵县史志编纂委员会编：《乐陵县志》，齐鲁书社 1991 年版，第 125—126 页。

占地分类（亩）	户数	占总户数的 %	共占有土地亩数（亩）	占总地亩数的 %
270—360	15	0.023	4331.6	0.38
450—540	8	0.012	4386.8	0.384
540—630	6	0.009	3525.2	0.3
810—1080	5	0.008	5027.1	0.44
1080 亩以上	3	0.005	13363.2	1.17

说明：有地 8 亩以下的农户包括佃农 1318 户，雇农 2012 户；1080 亩以上的大地主，平均每户有地 4454.4 亩。

从表 5–45 可知，农场面积以 8 亩地以下的农户为多，占总户数的 34.5%，占总地亩的 13.5%；农场面积在 9 亩以上 27 亩以下的农户，占总农户的 53.4%，占总地亩的 47%。两者相加，农场面积在 27 亩以下的农户占总户数的 87.9%，占总地亩的 60.5%；占地 90 亩以的农户，占总户数的 0.89%，占总地亩的 3.62%。这说明大土地是很少的，农村土地是相当分散的。陵县每户平均人口为 4.84 人。

山东省政府于 1950 年对全省十六个县四十九个村 449 个典型户的调查材料，基本可以印证户均耕地面积情况。

表 5–46　山东十六个县四十九个村户均耕地面积统计表①

年份	1931—1936	1948	1949—1950	
户均耕地面积	15.62	12.10	11.89	11.89
指数	100	77	76	76
人均耕地面积	3.59	2.77	2.74	2.70
指数	100	78	77	76
每劳力耕地	7.86	7.39	6.81	6.54
指数	100	94	87	83

依十六个县四十九个村 449 户典型调查，战前户均农场面积只有 15.62

① 《山东省十六个县四十九个村典型调查》，引自中央农业部计划司编：《两年来中国农村调查汇编》，中华书局 1952 年版，第 225 页。战前是指 1931 年到 1936 年平均数。

亩，人均耕地面积为3.59亩；1948到1950年，户均耕地面积和人均耕地面积所以减少，是由于日本侵华战争和其后的国共战争的破坏，农村土地大量荒芜，农村劳动力缺乏。在十六个县四十九个村的统计中，地主富农每户平均经营35.3亩，中农17.6亩，雇农10.3亩。①

李尔重曾于1934年调查了齐河县26个村的家庭与土地情况，得到的数据是大地主16.4人，小地主每户平均5.87人，富农户均6.28人，中农户均4.5人，自耕农户均3.2人，半自耕农户均6.5人，佃农户均5.2人；26村总平均每户6.48人。② 这个数高出其他地方的农户规模。

胶东39个县478个区18744个村的调查统计如下：③

表5–47　胶东各区户均人口、人均地亩统计表

专区	区数	村数	户均人口	人均地亩
滨海	86	4729	4.59	2.99
西海	101	3398	4.25	2.62
南海	85	3092	4.47	3.36
北海	88	3309	4.66	2.45
东海	100	4216	4.93	2.6
合计	460	18744	4.58	2.8

表5–47显示，胶东户均人口为4.58人，人均地亩为2.8亩。另据山东人民政府粮食局和绘图工作队统计，胶东各区的村庄共为19540个。各海区的人均地亩，高密县为3.97亩，胶县为2.32亩；西海的沙河为1.42亩，平西为3.28亩；南海的莱东为3.29亩，平南为4.12亩；北海的龙口为1.93亩；招远为3.28亩；东海的石岛为0.91亩；牙前（海阳）为3.59亩。以各县人

① 中央农业部计划司编：《两年来中国农村调查汇编》，中华书局1952年版，第258页。

② 李尔重：《山东齐河县社会调查》，载北平世界科学社编《科学时报》第二卷第九号，1935年；转引自《齐河文史资料》第二辑，第209—210页。大地主指有田150亩以上者；小地主指有田100亩至150亩者；富农指有田40亩至100亩者；中农指有田15亩至40亩者；自耕农指有田10亩至15亩者；半自耕农指家中有田数亩兼租种者；佃农指专以租种为业者。

③ 鲁档：《山东行政概况统计表》，原档案件编号为TD4-306。

均地亩乘以胶东户均人口，则大致可以得到各地每户平均农场面积，分别是：高密县 18.18 亩，胶县为 10.62 亩，沙河为 6.5 亩，平（度）西为 15.02 亩，莱（阳）东为 15.07 亩，平（度）南为 18.86 亩，龙口为 8.84 亩，招远为 15.02 亩，东海的石岛为 4.16 亩，海阳县为 16.44 亩。一般来说，各县农场规模多在 15 亩到 18 亩之间。

冷水沟的农场面积，据马若孟研究，该村“大多数的农民有自己的土地，但农场面积小至 1 亩，大至 100 亩不等。五分之三的农民只有 10 亩或不到 10 亩土地。大部分农民的土地不足以使他们仅靠农业维生。如果他们不想在春天负债，就必须挣到额外的收入。约 300 户农民需要非农业收入补充，所以只有 60 户农民有足够的土地生产家庭所需。地权分配也极为不均，但大部分农民能够在村中相当舒适地生活，因为他们很容易在集镇和济南找到工作”。①

胶东本村是 1941 年光复，属老解放区。当时全村 90 户，509 口人，有土地 1725 亩。②

表 5-48 1941 年本村土地占有统计表

阶层	户数	人口	亩数	人均地亩	户均地亩
地主	4	52	287	5.57	71.75
富农	6	48	309.8	6.457	51.63
中农	34	211	767.5	3.61	22.57
贫农	39	177	306.3	1.73	7.85
雇农	5	17	49.4	2.9	9.88
商人	1	1	5.1	5.1	5.1
医生	1	3			
合计	90	509	1725.1	3.39	19.17

① 马若孟：《中国农民经济》，江苏人民出版社 1999 年版，第 98 页。

② 参见鲁档：《本村阶级关系与土地关系变化》，第 11 页，原档案件编号为 TD24-1-148-1。原文“说明”称：此材料是农村干部赵思尤 1946 年所做挨户调查材料和个别访问加以修正而写成，大体准确，但细节仍有不确之处。1941 年后的减租减息和土地改革的材料，是依据 1946 年与 1948 年土地负担帐编辑而成。经过 1943 年的减租和 1944 年的反奸清算运动，本村土地开始大量转移。地主富农土地数量减少将近三分之二。至 1948 年，全村有 119 户，人口 475 口，亩数为 1758.95 亩，人均土地为 3.703 亩，人均产量为 475.6 斤。

该村的户均土地为19亩多，人均土地为3.39亩，在胶东是较高的。“恩县后夏寨村家庭农场相当小，17%的农户耕地在30亩以上，他们共占全村土地的30%。60%的农户的耕地在10—30亩之间，他们的耕地占全村耕地总数的64%。20%的农户耕地不足10亩，占全村土地的6%，3%的农户没有土地。尽管土地分配并不平均，大部分农户拥有10—30亩的土地”。①

胶东簸箕掌村土地较多，全村人均产量为四百七八十斤。各个时期土地人口统计如下：②

表5-49 胶东簸箕掌村各个时期土地人口统计表

年份	户数	人口	土地	人均土地	户均土地
1941	106	510	2292.7	4.5	21.62
1946	126	535	2591.16	4.54	20.56
1948	135	547	2387.52	4.36	17.68

簸箕掌村在1941年光复前户均土地21.62亩，土地改革前户均土地为20.56亩，土地改革后户均土地17.68亩。

海阳县鲁家夼在战前与战后两个时段的农场面积如下：③

表5-50 海阳县鲁家夼农村各阶层土地经营面积

阶层	1936年		1936—1942年	
	户均地	人均地	户均地	人均亩
地主	67.98	11.89	67.5	11.81

① 马若孟：《中国农民经济》，江苏人民出版社1999年版，第117—118页。

② 鲁档：《胶东簸箕掌村情况的初步调查》，第8—9、12页，原档案件编号DT24-152-1。原文说明：1.新中国成立前的土地数，是根据区上1946年土改前的底账为依据，参照向到会人了解情况而写成。三个时期土地差数较大，原因是1947年复查时给了外村一部分土地，另在1947年有200多亩土地荒掉，经区上批准此二百亩地以特种地计算，故未列入。2.该村地主富农的土地在土改前经过双减、清算负担等，已有很大的数目转移，土改前地主富农转移的土地比土改复查为大。土改前共转移土地146亩，而土改复查时，加上从中农抽出的土地，共150多亩（内有需返还中农的土地计80多亩）。该村地富经过几次运动，基本消灭了全村3户地主六户富农。

③ 鲁档：《牙前县鲁家夼村调查总结》第3页；原档案件编号为TD24-17-7。

阶层	1936 年		1936—1942 年	
	户均地	人均地	户均地	人均亩
富农	36.5	6.05	35.85	7.41
中农	21.6	3.76	17.7	3.63
贫农	10.46	2.02	10.82	2.36

该村战前地主农场面积约为 67 亩，富农农场面积约为 35 亩，中农经营的农场面积为 21 亩，贫农仅有 10 亩强。战后中农土地经营略有减少，因为分家所致；贫农土地略有增加。

胶东海阳郭城区港里村 1941 年各阶层农场情况，全村平均每户农场面积为土地 15.3 亩，富农户均土地 49 亩多，中农户均土地 14 亩多，贫农户均土地仅有 7 亩多。①

莒南县大店等三个区在 1937 年时，地主农场面积为 203.57 亩，富农为 34.91 亩，中农为 15.56 亩，贫农为 5.97 亩，合计为户均地亩 23.42 亩。② 莒南、沭水、日照三个县 66 个村的调查材料表明，当地土地很分散，每户土地经营面积为 16 亩，户均人口为 4.5 人。③

表 5-51　盐山魏桥村土地经营

户有地（亩）	户数	占 %	亩数	占 %
1.0—5	8	5.75	29.63	1.06
5.1—10	12	8.63	100.68	3.6
10.1—20	60	43.2	902.78	32.29
20.1—30	38	27.3	936.27	33.48
30.1—50	18	12.9	645.92	23.1
50.1—70	3	2.16	180.64	6.46
合计	139		2795.92	

① 参见鲁档：《牙前县 1945 年上半年查减工作总结》，第 23 页，原档案件编号 TD24-527-5。

② 参见《莒南县三个区十一个村调查》，载《两年来中国农村调查浇灌汇编》，中华书局 1952 年版，第 42—43 页。

③ 《材料汇编》第二期，载山东省档案馆与山东社科院历史所合编：《山东革命历史档案资料选编》，第 9 辑，山东人民出版社 1983 年版，第 189—190 页。

盐山魏桥村的土地极为分散，绝大多数农民是自耕农民，土地占有与使用集中在10.1—30亩这一档上，占总户数的84.88%，占总地亩的70.14%，占使用地的65%以上；而占地50亩以上的富农，仅有3户，占总户数的2.16%，占总地亩的6.46%。①

农场土地结构，不只是规模大小数量多少，还有另一个重要因素，即土地质量，包括按土地肥瘠、位置远近、产量高下划分的土地等级、地块大小多少等。近代山东农村中，地主富农不但占有土地数量超过其人口比，而且占有很多好地、近地和园地。各地土地调查材料告诉我们，土地质量的差异是很悬殊的，往往一亩好地的收益相当于三亩甚至是五亩坏地，而好地的人工、肥料和种子的投入反比坏地远地少。

1941年4月4日，山东省战时工作推进委员会在原先的甲乙种征粮办法基础上，作了某些修正，在根据地基础较好的中心区，进行陈报清查土地与人口登记工作；并将各地习惯亩，一律改为官亩（标准为：营造尺5尺为1弓，240弓为1官亩），将土地划分为三等九级，折“中中亩”计算负担。②

土地等级划分表列如下：

表5–52　山东各县土地等级产量与折亩比重

地等	下等			中等			上等		
地级	下下	下中	下上	中下	中中	中上	上下	上中	上上
产量/斤	30—50	51—75	76—100	101—125	126—150	151—200	201—250	251—300	301—400
折亩比例	6	4	2	1.5	1	0.75	0.5	0.45	0.4

从表5–52可知，以中等地的中中为标准亩，中上等地的0.75亩即可折合1中中亩，而1.5亩中下等地折合1中中标准亩；下等地的下下地要6亩

① 参见鲁档：《盐山魏桥村的一般概况》，1949年，第5页，原档案件编号TD26-74-1。

② 参见山东省档案馆与山东社科院历史所合编：《山东革命历史档案资料选编》第6辑，山东人民出版社1983年版，第328页。

才能折合 1 标准亩，下中等地的 4 亩折合 1 标准亩，下上地的 2 亩折合 1 标准亩；上等地的上下等地，0.5 亩即可折合 1 标准亩，而上上地只要 4 分地即可折 1 标准亩。也就是说，上上地 4 分地即可相当于下等地的 6 亩、4 亩和 2 亩，1 亩上上等地，可抵下下地 15 亩，可抵下中等地 10 亩，抵合下上等地 6 亩。

同年 6 月 5 日，省战工会公布《关于陈报清查土地决定与乙种公平负担办法及其修正决定的几个修正》规定：山区、平原分别按照不同的标准，折算“中中亩”。土地等级改为十二级。山区以每亩年产量 76—100 斤为一标准中中亩；平原则以每亩年产量 151—180 斤为一标准中中亩。①

山区、平原分别折算标准如下表：

表 5–53　山区、平原土地折合标准计算表

山区			平原		
地级	年产量（斤）	折中亩亩数（亩）	地级	年产量（斤）	折中亩亩数（亩）
一级	30—40	2.5	一级	50—70	3.00
二级	41—50	2.0	二级	71—90	2.00
三级	51—60	1.5	三级	91—120	1.50
四级	61—75	1.25	四级	121—150	1.25
五级	76—100	1.0 中亩	五级	151—180	1.0 中亩
六级	101—120	0.85	六级	181—210	0.85
七级	121—140	0.70	七级	211—250	0.70
八级	141—160	0.60	八级	251—300	0.60
九级	161—190	0.50	九级	301—350	0.50
十级	191—220	0.45	十级	351—400	0.45
十一级	221—250	0.40	十一级	401—450	0.40
十二级	51—300	0.30	十二级	451—500	0.35

① 参见山东省档案馆与山东社科院历史年合编：《山东革命历史档案资料选编》第 7 辑，山东人民出版社 1983 年版，第 4—6 页。

山东省政府推行的以土地产量多少来折合土地等级的办法，比较贴近土地的质量。这是按该种土地常年产量和常规田间管理评定的土地等级。在上列标准之外，还制定了一个地质产量都属优等地区的土地折合标准，这个标准以产量251—300斤为标准中亩，分为十等，一级地为产量为70—100斤，十级地产量为501—550斤，中间每级地的差别为50斤。①

1941年9月，冀鲁豫行署发布《关于整理田赋地亩暂行办法（草案）》，规定：以240平方步为1官亩，以三年平均年收获量计算（小米、玉米各半），按年产150斤小米为1石（其他粮食折合小米计算），将土地划分为五等十一级，每年产1.2—1.4石小米为1标准亩。

原属冀鲁豫区的济宁地区，实行该边区根据地的办法。② 具体计算如下表：

表5–54　济宁地区土地等级折合计算表

地等	地级	每亩平均年收获量（小米：石）	每亩折标准亩
特等	一级	3石以上者	2.5亩
上等地	二级	2.6石以上至3石者	2.5亩以下
	三级	2.2石以上至2.6石者	2.1亩以下
	四级	1.8石以上至2.2石者	1.8亩
中等地	五级	1.4石以上至1.8石者	1.5亩
	六级	1.2石以上至1.4石者	1亩
	七级	0.8石以上至1.2石者	0.67亩
下等地	八级	0.6石以上至0.8石者	0.5亩
	九级	0.4石以上至0.6石者	0.3亩
	十级	0.2石以上至0.4石者	0.16亩
劣等地	十一级	0.2石以下者	0.1亩

与山东解放区不同的是，原属冀鲁豫区的济宁的土地等级是与山东正相反，将土地依质量好坏从一级排到十一级，而不是从最差地算起按产量递升而升级。

① 参见山东省档案馆与山东社科院历史所合编：《山东革命历史档案资料选编》第7辑，山东人民出版社1983年版，第5—6页。

② 参见济宁市财政局史志办编：《济宁市财政志》，齐鲁书社1997年版，第40—42页。

博兴河东村全村土地为481.2998大亩，折合1023.6888市亩，人均2.4086市亩地。[①]其中上等地155.5458大亩，中等地为243.177大亩，下等地为78.307大亩。地主富农占有上等地70.56亩（大亩，下同），占同类地19.28%，有中等地73.88亩，占同类地的13.7%，有下等地20.414亩，占同类地的14.8%；中农有上等地180.06亩，占同类地的47.76%，中等地262.65亩，占同类地49.49%，下等地65.44亩，占57%；贫农上等地120.07亩，占33.63%，中等地196.3亩，占35.97%，有下等地24.94亩，占25%强。该村80%以上的上等地和中等地在中农、贫农手中，土地分配是比较分散的。

该村有96户人家，地主2户，富农13户，中农46户，贫农35户。全村人均土地，按大亩计为1.1325亩，按市亩计为2.4086亩。[②]

农民十分重视近地和园地，这种地省工，而且出产较丰，所以在土地改革中农民提出以远地换近地的要求。

与南方的户均10亩不同，北方旱地，地质较差，大致可以说户均15亩的农场面积是普通农户的常态。少于15亩多于20亩的地区不多。正是这15亩的农场，世代养活着5口之家。

表5–55 博兴县河东村近地远地园地统计表

	近地		园地		远地	
	大亩	市亩	大亩	市亩	大亩	市亩
贫农	98.392	222.23	24.08	48.73	38.94	70.42
占%	37.86		26.65		30.78	
中农	130.48	316.72	39.32	80.94	68.49	110.49
占%	50.21		43.57		54.15	
地富	39.996	73.75	26.93	58.24	19.41	32.87
占%	11.92		29.81		15.34	

① 参见鲁档：《博兴县河东村土地关系调查材料》，第1页，原档案件编号TD24-528-3。该村每大亩折合2.1269市亩。

② 参见鲁档：《博兴县河东村土地关系调查材料》，第1页，原档案件编号为TD24-528-3。

上表是经过 1948 年土地改革后的土地情况，中贫农占近地的 88.07%，占园地的 70.22%，占远地的 84.93%；地主富农合计，占近地的 11.29%，占园地的 29.81%，占远地的 15.34%。① 在土地改革前，地主富农 15 户，每家都有一个场园，中农有 39 个场园，贫农有 18 个场园。②

海阳 9 区某村曾是胶东区党委重点调查的 1 个村庄，全村有 52 户，105 人，有土地 1457.2 亩，村南和村北的土地都是外村地主的。该村没有地主，富农占有全村土地的 26%，中农占有全村土地的 56%，贫农占全村土地的 18%。富农占有一等地的 54%，二等地的 32%，三等地的 40%，四等地的 26%；中农占有一等地的 34%，二等地的 57%，三等地的 49%，四等地的 61%；贫农占有一等地的 12%，二等地的 11%，三等地的 11%，四等地的 20%。③ 全村每人平均土地为 3.02 亩，富农人均土地为 5.96 亩，中农人均 3.46 亩，贫农人均 1.42 亩。富农与中农户均土地是 4∶1，与贫农土地比是 10∶1，中农户均土地与贫农是 3∶1。

表 5–56　海阳某村土地等级与分布

阶层	户数	土地等级与分布					户均土地
		一	二	三	四	合计	
富农	7	29.3	22	138.1	186.1	375.5	53.64
占 %		54＋	32＋	40＋	19－	26－	
中农	52	18.6	38.5	168.1	601.2	826.4	15.89
占 %		34	57	49	61	56	
贫农	46	6.2	7.6	38.5	203	255.3	5.55
占 %		12－	11＋	11	20	18－	
合计	105	54.1	68.1	344.7	990.3	1457.2	13.88

农民不但缺乏土地，且土地细碎狭小。这与山东是丘陵地有关，农民

---

① 参见鲁档：《博兴县河东村土地关系调查材料》，第 8—9 页，原档案件编号为 TD24-528-3。该村的近地是指离村 1 至 3 华里的土地，远地是指离村 4 华里以外的土地。

② 参见鲁档：《博兴县河东村土地关系调查材料》，第 10 页，原档案件编号为 TD24-528-3。

③ 参见鲁档：《一个村的调查研究工作总结》，第三区党委编，第 5 页，原档案件编号为 TD24-31-7。

要在山坡上开垦荒地，难以开成大片；农民在购进土地时，也往往是小块买进，加之分家时弟兄几个将好坏远近土地分割搭配，更形成土地的细碎化。

试举安邱县牟家河村几户农民为例。①

李道来不足5亩土地，分成了6块，最小的1块只有0.35亩地。该户人均产量为349斤。

表5-57 安邱牟家河村典型户李道来土地块数

地段	块	亩数	产量
北岭地	1	0.5	60
舍林西	1	0.35	63
大林地	1	0.7	210
西山地	1	0.15	21
黑土地	1	1.95	936
直路子	1	0.9	459
共计	6	4.55	1749

李侍康家只有8亩半地，却分成了15块，最小的只有0.25亩地，最大的一块也只有1.45亩。② 该户人均产量是349斤。

表5-58 安邱牟家河村典型户李侍康土地块数

地段	块数	亩数	产量
山子后	1	0.6	72
老北岭	1	1.45	193
大路西	2	0.95	142.8
舍林后	1	0.5	75
下家林	1	0.9	180
枣树地	1	0.93	180

① 参见鲁档：《安邱县牟家河乡牟家河村调查》，第18—19页，原档案件编号为TD24-13-5。

② 参见鲁档：《安邱县牟家河乡牟家河村调查》，第19—20页，原档案件编号为TD24-13-5。

地段	块数	亩数	产量
三义沟	1	0.32	80
包袱地	1	0.25	62
北埠子	1	0.3	75
西顶子	1	0.45	67
西坡子	1	0.6	96
家后地	1	0.13	67
东岩头	1	0.19	114
直路子	1	1	510
共计	15	8.57	1913.8

李满堂家6亩多地，分成了10块，最小的一块只有一分半地，最大的一块是1.8亩地，平均每块6分地。① 该户人均产量216.5斤。

表5–59　安邱牟家河村典型户李满堂土地块数

地段	地块	亩数	产量
端阳地	1	0.5	75
西北沟	1	0.5	100
北岭地	1	1.8	360
松行子	1	0.5	62.5
大路西	1	0.8	132
红梅根前	1	0.5	62.5
老北岭	1	0.4	54
沟北岩	1	0.7	169.5
西项子	1	0.2	30
包袱地	1	0.15	37
共计	10	6.05	1082.5

资料来源：《安邱县牟家河乡牟家河村调查》，第21—22页。

① 参见鲁档：《安邱县牟家河乡牟家河村调查》，第21—22页，原档案件编号为TD24-13-5。

李兜山共有地 4 块，计有 2.74 亩，已算土地集中。[①] 该户人均产量 343 斤。

表 5–60 安邱牟家河村典型户李兜山土地块数

地段	地块	亩数	产量
北岭松行	1	0.5	62.5
舍林西	1	0.8	144
老荒地	1	0.99	237.5
柿林地	1	0.49	242
共计	4	2.78	686

将以上 4 户的地块合计，每户地块在 8 块以上。一般而言，平原地区地块相对大些，而丘陵与山地的地块则较小，较分散，小块地甚至只有几厘。地质薄、瘦、粗、漏与地块的碎、散并存。

造成农村土地极度细碎化，大致有以下几种原因：其一，因为山东平原少，域内多是低山丘陵地带。农民在山坡上开垦土地时，是沿山坡地势开辟，因土层很浅，地块多因地形而成，顺山坡成梯田状，宽狭长短不一；农民开田的工具和能力有限，所以开出的田地往往只是一些畸零小地。这些地大则几分，小则只有几厘，很少有够一亩的梯田。在平原区或山间平地上或河口冲积区的地块较大，大者有三五亩。其二，土地不是一次开垦出来的，不是一家开出来的，所以土地犬牙交错，位置分散在各处，土地肥瘠各异。耕地面积更因地界道路分隔而减少。其三，由于各地农村实行诸子遗产均分制，使土地在一次次分家析产时无限分割，致使一些大的家庭一时有能力保持大块土地，随着家势的衰落，后代人口和小家庭的增加，也不可避免地使原先大块的土地分为若干小块，相邻地块大都分属于不同的田主。其四，由于农民土地观念所致。农民极端珍视土地，不到万不得已，绝不出卖祖传的土地；为了救急不得不出卖土地时，也往往是出卖小块的插花土地。土地出卖时，同族和地邻有优先购买权，因而土地收买者想同时买到分属于几家几

① 参见鲁档：《安邱县牟家河乡牟家河村调查》，第 24—25 页，原档案件编号为 TD24-13-5。

户的相连的土地使土地合并成为大片是极其困难的；更何况一家有急难，不等于地邻几家都有同样的急难事，外来的土地兼并者更是难于让几个家庭同时卖地给他，这一面阻遏了土地的兼并之路，一面也减缓了土地流动。像章丘旧军镇矜恕堂从其本族中一次买到几十亩甚至一二百亩土地的情况是极为罕见的，而这种地主对地主，本族对本族的土地转让不同于一般小农的土地出卖。

土地的极度分散，使一个家庭不得不同时拥有地片不同、远近不同、肥瘠不同的土地。土地的细碎，耕地分散各处，土地之间不成片，各田地相距很远，送肥、输水、管理和耕获都很困难，浪费时间和人力，不易兴办水利，不便新式的农业机械的使用，不利于土壤改良和防治病虫害等农业技术的推广，农业技术的推广也难以形成规模和显示其优越性。在一家一户小生产占主导地位的历史背景下，特别在自然灾害不断、十年九不收的情况下，土地细碎并非都是坏处，首先，农民可以选择多种作物和品种，适应不同地段，因地制宜地种植不同作物。天旱则洼地可得收成，水涝则高地能有收成，贫瘠山地、沙地，特别是新开的山荒地里种甘薯、花生，不须施用很多肥料也可以获得好收成，甚至反比平原地丰收。甘薯能在 20 世纪二三十年代后迅速传播开来，成为农家的主食，正是因为这种作物适应农民的土地细碎化状况。土地的细碎与多样性，使农民不致因频繁的自然灾害而绝产。除非赤地千里的特大旱灾年头，农民颗粒无收的情况是不多的。其次，农民在山地山坡上的土地只有几分几厘，人多梯田不足一市亩。按明清时期和沿袭清季赋役制度的民国时代的赋税标准，都属于畸零小地，是不在赋役册，可以不纳税的，这也减轻了小农的赋役负担。土地的极度分散与细碎，一面阻遏了农业技术条件的改良，使农民浪费了大量劳力和时间，使土地经营难以集约化；一面也因地块选择而减轻了自然灾害对小农的打击，使农民得以维持贫穷的但却未被逼上绝路的生活。在水利、肥料和农业科技都极为落后的情况下，农民单靠土地不能维持温饱，只有不惜劳力去经营各种副业，从事多种经营，开辟一切可能的活路，而这又从更多的方面加强了小农经济的强固性。

二、男女劳动力组合

自1840年至1850年，山东年均人口3246万，与前10年相比，增加100万。咸丰元年（1851年）达3338万人。同治十一年（1872年）达3522万人。此后几乎每10年人口便增加100万，光绪二十四年（1898年）达到37921262人。

民国时期的山东人口，1912年3137万，1919年3323万，1925年3488万，1928年3075万，1931年3377万，1936年3949万。从1912年到1936年，山东人口增长800万。从1936年至1949年，中间虽经八年日本侵华战争和四年国共战争，山东总人口仍增长600万。①

据山东106县次的报告，1873—1933年农村人口增减趋势，以1873年（同治十二年）的人口指数为固定基年作100，则1893年（光绪十九年）为119，1913年为122，1933年为128。②

（一）山东人口的性别构成

民国以后至1949年以前，山东省人口性别比比较高，保留下来的几个年份的资料表明，当时山东人口的性别比高出世界各国一般水平10—30。这是因为人们重男轻女的意识较浓，从而使人口的性别比偏高。抗日战争爆发后，由于战争，男性外流当兵服役，伤亡较多，性别比有所降低，到1947年，山东省人口性别比仅为96。

性别比以女性为100，民国时期的1912年为117.4，1928年为117.34，1930年为116.32，1933年为117.37，1935年为136.32，1937年为115.57。③

新中国成立前，山东省各行政区划间人口性别比存在着差异。1933年山东省总人口性别比为117.7，蒙阴、聊城、鄄城、高唐、黄县等县人口性别比不足100；其余106个县，市、区均在100及100以上，最高与最低相

---

① 参见山东史志编纂委员会编：《山东省志·人口志》，齐鲁书社1994年版，第4—6页。

② 参见《中华民国统计提要》据中农所《农情报告》第二、第五期编制，转引自农业部编《中国农业生产统计资料》之一（1951年8月），编号1150，第3页。

③ 参见山东省史志编纂委员会编：《山东省志·人口志》，齐鲁书社1994年版，第78—79页。

差 68.7，其中性别比在 150 以上的，有济南市、青岛市、濮县、安丘县；性别比在 130—140 的，有汶上、莘县、莱芜、蒲台、邹县；性别比在 120—130 的，有长山、齐河、掖县等 25 县；性别比在 110—120 的，有历城、淄川、威海卫行政区等 56 个县、区；性别比在 100—110 的，有章丘、邹平等 17 个县，性别比低于 110 的 21 个县，它们或者在黄泛区，经常受到黄河水灾的侵害，男子多外出谋生，或者地近海洋，远行方便，男子多闯东北，人口迁移使性别比偏低。

表 5-61　1933 年山东省各县人口性别构成表

县别	性别比	县别	性别比	县别	性别比	县别	性别比
青岛	151.9	无棣	106.6	费县	114.3	武城	115.9
威海	111.5	滨县	100.7	蒙阴	98.8	夏津	115.4
济南	160.4	利津	122.2	莒县	114.0	丘县	111.5
历城	110.5	乐陵	122.6	沂水	114.2	德县	118.6
章丘	109.3	沾化	123.2	菏泽	120.4	德平	106.5
邹平	109.3	蒲台	130.3	曹县	114.1	平原	110.5
淄川	119.7	商河	115.7	单县	122.6	陵县	102.1
长山	128.4	青城	103.7	成武	121.5	临邑	119.6
桓台	118.3	滋阳	120.6	定陶	119.0	禹城	110.8
齐河	129.9	曲阜	125.7	巨野	119.2	东平	118.6
齐东	104.6	宁阳	112.0	郓城	116.4	东阿	120.1
济阳	111.5	邹县	130.0	聊城	99.4	平阴	116.6
长清	117.6	滕县	104.3	堂邑	112.1	阳谷	120.3
博兴	112.5	泗水	119.5	博平	120.9	寿张	119.7
高苑	100.5	汶上	134.2	茌平	116.4	濮县	167.7
博山	100.5	峄县	118.2	清平	106.3	鄄城	98.4
泰安	120.5	济宁	111.4	莘县	138.8	朝城	118.2
新泰	117.4	金乡	114.4	冠县	118.0	观城	115.3
莱芜	130.9	嘉祥	125.5	馆陶	115.9	范县	114.4
肥城	116.5	鱼台	116.1	高唐	99.5	福山	114.1
惠民	112.9	临沂	100.0	恩县	101.1	蓬莱	108.5

县别	性别比	县别	性别比	县别	性别比	县别	性别比
阳信	115.7	峄城	110.2	临清	114.0	黄县	99.8
栖霞	124.1	海阳	114.9	高密	113.0	昌邑	114.6
招远	112.1	掖县	122.4	即墨	124.6	临朐	110.5
莱阳	117.9	平度	121.6	益都	121.1	安丘	151.2
牟平	116.5	潍县	114.8	临淄	117.5	诸城	120.3
文登	114.8	昌乐	121.5	广饶	106.5	日照	120.0
荣成	111.4	胶县	120.3	寿光	107.9	共计	117.7

1949 年以前，山东性别比高于 150 的 4 县市中，济南、青岛均属大城市，它们或为工商区域，或为政治文化中心。按社会习惯，在外经商作官者，多为男子且不带眷属；进入城市的青年学生，十之八九是男子；在城市做工或寻觅工作的人，男子也多于女子。因此，济南、青岛二市较之其他地方人口性别比更高。

人口年龄性别比，在 50 岁前较高，20—29 岁组较低。1935 年，邹平县 20—29 岁组的人口性别比仅为 95.3。此外，未婚男女性别比特别高。1935 年邹平县 20—29 岁组未婚男女性别比高达 1290.5，30—39 岁组高达 8850。①

另据 1930 年统计，山东全省户数为 6753824 户，人口为 37140340 人，其中男 19999758 人，女 17140582 人，男女性比例为 117∶100。②

（二）山东人口的年龄构成

新中国成立前，山东省人口年龄构成状况城乡有别。在城市，20—60 岁人口比重较大，20 岁以下及 60 岁以上人口比重较小，15—49 岁人口占城市总人口近 60%。乡村 12 岁以下人口比重过大，占总人口的 27% 左右；60 岁以上老年人口则比重过小，仅占 8% 左右；20—60 岁人口比重较大，占 65%。这与乡村人口出生率高、早婚以及平均寿命短有关。全省人口年

① 参见山东省史志编纂委员会编：《山东省志 · 人口志》，齐鲁书社 1994 年版，第 78—81 页。

② 参见《中华民国统计提要》，第 226—227 页。

龄构成的一般趋势是，随着年龄的增大，各岁组人口占总人口的比重趋于缩小。①

山东省的家庭规模自1912年至1953年，家庭户平均规模一直高于全国平均水平，1964年开始低于全国水平。1928年山东省家庭户平均规模为5.5人，1988年降至3.95人。②

栖霞县的家庭与人口可能有一定代表性：清乾隆三十七年（1772年），全县共有实在常住家庭38626户，总人口168989人，每个家庭户平均人口4.4人。1876年（清光绪二年），共有实在常住家庭38557户，总人口248598人，每个家庭平均人口6.4人。1933年4月，全县共有实在常住家庭57667户，总人口328199人，每个家庭平均5.7人。1946年，共有实在常住家庭71607户，总人口295840人，每个家庭平均4.1人。

1949年年底，全县共有实在常住家庭85400户，总人口382000人，平均每个家庭4.5人。其中农业家庭85100户，占总户数的99.7%。1953年12月第一次人口普查，全县共有实在常住家庭90283户，总人口411519人，每个家庭平均人口4.6人。③

也就是说，从乾隆年间，山东的家庭规模，在大部分情况下是低于每户5人的，因为土地分散，大家庭较少，一夫一妻的小家庭占有绝大的优势。

山东农村的小家庭，人口到底有多少，不但关系到农民经济的农场最佳模式，也关系到小农家庭劳动力的组合及后备劳动力的多少和质量。

以胶东为例，看家庭人口规模和养家所需土地。胶东的家庭人口规模为多少呢？1934年招远县“全县人口约有20万以上，无大家庭，普通每户有五六人之数”。④

又据1932年胶济铁路经济调查结果，胶县“总计十一万三千四百四十

① 参见山东省史志编纂委员会编：《山东省志·人口志》，齐鲁书社1994年版，第87—88页。

② 参见山东省史志编纂委员会编：《山东省志·人口志》，齐鲁书社1994年版，第136—137、146页。

③ 参见栖霞县史志办编：《栖霞县志》，山东人民出版社1990年版，第150—151页。

④ 晓梦：《山东招远县农村概况》，载千家驹编：《中国农村经济论文集》，民国二十五年版，第545页。

一户，五十九万七千七百三十人，……平均每户五人强”。①

即墨县“全县总户数为十三万一千七百五十三户，七十万九千六百四十三人，……平均每户五人”。②

30年代初期的《山东政俗视察记》详细地统计了胶东各县的户数和人口数。另据山东海阳战场泊村的调查资料，胶东各地的户均人数约如下表。

表 5–62 胶东各县户数和人口数统计表

县别	户数	人数	户均人数	县别	户数	人数	户均人数
蓬莱	59885	318630	5.32	海阳	97031	533094	5.49
黄县	86490	470814	5.44	掖县	135911	756168	5.56
招远	72156	372632	5.14	平度	177178	868317	4.90
栖霞	59667	340143	5.70	潍县	116772	646826	5.54
莱阳	164520	908707	5.52	胶县	113441	597730	5.27
牟平	112745	633073	5.62	高密	93337	509714	5.46
文登	89009	494830	5.56	即墨	131653	719643	5.47
荣成	52491	293159	5.58	昌邑	105733	526775	4.98

资料来源：鲁档：《一个村的调查：海阳战场泊村》（1944年），原档案件编号为TD24-1-10-1。该村上等地占全村总地亩的6%。

按人地比率，多少地可以养活一个人？据推算，清中期每市亩耕地每年约产粗细原粮140斤，除去纳税留种子饲料30斤外，每亩可提供110斤的粮食，以每人平均每年需用原粮500斤计，则至少要有4.5亩耕地才能保证供应。清代也有人推算过这种人地比率，如清中叶的著名学者洪亮吉以为在南方的耕作区“率计一岁一人之用约得四亩”。③ 北方相对南方农业生产力低，每人所需耕地要更多一些。清末有人认为莱州府“供1人生活所需的地亩数为5亩”，而青州府的益都县却是“一人一亩田，巴巴结结过一年”。

① 胶济铁路局经济调查委员会：《胶济铁路经济调查报告分编》（第1册），胶济铁路车务处1933年印行，《胶县》。

② 胶济铁路局经济调查委员会：《胶济铁路经济调查报告分编》（第1册），胶济铁路车务处1933年印行，《即墨县》。

③ 洪亮吉：《意言·生计篇》，《洪北江诗文集》卷一，商务印书馆1935年版。

此亩系大亩，1亩等于3官亩，即益都只需要3亩地即可维持一个人一年的生活。①

三、副业对劳动生产率的影响

农业与家庭手工业相结合，也就是男耕女织，是自古以来中国农民经济的固有形态。农民家庭具有很浓重的自然性。“农民的家庭就是他的一切生活品的制造场，如鞋、帽、染衣、弹棉、织、纺、编筐、制咸菜，甚至油酱酒醋等皆不常取给于家外。所以农民的生活时常一身兼备农、工、商、行贾，是极不分工的生活。”②

小农家庭的结构，是一夫一妻为主体的小家庭，家中男子是主要劳力，女人则是做家务，在农忙季节里到田间送饭送水，做一些辅助性的劳动。由于新中国成立前的农村妇女大都是缠足的小脚女人，无法到田间播种、锄地、收割、搬运，以往不少资料讲到妇女是半劳力。所以，讲男女劳动力的组合，山东妇女主要是从事采桑养蚕业、丝织业、纺线、织布业，以及近代兴起的与国际贸易相关的发网、花边、绣花业。妇女从事的副业，对农民的家庭是一块很重要的收入。

山东的农民多经营一二种家庭手工业和各种家庭副业，这些手工业副业成为农民生活不可或缺的一部分。农民仰赖手工业和副业，除自家消费一部分产品外，其他产品多是投入市场，从中获得一部分银钱收入，作为生活补助，这和农民外出当雇工和到城市当临时工是一样的，其差别是前者有小本经营的本钱，后者连最细小的本钱也没有。

据民国二十五年（1936年）中央农业实验所调查，在所调查的88个县份中，经营各种副业之农家占农家总户数的百分比，养蚕农家占12.6%，养鱼者占0.5%，养蜂农家占2.9%，纺纱织布农家占36.7%，编草鞋草绳农家占3.8%，制作土砖者占7.0%，编织草帽辫者占0.6%，帮工者占14.6%，割柴草为副业者占17.9%，兼营小商贩者14.8%，兼做木匠、裁缝等手艺工作者占10.1%。也就是说，农民利用农闲季节兼做各种副业，其中以纺织业、

---

① 参见李文治：《中国近代农业史资料》，三联书店1957年版，第644页。

② 孟真：《山东底一部分的农民状况大略记》，《新青年》第7卷第2号（1920年）。

小生意、手艺活和割草砍柴为大宗。①

（一）以纺织业为中心的家庭手工业

1. 纺织业

男耕女织是小农经济的基本特征，明代以后，棉花的传入，使农村纺织业成为以棉花为主要原料的棉织业，其次是丝织业。清代的农村绵纺织业经历了从赋税性生产到农民家庭自给和小商品生产的过程。

据李文治研究，“清前期棉纺织业的生产，……是以农民家庭副业形式经营的小商品生产占着主导的优势”。农民家庭必须依赖纺织补给，“其生产目的，大都主要为农家以供衣食租税之用，乃不得不利用农闲和家庭老幼的被视为无偿的劳动来从事纺织。”这些低微的劳动力，“无朝无夜”的“饥亦织，冻亦织”，“依赖纺织业作为副业补充生计”。②

济南府是山东最主要的棉布产区之一，几乎所有州县都有棉纺手工业。“贫者任犁锄，间亦负贩自给。妇人针管之外，专务纺织，一切公赋及终岁经费，多取办于棉布”。③齐东县土地“所入仅足糊口，而婚丧之费莫无所藉，惟恃纺花织布。……而士民赖以活”④。所产土布“通于关东，终岁且以数十万计”⑤。齐河县以产“齐河大布”著称，山东商人在城镇设布庄多处，运销北口外。⑥济南府历城县是主要的商品布产区，所产棉布有平机、阔布、小布三种。周村所产棉带“销于河南、河北、山西等省，江苏、安徽之北部”⑦。

德平县“男以耕耨为生，女以纺织为业，终岁不倦”⑧。蒲台县“土性白沙者宜棉，种植工本较五谷费重，其获利颇丰。户勤纺织，布有数种，曰半头，曰长头，曰布庄，既以自给，商贩转售，南赴沂水，北往关东，闾阎

① 《农情报告》第四卷，1936年，第292页。

② 彭泽益：《清前期农副纺织手工业》，《中国人民大学复印报刊资料》（经济史）1988年第2期。

③ 《风俗物产志》，《（道光）济南府志》卷十三。

④ 《杂录编》，《（康熙）齐东县志》卷八。

⑤ 周以勋：《布市记》，《（嘉庆）齐东县志续》。

⑥ 《商务》，《（民国）齐河县志》卷十七。

⑦ 《周村》，1935年，《中国实业志·山东》第四编第五章，第157页。

⑧ 《方域志》，《（光绪）德平县志》卷一。

生计多赖焉”①。滨州“地产木棉，种者十八九，妇女皆勤于纺织，男则抱而贸于市，乡闾比户杼柚之声相闻”②。利津“邑之土产木棉最多，与五谷等。妇女无老少贫富者，……纺车掰棉为缕，用机杼织以为布，女红之勤兹邑为最”③。

原东昌府是重要棉花与棉布产区。清平县“女工以纺织为事，多用纺车纺成之后治机织布，或售或留，一家衣食之用皆取给焉”④。恩县“妇女多以纺织为生，布客采买运往奉天、山西二处出售”⑤。定陶县在明代即有民间为供赋税和民用的土布生产，“所产棉布为佳，他邑皆转鬻之”，甚至远销江西铅山等地；⑥至清中期“西销于陕西各省者为多，东销于沂州，南销于亳州各县”⑦。

肥城县“妇女勤于纺织，贫者得以赡家，富者亦以自给，百里之内，机杼之声不绝”⑧。高苑县“土宜木棉”，百姓“以棉为布”，所产布有平机、乾机、立机等三种。⑨寿光县梭布成为商贩主要品种，有“掖县巨贾在上口镇收买，陆运京师”之说。⑩

登州府家庭纺织业也相当普遍，除自给外，也有一部分外销。史载：“纺织花布以自衣被，穷乡山陬无问男妇为之，其织作需织工，勤有余布亦兼鬻于乡市，复有布贾贩之城市，庶人、在官、游寓者均需之。”⑪莱阳县“无论男妇皆纺花织布以自衣被，而余布鬻之乡城市上”。⑫荣成县“贫者渔樵为业，妇人纺织营生”。⑬黄县“地不产木棉，……海舶木棉来自江南”，

---

① 《物产》，《(乾隆) 蒲台县志》卷二。
② 《物产》，《(咸丰) 滨州志》卷六。
③ 《舆地图》，《(光绪) 利津县志》卷二。
④ 《户书》，《(嘉庆) 清平县志》卷八。
⑤ 《商务》，《恩县乡土志》。
⑥ 《风土志》，《(万历) 兖州府志》卷四。
⑦ 定陶县，《山东各县乡土调查录》卷二，第160—161页。
⑧ 《方域志》，《(光绪) 肥城县志》卷一。
⑨ 参见《物产》，《(咸丰) 青州府志》卷二十三。
⑩ 《商务》，《寿光县乡土志》。
⑪ 《风俗》，《(顺治) 登州府志》卷八。
⑫ 《民业》，《(康熙) 莱阳县志》卷三。
⑬ 《疆域志》，《(道光) 荣成县志》卷一。

而“妇女尤勤纺织”。①

据许檀研究，山东产布州县多达六十多个，并逐渐形成商品布集中产区和输出中心。② 鲁中一带所产“山东寨子布”，多汇于周村，而输入关东和华北京津一带。光绪年间，仅齐东一县每年即有数十万匹。18 世纪后期至 19 世纪七八十年代，是山东土布生产发达的时期，估计每年约有三百万至五百万匹的输出能力，分别销往东北、西北地区。③

20 世纪二三十年代，在山东广大农村中，从鲁西平原到胶东半岛，农家妇女基本上仍然以自种或购买的棉花，利用上辈祖传的纺车织机，纺纱织布，自产、自用、自销。临邑县“乡民衣料多自织之土布”；郓城县周庄全村 21 户，110 人中，穿自织土布者达 103 人，占 93.6%，用粗布做被褥者 19户，占90% 多；牟平县“农村妇女用旧式木机，自织自用者多。”④ 潍县的家庭手工业遍布全县，有布机 5 万台以上，年产土布千万尺，早于 1935 年就有机制染织。⑤ 曹庄“事变前（1926—1936年）该村是附近较富裕的村庄，一般年成足够食用。全村除土地外，十户能有九户有织机的，籍此收入为生活上之主要依托”⑥。

山东的机器纺织在第一次世界大战后的十几年间有了发展，而且山东地区从运河沿岸到胶东半岛，资本主义性质的棉纺织业也有了新的发展，各县在所谓“振兴实业”的口号下，纷纷兴办了一批规模大小不等、水平参差不齐的棉纺织厂。⑦

在 1938 年后中共建立的山东解放区中，为了保证党政军民的衣被需要，政府对纺织业采取保护扶植办法。解放区各级政府一直提倡植棉与纺织，使棉花和土布产量在战争时期成为山东主要土产之一，全省在 1945 年即有 72

① 《食货志》，《（同治）黄县志》卷三。

② 许檀：《明清时期山东商品经济的发展》，中国社会科学出版社 1998 年版，第 89—92 页。

③ 许檀：《明清时期山东商品经济的发展》，中国社会科学出版社 1998 年版，第 327—329 页。

④ 胶济铁路局调查委员会：《胶济铁路经济调查汇编》，胶济铁路车务处 1933 年印行，六分册，第 2 页；三分编，第 11 页；六分编，《长山县》，第 2 页；一分编，《牟平县》，第 6 页。

⑤ 《中国实业志》第八编，1935 年。

⑥ 鲁档：《曹庄调查》，1948 年，原档案件编号为 TD-58。

⑦ 刘灿河：《20 世纪二三十年代的山东手工棉纺织业》，《山东经济》1988 年第 2 期。

万架纺车，10.6 万台织布机，有 144 万手工纺织工人。① 纺织业成为解放区自给自足经济的主要构成部分。由于政府提倡采用土布，在全区形成了"家家纺纱，村村织布"的生产局面。②

表 5-63　1945 年莒县大店、宴宾、沟头三个区纺织统计表

	地主	富农	中农	贫农	雇农	其他	合计
总户数	146	107	1457	973	18	245	2946
纺织户	89	60	831	614	14	146	1754
占本阶层（%）	61	56	57	63	77.8	59.6	59.5
纺车量	108	73	1021	727	17	181	2127
户均纺车（辆）	0.74	0.68	0.70	0.75	0.94	0.74	0.75

由于政府提倡，1945 年后该三区妇女多投入纺织，给家里带来不少收入，仅大店一区就有 520 辆纺车为合作社纺织，半年得工资 8 万余元。三区中有的家庭靠纺织吃饭，也有的靠纺织置了地，发了家。③

1946 年山东政府的经济政策是提倡纺织业，努力增加产量，注意改良工具，降低成本，提高质量。在生产指导上，有重点地扶植合作社，团结织布工人，奖励改良纺织工具，在产棉季节积存棉花，而在线布滞销季节平价放出棉花，收购土布。在村社中划分若干生产小组，如纺织、纱线、织布、印染组等，通过生产小组与合作社联系，从合作社领取棉花或纱线，将纺出的纱线及棉布由合作社统一发售。为了提高纱和布的质量，省合作局将纱和布分为三个等级标准，提高优等纱布的价格。这一措施刺激了妇女们的积极性，她们纺的纱、织的布平熨细密，被称为"土洋布"。据 1946 年对 98 个县的统计，全省有纺车 250 万架，织机 52 万架，共织土布 532 万匹，④ 其收

① 山东省档案馆、山东社会科学院历史研究所合编：《山东革命历史档案资料选编》第 18 辑，山东人民出版社 1985 年版，第 129—130 页。

② 《民主导报》1946 年第 11 期，第 11—12 页。

③ 华东军政委员会土改会编：《华东农村经济资料》第五分册《山东农村调查》，1952 年，第 52 页。

④ 山东省档案馆、山东社会科院历史所合编：《山东革命历史档案资料选编》第 18 辑，山东人民出版社 1985 年版，第 136 页。

入可养活解放区人口的三分之一。解放区妇女发挥了生产主力军的作用。①解放区的纺织业，改善了当地人民的生活。纺纱妇女每4天纺1斤（最快的每天纺半斤），可得工资10元、15元至20元（北海币），可买粮食10斤上下；织布工人每天织布一小匹（需一人帮忙），可得工资三四十元。②

2. 蚕丝织业

本省中部益都、临朐、莱芜、蒙阴之间的山谷平原是桑蚕饲养的中心，柞蚕主要分布在胶东乳山、昆嵛一带。本省缫丝和织绸工业具有悠久的历史，所产茧绸久负盛名。胶东、鲁中柞蚕桑蚕很多。③

蚕丝织业也是中国另一种古老的家庭手工业。“山东则出产柞蚕丝，以昌邑、宁海、栖霞、青州、长山为盛。十八世纪四十年代初，清廷曾命山东将养柞蚕成法移咨各省，依法饲养以取蚕丝之利，曾使柞丝业在西南、西北和东北地区获得推广。”④在西南尤以贵州柞蚕丝业兴起，发展成为当地人民的一项新兴生产事业。柞丝业也传至东北奉天东部。

烟台当地人自汉代就摘茧作绵。清代在牟平、栖霞、乳山、文登一带放养柞蚕成为农家普遍经营的副业。1921年柞蚕产量高达15万担。20年代，每年可出口柞蚕丝140余万斤。1983年全市有桑园3.9万亩，柞岚78.4万亩，年产柞茧63612担，桑茧23320担。⑤山东长山县“俗多务织作，善织山蚕，茧非本邑所出，而业之者颇多，男妇皆能为之。”⑥

昌邑是闻名全国的丝绸之乡，柳疃丝绸成闻名世界的“柳疃绸”。“茧绸产地，以山东为第一”，“山东重要产地以昌邑为第一。”⑦王元廷著《野蚕录》：“今之茧绸，以莱为盛，莱之昌邑柳疃集，为丝业荟萃之区，机户如林，商贾骈毕，茧绸之名，溢于四方，除各直省外，至于新疆、回疆、前后

① 参见唐致卿、岳海鹰：《山东解放区史稿》（下），煤炭经济出版社1998年版，第286页。

② 薛暮桥：《抗日战争时期和解放战争时期山东解放区的经济工作》，山东人民出版社1984年版，第132页。

③ 孙敬之：《华北经济地理》，科学出版社1957年版，第137、130页。

④ 彭泽益：《清前期农副纺织手工业》，《中国人民大学复印报刊资料》（经济史）1988年第2期。

⑤ 山东史志编委会主编：《山东各地概况》，山东人民出版社1986年版，第434页。

⑥ 《（道光）济南府志》卷十三。

⑦ 阮湘主编：《中国年鉴》，商务印书馆1924年版。

藏、内外蒙古，襁贩络绎，不绝于道。”据 1937 年调查报告称：柳疃“附近居民千余户，约六七千人，商界占百分之七十，商号四百余家，仅经营绸业者即有三百家之多。尽属收买附近各村织成之绸，以便运销国内外各处，每年总交易不下二百万元”。① “山东柞丝业多操昌邑手中，在昌邑所设工厂六十三家。”②

柳疃丝绸以工艺精巧、质地光滑、色泽鲜艳闻名国内外，远销美、俄、法、印度和东南亚二十多个国家和地区。金丝草帽以做工精巧、式样别致，远销英美及南洋各国，该产品也有六七十年以上的历史。③ 柳疃以丝绸和金丝草帽闻名，各地商人在该疃设立商会，反较县城繁荣。④ “清末民初，柳疃柞蚕业发展到鼎盛时期。柳疃周围数百个村庄，几乎家家有织机，村村有半屋（几家织户合建的半地下室机房），织机总数不下两万架，从事织绸和丝绸贸易的人十万左右，年出口柞绸六十万匹，柳疃街上丝绸店铺上百家，日上市量有‘三千六百匹神绸’之说。”⑤

尤其值得注意的是，柳疃镇附近一二百个村庄中出现了一批专业织机工人或兼缕织机工人，在当地及外地织绸，以谋生计。“东冢乡的老百姓穿衣就是靠自纺自织，几乎家家有木制手摇纺线车，60% 的户有脚踏、手递梭的木织机。纺棉线，织小布，自给自足……有的一村多处（半屋），村中织绸的人占劳力人数的 60% 以上，特别是冬春时节，不参与丝织的人是很少的，20 世纪 30 年代初，全乡有织机 580 张，织工 1850 人。那时，还有很多青壮年去闯东山，到栖霞县一带山里机房去缫丝织绸。”⑥ 当地的民谚：“织机千日不富，不织一日就穷。”“穷闯南，富进京，死逼梁山下关东”；“唧

---

① 胶济铁路局调查委员会：《胶济铁路经济调查报告》第八编，胶济铁路车务处 1933 年印行。

② 《山东柞蚕业调查》，《工商半月刊》1934 年。

③ 山东史志编委会主编：《山东各地概况》，山东人民出版社 1986 年版，第 322 页。

④ 彭泽益：《中国近代手工业史资料》第三卷，中华书局 1962 年版，第 14 页；彭泽益：《清前期农副纺织手工业》，《经济史》1988 年第 2 期。

⑤ 《柳疃镇志》，转引自宋甲其主编：《昌邑织造》，内蒙古科学技术出版社 1999 年版，第 36—37 页。

⑥ 《东冢乡志》，转引自宋甲其主编：《昌邑织造》，内蒙古科学技术出版社 1999 年版，第 38—39 页。

啾咯噔织，两天织一匹；五天一个集，卖了籴粮吃。”①

蚕业最盛时期，是清末的1910年，全省有桑树3044万株，有柞岚242万余亩。全省1910年产桑蚕茧4054万余斤，1920年产柞蚕茧26.8亿粒。胶东是省内柞蚕主要产区，战前历年春季放蚕人数9500人，秋季放蚕人数38000人，春秋共可收茧15亿粒，每把剪子（普通一个人能放养的面积）可收入300银元。桑蚕盛产于临朐、益都、新泰、蒙阴、莱芜、沂水、栖霞等县，尤以临朐县产量最多，战前家家户户无不栽桑养蚕，全县产茧量占全省产茧量的一半左右，农民饲养一季蚕可收入二三百银元。②

山东省人民政府在战后积极推动全省的养蚕制绸生产。胶东蚕场供给农民优良柞蚕种3.44万蛾，蚕种3000张，使蚕民获利4.9万元。蚕场让10户蚕民保持纯粹蚕种，组织5户特别蚕户，育蚕种8000粒，并在牙前县建立推进社，帮助群众组织育种合作社4个，制蚕种15万粒，指导3个老区养蚕。到1949年，山东共生产柞蚕丝9.8万斤，桑蚕丝26万斤，可织柞绸2万匹，桑绸5.3万匹。缫车鲁中南区有800支，昌潍700支，胶东2000支，全省共3500支。胶东织绸机2121台，其中电力织绸机64台，各种电力纺纱机57台，鲁中南594台，昌潍106台，共2821台。全省共有缫车1920支，织绸机700张。③

农民织布的收益，据清代人估算：“日织棉布一匹，可得钱六七十文，一人任织，三四人任纺，亦可得钱二三十文，合之得百文有奇。两日织布一疋，可得百数十文。以百文易米，可得三升许，佐以杂粮，八口之家，可不甚饥矣”。④

桓台县索镇区前七里庄战前纺织户很多，差不多每家都在农闲季节纺纱织布。1937年后，纺织因战时环境而没落。据1948年统计，全村共有大机26张，小机108张，不少贫苦家庭以织布为生活主要来源。据该村核算，每架大机全套设备需用40—50斗麦子，折洋40—50万元。每日能纺

① 宋甲其主编：《昌邑织造》，内蒙古科学技术出版社1999年版，第90页。

② 山东省农业厅、统计局编印：《山东省农业生产统计资料（1949—1952）》，内部资料，1955年，第385页。原档案件编号为TD4-497-2。

③ 参见唐致卿、岳海鹰：《山东解放区史稿》（下），煤炭经济出版社1997年版，第249页。

④ 《户政》十八《荒政下》，《皇朝经世文编续编》卷四十六。

两个半布（宽面），成本（颜色和买洋线在内，每个洋线能织两个半布，价值9—10万元）11万元，市价能卖125000元，每日需人工3个（小孩在内），每日能赚15000元，按市价能买一斗半麦子。

小机每架需麦子5—6斗，连缯在内即需用8斗麦子，柱子一个需用麦子2斗。能手一昼夜能织两个布（一个布17尺上下），一般人只能织一个布。普通一个布需用一个半线（20两称），每斤线7500—8000元，每个布成本12000—13000元，市价13000—15000元，织成每个布可赚2000—3000元，能买麦子10斤。通常是一个布的价值跟着一斗麦子的价钱走。

该村农民生活的来源有一半以上是靠事业的收入维持。许星远靠织机生活，土改时分给他土地也不愿要，因为种地费时，算总账不如纺纱织布。①

七里庄贫农许星远家，一家3口人，父、子、媳，“1个半劳力，在土改的生活情况是1亩地，半架鸳鸯罐，破小车1个，小机1张，全年收入麦子3布袋半，收秋粮3布袋半，共7布袋，合800斤。地都是种庄稼，种瓜菜很少；机1张（儿媳刚学会），织布时间春季一、二、三月，秋后十一、十二两月，共是5个月，每隔5天织3个布，能赚一斗粮食（25斤），5个月共收入750斤。出外给人刷机全年共计两个月，刷1丈能赚12两麦子，每日能刷10丈，共赚工资7.5斤，两个月共赚480斤粮食。全年总收入，完全折成粮食2030斤；3口人每人每天吃1.25斤粮食，中间多少添点瓜菜，全年吃粮1200斤，全年用豆饼12片，使用谷子300斤，交公粮200斤，全年共支出1700斤。其余粮食，穿吃零用，全年所剩无几”。② 许家副业收入仅织布一项即与种地约略相当，加上外出刷布收入，副业收入超出种地收粮，由此可知副业在农家生活中的地位，所以，计算农家生活不能单纯计算土地收入。

莒南县大店区农闲时经营织布者约为三四十户。1945年，有的副业比战前增加三倍，特别是纺织业得到普遍的发展。农村多为纺花、织布、卷烟

---

① 鲁档：《桓台县索镇区前七里庄初步调查材料》，第34—35页，原档案件编号为TD26-37-1。

② 鲁档：《桓台县索镇区前七里庄初步调查材料》，第37页，原档案件编号为TD26-37-1。

等业。商贩多为贩运棉布、针线。纺织业不仅大店发展很快，莒南县的宴宾、沟头两区也发展很快。①

（二）家庭副业

农民除种植粮食作物外，有多种副业。这些副业包括纺织业、编制业、果木业、草辫、花边、发网业等，副业的收入是农民生产经营性收入的主要部分，少则占农民家庭收入的一二成，多则占农民家庭收入的三成甚至一半以上，个别有专业技术的农民收入可达60%以上。烟台一亩果园的收入在战前可抵20亩粮田收入。所以在研究农民经济时，不能忘记农民经济是一种多种经营的小而全的小农经济，不是单一的粮食生产。如烟台的粉丝、花边、草制品工业品加工，在1949年时占农业总产值的11.37%。② 经济作物单位面积产值高于粮食生产，有的高出种粮收益数倍。光绪十四年（1888年）“山东益都县棉田可收生花一百五十至二百斤，每斤可卖钱二百文，每亩产值达三四万文”。③，可买600斤小麦，相当于种三四亩地的小麦产量。④ 山东临朐、临淄两县，种烟一亩产值高达60元。⑤ 相当于五六亩粮地的收益。

表5–64 莒南县大店区1937—1945年副业统计表

1937年	弹花	织布	卖小吃	经商	开店	苦力	手艺	医生	合计
地主	0	0	0	20	9	0	0	2	22
富农	0	0	1	2	2	0	1	0	6
中农	1	1	19	5	1	7	7	0	41
贫农	0	0	75	10	2	41	19	0	147
雇农	0	0	13	0	0	18	5	0	36
其他	0	3	95	33	20	15	48	2	216

① 《莒南县三个区十一个村调查》，引自华东军政委员会土改会编：《华东农村经济资料》第五分册《山东农村调查》，1952年，第50—51页。

② 山东史志编委会主编：《山东各地概况》，山东人民出版社1986年版，第433页。

③ 《英国皇家亚洲学会中国分会会报》卷二十三，第85、85—89页。

④ 《英国皇家亚洲学会中国分会会报》卷二十三，第85—89页。

⑤ 中国社会科学院经济研究所编：《经济研究所集刊》，中国社会科学出版社1979年版，第234页。

1937 年	弹花	织布	卖小吃	经商	开店	苦力	手艺	医生	合计
合计	1	4	203	70	34	81	80	4	468

1945 年	弹花	织布	纺线	卖小吃	经商	开店	苦力	手艺	医生	合计
地主	1	5	91	1	2	1	0	6	1	108
富农	0	3	19	1	3	1	0	0	0	27
中农	0	3	330	48	15	5	20	16	2	439
贫农	0	3	348	84	8	1	26	26	0	496
雇农	0	0	8	1	0	0	2	1	0	12
其他	0	4	136	47	23	9	7	35	1	262
合计	1	18	932	182	51	17	55	84	4	1344

说明：织布户的确定是按调查时仍在经营者计算。

该区地主以往多是经营酒店、油坊，至 1945 年因受双减增资运动影响多停止营业。①

从表 5–64 看，战前地主阶层没有靠出卖劳力或卖小吃的，除土地经营外，多为经商做酒店、油坊之类。富农经商和做小生意的仅是个别户，中农除 6 户开店经商外，有 35 户都是做小生意或做苦力手艺活；贫农 147 户中，除 12 户经商开店外，多是卖小吃和做苦力手艺活，占 1937 年该区苦力的一半强。该区“其他”阶层，推测应都是专业的小生意人或自由职业者。到 1945 年，中间经过了双减增资，地主经商者大幅度下降，而大部分从事纺织；富农中也是纺织户人为增加；中农经商和出苦力的多了，占了全区纺织户的三分之一强；贫农做小生意的增加，纺织户也占了纺织户的三分之一；其他类经商者少了，做小生意和纺织户也明显增多也。在解放区政府提倡下，各地农民种棉花和纺织，对解决农民的生活产生了良好的效果。

1937 年日本侵华战争前迎驾山村副业在一般农村中有相当的代表性：②

① 《莒南县三个区十一个村调查》，引自华东军政委员会土改会编：《华东农村经济资料》第五分册《山东农村调查》，1952 年，第 50—51 页。

② 鲁档：《牙前县减租工作总结》，第 73—74 页，原档案件编号为 TD24-144-7。

表 5–65　战前迎驾山农村副业统计表

单位：元

	副业户	占副业户 %	占本阶层 %	副业种类与资本			
				织绸	手工业	推粉	商业
地主	2	5.72	100	101600			
富农	10	51.42	47.62	22900	120	120	300
中农	18	28.75	25.71	2000	60	60	1680
贫农	14	12.43	7.69	610	30	100	360
其他	1	2.86	33.33				
共计	45			127110	210	280	2340

该村各阶层都参与副业生产，2 户地主投资织绸业多达 10 万元以上，有近半数的富农从事副业，占全村副业户的一半以上；中农的四分之一从事副业，但多是小本经营；贫农也近 8% 的人参加副业，但本钱较中农更少。

阳谷三区孙庄在阳谷城南，离城 8 里路。当地土地每自然亩是 1.39 市亩。“该村农民除种地外，大部分农户春冬还兼营副业，以增加收入，或补足生活的不足。副业经营情况大致如下：(1) 磨粉条的 23 家，共 3 盘磨，一盘磨为一伙，有 6 家、8 家、9 家不等；各磨各的，互不联系，每套浆渣均分，成品归个人，豆浆人喝或喂牲口，粉渣喂猪。参加磨粉条的有 3 家地主，2 户富农，15 户中农，4 户贫农，共 24 户。至 1948 年仍是 3 盘磨，增至 36 户”。(2) “打火烧的原有 16 人，后有 8 人，为不经常的工作。麦后每人每天平均能挣到 1 大半斗麦子（30 斤），至 1948 年，（每天）尚可混到一斗高粱（24 斤）。这是力气活，老小干不了。成分多系贫农”。① 其他还有卖花生的 21 户，系贫农；卖花线的 3 户，中农；卖膏药的 1 户地主，1 户贫农；卖豆腐脑的 1 户赤贫户；卖驴种的原有 3 户；另有一些小挑贩、推小车拉运输的。

牙前县鲁家夼村战前共有 24 户粉房。这种副业在全村历史上占了很重要的地位。它与农业生产有密切的关系。谁推粉，谁家的庄稼就长得好，群

① 阳谷档案馆藏档案：《阳谷三区：孙庄摸底工作总结》，第 1—2 页，原档案件编号为 TD0006371。

众称之为“庄稼买卖”。因为推粉可喂猪，多攒粪，牲畜食料也得以解决。其经营方法和销路如下：该村推粉的分两种，一种是推装条，专门出口卖。该村只有周言顺一户，是长年推粉；二是推乡条，专门销售于乡间，多是冬季和正二月推。前者以推豆为主，后者以推地瓜为主。其方式有两种，一是合伙开。到冬季地瓜下来时，几户凑在一起，各户推各户的，在漏粉条时，大家互相帮助。如周言兴等即是搿伙推粉。再一种是，集股共雇一粉头，各户均出劳力进行经营。如过去周言兴、周振盛、周方善等，即以大股2000元、小股1000元按股分红进行经营。粉条的销路主要是烟台。①

1. 编制业

近代，掖县商业比较发达，掖县沙河镇是山东最大的草辫产地，当地农民以草辫作为家庭主要副业。当地以草辫为业的商号有50多家，潍县以东地区的草辫，多是先汇于沙河镇，再由海路输到烟台。沙河草辫在烟台出口草辫总额中占三分之一，有时高达三分之二。②

庆云县的副业资源有160种，主要有麦秆、三条（绵条、柳条、紫槐条）、蒲苇等。副业主要有编织业、养殖业、四坊（粉坊、弓坊、豆腐坊、油坊）、抽纱、刺绣、修配等。利用麦秆掐草辫是一项传统工艺，素称“庆云白”，与“沧州白”齐名，加工成草帽、提蓝等多种工艺品，1937年前年产草帽辫200多包。③

历城冷水沟村里的主要手工业生产是编草帽辫。稻草来自收割后的水稻。1户人家收集稻草，加工成制辫的原料，另外15家专门制造运草帽辫用的包装，其余各户在冬季的几个月中编草帽辫。有一个村子买了一架制造草帽辫的机器。农民用从集镇上买来的棉纱织他们穿衣用的布。从前他们自己纺线，但1900年以后机纱变得又多又便宜，因而他们改为买洋纱。1938年后棉纱逐渐变贵，以至大多数农户不得不减少织布。④

史家村三等地占56.8%，地处河北五家庄、高五庄、荆家庄附近，多系苇地、洼地，每年只收一季庄稼，个别年头连一季也不好种；打粮食每亩

---

① 鲁档：《牙前县鲁家夼村调查总结》，第3页；原档案件编号为TD24-17-7。

② 山东史志编委会主编：《山东各地概况》，山东人民出版社1986年版，第551—552页。

③ 山东史志编委会主编：《山东各地概况》，山东人民出版社1986年版，第802、804页。

④ 马若孟：《中国农民经济》，江苏人民出版社1999年版，第100页。

产量约 400 斤左右。苇子地收获较大，亩产 50—70 个苇子，好年成可换成 1000 斤左右的粮食，年成不好时约换 450 斤左右粗粮。[①]

盐山魏桥村的副业生产占其每年收入的很大部分。老百姓常说："别处是一个大秋，咱这里是一年三个大秋。"

第一个大秋是割棉柳条。因为这里地界处或地头都有水沟，水沟两侧种植棉柳，以增加收入。棉柳的用途很广，主要是编制家庭必需用具，如水斗子、簸箕、簸箩等。有的户棉柳条的收入占其全年总收入的四分之一，一般的户棉柳条的收入占其总收入的十分之一以上，可证明这种事业生产是很重要的。[②]

牙前县鲁家夼村副业还有：一是编笆，战前全村只有 3 户：周振环、周振先、周照文。周鸿玉是减租后新增的一户编笆户。这种副业主要是在秋冬两季，每户每年可赚钱四五千元。二是织洋袜，全村有 4 家织洋袜，有织机 4 盘。每户每年可赚利润千余元。[③]

2. 粉丝业

粉丝业和粉丝出口是龙口的商业支柱。1937 年前有大小粉丝庄六十余家，除商人向外地自办者外，一般都有代理店经营粉丝业及粮食杂货、海产品。粉丝的主要原料为绿豆，全国主要产绿豆区都向龙口运送绿豆，如东北的锦州绥中兴县、渤海湾各口岸及长江南北的芜湖、蚌埠等地。1937 年前每年从东北进口绿豆 20 万石，元豆 5 万石。东北被日本占领后，即从利津下洼降水等地来粮。粉丝商收买绿豆，通过代理店付款，然后将绿豆供给农民加工，粉丝制好后送粉丝商，由粉丝商收购抵价。每年春天收购，秋收后至翌年春再出卖。

龙口附近的招远全部、黄县一部的制粉副业都集中在龙口，运往上海转口南洋。1937 年前最多时年产 14 万包（每包 247 斤），总值占出口货的 60% 强。事变后销路断绝，至 1945 年光复前全年只能外销四五千包。日寇侵占东北后，绿豆来源无着，农民只有靠在四乡自种或籴用绿豆。新中国成

---

① 鲁档：《史家村调查工作总结》（1947 年），第 73 页，原档案件编号 TD4-566-1。

② 鲁档：《盐山魏桥村的一般概况》，第 3 页；原档案件编号为 TD26-74-1。

③ 鲁档：《牙前县鲁家夼村调查总结》，第 3 页；原档案件编号为 TD24-17-7。

立后商人因粉丝业有利可图，纷纷到利津下洼收买原料。①

3. 小生意

福山县东黄山村农民主要副业是贩卖木炭。1942 年前，该村有骡 90 头，驴 110 头。当时，村民只要家中有劳力的都养牲口，中农以上户养骡子多，贫农养驴多，生活都还不坏。②

在 1946 年前，“流坡坞东街村贫农做小生意的特别多，甚至全部贫农阶层每家都做小买卖。因为他们只有极少的土地，地质非常瘠薄，地里的收成只能解决其生活的一部分，如不另寻生计，不能维持其生活”。“七七事变前，贫农绝大部分都到河南去卖包子。大致有两种：一种是几家合股，拉着大车带上家具和一伙子一二十人，搭伙做买卖；另一种是给人家当伙计，言明每个月多少钱，按工支钱。卖包子这项收入，对于贫农来说，也是一个主要收入部分，如张兴亭、辛树芹都是从小就指着（依靠）给人家包子铺当伙计过日子，干了二十多年，家庭生计绝大部分是靠他卖包子的收入”。③

流坡坞东街村富农中间也有一部分人外出贩运粮食，但不是完全靠短工拉大车，一般的是他们自己去赶车。有的富农也开一间中等的杂货店，卖日用品，有的贩卖一些杂货。有一部分富农也做卖包子的生意，但他们卖包子与贫农不同，是当掌柜的，掌大棚的，赚钱比贫农多。也有部分富农有时也与人合伙打火烧卖馒头，但不以此为主。他们的生活主要是靠地亩生产的收入。④

牙前县鲁家夼村 1937 年全村有 6 户开果子铺（糕点铺）的。“计有：宫和昶（地主）、风成兴（富农）、周言良、周耀文、周方明、周公臣。他们都是家中妇女自做，成品经常销售于郭城、桃村、长沙堡等市集。每户具体销售数额及利润不详”。“周耀文一户，单向郭城集全年即能买麦子三十余石，可赚麦子十石多。其利润，据群众称，卖一石可赚一石。其中以宫和昶铺路最广，利润最大，经常赶三个集，每年一般销售不下八十石麦子。这种副业

① 鲁档：《龙口市调查材料》，第 31、33 页，原档案件编号为 TD24-235-2。

② 鲁档：《福山县狮子山胡家夼调查册》（1947 年 12 月），第 93 页，原档案件编号 TD24-545-5。

③ 鲁档：《流坡坞东街村的经济情况》，第 13—14 页，原档案件编号为 TD26-53-2。

④ 鲁档：《流坡坞东街村的经济情况》，第 3 页，原档案件编号为 TD26-53-2。

对农业生产直接起作用很小，但对生活上升起很大的扶助作用”。①

广饶牛家庄位于广饶八区中心，是垦利与南面交通的枢纽，又是广北粮棉的集散地，因之其商业兴盛，事变前称为广北四大镇之一。该村共有209户，990人，地2660余亩，每户12.68市亩，由于土地多碱，每人平均须4亩地才能维持最低生活，仅靠农业是很难维持生活的。“七七事变”前该地商号30余家，小杂货摊及小商贩不下50余家，投入商业劳作者达300余人。②

4. 种菜

山东各地的蔬菜种植，菜圃大都相对集中于邻近城镇和交通线附近，各地也因土质和技艺不同，形成独具特色的专业化种植。如长山县吴家菜园，自明初拓为菜地，世袭其业，历三百年仍“皆以种菜为业”；寿光县以绿韭为绝品，“人世其业”；历城县北乡种菜，成为一县的专业区，其所产大蒜成为历城人“一季之利”。有些品种原先不是山东所产，如可以入药又可作家居调味品的生姜，清中叶从外地传入。宁阳人始有种者，至清末宁阳的大姜取代输入的姜，成为供应邻邑的佐食品，菜农“大获其利”；泰安和峄县出产的大姜，或输出邻县，或远鬻他省，成为此地特产。各地菜区，都集中在土肥水利的地方，如蒲台县的城西，沾化县黄升等二镇及城西，朝城县的城西北等，也都是在近县城或邻近他县交通便利处。③

由于蔬菜是人人所需，又不是随处可产、人人可种的生活必需品，因而种菜便成为一部分农民的专业，赖以维生；也有一些少地无地的农民，以贩菜补足生活。如滋阳县民姚某，全家只有八分地，“抱瓮灌畦以莳瓜菜”以为生计；沾化县王大章“贩青菜以供父食”；各地也有一些“卖菜佣”。④各地都有了菜市，平时集市也有蔬菜上市。

5. 果树

山东果树种植历史悠久，品种繁多，梨枣“六府皆有”，种植遍于全

① 鲁档：《牙前县鲁家夼村调查总结》，第3页，原档案件编号为TD24-17-7。

② 鲁档：《广饶牛家庄的商业情况》，第22页，原档案件编号为TD26-571-9。

③ 参照许檀：《明清时期山东商品经济的发展》，中国社会科学出版社1998年版，第55—58页。

④ 《(光绪）滋阳县志》卷九《人物》；《沾化县志》卷八《人物》。

省。元代政府提倡农民种植，作为赋税征收项目。元明以后，在各地形成了一些独具特色的果品，如烟台的苹果，莱阳的梨，肥城的桃，乐陵的枣等。有些地方特产的果品，成为农家一项重要副业；当地农民，专以种植果树为业。

乐陵金丝小枣的栽培起源，既为原产，后有引进，栽培枣是由酸枣演进而来的。乐陵小枣在周代以前已被人们视为珍品，距今已有三千多年的栽培史。贾思勰所著《齐民要术》中记载："青州有乐氏枣，丰肌细核，膏多肥美，为天下第一。父老相传云，乐毅破齐时，从燕赍来所种也。"当时乐陵属青州郡，引进的时间为公元前 284 年（燕昭王二十八年），距今已有 2270 年的历史。乐陵地处华北平原和黄河下游，是枣的原产地之一。枣品种有 20 多个，而乐陵金丝小枣品质是众多枣品种之冠，还有独特品种虚心枣（贡枣）和稀有品种冻枣。

明清两代，是乐陵小枣发展的兴盛期。朱元璋即位后，为恢复和发展农业生产，颁发榜文："今天下太平，百姓别无他迁，各宜用心生理，以足衣食。枣、柿，丰年可以卖钱，歉年可以当粮食。里老常督，违者治罪。"并把林业生产的好坏作为下属官吏的考绩之一，违者降罪，好的加以擢升。据《乐陵县志》记载，明万历十九年，乐陵知县王登庸"教民树艺，劝民种枣。有过者课种枣，以赎衍，故邑多枣。"清代则提出："重农桑以足衣食，尚节俭以惜财力"的政策。因此，下属官吏纷纷效仿。据清《山东通志》载，嘉庆元年，乐陵知县张大成"立枣林书院，延名师主讲，庚辰科肄业，乡榜四人皆捷南宫。"由于政府重视，加上劳动人民的辛勤栽培，乐陵小枣已被称为"斗地打石粮"，"一年顶三秋"的风水宝地。吴泰庞在题为《同登乐陵城晚眺》的诗中写道："六月鲜荷连水碧，千家小枣射云红。"

民国初期，乐陵小枣生产继续得到发展，据 1925 年出版的《山东农业概况》一书记载："查该县之枣实为特产，然近年因虫害过重，每致枯毙，极宜令该县劝业所研究驱虫方法，教导农民，力事驱逐，以维利源。"1933 年，南京植物园陈潞所著《枣与枣子加工》一书写道："乐陵，枣树面积三万九千五百五十四亩，结果树一百五十六万株，产干枣三十五点六万担。"据 1935 年山东国际贸易局出版的《中国实业志》记载："枣，乐陵一县为最多，全县有枣树一百三十六万株，产干枣二十七点二万担，外销二十万担。”“七七事变”后，树木遭到日伪严重破坏，产量严重下降。据日伪县知事1941年和1943年向伪省政府报告的产量，年均仅5万担，与1935年相比减少了81.7%。①

盐山魏桥村民称该地有三个大秋，第二个大秋是秋粮，第三个大秋是枣秋。该村每家至少也有十棵二十棵的枣树。富农魏保久的枣林共四百余棵，每年收枣子200口袋以上，每口袋枣子可换粮食两斗，共可换粮400斗以上，枣子的生产占其全年总收入的30%以上。②

烟台在清咸丰时开辟为商埠时，福山境内即有个别地区种植果树，但为数极少，产品不多，只销于当地。后烟台日渐发展，来往船只渐多，水果也随之外销。由于种植苹果较种粮收入为多，种植苹果者也渐多。在清光绪年间仅有20多家，到民国二十年发展到100多家，其销路主要是上海、天津、大连、香港，并远销南洋群岛和美国，“烟台苹果”与“莱阳大梨”驰名中外，民国二十年前后，烟台苹果出口跃居烟台出口物资的第二位。

烟台果园最盛时，在西沙旺一万多亩地，有果树者即有7000多亩；烟台南山一带平地和山地，都种了果树。日寇侵烟后，不准烟台水果出口，苹果无销路，农民便将果树砍了种庄稼，本来1斤水果可换3斤粮食，那时3斤苹果才能换1斤粮，烟台的果树较战前少了90%，当地有经验的老农说，果园收入比战前减少百分之八九十。③

烟台苹果园的管理，平均每人可修管10多亩，施肥、修剪、打药水、挖排水沟等，每株树每年需1担半尿。每亩果树好者能产1000斤果，差者可产800斤。全西沙旺7697亩果园，有树4695亩，平均每年产量为469500斤，每斤苹果可换3斤粮，共可折粮14085000斤。④

种植苹果亩产可达千斤，每斤可换粮3斤，1亩产果相当于3000斤粮，约折合当时20亩地产量，除去较高的肥料费、药费和工钱外，也相当于种粮的10倍。

---

① 乐陵县史志编纂委员会编：《乐陵县志》，齐鲁书社1991年版，第164—165页。

② 鲁档：《盐山魏桥村的一般概况》，第3—4页；原档案件编号为TD26-74-1。

③ 鲁档：《烟台果园调查》，第1页，原档案件编号为TD24-62-3。

④ 鲁档：《烟台果园调查》，第117页，原档案件编号为TD24-62-3。

牙前县鲁家夼村有 5 户经营果园，统计如下：周言良，梨园 5.6 亩，1944 年收入 6000 余元；周振鸿，桃园梨园共 3 亩，1944 年收入 5000 元；周振和，梨园共 3 亩，1944 年收入 4500 元；周言海，苹果园 3 亩，1944 年收入 5000 元；周言峰，梨园 1.8 亩，1944 年收入 3000 余元。①

19 世纪后半期和 20 世纪初，是山东手工业生产土洋交汇融合的转型期。即一方面出现了农产品的商品化，形成新的经济作物专业区和新的经济区，兴起了新的商业城市和集镇，商业资本空前活跃；另一方面广大农村又依然是自然经济占统治地位，农民从事棉花、烟草、大豆、花生的生产，农村的缫丝、发网、花边业和草辫业等，都仅是作为农业的一种补充。农村各阶层的人从生活方式到思想，都还是生活在千百年的传统之中。农民种棉花、织花边发网只是较前多了一种生财糊口之道，地主和商人经济工商业也只是为了盈利发家，远谈不上有何资本主义生产方式的经营思想和生产方式的更新。有的人办一些民族工业，有抵制外资洋人的思想，但要维系的却是昔日的世道。在地主商人群体，工商好做则群起弃农经商，工商业不好做则纷纷退居农村当地主务农收租。这就是中国千百年的所谓“以末致富，以本守之”的常规老路。

四、劳动力在农业中的调节

（一）对农业劳动力的基本估计

20 世纪前半期，山东农村户口和劳动力一直处于增长中。兹据山东省农林厅 1950 年夏季调查全省十六个县四十九个典型村 499 个典型户的材料，分析山东农业户农业人口及农民生产资料的变动情况。②

全省劳动力资源，以 1949 年计，是 2281 万人，占全省总人口的 50.3%，社会劳动者 1859 万人，占全省劳动力资源的 81.5%，其他劳动者 422 万人，占全省劳动力资源的 18.5%。到 1950 年，山东的农业人口约占全省人口的 99%，农户也占全省人口的 99%，山东基本是一个农业省。③

---

① 鲁档：《牙前县鲁家夼村调查总结》，第 3 页，原档案件编号为 TD24-17-7。

② 参见中央农业部计划司编：《两年来中国农村经济调查汇编》，中华书局 1952 年版，第 224 页。

③ 中央农业部计划司编：《两年来中国农村经济调查汇编》，中华书局 1952 年版，第 44 页。

经济学界一直有一种观念，认为中国农村劳力过剩。其实，这种过剩至少在20世纪前半期并不明显。给人劳动力过剩的印象的原因，一则因为黄河流域是旱地杂粮地带，耕作粗放，经营单一；二则也因为农业对劳动力的需求是季节性的。一般来说，春冬两季是农闲，而夏秋两季三夏三秋大忙时，劳动力就相当吃紧。特别是20世纪前半期，农业生产技术和生产工具都很落后，可用于耕地和运输的大役畜较少，加之妇女多不参加农田劳动，农业生产主要靠男子拼体力，一到农忙季节劳动力就更显得不足。

上述原因，加之农村土地与劳力分布不均，也就产生了农村各阶层对雇佣劳动的需求。可以说，农业中的雇佣劳动是农村不同地区、不同阶层、农忙季节调节劳动力有无盈亏缓急的互助办法。雇佣劳动是古已有之的劳动力调节的有效办法。

表5–66　渤海4个专区21县60村劳力统计表①

专区	县数	村数	人口	地亩数	整劳力		
					人数	占%	人均耕地
一专区	6	17	8494	26463	1402	16.5	18.9
二专区	6	17	6701	20217	959	14.3	21.2
三专区	3	4	2612	9927	361	13.8	27.5
四专区	6	22	7985	38698	1479	18.5	26.2
合计	21	60	25792	95305	4201	16.17	22.68

半劳力人数	占%	折合整劳力	合计劳力人数	整半劳力占%	总劳力折合整劳力	每整劳力耕地
2181	25.7	1090.5	3583	42.2	2492.5	10.6
1426	21.3	713	2385	35.6	1672	12.1
643	24.6	321.5	1004	38.4	682.5	14.5
2451	30.7	1225.5	3930	49.2	2704.5	14.3
6701	26	3350.5	10902	42.3	7555	12.6

① 鲁档：《渤海老区半老区典型村的劳力调查》，第1页。原档案件编号TD26-73-1。

渤海区可代表鲁北情况。1949年渤海区党委调查统计了四个专区21个县60个村的劳动力农业负担情况。据调查，全区每一整劳力负担为22.7亩，如以精耕细作每一整劳力负担15亩计，则劳力尚差三分之一。因此，当地政府认为：组织半劳力，发动妇女参加农业生产成为解决劳力缺乏的关键。同时，各分区劳力是不均衡的，如一分区整劳力占人口的16.5%，每一整劳力负担19亩地，假若再把25.7%的半劳力投入生产，则每一整劳力负担仅为10.6亩地，劳力是不太缺乏的，而且还有相当的剩余；三分区因长期受敌伪的扫荡，参军参政的人数较多，劳力极度缺乏；四分区有半数是地广人稀的垦区，农民广种薄收，因此劳力亦感不足。

所以，那种简单贴标签式的认为20世纪农村人口过剩、劳动力过剩的观点是不太准确的，至少是不周延的。

（二）农村各阶层劳动力的盈缺

根据战前盐山魏桥村的情况，“每个壮劳力每年能耕二十亩地左右，每头牲畜每年可耕三十亩地左右。农具主要集中在富农手中。富农的人力，以户平均计算，则缺一半以上；在畜力方面，平均每户有牲畜一个以上。虽然劳力不足，但二十四户富农仅有五家雇佣长工，有的还雇的是半长工（半工），共雇入三个半长工。”①

另据渤海区两个县9个村统计，也可看到大致相同的情况。九个村整半劳力占人口的56.7%，最高者占61.5%，最低者占47%；整劳力平均占人口的23.4%，最多者为董家佛堂，不足30%；最低者为孙家庙，只有18%；半劳力平均占人口的33.3%，以男整劳力统算，人均耕地为11.5亩，最高者为八里庄和孙家庙村，人均耕地16亩；最低者为董家佛堂，只有7.9亩。如果将半劳力折合成整劳力，每一整劳力耕地亩数平均只有6.8亩，最高为沈家，每一整劳力耕地8.3亩，最低为张古风村和董家佛堂村，约为5.6亩。列表如下：②

---

① 鲁档：《盐山魏桥村的一般概况》第8页，原档案件编号为TD26-74-1。

② 鲁档：《渤海老区半老区典型村的劳力调查》，第1—2页，原档案件编号TD26-73-1。

表 5–67　山东渤海区九个村劳力与耕地统计表

县名	村名	人口	地亩数	整劳力			半劳力			合计劳力人数	整半劳力占人口 %	整半劳力折整劳力	每整劳力耕地
				人数	占 %	人均耕地	人数	占 %	折合整劳力				
惠民	孙家庙	538	15503	97	18	16	155	28.8	77.5	253	47	174.5	8.9
阳信	张古风	407	1012.6	109	26.8	9.29	146	35.9	73	255	62.6	182	5.56
	小李家	234	594	51	21.8	11.7	93	39.3	46.5	144	61.5	97.5	6.1
	牛腾雨	225	587.7	61	27.1	9.6	68	30.2	34	129	56.4	95	6.2
	张家集	272	694.6	61	22.4	11.4	99	36.4	49.5	160	58.8	110.5	6.3
	董家佛堂	421	998.9	126	29.9	7.90	148	35.2	74	274	65.1	180	5.6
	沈家	369	973.6	89	24.1	10	100	27.1	50	189	51.2	139	7
	八里庄	482	1443.8	89	18.5	16.2	167	34.6	83.5	256	53.1	172.5	8.3
	展家	294	862	76	25.9	11.3	104	35.4	52	180	61	128	6.7
合计	9	3242	22670.2	759	23.83	11.49	1080	33.3	540	1840	56.7	1279	6.8

鲁北一些村庄的材料可资比较，如：

表 5–68　北隋村各阶层劳动力统计表①

阶层	户数	人口	劳力	使用地	每劳力平均耕地	所需劳力		劳力盈亏	
						最少	最多	最少	最多
富农	29	157	20.5	996.84	48.63	50	66	–29.5	–45.5
中农	125	584	132	2272.1	17.21	114	152	–20	+18
贫农	169	678	160	1564.74	9.78	78	104	+56	+82
雇农	1	1	1					+1	+1
共计	324	1420	313.5	4833.68	15.42	242	322	+7.5	+55.5

北隋村 324 户人家，有劳力 313.5 个，约占全村总人口的 22%。在“七七事变”前每整劳力平均耕地 20 亩左右，事变后因战争破坏，牲畜大减，劳动效率也大减。1943 年统计，每个劳力只能耕地 15 亩到 20 亩，平均耕地 15.24 亩。该村中农劳力盈亏相当，富农缺少劳力 29.5—45.5 个；贫农剩余劳力 56—82 个，常出雇或投入其他营业。据 1944 年统计，广饶辛集村人口与劳力分布情况是：全村 325 户，总人口 1496 口，共有土地 4239.8 亩，男子全劳力 326 名，半劳力 127 名，妇女壮劳力 319 名，半劳力 116 名。半劳力中有一部分是壮年男子，另一部分是老幼。这部分壮年在农业生产方面所费的劳动力，不是其全部劳动，有的经营小商业，一部分人不去劳动，劳力浪费了，故只能算作半劳力。该村妇女只能做些零星活，如拾棉花、打场、拾柴等活，有的帮着收获庄稼，但也只能与半个壮工相比。按该村一般情况，每个壮劳力每年可耕种 12 市亩地，453 个壮丁，加上老幼及壮年妇女的帮工，劳力是有余的。因战争关系，村里人力减少，负担重于战前。②

乐陵王香匠村的情况与盐山魏桥村、辛集村大同小异：③

① 鲁档：《北隋村雇佣关系及增资政策》，第 1—2 页，原档案件编号 TD24-333-2。

② 鲁档：《辛集村土地经营的调查》，第 2—3 页，原档案件编号 TD26-214-2。

③ 鲁档：《乐陵王香匠村调查总结》，第 9 页，原档案件编号 TD26-4-1。

表 5–69 乐陵王香匠村耕地与人力畜力盈亏

阶层	实耕土地	人力	盈亏	畜力	盈亏
地主	41.6	1	–1.5	1	–0.5
富农	326.74	13	–9	6	–5
中农	507.897	42.5	8	15	–2
贫农	178.591	17	5	2	–4
佃农	33.44	2.5	0.5		–1
合计	1088.268	76	3	24	–12.5

说明：1. 上表列人力是按当地通常每人耕地 15 亩计算；2. 实耕地亩是各阶层现种地，典当出租等放出去的土地不计算在内；3. 畜力按大小耕畜折合，每畜力可耕地 30 余亩；从表中可知，富农缺农具、牲畜较多，中农勉强自给。全村再加 12 头半牲畜才够用。

惠民一带的生产力水平，平均每个劳动力耕地 16 亩左右，当地一自然亩可折合 1.33 市亩。由下表可知，惠民郊区一带劳动力的平均耕地，高于本地平均劳动力可耕地，劳动力不很充足，在农业生产大忙季节是需要补充一些长短工的。

表 5–70 惠民县肖家等三个村户口土地统计表①

	户数	人口	土地		劳动力		
			市亩	人均	整	半	平均耕地
肖家	62	300	1093.39	3.65	73	58	20.06
王范公	79	285	1070.72	3.76	111	49	15.08
高官	185	691	2219.97	3.21	220	88	18.19
合计	326	1276	4384.08	10.62	404	195	17.77

鲁中南的情况可以临沭等三县三个区为例：

① 鲁档：《惠民县城郊区肖家、王范公、高官三个村的调查材料》，第 1 页，原档案件编号为 TD26-73-11。

表 5-71　临沭：1937—1944 年劳动力分配情况表①

	劳动力数		占总劳力 %		使用土地数		占总地 %		人均地	
	1937	1944	1937	1944	1937	1944	1937	1944	1937	1944
地主	167	74	9.09	3.6	7908.29	1813.89	21.74	5.29	47.4	24.5
富农	227	194	12.36	9.44	5478.09	4168.48	15.06	12.15	24.1	21.5
中农	654	848	35.6	41.26	13521.87	15944.07	37.17	46.47	20.7	18.8
贫农	690	900	37.56	43.80	8818.32	11992.84	24.24	34.95	12.8	13.3
雇农	99	39	5.39	1.9	652.28	391.39	1.79	1.14	6.69	10.0
合计	1837	2055	100	100	36378.85	34310.67	100	100	22.32	17.62

沭水县石河、临沭县蛟龙、大兴三个区农村经济情况调查材料（缺甄家沟一村的数字），是三个区在 1937—1944 年八年间劳动力与土地使用情况，可代表鲁中南一带情况。在此三个区 9 个村中，该区每一整劳动力可耕地为 20 亩。以此计算，则 1937 年地主缺少劳动力 57.77%，但由于地主实行劳役剥削，如拨工、白代地、放工夫账，以及找短工等，可弥补劳动力不足部分。1944 年地主使用土地减少，地主劳动力缺少 18.41%，全靠雇短工解决。富农在 1937 年缺劳动力 17.12%，均以短工补充，1944 年缺劳动力 6.92%；中农 1937 年缺少劳动力仅为 3.27%，1944 年土地使用量增加，劳动力剩余为 5.99%；贫农 1937 年剩余劳动力 36.10%，1944 年土地使用量增加，劳动力仍剩余 33.37%，虽在开荒运盐方面使用一部分劳力，但因当地副业不发达，其多余劳力仍未得到利用。

昆嵛县柳林村 1944 年前，全村 5 户地主有劳力 6 名，有土地 385 亩，山岚 123 亩，以每劳力耕地 20 亩计，单耕地一项，缺劳力 69%；富农 5 户，有劳力 8.5 个，土地 288.4 亩，山岚 85 亩，单耕地一项，缺劳力 41%；中农 32 户，有土地 751.1 亩，山岚 78.6 亩，劳力 42 名，不计山岚用工，剩余劳力 17%；贫农 56 户，有劳力 72 名，自有土地 259.74，租入地 233.4 亩，有山岚 17 亩，剩余劳力 66%；雇农 3 户，剩余劳力 3 个；纯以土地耕种计算，全村

① 《沭水县石河、临沭县蛟龙、大兴三个区农村经济情况调查》，引自华东军政委员会土地改革委员会编印：《华东农村经济资料》，第五分册《山东农村调查》，1952 年，第 71—72 页。

剩余劳力 58 人，扣除各阶层山岚用工需工，全村剩余劳力在 50 名左右。①

表 5–72 临沭县九个村 1944 年雇佣工人统计表

阶层	自有劳动力		雇佣劳动力		合 计	
	劳力数	占 %	雇工数	占 %	人数	占 %
地主	7.5	8.15	84.5	91.85	92	100
富农	119	60.1	79	39.9	198	100
中农	825	97.06	25	2.94	850	100

表 5–72 显示，临沭县 9 个村中，地主劳力缺少将近 92%，富农缺少劳动力约 40%，中农劳力也不足。② 胶东除胶莱平原外，多是丘陵地，土地分散，耕作困难，每劳力耕作的土地数量少于鲁北和鲁中区。以乳山县（战争年代称为牙前县）迎驾山村为例，明显有三个特点：该地按一般耕作所费劳力计算，每个劳动力可耕地约 14 亩；在实际生产中，致便是只有 14 亩地以下的农民，也仍然需借助于畜力耕种、运输，在大忙季节是不能单靠人力完成夏秋播种收获工作；富农地主的劳动力不够用，贫雇农劳力有剩余；富农补足劳动力的办法，除必要的雇工及短工外，利用两人以上互助劳动以提高劳动效率，或采用新生产方式；但所雇工总量，少于实际生产需要量；贫农剩余劳动力大部分用于精耕细作及出雇于该村；采用一般各自劳动及必需的搭犋方式，劳动互助能起一定的作用，劳动力必然有一部分浪费。

表 5–73 牙前县迎驾山村劳力使用③

劳力阶层	自有劳力	每个劳动力平均	
		所有地（亩）	使用地（亩）
地主	0.5	55	47
富农	26	21.06	20.01

① 鲁档：《昆嵛县文山区柳林村调查总结》，第 31—32 页，原档案件编号为 TD26-553-1。

② 《沭水县石河、临沭县蛟龙、大兴三个区农村经济情况调查》，引自华东军政委员会土地改革委员会编印：《华东农村经济资料》，第五分册《山东农村调查》，1952 年，第 66 页。

③ 鲁档：《牙前县 1945 年上半年查减工作总结》，第 9 页，原档案件编号为 TD24-527-5。表中“地主”与“其他”项中的所有地与使用地皆以半劳力计。

劳力阶层	自有劳力	每个劳动力平均	
		所有地（亩）	使用地（亩）
中农	114.5	13.91	14.13
贫农	81	81.8	9.64
雇农	6	5.25	4.5
其他	0.5	43.5	12
合计	228.5	13.67	13.08

海阳战场泊村土地使用劳力、土地、牲畜的资料说明，在农业生产中，劳动力的实现是劳力、土地、牲畜三种因素相互搭配关系的结果，或者说从纯生产的意义上说，至少是三者的合力。

表 5–74　1937 年海阳县战场泊村劳力、牲畜使用统计表①

	富农	中农	贫农	雇农	合计
实有劳力	19	118	84.5	8.5	230
占全村劳力 %	8.2	51.3	36.7	3.7	100
使用土地	515.7	1361.2	742.1	27	2650
占全村地 %	19.4	51.3	28	1	100
每劳力使用地	27.1	11.5	8.9	3.2	11.5
使用劳力	35	131	71	3.5	240.5
每劳力耕作地	14.73	10.4	10.45	7.7	11
牲畜拥有数量	30	91.5	40		161.5
每牲畜耕作地	17.2	14.87	18.55	—	—

战场泊村是山区，战前当地每整劳力可耕种 11 亩地，配合牲畜可耕种 14 亩地。以此标准衡量，富农的土地实需劳力 46.7 人，其自有劳力 19 人，每劳力耕作数超过平均数，雇工 16 名，尚缺 11.7 名劳力；部分中农缺乏劳力，部分中农劳力有剩余，该阶层尚缺劳力 5.7 人；贫农缺少牲畜，劳力剩

① 《海阳郭城区战场泊村调查》，载《调研材料》一，第 5 页。说明：本地是山区，役畜以驴为单位，1 牛折为 2 驴，1 骡折为 1.5 头驴。

余 17.04 人，约为该阶层劳力的 20%，每劳力耕种地少于平均数；雇农劳力剩余 71%，每劳力只能耕种 7.7 亩地；贫农和雇农都有一部分人出雇，另一部分人在自家地上精耕细作，以人力代畜力。战后的 1944 年情况有较大变化。

该地雇佣关系比较发达的原因，是土地比较瘠薄分散，有十五六亩地的中农，必须雇半个长工。45 户雇主中，有 25 户雇的是半工，一户雇三分之一个工，占 57.8%。富农占雇入半工的 30% 弱，中农占雇入半工的 72%，土地的 80% 是小农经营，缺乏大农集约经营是该地的特点。此地雇主户占总户数的 20% 强，高于莒南县等鲁南地区，而出雇户占总户数的 12.7%，高于无锡、嘉兴 30 年代的出雇比率。以每劳动力配合牲畜耕地 14 亩计算，富农每劳力耕作超过村平均数，缺少劳力为实需劳力的 45.72%；中农的一部分缺乏劳力，另一部分劳力有剩余，中农阶层尚缺少劳力 17.7%。贫农因缺乏牲畜，每劳力平均耕地为 10.45 亩，出雇劳力占全村雇工的 18.6%；雇农剩余劳力为 76% 强，6 户全部出雇。

表 5–75　1944 年海阳战场泊村劳力与雇佣关系①

	富农	中农	贫农	雇农	合计
雇主户数	17	25	3	—	45
占本阶层 %	74	24	3.5	—	20.3
雇主户均使用地	24.4	13.07	8.65	4.5	
雇主实有劳力	19	115	72	2.5	208.5
占本阶层劳力 %	54.28	88.12	95.23		29.4
雇工数	16	15.5	1.5	—	33
占使用劳力 %	45.72	11.88	4.77	—	
出雇户数		6	16	6	28
占本阶层 %		5.7	18.6	70.6	12.7
无雇佣关系户	6	73	67		146
占本阶层 %	26	70	78		79.7

烟台西沙旺以开辟果园种植苹果闻名。当地资本家和商人都参与了果

① 胶东区党委编：《海阳战场泊村调查》，《调研材料》二，第 6 页。

园经营，义昌号有地达200亩。果园管理，施肥、修剪、打药水、挖排水沟等农活，平均每人可修管十多亩。全西沙旺有地一万多亩，有7697亩果园，有人口1753人，女性占多数，男女整劳力约占总人口的40%。1946年后被国军抓兵45人，果园破坏，果农到烟台拉运输者和当码头工人者50人。此地有雇农269户。设每雇农家有一个整劳力，为270个劳力，整个果园以每劳力管10亩计，7697亩果园共需用770个整劳力，设经营地主和中农每家有一个整劳力，共48个至50个整劳力，尚缺450至500个整劳力，需以短工或雇工补缺。①

（三）劳动力组合的科学化

要提高农业劳动生产率，就要使大农业中的产业分布与劳动力组合科学化。

就农业内部而言，要在诸多方面优化，使土地、劳动力、人口三方面，使农业中的第一、第二、第三产业劳动力的分布，及劳动力组合逐步达到科学化。

其一，是优化劳动力的在第一、第二、第三产业分布情况，农副的搭配组合问题。农业劳动力的供求，不仅取决于农业劳作，也取决于从事林、牧、副、渔业的劳动力，是否有机会进入或移出农业部门。据民国二十五年（1936年）中央农业实验所调查，在所调查的88个县中，经营各种副业之农家占农家总户数的百分比，养蚕农家占12.6%，养鱼者占0.5%，养蜂农家占2.9%，纺纱织布农家占36.7%，编草鞋草绳农家占3.8%，制作土砖者占7.0%，编织草帽辫者占0.6%，帮工者占14.6%，割柴草为副业者占17.9%，兼营小商贩者14.8%，兼做木匠、裁缝等手艺工作者占10.1%。也就是说，农民利用农闲季节兼做各种副业，其中以纺织业、小生意、手艺活和割草砍柴为大宗。②

农业劳动者占农业人口和社会劳动者的比重。农业劳力占农业人口和占农村总人口的比率是基本稳定的。而道光十七年（1837年）济南府十六个州县的男丁人口比率少者30%，多者37%，基本围绕34%这个总平均数

① 鲁档：《烟台果园调查》，第117页，原档案件编号为TD26-375-9。

② 《农情报告》第四卷，1936年11月15日，第11期，第292页。

上下摆动。有清一代，山东十六府成年男子占总人口的比例都在 32%—36% 之间，平均约为 34%。成年男子务农劳力约占从业人口总数的 95% 以上。农业劳动力比率占到了 32.30%。①

1949 年以来，山东省农业劳动者占农业人口的比重在 23%—44% 之间，1983 年最高，为 43.7%；其次是 1973 年，为 39.8%；1990 年为 37.4%。与全国相比，全省农业劳动者占农业人口的比重，绝大多数年份低于全国平均数，1962 年最低，低 4.8 个百分点；1980 年和 1981 年与全国基本持平；1983 年比全国高 3 个百分点。农业劳动者占社会劳动者的比重，1949—1990 年，山东省农业劳动者数量增长了 74.3%，比全国平均增长数的 97.4%，低 23.1 个百分点；社会劳动者的数量增长了 117.5%，比全国平均增长数的 213.8%，低 96.3 个百分点。② 改革开放以来，农村劳动力行业分布发生了一定的变化，但农业剩余劳动力基数大，就业门路不足，农村劳动力转移问题十分突出。

其二，是优化农业劳动力的内部分布与剩余劳动力有限转移途径。山东省农业在 70 年代以前基本上是封闭式的单一经营模式，多种经营不发达。所以，从 1949 年到 70 年代中期，农业劳力主要分布在种植业。1979 年后，随着农村产业结构的调整，第二、第三产业特别是乡镇企业得到了迅速发展，非农业收入不断增加，农村劳动力逐步由种植业向林、牧、副、渔业转移，由第一产业向第二、第三产业转移。在整个农村劳动力素质不断提高的情况下，也出现一些新情况：一是有文化和受过专业培训的劳动力，大批转向二、三产业，农业劳动力素质相对下降。近几年农村内部转向二、三产业的劳动力素质状况，明显高于当年全省农村劳动力的总体水平。

其三，是优化劳动力与耕地的比率，以及农业劳动力供求平衡问题。开辟耕地要投入一定的人力与畜力，而这里所说的人并不包括人口的全部，仅是掌握耕作种植技术从事农业活动那一部分成年男子。近代以来山东省农业劳动力数量总的趋势是逐步增长。从 1840 年至清末，山东省总人口只有 3200—3800 万，当时农业劳动力 1100 万—1200 万人。抗日战争中的 1941 年，人口仍只有 3721 万人，农业劳动力在 1200 万人左右。新中国成立后，

---

① 参见李令福：《明清山东农业地理》，台湾五南图书出版公司 2000 年版，第 81—83 页。

② 参见俞宽钟主编：《现代山东农业》，山东科学技术出版社 2000 年版，第 95—96 页。

农业劳动者逐年增多，1957年已达1568万人。至1959年又下降到1076万人，为新中国成立后最低点。减少的原因：一是城市工业从农村招工；二是1959年春季农村部分青壮年流向东北谋生；三是农村生活极度困难，有些农民因病丧失劳动能力或非正常死亡。1961年后，农业经济逐步好转。1962年农业劳动者恢复发展到1600万人以上。1969年开始，农业劳动者超过2000万人。由于60年代中后期人口生育出现高峰，造成80年代前期农业劳动者急剧增长。1981年达到2508万人，比20年前增加50%以上。最高点1983年达到2951万人，为1949年的1.99倍，为1959年的2.74倍。以后随着经济体制改革的深入和第二、第三产业的发展，农业劳动者逐步有所转移，80年代后期回落到2500万人左右，1990年为2586万人。①

劳动力与耕地的比率。1949年平均每个劳动力负担耕地8.82亩。至“第一个五年计划（1953—1957）”期末为8.76亩，已出现减少趋势。以后除了1959年、1960年因劳动力锐减而负担耕地增加外，其余年份多为逐年减少。据80年代中期土壤普查的耕地数计算，平均每个劳动力负担耕地只有4.4亩（按统计耕地算只有3.7亩）。据土地管理部门1990年的土地资源调查耕地数计算，平均每个劳动力负担耕地仍只有4.53亩。

1949年后的四十多年间，每个劳动力负担耕地减少近50%，一方面说明人口和劳动力都增长迅速而耕地逐步减少；另一方面也说明广大农村劳动力对土地的依附关系始终比较牢固，剩余劳动力还缺乏有效的转移出路，也影响劳动生产率的提高。②

广饶辛集村土地经营典型户。张金波全家13人参加农业生产的男女壮劳力各三人，老年半劳力3人，并有男壮劳力1个和老年劳力1个，参加副业生产开油坊。家有土地97.5亩，（本村52.5亩，垦区45亩），大牲畜有2头骡子。其对于土地经营，耕耩完全自己动手，收割与锄地雇佣短工做，每年雇短工160个。因其自家开油坊，在肥料方面用得多些，每年用小粪80车，种麦棉时，战前除农家肥外，每亩另加用豆饼8—15片。

在中农与贫农方面，除没有劳动力者外，每年都要外出当短工。如贫

① 俞宽钟主编：《现代山东农业》，山东科学技术出版社2000年版，第95—96页。

② 俞宽钟主编：《现代山东农业》，山东科学技术出版社2000年版，第96页。

农张茂廷，除自己种七亩外，每年出雇60—70个短工；中农张洪才除自己种19.2亩地外，家中三个壮丁每年出雇50—60个短工。大部分中农是自耕农，但在有剩余劳力的情况下，也是要出雇的。贫农是经常出雇当短工或长工的。一般贫农对其自有的土地是很珍贵的，耕种特别注意加工，但有的户为生活所迫，只好在农忙时先帮人家做工，而自己不得锄"适时地"，对自己土地的经营是不利的。① 织布者每天工作10—12小时，每人每日产量，织洋布大约3—4丈，个别达到5丈；织土布每人每日大多为2—3丈。冀中一个织布专业户平均全年织布170.88匹，如以每织一匹布得1.2元计，全年收入205.06元，其收入均高于中等农户农业收入。因织布和收布的供求关系，布价最高时达每匹1.8元，最低落时曾低到0.8元。②

其四，是优化作物结构和作物种类。如新品种的推广，主要经济作物和美洲作物的引进，改变传统的耕作方式，改变自然经济的均衡分布，出现了商品作物生产区和经济作物专业区。种植结构的变化受作物品种、市场需求、自然资源条件等许多因素影响。这些因素共同作用于种植业生产活动的实施，包括生产规模、生产投入、田间管理等活动。一个国家或地区及时合理的进行种植结构调整，可以使得农业经济效益和社会效益达到最好的状态。粮食品种的更替，使土地使用趋于合理，使农民收成得到充实。20世纪的百年间，各种作物品种在种植面积的消长起伏很大，小麦、玉米、地瓜的种植，取代小米、高粱、大豆而跻身前位，成为主要的粮食品种，其主要原因，或者是因为迫切需解决口粮，以粗代细，或者是农民生活改善，粗粮渐渐少种了。前者如胶县在三年大饥荒期间，高粱从2.6万亩，实升到4万—10万亩，1975年后又降为3万亩了。

东明县新品种的作用。1952夏，平均小麦单产44公斤，比1951年亩增11.7公斤。1987年9月14日，东明县政府决定大屯、马头等乡镇为小麦丰产方开发试验区。复壮、更新小麦品种，改进耕作制度和种植方法。翌年，开发区小麦平均亩产近300公斤。③

① 鲁档：《(广饶）辛集村土地经营的调查》，第4页，原档案件编号为TD26-214-2。

② 侯建新：《农民、市场与社会变迁》，社会科学文献出版社2002年版，第145页。

③ 东明县志编委会编：《东明县志》，中华书局1992年版，第22—23、42—43页。

其五，是优化畜力及灌溉的水井等农田设施。山东是凿井利用地下水比较发达的地区之一。明清时期，山东地区农业生产和生活用水经常利用地下井水，凿井灌田。到崇祯时期，由于出现连年大旱，山东按察使蔡懋德："教民凿井，引水灌田"，① 以抗旱救灾。清代山东井灌发展迅速。乾隆时期，《增订教稼书》中有《开井》专节曰："园蔬烟地不虞旱者，以有井也。则区田、代田必多开井，其势难广种。然家种三四亩，其力易办，虽有旱岁，不至流离。"倡导大田中凿井抗旱，又因用砖砌井，费用较大，贫家承受不起，道光十七年（1837年），山东道监察御使胡长庚上疏说：山东土地易井，请敕下巡抚及州县地方官劝谕农民，"多穿土井"，俟浇灌获益，"积有余资"后，再砌砖井。② 咸丰年间，德州农民多于运河堤畔掘井浇地。光绪初年，华北大旱，山东亦掀起凿井抗旱热潮，灌溉水井迅速发展。③ 如博平县于光绪元年，凿井1200余口，"导民补种包米，邑人赖以无饥"。④ 宁阳县也出现了"田中多井"的情况。1930年58个县的统计共有233000口井。山东省井灌区主要分布在鲁西北平原，大约在泰山山系之扇形冲积带。日本人在民国二十九年做过调查：胶济铁路线如章邱县有灌溉井32918限，桓台县有8840眼，津浦线上的泰安有22470眼，汶上有13607眼。其他如成武、长山、莱芜等地多有水井分布，黄河两岸的冲积平原也有分布，但水质不良。⑤

其六，是优化劳动力的组合，探求小农经济的最佳模式。一个农业劳力能够耕种多少土地呢？明初所移东三府民乃是其"五丁以上田不及一顷，十丁以上田不及二顷，十五丁以上亩不及三顷并小民无田耕种"者。⑥ 清兵入关，八旗子弟每丁授田30亩，于是"三十亩地一头牛，老婆孩子热炕头"，成为北方农民温饱生活的理想模式。当时的常识，是一个农业劳力的

① 《（宣统）山东通志》卷七十。

② 胡长庚：《申明劝课农桑旧例疏》、《皇朝道咸同光奏议》卷二十八。

③ 张芳：《明清农田水利研究》，中国农业科技出版社1998年版，第48—49页。

④ 《（宣统）山东通志》卷七十六。

⑤ 应廉耕、陈道：《以水为中心的华北农业》，转引自王宝卿：《明清以来山东种植结构变迁及其影响研究》，中国农业出版社2007年版，第32页。

⑥ 《明太祖实录》卷二三六，洪武二十八年二月戊辰。

耕种能力在 30 亩地左右。[①] 在华北和山东 20 世纪前半期，在特定的家庭结构与特定的耕作制度下，人均占地的最低标准应该怎样评估。对 20 世纪 30 年代前后华北地区农民土地经营与农家生活，设定一户农家为 5 口人，各家曾作出不同的估算：陈翰笙估算生活消费为 20—30 亩地。[②] 农民养活一家所需土地。据胶东十六县统计户数与人数，胶东农村户均人口为 5.5 人。按照维持一个人一年的基本生活需要 500 斤粮食、约三亩耕地产量计算，一个中等家庭的农业产值能达到供给自家基本生活费用的大部分，需要 16.5 亩耕地，考虑到家庭人口多寡的差异以及生活费用弹性幅度较大，可以把 20 亩耕地作为胶东农村中等家庭保持基本生活条件的标准。

所以，胶东农村维持一个普通中等家庭基本生活水平的土地数量或可低于 20 亩，土地收益的不足可以通过副业和外出做工收入来弥补。[③]

第三节　土地生产率

一、土地资源的人口承载力

（一）析土地资源的人口承载力问题

不少学者对明清以来土地与人口的关系方面，有过精密的研究。这些研究的结论，往往是比较悲观的，认为近二百年间中国农业的生产工具和农业技术几乎没有更新，农民用一二千年前的原始农具，用落后的生产技术生产，粗放经营，广种薄收，亩产极为低下，农民过着饥寒交迫的生活。

李伯重认为，所谓人口压力的定义应该是：人口压力即人口对于现有资源的压力，指的是人口数量与资源（在近代以前，主要是耕地）数量之间的比例关系。在一般情况下，人口压力通常指由于人口增长速度超过了资源增长速度，使得人均资源的数量降低到某种水平以下；而"人口压力加剧"，则是指人均资源数量在低于某种水平之后还在继续减少。所谓"清代前中期

① 李令福：《明清山东农业地理》，台湾五南图书出版公司 2000 年版，第 83—84 页。

② 《陈翰笙文集》，复旦大学出版社 1985 年版，第 150 页。

③ 陈国庆：《胶东抗日根据地减租减息研究》，合肥工业大学出版社 2013 年版，第 53 页。

人口压力严重论”的主要立论根据，即是指该期人口增长速度大大超过耕地垦殖速度。由于耕地等资源的自然性质的差异、因利用方式的不同而导致同一资源的生产能力变化，产品会因地而异，有时甚至会有很大差别，无法以人口与资源的比率来衡量是否有人口压力或人口压力是否严重。在生产与人口的关系上，采用该地原有生活水准来定义人口压力，使我们可以更客观的判断此时此地是否有人口压力或是否有人口压力加剧的问题。①

再看人们常常谈论土地资源的人口承载力问题。

首先，土地人口承载力是依时间、地点和条件而变化的。土地对人口的承载力不是一个一成不变的定量，而是动态变化的历史过程。在史书上，宋代即有地狭人稠之虞，到清代“地狭人绸”更是不绝于书，粮食不足养民糊口似乎是铁定的事实。以山东的土地和人口而论，明洪武二十六年（1390年）耕地为7240.3万亩，为北宋后期的2.4倍，人均占有耕地13.77亩；乾隆十八年（1753年）耕地扩大到8949.3万亩，人均占有耕地下降为7.01亩；光绪十三年（1887年）耕地进一步扩大到11605.8万亩，人均占有量锐降到3.16亩；1931年耕地面积为11066.2万亩，人均3.28亩，较前略有增加；1955年耕地达到历史最大数量的13866.2万亩，而人均仅为2.68亩。以后人口逐年增长，而土地面积和人均占有耕地量逐年下降，到1990年，据省统计局和省农业厅统计资料显示，全省仅有耕地10278万亩，人均耕地1.21亩。② 从1949年到1990年，全省总人口达到8580万人，而山东的食物总量持续上升，食物供给大于需求，全省粮食供求持平并略有节余，粮食消费以细粮为主，粗粮为辅，畜产品供给总量大，增长速度快，水产品供给总量稳步提高。

其次，土地承载力不是单纯的人口与土地的比率问题。土地承载力的大小取决于多种因素，随着生态的改善，农业技术的进步，资源开发利用的深化，土地生产能力的提高，土地对人口的承载力也会加大。也就是说，土地人口承载能力，取决于两方面：一是土地资源的生产能力，二是人口的消

① 李伯重：《理论·方法·发展趋势》，清华大学出版社2002年版，第86—88页。

② 参见山东史志编委会、俞宽钟主编：《山东省志·农业志》，山东人民出版社2000年版，第39页。

费水平。土地资源的生产能力，受土、热、水等资源因素制约，还受社会、经济、技术与文化因素作用；人口的消费水平则受人口数量、社会经济发展水平和消费心理的等社会因素影响。前者是土地资源人口承载量的物质基础，后者是人口的社会经济条件。①

这里有两个数据，一是农业劳动力占人口的比率。50 年代到 60 年代的正常年份，农业劳动力均占总人口的 32% 左右。1959 年降至 20%。70 年代在 33%—36% 之间；1983 年达 39%，为最高峰；以后即降至 31% 左右。1990 年为 30.4%。二是劳动力与耕地的比率。1949 年平均每个劳动力负担耕地 8.82 亩。至"一五"期末为 8.76 亩，已出现减少趋势。以后除了 1959 年、1960 年因劳动力锐减而负担耕地增加外，其余年份多为逐年减少。据 80 年代中期土壤普查的耕地数计算，平均每个劳动力负担耕地只有 4.4 亩(按统计耕地算只有 3.7 亩)。据土地管理部门 1990 年的土地资源调查耕地数计算，平均负担耕地仍只有 4.53 亩。

新中国成立后，每个劳动力负担耕地减少近百分之五十,一方面说明人口和劳动力都增长迅速而耕地逐步减少；另一方面也说明广大农村劳动力对土地的依附关系始终比较牢固，剩余劳动力还缺乏有效的转移出路，也影响劳动生产率的提高。② 随着耕地面积的减少和农业劳动者的增加，全省平均每个农业劳动者所负担的耕地面积呈减少趋势。1990 年山东省农业劳动者为 2585.7 万人，仅次于四川、河南，居全国第三位。每个农业劳动者仅负担耕地 3.97 亩，比 1949 年的 8.88 亩减少了 4.83 亩，但比全国平均水平高 0.63 亩。

全省平均每个农业劳动者供养的人口，一直在 3 人（包括劳动者本人在内）左右。1990 年每个农业劳动者供养 2.7 人（包括劳动者本人在内），比 1949 年减少了 0.2 人。

1949 年后全省农业劳动生产率有了较大提高，每个农业劳动者创造的农业总产值、农业净产值都有较大增长。全省平均每个农业劳动者创造的农业总产值、净产值（当年价），1949 年分别为 135 元和 96 元；1978 年分别为 435 元和 300 元；1990 年分别达到 2504 元和 1632 元。

---

① 参见窦益湘主编：《山东土地资源》，山东友谊出版社 1998 年版。

② 俞宽钟主编：《现代山东农业》，山东科学技术出版社 2000 年版，第 96 页。

每个农业劳动者生产的主要农产品也都有不同程度的增长。1990年全省平均每个农业劳动者生产的粮食达1380.7公斤，比1949年增加794.2公斤，增长1.35倍，年均增加19.4公斤，比1978年增加407.7公斤，年均增加34公斤。生产棉花39.7公斤，比1949年增加34.2公斤，年均增加0.8公斤，比1978年增加33.2公斤，年均增加2.8公斤。生产油料为82公斤，比1949年增加44.5公斤，年均增加1.1公斤，比1978年增加41公斤，年均增加3.4公斤。生产果品95.3公斤，比1949年增加78.3公斤，年均增加1.9公斤，比1978年增加30.3公斤，年均增加2.5公斤。生产猪牛羊肉72.3公斤，比1949年增加65.9公斤，年均增加1.6公斤，比1978年增加46.3公斤，年均增加3.9公斤。生产水产品64.9公斤，比1949年增加58.4公斤，平均每年增加1.4公斤，比1978年增加33.4公斤，平均每年增加2.8公斤。①

传统农业的出路何在？我们认为主要途径就是要把传统农业改造成现代农业。所谓现代农业，是农业生产者自身的知识化。各种研究证明，人力资本是农业经济增长的主要源泉，农民的知识水平与农业生产率存在着正相关关系。舒尔茨《改造传统农业》认为，现代农业的发展，需要农民的知识化，农业劳动生产率能否提高，取决于农民能否学会有效地使用现代农业要素。一切物的原素，新的生产要素，最终需要劳动者，即有知识的农民获得并有效地使用这些现代生产要素。“使他们获得必要的新技术和新知识，从而成功地实现农业的经济增长。”② 其次是引进新的农业科技，增加农业的资本投入，提高土地生产率，最终达到提高农业生产率的结果。

（二）明清以来山东的人口增长

我们具体分析山东在明清四百多年间人口增长与土地垦辟的历史资料，看人口增长与土地垦辟的关系，透析人与地的关系。

1. 看明朝山东地区人口统计

山东省的行政区划，明清与现今山东省域基本相同。明朝山东人口估计为1400万。山东人口在不断增加，但增长速度极其缓慢。从洪武十四年

---

① 参见山东史志编委会、俞宽钟主编：《山东省志·农业志》，山东人民出版社2000年版，第221—223页。

② 舒尔茨：《改造传统农业》，梁小民译，商务印书馆1999年版，第133页。

(1381 年）到嘉靖二十一年（1542 年），年均增长率只有 2.43%。

元末战乱，明军驱逐元军，山东是主战场，大战之后，曾是全国人口最稠密的齐鲁平原地区，人口遭到重大耗损，“近城之地多荒芜”，地旷人稀，“多是无人之处”残破局面。① 如东昌府属清平县地当南北要冲，“兵马往来，被害甚巨，户口凋敝，招募户籍，城内只有三户”。②

明初的统治者采取了移民和免租赋优惠政策鼓励垦荒。因为人口严重下降，单纯鼓励垦荒缓不济急，明朝统治者采取了移民屯垦的办法，洪武三年（1370 年），东省各府都有“官给牛种者”的屯民。

洪武二十一年（1388 年）开始对山东大规模移民垦殖，由政府组织“狭乡”之民到“宽乡”垦荒，“于是迁山西泽、潞二州之无田者，到……临清诸处闲旷之地”，令自便“置屯耕种”。③ 也从本省东部各府迁民移垦于此。洪武二十五年（1392 年），“徙山东登莱二府贫民无恒产者五千六百三十五户就耕于东昌”。洪武二十八年（1395 年），“青兖登莱济五府民五丁以上及小民无田可耕者起赴东昌编籍屯种，凡一千五十一户，四千六百六十六口”。④ 洪武二十八年（1395 年），朱元璋谕户部：山东人民“二十七年以后新垦田地，不论多寡，俱不起科”。⑤ 永乐九年（1411 年），因青登莱三府农民“多逃徙于东昌、兖州等府受雇苟活”，王铎建议：“就地安置，官给牛具种子令其耕种。” ⑥

明初山东经济的迅速恢复和发展，可以从当时人口与耕地的迅猛增加中表现出来。明王朝建立后，人口迅速增长。洪武十三年（1380 年），朱元璋下令全国编制赋役黄册，黄册的人口基本包括了当时居民的全部，比较准确真实。据统计，洪武十四年（1381 年）山东省有户 752365，口 5196715，人口已经超过 500 万。洪武二十四年（1391 年）有户 720282，口

---

① 参见顾炎武：《日知录》卷一〇《开垦荒地》，上海古籍出版社 2012 年版。

② 《（民国）续修清平县志》，《舆地》，《区治》，引《旧志》。

③ 《明太祖实录》卷一九三，洪武二十一年八月癸丑。

④ 《明太祖实录》卷二三九，洪武二十八年七月乙未。

⑤ 《明太宗实录》卷二四三，洪武二十八年十二月壬辰。

⑥ 《明太宗实录》卷七七，永乐九年六月甲辰。李令福：《明清山东农业地理》，台湾五南图书出版公司 2000 年版，第 69—70、71 页。

5672543，十年内口数增加了47万。山东人口继续较快地增长，如有东昌府洪武二十四年（1391年）有户2270，口24134，而到了永乐十年，户数达到24029，增加了近十倍，口数达到110291，也增加3倍有余。① 主要是大量移民迁入而使人口大量增长的。

明初山东人口增长，以洪武二十四年（1391年）人口567.2万计算，已经相当于元至顺元年（1330年）126.8万的4倍有余，61年间平均年增长56.9‰。人口增加如此之快，除自然增长与移自外省外，更多的是严刑峻法检括出来的逃隐户口，元代官册人口极为短少，主要是因为逃隐过多。明朝平定山东的当年即开始整顿户籍，"……令各处漏口脱户之人许赴所在官司出首，与免本罪，收籍当差"。② 同时，解放奴婢，招抚流民。这样清查出来的户口所在多有，方克勤任济宁知府三年，户口竟增加数倍。永乐年间，各地仍有招抚流民的记载，如永乐八年（1410年），"招抚山东省青州府莒州等郡县复业流民三千四百户"。③

明朝建立后90年左右的天顺年间，弘治四年（1491年）为6748860人。西部地区已基本上恢复了它往日的繁荣，而东部地区的人口在社会长期安定的情况下，也在继续增长。明代人口峰值出现在1626年，为7328034人。明朝山东省峰值人口约1461万。

万历后期及天启年间，灾荒接连发生，饥疫不绝，多处发生食人现象，及至崇祯年间，大灾荒遍及全国，明末清初的饥荒战乱，使山东人口受损特别严重。《明史·左懋第传》记载，崇祯末年，在人口已经不断下降的情况下，西部地区再十去其八，东部地区也死亡大半。崇祯十四年（1641年）左懋弟督催漕运，上疏说："臣自静海抵临清，见人民饿死者三，疫死者三，为盗者四，……人死取以食。"说的是自今天津静海到山东临清，已经是民死大半。《明史·五行志》记载，崇祯十四年，"是岁，畿南、山东大饥，德州斗米千钱，父子相食，行人断绝，大盗滋矣。"此时东部地区也因连年干旱，饥荒不绝，人死大半。这在《五行志》里都有具体的记载。

---

① 《食货·户口》，《(嘉庆）东昌府志》卷二。

② 《食货·户口》，《(隆庆）兖州府志》卷二三。

③ 《明太宗实录》卷七一，永乐八年七月己丑。

第一，明朝后期山东省人口统计。万历六年的山东人口，如果平均每户亦按 9.22 口计，也当有人口 1265 万，而不是原记载的 5664099 口，说明这个户数的统计基本符合当时人口的实际情况，而且它的实际户数可能更高于这个统计数字。①

表 5–76　山东布政司户口统计表

明朝纪年	纪年	户数	人口数	户均人口
洪武十四年	1381	752365	5196715	6.91
洪武二六年	1393	753894	5255876	6.97
弘治四年	1491	770555	6759675	8.77
弘治十五年	1502	858557	7621210	8.88
嘉靖二一年	1542	837342	7718202	9.22
万历六年	1578	1372206	5664099	4.13

第二，明清改朝换代对生产力的破坏。明末清初二三十年间天灾人祸接连不断，山东各地人口损失严重，耕地也大量的抛荒，农业经济残破不堪。崇祯末年连年大旱，使齐鲁大地一片凋零，济阳有耕地 66 万亩，崇祯“十三年大饥，民殍地荒，止遗熟地二千余顷”，抛荒了三分之二。② 夏津县“迨崇祯庚辰岁大荒，人相食，民仅存十分之一，地因荒芜，一望平沙，草莱不生”。③ 在崇祯十五年（1642 年），清兵直至半岛地区，除抢掠数以万计的金银财宝外，并掳走人口 369000 多，使山东的灾难雪上加霜。

2. 清朝早期山东人口

清初山东各地人民遭受了极其深重灾难。清兵入关，连年屠杀蹂躏，人口继续下降，临清被杀数十万人，西部很多地方村落变为废墟。“村落寥寥，途次杳茫”，“所遗零星残黎，损股折肱。”

兖州府原额户丁 99 万，顺治四年（1647 年）仅存 22 万余，损失了 70% 以上。④ 其田地荒芜程度大致相当，据载本府原额耕地共 3464 万亩，

① 路遇、滕泽之：《中国分省区历史人口考》，山东人民出版社 2006 年版，第 1100 页。

② 《田赋》，《（乾隆）济阳县忠》卷三。

③ 《古今图书集成 · 职方典》卷二四九《东昌府山川考》。

④ 《古今图书集成 · 职方典》卷二一九《兖州府兵役考》。

顺治四年除荒地 2679 万亩，抛荒了 77.3%。①

济南府明末耕地 2136 万亩，顺治四年与六年间，即有抛荒 846 万亩，抛荒地占 39.6%。② 青州府明末原额人丁 41 万，清初逃亡了 15 万，占原额的 36% 以上；清初抛荒地 663 万亩，占明末原额的 41%。③ 清初山东各地人口损失与耕地荒芜现象严重到"有一户之中止存一二人，十亩之田止种一二亩者"。④

山东省经过明末清初的饥荒战乱，耗损 61% 以上，按顺治十八年（1661）的人丁统计，为 I759737 丁，仍有遗民 567 万。⑤ 在这一时期，人口即或有所增长，也是极少的。即使仍按十去其六推算，万历、天启年间，也当有人口 1400 多万。明朝后期人口，基本上已处于停滞状态，因此嘉靖末年也只能是 770 万这个水平。⑥

清代前期仅编审人丁，确切的户口资料根本没有，从明末清初耕地荒芜将近半数的情形来看，人口损失也不会少于 40%。李令福估计，顺治十六年（1659 年）山东全省人口 700 万人，相当于明代最高人口数量的 70% 左右。

3. 清朝中后期山东省人口

清朝平定"三藩之乱"以后，开始进入它的"盛世"时期，主要表现是社会长期比较安定，生产力不断提高，社会经济有较高发展，能够维持更多人口的最低生活，因而促进了人口的高速增长。经过康熙前期几十年的休养生息，社会经济得到迅速地恢复和发展，康熙三十年（1691 年）左右，山东省人口已经基本恢复到明代最高水平，达到 1000 万人左右。康熙四十六年，康熙"巡幸边外，见各处皆有山东人，或行商绩田，至数十万之多，而该抚并未尝奏称彼处纳粮人少者，于此可知小民生息之繁"。⑦ 此时

---

① 《古今图书集成·职方典》卷二二四《兖州府田赋考》。

② 《古今图书集成·职方典》卷一九六《济南府赋役考》

③ 《古今图书集成·职方典》卷二六四《青州府户口考》与《青州府田赋考》。

④ 《清世祖实录》卷一三，顺治二年正月五日。李令福：《明清山东农业地理》，台湾五南图书出版公司 2000 年版，第 126—127 页。

⑤ 路遇、滕泽之：《中国分省区历史人口考》，山东人民出版社 2006 年版，第 1167—1168 页。

⑥ 路遇、滕泽之：《中国人口通史》，山东人民出版社 1999 年版，第 721—722 页。

⑦ 《清圣祖实录》卷二三十，康熙四十六年七月二十八日。

山东已有不少过剩劳力向外输出。康熙五十一年实行“盛世滋生人丁，永不加赋”的政策，而雍正年间又把丁银全部摊入田亩中征收，按人丁摊派的丁税（人头税）从此取消。这也促使了山东人口的急剧增长。

乾隆初年停止编审人丁，通过农村基层保甲机构进行全面的人口统计时，山东省人口一下子达到了一个惊人的数字，据记载乾隆十四年（1749年）上报人口总数达2401万人，乾隆二十二年（1757年）2474万人，乾隆二十七年（1762年）2529万人，乾隆三十二年（1767年）2564万人。[①] 与康熙三十年比较，58年间人口增长了1.4倍以上，平均年增长率高达25.4‰。本期内没有人口大量迁入山东，这么高的人口增长率是自然增长情况下很难达到的，李令福认为数字偏高。

还有数据记载了乾隆五十一至五十六年间的山东省人口数，这六年都在2247—2359万之间，六年平均为2297万口，这比前一组数据少了许多。以乾隆五十二年（1787年）2256万人与康熙三十年比较，96年间人口增长了1256万，年增长13.1‰ . 这似乎更能反映山东人口发展的实际。

嘉庆二十五年（1820年），山东总人口达到2952万人，年增长9.3‰，增长速度仍较快，其后人口增长速度逐渐缓慢，道光三十年（1850年）以后每年增长再没有超过3‰，清代前中期，山东人口增长很快，康雍两朝年增长率可达15‰，乾隆之际年增长仍在10%。[②]

清朝中期嘉庆二十五（1820年）年分府州人口统计比较完整，基本上可以反映清代中期山东人口的分布情况。现分府州，按今省区范围表列如下：[③]

表5–77　山东省分府州户口统计表

清政区	府州属县		户数	口数
	总数	本省		
济南府	16	16	735766	4014819
天津府	7	1	52879	2286890

① 梁方仲：《中国历代户口田地田赋统计》，甲表78，第258页。

② 李令福：《明清山东农业地理》，台湾五南图书出版公司2000年版，第140—141页。

③ 路遇、滕泽之：《中国分省区历史人口考》，山东人民出版社2006年版，第1219—1220页。

清政区	府州属县		户数	口数
	总数	本省		
河间府	11	1	28649	146905
武定府	10	10	373881	2191389
临清州	4	3	154516	812807
东昌府	10	10	334386	1696656
曹州府	11	10	506673	2888206
大名府	7	1	63216	280696
大名府	7	1	63216	280696
济宁府	4	4	173303	889350
兖州府	10	10	379273	2617871
泰安府	7	7	353801	2473415
沂州府	7	7	390671	2181379
青州府	1	1	544051	3318763
莱州府	7	7	574127	3374017
登州府	9	9	326196	1912501
合计	128	98	5054604	31366360

至康熙三十年（1691年），估计全国人口即可达到12000万左右，乾隆四十八年（1783年），据统计直省（即各行省）人口28403万，乾隆末年（1795年）已超过3亿，至嘉庆二十五年（1820年），按《嘉庆一统志》记载，直省人口已可达到358720453口。① 至道光十五年（1835年）统计，竟突破4亿大关。

这种局面的出现，是多种因素造成的，但最根本的是劳动人民自己创造了更有利于人口增殖繁衍的物质生活条件。在清代，社会生产力有了很大的提高，随着土地更广泛更深入地开发，人口稠密地区有了更大的扩展。

从明清山东的人口增减看。人口消长的基本规律是，每遇朝代更迭、政权转换，社会动荡，阶级矛盾尖锐，战争频繁，人口数量即大幅度削减；待社会稳定，经济有所发展，人口数量便开始逐渐回升。

① 路遇、滕泽之：《中国分省区历史人口考》，山东人民出版社2006年版，第1209页。

清代是山东人口发展的重要时期，该时期山东人口数量猛增。山东人口经明末清初的锐减后，于顺治十八年（1661 年）升至 25724287 人；道光十年（1830 年）达到 30982059 人，突破 3000 万；道光十九年（1839 年）又达 31759772 人，形成山东古代人口发展高峰。山东近代人口即在此高起点上不断向前发展。自 1840 年至 1850 年，山东年均人口 3246 万，与前 10 年相比，增加 100 万。咸丰元年（1851 年）达 3338 万人；同治十一年（1872 年）达 3522 万人。此后几乎每历 10 年人口便增加 100 万，光绪二十四年（1898 年）达到 37921262 人。

从清代山东的土地与耕地的人地比看。

在清代，山东人口占全国总人口的比重、密度均有增长，但人均占有耕地减少。从 1685 年到 1767 年，山东人口占全国总人口的比重均在 10% 以上，其中 1724 年高达 16.65%，列全国之首。人口密度逐年增高，1724 年超过 100 人 / 每平方公里，1830 年超过 200 人 / 每平方公里，1898 年高达 264.24 人 / 每平方公里，列全国首位。人口增长速度大大超出耕地的增长速度，致使人均占有耕地数下降。清初实行奖励垦殖政策，耕地增加较快，由顺治十八年（1661 年）的 7413 万亩增至康熙二十四年（1685 年）的 9252 万亩，增长 24.8%。但此后直到 1873 年（同治十二年），耕地仍在 1 亿亩以内徘徊，光绪十三年（1887 年）才突破 1 亿亩。从 1661 年至 1753 年的 92 年间，山东人均占有耕地从 10 亩多下降至 7 亩多，1766 年至 1887 年，人均占有耕地始终在二三亩水平上的徘徊。①

4. 民国时期山东的人口

民国山东人口基数，据《清续文献通考》，记宣统三年（1911 年）山东人口为 30803245 口，《清史稿 · 地理志》记宣统三年（1911 年）山东人口为 31036944 口，内务部统计民国元年山东人口为 30988852 口。其时青岛为德国占领，威海卫为英国占领，两地人口未统计在内，故用《清史稿》数作为山东民国人口基数，当更接近实际些。

1949 年山东省人口统计为 45490000 人，至 1953 年增为 49240000 人，年均增长率 19.79‰，其中包含着一定的移民增长，其自然增长只能有

① 山东史志编纂委员会编：《山东省志 · 人口志》，齐鲁书社 1994 年版，第 5—6 页。

18.45‰，基本符合山东人口发展的实际情况。①

民国时期经过审定的山东人口数字有六个，1912 年 3137 万，1919 年 3323 万，1925 年 3488 万，1928 年 3075 万，1931 年 3377 万，1936 年 3949 万。从 1912 年到 1936 年，山东人口增长 800 万，其中仅 1928 年由于战乱和严重的自然灾害，人口有所下降。山东人口占全国总人口的比重，1912 年为 7.66%，1936 年上升至 8.42%。人口密度 1912 年为 203.7 人，1936 年增至 256.4 人，仅次于江苏，列全国第二位。从 1936 年至 1949 年，山东总人口增长 600 万。②

（三）明清以来山东耕地的增长

1. 明朝的山东载籍地

在传统农业社会里，人口的高速增加必然会带来耕地的激剧扩展。明代东昌府的耕地即随其人口成倍地增长，永乐时全府官民田地 166 万亩，而据嘉靖《山东通志》记载，嘉靖时起科田地已达 597 万亩，翻了两倍，而此外不起科额外垦殖成熟田地及王府庄田地仍有很多。至万历初年重新丈田，结果东昌府田额 1609 万亩，加上德府籽粒地 45 万亩，共 1654 万亩。③ 根据李令福的修正数，明末东昌府实际耕地 1630 万亩，几乎相当丁明初的十倍。④

兖州府明末实有耕地约 3306 万亩，是嘉靖年间耕地 835 万亩的 3.69 倍，可见明末该地土地垦殖的发展。

济南府新城县有王府籽粒地 11 万亩，已占该县万历丈田后官民田地额的五分之一，这些都是新开垦的荒地。东三府明中后期各地仍有不少荒地被开辟出来，如青州府属安丘县人们额外开垦不起科的耕地较原额“可得田四分之一”。⑤

2. 清朝的山东载籍地

清朝早中期山东的载籍耕地。顺治十六年（1659 年），山东实有耕地 6537 万亩，折成 6275 市亩，占明末实际耕地的 68.3%。到康熙二十四年（1685 年）

---

① 路遇、滕泽之：《中国人口通史》，山东人民出版社 1999 年版，第 818、755、1041 页。

② 山东史志编委会编：《山东省志 · 人口志》，齐鲁书社 1994 年版，第 4—6、7 页。

③ 参见《垦田》，《(嘉庆）东昌府志》卷八。

④ 参见李令福：《明清山东农业地理》，台湾五南图书出版公司 2000 年版，第 119—120 页。

⑤ 顾炎武：《天下郡国利病书》，原编第十六册《山东下 · 安丘县志》。

耕地增加到8285万亩，折为7958万市亩，占明末实际耕地的86.5%，复垦率已经很高，大约在康熙五十年前后，山东省复垦过程基本完成。

清中期土地垦殖的深化。康熙末年，山东复垦过程完成后，多数容易开垦种植的土地基本得到开发利用，康熙就说，“今太平已久，生齿甚繁而田土未增……或有言开垦者，不知内地实无闲处”。①

雍正上台后，认识到当时“生齿日繁，土地所出仅可赡给”的社会现实，感到了人口增多带来的压力，以为“惟开垦一事最有裨益”，于是开始了垦辟边缘土地的尝试。雍正元年（1723年）“户部议山东等处闲旷之地，令各州县卫所查如有未垦荒地，有无从前种地之人，劝谕开垦，有力者令自备牛种，无力者官借牛种，秋收后还官，起科以后，官给执照，永为世业”。② 同时“定垦田起科之制—水田六年，旱田四年”。③ 雍正二年山东省载籍耕地9925万亩，除折亩外，还有不少零星新垦耕地被欺隐起来未曾起科，以折隐与浮增数额基本相等计，则雍正二年山东全省载籍耕地9925万亩折9528.8万市亩，已经超过明代山东最高垦田数额了。④

表5-78　清代前期山东载籍耕地数及其修正⑤

年份	载籍耕地亩数	修正数额	折成市制亩	垦复率
顺治十六年（1659）	68813533	65372896	62757941	68.3
顺治十八年（1661）	74133665			
康熙十五年（1676）	80059017	76056066	73013823	79.4
康熙二十四年（1685）	92526840	82896066	79580223	86.5
雍正二年（1722）	99258674	99258674	95288327	103.7

资料来源：1. 顺治十六年与康熙十五年数见（《古今图书集成·职方典》卷一八五，《山东赋役考》，其余见《清朝文献通考》卷一、卷二《田赋考》。

2. 康熙十五卷数包括有更名地等2014129亩。

3. 复垦率系明代最高耕地数91925100市欲之比。

---

① 《清圣祖实录》卷二六八，康熙五十五年闰三月壬午。

② 《田赋》，《（宣统）山东通志》卷七八。

③ 《总记》，《（民国）高密县志》卷一。

④ 参见李令福：《明清山东农业地理》，台湾五南图书出版公司2000年版，第144—145、145—147页。

⑤ 李令福：《明清山东农业地理》，台湾五南图书出版公司2000年版，第134页。

乾嘉道三朝的土地垦辟成果，并没能从统计资料中表现出来，致使其载籍耕地数据与实际耕地相差太远，根本无法用载籍地数反映当时的实际垦殖水平。到道光末年，山东省多数湖泊河洼、盐碱荒滩得到开发，而山岗丘陵林地也被耕种出来，全省耕地面积达到 12090 万市亩，较雍正二年（1724 年）增加了 2562 万市亩，这是清中期土地深化垦殖的成果。①

光绪十三年（1887 年），据奏销册统计，山东省民田达到 12360 万亩，加上 228 万亩的屯田，5 万亩的学田免科地，总计全省实在耕地数猛增至 12594 万亩，较咸丰元年增加了 2747 万亩。② 光绪十三（1888 年）年的山东耕地数成为其后山东官方的准的，必有所本，更能代表道光末年山东的垦殖水平，可作为山东道光年间的实际耕地面积。雍正二年到咸丰元年（1724—1851 年）共 127 年间，山东省耕地增加了 2668 万亩，相当于雍正二年总额的 26.9%，这就是清中期各朝土地垦殖的成果。

清末社会秩序基本恢复后，政府号召农民积极复垦抛荒，并且有组织地向新淤湖地山荒及沿海滩涂招垦开发，山东省的土地垦殖迅速恢复到清中期的最高水平，其实际耕地面积似基本与道光末期相等，也在 12090 万市亩上下。③

清代中后期上地载籍数不能表现土地实际垦殖。

表 5–79　清中后期山东载籍耕地及其修正表

年份	载籍耕地亩数	修正数（千亩）	折市制（千亩）
雍正二年（1724）	99258674	99258	95288
雍正十三年（1735）	99445907	101587	97523
乾隆九年（1744）	92491670	103493	99353
乾隆十八年（1753）	99347263	105822	101589
乾隆三十二年（1767）	98914900	108363	104028
嘉庆十七年（1812）	98634511	117893	113177

① 参见李令福：《明清山东农业地理》，台湾五南图书出版公司 2000 年版，第 358、359—360、138—139 页。按：清亩与市亩折率为 1.041。

② 《户部》，《（光绪）大清会典》卷一七。

③ 参见李令福：《明清山东农业地理》，台湾五南图书出版公司 2000 年版，第 156 页。

年份	载籍耕地亩数	修正数（千亩）	折市制（千亩）
咸丰元年（1851）	98472844	125941	120903
同治十二年（1873）	98472844	125941	120903
光绪十三年（1887）	125941301	125941	120903

资料来源：雍正十三年与乾隆五年见：《田赋》，《（宣统）山东通志》卷七八；乾隆九年数为乾隆《大清一统志》数据，《通志》以为乾隆九年前规制。不过各府州细数合计较大，为96354076亩。乾隆三十二年数见《清代的垦田与丁口的纪录》。其余皆见梁方仲：《中国历代户口田地田赋统计》。

表5–80　清代山东省各府州豁荒率及复垦率

区别	原额	豁荒额	豁荒率 %	新垦额	复垦率 %
济南府	116247	50013	43.0	41617	83.2
黍安府	50862	32912	64.7	21422	65.1
武定府	82080	28079	34.2	20261	72.2
兖州府	100745	90042	89.4	64619	71.8
济宁州	39220	25677	65.6	19732	76.8
沂州府	119379	86147	72.2	37245	43.2
曹州府	156430	128229	82.0	119357	93.1
东昌府	95457	57171	59.9	51988	90.9
临清州	33058	16227	49.1	13630	84.0
青州府	114259	46859	41.0	37034	79.0
登州府	75580	12111	16.0	6872	56.7
莱州府	111421	21138	18.9	17388	82.2
山东省	1094738	594605	54.3	451169	75.9

表中开列了山东开垦耕地数额，虽然其中有清中期以后的新垦地，但绝大多数应是清代前期复垦的耕地，以之与清初抛荒地比较，全省有75.9%的抛荒地得到重新垦殖。①

（四）清代山东人口高速增长的原因

清代山东省人口高速增长，不是凭空出现的历史现象，而是有其深厚

① 参见李令福：《明清山东农业地理》，台湾五南图书出版公司2000年版，第162页。

的社会经济原因的，归纳起来，可以认为主要有以下几个原因。

1. 生产力的发展

清朝人口高增长的原因是多方面的，但最根本的是生产的发展。归纳起来主要有以下三个方面。

其一，是生产力的发展进入了一个新的时期。在人类自身生产不能自我控制的古代社会里，人口发展总是伴随着生产力的发展和社会形势的变化而增长或下降。社会安定，生产力持续发展，社会财富不断增多，人口也不断增长，总的趋势是一代比一代高。清代社会生产力有了更高的发展，因而它的人口也达到和超过了历史的高度。在清代，土地被更广泛地开垦，达到了“野无旷土”。这也是生产力发展的一个重要标志。平均每人占有耕地仍不足 3 亩。但却维持着人口的继续增长，原因是什么，就是生产力的发展。

其二，是山东农业生产力布局的变化，经济中心的转移，也会引起人口增长向中心区的偏移。山东农业生产力布局在明代发生了根本性的转变，明初尚保持一定生产规模的青登莱三府，明后期该区农业经济“连年凋敝，人户多逃，本额之征十欠四五，每岁山东以督粮拖违降调停俸率多三府之官”[①]。而明初一片荒凉的鲁西南与鲁西北平原东昌、兖州、济南三府发展成为农业经济的发达地区，嘉靖时已有人认识到这一点，以为“国家承平百余年，休养生息，济南、东（昌）、兖（州）颇称殷实，而登莱二郡、沂济以南土旷人稀，一望倘多荒落”。[②]

其三，是开辟了更多的荒地。人口的增长，促使人们去寻找开辟更多的荒地，土地被大量开垦。可耕地的扩大，粮食产量的增加，反过来又促使人口的增长。虽然从清朝的统计中看不出荒地被大规模开垦的记录，如康熙二十四年（1685 年），统计全国在籍耕地 6078430 顷，此时人口大约在 1 亿左右，平均每人占有耕地 6 亩左右。到嘉庆十七年（1812 年），人口已达到 36000 多万，约增 2 倍多。但在籍耕地仅 7915251 顷，只增加了 30%，平均每人占有耕地则降到只有 2 亩多一点。不过实际耕地还要更多些，有很多耕地被豪绅势家们隐匿漏报，一些新垦荒地没有编入地籍。

---

① 《明经世文编》卷三四四《王敬所集》。

② 《形势》，《（嘉靖）山东通志》卷七。

明末山东全省垦殖系数为40%，开垦程度较高，各地垦殖水平也有差异，其中垦殖系数最高者为东昌府，达到63.5%，其次为兖州府的47.2%与济南府的40.3%，也略高于全省平均数，处于中等垦殖水平；莱州府的34.7%已经低于全省平均数不少，而青州与登州两府垦殖系数最低，都没达到30%。总的来看，鲁西南与鲁西北平原的土地垦殖水平明显高于鲁东南丘陵山区。①

其四，是粮食产量的大幅度提高。生产力水平的提高，最主要的表现在粮食产量的大幅度提高。“民以食为天”，食品是人类赖以生存的最基本的生活资料。在社会安定的情况下，食需供应的程度，决定着人民的健康程度，是人口增长快慢的主要因素。到清代，不但由于农业技术的更高发展，使土壤改良、选种、施肥、田间管理、水利灌溉等方面也都有了新的发展，粮食单位面积产量不断提高，而且一些高产粮食作物得到了更广泛的种植。②

其五，是美洲高产作物引种推广。从美洲引入的玉米、甘薯、花生、土豆等作物，到清代得到了更广泛的种植。特别是产量很高的甘薯，对土地和气候的适应性很强，从南方到北方，从山区到平原，凡是旱田，都可以种植。尤其在北方，种植特别广泛。它种植简易，管理费少，但产量却很高，在肥水条件较差的生地沙土地上种植，产量高于任何其他作物，一亩可产数千斤。即使在大旱之年，也少有绝产的。不仅地瓜块根可以食用，叶蔓亦可充饥。而且它营养成分也好，成了北方一般农民赖以生存的主要食品之一。

有人说清代人口的高增长，甘薯起了关键的作用。这话有些夸张，但也绝不能低估甘薯的作用。甘薯对土地的适应性很强，山堆薄地都可以种植，进一步促进了山区荒地的开垦，耕地面积不断扩大。同时栽培技术也不断提高，乾隆后期北方已能就地育苗，山东各地甘薯大量繁殖，农民家家户户皆种甘薯。这就使粮食产量在人口不断增加的情况下，也不断增长。虽然农民实际生活没有得到多大的改善，但大多数人仍可维持最低生活，这就是

---

① 李令福：《明清山东农业地理》，台湾五南图书出版公司2000年版，第123—124页。

② 路遇、滕泽之：《中国人口通史》，山东人民出版社1999年版，第782—783页。

清朝中期以后，人口继续得以高速增长的根本原因。①

研究表明，到清末，中国的人口增长了3倍。可是，在笔者所见到的几代学者的相关论著中，没有人肯定地说，清中期到民国时期的二百年间，土地生产出了可以养活几亿人口的粮食。我国粮食进口微乎其微，人口的大爆炸，固然造成了人均粮食的减少，但在农民保持极低生活水平的情况下，是这块土地实实在在养活了增长的几亿人口。人口在不断增长，而不是如1959—1962年那样人口大量非正常死亡和负增长，也不是如太平天国在南方所造成的人口急剧下降。现有的土地上生产出了可以养活了新增长的3亿人口的粮食，虽然极为贫穷，却还能生存发展，这就是清中期直到20世纪上半期农业与粮食生产的历史真实，一个不可否认的事实。

如果我们承认清中期后确实有几亿人口增长，就不能不承认是已有土地生产出了可以养活新增人口粮食的事实。这不是亩产多几斤十几斤可以解决的问题，是要粮食总量上增加2—3倍。近二百年间中国粮食生产基本可以自给这样的重大事实，土地生产的粮食基本可以解决几亿人吃饭问题的这样一个社会经济的重大事实，使一切枝枝节节的研究都显得苍白无力，使那些对中国农业和粮食生产的悲观论者，都应该重新反思与修正自己的观点了。人们不能对二三亿人口粮食问题基本解决的事实视而不见。我们有关农业、农村和农民的研究，我们对四百年间粮食经济的研究，如果不能对土地怎么养活了新增长的几亿人口的问题给予科学合理的解释，是否意味着我们的研究偏离了事实与大方向，没有切中要害。

清代是中国人口发展史上一个极其重要的时期。据行龙研究，康熙二十年（1681年）后，清王朝在全国范围内的统治趋于稳定，人口总数恢复并稳定在1亿左右。乾隆一朝，全国人口总数突破3亿，此后嘉庆、道光朝仍继续增长。1840年，全国人口总数为412814828人。咸丰元年（1851年）增长到4.3亿多，达到清代人口总数的最高点。

同全国各地人口增长大势一样，华北地区的人口总数也有了明显增长。统计资料表明，乾隆朝后期，直隶、山西、山东、河南四省人口共计80677833人，嘉庆时期增加到93991016人，道光朝后期达94234910人，

① 路遇、滕泽之：《中国人口通史》，山东人民出版社1999年版，第783—784页。

咸丰元年达到 96341715 人。值得注意的是，乾隆朝以后，华北地区的人口数量虽然也呈上升趋势，但却明显低于全国平均增长值。

若以乾隆末年人口平均数为基数 100，至咸丰元年，直隶为 101.02、山西 118.09、山东 144.82、河南 112.88，四省平均上升到 119.20，而全国已上升到 145.42。此种人口发展态势说明，在一定的生产力条件下，华北地区已出现“人满为患”之势，未开发和待开发的边疆地区则成为全国人口增长最快的地区。[①] 也就是说，在华北四省中，山东人口的增长明显高于直隶、山西、河南，接近于全国人口平均基数。

以咸丰元年（1851 年）全国有 4.3 亿人口为标志，当时全国人口达到顶峰而没有发生大饥荒。其后光绪初年的“丁戌奇荒”，造成五省大饥荒，但对全国而言，也仍是局部的特大旱灾，虽然死了上千万人，也没有演变成全国的大饥荒。这说明，当时的土地，没有因为承载了 4.3 亿人口，而发生人吃人的现象。据有关资料，1873—1933 的 60 年间，山东耕地面积趋势是清末民初有所增加，而到 30 年代则有所下降。山东报告份数为 182 县次，以 1873 年（同治十二年）的耕地指数为固定基年，作 100，则 1893 年（光绪十九年）为 103，1913 年为 105，1933 年为 99。[②] 这些耕地的升降，是在全国 4 亿多人口可以正常生存发展情况下的波动。其中可能有统计方法口径的不同造成的误差，就算完全真实，也没有动摇人与地基本和谐的事实。

人口的增长，是与土地开垦同步正比例发展的。山东明清两代的农业历史表明，人口增长与土地开垦，与粮食生产，大致是重叠的关系。耕地分布重心的转移，也是源于农业生产力的转变。论者往往只讲到人口增长对土地的压力，而没有注意到，有人口的增长，即有劳动力的增长，而劳动力的增长，则是土地垦殖开发新的动力，必然是耕地的增加和农业技术的传播，促使山东农业生产力布局发生了根本性的转变，推动粮食生产的发展。据李令福研究，明清山东农业地理的综合特征是，在空间上的发展，主要表现在

① 行龙：《近代华北农村人口消长及其流动——兼论黄宗智“没有发展的增长”说》，《历史研究》2000 年第 4 期。

② 乔启明：《中国农村社会经济学》第六十九表，商务印书馆 1945 年版，第 194 页。

随着人口数量的迅速增长，农地垦殖由平原向丘陵山地与湖泊沙碱地的推移。其在结构上的变化，主要表现在新兴作物的引种与传统农作物组合内部的调整，促使二年三熟轮作复种制度的形成与推广，极大地提高了土地利用率，增加了粮食的单产和总产，农业生产布局从均衡趋向集中。

明代山东农业生产力布局根本性的转变，青、登、莱三府衰落，东昌、兖州、济南三府发达。鲁西南与鲁西北平原的东昌、兖州、济南三府，明初接收了不少外来移民，其后人口自然增长也很快，因此，其耕地面积的增长速度很快。

而鲁东南丘陵山区的青、登、莱三府，明代人口增长速度相对缓慢，仅为全省平均数的一半，其耕地增长速度也相对较慢。

垦殖速度的这种区域差异促使山东农业生产力布局发生了根本性的转变，耕地分布重心由沂泰山地东北麓平原西移到沿运上河平原地带。明初尚保持一定生产规模的青莱登三府明后期垦殖水平偏低，农业经济相对落后，而明初一片荒凉的鲁西南与鲁西北平原东昌、兖州、济南三府明末垦殖水平较高，成为山东农业的发达地区。①

王业键承认中国的农业生产养活了国内人口。"从清初到 1933 年，中国人口大约增加了三倍，而这一时期中国的经济结构和人均收入并无多大变动，因此，人口的增长必以粮食的相应增长为基础，而近代中国粮食进口量在全国粮食供应中所占比例很小，因此，这段时间内粮食供应量的增加，几乎完全依靠国内生产的增加"。②

山东省面积、耕地面积、户均地、人均地的统计如下③：

表 5–81　山东省土地人口耕地变化表

	全省面积	耕地面积	耕地占全省面积 %	户均人口	户均耕地	人均耕地
战前	250182000	110662000	44.23	5.2	18.7	3.59

① 参见李令福：《明清山东农业地理》，台湾五南图书出版公司 2000 年版，第 355、357 页。

② 《近代中国农业的成长及其危机》，台湾"中央研究院"近代史研究所集刊，第 7 期。

③ 鲁档：山东省人民政府实业厅编：《山东省农业生产报告》，第 87 页，原档案件编号 TD4-497-1。

	全省面积	耕地面积	耕地占全省面积 %	户均人口	户均耕地	人均耕地
1949 年	202935000	95279807	46.90	4.5	12.1	2.72

注：战前数字是根据日本特务机关所著的《山东省农业概况》一书的记载；1949 年的数字山东粮食总局 1948 年秋征时的统计和同时期各行署实业处的报告而作，济南、烟台、潍坊、兖州、济宁、徐州、新浦、连云港等新解放区均未统计列入，农民户数和农民人口包括农村中的小城镇人民在内。

表 5–82 抗战前（1935—1936 年）山东省主要粮食作物产量①

单位：千市担

	稻	小麦	小米	玉蜀黍	高粱	大麦	糜米	大豆	甘薯	花生
产量	501	57733	39644	14838	42514	5975	4984	35442	49724	10383

可以说，整个 20 世纪所有的统计数字，所有户均人口、户均土地和每户农民平均占有耕地，都是在土地可以养活人口的前提下的统计数字。山东战前每户平均占有土地 18.7 亩，而到 1949 年则下降为 12.1 亩，这个数字应该认为是不准确的。八年日本侵华战争时期，山东的人口还是有相当增长的，但户均土地不可能从 18.7 下降到 12.1 亩，人均土地也不可能从 3.59 亩下降为 2.27 亩。

我们很长一个时期，都认为中国农村的问题是土地生产关系严重的封建性，造成了农业的落后和广大农民的贫穷。所以，知识界对 1946 年后及新中国成立后的土地改革都是竭诚拥护的，以为从此可以一劳永逸地解决粮食问题、农业破产和农民贫穷的问题。

曾担任中共山东胶东主要负责人的林一山，对山东农村的阶级状况和土地制度有真灼的见解。林一山说："1927 年国民党中央土地委员会调查结果，全国的三亿三千五百万农民中，有土地者（一亩以上）只占农民总数的 45%，而完全没有土地者占 55%。据调查所得的土地分配情况是：地主富农占土地总数的 82%，占农村总人口的 29%；中农所有地占土地总数的 12%，占人口的 24%；贫农仅占土地总数的 6%，却占农村总人口的 47%。""但胶

① 张培刚、廖丹清：《20 世纪中国粮食经济》，华中科技大学出版社 2002 年版，第 102—103 页。

东的基本情况即与上述调查有很大差别。在胶东，无地赤贫户是极少数，地主富农占有的土地不是大部分而是少部分，大部分甚至占绝大多数的土地是在中农手中。中农人口比大于全国人口比一倍，土地比大于全国中农占有土地比数的七倍；贫农人口比与全国相同，占有土地数则大于全国贫农占有土地的一般比数的两倍半。”①

山东各地1985年后陆续实行的土地承包制后，农村出现了翻天覆地的变化。还是这些土地，还是这些农民，还是这个生产条件，几年间，原先贫穷的村庄，成为工副业的龙头，原先吃粮靠救济的村庄，成为产粮大村。一夜之间，农民焕发了生产的积极性，整个农村一片生机勃勃的景象。我们把这种现象称为政策的作用。前后对比，不能不承认，农村土地承包制之前所实行的制度，是阻碍农村经济发展，破坏农业生产力的。而农村土地承包制，打破了原先的桎梏，解放了生产力，成为土地生产率大幅提高的政治因素。

一组土地产出率的资料，也可以说明农业经济效益问题。

“山东人多地少，农业生产长期以来十分注重精耕细作，集约经营，土地产出率提高较快，水平也较高。按耕地面积，全省平均每0.067公顷（每亩）耕地总产值，1949年为15元（按当年价，下同）。1978年为93元，按可比价计算，比1949年增长2.67倍，平均每年增长4.6%。1990年每0.067公顷（每亩）耕地总产值达630元，比1978年增长1.44倍，平均每年增长7.7%；比1949年增长7.9倍，平均每年增长5.5%。

“全省平均每0.067公顷（每亩）耕地种植业产值，1949年为12元。1978年提高到76元，比1949年增长2.59倍，平均每年增长4.5%。1990年提高到387元，比1978年增长1.06倍，平均每年增长6.2%；比1949年增长6.38倍，平均每年增长5%。”②

人们常提出一个问题，就是多少土地可以养活一个人？有一种说法是5亩地可以养活一个人，而山东各地农村平均农场面积大小相差悬殊。“山东

---

① 鲁档：《林一山：四年来胶东抗战工作总结报告》，内部资料，第8—9页，原档案件编号为TD24-22-17。

② 俞宽钟主编：《现代山东农业》，山东科学出版社2000年版，第141—142页。

莱州为30亩（供给一人生活费需地5亩），益都县10亩，临朐县和临淄县50—60亩，寿光县3亩，长山县数亩。”①

山东青岛农地之生产收益及每年每口生活费提供了胶东一带的典型。青岛是胶东重要的港口城市，商品贸易活跃，附近农村经济发展较快。“普通农地之生产收益，每亩每年约自十五元至三十元；园地则可自六十元至五百五十元；平均计之，每亩约三十元，全市可得农产收入三百万元。除去地税肥料等资，平均每口仅得十三四元”，其生活支出，“每年每口有二十元之生活费，已足温饱”。② 也就是说，青岛农村的生活，每个农民人口一年有20元生活费可以温饱，而1亩地的收入，平均可得30元。按低标准算，普通1亩旱地可以养活1个人，旱地与园地通算，1亩地可以养活2口人。青岛的这个案例，让我们对各地农民土地不足10亩，甚至少于10亩的农户，却也能艰难度日的事实想明白了。如果执著于5亩地才能养活1口人的话，那些家中有人三五口，而土地不足10亩的农户的生活，就成为不可理解的事了。

有学者绘出山东省粮食总产及单产曲线。据称，山东省粮食总产及单产呈现出很好的正相关关系；而且，山东粮食总产及单产总体呈上升趋势。由于山东省土地资源有限，提高单位面积粮食产量是提高山东省粮食总产量的最有效途径。采取增加科技投入、改进现有耕作方式和耕种技术，可有效地增加粮食产量。

新中国成立初山东粮食总产量为870万吨，到1978年总产量为2288万吨。从1979—2008年，在有效灌溉面积几乎没有发生变化的情况下，粮食单产从1979年的2835公斤/公顷增长到了2008年的6391公斤/公顷，增长了2.68倍。据测算，在农业新技术的产粮地区，由于粮食单产的提高可使粮食增产11%—15%。2008年总产量增至4260.5万吨，名列全国第二，且连续六年增产，为我国重要的粮食生产基地。③ 由此可见，推广农业新技术是提高山东粮食单产和粮食总产量的最有效途径。

---

① 转引自李文治主编：《中国近代农业史资料》第一辑，三联书店1957年版，第661页。

② 《青岛农业之概况》，《中行月刊》1933年第5卷第3期。

③ 高倩倩等：《基于逐步回归分析的粮食产量影响因素研究》，《中国青年报》2010年6月5日。

二、农民的秘密——农民无税地的蓄水池作用

农民在土地和粮食产量方面，有不可告人的秘密，是不肯轻易示人的。农民的土地，除了税地外，还有多少不等、优劣各异的土地，这些土地，或是税亩与自然亩的差额地，或是额外地、畸零地等政府明文免税地，或是河湖海岸荒地与退水地，经中央政府明令豁免钱粮的土地，或是农民的开荒地、畸零地，再则就是大量经过多次政权更叠、灾荒与战争毁坏后原业主或死或迁后迷失的土地，这些土地，都被农民开垦出来。官府上报的垦田数额，不论多少，都不代表是农民真正的垦田成绩，一般来讲，都是少报瞒报，以多作少，成为所谓的隐瞒地或黑地。所以，实际上，农民的在册土地和农民的实有土地，是两本账，有很大的差距，这是农民不可告人的秘密。农村有大量的土地是不纳税的，这些地是农民生活的重要来源，是农民以食为天、养家糊口、纳赋及婚丧嫁娶、人情往来等取之不竭的蓄水池，成为农民的活命地。这也就是为什么农村人口大量增加，官私方统计的土地数量不见增加，却能养活新增人口的原因。

（一）税地与自然亩的差额地

在新中国成立前，耕地数目在清代没有全国、全省性的系统的丈量，土地数目和田赋数基本是沿袭明代万历年间的数额。由于有四百年没有进行土地丈量，其间政权更叠、灾荒与战争洗劫，沧海桑田，物是人非，赋役册上的税地，和农民的实有地，税地和自然亩的差额地，都成了一团乱麻，这笔糊涂账成了书吏的独家秘密，形成一个巨大的可人为变通的空间。官府所登录的土地系征税折亩数，而非实际耕地数。

据史志宏研究，清代官书记载的耕地数字是不实的，远较实际耕地数字为低。官书记载的耕地数字明显偏低。清代版图远较明代为大，开垦地区也远较明代为广，内地各省明代还没有充分开垦的地区清前期都基本垦辟，边远省区也已进入开发，直到全国大部分省区开垦已接近极限的乾、嘉时期，官书记载的耕地数也并不比明盛世耕地数高出多少。

明万历、天启间官方记载的耕地面积为700多万顷，许涤新、吴承明估计万历初耕地为7.842亿亩，其中民田约7亿亩，余为各种官田。万历初民田大约只有566万余顷，但这是包含了折亩因素在内的，修正后则明后期实

际耕地约为760万顷。

清官书耕地数也偏低。如1929—1933年全国耕地的面积约为1417万市顷，[①] 合清制1537万顷。这个数字，比嘉庆、光绪会典的数字分别高出700多万顷和600多万顷。这里面包含了清末民初东北、内蒙古、西北等边疆地区开垦的因素，内地18省，1929—1933年的数字也分别比嘉庆、光绪会典数高出433万顷和393万顷。[②] 内地各省自乾、嘉时期以后已无多少余地可垦，增出如许之多的耕地是不可能的。

清前期实际耕地面积的估算。康熙末、雍正初的全国耕地，清官书有两种记载，一为700多万顷，二为800多万顷：《大清会典》、《清朝文献通考》等书雍正二年土田数与《清实录》康熙五十五年到六十年的历年土田数均为700多万顷；《清实录》从康熙六十一年起到雍正十二年止的历年土田数均为800多万顷。在估计当时实际耕地之前，必须先对两种显然不同记载的矛盾作出解释。

以雍正二年数为例，据雍正《大清会典》记：雍正二年全国民田6837914顷，屯田394527顷，学田3886顷，宗室庄田13338顷，八旗庄田140128顷，合计为7389793顷。此外尚缺内务府庄田及官田等项，这两项在清前期大约只有2万余顷。计入后则总数约为741万顷。这个数字，与《实录》康熙末（不包括六十一年）各年数也能衔接，应当说比较真实可靠地反映了当时官方的耕地统计。[③]

清官书地亩耕田数字不实，主要有两个原因造成：一是官府所登录的土地系征税折亩数，而非实际耕地数。二是有大量不起科土地和“欺隐”瞒报土地未被统计进去。

折亩制度，从先秦齐国就可以找到相关的税制例证，是一种农田征税中将各类土地按统一标准折合成税亩办法。先秦齐国就将多种土地折合成可以收税并大体公平的亩制，是以数量抵补质量。因为好地近地在土地总量中只占很少比率，就得将大部分低产地荒废地折成可纳税的粮地。折亩既是将

---

① 参见严中平等编：《中国近代经济史统计资料选辑》，三联书店1957年版，第356页。

② 参见史志宏：《清代前期的耕地面积及粮食产量估计》，《中国经济史研究》1989年第2期。

③ 参见史志宏：《清代前期的耕地面积及粮食产量估计》，《中国经济史研究》1989年第2期。

较差的土地折合成中等土地，就出现几亩自然亩折合成一税亩粮地的必然现象，官府所登录的土地系征税折亩数，而非实际耕地数。所谓折亩，就是将民间肥瘠等次不同的土地分别按一定比例折实成划一的征税土地单位，一般多为几亩折一亩粮地。因而折亩远较实际耕作亩要大，被称作“大亩”、“大地”、“粮地”，而实际耕作亩则称作“小亩”、“小地”。“上行造报则用大地，以投黄册，下行征派则用小亩，以取均平”①。因此，“折亩”也是使官书所载耕地数偏低的一个重要原因。

明清两代遍及于大江南北许多省份。如直隶元氏县“上地每三亩六分七厘四毫折征粮地一亩，至下下地则每十一亩折征粮地一亩”。②陕西盛行折亩，扶施县地，五亩零折正一亩；甘泉县地，三亩零折正一亩”，“洛川县地，向系八亩四分折正一亩，宜川、延川二县地，四亩折正一亩。”③河南内黄县，“有所谓大地小地之辨”，小地“有五亩有奇准一亩者，有七亩有奇准一亩者，有十四亩有奇准一亩者，有二十八亩有奇准一亩者，有六十亩有奇商准一亩者”。④阎若璩谈到折田时曾引《宝应县志土田议》一文，说扬州府“高邮田二万五千余顷，额征银四万一千余两，泰州田九千余顷，额征银四万四千余两，非泰州之田仅高邮二分之一，非泰州之赋重于高邮三倍也，盖泰州大地也，而高邮小地也。又如兴化田二万四千余顷，额征银二万八千余两；宝应田二千余顷，额征银二万余两，非宝应之田仅兴化十分之一，非宝应之赋重于兴化十倍也，盖宝应大地，而兴化小地也。小地则一亩为一亩，大地则数亩折一亩，一亩为一亩则赋轻，数亩折一亩则赋重”。⑤

折亩的存在，使官书所载耕地数与实际土地数及实在耕地数有很大差距。⑥

（二）额外地、畸零地等政府明文免税地

额内、额外地。土地除旗地、学田、营田等不属征粮地外，民间有大

① 顾炎武：《日知录》卷十《地亩大小》。
② 陆陇其：《三鱼堂文集》卷三《杂著·灵寿志论》。
③ 《田土二·丈量》，《（雍正）大清会典》卷二七。
④ 《（光绪）内黄县志》卷十八《艺文下》，杨辉斗：《粮地足额碑记》。
⑤ 阎若璩：《论折田》，载《皇朝经世文编》卷 31《户政六》。
⑥ 参见史志宏：《清代前期的耕地面积及粮食产量估计》，《中国经济史研究》1989 年第 2 期。

量畸零地和湖荒河荒山荒等不起科的土地。乾隆初为鼓励开荒，规定开垦山头地角零星地土永免升科，使此后开垦出来的许多耕地，尤其是山荒瘠壤，都合法地没有进入官方的统计。

征粮民地分为两类：额内地与额外地。一类为“额内地”，是从明代继承下来的原额地，额内地属于折亩，额外地不是折亩。另一类征粮民地是额外地。所谓“额外地”，是清代康熙以后于原额之外陆续增出的土地，包括开垦地、马厂牧地、河淤地、归并卫地、民间买回拨补地等。后一类土地康熙中为399顷余，乾隆初增加为747顷余，道光初又增为763顷余，此后直到清末再无变动。①

额内、额外地的征银率是不同的。额内地除50顷寄庄地每亩征银0.21011两外，其余优免地、行差地均每亩征0.17875两，额外地则每亩征银只有几分，按全部额外地数及征银数平均计算，约为0.019两余。两相比较，额内、额外地每亩征银数相差近十倍，显然它们的顷亩是不同的。前者为折算后的粮地，故征则高而且统一；后者为民间实际顷亩，故征则低而且有高下（因土地质量有高下不同）。②

边缘畸零土地。山头地角、水滨河滩荒地称之边缘土地，多属畸零，即何炳棣所称的“边缘土地”。清中期，垦殖的对象已与前期不同，垦荒的主要方向，从主要复垦抛荒地转向山头地角、水滨河滩的多年老荒。边缘土地既难垦辟，开垦以后生产力也不高，收成恒不稳定，零星分布，或因报垦则必然升科，或因承粮多少、地权所有而引起争讼，开垦此种土地费工费时，而所得有限，所以无人肯致力，任其长期荒废。乾隆在即位五年时（1740年）所说，畸零荒地，“往往任其闲旷不肯致力者，或因报垦则必升科，或因承粮易致争讼，以致愚民退缩不前”。③乾隆放宽垦殖措施，对开垦边缘土地给以优惠政策，对开垦的瘠薄地亩减则起科，规定畸零地亩永不征粮。④

---

① 参见史志宏：《清代前期的耕地面积及粮食产量估计》，《中国经济史研究》1989年第2期。

② 参见史志宏：《清代前期的耕地面积及粮食产量估计》，《中国经济史研究》1989年第2期。

③ 《清朝文献通考》卷四《田赋考》。

④ 参见李令福：《明清山东农业地理》，台湾五南图书出版公司2000年版，第147、359—360页。

（三）河湖海岸沙压田退水田

嘉道两朝清政府的鼓励垦荒政策，使多数湖泊河洼盐碱荒滩及滨海斥卤之地得到不同程度的开垦，因而沙压田、湖泊河滩及山冈丘陵林地也被耕种起来。嘉庆道光两朝继续执行乾隆的劝垦政策，嘉庆六年（1801 年），“除山东曹单二县沙压田地八百有奇历年额赋”。① 嘉庆二十五年（1820 年）题准“山东可以经理水田之处，饬劝谕农民次第修举”。道光四年（1824 年）“除山东西由场被淹灶地”1595 亩，单县沙压地 55289 亩。

道光十二年（1832 年），重申山东零星地土永不起科法令，山东的土地垦殖继续深入地发展。② 至道光十七年（1837 年），山东省官员“查东省地土瘠弱，除沙碱不毛外，小民计及锱铢，并无旷闲之地”。凡有可以种植之处“久已争先恐后”。③ 安山湖放垦以后，“堤内垦种如鱼鳞，无隙地矣”；④ 连黄河“河滩地亩，尽皆耕种麦苗，并多居民村落”。⑤ 乾隆朝以后大量豁除水冲沙压碱废地亩，这些土地由国家的载籍土地转到农民手中，成为农民经济的蓄水池。乾嘉道三朝是山东土地垦殖的深入发展时期。乾隆初年大量豁除水冲沙压碱废地亩。乾隆元年（1736 年），令山东巡抚核查郯城、兰山二县水冲沙压之田，以便据实豁免，据查郯城等 28 州县所有沙压地 13.6 万亩，“实系积年废弃，人力难施”，其粮银全部题免。⑥ 前此虽有废弃耕地，但却绝无豁除先例。乾隆皇帝考虑到“地既不毛，粮从何办？”开始大量除豁抛荒地亩。乾隆二年（1737 年），除豁德州、临淄、高唐、郯城沙碱地亩。⑦ 又开除临清等六州县黄运河堤占用地亩 1453 亩，东平等九州岛县堤压地亩 12936 亩，商河县碱地 21055 亩，荒地 779 亩。⑧ 乾隆三年（1738 年）

---

① 《清仁宗实录》卷一百一，嘉庆元年七月十八日。

② 参见《田赋》，《（宣统）山东通志》卷七八。

③ 《清宣宗实录》卷二九七，道光十七年五月初七日。

④ 《漕渠志》，《（光绪）东平州志》卷四。

⑤ 《清高宗实录》卷一一四七，乾隆四十六年十二月戊子。转引自李令福：《明清山东农业地理》，台湾五南图书出版公司 2000 年版，第 152 页。

⑥ 《清高宗实录》卷二四，乾隆元年八月初十。

⑦ 《清高宗实录》卷四一，乾隆二年四月二十三日。

⑧ 参见《清高宗实录》卷四五，乾隆二年六月二十九日；卷五七，乾隆二年十一月二十八日。

巡抚又奏："雍正八年冲压地亩，前司详题豁，各邑实在尚有未尽，万难垦复，应请题豁"，共26322亩。①

由这些不完全的记载来看，除豁数量不少，当然会使载籍耕地大量的失额了。其后续实行确系抛荒随即豁除的政策，乾隆二十四年（1759年）"豁除山东济宁州、鱼台县水深难涸地"97664亩；乾隆二十五年（1760年）"豁免山东河丰、利津、沾化、阳信、乐陵、冠县等县被水冲压荒地"98200亩。②

乾隆三十六年（1771年）"临清州及陵县有经水冲漫沙压盐碱地一千余顷，屡年试种无成，不能复垦，农民完赋无资……概予豁除，以示体恤民隐至意"。当年豁除临清州沙压碱地101322亩。

乾隆九年（1744年）全省耕地9249万亩，与雍正十三年（1735年）相比反而降低了697万余亩。

道光四年（1824年）"除山东西由场被淹灶地"1595亩，单县沙压地55289亩；山东载籍耕地数字不但没有上升，反而略微下降。这是乾隆朝后大量豁除水冲沙压碱废地所致。所以，我们可以论断：乾隆以后载籍土地降低主要原因，不是垦殖少了，也不是没有垦殖，而是因为乾隆朝以后大量豁除水冲沙压碱废地亩的政策，使载籍地亩不增反减，这些土地由国家的载籍土地转到农民手中，成为无税地，因而成为农民粮食经济的蓄水池。随着土地垦殖的深化，也有一定数量的荒地报垦升科，会促使田额的上升；不过，当时政府实行零星地土概免升科的鼓励垦荒政策，对新垦地的申报，从上到下都不会积极主动，各州县耕地面积的统计仅仅满足于保持一定的税收数额以维持原额税收的平衡。③

农民的任意开垦，一方面是把边缘地变成了可以收成粮食的土地，另一方面则是造成的生态的严重破坏。嘉道两朝人们与水争地之外，也向山陵高地进军，道光时曲阜县枣林尽被砍伐以耕种粮食，其余种桑植柞之处也不

① 参见《户部抄档·地丁题本一山东（四）》，乾隆三年五月二十四日，山东巡抚法敏题本。

② 参见《清高宗实录》卷六百一，乾隆二十四年十一月十九日；卷六二一，乾隆二十五年九月二十八日。

③ 参见李令福：《明清山东农业地理》，台湾五南图书出版公司2000年版，第153、155页。

能幸免。①

滥开滥伐，给自然环境造成很大的破坏。咸丰初年，沂水县的岭地“本属荒山不宜五谷，近来贪利愚民沿山开垦”，山场地“从前皆种勃椤，近已刨挖净尽，虽种杂谷，一遇旱年，颗粒不收”，这种“有山即开地”的做法造成了严重的生态破坏，水土流失，山洪爆发。吴树声说：“既硗确坡陀亦必多方开种，最为害事，山水甚骤，赖有草根护持不致冲刷，一经开种，则本山之沙土随水而下，近山之地先受其害，久而山河尽淤，山水暴涨，势不能容，必将横决，平原近河之地无不受其害。”② 无计划的占垦，在某些地方农民的占垦逐渐影响到运河水柜及河道行水。当时，“兖州济宁境内……等湖皆运道资以蓄泄，昔人谓之水柜，民乘涸占种，湖身渐狭”。③

（四）农民开荒地

清代末年的垦殖主要表现在以下几个方面：

1. 复垦战乱造成的抛荒

同治二年（1863 年），政府制定山东被匪患侵扰地方移民认垦荒田政策，“其有原业主者，着各地方官查明给领”，实系逆产及无主荒田一律入官；“至曹州府连年黄水漫溢处所，沿河东岸各州县被灾穷民，无业可归者人数不少……饬该地方官出示晓谕，如愿迁移认垦，即赴各该州县报明，由曹州府移运兖州等府，发交各县安置，照户丁多寡，拨给田亩，开垦认种”。④ 当年除“邹、曲、泗、滕、曹五县未经认领荒田三百三十二顷余亩”外，大部抛荒地已认垦完毕。⑤ 总的来看，由于人口众多，这种复垦过程比较迅速。

2. 农民开垦济宁、兖州一带的湖田

雍正元年（1723 年）河道总督齐苏勒奏：“昭阳湖因多年黄河水淤，积有肥土，尽为豪户占种；安山、南旺等湖，原有堤界，近因附近居民垂涎

---

① 参见《曲阜孔府档案史料选编》第三编第九册，齐鲁书社 1980 年版。

② 吴树声：《沂水桑麻话》；李令福：《明清山东农业地理》，台湾五南图书出版公司 2000 年版，第 153 页。

③ 《清史稿·齐苏勒传》，中华书局 1986 年版。

④ 《清穆宗实录》卷七八，同治二年七月三十日。

⑤ 参见《清穆宗实录》卷八九，同治二年十二月二十四日。

湖地，或私种，或开垦，亦与昭阳无异。”[①] 黄河改道，东北运河中部受阻不畅，导致南四湖不断干涸缩小，湖周边退出大片可耕之地，于是光绪二十八年（1902 年）济宁州实行湖田放垦征租，“于二十九年先就南牛头河地方灾区之部，援照江南圩田办法圈筑围堤，工长五千八百余丈，护田二百九十九顷七十五亩，工程告竣，岁经二稔，春麦秋稻，有收必丰。”光绪三十二年（1906 年）设湖田局分南北两路继续放垦。[②]

3. 开垦东部山荒与沿海滩涂

光绪二十九年（1903 年），山东巡抚周馥设垦务总局，“招垦登莱青沿海荒田”。[③] 次年委员赴莱阳一带调查官荒地，得 5.2 万亩，收契价 12 万余串，[④]1903 年栖霞县也放垦二千余亩。[⑤] 光绪三十二年（1906 年），青州马赓熙欲招股 4 万两开垦黄县、莱阳、栖霞、福山等地山荒海涂。[⑥]

而垦地成就最大的是位于黄河新淤滩地的利津、乐安两县，此区滨海之地原多盐场不堪种植，自黄河改道由此入海，浊流横决，多被淤高，各县人民争先垦殖，初时仅由县署发给领单，每亩收价甚微，旨在提倡垦务。垦务总局设立后，派员前往整理，按上中下三等微收地价，垦民踊跃，乐安县于 1904 年放垦各等地 36273 大亩，又续垦下下淤地 15517 亩。[⑦] 利津县到 1908 年招垦农户已达 10 万，共垦地 260797 亩。[⑧]

清末社会秩序基本恢复后，政府号召农民积极复垦抛荒，并且有组织地向新淤湖地山荒及沿海滩涂招垦开发，山东省的土地垦殖迅速恢复到清中期的最高水平，其实际耕地面积似基本与道光末期相等，也在 12090 万市亩上下。[⑨]

清代前中期，雍正迫于人口增多带来的压力，令山东开垦闲旷之地，雍正朝垦殖边缘老荒土地的尝试以失败而告终。如乾隆十七年（1762 年）

---

① 《清世祖实录》卷九，雍正元年七月二十四日。

② 《法制略，济宁告沉地沿革历史》，《（民国）济宁县志》卷二。

③ 《清德宗实录》卷五二九，光绪三十年四月十七日。

④ 《东方杂志》第一卷第 8 期《实业》，第 123 页。

⑤ 《东方杂志》第一卷第 5 期《实业》，第 55 页。

⑥ 《东方杂志》第三卷第 3 期《实业》，第 82 页。

⑦ 《疆域 · 垦务》，《（民国）续修广饶县志》卷一。

⑧ 《顺天时报》光绪三十四年 3 月 1 日，奏报东省垦荒情形。

⑨ 参见李令福：《明清山东农业地理》，台湾五南图书出版公司 2000 年版，第 158—160 页。

山东省报垦旱地19951亩，乾隆四十四年（1779年）报垦旱地2732亩，报垦州县多集中于鲁东南丘陵山区与鲁北滨海平原。垦殖耕地多是劣等岗地、沙碱地与河滩湖泊地。到道光末年，山东省多数湖泊河洼、盐碱荒滩得到开发，而山岗丘陵林地也被耕种出来，全省耕地面积达到12090万市亩，较雍正二年增加了2562万市亩，这是清中期土地深化垦殖的成果。到清中期深化垦殖时期，山东省垦殖中心逐渐转移到鲁中南山地广大地区。①

（五）农民隐瞒地

乾隆以后，鉴于民生日益艰难，为缓和阶级矛盾，清政府鼓励山区、边地开荒，放松了升科政策，民间垦荒升科主要靠垦民自己首报，隐漏不入政府册籍的土地自然更多。因抛荒豁除和农民欺隐等原因，使清代载籍地减少。

当然，经过清初大量的抛荒豁除与垦荒升科，清代载籍地较实际耕地之间的偏差程度并不完全与明代相同。清初豁荒时“凡水冲沙占碱废之田即予永除额赋”。②把明末丈入的沙碱不毛之地从大粮地中基本清除了。

农民呈报时，不仅不会把非耕荒芜之地无故添于自己名下，而且还会以熟作荒以减少税额，如顺治十四年（1657年），潍县等处查出欺隐废藩田900余顷。③顺治九年（1652年），新泰知县躬亲履亩逐段丈量，结果“计增人丁一千一百有奇，增地亩五百七十三顷有奇”。④

同时，明末产生的一些包空地也在此时一并开除了，如济南府“莱芜等县恭报包荒等事除豁包荒地”13.5万亩。⑤青州府属莒州“在地丁虚赋杂征等事案内奉旨除豁荒地”21.3万亩，也属同类性质。⑥

有大量浮占荒地，但也确有许多瞒报隐漏的熟地。当时有人估计各省“欺隐”土地有“十之一二”，⑦是完全可能的。如陕西省陕南山区，占全省

---

① 参见李令福：《明清山东农业地理》，台湾五南图书出版公司2000年版，第359—360页。

② 《田赋后序》，《（宣统）山东通志》卷八一。

③ 《清世祖实录》卷一二二，顺治十四年十二月十五日。

④ 卢绂：《新泰丈量记》，见《户政·赋役》，《清朝经世文编》卷三一。

⑤ 《济南府赋役考》，《古今图书集成·职方典》卷一九六。

⑥ 《青州府田赋考》，《古今图书集成·职方典》卷二六四。

⑦ 《（雍正）朱批谕旨》第34册，第78页。

土地面积11%以上，新增耕地肯定不少，而这期间陕西的册载土田数几乎没有变动，说明新垦地基本没有统计。应升科而被瞒报隐漏的土地也不在少数。清代地方报垦，固然有“以溢额为功”的情况，总还是瞒报的多。

不仅土地所有者、特别是地主豪绅自己瞒报，而且许多地方官据说为保存地方实力，也有意少报或不报。雍正时清查，各省多有隐漏的土地清出，仅四川就比“旧册，增多殆及半”，由原来的23万余顷增加到44万余顷。①

（六）黑地

所谓农民的秘密，即是隐瞒土地与产量。农村土地不实，农民通常少报地，少报产量，以逃避负担。地主和农民为了逃避租赋捐税和差役，往往普遍隐瞒土地和产量。

濮、范二县，地处黄河滩区，临黄河的土地极不稳定，所谓“三年河东，三年河西”、“三年穷，三年富”，就是此意。地主、富农、恶霸强占黄河淤地，但不上地亩册。如范县，偌大的县，地亩册上只有7777顷，其实，能耕地远远超过此数。再者，过去大地主、富农常乘贫苦农民之危，买地不带粮，即买走土地不履行交农业税的义务。这样造成了有地的不交粮、交粮的没有地的极不合理的现象。

经过反黑地，落实了土地数目。仅范县查出的黑地数占全县土地总数的60%以上。例如储洼村，该村在反黑地前征税地为2800亩，反黑地后增加到4200亩，查出黑地1400亩。这一具体情况表明当时黑地的严重程度。②

解放区在推行合理负担中，同时进行了人口登记、土地丈量和反黑地斗争。沂蒙地区仅沂南县过去即清查出黑地二十余万亩，沂中某村之黑地为原有地之16倍。1942年在征粮工作中即查出黑地16000亩，其中徒山区3000亩，沟头区2000亩，涝坡区3882亩，大店4000亩，沂蒙县清理出的黑地有7203.61亩。农村封建势力对于隐瞒土地是很有经验的，不彻底清丈土地，负担是不能公平合理的。

---

① 《宪德传》，《清史稿》卷二九四。又见《田赋》，《（雍正）四川通志》卷五。

② 王传忠主编：《中共冀鲁豫边区党史资料选编》第二辑，专题部分，山东大学出版社1988年版，第268页。

平邑县一区在清理黑地时，本来多年来地主都是只报 40 多亩地，结果从外村清理出地主隐匿的黑地 90 多亩。胶东地少人多，结果莱西县一区查出黑地 1 万多亩。桓台县索镇前七里庄的庙地，自报 25.11 亩，经清丈发现实有地亩为 74.66 亩，隐瞒的地亩将近在册地的两倍。

费县常庄乡对 17 个村子清丈的结果，从原在册的 7 顷地中，竟清丈出 60 顷零 74 亩地，黑地是在册地的 7.68 倍。

流坡坞东街村的调查，地主没有不隐瞒土地的，岳洪桥在册地 52 亩，实有地 80 多亩，岳东序 40 大亩地，过去只报 20 大亩，岳希彦 40 多大亩，过去只报 28 亩，岳荣泰 69 亩地，在册地不至 50 亩。①

安邱县牟家河村在清查黑地中发现，本村李本忠，原有地段中，有一段 2.5 亩的地，只报了 1.8 亩，隐瞒了 0.7 亩地，占总地 30% 弱；李得康原报地 6.45 亩，实地 7.52 亩，隐瞒了 1.07 亩，隐瞒地占总地的 14%。李承垮有地 7.6 地，只报了 5.4 亩。隐瞒了 2.2 亩，隐地占总地的 29%。②

在淄博工矿区，当地政府曾扎扎实实地进行反黑地斗争，在 7 个县市区的 23 个区 774 个村庄中，进行了挨户调查，结果清丈出大量隐瞒久远的黑地。

表 5–83　淄博工矿特区黑地统计表

地名	区数	村数	原报地亩	清丈后地亩	增加地亩
淄博县	11	465	514162.84	562881.25	48718.41
博山县	5	143	88380.3	103514.8	15134.5
周村市	3	42	20602.1	24682.4	4080.3
张店市	1	8	6383.4	6803.82	420.5
黑山市	1	36	34317.9	37795.4	3477.5
原山区	1	49	28192.3	28955.6	763.3
博城区	1	31	42344.6	44261.82	1917.22
合　计	23	774	734383.44	808895.09	74511.73

① 鲁档：《流坡坞东街村的经济情况》，原档案编号 TD26-53-2，第 18 页。

② 鲁档：《淄博工矿特区情况调查》，原档案编号 TD4-114-3，第 39 页。

在 7 个县区的 774 个村庄中的清丈中，查出了 68430 亩土地。隐瞒地平均高出在册地的 8.33%，淄川县隐瞒地占 9.4%，博山隐瞒地为 14.7%。

三、山东的土地生产率

土地生产率是反映土地生产能力的一项指标，通常用生产周期内（一年或多年）单位面积土地上的产品数量或产值（包括产值、净产值）指标来表示。时下学术界和社会评价土地生产率的指标，主要有实物量和货币量恒定的两条标准：其一，是以实物量表示的指标，其计算公式是：农作物亩产量 = 农作物总产量 ÷ 农作物播种面积（或收获面积）。其二，是以货币量表示的指标：a. 每亩耕地面积种植业产值 = 种植业总产值（增加值）÷ 耕地面积；b. 每亩土地面积农林牧渔业产值 = 农林牧渔业总产值（增加值）÷ 土地面积；c. 每亩土地面积农村社会总产值（农村经济总收入）= 农村社会总产值（农村经济总收入）÷ 土地面积。以货币量表示的土地生产率指标，除受生产结构和各部门产品的经济价值不同的影响外，还受不同时期农产品价格变动的影响。

（一）山东的土地生产率

发展山东农业，提高山东农业生产力水平，就要提高种植业产量与产值，特别是要提高单位耕作面积的产量产值，即土地生产率。这就要求我们对山东农业的省情和山东的土宜，有深刻的认识，能一切了然于胸。然后才可能因地制宜地进行农田水利改造，引进和推广优良品种，优化耕作制度和作物种植制度，用科技种田，用科学方法管理农业生产。有针对性地对农业给以科技投入和资本投入等措施，一切都源于对省情和山东土宜的理解。

山东是北方的农业大省，也是自然条件和社会条件都宜农的地区。

山东属暖温带季风气候区，光照和热量较充足，降水量中等；土壤类型多样；生物资源丰富；自然条件适于各种温带作物种植和畜禽饲养，有发展农牧业的较好条件。山东是中国农业文明的发源地之一，历史上就是主要农业区。①

---

① 参见山东史志编委会、俞宽钟主编：《山东省志 · 农业志》，山东人民出版社 2000 年版，第 3—4 页。

所谓农业资源包括土地、气候、水、生物、劳动力等。山东土地资源与人口相比，属于人多地少；气候资源具有光热比较丰富的有利的一面，也存在降水时间分布比较悬殊的不利的一面；水资源不能满足工农业发展和人口增长的需要；暖温带气候和复杂的地貌，形成了种类繁多的生物资源；人口众多使劳动力队伍相应庞大。虽然各项资源丰缺不一，但在全国，仍属具有一定综合优势的省份。①

在土地资源方面，山东省土地总面积，因黄河入海口泥沙淤积等因素影响而不断扩大，测绘事业的发展也使土地面积的量算日趋完善。据山东省人民政府 1992 年《山东省土地利用总体规划》，1990 年土地总面积为 157211.54 平方公里（折合 23581.7 万亩）。因陆地利用系数高达 87.5%，土地后备资源很少，剩余土地利用难度很大，且地貌、土壤和水文复杂，宜农土地占土地总面积的 56.4%，耕地占 49.7%。

山东省人多地少。1990 年总人口 8492.6 万人，其中农业人口 6915.9 万人。1990 年全省土地总面积 23507.5 万亩，人均占有土地 2.8 亩，为全国平均数的 23.3%。土地利用率和农业垦殖率高。1990 年全省耕地总面积 10278.44 万亩，人均耕地 1.21 亩，低于全国人均 1.27 亩的水平。②

山东农业历史悠久，有丰富的农业文化遗产。元代王祯著的《王祯农书》，全面记述了 80 多种谷物、蔬菜、果树和药材的起源、品种及栽培方法，详细记述了 257 种农业生产工具，展示了中国古代农业生产器具方面的卓越成就。西汉的氾胜之、北魏的贾思勰和元末的王祯被誉为中国古代三大农学家，《氾胜之书》、《齐民要术》和《王祯农书》被誉为中国古代三大农学名著。元末棉花传入山东种植，给农业种植结构的变革和人民生活带来深远影响。

随着明代交通的开拓和与国外经济交往的扩大，棉花的种植已经具有相当规模，嘉靖《山东通志·田赋·物产》有“棉花六府皆有之，东昌尤多”之记载。明万历年间相继传入玉米和烟草的种植。明朝中后期，在发展

① 参见山东史志编委会、俞宽钟主编：《山东省志·农业志》，山东人民出版社 2000 年版，第 34 页。

② 参见山东史志编委会、俞宽钟主编：《山东省志·农业志》，山东人民出版社 2000 年版，第 3 页。

粮食作物的同时，经济作物棉花、烟草及果树和蔬菜都有较好的发展。明万历九年（1581 年）推行"一条鞭法"，使繁杂的赋役征收项目和手续得到了简化，促进了实物地租向货币地租的转化。

清朝建立后，为恢复经济，招抚流亡人口，积极开垦荒地。山东推行垦荒政策，不仅粮食产量提高，而且棉花、烟草等经济作物也开始大量种植。乾隆年间，甘薯由福建传入山东的胶州等地试种成功。嘉庆初年，小粒花生传入山东种植，19 世纪末，又传入大粒花生。清代还传入了马铃薯、辣椒、甘蓝、番茄、西洋苹果等。由于外来作物品种的引进，山东农作物的结构发生了新的变化，小麦、甘薯、玉米等逐步成为重要的粮食作物，棉花、花生、烟草及其他经济作物的种植，逐渐占有较大比重，棉花发展尤快。①

1938 年日本占领山东前，山东粮食年总产 100 亿公斤左右、棉花 0.9 亿—1 亿公斤、油料 6.5 亿公斤以上（其中：花生 3 亿公斤以上）。当时的年度丰产记录：1930 年植棉 40.4 万公顷（606 万亩），总产 1.27 亿公斤；1936 年花生种植 29.33 万公顷（440 万亩），总产 6.6 亿公斤；1933 年水果总产 1.49 亿公斤，棉花、花生、水果三项均为全国之冠。日本侵华战争时期，粮、棉、油生产剧降，1939—1942 年平均，粮食年总产 44.53 亿公斤、棉花 0.22 亿公斤、花生 1.94 亿公斤。

新中国成立后粮食产量和产值。1952 年，粮食、棉花、油料总产都超过了抗战前。丰收的 1956 年与 1931—1936 年相比，粮食、棉花、花生分别增长了 28.3%、152.3%、100.8%。1965 年种植业产值和粮食、棉花总产都略高于 1957 年，油料接近 1957 年。1978 年种植业产值比 1965 年增长 64.2%。农村经济体制改革后，种植业进入迅猛增长的时期。1985 年种植业产值比 1978 年增长 83.4%。80 年代后期，粮食、油料比 1949 年增产 3 倍左右，棉花、水果增产 10 倍左右。②

---

① 参见山东史志编委会、俞宽钟主编：《山东省志 · 农业志》，山东人民出版社 2000 年版，第 4—8 页。

② 参见俞宽钟主编：《现代山东农业》，山东科学技术出版社 2000 年版，第 165—166 页。

山东不同时期主要农作物的产量统计如下表 5–84 所示：

表 5–84　山东省不同时期主要农作物产量表[①]

单位：亿公斤

年度	总产量		
	粮食	棉花	油料
1931—1936	106.95	0.86	6.70
1949	87.00	0.81	5.56
1957	112.60	1.74	7.00
1960	82.95	0.78	2.18
1965	133.20	1.99	6.71
1978	228.80	1.54	9.59
1985	313.77	10.62	26.79
1990	357.00	10.27	21.21

说明：1931—1936 年系年平均值。

如果从不同时期农作物种植业产值的变率来分析，则可如表 5–85 所示：

表 5–85　山东不同时期主要农作物种植业产值变化表

（按 1980 不变价计算）单位：亿元

年度	种植业产值	%
1949	37.64	100
1957	64.19	170.5
1960	45.58	121.7
1965	69.14	183.7
1978	113.52	301.6
1985	208.16	553
1990	219.96	584.4

资料来源：山东史志编委会、俞宽钟主编：《山东省志 · 农业志》(上)，山东人民出版社 2000 年版，第 273 页。

① 俞宽钟主编：《现代山东农业》，山东科学技术出版社 2000 年版，第 272 页。

1. 山东农业经济效益

山东省粮食作物亩产量，即单位面积产量，除了1938年后到1949年12年战争破坏外，其余的年份都是稳定上升的。1949年后，除了1959—1962年的三年大饥荒外，全省主要农作物单产水平得以稳步发展。

按单位播种面积产量计算：1949年只有53公斤，1966年突破100公斤，1975年突破150公斤，1982年突破200公斤，1984年突破250公斤，1990年达到292公斤，比1949年增加239公斤，平均每年增加5.83公斤。1990年比1978年增加119公斤，平均每年增加9.91公斤。全省粮食亩产水平与全国比较，1974年以前低于全国平均水平，从1975年开始高于全国平均水平(只有1982年比全国平均水平低2公斤)，1990比全国平均水平高27公斤，居全国第12位。其中小麦亩产267公斤，比全国平均高52公斤，居全国第三位；1990年玉米亩产347公斤，比全国平均高39公斤，居全国第五位。

新中国成立后，山东农业获得迅速发展，成为全国粮、棉、油、烟、蚕、瓜、果、菜及畜禽的重要产区和出口基地。[①] 山东人多地少，农业生产长期以来十分注重精耕细作，集约经营，土地产出率提高较快，水平也较高。农业经济效益，即土地产出率，据权威统计，按耕地面积，全省平均每亩耕地面积总产值，1949年为15元（按当年价，下同）。1978年为93元，按可比价计算，比1949年增长2.67倍，平均每年增长4.6%。1990年每亩耕地总产值达630元，比1978年增长1.44倍，平均每年增长7.7%；比1949年增长7.9倍，平均每年增长5.5%。

全省平均每亩耕地种植业产值，1949年为12元，1978年提高到76元，比1949年增长2.59倍，平均每年增长4.5%。1990年提高到387元，比1978年增长1.06倍，平均每年增长6.2%；比1949年增长6.38倍，平均每年增长5%。[②]

2. 小麦的生产水平变化情况分析

新中国成立前的小麦生产，由于农田以二年三作为主，小麦播种面积

① 俞宽钟主编：《现代山东农业》，山东科学技术出版社2000年版，第3—4、224、226页。

② 山东史志编委会、俞宽钟主编：《山东省志 · 农业志》，山东人民出版社2000年版，第141—142页。

小，生产力低，单产不高，因而长期在较低生产水平上徘徊。一般年份，小麦播种面积 266.67 万—333.33 万公顷（4000 万—5000 万亩），总产 25 亿—30 亿公斤；日伪统治时期，小麦面积减少 30% 以上，总产减少 60% 以上。由于资料来源不同，取得资料的手段方法不同，数字出入较大。[①]1949 年后，小麦生产水平有了很大提高。从 1949—1990 年 42 年间，总产增长了 6.5 倍。增长的首要因素是科技进步、投入增加，促使单位面积产量大大提高，1990 年亩产比 1949 年增长 5.5 倍；其次是由于复种指数增加，虽然耕地逐年减少，但小麦播种面积却能由降低转入徘徊和回升，80 年代后期的播种面积大于 60 年代和 70 年代，并超过了新中国成立初的国民经济恢复时期。

（1）新中国成立后小麦生产的发展的四个阶段。

①1952 年以前为面积、单产稳步恢复发展阶段。土地改革极大地激发了农民的积极性，农业技术推广工作也有了初步发展，1952 年小麦面积比 1949 年增长 33.33 万公顷（500 万亩）以上，亩产增加 14 公斤，达 55 公斤，总产增长近 10 亿公斤，达到 32.05 亿公斤，相当于抗战前丰年水平。

②1953—1970 年为面积逐步下降，单产缓慢增长，总产徘徊阶段。由于耕地持续减少而复种指数提高缓慢，小麦面积由"第一个五年计划"（1953—1957 年）期间的 400 万公顷（6000 万亩）左右，降到"第三个五年计划"（1966—1970 年）期间 346.67 万公顷（5200 万亩）左右；小麦育种和栽培技术虽有较大进步，但受农村经济体制的束缚，农业投入增长缓慢，单产增长不大，"第三个五年计划"（1966—1970 年）期间平均亩产 64 公斤，使总产徘徊于 30—35 亿公斤之间。其中 1961 年、1962 年因"大跃进"运动的"后遗症"和自然灾害严重，小麦总产降到 20 亿公斤以下，但 1963 年起即逐渐恢复。

③1971—1982 年为面积徘徊、单产和总产成倍增长阶段。复种指数的提高，和耕地的减少，处于相持相抵状态，小麦面积保持在 333.33 万—386.67 万公顷（5000 万亩—5800 万亩）之间；新育成良种大量用于生产。"农业学大寨"运动中，水利和农田基本建设工程陆续发挥作用，化肥生产能力大幅度增长，以及农田联产承包责任制开始全面推行等因素，推动了小

---

① 参见俞宽钟主编：《现代山东农业》，山东科学技术出版社 2000 年版，第 171 页。

麦产量的增长，期末亩产超过 160 公斤，总产超过 80 亿公斤。

④1983—1990 年为面积回升、单产持续增长、总产再次翻番阶段。农田复种指数迅猛增长，麦田面积回升到 400 万公顷（6000 万亩）左右，与“第一个五年计划”（1953—1957 年）时期相当；联产承包责任制激发了农民增加投入的积极性；品种更新步伐加快，栽培技术进一步提高，配方施肥工作广泛开展等科技因素迅速转化为生产力，小麦亩产增加上百公斤，总产超过 160 亿公斤。

从新中国成立后不同产量阶段的发展速度看，从 50 年代初期亩产不足 50 公斤、总产不足 25 亿公斤，到 1972 年亩产接近 100 公斤、总产超过 50 亿公斤，用了 20 多年时间；到 1983 年，亩产超过 200 公斤，总产超过 100 亿公斤。实现第二个翻番，只用了 11 年，时间缩短一半；以后只用 6 年，到 1989 年，亩产超过 250 公斤，总产超过 150 亿公斤，又翻了半番多。①

（2）新中国成立前后玉米生产水平变化。

1949 年前玉米生产水平。据《清代山东经营地主经济研究》，清光绪三十年（1904 年）章丘县旧军镇进修堂孟家的玉米，亩产达到 85—115 公斤。民国初期玉米种植面积 20 万公顷（300 万亩）左右，至 30 年代，已扩展到 40—66.67 万公顷（600—1000 万亩），亩产也由 50 公斤左右增加到 70—90 公斤，总产由 1.6 亿公斤左右增加到 5—8 亿公斤。日本侵占山东期间，亩产下降到 50 公斤左右，总产下降到 3—5 亿公斤。抗日战争胜利后逐渐恢复。②

地方上的玉米生产基本与全省情况是同步的。莒县接触玉米品种较晚，1926 年城西坝上村民从东北带回春玉米种，种植约半亩，生长良好，但未传播开。其后，其他地方亦有人从外地带回玉米，在地头田边零星种植。1944 年春，阎庄区吕家庄农民吕鸿宾从临朐县辛寨带回“小粒红”夏玉米种在菜园上，因收成不错，翌年有七八户种植；至 1947 年，全村种 80 多亩；1949 年，吕鸿宾从南农场引种“金皇后”玉米，4 分地收玉米 100 公斤；1950 年，吕鸿宾互助组种 4.6 亩，亩产 350 公斤。当时沂水地委、莒县

① 参见俞宽钟主编：《现代山东农业》，山东科学技术出版社 2000 年版，第 171—172 页。

② 参见俞宽钟主编：《现代山东农业》，山东科学技术出版社 2000 年版，第 188 页。

县委召开现场会推广。1951 年，全县种植 3.57 万亩；1956 年发展到 22.88 万亩，占农田面积的 14.8%，后因肥料跟不上，产量降低，因而种植面积大减。1976 年后，由于双季田推广，面积回升到 20 万亩以上，亩产由 150 多公斤提高到 350 多公斤。1983—1996 年一直保持在 30 万亩左右，占农田面积的 25% 以上，总产 1 亿多公斤，成为莒县三大粮食作物之一。①

桓台县土地生产率。桓台县有耕地总面积 51.4 万亩，1987 年按总人口平均每人占有 1.12 亩。由于本县土地资源不足，人均占有量少，农业生产一向重视精耕细作，集约经营，垦殖率高达 68.93%。

按耕地面积平均的种植业产值："1987 年，每亩耕地的种植业产值达到 375.82 元，比 1965 年的 53.31 元，增长 6.05 倍，平均增长 2.8%，其中，1987 年比 1978 年增长了 59.3%，平均每年增长 5.3%。"②

乳山县种植业产值，种植业产值："1949 年为 11057 万元，50 年代年均 12900 万元，比 1949 年增长 16.67%；60 年代年均 16886 万元，比 1949 年增长 52.72%，比 50 年代年均增长 30.9%；70 年代年均 24938 万元，比 1949 年增长 125.54%，比 60 年代增长 47.68%；80 年代年均 34105 万元，比 1949 年增长 208.45%，比 70 年代增长 36.76%；1990—1995 年年均 68103 万元，比 1949 年增长 515.93%，比 80 年代增长 99.69%。"③

3. 粮食生产区与人口圈的重合

经验告诉我们，人口分布区位，往往与粮食分布区位是重合的。如果将全省一百余县在某一年代区间粮食作物平均产量加以分组，则山东农作物粮食单位面积产量额的地区分布大致可以分为三个类型：

（1）低产量区：指产量下限是 100 以下，上限是 130 斤，该区包括惠民、德州、聊城、菏泽四专区。这一类型之各县粮食作物产量在新中国成立初期大部分在 100—130 斤之间，特别集中在 101—120 斤之间。

（2）一般产量区：指产量下限是 120 以下，上限是 160 斤，该区包括济宁、泰安、临沂、昌潍、胶州五专区。这一类型之各县产量多分布在 121—

① 参见山东莒县县志编委会编：《莒县志》，中华书局 1999 年版，第 219 页。

② 桓台县史志编委会编：《桓台县志》，齐鲁书社 1992 年版，第 149 页。

③ 山东省乳山市史志编委会编：《乳山县志》，齐鲁书社 1998 年版，第 369 页。

160 斤之间，而集中在 131—150 斤之间。

（3）高产量区：指产量下限是 160 斤以下，上限是 200 斤以上，该区包括文登、莱阳、淄博等三专区和青岛、烟台二市。这一类型各县产量一般在 160 斤以上。其中尤以文登专区最为突出，全专区 8 个县除海阳县分布在 161—170 斤外，其余 7 县均在 181 斤以上，其中文登、荣成、昆嵛、威海等四县市且超过 200 斤，是全省粮食作物单位面积产量最高的地区。总之，粮食作物单位面积产量在全省看是西部低东部高，越向东产量便越高。

以上粮食作物平均亩产量是包括高产薯类作物在内的，若不包括薯类作物则可正确体现各地产量水平。除去薯类作物产量，则结果是：

（1）低产量区扩大。亩产量在 130 斤以下的，除惠民、德州、聊城、菏泽四专区以外，济宁、泰安、临沂、胶州四专区亦属于此档次。

（2）原一般产量区缩小，只有昌潍、莱阳大部分县属于此档。

（3）原高产区缩小，只有文登、淄博、青岛市的部分县及水利精种区的桓台属于此档。

总的分布趋势与包括薯类作物在内的粮食作物分布有共同之处，即西部低东部高。① 而且粮食生产区位与人口的分布区位是出奇的重合。

山东粮食生产和粮食分布的区位差别，是各种因素相互作用的结果，所反映的是山东的自然地理情况和各地农业耕作的差异，形成了山东粮食生产东部高、西部低的大格局。造成这种粮食生产东部高、西部低大格局的原因，有自然的因素，也有与人口和粮食生产活动大体相当的空间重合的作用。是不是可以说，山东的粮食生产区位，与人口劳动力的分布区位，是大体重合的。我猜想，人口，土地，粮食三者，存在着一种内在的联系，一种互为因果的关系。可以说，哪里就有土地，哪里就有人口，哪里有粮食；反之，哪里有粮食，哪里有人口，哪里有土地。三者存在着一种空间区位重合的关系。我觉得，山东人口与粮食分布区位的重合，既是因美洲作物引进后粮食大量增加、人口大量增加的农业革命的结果，也是山东农业经济由单一粮食生产向多种经营，粮食作物与经济作物并存、并各自形成专业生产区的

---

① 参见山东省农业厅、统计局编印：《山东省农业生产统计资料（1949—1952）》，内部资料，1955 年，第 137—139 页。原档案件编号为 TD4-497-2。

结果，是山东的粮食经济向海洋移动，从传统走上近代化的表现。

在粮食作物平均亩产量包括高产薯类作物在内的区域分组中，包括文登、莱阳、淄博等三专区和青岛、烟台二市，都是鲁中以东，特别是人们所说的胶东，成为全省粮食作物单位面积产量最高的地区。在粮食作物平均亩产量不包括高产薯类作物在内的分组中，有烟台文登、淄博、桓台和青岛市的部分县，也是全省的高产区。20世纪后半期农业的大趋势，是东部突起，成为山东省粮食生产的基地。

清中晚期以后，山东经济有一个特别突出的现象，就是胶东逐渐发展成为一个新的经济区，一个以烟台和青岛等港口为龙头，与国际经济连接，进而拉动山东腹地经济的新的格局。山东经济的近代化，是一个痛苦的流着鲜血和泪水的漫长历史过程，其中有我们所看到的列强经济上的产品倾销与原料掠夺，有外资企业急需棉花和烟叶花生，而在鲁北和鲁中潍县等地推广棉花和烟叶品种，诱导农民投入棉花和烟叶生产，控制棉花、烟叶、花生市场，破坏中国传统经济体制，控制山东小农经济，使其成为国际经济的附庸、被迫按照外资需求种植经济作物、排挤粮食生产等历史现象。

（二）土地生产率的制约破坏因素

粮食生产的发展，与其他事物的发展一样，是矛盾对立统一的结果，是生产过程中天人相应、利害相交、人地相谐的结果。一面是我们千方百计地要提高农业生产率和土地生产率，一面是我们必须面对各种制约土地生产率提高的破坏性因素。自然风调雨顺，社会安定，土地生产率就提高快些；反之则慢些，甚至衰退。

这些使农业生产退化下降的破坏性因素，可以概括为天灾人祸，或者说是七分人祸，三分天灾。政策符合天时地利人和，科技得到倡导普及，则胜算多；政策违背天时地利人和，农业生产得不到社会重视，科技得不到倡导普及，则胜算少。天灾是自然地理气候造成的，有些是人力不可抗拒的，但有些则是人的意志违背自然规律、人为生态破坏水利失修造成的。同是设计五十年一遇的堤防，有的在六十年一遇时也能存在，有的则是豆腐渣工程，在十年或二三十年一遇的天灾前就垮塌了；这是什么，看似天灾，实是人祸。同是暴雨洪水下山，流水在树木伐光草皮不存的荒山上汇成山洪倾泻而下，和在树木成林草皮覆盖的山地流动，对土地、村庄和人畜所造成的危害的大小有无，看似自然，实是人事，这是不言而喻的。

人祸，包括近代以来的内战和动乱，也包括日本侵略中国的战争；历史表明，政策与实际相悖，制度与民欲相背，就会误国误民；浮夸冒进，“左”倾莽动，非愚即妄，常常绑架社会生产，使生产受到极大损失。因此，我们要重视天灾人祸对农业生产的不利影响，努力把这种负面影响减低到最少。

粮食产量高或低，要受自然和社会人事的影响，受天灾人祸的制约。就自然灾害而言，较主要的有：水灾、旱灾、风灾、虫灾、瘟疫等。天灾对土地和作物破坏很严重，会给农业生产造成创伤，常常可以使灾区的成千上万亩土地，在一夜之间化为沙渍盐碱废地，使作物或干旱枯死，或被水淹没，或被蝗蝻啃食，轻灾致作物减产，重灾则作物大面积受灾成灾，甚至颗粒无收。由于山东的天灾频仍，所以全省每年都会有相当多的县区受灾减产。自然灾害成为山东土地生产率提高的很严重的障碍因素，人们的农田水利设施和植保措施，只能减缓而不可能消灭水旱霜冻地震飓风虫灾瘟疫等灾害。

1. 天灾

（1）清代的天灾。

从旱涝发生频率看，清代 268 年中，山东曾出现旱灾 233 年次，涝灾 245 年次，黄、运洪灾 127 年次。除仅有两年无灾外，每年都有不同程度的水旱灾害。按清代建制全省 107 州、县统计，共出现旱灾 3555 县次，涝灾 3660 县次，黄、运洪灾 1788 县次，全部水旱洪灾达 9003 县次之多，平均每年被灾 34 县，占全省县数的 31.8%。

从灾情等级看，268 年间，特大旱、涝灾（旱涝 80 个县以上或洪灾 40 个县以上）各出现 3 次；大旱、大涝灾（旱涝 50—79 个县或洪灾 25—39 个县）分别为 17 次和 10 次；中等旱、涝灾（旱涝 20—49 个县或洪灾 10—24 个县）平均是 5 年左右 1 次。清代旱涝灾害的地域分布，以西部、北部黄泛平原和黄河三角洲最重，鲁中次之，东部及东南沿海较轻。①

（2）民国山东的天灾。

民国时期，山东省发生较大旱年有 6 年，以 1930 年、1931 两年最重，

---

① 参见山东史志编委会、俞宽钟主编：《山东省志 · 农业志》，山东人民出版社 2000 年版，第 59 页。

有48县收成一至三成，被灾人口为4106031人，占全省总人口的12%以上。发生较大涝年的有6年，为1914年、1921年、1926年、1935年、1940年、1947年，均由于连日暴雨和黄、淮水系洪水泛滥所致。①

山东水、旱、虫灾发生的频率极高，在民国的38年中，只有两年没有水灾的记载，5年没有旱灾、6年没有虫灾的记载，其中水灾有26年且灾情严重，旱灾有十几年，虫灾12年。

山东省在民初与北京政府时期16年间，几乎年年旱潦相煎，而且在旱象水潦未竟之际，往往又有蝗蝻为害，以致灾情雪上加霜。除旱潦外，还有蝗虫、冰雹和飓风助虐。而在抗战与内战时期，又因战争迫不得已扒决黄河，水患更是严重，民国二十六年菏泽大地震，为害甚烈。②

1921年"菏泽等地伏天大雨，一连三日余，黄水爆发，河决，八月中又下大雨，昼夜不停，一片汪洋，颗粒不收"，"济宁、曲阜、滕县夏秋淫雨50多日，泗水河水溢，秋禾尽淹没，岁大饥"。

1935年7月10日黄河决口于鄄城县董庄，大股黄水漫菏泽、郓城、嘉祥、济宁、巨野、金乡、鱼台等县，经南阳、昭阳、微山等湖，淹丰县、沛县、铜山，山东受灾面积7700平方公里，波及15县，淹没耕地810万亩。③

（3）新中国成立后的天灾。

1949—1990年，山东旱涝受灾面积累计161199.8万亩，年平均旱涝受灾面积3838.1万亩，成灾面积累计105701.4万亩，年平均成灾面积2516.7万亩。

以上资料表明，70年代后期至80年代，为旱灾频发和面积扩大的时期，涝灾以50年代至60年代发生频率较高。成灾面积占受灾面积的比重，随着时间推移而降低。1949—1969年，干旱成灾面积占受灾面积的比重为65.4%，洪涝成灾面积占受灾面积的平均比重为84.7%。1970—1990年，这

---

① 参见山东史志编委会、俞宽钟主编：《山东省志·农业志》，山东人民出版社2000年版，第60—64页。

② 参见张玉法主编：《灾荒志》，《（民国）山东通志》卷二十六，（台北）山东文献杂志社2002年版，总第2440—2441页。

③ 参见山东史志编委会、俞宽钟主编：《山东省志·农业志》，山东人民出版社2000年版，第62—63页。

两项比重分别下降到 55.1% 和 67.8%。这一事实显示了 50 年代中期至 70 年代前期陆续实施的大量水利工程和农田基本建设发挥了一定的作用。①

农业灾害对粮食生产的好坏有绝大的影响。农业灾害是异常自然因素，对农业生产的破坏事件不胜枚举，以山东主要的粮食作物小麦和玉米为例，可见一斑。

（4）水灾、旱灾危害。

表 5–86　1949—1990 年山东省旱涝灾害统计表

单位：万亩

年份	旱灾		涝灾	
	受灾面积	成灾面积	受灾面积	成灾面积
1949	1732.8	—	1248	1256.7
1950	23.9	—	574.9	574.9
1951	—	743	1338.6	1338.6
1952	1347.0	—	78.8	78.8
1953	4060.9	4060.9	3232.0	2732.3
1954	—	774.1	—	540.4
1955	956.8	431.3	830.6	517.6
1956	—	148.0	1898.5	1124.2
1957	3804.2	3804.2	3201.2	2566.5
1958	—	280.6	—	818.0
1959	5407.5	1769.3	113.4	50.6
1960	2134.2	1489.9	2644.2	2220.1
1961	3797.1	3148.0	2759.0	2487.6
1962	1466.9	885.1	3922.3	2927.6
1963	728.8	279.5	3844.9	3079.3
1964	—	—	4947.6	4036.5
1965	3885.2	1856.1	715.7	342.4

① 参见山东史志编委会、俞宽钟主编：《山东省志 · 农业志》，山东人民出版社 2000 年版，第 63 页。

年份	旱灾		涝灾	
	受灾面积	成灾面积	受灾面积	成灾面积
1966	4958.5	2974.0	252.5	155.8
1967	1702.4	845.3	289.5	172.3
1968	8726	5700	—	—
1969	676.7	493.8	137.3	117.5
1970	1117.0	307.8	1133.0	844.4
1971	308.7	120.2	1972.5	1370.9
1972	3162.9	1715.5	475.2	270.5
1973	2324.0	806.2	965.9	579.0
1974	1303.5	702.8	3108.0	2140.0
1975	1613.6	891.4	838.0	543.8
1976	1517.1	911.9	1297.6	880.8
1977	3467.9	2011.3	921.9	534.6
1978	3165.5	1650.0	828.9	488.5
1979	3818.7	1821.7	629.8	367.3
1980	2272.8	1125.1	387.8	185.4
1981	6183.9	3441.4	231.3	148.6
1982	4582.6	2771.6	445.7	313.7
1983	5253.5	2735.1	250.2	153.5
1984	2353.9	1452.9	1114.8	772.6
1985	1519.6	931.0	2175.4	1653.9
1986	3904.1	2489.2	156.7	87.2
1987	2681.1	1572.0	309.5	224.4
1988	4757.7	3033.4	863.7	605.5
1989	6338.0	3460.6	173.3	82.2
1990	539.7	301.4	3314.9	2380.7

资料来源：山东史志编委会、俞宽钟主编：《山东省志 · 农业志》，山东人民出版社 2000 年版，第 63—65 页。

旱灾和涝灾是莒县常见的自然灾害。其规律是旱涝交替出现，而且旱年多于涝年。旱年平均三年一遇，主要以秋旱出现频率最大，为 50%；春旱、夏旱出现频率次之，为43%。其中较严重的秋旱发生在1957年8月29日—10月19日，长达52天无降水，全县秋作物减产30%，有30万亩小麦靠抗旱造墒播种。涝年平均五年一遇，较严重的夏涝年是1962年，从6月1日进入汛期至9月30日止，连绵阴雨天气长达4个月之久，总降水量1155.9毫米，是莒县气象站建站以来汛期降水量最多的一年。是年10月份随之又出现了秋雨连绵，直到11月25日连阴雨方止，山洪涨溢，冲毁小型水库、塘坝百余座，淹没庄稼4万余亩，造成严重减产。①

（三）造成山东农业生产受到严重破坏的水旱灾害的基本特征

（1）灾害频繁，旱涝交错。新中国成立后，有详尽的气象水文记录和灾害调查统计，1949—1990年42年中，水灾、旱灾均出现41年次，发生概率为97.6%，几乎年年发生，而且常常在一年中既有旱灾又有涝灾，先旱后涝，涝后又旱，此旱彼涝，旱涝并存。42年中洪涝受灾面积超过150万平方公里的年份有8个；干旱受灾面积超过300万平方公里的年份亦有8个，发生概率均为19.0%，相当5年出现一次。

（2）灾害的连续性和周期性。有时会出现连续两年甚至连续多年的旱灾或洪涝灾害。清光绪四年至十六年（1878—1890年）连续13年出现大洪涝灾等，都说明了水旱灾害连续的特性。

（3）灾害的地域分布。从历年平均干旱成灾面积占耕地面积的百分比分析，鲁西北平原占16.2%，小清河流域占14.7%，胶莱、大沽水系占11.2%，沂沭河及南四湖水系占9.7%，胶东半岛及东南沿海占6.1%。洪涝灾害以济宁为最重，多年平均洪涝成灾面积占播种面积的18.7%，惠民次之，占16.2%，德州、临沂、潍坊占12.0%，聊城、菏泽占11.1%，泰安占9.9%，烟台、威海占8.5%。②

下面分别分析山东境内水旱灾情：

1. 水灾

山东省内中小河流，及源于邻省、主要处于山东境内的河流，可分为山溪性河流与平原河流两大类。山溪性河流都源短流急，流域坡度大，汇流

① 参见山东莒县县志编委会编：《莒县志》，中华书局1999年版，第32页。

② 参见孙贻让主编：《山东水利》，山东科学技术出版社1997年版，第36—37页。

速度快，由于暴雨集中，洪水量级大，暴涨暴落，极易形成洪灾；平原河流历代受黄河决口泛滥影响，水系紊乱，排水能力低下，加之平原地区地貌复杂，岗坡洼相间，地面坡降小，排水条件差，洪涝灾害极为频繁。有关山东水灾，历史文献在元代以后的记载才逐渐系统，但也只是定性描述，难以考证灾情的量级。据统计，自元朝建立直到新中国成立前，山东共发生不同程度的水灾 513 次，发生概率 74.9%。成灾州县数占当时所辖州县的 50% 以上；统计历史上发生的大水灾，元代 104 年发生过 6 次，明代 276 年发生过 12 次，清代 268 年发生过 14 次，民国 37 年发生过 7 次。据此也可以看出山东省历史上水灾的严重的程度。①

当遇到大范围的降雨时，往往发生全流域或全省性的特大水灾。如清康熙四十二年（1703 年）农历五月以后长期霪雨，全省 107 个州县有 98 个成灾。受灾最重的是鲁北地区，《东昌府志》载："夏五月大雨，饥，人相食。"鲁西南、鲁中及胶东半岛灾情也很严重，《郓城县志》载："大水、民饥、人相食。"《邹县志》载："夏秋霪雨七十余日，麦秋禾大半淹没，饥疫流离。"《栖霞县志》载："癸未通省大水，秋无禾，次年春饥，人相食。"

2. 黄河黄灾

历史上，黄河是一条桀骜不驯的害河，有文字记载的黄河决溢泛滥多达 1500 余次，三年二决口，水灾连年。自清咸丰五年（公元 1855 年）黄河在河南铜瓦厢决口，改行现河道至 1946 年，黄河共决溢 137 次，给沿黄河区人民带来无穷灾难。黄河几乎年年造成鲁西、鲁北的水灾，也大部分是因为鲁境黄河坡度极小，使得泥沙极易到处沉积，结果不但造成河床增高，河堤溃决，同时在入海口附近更易造成分歧乱流。暴雨往往引发河水暴涨，堤防溃决，发生严重的水灾。黄河改道之后在山东位入海，泛滥成灾，黄河水灾成为山东的大患。②

如清雍正八年（1730 年）农历五六月长期霪雨，全省有 87 州县成灾，《滕县志》载："大水，米贵如珠，藻满市，人相食。"《平度县志》载："六

① 参见孙贻让主编：《山东水利》，山东科学技术出版社 1997 年版，第 27 页。

② 参见张玉法主编：《灾荒志》，《（民国）山东通志》卷二十六，（台北）山东文献杂志社 2002 年版，总第 2440—2441 页。

月至七月霪雨不止，河水暴涨，害稼漂没人物。”① 清乾隆十二年（1747年），全省有94州县洪涝成灾。清咸丰五年（1855年），因黄河决口改道，山东鲁西北地区64个州县被灾。另有山丘区13余州县水灾，总计数灾77州县，清宣统三年（1911年），本年全省有59州县洪涝成灾。②

3. 旱灾

旱灾是指导因久晴无雨或少雨，降水量较常年同期降水量明显偏少，造成空气干燥，土壤干旱缺少，影响农作物正常生长发育而导致减产歉收的一种农业气象灾害。旱灾这种气象灾害，不但能使农作物、树木、牧草生长发育不良，导致农业减产歉收，甚至绝收，还可使江河湖水减少，地下水位下降，河水断流，水井干涸，以至人、畜饮水都发生困难，酿成灾荒。我国旱灾发生次数频繁、持续时间长、范围广、危害大。旱灾在全国各地都可能发生，是威胁国计民生的一种主要农业气象灾害。③ 由于地理位置和气候特点，山东经常遭受旱灾。据统计，自1264—1948年的685年中，共发生不同程度的旱灾465次，平均1.47年发生一次，以成灾县数占当时所辖州县的50%和80%为大旱灾年和特大旱灾年，则从明洪武元年（1368年）至民国三十七年（1948年）的581年间，大旱出现54次，特大旱灾出现10次。遭受大旱和特大旱灾的年份，往往是赤地千里，井泉枯竭，颗粒无收，民多饿死，村落为墟，老弱填乎沟壑，壮者逃赴四方。如明崇祯十至十四年（1637—1641年）的特大连续旱灾，自1637年始，十多个州县志中都有“夏旱无麦”、“大旱米饥”的记载。

1638年和1639年又连续发生大旱和蝗灾，《益都县志》载：“自正月不雨至于六月，七月大蝗，岁大饥，人相食，流民载道”；“夏四月蝗蝻入城如流水，秋大旱，狼入村镇，专吃人畜。”到1640年旱情进一步发展，菏泽、武定、济南、兖州、青州等州府县志记载：“春不雨，六月陨霜，十月斗米二千，井泉枯涸，芽花不开，果不实，牛羊不孕，鸡鸭不卵，妇人不孕，冬，人相食。”“春夏大旱，百日风霜，秋无禾，斗米一两二钱，民间食草

① 孙贻让主编：《山东水利》，山东科学技术出版社1997年版，第28页。

② 参见山东省水利史志编辑室编：《山东水利志稿》，河海大学出版社1993年版，第84—86页。

③ 参见信乃诠主编：《农业气象学》，重庆出版社2001年版，第225—228页。

子、树皮为生，有父子兄弟夫妇相食者，惨状难悉，饥民为盗，蜂起焚掠，四境萧然。”全省有48个州县志记载“人相食”。这次特大旱灾一直持续到1641年，严重的灾害加速了明王朝的覆灭。

再如光绪元年至四年（1875—1878年）的特大旱灾，从前一年即同治十三年起，山东境内即有近20个州县春夏连旱。1875年旱情进一步发展，近40个州县因旱成灾。《齐东县志》载，“光绪元二年的大旱，民饥，树皮草根采食殆尽。”1876年旱情再度发展，成灾州县达97个，形成全省性特大旱灾。有关县志记载：齐河县“春大饥，草根树皮食为之尽，自正月旱至闰五月七日始雨，秋歉收，大疫，死亡甚众；”阳信县“春旱无麦，……岁饥，流民载道”；长清县“人民多饿死”；夏津县“自春阻夏，赤地千里”。1877年由于连年荒旱，疫病流行，民吃树皮草根殆尽，民死无法计算。到1878年旱情才有所缓和，但全省仍有23个州县受灾。

又如1927至1929年的特大旱灾，成灾县依次为56县、79县和94县。1929年省政府公布被灾各县等级，菏泽、东阿等23县为甲等灾县，历城、齐河等32县为乙等灾县，博平等19县为丙等灾县。有关县志记载：“东阿连年荒旱，民不聊生”；冠县“大旱，禾尽伤，大饥”；“卖子女于他省约千余口”；齐河县“大旱，飞蝗遍境，食苗尽”；临邑县“飞蝗遍野，禾苗枯槁，全境收获籽粒不归者居多”，连续荒旱，庄稼失收，民不聊生。

《中国救荒史》记载：1927—1929年山东连续三年干旱，每年成灾县数依次为94县、81县和100县。《冠县志》记载：“大旱，禾尽伤，大饥。卖子女于它省者约千余口”。《菏泽县志》：“赤地千里，旱象严重”。《齐河县志》：“大旱，飞蝗遍境，食苗尽。”《临邑县志》：“飞蝗遍境，禾苗枯槁，全境收获籽粒不归者居多。”全省重灾区分布在鲁北、鲁西一带，是华北、华东旱灾灾区的一部分。

自1941年起，连旱三年，各年成灾县数依次为49县、59县和57县。灾情以后两年为重。据《华北、东北近五百年旱涝史料》记载，菏泽“大旱，庄稼严重歉”。泰安“全区成灾，吃树皮，饿死人无算”。冠县、馆陶、莘县一带“寸草不见，颗粒不收，民有饥色，野有饿殍”。主要灾区分布在鲁北徒骇、马颊河流域，小清河流域，鲁西及大汶河流域，与冀、豫等省灾区连成一片。灾区河水断流，并泉枯竭，禾稼枯死，树叶、树皮被灾民吃光，高利贷年息达 300%。①

自 1949 年至 1990 年的 42 年中，除 1964 年外，每年都有旱灾发生，全省干旱成灾面积 50 万—100 万公顷的年份有 13 个，占 42 年的 30.9%；成灾面积在 100 万—200 万公顷的年份 11 个，占 42 年 26.2%；成灾面积在 200 万—300 万公顷的年份 6 个，占 14.3%；成灾面积大于 300 万公顷的年份 1 个，即 1968 年，占 2.4%。42 年累计，全省干旱受灾 7296.45 万公顷，平均每年 173.73 万公顷，成灾面积 4474.99 万公顷，平均每年 106.54 万公顷；绝产面积 277.94 万公顷，平均每年 6.62 万公顷；受灾人口累计共 32756.2 万人，年均 779.9 万人；减产粮食 5571.23 万吨，年均 132.65 吨。旱灾除对农业生产的严重威胁外，对城市、工矿企业用水以及农村人畜饮水也带来重大影响。②

旱灾的成因和类型：(1) 旱灾的成因：大范围的严重旱灾是由大气流异常引起的。有些年份，夏季风来得很早或很强，而另一些年份，夏季风来的很晚或很弱。在这两种情况下，雨季开始的早晚、持续时间长短和雨量大小都会偏离正常情况而发生旱、涝灾害。(2) 旱灾的类型：旱灾可按其发生的原因或发生的季节进行分类。按旱灾发生的原因分类，通常分为土壤干旱、大气干旱和生理干旱。按干旱发生的季节，可把干旱分为春旱、夏旱、秋旱、冬旱和季节连旱。③ (3) 旱灾的时空分布：我国北方特别是的华北地区，干旱频繁的根本原因是由于它位于东亚季风区的北部，每年夏季风来得迟，去得早，降水集中程度高，变率大，旱灾较多。分区统计 1950—1979 年各地区受旱面积和成灾面积占全国受旱、成灾面积的百分数以及占该区耕地面积的百分数，如表 5-87 所示。

表 5-87　山东受旱面积和成灾面积百分比

地区	受旱面积		成灾面积	
	占全国受旱面积 %	占该区耕地面积 %	占全国受旱面积 %	占该区耕地面积 %
黄淮海	46.5	30.1	50.5	11.3

① 参见山东省水利史志编辑室编：《山东水利志稿》，河海大学出版社 1993 年版，第 71—72 页。
② 参见孙贻让主编：《山东水利》，山东科学技术出版社 1997 年版，第 31—32、33 页。
③ 信乃诠主编：《农业气象学》，重庆出版社 2001 年版，第 225—228 页。

黄淮海地区（包括冀、鲁、豫、晋、陕、内蒙古、京、津）受旱和成灾面积均占全国总数的一半左右，居全国首位。①

4. 生态破坏

近代的山东，天灾连绵。有气象灾害，也有黄河泛滥之灾和地震、海啸、蝗灾等。有些自然灾害是人力所不及的，而如黄河泛滥、旱灾等，则很大程度上是因水政废弛，水利事业经费被贪污或挪用，防洪抗旱设施没有维修加固，反而被破坏无遗；加之社会动乱，兵连祸结，人民失去抵御自然灾害的能力，无力修固堤防，兴办水利；也因农民无科学知识，致使各地水土流失严重，偶有旱涝灾害，致酿成巨灾。

1966—1972 年，受"文化大革命"影响，水土保持工作处于停顿状态，毁林开荒，陡坡开荒、滥牧、乱扒草皮等现象日趋严重。② 这种破坏生态平衡的滥伐、滥垦、滥牧，破坏树林草场，形成一种恶性循环，反过来又成为水旱灾害的成因。

不适当的开垦荒地，砍伐林木，河道设障，缩河造地和围湖造田，增大了水土流失，减小了河道行洪能力，降低了湖泊调蓄洪水的作用，加剧了洪涝灾害的威胁。大量工业废水和生活污水排入河湖，污染水体，恶化环境，沿海超量开采地下水使海水内侵，使原本不足的水资源更加紧缺。③

莱州"文化大革命"中，无政府主义泛滥，由于极"左"思想影响，盲目垦荒造田、毁林造田，乱砍乱伐树木事件到处发生，水土流失不能得到有效控制，使生态失调，气候发生异常，降水量大大减少。1981—1984 年间，年平均降雨量只有 345.6 毫米，占多年平均降雨量的 56%。莱州市在 1960—1966 年 6 年间，发生自然灾害 10 次。④

淄博市"大跃进"及连续三年经济困难时期乱砍滥伐林木，对已建工程缺乏管理，1961 年 9 月在博山区白洋河、岳阳河、苏宾河 3 条河流上建成的 372 座缓水坝，冲毁 52 座，破坏 13 座，共计 65 座，占 17.7%，使水

① 参见信乃诠主编：《农业气象学》，重庆出版社 2001 年版，第 230 页。

② 参见山东史志编委会编：《山东省志 · 水利志》，山东人民出版社 1993 年版，第 417 页。

③ 参见孙贻让主编：《山东水利》，山东科学技术出版社 1997 年版，第 34—36 页。

④ 参见莱州史志办编委会编：《莱州市志》，齐鲁书社 1996 年版，第 256 页。

土保持受到严重损失。[①]

曹县从1985年始，县开展了水土保持普查。经过普查分析，全县中度流失面积882600亩，占总面积的44.72%；强度流失面积230500亩，占总面积的11.68%。[②]

莱州水土流失的原因，一是境内地貌类型复杂多样，低山、丘陵占总面积的60%，地面坡度大，易形成径流和急流。二是降水量分布不均，72%集中在6—9月，且山丘地区偏多。年际变化较大，最大年份是最小年份3.84倍。因此，汛期暴雨常形成洪流，造成水土流失。新中国成立前，人民无力顾及水土保持，山林植被遭到严重破坏。新中国成立后，开展兴修水利、植树造林等水土保持工程，水土流失情况有了好转。

莱州水土流失分布及流失量。水土流失，分布广泛，面积较大。1984年普查结果，全县水土流失面积为966.94平方公里，占全县总面积的53.25%。年侵蚀量305.3万吨，侵蚀模数为1592吨/年·平方公里，相应侵蚀深度1.18毫米。

水土流失使土层变薄，肥力降低。1949—1956年，由于水冲刷，全县每年减少耕地万亩以上。小沽河班家村河段，1946年河床宽60米，1953年发大水后，河床宽126米，最宽达300米，减少耕地688亩。由于水冲刷带走大量泥沙，使土层逐年变薄。据调查，全县平均每年减少土层1.18毫米，年流失量289.25万吨。按0.5米的耕作层进行计算，相当于每年冲走耕地6800亩。潜在危险侵蚀逐年推算，100年后，裸岩面积将会达到38万亩。同时土壤在流失过程中带走大量养分。全县每年流失有机质2.6万吨，氮素1800吨，速效磷28.7吨，速效钾84吨，相当于1983年全县使用化肥纯量的10.23%。水土流失，径流夹带着大量泥沙进入水库和塘坝，使库塘蓄水能力和灌溉面积逐年减少。1981年，据小于家水库和6座中型水库测淤计算，建库以来共淤积340万立方米，占兴利库容的6%，相当于淤积3座百万方水库。小型水库淤积量更为突出。全县年淤积量96.3万立方米，相当于每年减少灌溉面积3010亩。水土流失，抬高河床，使防洪能力降低。

① 参见淄博市志编委会：《淄博市志》，中华书局1992年版，第1405页。

② 参见曹县地方史志编委会编：《曹县志》，中华书局2000年版，第199—200页。

水土流失，大量泥沙顺河而下，推移泥沙在河道积存，使河道断面变浅变宽，行洪能力逐年降低。王河西罗台河段，原来河床防洪能力可防御 20 年一遇的洪水，现在只能达到 5 年一遇的标准，水流失使生态失去平衡，加快了自然灾害的发生。1949—1954 年水土流失较重，6 年中共发生旱、涝、风、雹灾害 20 次，平均每年发生 3.3 次。1952 年，全县开始大搞水土保持，到 1960 年生态平衡有了好转。①

莱芜市境内水土流失严重，据 1984 年土壤普查统计，全市水土流失面积 241.68 万亩，占总面积的 76.6%，年平均侵蚀深度 2.76 毫米，侵蚀土壤总量 783.9 万吨。

1949—1984 年，土壤流失总量 2.7 亿吨，侵蚀深度 11.63 厘米。土层变薄以至砂砾化、裸坡化面积增加，全市有裸沙化面积 31.44 万亩。土壤中肥料大量流失，按照土壤有机质及氮磷钾含量标准计算，年流失有机质 7.9 万吨，纯氮磷钾 1.3 万吨，折合标准肥 6.25 万吨。植物赖以生存的物质基础受到破坏，自然灾害增加。②

烟台境内水土流失严重，尤以山丘土地为甚，1949 年水土流失总面积 10577.9 平方公里，占山丘面积的 72% 以上。1960 年以后，许多地方刨草根、扒山皮、乱开荒，植被遭到破坏，水土流失加重。1963 年 8 月烟台专署正式成立水土保持委员会，加强对水土保持工作的领导，被动局面始得扭转。

1964 年进一步总结推广黄县下丁家、掖县东赵村水土保持工作的经验，全区水土保持工作深入发展。"文化大革命"中，专管机构被撤销，水土保持工作无人过问，据测试，这期间全区大、中型水库每年淤积泥沙 400 多万立方米，全区年流失土壤 1918 吨，耕地土层每年减少 1—3 毫米，水土流失极为严重。③

潍坊市水土流失。青州市南阎村，地处深山，过去由于水土流失严重，汛期遇有大雨，山洪爆发，造成巨大灾害。遇到干旱，庄稼种不上，或种上

① 参见莱州史志办编委会编：《莱州市志》，齐鲁书社 1996 年版，第 255—256 页。

② 参见山东省莱芜高史志编委会编：《莱芜市志》，山东人民出版社 1991 年版，第 489—490 页。

③ 参见烟台市史志编委会编：《烟台市志》（上下卷），科学普及出版社 1983 年版，第 961 页。

被干死，吃水都要到十几里路以外去取。①

日照境内大部地区属沙土山区，结构松散，易被侵蚀。西部多山岭，每遇暴雨，造成许多沟蚀。加之人为的毁林开荒、乱砍滥伐、陡坡种植和缩河造地，水土流失十分严重。据1984年普查结果：全市水土流失面积1633.27平方公里，年平均侵蚀量为489.97万吨。西部低山丘陵为中强度侵蚀区，水土流失面积54.55万亩，占水土流失面积的23.92%，为全市水土流失的严重地区。中北部低山丘陵区亦属中度侵蚀区，水土流失严重，面积为60.35万亩，占水土流失面积的百分之24.72%。②

生态环境之恶化，成为农业减产的重要原因。史料显示，中国境内的生态环境，两千多年来一直在不断恶化中。不过，清代乾隆朝以前这种恶化过程的进度缓慢，所造成的不利影响往往在某种程度上被其他的有利因素所抵消或冲淡。从乾隆朝开始，生态环境之恶化，突然加剧加速。我们可以说，从18世纪中叶以来，中国的生态环境遭受到前所未有的严重破坏。垦山围湖使生态环境严重恶化，对各地区粮食亩产量有重大影响，是乾隆以来亩产量下降的主要原因。③

（四）人祸

1. 国内战争、动乱

山东农业粮食产量和产值受战争影响很大。清末民国时期，山东农业曾经出现了近十年的短暂政局相对稳定的和平发展时期，农业经济和粮食种植业有过短暂的繁荣。

1840年鸦片战争以后，外国列强凭借许多不平等条约获得的特权，大量掠夺山东的棉花、烟草、蚕丝、花生等原料，并大量倾销商品，操纵进出口贸易，使山东农村成为列强的商品市场和原料供应地。列强还大量输入鸦片，毒害人民。山东种植罂粟面积不断扩大，到光绪末年，全省种植罂粟面积达57.6万亩，鸦片产量达90万公斤，山东农业形成畸形发展的局面。加

① 参见潍坊市地方志编纂委员会编：《潍坊市志》（上卷），中央文献出版社1995年版第327页。

② 参见日照市史志编委会：《日照市志》，齐鲁书社1994年版，第324—325页。

③ 参见赵风、刘永成、吴慧等：《清代粮食亩产量研究》，中国农业出版社1995年版，第128、147页。

之自然灾害频繁，粮食减产失收，贫苦人民食不果腹，全省人口由1850年的3312.7万人，到减少到1910年的2955.7万人，60年减少357万人。①

自民国建立之后，天灾与人祸的交相为害，是造成山东省灾害频仍的最大原因。不管是军阀混战时期，或者是国共内战时期，都明显出现天灾人祸交相为虐的史实。此外，黄河水利的规划需要整体而全盘的考虑，各项水利工程的兴建有时也需要省际之间的合作，然而民国时期政局的混乱与军阀的割据混战，使得黄河水患问题更为复杂，灾害的发生更加无法避免。②

连绵的战争对华北生产的巨大破坏令人不堪回首。民国时期，在华北发生的主要战争如下表5–88所示。

表5–88 1928—1934年华北内战简表

时 间	内 战
1928年12月	冯玉祥对张作霖
1929年8月	蒋介石对冯玉祥、阎锡山
1930年8月	第二次蒋介石对冯玉祥、阎锡山
1932年9月	山东军阀韩复榘对刘珍年
1934年春	蒋介石、何应钦围攻孙殿英

资料来源：章有义编：《中国近代农业史资料》第3辑，三联书店1957年版，第2页。

2. 日军侵略山东

晚清民国时期，日本侵略中国的几次大的军事行动，都发生在山东或以山东为主要目标，如甲午战争和《马关条约》，第一次世界大战时日本出兵青岛，占领胶济铁路，1928年阻止中国军队北伐的“济南五三惨案”等对山东的侵略。日本政府和军队对山东人民犯下的战争罪行，决海难洗，罄竹难书。

日寇14年侵华战争，在1938年后有8年侵占山东。日寇的大陆政策和军国主义独霸山东的政策，给山东人民造成了巨大的生命财产损失，完全打

---

① 参见山东史志编委会、俞宽钟主编：《山东省志·农业志》，山东人民出版社2000年版，第8—9页。

② 参见张玉法主编：《灾荒志》，《(民国)山东通志》卷二十六，(台北)山东文献杂志社2002年版，总第2442页。

断了山东农业经济的正常发展，使山东的经济倒退了几十年，农业生产遭到严重破坏。日寇在许多地方推行野蛮的杀光、抢光、烧光的“三光”政策，山东人民被敌屠杀近90万人，占总人口3%；伤残161万人，占总人口5%；被抓和失踪126万人，占总人口4%；三项合计377万人，占山东人口总数的12%。日寇的战争破坏，使245万人流离失所沦为难民者，占总人口8%；230万人失去抚养者，占总人口7%；636万人沦为贫民，占总人口21%；全省有1110万人急需救济，占人口总数的36%。日寇侵华战争中，被日伪军毁坏农具5900万件，房屋580万间，被掠夺粮食145亿斤，衣服8700万件，牲畜290万头，猪羊2640万只，鸡鸭1.45亿只等。据不完全统计，日本侵华战争给山东造成的损失，总计折款达2万亿元，①山东遭到前所未有的浩劫。到1945年，山东省粮食总产较战前减少64.7%，牲畜减少68%，日本侵华战争和殖民统治使山东农业全面倒退几十年。②日本对山东的统治，使山东农业劳动力大量死伤逃亡，土地荒废，粮食作物和经济作物产量不及战前的三分之一，对山东农业生产和经济造成的破坏，有的直到80年代初才恢复到“七七事变”前水平。

战争的直接摧残，给人民的生命财产造成毁灭性损失，社会秩序紊乱，经济瘫痪，生产停顿，土地荒芜，人们的生存环境顷刻摧毁。战争期间，青壮年被拉夫当兵，人力物力被战勤无偿占有，烧杀抢掠奸淫之余，人民赖以生存的条件迅速恶化，大批的主战区人们被迫携家带口远走他乡。战争成为影响山东农业生产和使山东省粮食总产量、亩产量严重倒退败落的主要因素。

3. 土匪抢劫勒索

近代以来，山东是土匪最多的省份之一。土匪出没山林，烧杀抢掠，使人民生命财产没有丝毫保障，整日生活在腥风血雨的恐怖之中。

1927年，蒙阴县人民向省府递呈，陈述该县遭受兵匪惨况：“蒙阴处万山之中，地势非砂即石，本极穷苦之区域。……蒙阴接近蒙山，素为土匪

① 参见中共山东省委党史资料征集委员会编：《山东抗日根据地》，中共党史资料出版社1989年版，第525页。另见唐致卿：《山东解放区史稿·抗日战争卷》，中国物资出版社1998年版，第289—290页。

② 参见山东史志编委会、俞宽钟主编：《山东省志·农业志》，山东人民出版社2000年版，第10页。

出没之地，自战事发生后，土匪气焰，日高千丈。大股匪首，李堂刚、刘黑七……等，统计将近万人，均以蒙山为渊薮，焚烧淫掠，倍极残酷。全县七百村，无一村不被其蹂躏；一年三百天，无一天无有抢劫。人民死者死，逃者逃，十分之中去其四五，商绝贸易，市镇荒凉，农停耕作，山村丘墟。……闾阎之机杼柚已空，……兵去匪来，兵来匪去，兵匪交困，疮痍满目。……更加去年春夏，禾苗亢干未种，秋雨成灾，不谷成熟，室无悬磬，野无青草，少壮逃之四方，老弱转死沟壑。山穷水尽，十室九空，罗掘俱尽，告贷无门，哀鸿遍野，嗷嗷待哺，谋生乏术，奄奄垂毙。……蒙民苦状，已造其极。”①

土匪的猖炽，使社会动荡，使人民生命财产没有保障，对农业生产是极为不利的。

4.“文化大革命”十年浩劫

“文化大革命”的十年政治动乱，极大地破坏了农业生产，使农田水利设施多年失修，农民乱砍滥伐，生态破坏，粮食大量减产，土地生产率降到了最低点。“文化大革命”打断了正常的生产和经济进程，毁弃了积累多年的对发展农业经济有利的政策，否定一切，无政府主义泛滥，一切有利于经济有利于生产的政策，都被当作“修正主义”和“资产阶级法权”批判，一切正当的利益要求，都被当作私有制和资本主义思想批判，取消“按劳分配”原则，推行分配上的绝对平均主义；限制社员经营自留地和家庭副业；关闭取消了农贸市场。极“左”的政策和“左”的粗暴干涉农民生产的行为，在生产上片面强调抓粮食生产，忽视经济作物和多种经营，致使农业经济效益低下，遭受严重挫折。

农业发展中由于实行了“以粮为纲”的方针，经济作物长期处于徘徊局面。农业内部结构不协调，农村经济发展缓慢，农民从集体分配的人均年收入，20 年来仅增长 15.95 元，即由 1958 年的 52.45 元，到 1978 年仅增到 68.4 元。还有三分之一左右的生产队没有现金分配。②

① (汉口)《国民日报》1927 年 5 月 10 日。

② 参见山东史志编委会、俞宽钟主编：《山东省志·农业志》，山东人民出版社 2000 年版，第 15 页。

1966年“文化大革命”开始后，各级水土保持机构陷于瘫痪，某些地区出现毁林开荒现象。[①]1967年到70年代初，由于“文化大革命”的影响，种子工作秩序紊乱，干部大批下放，种子工作严重削弱，再度出现了大田用种多、乱、杂的局面。[②]

5. 政策失调

就人祸而言，政府政策措施失当等，会破坏农村经济的和谐性，使农民对土地和农业生产失去信心，造成农业生产严重受损。如康熙初年，江苏松江府大获丰收，政府没有及时提高粮价，以致米价跌至石米价至五六钱，当地农民视南亩为畏途，往往空书契券，求送缙绅，都“遭到坚却”。[③]光绪元年，江苏赣榆县官员隐瞒灾情，以至“入冬后，逃亡饿死者不计其数”。地亩抛荒，直接影响收成和社会安定。

粮食亩产与生产条件很大关系。中国是个农业大国，水利设施的好坏，对农田产量有直接影响。从历史来看，当王朝上升阶段，统治者有所作为，往往对农业生产较为重视，关心农业生产恢复和发展，采取鼓励和支持农业生产的政策，如大规模兴修水利，治河凿井，扩大灌溉面积，及推广高产作物，扩大复种面积，推广先进耕作制度，良种培育与推广等。王朝衰落后期，由于政治败坏，政府不作为，水利长期失修，抗灾能力每况愈下。在灾荒发生时救灾不力，致灾区人民大量死亡、逃荒，土地大量荒废。

1958年以后，“大跃进”和“人民公社化”运动的错误，严重挫伤了农民的生产积极性，使农业生产受到很大损失。

1958年由于“大跃进”的影响，全省种子管理工作的权属变动频繁，先是将种子划归粮食部门管理，许多大田用种子，以商品粮作种，造成种子混杂现象严重，产量和品质都受到严重影响。“大跃进”运动对农业生产力的破坏和自然灾害的影响，造成种植业衰退，60年代初期玉米面积降到93.33万公顷（1400万亩）以下，亩产仅50多公斤，总产跌到8亿公斤以下，

---

① 参见山东史志编委会编：《山东省志·水利志》，山东人民出版社1993年版，第409—410页。

② 参见俞宽钟主编：《现代山东农业》，山东科学技术出版社2000年版，第793页。

③ 陆世仪：《陆鸡亭先生遗书》卷五《姑苏钱粮三大困四大弊私言》。

还不及 1949 年。①

人民公社化运动给农业和社会带来了严重后果。山东省的公社化运动和全国一样，是和“大跃进”、全民大炼钢铁运动同时进行的，在这个过程中，浮夸风、“共产风”、瞎指挥风、强迫命令风、干部特殊风盛行。

(1) 浮夸风。

在人民公社建立前，山东省在贯彻社会主义建设总路线的过程中，就已出现浮夸风的苗头，1958 年 7 月，寿张县台前农业合作社主任，向在寿张县视察的刘少奇委员长汇报说：“10 亩丰产田亩产 1.5 万公斤”，措施是“地深翻 5 尺，亩施底肥 5 万公斤，追施大粪 750 公斤，骨粉 250 公斤，尿素 100 公斤”。1958 年 8 月 27 日，《人民日报》发表《人有多大胆，地有多大产》的文章，宣称“山东省寿张县在搞全县范围的亩产万斤粮的高额丰产运动，一亩地要产 5 万斤、10 万斤以至几十万斤红薯，一亩地要产 1 万到 2 万斤玉米、谷子”（以上均是市斤）。这篇文章给浮夸风起了推波助澜的作用。此后类似的浮夸在全省节节升高。山东省要求深翻地普遍达到一尺半（50 厘米）以上，“卫星”田深翻二至三尺（70—100 厘米），麦田亩播种子 50 公斤至 60 公斤，谷子每亩留苗 30 万株至 50 万株。省政府于 1958 年 8 月 15 日发出《关于“卫星”田的验收报产办法》的文件，规定了“卫星”田的标准，其中大“卫星”田的标准是：玉米、谷子、水稻亩产 5000 公斤以上，高粱、大豆亩产 2500 公斤以上，地瓜亩产 50000 公斤以上，棉花亩产皮棉 750 公斤以上，花生亩产皮果 2500 公斤以上，烤烟亩产 2000 公斤以上。人民公社建立后，各地农业生产的高指标也随之层层加码，浮夸风愈演愈烈。中共山东省委在 1957 年粮食总产 112.6 亿公斤，棉花总产 17.4 万吨，油料总产 7 亿公斤，1958 年翻一二番的高估产的基础上，1959 的制订的农业生产计划，提出了粮食总产 750 亿—1500 亿公斤，棉花总产 100 万—200 万吨，油料总产 65 亿—100 亿公斤的高指标，并提出要在全省范围内开展 5000 万亩基本农田的一、二、三、四、五大面积丰产运动（亩产 1000 斤皮棉，2000 斤大豆，3 万斤地瓜，4000 斤花生，5000 斤粮食）。还提出大力开

① 参见俞宽钟主编：《现代山东农业》，山东科学技术出版社 2000 年版，第 165—166、190、792—793 页。

展“十五养”运动，要求1959年达到“一人二猪、一羊、一兔、十五只鸡、十人一牛”等。各新闻单位紧跟形势宣传报道，1958年秋后竞相报道“高产卫星”，粮食亩产从千斤、数千斤扶摇直上到万斤、数万斤。高估产带来高征购，山东各地普遍征购了“过头粮”，造成社员口粮严重短缺。①

1958年以后，全区广泛开展了深耕深翻，平整土地，进行了农田水利基本建设，推行了作物密植。当时由于“左”的错误影响，在农田耕作方面出现了一些土地耕翻过深，打乱土层，播种过密等不切实际、违背科学的现象。②

（2）人民公社“共产风”。

人民公社助长了“共产风”。公社化的“一大二公”带来了“一平二调”。社员的自留地、自留树，家畜等一律收归公社所有。为了大炼钢铁，社员的铁制铜制器具，甚至连饭锅、门环都被平调，无偿占用集体土地更为普遍。仅历城县不完全统计，被厂矿企业、机关无偿占去土地4000余亩。据全省不完全统计，在大炼钢铁、大兴水利、兴建工厂、修铁路、公路时，从公社、生产队无偿调出农业机械（包括拖拉机、发动机、水泵）13201台，各种小农具1617万件，各种车辆仅青岛、烟台、济南、潍坊4市地统计就有133798辆，另外还有许多家具、木柴、粮食等。在分配上否定了按劳分配原则，大搞平均主义，穷富拉平。有的地方搞“共产主义”大集中，男女分居，儿童入幼儿园，夫妻只能在周末团聚。滕县界河红旗公社是一个突出的例子，该社党委1958年11月5日决定，限期将全社116个村合并为28个村，强令社员离村搬家，男女老少分居，并抄家翻粮，没收社员畜禽和生活资料，引起群众强烈不满。县委发现后，及时制止并作了处理。“共产风”搞乱了干群思想，社员反映“干不干都吃饭，何必出力流大汗”，造成出工不出力，大大降低了劳动生产率。③

为了实现生产上的高指标，体现人民公社“一大二公”的优越性，山

① 参见山东史志编委会、俞宽钟主编：《山东省志·农业志》，山东人民出版社2000年版，第111页。

② 参见潍坊市地方志编纂委员会编：《潍坊市志》，中央文献出版社1995年版，第193页。

③ 参见山东史志编委会、俞宽钟主编：《山东省志·农业志》，山东人民出版社2000年版，第112—113页。

东各地普遍采用“大兵团作战”的方式，运用行政手段，强迫社员夜以继日连续作战，几天几夜吃住在田间，搞“卫星”上天。违背因地制宜原则和生产规律，强令农民深翻、密植，达不到要求的不准种植，结果浪费了大量劳力、物力，又延误了农时，出苗后再进行疏苗。有些干部社员对此提出怀疑，进行抵制，遭到非难和批判，即所谓“插红旗，拔白旗”，把一些搞浮夸、讲假话的干部作为“红旗”，而将那些敢讲真话、实话的干部斥之为“观潮派”、“怀疑派”、“算账派”、“右倾”，进行批判或撤职，当作“白旗”拔掉，致使“左”的错误进一步蔓延。在农村生活十分困难的情况下，有些干部利用手中权力，多吃多占，甚至贪污盗窃，不能和群众同甘共苦，共渡难关，这种特殊风一时在农村蔓延开来。

由于“五风”泛滥，挫伤了农民的生产积极性，使农业生产造成1958年丰产不丰收，1959—1961年连续3年大饥荒，人民生活发生严重困难，全省水肿病、干瘦病流行，非正常死亡人数增加，人口出生率出现新中国成立以来前所未有的逐年连续下降。①

“文化大革命”前后的一段很长时间，决策有严重片面性，片面强调“以粮为纲”，以粮食生产替代农业生产的全面发展，不要多种经营，致使农村经营受到莫大伤害。五莲县也是执行上级的“以粮为纲”政策，虽使全县的眼前的粮食问题获得暂时解决，但因毁林造地，林木植被减少，水土流失加剧。②

（五）提高土地生产率的途径

近百年山东农业的发展，经历了千辛万苦的艰难探索历程。正反两方面的经验告诉我们：要想搞好山东农业生产，提高农业劳动生产率和土地生产率，要有一个前提条件，这就是我们的思想必须符合山东的实际，要求我们洞悉山东农业省情，根据山东的自然条件，特别是山东的土地性质与作物的适宜性，因地制宜地确定土地合理利用方向，充分发挥不同土地类型的优势，努力做到化害为利，这才能达到地尽其利的目的，也才能谈得上其他方

① 参见山东史志编委会、俞宽钟主编：《山东省志·农业志》，山东人民出版社2000年版，第113页。

② 参见五莲县志编委会：《五莲县志》，中国人民大学出版社1992年版，第189—190页。

面的功效。

积数十年之经验，我们终于懂得，在山东提高土地生产率的主要途径、主要经验，是在农业生产管理上，不动摇地实施四个依靠。改革开放以来，进行了农村经济体制改革，农业由计划经济向社会主义市场经济转变，认真贯彻“一靠政策、二靠科学技术、三靠投入”的方针，促进了农业结构的优化调整和商品经济的蓬勃发展，山东农业跃居全国前列。① 笔者在“一靠政策、二靠科学技术、三靠投入”的三靠前，再加上一个“靠农田水利”。因为政策是方针，是灵魂，上面的政策正确，方向确定了，下面主要就是农田水利工作了。农田水利是农村最基本的种地、养地、水土保护、植物保护措施，大量的工作都在农田水利方面，科学技术都是渗透到农田水利工作中；而科技投入与资本投入的大小有无，难以有个量化的标准，特别是资本投入，是随着经济状况和政府财政状况而异的，基本面还是落脚在农业生产的农田水利方面。

四个依靠，可以分别申述如下：

1. 一靠农田水利，治劳治碱，水土保护，植物保护，改善农业生产条件

农业的基础工作是农田水利，在治涝治碱、水土保护、植物保护等方面下工夫，改变山东农业地理中不利于农业生产的方面，充分利用山东自然条件中有利的方面，兴修水利，保护好水土，抗旱抗涝，减轻病虫害的危害。

自 1949 年新中国成立至 1990 年，全省农民为国家提供粮食 1.39 亿吨，食用植物油 783.17 万吨，棉花 1484.48 万吨，猪 2.02 亿头，农民向国家缴纳农业税 79.34 亿元，全省农副产品出口为国家创汇 110.4 亿美元，占全省出口总值的 32.6%。

（1）综合农田水利。

1953 年，省水利局在潍、弥河上游蒋峪村建立水土保持事务所，协助临朐县蒋峪、大关、九山等乡，开展封山造林、闸山沟工作。从此，水土保持工作逐步在鲁中南山区、胶东地区的部分河流上游推广。1954 年后，水土保持工作由一家一户的个体治理，向一村一社的联片治理发展。1955 年

① 参见山东史志编委会、俞宽钟主编：《山东省志 · 农业志》，山东人民出版社 2000 年版，第 3—4 页。

10 月，全国水土保持工作会议提出了“统一规划、综合开发、沟坡兼治、集中治理”的方针。1956 年 5 月，山东省成立山区生产规划委员会，组织领导全省水土保持工作，逐步向农林水各项措施综合治理发展，并涌现出一批水土保持先进典型，创造了一些治山、治沟、治田的办法和经验。

沂水县夏蔚农业社动员 2.5 万多劳力，掀起了治山治水高潮。本着“以蓄为主，沟坡兼治，综合开发”的方针，统一安排山上鱼鳞坑、水平沟，沟壑谷坊、蓄水坝，修建“三合一”和“二合一”梯田，建塘坝、水池、引水灌溉以及封山育林、造林。苦干 4 个月，治理 186 个大小山头，绿化了万亩荒山，控制了 3.7 万亩水土流失面积，占水土流失面积的 85% 以上；蓄水工程蓄水能力达到 450 万立方米，修建了 350 多条渠道，加上各种灌溉设施，共可浇地 45700 亩，占耕地面积的 75%。

1958 年 3 月，在沂水县召开全省山区工作现场会，推广了夏蔚公社的治山治水经验。山东省委第一书记舒同把他们的经验概括为：“鱼鳞竹节水平沟，库坝梯田自流渠。”会后，在全省山区形成了有标准、有规划、坡沟兼治、农林水各项措施统一安排、综合集中治理的治山治水高潮。

1962 年 11 月，山东省水土保持委员会成立，总结经验，推动全省水土保持工作的开展，各地涌现出不少先进典型。

1975 年后，“省委农业学大寨工作团”，深入农村推动农业学大寨运动。全省各地掀起以大寨精神战天斗地，改变生产条件为重点的农田基本建设“大会战”，加快山区水土保持综合治理和全省农田水利建设。到 1978 年有效灌溉面积由 1957 年的 1157 万亩增加到 6622 万亩，治涝面积由 556 万亩增加到 3558.7 万亩，农机总动力由 4 万千瓦增加到 1085 万千瓦，因而全省农业在波动中有了发展。农业总产值由 1957 年的 77.07 亿元（按 1980 年不变价，下同），到 1978 年增长到 144.84 亿元。粮食产量由 1957 年的 112.6 亿公斤增长到 228.8 亿公斤。①

（2）水土保护。

山东省是全国水土流失严重省份之一。全省水土流失面积 61964 平方公

① 参见山东史志编委会、俞宽钟主编：《山东省志・农业志》，山东人民出版社 2000 年版，第 15 页。

里，占土地总面积的 40.5%。

新中国成立前，山东水土保持主要是农民自发地进行筑地堰、整梯田、植树造林等，成效不大。至 1949 年，全省水土流失治理面积仅为 2737 平方公里，占水土流失面积 4.4%。

新中国成立初期，水土保持仍以一家一户为主体展开。至 1953 年年底，在国家扶持下，全省已治理水土流失面积 5394 平方公里。

1954 年后，随着农业合作化的进展，水土保持工作向一村一社的联片治理发展。1956 年全省第一次山区水土保持工作会议后，由单项治理向农林水各项措施综合治理发展综合治理效益显著。至 1957 年年底，全省水土流失治理面积达 12628 平方公里。

1959 年年底，新增水土流失治理面积 7460 平方公里。1965 年年底，全省已治理水土流失面积 23090 平方公里。[①]

至 1976 年，全省水土流失治理面积 31260 平方公里。1978 年以后，随着改革开放和农村经济体制改革，实行多种形式的承包治理小流域，加强了水土保持的技术研究和推广。1980 年后，由省资助治理小流域 298 条。

1983—1985 年，山东省进行水土保持大普查。有史以来第一次查清了山区、风沙区及其水土流失面积，土壤年均流失量和造成的危害以及不同类型区的区划，总结探讨了不同分区的防治水土流失方向和实施规划，为从根本上整治国土、治理河流，合理开发利用水土资源提供科学依据。至 1985 年，全省已治理水土流失面积 34000 平方公里，占水土流失面积的 55%。[②]

乳山县的水土保护工作。1993 年后，对水土保持工作采取以小流域为单元，坚持治理与预防相结合，实行水土流失防治和水土保持监督管理。至 1995 年年底，3 年共治理水土流失面积 66 平方公里，其中扩大水平梯田 3.9 万亩、沟坝地 500 亩，营造水保林 3.65 万亩、经济林 5400 亩，人工种草 950 亩，修环山沟 2.6 万米，建造蓄水挡土谷坊 388 座、蓄水塘坝 6 座。在

---

① 参见山东史志编委会编：《山东省志 · 水利志》，山东人民出版社 1993 年版，第 409—410 页。

② 参见山东史志编委会编：《山东省志 · 水利志》，山东人民出版社 1993 年版，第 409—410 页。

治理的小流域中，城北镇的福山小流域通过山东省水利厅的验收。①

烟台市的农田水利水土保持工作。新中国成立后烟台全区以昆嵛山、招虎山、伟德山、马石山、崮山等山区为重点，修建侵水坝、修筑梯田、挖蓄水池、闸坝头地、封山育林，进行综合治理，控制水土流失。1956 年海阳县创造了“外噘嘴、里流水”梯田和坝头地经验，全国水土保持现场会在该县发城区姜家山后村召开并推广海阳经验。到 1958 年，全区共建成中小型水库 1467 座，塘坝 9671 座，坑 17643 个，闸山沟 4 万多条，闸谷坊 5700 多道，整修梯田 81.3 万亩，建造畦田 134.2 万亩，挖鱼鳞坑 19.7 万亩，植树造林 66 万余亩，控制水土流失面积 3038 平方公里，水土流失治理面积 6487.4 平方公里，占水土流失面积的 61%。这一时期水土保持卓有成效。1978 年以后，全区水土保持工作走上健康发展轨道。1984 年烟台市政府恢复成立水土保持委员会，颁布《烟台市水土保持试行规定》，建立专门办事机构，制定”防治并重，治管结合，因地制宜，全面规划，综合治理，除害兴利”的方针。1985 年开展水土保持普查、规划工作，确定“以小流域为单元，统一规划，综合、连续、集中治理”的原则，具体实施坚持工程措施与生物措施相结合，以生物措施为主；治沟治坡相结合，以治坡为主；社会效益与生态经济效益相结合，以经济效益为主。到 1985 年年底，全市累计完成治理水土流失面积 10031.8 平方公里，其中水平梯田 381.16 万亩，坝头地 18.59 万亩，水保林 323.66 万亩，种草 5.08 万亩，闸谷坊 72075 道。②

淄川区峨庄乡被授予全国水土保持先进单位称号。至 1985 年，有林面积发展到8.6万亩，建小型水库1座，塘坝、谷坊580座，修环山渠3.4万米，整修“三保田”万余亩，总治理面积达 86 平方公里。粮食平均亩产由 1978 年的 292 公斤提高到 402.5 公斤，果品总产量由 151 万公斤提高到 750 万公斤，林业年收入由 82 万元提高到 303 万元。③

日照市的水土保持工程。新中国成立后，日照市大搞水土保持工程

① 参见山东省乳山市史志编委会编：《乳山县志》，齐鲁书社 1998 年版，第 374—375 页。

② 参见烟台市史志编委会编：《烟台市志》，科学普及出版社 1983 年版，第 961 页。

③ 参见淄博市志编委会：《淄博市志》，中华书局 1992 年版，第 1405—1406 页。

建设。1966—1974 年，以深翻整平土地为中心，建设旱涝保收高产稳产田。1978—1979 年，投入农田基本建设的劳力达 20 万人，完成建设项目 1050 项，其中深翻整平土地 7.2 万亩，水土保持面积累计 37.27 平方公里。1980 年，全县新建稳产高产田 2.1 万亩，治理水土流失面积 3.78 平方公里。1981—1989 年，全市水土保持工作有计划、有步骤地进行。1984 年，完成了水土流失情况的普查，为有计划地搞好水保工作提供了科学依据。1985 年，重点进行了小流域的治理。根据“防治并重，治管结合，全面规划，综合治理”的方针，实行工程措施与生物措施相结合的办法，分期治理，封山造林 3000 亩，山顶戴松帽，山腰植刺槐，山脚建茶果园，梯田地堰栽紫穗槐。轻度面积由 1045 亩增至 2224 亩，占流域面积的 59%；中度面积由 2547 亩减少到 362 亩，占流域面积的 9.6%。1964—1989 年年底，全市水土保持工程，除建大中小型水库和塘坝等蓄水工程外，整水平梯田 49.2 万亩，沟坝地 2.64 万亩，营造水土保持林 17.98 万亩，修建谷坊 1033 个，累计治理水土流失面积 472.97 平方公里。①

五莲县的水土保持工程。新中国成立前，五莲县水旱灾害频繁，被称为“穷山里”。新中国成立后，虽治理过穷山恶水，但治下未能治上，改土没有护坡，1978 年前，仍是山上缺树，坡上少草。流域内 13 个村中仍有 9 个是“吃粮靠统销、花钱靠贷款、生活靠救济”的“三靠村”。1979 年后，五莲县实施山、水、林、田、路统一规划，综合治理。由过去一山、一岭、一沟的单项治理，变为按小流域治理。治理中，实行工程措施与生物措施结合，治山与治水结合，经济效益与生态效益结合，收到了明显的效果。凡综合治理过的流域，基本实现了雨过水清。小流域治理典型案例。1979 年后，当地群众总结了过去毁林造田、陡坡开荒的教训，针对山多、沟多、水土流失严重的实际情况，对流域内山、水、林、田、村、路进行统一规划，综合治理。至 1984 年，建库塘 41 座等，总蓄水量 112 万立方米；建扬水站 3 座，扩大灌溉面积 3400 亩。整修水平梯田 6500 亩，造坝头地 450 亩；植用材树 214 万株，营建水土保持防护林 1.4 万亩，林木覆盖率达到 50%，郁闭度平均 80%。生产效益显著提高，群众生活明显改善。1978 年人均收入 124 元，

① 参见日照市史志编委会：《日照市志》，齐鲁书社 1994 年版，第 325—326 页。

1988年，增加到585元。①

潍坊市水土保持效益。潍坊市水土保持各项措施，对缓洪、拦沙、蓄水、保土都发挥了显著效益。水土流失面积逐年减少，程度逐步减轻，生产条件不断得到改善，并出现了一大批坚持综合治理，由穷变富的典型。

由于生产力水平低下，临朐县申家庄1978年人均收入仅62元。1978年制定了小流域治理规划，实行综合治理，1990年全村人均收入达到915元。临朐县申家庄，治理前到处是荒山秃岭，水土流失严重，农业生产条件很差，粮食产量很低，人均收入96元。1983年制定了小流域治理规划，实行山、水、田、林、路、村综合治理，到1989年控制了水土流失，农业生产迅速发展，人均年收入达到750元。②

2. 二靠科学技术

科技层面的革新和运用，主要是两个方面：一是大力加强优良品种的引进和培育；二是耕作制度的进步，使间套作轮作制度成为增产增收的长效机制。20世纪的晚清民国以来，农业科技开始兴起并直接服务于农业生产，经过百年的努力，特别是经过政府的倡导与一系列农业政策的实施，在山东农业科学种田、农业产业结构、耕作制度、作物种植制度、品种引进与推广，病虫害防治，水土保护，治涝治碱等方面，都取得了积极的成果。

提高土地生产率，主要手段是农业科学技术的综合利用，如耕作制度的改进，粮食品种的更新，美洲作物引种推广，增施肥料及使用化学肥料，特别是农田水利基本建设方面，如灌溉、改造盐碱地、水土保持、抗旱防涝、洼地稻改等方面。本书对上述内容在前面各章都有详细论列，不再一一赘述。其中的任何一种措施，都会对提高土地生产率产生一定影响，提高单产百分之十到百分之几十，科学技术是提高亩产增加总产的有效措施。

解决民食的根本方法。如有的研究者指出，清代粮食亩产的提高，更多的应归功于增加复种指数。在北方实行二年三熟制土地比一年一熟制，低的可增产12%，高的可增产32%。在南方实行稻麦二熟制，最低可增产

---

① 参见五莲县志编委会：《五莲县志》，中国人民大学出版社1992年版，第189—190页。

② 参见潍坊市地方志编纂委员会编：《潍坊市志》（上卷），中央文献出版社1995年版，第327页。

20%，最高增产 91%。双季稻最低增产 25%，最高增产 250%。旱地一年二熟制，以陕西汉中盆地为例，可增产 162%—186%。实行多熟制，等于提高了单位土地利用率，其意义十分重大。①

农业八字宪法中的"水、肥、土、种、密、保、管、工"等（施肥、灌溉制、土壤改良、合理密植、植保、管理、精耕细作），概括了土地耕作制度。如种植制度、作物结构、间作套种轮作制度等经营管理、科学技术经济因素，有一定的合理性。

（1）优良品种的引进。

① 近代农业科学研究的兴起。鸦片战争后，外国资本主义经济对中国的入侵，迫使清政府不得不采纳了有识之士的主张，兴办洋务，设立农工商部，倡导实业。山东省于 1901 年相应设立农工商务局，提倡兴办实业和农业学堂。1903 年设立山东农桑总会，并在济南东郊七里堡创设山东农事试验场，从事气象、土壤、肥料、种子、蔬菜、果树和林业等方面的试验研究，开创山东近代农业科学研究之先河。1906 年新设济南农林学堂，1907 年又将济南农林学堂改为山东高等农业学堂。1908 年，新设山东劝业道，负责全省农工商矿及各项交通事务，大力"开通知识，改良种植"，发展屯垦、林业、渔业、树艺、蚕桑及农会、农事试验场等。②

② 新品种的引进与推广的条件与意义。近代农作物新品种的引进与推广，是明清以后美洲作物引进和推广的继续，又是在受西方资本主义经济和国际贸易拉动，国内传统农业逐步改良并向近代农业过渡的一项重要内容。新品种引进本身，它本身就是以农业近代化趋向的标志，是与新兴的近代工业相关连，并以口岸国际贸易的兴起为条件的。这种新品种引进，反过来又在一定程度上促进了国内农业生产力的提高，推动农业经济沿着集约化、区域专业化及商品化的方向发展，并进而促进了山东腹地农业经济的商品化。

近代山东农作物新品种的引进肇始于清末，民国前期（1912—1936 年）引进规模有相当扩大，其中对区域农业经济和农家生产经营影响最大的，首

① 参见郭松义：《明清时期的粮食生产与农民生活水平》，《中国社会科学院历史所学刊》第 1 集，社会科学文献出版社 2001 年版。

② 参见山东史志编委会、俞宽钟主编：《山东省志 · 农业志》，山东人民出版社 2000 年版，第 8—9 页。

推美棉、美烟和美种大花生的引种和推广。①

③ 山东粮食作物品种的引进、繁育与推广。美棉、美烟与美种大花生得到大力推广的同时，粮食作物良种的引进推广也受到一定的重视。民国三年山东农事试验场设立种子交换所，选购采集中外农作物良种（其中大部分品种经过农场比较试验），供各地农户交换推广，并办理代购外省及外国种子业务。民国六年交换所提供农户换购的作物良种共有 140 多种，民国八年后，交换所交换品种虽有减少，但可供交换的地方良种仍为数不少。② 山东农民在长期的生产实践中选育了众多的优良品种，积累了丰富多彩的种质资源。由于农作物品种改良工作基础十分薄弱。民国时期，一些有事业心的农业科技工作者，虽曾选育、引进、推广了一些优良品种，但种子事业发展极为缓慢，到 1949 年良种推广面积仅 6 万公顷（90 万亩），占主要农作物播种面积的 0.5%。

④ 新中国成立后，山东省种子事业有了很大发展。1949 年后，种子繁育推广机构和队伍不断发展壮大，已建立健全了良种繁育和经营体系，做到不断更新更换良种，主要农作物品种已更换 4—5 次。全省主要农作物良种普及率达 95.9%。

1949 年后，山东省种子事业的发展，大体经历了以下 4 个阶段：

一是 1949—1957 年年初建时期。山东省于 1949 年秋着手建立省级农作物种子推广机构，并在重点地区的济南、德州、烟台、莱阳、惠民及徐州设立门市部，为种子事业的发展打下了初步基础。

山东省 1950 年重点抓了良种的评选、检定、繁殖和推广。全省共评选出农家良种 571 个（小麦 386 个、杂粮 185 个），组织 100 多处地县农场进行品种对比示范和良种繁育，国家设立繁育区 21.5 万亩，群众留种地 290 多万亩，良种面积由 1949 年的 90 万亩，发展到 1957 年的 1.3 亿亩，占播种面积的 67%。

二是 1958—1978 年波动时期。1958 年 4 月全国种子工作会议研究确定

---

① 参见庄维民：《近代山东农作物新品种的引进及其影响》，《近代史研究》2006 年第 2 期。

② 参见张玉法主编：《农业志》，《（民国）山东通志》卷十五，（台北）山东文献杂志社 2000 年版，总第 1480—1481 页。

“自繁、自选、自留、自用，辅之以调剂”（“四自一辅”）的种子工作方针。这一方针推动了山东良种繁育推广工作，1959 年全省基本形成了“县县建立繁育区，社社（人民公社）建立良种繁育场，队队建立留种地”的三级良种繁育制度，良种面积达到 1.18 亿亩，占播种面积的 73.7%。1961 年 11 月种子工作交农业部门管理。1962 年年初，省、地、县全面恢复了行政、技术、经营三位一体的种子管理机构。

“四自一辅”种子方针的执行，使山东省从 70 年代初，重视防杂保纯，促进了良繁体系的发展，加速了品种的更新换代。到 1976 年全省有 5680 个大队实行了种子“三统一”（统一繁种、统一保管、统一供种）。1978 年在全省健全良种繁育推广体系，实现“四化一供”（种子生产专业化、加工机械化、质量标准化、品种布局区域化，以县为单位组织统一供种）的要求。在 1978 年前，全省主要农作物品种更换了 2—3 次，棉花原种更新 1 次，每次品种更换，都使产量增加 10%—20% 以上。

三是 1979—1990 年发展时期。1979 年以后，种子事业得到了新的发展。建立健全了省、地、县三级种子机构，开展了种子现代化建设工作，由中央和省拨款建设“四化一供”（种子生产专业化、加工机械化、质量标准化、品种布局区域化，以县为单位组织统一供种）试点县。良种推广速度加快，经营数量增加，质量也有提高，并逐步纳入法规化、规范化的轨道。一个区域种子试验、品种审定、生产、加工、检验和经营等综合配套的良种繁育推广体系初步形成。同时，由于在经营体制方面也进行了重大改革，使良种经营量逐年扩大。到 1990 年全省各级种子部门建立各种作物种子生产基地基本稳定在 33.33 万公顷（500 万亩）左右，满足了大田用种的需要，精选加工的种子占供种量的 40%，其中玉米杂交种国家供种量在 95% 以上。主要农作物品种更换了 4—6 次，种子工作已由“四自一辅”转向了“四化一供”。①

1973 年春山东省从中国农林科学院引进 23 个春小麦品种。其中墨西哥小麦品种 19 个。在进行区试的同时，开始对墨西哥小麦进行大面积试种，1974 年种植 150110 亩，平均亩产 118.5 公斤，1975 年种植 737702 亩，平

① 参见俞宽钟主编：《现代山东农业》，山东科学技术出版社 2000 年版，第 792—793 页。

均亩产 134 公斤，比 1974 年增产 12%，比冬小麦每亩增产 19 公斤。①

（2）粮食良种的培育推广对提高土地生产率的重要意义。

① 小麦品种研究。山东近代小麦研究开始于 1906 年，当时山东高等农业学堂农事试验场从事小麦品种选育及栽培技术研究。民国时期，山东省立第一农事试验场、齐鲁大学农事试验场、山东省立农业实验所及设于历城的第一区农场、惠民的第二区农场，均做过小麦试验研究。1938 年日寇侵占山东，研究工作陷于停顿。40 年代，山东解放区在莒南县创建的山东省农业实验所以及专区、市、县农场，大部分进行了小麦选种和栽培技术的试验，同时还进行了小麦良种对比试验和锄麦及浇尿等效果试验、示范，都对增产小麦有一定的作用。新中国成立后，山东省农业科学研究所、山东农学院、各专区、市、县农场大都开展了小麦的研究，形成了全省规模较大的试验网。在品种的研究上，除评选、鉴定、示范、推广农家品种外，还引进、鉴定外地良种。

小麦良种的推广和更新换代对全省小麦生产的发展起了主导作用。新中国成立初期，山东省农业科学研究所为配合全省农业生产的恢复和发展，广泛开展了征集农家品种和引种鉴定工作，从中筛选出了一批比原当家品种增产一至两成的新的品种和品系。1950 年根据农业部部署，在全省开展了群众性的小麦良种评选工作。评选出了胶东扁穗麦、齐大 195（邹平洋麦）、徐州 438、黄县大粒半芒等良种，发动群众选种留种，互换良种，推广面积达到 26.7 万公顷。此外还有红秃头、白秃头、鸟山半截芒等一批优良农家品种，在当地都有较大面积的种植。

50 年代后期开始，逐步开展系统育种、杂交育种和辐射育种，先后育成推广了小麦良种 80 多个。在小麦栽培技术的研究上，50 年代主要进行了密植、播种期、施肥、浇水、种子处理的研究。60 年代开始，进行了高产小麦群体结构、肥水运用、营养分配、防止倒伏的研究。进入 70 年代后，总结形成了莱阳 500 公斤丰产经验、小麦高产群体结构、小麦稳产 500 公斤的生育特点及栽培规范、冬小麦精播高产栽培的理论与实践经验等。80 年代已经形成了以省农科院作物研究所、原子能农业应用研究所、山东农业大

① 参见俞宽钟主编：《现代山东农业》，山东科学技术出版社 2000 年版，第 819—822 页。

学农学系、莱阳农学院农学系以及地市农科所为骨干的小麦育种栽培研究网络。[①]60 年代后期至 80 年代育成的品种有以下几个特点：第一，品种的丰产性提高，穗数、穗粒重、千粒重都比过去品种有显著增加。第二，株高降低，抗倒伏能力增强，经济系数提高。第三，抗病性增强。第四，冬性程度减弱，弱冬性品种增多，但品种适应范围变宽。这些新品种的育成，促进了小麦高产稳产田面积迅速扩展。全省小麦五次品种大更新，每次都使产量提高 10%—15%。[②]

② 玉米品种研究。山东是全国开展玉米杂交工作最早的省份，具有良好的基础。新中国成立初期，山东玉米生产应用的品种多为硬粒型农家品种，产量很低。在群众评选良种的基础上，推广了金皇后、小粒红和黄县二马牙等良种，推广面积占全省玉米种植面积的 40% 左右，比一般农家品种增产一成。

山东玉米品种的改良，先由推广优良品种开始，然后选育推广品种间杂交种，进而再选育推广自交系间杂交种。在推广自交系间杂交种过程中，先是推广双交种，然后更换为三交种和单交种。这与欧美国家的发展趋势相似。由于玉米杂交种不断更新，杂交一代种子的播种面积已达玉米面积的 90% 以上，成为山东玉米增产的重要种源因素。[③]

20 世纪 50 年代中期，曾在全省范围进行玉米品种的调查征集，共征集到 500 多个玉米农家品种。这些农家品种的种植历史大都在四五十年以上，少也不下二三十年，不仅形态多样，而且性状各异。这些玉米农家品种，不但在历史上的粮食生产中发挥了巨大作用，而且成为现代玉米育种工程的重要的资源基础。[④]

玉米的单产，在相同的地区，一般都高于传统的旱粮作物如小麦、大豆及粟、黍等杂粮。据 20 世纪三四十年代的调查统计，1931—1936、1946

---

① 参见俞宽钟主编：《现代山东农业》，山东科学技术出版社 2000 年版，第 630 页。

② 参见山东省农科院、山东省计委编：《山东农业概况（1949—1990）》，山东科学技术出版社 1993 年版，第 51—52 页。

③ 参见山东省农科院、山东省计委编：《山东农业概况（1949—1990）》，山东科学技术出版社 1993 年版，第 55—57 页。

④ 参见陈冬生：《山东历史上主粮作物的农家品种资源》，《古今农业》1997 年第 3 期。

年、1947 年共计 8 个年份的全国主要粮食作物亩产量，玉米平均约为 182 斤，比同期小麦亩（146 斤）高 25%，比小米（164 斤）高 11%，比大豆（153 斤）高 19%，而与高粱持平。①

③ 甘薯品种研究。甘薯品种也有农家品种和引进品种之分。抗日战争时期，引进日本品种冲绳百号和美国品种南瑞苕。胜利百号（原名冲绳百号）系七福与潮州的杂交后代，1937 年由日本鹿儿岛传入辽宁，后又传入山东（一说由华北农事试验场推广到山东），时间为 1942 年，鲜薯产量较当时山东农家品种增产 30% 以上。② 由于该品种高产、优质、适应性广、综合性状好，抗病，而且薯蔓较短，不用翻蔓等优点，受到广大农民的欢迎，所以推广快，面积大，时间长，直到 60 年代，仍是山东的主栽品种。③

甘薯品种的选育工作，50 年代主要通过引种鉴定来选育适于当地推广种植的优良品种。1950 年开始推广胜利百号。50 年代，开始引进国内育成的新品种，有原华北农科所育成的华北 117、北京 169，北京 553 等品种。70 年代后期，对这些品种材料进行了生产力、抗病性、抗旱性及品质食味等研究鉴定，从中选出一批生产性好、品质优良、抗病性强的材料作为育种杂交亲本，有力地推动了山东甘薯品种改良工作。

④ 玉米、甘薯对旱粮亩产的作用。玉米、甘薯扩大种植，对旱粮亩产增加的作用是很显著的。玉米、甘薯对气候环境、生长条件要求不高，无论南北山区、丘陵、平原，硗确瘠地，皆可种植，而且高产。这两种作物，特别是甘薯，是粮食中的高产作物。

玉米在清前期的产量不详，依据 30 年代资料，每亩可到 180 斤左右，高于麦粟等传统旱粮作物。根据清代记载，甘薯高产可到每亩数千斤，低产亦有数百斤，平均可按亩产千斤计。千斤鲜薯，按 4 斤鲜地瓜折 1 斤粮计算，为成品粮薯干 250 斤，相当于稻谷 500 斤即 3.84 石（市石），或粟谷 417 斤即 3.09 石。

---

① 参见严中平等编：《中国近代经济史统计资料选辑》，科学出版社 1955 年版，第 361 页、表 85。

② 参见俞宽钟主编：《现代山东农业》，山东科学技术出版社 2000 年版，第 209—210 页。

③ 参见山东省农科院山东省计委编：《山东农业概况（1949—1990）》，山东科学技术出版社 1993 年版，第 72 页。

因此，清前期推广种植玉米、甘薯，不仅对开发山区、利用空闲余地，扩大耕地面积起了重要作用，而且肯定对平均粮食亩产的增加产生的影响亦不容小觑。根据吴慧估算，清前期玉米和甘薯的种植，约可使当时的粮食亩产平均增加17斤左右。①19世纪上半期中国粮食总平均亩产量数的上、下限，应再分别上调1斗，即可估计在2—2.2石的产量区间，换算为市制，约为每市亩310—341市斤。这个新的估计，按中值计，比《清代前期的小农经济》中估计的310斤产量，高出约16斤。如无种植玉米、甘薯使单产提高的因素，全国平均亩产只能达到350市斤，种了玉米、甘薯，亩产可提高到367市斤。所增加的17市斤即是玉米、甘薯所作的贡献。分析言之（用连环代替法），单是种甘薯和不种甘薯相比，可使亩产提高9斤。单是种玉米和不种玉米相比，可使亩产提高8斤。两者合计为17市斤。②

清代亩产367市斤比明晚期的346市斤增长21斤，幅度为6%，纯粹由于清中叶南方垦地比重比明代增加（由50.21%增至52.02%），亩产可增加4.2市斤，单纯由于玉米、甘薯、双季稻的作用，使清代亩产比明代增加16.8市斤。③

（3）山东美种大花生的引进和推广的意义。

山东原来种植的花生品种为龙生型品种，即小粒种，其特点是生长迟，产量低，适种性差，因而限制了种植规模的发展。19世纪60年代，美国普通型大粒花生开始传入山东。最先引进美种花生的是美国长老会传教士狄考文和梅里士。光绪十三年（1887）梅里士在平度引种美种大花生，收成颇佳，逐渐推行全境，旧种几绝。因美种大花生产量高、质量优，迄于清末，已在临沂、莱阳、东平、冠县、阳信、沂水，城武等多县种植，并逐渐普及于鲁北地区，成为该地区沿黄白沙地，“稍次于木棉”的“大宗出产”。此后，新种代替旧种的趋势不断发展扩延，使大花生种植业逐渐覆盖了各主要花生产区。④

① 参见吴慧：《中国历代粮食亩产研究》，农业出版社1985年版，第183—188页。

② 吴慧：《中国历代粮食亩产研究》，农业出版社1985年版，第183—188页。

③ 吴慧：《清代粮食亩产的计量问题》，《农业考古》1988年第1期。

④ 张玉法主编：《农业志》，《（民国）山东通志》卷十五，（台北）山东文献杂志社2000年版，总第1478—1479页。

花生同甘薯一样，“工省而易收”，与其他农作物相比，不争地，不争肥，凡“地多沙土，不蓄五谷”之地，“皆宜此种”，“废田尽成膏沃”。[①]“力省而易收”，成为“贫民之利”。因此花生在山区丘陵地区传播种植极快。道光以后，胶东及鲁中南地区已成为山东花生的主要产区。清代后期，美种大花生的传入更促进了山东花生种植业的扩大与发展，无论是种植面积，还是总产量，均居于全国的前列，成为全国最大的花生产区。[②]

（4）山东农业发展的标志，是耕作制度的进步。

农业发展的重要标志，是种植制度和种植结构的革新调整。山东省种植业门类比较齐全，产品纷繁，有小麦、玉米、其他旱作杂粮和水稻等粮食作物，棉花、花生、芝麻、烟草、大麻等经济作物以及蔬菜、温带水果、茶和特色花卉等。棉花、花生、苹果、小麦、蔬菜在国内居重要地位。

新中国成立后，随着人口增长和物质生活的提高，工业和外贸对农产品需求的增长，农田投入增加和农业新技术的推广，山东省逐步进行了种植制度改革和种植结构调整。80 年代以后，改革调整进一步加快，一年两作取代了二年三作的传统耕作制度的主导地位，推广了粮粮、粮棉、粮油等套种措施，复种指数比 60 年代增加 10 个百分点以上。粮食作物占用耕地的比重，由 60 年代以前的 80% 左右，压缩到 65% 左右，在总播种面积中所占的比率，由 85% 以上调整到 75% 以下，经济作物和瓜菜面积增加。粮食作物的种类构成也有极大变化，小麦、玉米扩大，其他杂粮和大豆压缩。同时，果园面积增加迅速，80 年代末为 60 年代末的 4.4 倍。种植制度及和种植结构的调整，缓和了人增地减和粮经作物争地的矛盾，促进了产量和产值的增长，提高了产品的商品率，增加了农民收入。同时，使农民膳食由粗粮、薯干、“瓜菜代”，变成细粮、粗粮搭配，许多地方细粮已成为农民主食。[③]

明清时期山东经济的发展，主要表现为农业生产结构的调整，而山东农业生产结构的调整，主要包括粮食种植结构的调整和经济作物种植的发展。粮食作物种植最主要的变化是两年三熟制的普及，而这一制度得以推广

---

① 《物产志》，《（道光）胶州志》卷一四。

② 陈冬生：《明清山东种植结构变化及对农业的影响》，《古今农业》2001 年第 2 期。

③ 参见山东地方史志纂委员会俞宽钟主编：《山东省志・农业志》，山东人民出版社 2000 年版，第 265 页。

又与粮食种植结构的调整密切相关。①

清代至民国时期又引入甘薯、花生、甜菜、菜豆、番茄、结球甘蓝、马铃薯、西洋苹果、草莓等。

农民在长期生产实践中，通过不断筛选，逐步形成了不同栽培植物与不同自然地域相适应的布局。随着生产条件及社会需求的改变，在具体种类、品种上以及各类作物面积比率上有些相应改变。例如，各地粮食作物面积始终居首位，并以旱粮为主，只是由于水肥条件改善，玉米和小麦增加，春播和秋播的小杂粮基本消失，夏播大豆、绿豆大幅度压缩。沿黄河有水可引之处，发展了水稻，替代了耐涝耐盐的低产旱粮。晚清引进西洋苹果，取代了传统的中国彩苹，并促使果园发展等。

农村经济体制改革以来，随着商品经济和规模经营的发展，一些经济作物和蔬菜、果品的传统产地，进一步出现集中成片发展的趋势。如鲁西棉田面积大幅度增加，鲁中和鲁南建立起一批蔬菜基地，山地丘陵区和平原风沙区扩建了一批果园等。②

例一，烟台市的种植制度。

1900年以前，境内作物种植多一年一熟，如春谷子、春玉米、春高粱、春甘薯、春花生等。1910—1949年间，西北部平原地区作物种植二年三熟面积显著扩大，如春玉米小麦—大豆、稷子小麦—大豆、谷子—豌豆花生等。一年两熟种植也开始出现，如小麦和夏玉米。到1951年，全区一年一熟制面积占总耕地面积的44.4%，二年三熟制面积占总耕地面积的41.8%，一年两熟制占13.8%，全年复种指数为134.7%。

1952—1960年间，烟台全区提倡扩种小麦、玉米、甘薯，压缩种植春谷子、春高粱、稷子等作物，种植制度发展为以两年三熟为主，掖县、黄县平原区广泛推行一年两熟制。到1960年前后，全区一年一熟制种植面积占总耕地面积的36%，两年三熟制面积稳定在35%左右，一年两熟制面积增加到29%左右，全年耕地复种指数为147%。

---

① 参见郑启东：《清代华北的农业改制问题》，中华书局1992年版，第118—130页。

② 参见山东地方史志纂委员会俞宽钟主编：《山东省志·农业志》，山东人民出版社2000年版，第266—267页。

1961—1970 年间，作物种植以两年三熟和一年两熟为主，一年一熟制面积逐渐下降。到 1976 年一年一熟制面积下降到占总耕地面积 28%，同时广泛开展间种套作，全年耕地复种指数为 148%。

1970—1980 年间，依据各地自然条件和生产基础，有计划地改制复种，山丘薄地或每人平均 2—3 亩地的地区，提倡一年一熟制，有一定水浇条件或每人平均 1 亩地的地方，提倡一年两熟制，肥水条件一般或每人平均 2 亩地左右的地方，提倡两年三熟制。上述三种种植制度若在一个生产单位同时采用，以某一两项为主，交错进行，以便倒茬轮作，培养地力。

到 1980 年，烟台全区一年一熟制面积占总耕地面积的 29%，一年两熟制面积为 28%，两年三熟制面积为 43%，全年耕地复种指数为 150% 左右。

1981 年以后，农业政策调整，商品经济逐渐发展，种植业内部结构发生变化，粮食作物面积减少，经济作物面积增加，为充分利用地力、空间和时间，在原有熟制基础上，实行空间播种，进行“立体种植”。①

明清时代，两年三熟制广泛实行，并部分地实行一年两熟制。五六十年代，仍以一年一熟和两年三熟制为主，两者一般占耕作面积的 80%，一年两熟和一年多熟制占比重较少；复种指数在 1.23—1.55 之间。进入 70 年代，一年一熟制面积逐渐减少，一年两熟制面积逐渐扩大，到 1975 年，一年两熟制占耕作面积的 47.9%，两年三熟制占 41.1%；一年一熟制占 11.0%；复种指数提高到 1.61。此后，一年两熟制继续增加，土地利用程度较高，1982 年，复种指数提高到 1.77。②

例二，枣庄耕作制度间套复种的演变。

1949 年滕、峄两县提出推广大豆玉米间作的种植方式。1950 年至 1960 年间，枣庄市、县两级农业部门都先后进行了农作物间套复种的技术推广，如玉米大豆间作、小麦套种、玉米等多种粮食间作，粮油间作、粮棉间作、粮菜间作及一年二作、二年三作等复种方式，初步改变了几千年来的一年一作的旧耕作习俗。1959 年至 1961 年，枣庄市总结了山丘地区、平原地区、湖洼地区、山间小平原四种轮作类型区的轮作经验及粮、肥间作经验，解决

① 参见烟台市史志编委会编：《烟台市志》，科学普及出版社 1983 年版，第 981 页。

② 参见威海市地方志编纂委员会：《威海市志》，山东人民出版社 1986 年版，第 230 页。

粮、肥争地矛盾，实行用地养地结合。在市区域规划和土壤普查的基础上，对枣庄市作物布局、粮食复种指数、熟制搭配、产量结构、用地养地结合、间套复种等进行了区划。枣庄市 1965 年至 1966 年间，曾推广过粮肥间作。

枣庄麦田套种夏玉米是枣庄市小麦玉米产区广泛采用的套种方式。近二十多年套种面积 150 万亩左右。一般小麦产量差异不大，而套种玉米比夏直播玉米增产 15%—30%。

粮肥间作（两粮两肥），枣庄市 1965 年至 1966 年间，曾推广过粮肥间作。近几年播种面积很少。

枣庄市在 60 年代末 70 年代初期，曾实行过二四畦耕种套种形式，进入 80 年代以来，此种形式播种面积较少。种植方式是：大畦种六至八行小麦，小畦套种两行玉米。此外，还有棉花与粮食作物间作、粮食作物与油料作物间作、粮食与烤烟间作、粮食与蔬菜间作、粮食与桐树等林木间作套种复种形式。①

例三，泰安的耕作制度间套复种。

间作套种。新中国成立前，主要是麦田套种玉米、大豆、谷子、花生等，间作的方式有玉米间大豆、谷子间高粱、地瓜间玉米等。1949 年后，间作套种面积逐年扩大。50 年代麦田套种玉米间大豆比较普遍。1956 年，玉米间作大豆的面积 35.2 万余亩，地瓜间作玉米占春播面积的 50%。60 年代间作向条带化发展。70 年代推行粮油间作、粮菜间作、粮粮间作，方式有麦田间作油菜或菠菜、玉米间作花生，地瓜间作芝麻，麦田间作春玉米、套夏玉米、三作三收等。80 年代初，开始推行立体种植，间作面积进一步扩大。1984 年间作面积 60 万亩，麦田套种面积 65 万余亩。轮作换茬。泰安久有“今兹美禾，来兹美麦”的轮作换茬经验。农民一直以轮作换茬作为提高作物产量的主要手段之一。新中国成立后的轮作方式，一年一作地块一般是玉米—高粱—谷子或地瓜—花生—棉花；一年两作地块一般是小麦—玉米或谷子；二年三作地块一般是小麦—夏地瓜—高粱或谷子。②

---

① 枣庄市地方志编纂委员会编：《枣庄市农业志》，油印稿本，第 57 页。

② 泰安市地方志编纂委员会编：《泰安市志》，齐鲁书社 1996 年版，第 144 页。

例四，潍坊市的耕作制度。

近代以来，直至20世纪50年代，潍坊种植业的农田耕作仍沿袭历史上的耕作制度。根据潍坊的气候和自然资源条件，耕地实行二年三作或一年一作。二年三作的土地多较肥沃。在二年三作的周期内，一般是春种谷子或高粱，秋季收获后种小麦，翌年夏季小麦收获后播种大豆，秋季收获大豆后土地冬闲一季，来年春季再播种高粱或谷子。春种高粱或谷子，秋种小麦时土地进行耕翻，夏播时一般不耕翻。如果伏雨来迟，有的进行划耙灭茬，有的则不灭茬。进行二年三作的耕地，一般占总耕地的80%左右。而对土质比较瘠薄，又无水浇条件的土地和盐碱较重的耕地，多一年一作，种一季小麦或大豆、高粱、谷子、棉花。全区一年一作的土地约占总耕地的20%。

潍坊市土地的复种指数一般在140%左右。同时实行宽幅播种或刨穴点种，土地利用率很低，全区粮食平均亩产仅100公斤左右，1949年更是仅有78公斤。在农田耕作中，在逐步实行作物合理密植的同时，通过间作套种逐步扩大一年两作的种植面积。新中国成立初期，全区耕地实行一年两作的只有3万亩，1957年增加到44.2万亩。1960年以后一年两作的面积一直在300万亩以上，1990年为575.7万亩，占全市耕地面积的50.4%。因而尽管棉花种植面积不断扩大，黄烟种植由夏栽改为春栽，使一年一作面积有所扩大，但耕地的复种指数在1960年以后仍保持在145%以上，1990年增加到161.8%。①

3. 靠政府合理的政策规范和导向

近百余年间，农业科技开始兴起并直接服务于农业生产，经过百年的努力，特别是经过政府的倡导与一系列农业政策的实施，在山东农业科学种田、农业产业结构、耕作制度、作物种植制度、品种引进与推广，病虫害防治，水土保护，治涝治碱等方面，都取得了积极的成果。

在提高农业劳动生产力和土地生产率的诸多途径中，政府是可以有所作为的。民国初年在北洋政府的倡导和扶持，一系列重农政策和农业科技引进普及措施，都产生了久远的影响。民初的措施，至少有几个方面是可圈可

---

① 参见《潍坊市志》（上卷），潍坊市地方志编纂委员会编，中央文献出版社1995年版，第193页。

点的：第一，农作物种植面积增加了，产量提高。第二，政府对经济作物的重视在一定程度上促进了农村产业结构的优化。第三，由于政府鼓励经济作物的种植，农产品商品化程度有了一定的提高。第四，北洋政府时期人口有了一定的增长。第五，这一时期农民生活水平也有了一定的提高。1928 年后的南京国民政府，在内忧外患不断的情况下，也创造了一个中国历史上农业全面发展的“黄金十年”。国民政府发展农业的措施，也主要是靠科技普及推广示范，靠农业政策对小农的保护，使农作物粮食和经济作物的产量产值都达到历史上的高水平。现在我们所说的靠政策，主要是“靠政府合理的政策”，农业的管理体制在政策导向上，承认农民自主经营权、收益权。在土地使用制度方面给农民松绑，即废除政社合一的体制，承认农业生产中粮油棉菜果，农林牧副渔多种经营的合理性合法性，承认农民有自主经营主动权，收益分配上让农民能得到实惠；靠政策，还有一层意思，就是国家采取适当措施稳定、提高粮食价格，缩小农产品与工业品剪刀差价格指数比；对粮食生产进行补贴，对农产品价格进行有利于生产的保护措施。

(1) 家庭联产承包责任制的发展历程。

1979 年后，为回应广大农民强烈的自主经营权利的要求，中央批准了家庭联产承包责任制。到 1980 年 7 月统计，山东省下辖的一百多个县，实行包产到户。这种办法为群众称为“大包干”。家庭联产承包责任制简便易行，利益直接，干部省心，社员放心，很受社员欢迎。群众反映：“大包干，没有弯，交够国家的，留足集体的，剩下都是自己的。”

① 东明县。实践证明“包”的办法很灵，当年东明县全县粮食增产 18%，粮食购销相抵，净向国家交售 487.5 万公斤，另外议购、换购大豆 1485 万公斤，全省很多贫困县结束了连续二十多年的吃统销粮的历史。

东明县的经验就是在经营形式和计酬办法上解除原先的政策禁锢，给农民自主经营权和收益处置权。该县实行包产的单位增产幅度很大，刘楼公社耿堂大队 72 户，1979 年春，每人分了 1.7 亩耕地，包干到户，粮食总产由 6.9 万公斤猛增到 24.47 万公斤，增长 2.6 倍，由年年吃统销粮，变成余粮队，当年交售小麦 7000 公斤，大豆 10.39 万公斤。

东明县的经验引起了中共山东省政府的重视，1980 年年初派调查组赴东明县，写了《关于东明县包产到户的调查报告》和 8 个典型的材料。1980

年9月中共中央在《进一步加强和完善农业生产责任制的几个问题的通知》中指出：应从实际需要和实际情况出发，允许有多种经营形式，多种计酬办法同时存在，在那些边远山区和贫困落后的地区，长期“吃粮靠返销，生产靠贷款，生活靠救济”的生产队，可以包产到户，也可以包干到户，并在一个较长的时间内保持稳定。

1981年5月16日，中共山东省委批转《全省农业生产责任制座谈会纪要》，强调加强完善生产责任制要分类指导，在生产水平和经营管理水平较高的单位，积极推行专业承包联产计酬责任制；在生产水平和经营管理水平处于中间状态的单位，要积极推行统一经营联产到劳责任制；在长期贫困的“三靠”（“吃粮靠返销，生产靠贷款，生活靠救济”）队，可以实行包产到户或包干到户责任制。①

特别是1985年实行生产责任制后，农民自主经营的束缚大部分解除了，农业生产条件得到根本改善，农业生产条件发生了历史性的变化。②

② 莒县。莒县农村经济体制改革，是在1980年，推行联产承包责任制，1981年发展到“大包干”。大包干，即生产队将土地按人口平均分配到户，农民自由安排种植，农具成本一律由户自行负担并负责上缴农业税和粮、油征购，各项提留后，全部归己。农村经济体制改革激发了农民的生产积极性，全县1982年粮食亩产501.5公斤，首次过千斤，总产4.05亿公斤，人均分配253.82元，农业总产值3.29亿元。③

③ 淄博市。淄博市农业生产责任制具体做法是：生产队把耕地按人口或人劳比例承包到户，通过经济合同来保证承包任务的完成。生产责任制把农民的经济利益同劳动最终成果联系起来，经济效果较为显著。特别是“大包干”颇受农民欢迎。

农村开始由小而全的自给自足的自然经济向小而专的商品经济转化，农民生产积极性得到充分发挥，繁荣了农村经济。1985年全市粮食总产达

① 参见山东史志编委会、俞宽钟主编：《山东省志 · 农业志》，山东人民出版社2000年版，第119—122页。

② 参见山东史志编委会、俞宽钟主编：《山东省志 · 农业志》，山东人民出版社2000年版，第21页。

③ 参见山东莒县县志编委会编：《莒县志》，中华书局1999年版，第217—218页。

到 88472.5 万公斤，比 1978 年增长 16.5%；每一农业劳动者创造农业产值 1365 元，比 1978 年增加 543 元，增长 151.4%；农村经济总收入 20.9 亿元，比 1978 年增长 3 倍；人均收入 544 元，比 1978 年增长 3.95 倍。农业产品商品率达到 55.3%。①

④ 平度市。1985 年，平度全县 26 个乡、19 个镇，全部实行了大包干的农业生产责任制，调动了农民生产的积极性，各项经济指标都有大幅度提高。②

⑤ 泰安市。泰安市农村逐步实行经济体制改革，经营方式灵活多样，各种形式的农业生产责任制，调动了农民的生产积极性。1983 年，全市实行家庭联产承包的生产队 6248 个，占总数的 99.6%。次年全市粮食生产创历史最高纪录，比 1978 年亩产增长 31.4%，人均口粮增加 190.5 公斤。③

⑥ 龙口市。1984 年 3 月，龙口全县农村进行体制改革，继续稳定和完善家庭联产承包责任制，延长土地承包期 15 年以上，向农民发放土地长期使用证，实行户交粮（油）户结算，粮肥挂钩，兑现到户政策。至 1985 年，龙口市全县有各类专业户、重点户 1598 个，经济联合体 412 个，约占农户的 1.1%。城关镇南涧村种粮专业户孟繁军，自 1984 年起，承包土地 150 亩，每年向国家交售粮食 4 万多公斤，农业收入 3 万多元，纯收入近万元。④

（2）粮食与工业产品比价的调整。

山东的粮食和工农业现代化产品比价，按 1930—1936 年七年平均计算，1 匹白布换小麦 111.3 公斤，1 包火柴换小麦 0.47 公斤。其中，1936 年 1 匹白布换小麦 78.2 公斤，换玉米 100 公斤。

1948 年 12 月，济南、徐州、烟台、德州、潍县 5 地平均计算，1 匹白布换小麦 167.73 公斤，换玉米 280.41 公斤，与 1936 年相比，比价分别扩大 1.1 倍和 1.8 倍。1 包火柴换小麦 0.92 公斤，换玉米 1.54 公斤。

1950—1955 年平均计算，1 匹白布换小麦 150 公斤，1 包火柴换小麦 0.58 公斤。其中，1955 年 1 匹白布换小麦降到 140 公斤，1 包火柴换小麦降

---

① 参见淄博市志编委会：《淄博市志》，中华书局 1992 年版，第 1316 页。

② 参见平度县志编委会：《平度县志》，内部资料，1987 年，第 205 页。

③ 参见泰安市史志编委会编：《泰安市志》，齐鲁书社 1996 年版，第 106—107 页。

④ 参见龙口市史志编委会编：《龙口市志》，齐鲁书社 1997 年版，第 206—207 页。

到 0.54 公斤，比 1948 年 12 月比价分别缩小 16.5% 和 41.3%，但仍大于抗日战争前七年平均水平。

1964 年，1 匹白布换小麦 117.7 公斤，比工农业产品比价较低的 1955 年，缩小 15.9%，大于抗日战争前七年平均比价 5%。

1966 年"文化大革命"开始后，工业产品与粮食比价进一步扩大。1978 年，白布与粮食的比价达到 1 匹白布换小麦 207 公斤，1 包火柴换小麦 1.46 公斤，分别比 1948 年 12 月扩大 23.4% 和 58.7%，比 1955 年扩大 47.8% 和 170.4%。

1979 年后，生产发展，粮价提高幅度较大，粮食与工业产品比价逐渐缩小。至 1985 年，1 匹白布换小麦 90.26 公斤，1 包火柴换小麦 0.66 公斤，比 1978 年比价分别缩小一半以上。此后，粮食价格上调幅度小于工业产品。至 1988 年，1 匹白布换小麦升到 110.6 公斤，1 包火柴换小麦升到 0.81 公斤。①

临朐农业效益成本核算。为发展农业生产，获取最佳经济效益，临朐于 1957 年开始对小麦、玉米、地瓜、黄烟、蚕茧等主要农产品进行成本调查。1958 年，此项工作间断。1962 年再度进行，1964 年又中止，1977 年调查工作重新开始，但调查项目减去地瓜。1979 年恢复原调查项目。1980 年起，执行省规定的烤烟、蚕茧两个调查项目，其余项目停止调查。1983 年 12 月，临朐县产品成本调查室成立后，即进行农产品成本调查。1986 年始在 28 处乡镇 110 个村中对 1100 户定点调查。1987 年调查点减为 28 处乡镇的 80 个行政村 800 户。②

（3）农业税征收—减免农民负担政策。

新中国成立后，田赋改为农业税，以征粮食为主，故又称公粮。全年征收任务一次计算，分夏秋两季征收。采取依率计征依法减免的办法。农业合作化以前，基本采用累进税制和比例税制两种农业税制。1952 年 9 月，规定县财政科为农业税征收机关。夏征以 9 月 30 日入库为期，逾期为秋征。

① 参见山东史志编委会编：《山东省志 · 粮食志》，山东人民出版社 1994 年版，第 198—199 页。

② 参见临朐县史志办编：《临朐县志》，山东人民出版社 1991 年版，第 212 页。

秋征以10月1日至12月31日为期，逾期作下年度收入。

在农业税征收过程中，正确执行减免政策关系到农民负担是否合理，征收任务能否完成，群众困苦能否得到解决，以及党同农民的关系。1953年5月，中央人民政府财政部在《关于第四次全国农业税会议向中央的报告》中，对农业税减免作了明确规定。减免范围，按不同性质分为两类，一类是灾情减免，即按自然灾害歉收成数，给受灾农户减免负担，原则是轻灾少减，重灾多减，特重灾全免；另一类是社会减免，其范围包括无劳动力或缺乏劳动力而生活困难的农户，遭受意外灾害或有其他原因而交税确有困难的农户，遭受战争创伤、敌人摧残严重而生产尚未恢复的革命老根据地，少数民族聚居而生活困难的地区，交通不便特别贫瘠的山区，以及省人民政府认为有必要加以照顾的其他地区。在一般情况下，减免税额控制在应征税额的13%以内，其中社会减免约占4%—7%，灾情减免约占6%—9%。山东的农业税减免，1950年、1951年为数较少；1952年因增加老根据地减免和照顾减产幅度较大的地区，减免数增加；1953年对社会减免有所紧缩，但灾情减免增多，全部减免数额有较大幅度增加。

1954年减免数较少，夏季减免仅为3.68%，其中灾情减免为1.55%，社会减免为2.13%。执行过程中，既有掌握过严、应减未减免的偏向，也有掌握过宽、不应减而减免的偏向。

1955年以后，针对过去减免中出现的问题，逐步修订与完善减免办法。1979年，根据国务院规定，山东开始执行农业税起征点（社员口粮182.5公斤，人均收入40元）的办法。对确属自然条件差，长期低产缺粮，收入水平低，维持简单生产有困难，1978年、1979两年人均收入在起征点以下，而且改变这种状况需要较长时间的生产队，从1980年起免征农业税3年。1983年，农业税起征点的办法停止执行。对极少数口粮和收入水平仍然很低、不能维持基本生活水平、纳税确有困难的队和户，在农业税社会减免和灾情减免中酌情给予照顾。①

邹平县可以作为农业税的典型。

---

① 参见山东史志编委会编：《山东省志·粮食志》，山东人民出版社1994年版，第40—42页。

1958年后，全国一律实行比例税制，同时取消按人口扣除免税的办法。2月8日，邹平县农业税制改革意见确定：县内常产提高比例13.5%，由每市亩平均176.1斤，提高到199.87斤。税率由负担纯税率16.72%降为15.5%，新的负担比原负担提高5%，每人平均负担标准粮73斤。在保证财政收入任务和不额外增加农民负担的情况下，一律根据当地小麦、谷子、高粱、玉米、大豆五种粮食的实际收获量，按照各种粮食的收购牌价，加权平均计算货币，以每斤0.10元标准粮价折合为标准粮后，作为计税产量，计算征收任务。定产是以社（户）为单位，不再定到地块，农业税由生产队集体交纳。1958年，夏征比例，按原粮计算为28.8%，按标准粮计算为33.88%，社会减免比例2.2%，附加比例15%。邹平全县平均税率由原来负担纯税率16.72%降为15.5%。1961年，粮食收购价格上调16.84%，标准粮单价为0.116元。1966年又上调为0.1267元。1962年，为减轻农民负担，恢复农业生产，对农业税负进行调整，计税单产（标准粮，下同）由151.1斤调为127.1斤，调减15.88%；计税总产由18449.3万斤，下调为15597.2万斤，调减15.6%；税率由17%下调为11.8%，调减30.35%；依率计征由31506万斤，下调为1841万斤，调减37.3%。至1985年，一直维持这一税负。①

4. 四靠科技投入、资本投入

靠科技投入和资本投入，是因为在自然条件下长期不变的情况下，土地的生产率主要取决物质的投入、科学技术和经营管理水平，加大科技投入和资本投入，增加单位土地面积上的人力、财力、物力的投入量，可以实现土地持续增产和稳产高产。

“民以食为天，食以地为本”，所有的手段，在于提高单位面积粮食产量，降低成本，最后达到提高粮食总产量的功效，以解决粮食问题，达到足食的目的。

（1）科技投入。科技投入，主要是指不断采用先进科学技术科学管理方法，加强农学研究和植保、优良品种、防治病虫害植保等方面的研究，前面已有论列，兹处不再赘述。

（2）资本投入，以化肥使用为主。本省农田使用肥料向以粪肥、厩肥

---

①　邹平史志办编委会编纂：《邹平县志》，中华书局1992年版，第654页。

（牛马践踏而成）、堆肥（草木灰渣秽物积久发酵而成）为主，亦有用豆饼、花生饼者。光绪三十二年（1906 年）省农事试验场向日本购进化学肥料十数种，逐一试验。大约同期，德国洋行也投入资金和人员，在各地推销硫铵肥和磷肥。到宣统二年（1910 年），化肥的销售和使用范围，已从烟台、济南周邻农村扩展到胶济铁路沿线和运河沿岸的部分乡村及经营农场。当时化肥不只由国外购进，省内也有多家工厂能够制造，如济南、泰安、沂州等地均有相关公司或工厂从事化肥生产。20 年代以后，化肥的效用渐为农民所认识，特别是硫铵肥（肥田粉），当时"以种植烟草者，用之最多"，同时"栽种棉麦，亦有采用之者"。根据胶海关统计，青岛硫酸铵进口有逐年增多之势。民国十四年时进口 945 担，民国十五年进口增为 3318 担，民国十六年进口 13440 担，民国十七年进口增至 34721 担。但由于进口化肥价格高，农村劳动现金收入少，银价低落等因素影响，农民认可度有限，化肥使用并未能普遍推广开来。[①]

（3）化肥用量。新中国成立以后，化肥用量逐年增加，1952 年全省仅用实物化肥 4 万吨；1978 年增加到 529 万吨，比 1952 年增长 131 倍；1990 年达到 1021 万吨，比 1978 年增长 93%。亩施化肥量由 1952 年的 0.3 公斤，1978 年增加到 37.5 公斤，1990 年增加到 99 公斤。在化肥用量中氮肥比重下降，磷肥、复合肥比重上升，并逐步施用钾肥和微量元素肥料。1979 年化肥用量，氮肥占 81.2%、磷肥占 17.7%、钾肥占 0.6%、复合肥占 0.5%。1990 年化肥用量氮肥比重下降为 65%、磷肥比重上升为 22.5%、钾肥比重占 1.6%、复合肥比重上升为 10.9%。氮、磷、钾用量的比例，1979 年为 1∶0.22∶0.007，1990 年达到 1∶0.35∶0.09。氮、磷、钾的配合比例逐步趋向合理，但受资源和生产品种的限制，以及农民施用习惯的影响，氮肥比例仍然偏高，且有较大浪费。[②]

（4）山东省施用化肥的典型——淄博市的化学肥料施用。

① 硫酸铵：硫酸铵是淄博最早使用的一种化肥。1923 年美国人在临淄

---

① 参见张玉法主编：《农业志》，《（民国）山东通志》卷十五，（台北）山东文献杂志社 2000 年版，总第 1482—1483 页。

② 参见俞宽钟主编：《现代山东农业》，山东科学技术出版社 2000 年版，第 110—111 页。

孙娄乡东安次村用德国产的“狮马牌肥田粉”（硫酸铵）栽培烟苗，亩用量1公斤，增产效果明显。40年代初，市内胶济铁路沿线和城市近郊个别菜农少量施用日本产化肥。1950年开始在部分水浇地推广施用，群众怕烧死庄稼每亩只用1公斤左右。1954年博山制铵厂试产硫酸铵成功，先在博山区菜田试用，效果良好。后来周村、淄川、张店部分乡村施用，一般用做追肥或基肥、种肥，亩用12.5—20公斤。随着化肥工业的发展，其他品种的化肥开始增多，到70年代用硫酸铵的较少。

② 硝酸铵：最早施用硝酸铵是20世纪50年代末，用做基肥或追肥，增产效果较明显。60年代末施用面积增多，不但用于粮食作物，也用于瓜果类。但因硝酸铵施用不安全，到70年代已基本不施。

③ 氯化铵：60年代初，开始施用进口的氯化铵。多用做基肥，每亩施5公斤左右。由于氯化铵对蔬菜、烟草、瓜果类作物不适合，且肥源少，施用面积一直不大。

④ 碳酸氢铵：市内最早施用碳酸氢铵是1954年，主要用做小麦、玉米追肥，每亩12.5—17.5公斤。到70年代中后期，施用面积占全市耕地面积40%以上。施用方式：由追肥发展到基肥，每亩用量由二三十公斤增加到四五十公斤。80年代初期，施用面积有所下降。

⑤ 氨水：市内最早施用氨水，60年代初期，主要用作小麦、玉米追肥，到70年代初，昆仑、周村、博山氨水厂相继投产，氨水生产和用量迅速增加。施用方式，由原来的追肥（用氨水耧在麦田里穿施）发展到作基肥施（随拖拉机耕地，将氨水埋入地下），但主要还是以追施为主，亩用量50—100公斤。由于氨水易挥发，运输、施用不方便，70年代末施用氨水者大大减少。

⑥ 尿素：是70年代初期引入市内的一新型氮素肥料，含氮量高，肥效长。亩施用量由初期的12.5公斤左右，增加到25公斤以上。主要用做基肥、追肥。到1985年尿素施用面积占全市耕地面积的50%。

⑦ 磷肥：市内使用磷肥的种类有骨粉、过磷酸钙和钙镁磷肥。而最早施用的是骨粉，1954年在桓台县首先施用，主要用做基肥，因增产效果不明显，逐渐不用。1960年市农业部门在张店区大张公社推广施用过磷酸钙做基肥，亩用量25—35公斤，增产效果明显，随即逐渐大面积推开。70年

代，80%的公社都有小磷肥厂，全市每年施用面积100万亩左右，到1985年施用面积150万亩，亩用量一般50—75公斤。施用方式：由60年代只施基肥，发展到以基施为主，分层施、穴施、条施以及与有机肥混合施用。在推广过磷酸钙的同时，钙镁磷肥也被引进试验施用。但由于钙镁磷肥呈中性到弱碱性反应，增产效果不如过磷酸钙，到1985年基本停用。

⑧ 钾肥：由于市内大部分土壤中不缺钾，钾肥施用很少，但适宜土壤用后效果很好。1982年张店区卫固公社付山村对小麦试验用钾肥（硫酸钾），每亩用5—10公斤，增产小麦10%—15%，并显示出明显的抗病效果。有的农民在蔬菜类作物上施用，不但增产，还提高作物品质。

⑨ 复合肥：这种肥料是70年代以后推广的一种新型化肥，增产效果明显，施用后一般增产20%左右。1976年开始从国外引进推广，首先用于烟草、蔬菜、瓜果等经济作物，主要作基肥用。1983年粮食作物也开始大面积使用。1984年全市推广30多万亩，总施用量达868多万公斤，品种以磷酸二铵和三元复合肥为主。此后开始施用国产复合肥。1985年全市施用复合肥达1260万多公斤，推广面积达到43万多亩。

⑩ 微量元素肥料：最早施用微量元素肥料是1982年市土肥站在临淄区梧台公社、淄川区寨里公社作的锌肥玉米试验，亩用量1—2公斤，增产10%—25%。随后，对缺锌地块增施锌肥，均收到明显的增产效果，1983年全市大面积推广锌肥，施用面积达10万多亩。80年代，又增加硼肥、锰肥、钼肥，由粮食作物施用发展到经济作物施用，由作基肥发展到追施和叶面喷肥。1985年全市微肥施用面积25万亩，其中桓台县施用面积最大达10万亩。1985年，市土肥站对全市耕地进行微量元素调查，绘制了硼、锌、锰、铜、铁的含量分布图，为微肥的进一步推广提供科学依据。①

（5）莒南县化肥使用情况。

莒南县的化学肥料投入也具有相当代表性。莒南县内使用化学肥料始于1952年。是年，购进15吨硫酸铵，无偿供应农民试用。后化学肥料的品种、数量逐年增多。1955年全县施用化学肥料885吨，有硫酸铵、尿素、碳酸氢铵等4个品种。50年代所用化学肥料均为氮肥。60年代开始应用化

① 参见淄博市志编纂委员会：《淄博市志》（上下），中华书局1992年版，第1335—1336页。

学磷肥，品种有过磷酸钙、钙镁磷肥等，用量逐年增多。70 年代开始施用硫酸钾肥。1988 年全县共用化学肥料 6265.3 万公斤，其中化学磷肥 1250 万公斤，化学钾肥 310 万公斤。1990 年后，对小麦、花生、地瓜、玉米等作物推广施用氯化钾，使生产成本降低，增产效果明显。1993 年，全县施用氯化钾肥面积 33 万余亩，增产幅度达 10%，磷酸二氢钾、光合微肥、钛微肥、喷施宝等小微肥的推广面积也日益扩大，增产幅度一般为 5%—7%。

表 5–89　莒南县化学肥料用量情况抽年统计表

单位：万公斤 / 公斤

年份	总用量	亩用量
1952	1.5	0.01
1965	565	4.41
1978	3426	28.96
1993	3073.44	28.4

莒南县的菌肥。50 年代中期始用 5406 菌肥拌花生种、棉花种。60 年代，用 5406 菌肥拌花生种、棉花种面积达到 80%。70 年代起，用磷细菌肥拌花生种、蘸地瓜秧苗和水稻秧苗根部等，增产效果在 10% 以上。80 年代末，对小麦、地瓜等作物试验示范生物钾肥技术，获得良好的增产效果。50 年代中期，莒县开始推广花生根瘤菌肥，但推广面不及花生播种面积的一半。1970 年前后，部分农村用土法生产少量的“五四〇六”、“九二〇”、“磷细菌”等菌肥，后因效果不大，相继自行停产。只有花生根瘤菌肥，每年尚购入少量，使用至今。1991 年获省农业厅丰收计划三等奖。①

（6）临朐化肥肥料施用。

① 氮肥，民国年间临朐县即有化肥输入，当时称作“肥田粉”或“洋粪”，使用量极少。1950 年，县供销社首次购进德国产“狮马牌”肥田粉。在冶源区（今杨善乡）与农民签订试用合同。增产归己，减产供销社赔偿，试用效果良好，肥田粉销路遂畅。1962 年，县生产资料经理部从济南购进

① 参见山东省莒南县地方史志编纂委员会编：《莒南县志》，齐鲁书社 1998 年版，第 200—201 页。

氨水 100 余吨，在杨善公社潘家埠作小麦、玉米追肥试验，每亩增产 50 多公斤。自此，氮肥使用量逐年增多。1964 年，开始使用尿素，1978 年，县供销社购进碳酸氢氨 669 吨，供应农村。80 年代起，碳酸氢氨与尿素成为主要肥料。

② 磷肥，主要有过磷酸钙和钙镁磷肥。1954 年，临朐始用磷肥，全年购进 93 吨。至 1976 年，供应量超过千吨。1982 年达 1.3 万吨，此后，用量逐年减少。1983 年为 9705 吨，1985 年减至 2835 吨，1987 年为 5281 吨。

③ 钾肥，主要品种有硫酸钾。由于县内大部分土壤含钾较为丰富，钾素化肥仅有少量使用。1972—1985 年，共销售 3842 吨。

④ 复合肥，1966 年，开始使用复合肥。至 80 年代初，三元（氮、磷、钾）复合肥、二元复合肥渐被农民所认识，施用量逐年增多。

⑤ 微量元素肥料，1983 年推广硫酸锌等锌肥，用作基肥或叶面喷肥。自 1984 年起，全县年施用量在 30 吨左右。

随着农业生产的发展，农民懂得了科学用肥，各种成分的化肥施用量逐年增加。1987 年，全县使用化肥达 64730 自然吨，平均每亩耕地用氮、磷、钾各种化肥 82 公斤，折纯量 22 公斤。由于化肥的生产和购进量受限，供求矛盾依然较为突出。①

（7）莱州化肥施肥量。

① 化肥，也称无机肥，包括氮磷钾诸肥。氮肥，初称“肥田粉”。40 年代部分沿海农商户少量引进试用。1945 年县农场开始用氮肥（硫酸铵）作增产对比试验。50 年代普遍推广使用硫酸铵、硝酸铵和氯化铵。60 年代中期推广尿素和县化肥厂生产的氨水、碳酸氢铵。开始使用氮素化肥时用量很少，亩施 2—2.5 公斤（折纯，下同）。多作追肥撒施作物根际土壤表面，肥效有损。60 年代中后期改为浅施覆土，后又改深施覆土，氨遗较少。尿素用作种肥，每亩 1.5—2.5 公斤增产效果明显。氮肥亩施量，60 年代增至 6—7.5 公斤，70 年代 10—12.5 公斤，1988 年为 21 公斤。

② 磷肥，1954 年县总结推广后吕村徐铎施过磷酸钙亩增产小麦 45 公斤的经验。全县推广试用中，因增产效果不显停用。后因作物逐年密植和单

① 参见临朐县史志办编：《临朐县志》，山东人民出版社 1991 年版，第 205 页。

纯施用氮肥，土壤中严重缺磷，1964 年又全面推广施用过磷酸钙和钙镁磷。70 年代末全县平均亩施磷肥 30 公斤，开始使用磷肥多为犁底深施，后改为种前浅施、集中浅追或与氮肥混合使用。对一年两作的小麦玉米大田，采用隔季施磷的方法，将一年用磷量集中施于麦田，下茬玉米不再施磷肥或重施小麦轻施玉米。

③ 钾肥，1975 年开始使用硫酸钾、氯化钾。1979 年过西、西由、平里店、驿道、程郭、朱由、大原、珍珠、土山等 12 处公社 5 万亩夏玉米，因缺钾苗期萎缩，叶片自上而下由边缘向叶心逐渐枯黄。经县农业技术部门的 29 处试验，亩施 7.5—12.5 公斤硫酸钾效果最佳，每公斤钾肥可增产玉米 5.52—6.52 公斤。1980 年境内大面积推广钾肥，但因肥源不足，推广使用受限。1986—1988 年平均亩施钾肥 2.5 公斤。草木灰含钾元素，新中国成立前后民间多与人畜粪便混积，肥效流失较多。50 年代中后期，农业技术队提倡单积、单施，多用于小麦起身前撒施，有预防倒伏的作用。后陆续用于玉米、蔬菜等作物。

④ 复合肥，1972 年推广使用国产磷酸二氢钾和进口磷酸二铵、氮磷钾三元复混肥。1979 年后，推广玉米、花生等作物以复合肥为专用肥，同时也使用微量元素拌种和作物叶面喷施。①

（8）平度县化肥施用。

1968 年 10 月，投资 220 万元在城区潍石路东段路南建成了平度县化肥厂。1969 年 10 月投产，只产农用氨水，年产合成氨能力 3000 吨。1975 年，县委组织工业“二大会战”，投资 757.7 万元，增置设备，始产碳酸氢铵固体化肥，年产合成氨能力 1 万吨。从建厂到 1978 年，连年亏损，累计额亏损 1343.9 万元。

1979 年，投资平度县化肥厂 125.9 万元进行扩建，年产合成氨能力 2 万吨，企业扭亏增盈，年盈利 54 万元。1980 年，盈利 230 万元，被省命名为“大庆式企业”。1981 年，盈利 192.1 万元，被国家化工部命名为“全国小氮肥行业红旗单位”。1982 年，盈利 221 万元，民丰牌碳酸氢铵被评为省“优质产品”。1983 年，盈利 350.8 万元，投资 1100 万元进行扩建，设计年产尿

---

① 参见莱州史志办编委会编：《莱州市志》，齐鲁书社 1996 年版，第 221 页。

素能力4万吨。平度县化肥厂被省化学石油工业厅命名为"扭亏增盈先进企业"，民丰牌碳酸氢铵被评为国家化工部"优质产品"。

1984年，平度县化肥厂被青岛市命名为"节约能源先进单位"。1985年，有主要设备37台，年产氨水8960吨、碳酸氢铵85048吨；在生产管理上，始用工业闭路电视和微机处理技术，提高了企业素质，被国家化工部命名为"节能先进企业"，获企业质量管理成果"银牌奖"。①

（六）山东农业历史性的变化

新中国成立六十多年来，山东的农业生产，虽然经历过不少弯路和波折，但总的趋势是一直曲折向前发展的。特别是80年代改革开放以来，农业生产提高到新水平，农村商品经济进一步发展，农业在国民经济中的基础地位不断加强；在人多地少情况下，在解决人民温饱，提高生活水平，支援工业建设，扩大出口创汇，促进国民经济发展等方面，发挥了重要作用，作出了重大贡献。

可以说，山东农业，在改革开放的三十多年间，是达到了历史上的最高水平。使山东全省农业生产和农村经济发生了历史性的变化，从根本上改变旧中国遗留下来的农业落后面貌。

1. 历史性的变化之一，是农业科研体系完善，农业科技教育事业促进了农业经济的振兴

（1）建立完善了农业科研体系，取得了一大批农业科技成果。省级建有农业科学院及专业研究所，高等农业院校也设有专业研究所或研究室，地市级建有农业科学研究所，莱州等地还建有民办农科所，全省科研体系比较健全。省及地市农业科研机构有专业科研人员2018人，占全省农业专业技术人员的15.5%，已形成一支学科专业较为齐全，技术能力较高的科研队伍。各级农业科研单位深入实际，协作攻关，在农作物品种选育、栽培技术、病虫防治以及畜牧兽医等研究工作上取得许多重要成果。这些科研成果对促进全省农业的发展和增加农业科技储备发挥了重要作用。

（2）农业科技教育事业得到较快发展。建立健全了农业教育体系，培养了大批农业科技人才。新中国成立六十多年来，农业教育事业有了很大发

① 参见《平度县志》，平度县志编纂委员会，内部资料，1987年，第316页。

展，已建立起高等农业教育与中等农业教育、普通教育与业余教育相结合的农业教育体系。到1990年培养各类农业管理干部8467人，广播学校和会计函授学校培养毕业生163044人，大大提高了农业干部队伍的素质，充实了基层农业技术力量。

（3）建立完善了农业技术推广体系，促进了农业技术改造。四十多年来，从省到市（地）、县（市区）、乡（镇），自上而下建成比较健全的农业技术推广网络。截至1990年年底，全省有各级农牧技术推广机构5764个，共有农业专业技术干部22244人。兴办了各类农技推广实体，建立起农技推广的新机制，促进了农业科技成果转化，提高了农业生产科技水平。

农业科技教育的发展促进了农业科技进步，“七五”期间农牧业生产的科技进步贡献率提高到35%，全省农业生产已逐步转向依靠科技的轨道。①

2. 历史性的变化之二，是农牧业生产的全面发展，保证了国民经济的持续增长

新中国成立以来，山东省政府始终把农业放在国民经济工作的首位，认真贯彻执行中央对发展农业的一系列方针政策，深化农村改革，实施科教兴农，调整优化农业结构，增加投入，针对山东耕地资源相对缺少的实际，把发展粮食生产当作国民经济基础的基础、重中之重来抓，同时积极发展多种经营，使各项生产获得全面增长，为国民经济建设作出了重大贡献。新中国成立以来，全省耕地面积从13091.9万下降到10278.44万亩，而人口从4549万人增长到8492.6万人，在人口增加，耕地减少的条件下，不但解决了众多人口的吃饭穿衣问题，而且农业生产和人民生活有了极大的提高。

1990年山东省农业总产值达647.5亿元（当年价），按可比价计算，比1949年增长6倍多，其中种植业产值和畜牧业产值分别增长4.8倍和16.3倍。全省粮食总产量从1949年的87亿公斤，先后突破三个100亿公斤大关，达到357亿公斤，比1949年增长3.1倍，居全国第二位。②

新中国成立后，通过兴修水利，对中低产田开发，改造盐碱涝洼地等

---

① 参见山东史志编委会、俞宽钟主编：《山东省志·农业志》，山东人民出版社2000年版，第23—25页。

② 参见山东史志编委会、俞宽钟主编：《山东省志·农业志》，山东人民出版社2000年版，第19—21页。

方面的农田基本建设，有效地改善了农业生产条件，提高了抗御自然灾害的能力。

粮食耕亩产量，从1949年的78公斤，提高到1990年的544公斤，增长近6倍，而且出现了北方第一个亩产吨粮县桓台；油料总产量达21.21亿公斤，比1949年增长2.8倍，居全国第一位；棉花总产量达10.28亿公斤，比1949年增长11.7倍，居全国第一位；果品总产量达24.8亿公斤，比1949年增长8.9倍，居全国第二位。

种植业的发展，有效促进了畜牧业的大幅度增长，各种畜禽和畜产品创历史最高水平。1990年大牲畜、猪、羊、家禽存养量分别达到725.8万头、1810.9万头、2076万只和23975万只，分别比1949年增长85.8%、5.7倍、13.8倍和7.5倍，奶牛、养兔、养蜂等也都有大幅度增长。肉类总产达到22.2亿公斤，其中猪牛羊肉18.7亿公斤，比1949年增长18.7倍，肉类总产量居全国第二位，蛋类总产12.4亿公斤，比1949年增长26.6倍，禽蛋总产居全国第一位。蔬菜种植面积达542.3万亩，蔬菜产量及生产水平获得突破性进展。①

3. 历史性的变化之三，农业生产结构逐步优化，农业由计划经济向商品经济发展的转变

1979年以来，农业生产结构逐步优化，随着市场经济的发展，较好地处理了当前与长远、局部与整体、经济效益与社会效益的关系和农村第一、第二、第三产业的关系，农业产业结构不断优化，使种植业与林牧副渔业、粮食作物与经济作物都得到较好的发展。农业总产值中农、林、牧、副、渔五业的产值比重，分别由1949年的79.8%、0.6%、8.3%、9.9%和1.4%，到1990年调整为66.4%、1.9%、20.4%、6.2%和5.1%，农业结构日趋合理，促进了农业与国民经济的协调发展。②

随着农业由计划经济向商品经济发展的转变，山东省加强了农牧商品基地建设。在国家扶持下，建设了一批不同类型的农牧业商品生产基地。

---

① 参见山东史志编委会、俞宽钟主编：《山东省志·农业志》，山东人民出版社2000年版，第19—21页。

② 参见山东史志编委会、俞宽钟主编：《山东省志·农业志》，山东人民出版社2000年版，第21页。

1985—1990 年先后投资 5.76 亿元，建设了粮食基地县 75 个、商品粮基地 22 个、优质棉基地（项目）64 个、优质农产品基地 19 个、农副产品出口基地（项目）53 个、畜牧基地 31 个、名特优项目 36 个。促进了全省农业商品经济的发展，1990 年全省农牧产品的商品率提高到 62.2%，通过农村经济体制改革，探索出贸工农、产供销一体化、公司加农户等多种形式的农业产业化的新路子。①

① 参见山东史志编委会、俞宽钟主编：《山东省志 · 农业志》，山东人民出版社 2000 年版，第 21—23 页。

参考文献

一、政书类

民国《山东通志》。

《清朝文献通考》。

《清朝续文献通考》。

万历《明会典》。

《钦定大清会典》。

《钦定大清会典事例》。

《明太祖实录》。

《明世宗实录》。

《清世祖实录》。

《清高宗实录》。

《清德宗实录》。

《东华录》，乾隆朝，王先谦撰。

二、中外论著

A

包世臣：《安吴四种》，咸丰元年（1851 年）本。

B

黄永伟：《保甲运动之政府及实践》，南京拔提书局 1936 年版。

松崎雄二郎：《北支那经济的新动向》，1942 年日文版。

南满铁路株式会社北支经济调查所：《北支农村概况调查报告》，1941

年版。

山东阶级教育展览馆编：《不可忘记阶级斗争》，1965 年版。

李时珍：《本草纲目》，中国医药科技出版社 2016 年版。

C

汪熙、杨小佛主编：《陈翰笙文集》，复旦大学出版社 1985 年版。

肖唐镖等：《村治中的宗族》，上海书店出版社 2001 年版。

周晓虹：《传统与变迁：浙江农民的社会心理及其近代以来的嬗变》，三联书店 1998 年版。

宋甲其主编：《昌邑织造》，内蒙古科学技术出版社 1999 年版。

黄宗智：《长江三角洲小农家庭与乡村发展》，中华书局 2000 年版。

王铭铭：《村落视野中的文化与权力》，三联书店 1997 年版。

咸金山：《从方志记载看玉米在我国的引进和传播》，《古今农业》1988 年第 1 期。

D

顾祖禹：《读史方舆纪要》，中华书局 2005 年版。

陈翰笙：《帝国主义工业资本与中国农民》，复旦大学出版社 1983 年版。

张五常：《佃农理论》，商务印书馆 2001 年版。

张佩国：《地权分配·农家经济·村落社区》，齐鲁书社 2000 年版。

王沪宁：《当代中国村落家族文化》，上海人民出版社 1991 年版。

陈翰笙：《帝国主义工业资本与中国农民》，复旦大学出版社 1983 年版。

陶昌善、谢恩隆：《调查山东坊子烟叶情形报告》，《农商公报》第二卷第十八册第二十期。

《大中华山东省地理志》，武学书馆总发行，1920 年版。

E

朱德新：《20 世纪三四十年代河南冀东保甲制度研究》，中国社会科学出版社 1994 年版。

F

何龄修等：《封建贵族大地主的典型——孔府研究》，中国社会科学出版社 1981 年版。

G

舒尔茨：《改造传统农业》，梁小民译，商务印书馆 1999 年版。

王立祥主编：《耕作学》，重庆出版社 2001 年版。

H

孙敬之：《华北经济地理》，科学出版社 1957 年版。

吕伟俊：《韩复榘》，山东人民出版社 1985 年版。

张寿镛纂：《皇朝掌故汇编》（内编）。

黄宗智：《华北农村经济与社会变迁》，中华书局 1986 年版。

石方：《黑龙江区域社会史研究》，黑龙江出版社 2001 年版。

曲直生：《华北民众食料的一个初步研究》，参谋本部国防设计委员会参考资料第三号，1934 年。

J

从翰香主编：《近代冀鲁豫乡村》，中国社会科学出版社 1995 年版。

陈翰笙：《解放前的地主与农民——华南农村危机研究》，中国社会科学出版社 1984 年版。

费孝通：《江村经济》，商务印书馆 2000 年版。

费正清等纂：《剑桥中华民国史》，中国社会科学出版社 1993 年版。

林耀华：《金翼：中国家族制度的社会学研究》，三联书店 1989 年版。

庄维民：《近代山东市场经济的变迁》，中华书局 2000 年版。

齐武：《晋冀鲁豫边区史》，当代中国出版社 1995 年版。

张佩国：《江南土地占有的历史人类学研究》，上海人民出版社 2002 年版。

池子华：《中国流民史 · 近代卷》，安徽人民出版社 2001 年版。

薛暮桥：《旧中国的农村经济》，农业出版社 1980 年版。

冯客：《近代中国之种族观念》，杨立华译，江苏人民出版社 1999 年版。

李文海：《近代中国十大灾荒》，上海人民出版社 1994 年版。

李文海：《近代中国灾荒纪年》，湖南教育出版社 1993 年版。

李文海：《近代中国灾荒纪年续编》，湖南教育出版社 1995 年版。

苑书义、董丛林：《近代中国小农经济的变迁》，人民出版社 2001 年版。

王笛：《跨出封闭的世界——长江上游区域社会研究》，中华书局 2001 年版。

胶济铁路史编写组：《胶济铁路史》，山东人民出版社 1961 年版。

鹤年编：《旧中国土匪揭秘》，中国戏剧出版社 1998 年版。

董志凯：《解放战争时期的土地改革》，北京大学出版社 1987 年版。

中共山东省委党史研究室编：《解放战争时期山东的土地改革》，山东人民出版社 1993 年版。

烟台港务管理局编：《近代山东沿海通商口岸贸易统计资料》，对外贸易教育出版社 1986 年版。

陈重民：《今世中国贸易通志》，商务印书馆 1927 年版。

《胶东各县物产调查》，《工商半月刊》1933 年第 5 卷第 20 号。

《胶澳全区之农业概况》，《中外经济周刊》1927 年第 214 号。

徐秀丽：《近代华北平原的粮食产量和农业劳动生产率估计》，中国社会科学出版社 2001 年版。

《金瓶梅词话》，人民文学出版社 1991 年版。

K

薛暮桥：《抗日战争时期和解放战争时期山东解放区的经济工作》，山东人民出版社 1984 年版。

齐武：《孔氏地主庄园》，中国社会科学出版社、重庆出版社 1982 年版。

杨念群主编：《空间·记忆·社会转型》，上海人民出版社 2000 年版。

山东大学化学社编：《科学的山东》，1935 年版。

L

王文甲：《历城县田赋之研究》，地政研究所，成文出版社 1977 年版。

李伯重：《理论　方法　发展趋势》，清华大学出版社 2002 年版。

黄鲁珍：《鲁南临峄滕三县的租佃制度》，《东方杂志》第 32 卷第 4 号。

张伽陀：《鲁东种烟区三个月观感》，《东方杂志》第 33 卷第 6 号。

M

《毛泽东选集》第一卷，人民出版社 1991 年版。

李文治等：《明清时代的资本主义萌芽问题》，中国社会科学出版社 1983 年版。

李文治：《明清时代封建土地关系的松解》，中国社会科学出版社 1993 年版。

刘大可：《民国财政史》，中华书局1999年版。

许檀：《明清时期山东商品经济的发展》，中国社会科学出版社1998年版。

陆仰渊主编：《民国社会经济史》，中国经济出版社1991年版。

刘秋根：《明清高利贷资本》，社会科学文献出版社2000年版。

陈志让：《军绅政权》，三联书店1980年版。

何炳棣：《明初以降人口及其相关问题1368—1953》，葛剑雄译，生活·读书·新知三联书店2000年版。

苏辽：《民国祸匪录》，江苏古籍出版社1991年版。

傅衣凌：《明清农村社会经济》，三联书店1961年版。

傅衣凌：《明清封建土地所有制论纲》，上海人民出版社1992年版。

王振忠：《明清徽商与淮扬社会变革》，三联书店1996年版。

朱契：《满洲移民的历史和现状》，《东方杂志》第25卷第12号。

张培刚：《民国二十三的中国农业经济》，《东方杂志》第32卷第13号。

白钢主编：《中国政治制度史》，天津人民出版社2002年版。

黄冕堂：《明史管见》，齐鲁书社1985年版。

叶显恩：《明清徽州农村社会与佃仆制》，安徽人民出版社1983年版。

章有义：《明清徽州土地关系研究》，中国社会科学出版社1984年版。

王宝卿：《明清以来山东种植结构变迁及其影响研究》，农业出版社2007年版。

夏明方：《民国时期自然灾害与乡村社会》，中华书局2000年版。

陈冬生：《明清山东种植结构变化及对农业的影响》，《古今农业》2001年第2期。

何炳棣：《美洲作物的引进、传播及其对中国粮食生产的影响》，《历史论丛》(第5辑)，齐鲁书社1985年版。

李令福：《明清山东粮食作物结构的时空特征》，《中国历史地理论丛》，1994年第1期。

李令福：《明清山东农业地理》，中华发展基金管理委员会、五南图书出版公司联合出版，2000年版。

郭松义：《明清时期的粮食生产与农民生活水平》，载《中国社会科学院历史所学刊》第 1 集。

N

侯建新：《农民、市场与社会变迁》，社会科学文献出版社 2002 年版。

徐浩：《农民经济的历史变迁》，社会科学文献出版社 2002 年版。

财政部编委会编：《农民负担史》，中国财政经济出版社 1991 年版。

信乃诠主编：《农业气象学》，重庆出版社 2001 年版。

蒲松龄撰：《农桑经校注》，李长年校注，农业出版社 1982 年版。

徐光启：《农政全书校注》，上海古籍出版社 1979 年版。

P

袁寅衷编：《蓬莱县地理志・物产》，内部印行，1934 年铅印本。

陈宏谋：《培远堂偶存稿》。

陈伯庄：《平汉沿线农村经济调查》，交通大学研究所 1936 年版。

Q

萧一山：《清代通史》第 1—5 册，中华书局 1986 年版。

许大龄：《清代捐纳制度》，《燕京大学学报》1950 年。

赵尔巽等撰：《清史稿》，中华书局 1976—1977 年版。

罗仑、景苏：《清代山东经营地主经济研究》，齐鲁书社 1985 年版。

叶显恩主编：《清代区域社会经济研究》，中华书局 1992 年版。

何平：《清代赋税政策研究》，中国社会科学出版社 1998 年版。

赵冈、刘永成：《清代粮食亩产量研究》，农业出版社 1995 年版。

朱绍侯：《秦汉土地制度与阶级关系》，中州古籍 1985 年版。

R

顾炎武：《日知录集释》，黄汝成集释，上海古籍出版社 2016 年版。

方正主编：《日本侵略军在山东的暴行》，山东人民出版社 1989 年版。

松崎雄二郎：《日本人的山东开发计划》（1947 年 11 月）（日文版）。

刘大可等：《日本侵略山东史》，山东人民出版社 1991 年版。

陈龙飞、吴玉龙主编：《人与土地资源》，山东教育出版社 1992 年版。

《日本战犯侵华罪行自述》，世界知识出版社 1990 年版。

S

林钦辰：《山东田赋研究》（1933 年），地政研究所，成文出版 1977 年印。

山东省农业区划委员会办公室编：《山东省综合农业区划》，山东科学技术出版社 1982 年版。

斯波义信：《宋代江南经济史研究》，江苏人民出版社 2001 年版。

王东溟：《山东人民支援解放战争史》，山东人民出版社 1991 年版。

朱玉湘主编：《山东革命根据地财政史稿》，山东人民出版社 1989 年版。

吕伟俊等：《山东区域现代化研究 1840—1949》，齐鲁书社 2002 年版。

唐致卿、岳海鹰：《山东解放区史稿》(上下卷)，物资出版社 1998 年版。

逄振镐、江奔东主编：《山东经济史》，济南出版社 1998 年版。

孙斌主编：《山东海岛经济研究》，山东人民出版社 1988 年版。

胡光主编：《山东沿黄区域经济发展研究》，山东人民出版社 1989 年版。

陈光林、张梅玲编：《山东湖区经济研究》，山东人民出版社 1989 年版。

卢希悦主编：《山东平原经济研究》，山东人民出版社 1989 年版。

刘荣勤主编：《山区经济振兴的道路》，山东人民出版社 1989 年版。

许润芳主编：《山东林业经济研究》，山东人民出版社 1988 年版。

孙贻让主编：《山东水利》，山东科学技术出版社 1997 年版。

李尔重：《山东齐河县社会调查》，载北平世界科学社编《科学时报》，第二卷，第九号，1935 年版。

丁长清、慈鸿飞：《中国农业现代化之路》，商务印书馆 2000 年版。

柴树藩、于光远、彭平：《绥德、米脂土地问题初步研究》，人民出版社 1979 年版。

高炳伦：《山东省主要自然灾害及减灾对策》，地震出版社 1994 年版。

徐扬杰：《宋明家族制度史论》，中华书局 1995 年版。

窦益湘主编：《山东土地资源》，山东友谊出版社 1998 年版。

安作璋主编：《山东通史》，山东人民出版社 1993 年版。

张心一：《山东省农业概况估计报告》，《统计月报》第 3 卷第 1 期。

石晓钟：《山东胶路沿线烟区调查报告》，《中华农学会报》第 134 期。

山东农科院、省计委会编：《山东农业概况（1949—1990)》，山东科技出版社 1993 年版。

杨熙光：《山东种植美棉之经过与将来》，《中华农学会报》第三卷第十期（民国十一年）。

《山东官报》第七十六期（光绪三十四年四月），《实业》。

《山东农事试验场成绩报告》，《农商公报》第一卷第十期，民国四年五月。

山东林业技术员训练所编：《山东农业概要》（民国三十六年）。

《山东种植美国烟叶》，《中外经济周刊》第九十五期。

陶德民：《山东文登县农村市场概况调查》，载《中国农村经济论文集》。

林修竹辑：《山东第一次物品展览会审查报告书》，1915 年第 1 编。

林修竹：《山东各县乡土调查录》，第 4 册《胶东道・益都》。

王忠孝主编：《山东玉米》中国农业出版社 1999 年版。

中共山东省委党史资料征集委员会编：《山东抗日根据地》，中共党史资料出版社 1989 年版。

T

顾炎武：《天下郡国利病书》，上海古籍出版社 2012 年版。

《统计月报》1932 年第 1—2 期合刊“农业专号”。

W

许世友：《我在山东的十六年》，山东人民出版 1988 年版。

杜赞奇：《文化、权力与国家》，江苏人民出版社 1995 年版。

王毓瑚校：《王祯农书》，农业出版社 1981 年版。

X

王耕今：《乡村三十年》，农村读物出版社 1989 年版。

费孝通：《乡土中国》，三联书店 1985 年版。

王培荀：《乡园忆旧录》，齐鲁书社 1993 年版。

俞宽钟主编：《现代山东农业》，山东科学技术出版社 2000 年版。

Y

吴树声：《沂水桑麻话》（咸丰四年刊本）。

李衡眉主编：《移民史论集》，齐鲁书社 1998 年版。

杨懋春：《一个中国村庄：山东台头》，江苏人民出版社 2001 年版。

章楷、李根蟠：《玉米在我国粮食作物中地位的变化》，《农业考古》，1983 年第 2 期。

Z

马克思：《资本论》，人民出版社版 1962 年版。

梁方仲：《中国历代人口田地田赋统计》，上海人民出版社 1980 年版。

严中平主编：《中国近代经济史》，人民出版社 1989 年版。

严中平：《中国棉纺织史稿》，科学出版社 1955 年版。

任美锷主编：《中国自然地理纲要》，商务印书馆 1999 年版。

罗玉东：《中国厘金史》，商务印书馆 1936 年版。

张玉法主编：《中国现代化的区域研究·山东省，1860—1916》，"中研院"近代史研究所专刊，1982 年版。

唐启宇编：《中国农史稿》，农业出版社 1985 年版。

马若孟：《中国农民经济　河北和山东的农业发展 1890—1949》，江苏人民出版社 1999 年版。

吕伟俊：《张宗昌》，山东人民出版社 1982 年版。

吴承明：《中国的现代化：市场与社会》，三联书店 2001 年版。

中国自然丛书编辑委员会：《中国自然资源丛书·山东卷》，中国环境科学出版社 1995 年版。

赵文林、谢淑君：《中国人口史》，人民出版社 1985 年版。

魏建猷：《中国近代货币史》，黄山书社 1986 年版。

赵冈、陈钟毅：《中国土地制度史》，（台湾）联经出版社 1985 年版。

张宪文主编：《中华民国史纲》，河南人民出版社 1985 年版。

闻钧天：《中国保甲制度》，商务印书馆 1936 年版。

实业部国际贸易局：《中国实业志（山东省）》，1934 年。

吴承洛：《中国度量衡史》，上海书店 1984 年版。

邓云特：《中国救荒史》，商务印书馆 1998 年版。

郑庆平、岳琛编：《中国近代农业经济史概论》，中国人民大学出版社 1987 年版。

冀朝鼎：《中国历史上的基本经济区与水利事业的发展》，朱诗鳌译，中国社会科学出版社 1981 年版。

复旦大学历史地理研究中心主编：《自然灾害与中国社会历史结构》，复旦大学出版社 2001 年版。

郭德宏：《中国近现代农民土地问题研究》，青岛出版社 1993 年版。

张仲礼：《中国绅士》，上海社会科学出版社 1991 年版。

施坚雅：《中国农村的市场和社会结构》，史建云、徐秀丽译，中国社会科学出版社 1998 年版。

施坚雅主编：《中华帝国晚期的城市》，中华书局 2000 年版。

珀金斯：《中国农业的发展（1368—1969 年）》，宋海文等译，上海译文出版社 1984 年版。

史全生主编：《中华民国经济史》，江苏人民出版社 1989 年版。

崔维志、唐秀娥：《中国抗日战争纪实》，新华出版社 1999 年版。

张永泉、赵泉钧：《中国土地改革史》，武汉大学出版 1985 年版。

中共山东省委党史研究室：《中共山东地方史》，山东人民出版社 1998 年版。

王亚南：《中国官僚政治研究》，中国社会科学出版社 1981 年版。

顾朝林：《中国城镇体系》，商务印书馆 1996 年版。

李文治、江太新：《中国宗法宗族制和族田义庄》，中国社会科学出版社 2000 年版。

余松烈主编：《作物栽培学》，重庆出版社 2001 年版。

卜凯主编《中国土地利用》，金陵大学出版社 1941 年版。

卜凯主编《中国农家经济》，商务印书馆 1937 年版。

胡思明等：《中国历史大洪水》，中国书店 1992 年版。

陈守实：《中国古代土地关系史稿》，上海人民出版社 1984 年版。

天野元之助：《中国农业地域的展开》，龙溪书舍 1979 年版。

《中国实业志（山东省）》（戊）。

李逸安：《中国耕地面积渐减的趋势》，《东方杂志》第 30 卷第 18 号，1933 年 9 月 16 日。

方秋苇：《中国棉产之动态》，《东方杂志》第三十三卷第七号。

刘家潘：《中国落花生之生产情形》，《农商公报》第 7 卷第 11 册第 83 期。

郑学檬主编：《中国赋役制度史》，上海人民出版社 2000 年版。

三、资料汇编类

《古今图书集成》，1934 年中华书局本。

山东师范大学历史系编：《清实录山东史料选》，齐鲁书社 1985 年版。

农业部办公厅计划处编：《全国主要农作物分布图集》，1961 年。

胶济铁路局管理委员会编：《胶济铁路经济调查报告》，胶济铁路车辆管理处印行，1933 年。

严中平编：《中国近代经济史统计资料选辑》，科学出版社 1955 年版。

李文治编：《中国近代农业史资料（1840—1911）》，第一辑，三联书店 1955 年版。

章有义编：《中国近代农业史资料（1912—1927）》，第二辑，三联书店 1955 年版。

章有义编：《中国近代农业史资料（1927—1937）》，第三辑，三联书店 1955 年版。

宓汝成编：《中国近代铁路史资料（1863—1911）》，中华书局 1963 年版。

姚贤镐编：《中国近代对外贸易史资料（1840—1855）》，中华书局 1962 年版。

彭泽益编：《中国近代手工业史资料（1840—1855）》，中华书局 1962 年版。

中国社会科学院历史研究所清史研究室编：《清史资料》第 7 辑，中华书局 1989 年版。

山东省统计局编印：《山东省关于社会主义改造统计提要（农业、手工业、私营工商业及运输业）1949—1952》，1957 年。

山东省农业区划委员会办公室编印：《山东省综合农业区划》，山东科学技术出版社 1982 年版。

山东省委调查研究室编：《山东省经济和社会发展研究资料》，内部材料，1982 年。

冯和法编：《中国农村经济资料》，上海黎明书局 1934 年版。

济南市史志办编：《济南市资料》，1985 年。

华东军政委员会土地改革委员会编印：《华东农村经济资料》，一至四分册，1952 年版。

华东军政委员会土地改革委员会编印：《华东农村经济资料》，第五、第六分册：《山东省华东各大中城市郊区农村调查》，1952年版。

中央农业部计划司编：《两年来中国农村经济调查汇编》，中华书局1952年版。

农商部总务厅统计科编印：《中华民国七年第七次农商统计表》，1922年版。

《山东省农业合作化史料集》，山东人民出版社1990年版。

四、地方史志类

山东史志编委会编：《山东各地概况》，山东人民出版社1986年版。

滨州市史志编纂委员会编：《滨州市志》，齐鲁书社1993年版。

曹县史志编纂委员会编：《曹县志》，中华书局2000年版。

长岛县史志编纂委员会编：《长岛县志》，山东人民出版社1990年版。

东明县史志编纂委员会编：《东明县志》，中华书局1992年版。

东平县史志编纂委员会编：《东平县志》，山东人民出版社1989年版。

肥城县史志编纂委员会编：《肥城县志》，齐鲁书社1992年版。

广饶县史志编纂委员会编：《广饶县志》，中华书局1995年版。

海阳市史志编纂委员会编：《海阳市志》，（内部印行），1983年。

菏泽地区史志编纂委员会编：《菏泽地区农业志》，中国农业科技出版社1989年版。

桓台县史志编纂委员会编：《桓台县志》，齐鲁书社1992年版。

惠民县史志编纂委员会编：《惠民县志》，齐鲁书社1997年版。

即墨县史志编纂委员会编：《即墨县志》，新华社1991年版。

济宁市财政局史志办编：《济宁市财政志》，齐鲁书社1997年版。

袁荣叟编：《胶澳志》，青岛档案馆重刊，青岛出版社2011年版。

胶南县史志编纂委员会编：《胶南县志》，新华出版社1991年版。

胶州市史志编纂委员会编：《胶州市志》，新华出版社1992年版。

莒南县史志编纂委员会编：《莒南县志》，齐鲁书社1998年版。

莒县史志编纂委员会编：《莒县志》，中华书局1999年版。

垦利县史志编纂委员会编：《垦利县志》，山东人民出版社1997年版。

莱芜市史志编纂委员会编：《莱芜市志》，山东人民出版社1991年版。

莱州史志办编纂委员会编：《莱州市志》，齐鲁书社 1996 年版。

利津县史志编纂委员会编：《利津县志》，东方出版社 1990 年版。

聊城市史志编纂委员会编：《聊城市志》，齐鲁书社 1999 年版。

临清市史志编纂委员会编：《临清市志》，齐鲁书社 1997 年版。

临朐县史志编纂委员会编：《临朐县志》，山东人民出版社 1991 年版。

龙口市史志编纂委员会编：《龙口市志》，齐鲁书社 1997 年版。

蒙阴县史志编纂委员会编：《蒙阴县志》，齐鲁书社 1992 年版。

蓬莱市史志编纂委员会编：《蓬莱县志》，齐鲁书社 1995 年版。

平度县史志编纂委员会编：《平度县志》（内部资料），1987 年。

栖霞县史志编纂委员会编：《栖霞县志》，山东人民出版社 1990 年版。

青岛市史志编纂委员会编：《青岛市志・粮食志》，新华出版社 2000 年版。

青岛市史志编纂委员会编：《青岛市志・农业志》，中国大百科全书出版社 1996 年版。

青岛市史志编纂委员会编：《青岛市志・水利志》，新华出版社 2000 年版。

青岛市史志编纂委员会编：《青岛市志・土地志—地震志》，新华出版社 2000 年版。

青岛市史志编纂委员会编：《青岛市志物价志》，中国大百科全书出版社 1996 年版。

日照市史志编纂委员会编：《日照市志》，齐鲁书社 1994 年版。

乳山市史志编纂委员会编：《乳山县志》，齐鲁书社 1998 年版。

山东省志编纂委员会编：《山东省志・农民团体志》，山东人民出版社 1996 年版。

山东省志编委会编：《山东省志・烟草志》，山东人民出版社 1993 年版。

山东省志编委会编：《山东省志・财政志》，山东人民出版社 1993 年版。

山东省志编委会编：《山东省志・地震志》，山东人民出版社 1995 年版。

山东省志编委会编：《山东省志・黄河志》，山东人民出版社 1992 年版。

山东省志编委会编：《山东省志・标准计量志》，中国计量出版社 1993 年版。

山东省志编委会编:《山东省志·金融志》,山东人民出版社 1996 年版。

山东省志编委会编:《山东省志·粮食志》,山东人民出版社 1994 年版。

山东省志编委会编:《山东省志·农业志》,山东人民出版社 2000 年版。

山东省志编委会编:《山东省志·气象志》,山东人民出版社 1994 年版。

山东省志编委会编:《山东省志·人口志》,齐鲁书社 1994 年版。

山东省志编委会编:《山东省志·水利志》,山东人民出版社 1993 年版。

山东省志编委会编:《山东省志·物价志》,山东人民出版社 2001 年版。

张玉法主编:《农业志》,《(民国)山东通志》卷十五,(台北)山东文献杂志社 2000 年版。

泰安市史志编委会编:《泰安市志》,齐鲁书社 1996 年版。

威海市史志编委会编:《威海市志》,山东人民出版社 1986 年版。

潍坊市史志编委会编:《潍坊市志》,(上下卷),文献出版社 1995 年版。

文登市史志编委会编:《文登市志》,城市出版社 1996 年版。

无棣县史志编委会编:《无棣县志》,齐鲁书社 1994 年版。

五莲县史志编委会编:《五莲县志》,中国人民大学出版社 1992 年版。

烟台市史志编委会编:《烟台市志》,(上下卷),科普出版社 1994 年版。

阳信县史志编委会编:《阳信县志》,齐鲁书社 1995 年版。

沂水县史志编委会编:《沂水县志》,齐鲁书社 1997 年版。

沂源县史志编委会编:《沂源县志》,齐鲁书社 1996 年版。

枣庄市史志编委会编:《枣庄市志》,(稿本)。

沾化县史志编委会编:《沾化县志》,齐鲁书社 1995 年版。

章丘县史志编委会编:《章丘县志》,济南出版社 1992 年版。

长岛县史志编委会编:《长岛县志》,山东人民出版社 1990 年版。

芝罘区史志编委会编:《芝罘区志·粮食》(打印本),1992 年。

诸城市史志编委会编:《诸城市志》,山东人民出版社 1992 年版。

淄博市史志编委会编:《淄博市志》,(上下),中华书局 1992 年版。

邹平县史志编委会编:《邹平县志》,中华书局 1992 年版。

《青岛文史撷英》1—6 集,新华出版社 2000 年版。

《阳谷文史集刊》，内部资料，1999 年。

《邹平文史资料选辑》，内部资料，1985 年。

《沂水文史精粹》，山东文艺出版社 1999 年版。

《后官志》，内蒙古出版社 1999 年版。

《西关村志 1368—1990》，1991 年内部铅印稿。

《邹县旧志汇编》，1986 年。

《周村商埠》，山东人民出版社 1990 年版。

《闻名遐迩的祥字号》，济南出版社 1991 年版。

《(冠县）刘屯六十年》，天马图书有限公司 2000 年版。

另附　采用过的旧志

《(隆庆）兖州府志》。

《(万历）东昌府志》。

《(万历）兖州府志》。

《(万历）蒲州志》。

《(顺治）招远县志》。

《(康熙）邹平县志》。

《(康熙）章丘县志》。

《(康熙）登州府志》。

《(康熙）高唐州志》。

《(康熙）巨野县志》。

《(康熙）齐东县志》。

《(康熙）阳信县志》。

《(康熙）峄县志》。

《(乾隆）临清州志》。

《(乾隆）济宁直隶州志》。

《(乾隆）胶州志》。

《(乾隆）历城县志》。

《(乾隆）泰安府志》。

《(乾隆）蒲台县志》。

《(乾隆）鱼台县志》。

《(乾隆）济阳县忠》。
《(嘉庆）清平县志》。
《(嘉庆）寿光县志》。
《(嘉庆）禹城县志》。
《(嘉庆）东昌府志》。
《(道光）荣成县志》。
《(道光）文登县志》。
《(道光）平度州志》。
《(道光）沂水县志》。
《(道光）武城县志续编》。
《(道光）济宁直隶州志》。
《(道光）重修博兴县志》。
《(道光）安丘新志》。
《(道光）高唐州志》。
《(道光）冠县志》。
《(道光）重修胶州志》。
《(咸丰）青州府志》。
《(同治）宁海州志》。
《(同治）临邑县志》。
《(光绪）峄县志》。
《(光绪）峄县乡土志》。
《(光绪）乐陵县乡土志》。
《(光绪）德州乡土志》。
《(光绪）恩县乡土志》。
《(光绪）肥城县乡土志》。
《(光绪）朝城县乡土志》。
《(光绪）高密县乡土志》。
《(光绪）平度州乡土志》。
《(光绪）新泰县乡土志》。
《(光绪）滕县乡土志》。

《(光绪）陵县乡土志》。
《(光绪）邹县乡土志》。
《(光绪）菏泽县志》。
《(光绪）费县志》。
《(光绪）平度志要》。
《(光绪）宁阳县志》。
《(光绪）临朐县志》。
《(光绪）文登县志》。
《(光绪）日照县志》。
《(宣统）山东通志》。
《(民国）泰安县志》。
《(民国）增修胶志》。
《(民国）东平县志》。
《(民国）续安邱新志》。
《(民国）长清县志》。
《(民国）福山县志稿》。
《(民国）朝城县续志》。
《(民国）莱阳县志》
《(民国）临朐县志》。
《(民国）临沂县志》。
《(民国）牟平县志》。
《(民国）蒙阴县志》。
《(民国）平度县续志》。
《(民国）潍县志稿》。
《(民国）夏津县志续编》。
《(民国）重修新城县志》。
《(民国）续修清平县志》。
《(民国）续修广饶县志》。
《(民国）济宁县志》。
《平度旧志校注》，平度地方史志办校注。

《(民国）山东通志》，1936 年。

《(光绪）潍县乡土志》，1907 年，商务印书馆。

五、报刊类

《山东杂志》第 1—48 期。

《东方杂志》1904—1948 年。

《皇家亚洲学会中国分会会报》第 1—23 卷。

《工商半月刊》第 1—10 卷。

胶东区党委编：《民主导报》第 1—10 期。

《中山文化教育馆季刊》，1934 年。

民国《内政统计季刊》。

《山东水利史志汇刊》（内部刊物）第 1—6 辑。

《中国农村》第 1 卷，1935 年。

《乡村建设》第 1—4 卷。

《清史论丛》第一辑，中华书局 1979 年版。

《新青年》第七卷第二号（1920 年）。

山东省委机关报《大众日报》1939—1948 年。

山东地方史志办编辑：《山东史志资料》。

山东地方史志办编辑：《山东史志通讯》。

胶东区党委编：《调研材料》第 1—10 辑。

民国山东省政府《山东公报》，1946 年。

六、档案类

山东社会科学院历史研究所、山东省档案馆合编：《山东革命历史档案资料选编》，第 1—24 辑，1983—1985 年版。

山东省财政科学研究所、山东省档案馆合编：《山东革命根据地财政史料选编》，第 1—6 辑，山东人民出版社 1985 年版。

山东省粮食局粮食志编委会编：《山东革命根据地粮食史料选编》，内部资料油印本，第 1—3 辑，1985 年。

山东省粮食局粮食志编委会编：《粮食史料选编》，内部资料，第 1—13

辑，内部资料油印本 1985 年。

王传忠、张玉鹏主编：《中共冀鲁豫边区党史资料选编》，河南人民出版社 1988 年版。

中国第一历史档案馆、北京师范大学历史系编选：《辛亥革命前十年间民变档案史料》，共二册，中华书局 1985 年版。

中国第一历史档案馆中国社会科学院历史研究所编：《乾隆刑科题本：清代地租剥削形态》（上下册），中华书局 1982 年版。

中国社会科学院近代史所中华民国研究室、曲阜文物管理委员会编：《孔府档案选编》，中华书局 1982 年版。

张维华主编：《曲阜孔府档案史料选编》（第一至三编），齐鲁书社 1980 年版。

中国第一历史档案馆、中国社会科学院历史研究所编：《刑科题本：清代土地占有关系与佃农抗租斗争》，中华书局 1988 年版。

中央档案馆编：《解放战争时期土地改革文件选编》，中共中央党校出版社 1981 年版。

山东省档案局、中共山东省委党史研究室编：《山东的减租减息》，中共党史出版社 1994 年版。

《土改复查参考资料》，内部材料，编号 2193-1。

山东分局调研室编：《贯彻减租》，内部材料，1948 年。

《日本帝国主义侵华档案资料选编》，中华书局 1989 年版。

七、征引山东档案馆藏档案资料

全　省

山东省人民政府农林厅统计局编：《山东省农业生产调查统计资料（1949—1952）》，内部资料 1955 年，原档案件编号 TD4-497-2。

《山东解放区农业生产工作报告》，原档案件编号 TD4-494-1。

《山东农业报告》，原档案件编号 TD4-491-1。

《山东基础数字统计》，原档案件编号 TD4-497-3。

《地主为什么舍地》，原档案件编号 TD24-185-17。

《山东省各县基础数字调查表》，原档案件编号 TD4-497-4。

《山东解放区农业生产工作报告》，原档案件编号 TD4-494-1。

《土地改革》，原档案件编号 TD4-361-4。

胶东区

《东海区母猪河平原三个村的阶级变化调查》，原档案件编号 TD24-367-7。

《迎驾山反恶霸斗争之简单总结》，原档案件编号 D24-1-108-16。

《文登县委土改中心工作总结》，原档案件编号 TD24-1-531-1。

《丙种类型村典型调查》，原档案件编号 TD24-547-7。

《党群组织情况——甲等类型村调查材料》，原档案件编号 TD24-547-2。

《西栖四个村土改复查材料》，原档案件编号 TD24-104-1。

《东栖白洋区阶层变化调查》，原档案件编号 TD24-69-5。

《胶东甲等村调查材料》，原档案件编号 TD24-547-1。

《昌南朱阳区凤瑞村群运调查情况》，原档案件编号 TD24-532-7。

《胶东麦收减租减息指示》，原档案件编号 TD24-533-7。

《群众工作总结报告》，原档案件编号 TD2-524-1。

《龙口市调查材料》，原档案件编号 TD24-235-2。

《牟家河分配土地材料》，原档案件编号 TD24-13-5。

《西栖四村地主统计表》，原档案件编号 TD24-539-1。

《关于桃村情况给张司令的信》，原档案件编号 TD24-536-2。

《迎驾山反恶霸关键总结》，原档案件编号 TD24-14-2。

《胶东莱东县土改复查初步总结》，原档案件编号 TD24-244-9。

《南海地委半年来工作总结》，原档案件编号 TD24-183-11。

《文东县高村区万家庄查减总结》，原档案件编号 TD24-187-4。

《胶东土改复查点滴材料》，原档案件编号 TD24-241-4。

《北海复查情况综合报告》，原档案件编号 TD24-538-72。

《掖南县郭家店区复查工作一般情况》，原档案件编号 TD24-548-73。

《文登土改中心工作总结》，原档案件编号 TD24-362-2。

《牙前西南里、桃村土地分配统计表》，原档案件编号 TD24-547-1。

《胶东生产工作总结》，原档案件编号 TD4-285-1。

《即墨县城厢土地分布状况典型村调查》，原档案件编号 TD24-365-3。

《北坦村调查》，原档案件编号 TD4-65-10。

《高密朱公区朱翰村土地分配介绍》，原档案件编号 TD24-549-5。

《一个村（埠后村）的负担政策调查》，原档案件编号 TD24-525-3。

《福山狮子山区东黄山村农村调查》，原档案件编号 TD24-545-5。

《福山狮子山区胡家夼调查册》，原档案件编号 TD24-545-1。

《乳山县崖子区三十个村调查》，原档案件编号 TD24-529-22。

《埝里村土地与阶级调查》，原档案件编号 TD24-69-2。

《港里村土地情况统计调查表》，原档案件编号 TD24-69-2。

《胶东簸箕掌村情况的初步调查》，原档案件编号 TD24-1-152-1。

《乐陵县王香匠家调查总结》，原档案件编号 TD26-4-1。

《牟平五区下槽村查减工作初步检讨》，原档案件编号 TD24-527-1。

《农民负担的调查》，鲁中区党委内部资料，原档案件编号 TD24-51。

《北隋村雇佣关系及增资政策》，原档案件编号 TD24-333-2。

《雇工剥削》，原档案件编号 TD26-38-5。

《昆嵛县文山区柳林村调查总结》，原档案件编号 TD24-553-1。

《莱西南夏格庄善人村生产情况调查》，原档案件编号 TD26-36-2。

《乳山县崖子区三十三个村调查》，原档案件编号 TD24-529-2。

《牙前县桃村土改工作复查介绍》，原档案件编号 TD24-90。

《关于土地问题调查初步意见》，原档案件编号 TD24-83-3。

《胶东莱东县土地复查初步总结》，原档案件编号 TD24-47-2。

《海阳县昌水区查减工作总结》，原档案件编号 TD24-527-2。

《海阳县昌水区查减工作总结》，原档案件编号 TD24-527-2。

《一个村的群众工作调查—乳山县滕家庄区刁家埝村》，原档案件编号 TD24-1-14。

《一个村的负担政策调查》，原档案件编号 24-52-12。

《史家村调查工作总结》，原档案件编号 TD4-566-1。

《桃村查减工作总结》，原档案件编号 TD24-1-107-12。

《本村阶级关系与土地关系变化》，原档案件编号 TD24-148-1。

《一个村的调查研究工作总结》，原档案件编号 TD-092。

《牙前县长沙区东芦头等四村概况调查》，原档案件编号 TD24-17-1。

《牙前县郭城区西山村简况》，原档案件编号 TD24-1-70。

《胶东牙前县郭城区结束土改初步总结》，原档案件编号 TD24-252-7。

《牙前县：从前兰格庄土地调查来看土改复查》，原档案件编号 TD24-540-10。

《牙前县郭城区、灌水区、发城区统计》，原档案件编号 TD26-246-2。

《牙前县榆山区榆山后村概况调查初步总结》，原档案件编号 TD24-19-13。

《威海竹园村组织起来调查》，原档案件编号 TD24-520-12-47。

《威海卫市解放周年工作报告》，原档案件编号 TD24-100-4。

《山东威海卫市社会调查总结》，原档案件编号 TD4-100-5。

《平东县委土改复查工作总结》，原档案件编号 TD24-548-1。

《平东复查工作总结》，原档案件编号 TD24-548-2。

《平东县关于土改工作总结》，原档案件编号 TD24-546-1。

《招远县西北乡群众工作总结》，原档案件编号 TD24-536-2。

《黄县复查全面汇报》，原档案件编号 TD24-553-2。

《黄县芦北区三个划分阶级与土地问题调查》，原档案件编号 TD24-1-544-1。

《山东五莲县大茅庄 1948 年工作介绍》，原档案件编号 TD4-98-3。

《五莲县历史情况介绍》（1948 年 8 月），原档案件编号 TD4-557-5。

《牙前县 1945 年上半年查减工作总结》，原档案件编号 TD25-527-5。

《牙前县长沙区鲁家夼生产调查工作总结》，原档案件编号 TD24-17-7。

《牙前县 1945 年查减工作总结》，原档案件编号 TD24-144-7。

《牙前县长沙区前洽河村复查情况》，原档案件编号 TD24-523-7。

《牙前县郭城区十九个村阶级关系变化调查材料》，原档案件编号 TD24-529-66。

《牙前县迎驾村调查表》，原档案件编号 TD24-522-3。

滨海区

《滨县二区四个村的阶级变动情况》，原档案件编号 TD26-501-4。

《滨县盐坨、杨集村土改总结》，原档案件编号 TD26-551-2。

《变工互助情况》，原档案件编号 TD24-367-9。

《结束土改初步总结—确定地权》，原档案件编号 TD24-557-5。

《宋集负担调查》，原档案件编号 TD26-4-2。

《滨海四地委关于土地改革中执行政策的几个问题》，原档案件编号 TD26-115。

《滨县新解放区工作总结》，原档案件编号 TD26-2-2。

渤海区

《何坊区各乡各阶层旧有土地关系统计》，原档案件编号 TD26-266-3。

《杨河坞概况》，原档案件编号 TD26-243-8。

《蒲台县土改总结报告》，原档案件编号 TD26-243-9。

《阳谷县三区情况的调查》，冀鲁豫工作团，《报告第三号》。

《流坡坞东街村的经济情况》，原档案件编号 TD26-53-2。

《夏坡区分配土地经验介绍》，原档案件编号 TD4-547-3。

《高利贷者耿玉香材料调查》，原档案件编号 TD26-95-3。

《蒲台、北镇、中将府、高个腰、三岔村调查》，原档案件编号 TD26-632-19。

《渤海区党委四月份综合报告》，原档案件编号 TD26-61-1。

《渤海区党委四月份综合报告》，原档案件编号 TD26-61-1。

《渤海卞庙区划阶级统计表》，原档案件编号 TD26-559-9。

《垦利土地改革总结》，原档案件编号 TD26-221-3。

《钦风镇土地变化表》，原档案件编号 TD26-251-1。

《盐山魏桥村的一般概况》，原档案件编号 TD26-74-1。

《坊西各阶层土地变化情况表》，原档案件编号 TD26-251-3。

《广饶辛集村土地经营的调查》，原档案件编号 TD26-214-2。

《渤海老区半老区典型村的劳力调查》，原档案件编号 TD26-73-1。

《渤海三分区东西苑雇工剥削调查》，原档案件编号 TD26-38-5。

《渤海四地委统计表》，原档案件编号 TD26-18-4。

《王家湾各阶层土地变动调查》，原档案件编号 TD26-9-3。

《王家湾各阶层土地变化情况调查表》，原档案件编号 TD26-251-1。

《阳信县何坊区李家桥村调查》，原档案件编号 TD26-37-3。

《广饶牛家庄的商业情况》，原档案件编号 TD26-571-9。

《前韩乡各阶层土地占有情况表》原档案件编号 TD26-48-09。

《何坊区调剂土地情况》，原档案件编号 TD26-250-2。

《何坊区调剂土地问题总结》，原档案件编号 TD26-45-9。

《何坊乡各村土地材料》，原档案件编号 TD26-502-1。

《阳信何坊区历史上土地变化表》，原档案件编号 TD26-45-11。

《何坊区各乡各阶层旧有土地关系统计》，原档案件编号 TD26-266-3。

《阳信县何坊区福田乡地主富农登记表》，原档案件编号 TD26-74-20。

《阳信县 1946 年群众运动总结材料》，原档案件编号 TD26-29-6。

《阳信大商家村情况初步调查材料》，原档案件编号 TD26-53-4。

《何坊区统计材料》，原档案件编号 TD26-36-1。

《于韩村土地变化一览表》，原档案件编号 TD26-251-2。

《于韩村组织情况与生产》，原档案件编号 TD26-254-118。

《惠民县文化区于韩村情况调查》上，原档案件编号 TD24-252-4。

《惠民县文化区于韩村情况调查》中，原档案件编号 TD24-254-118-2。

《惠民县文化区于韩村情况调查》下，原档案件编号 TD24-254-118。

《惠民县文化区于韩村土地浮财分配登记表》，原档案件编号 TD24-482-4。

《惠民县文化区于韩村调查：于韩村几户家庭账调查》，原档案件编号 TD26-52-4。

《于韩村负担总调查》，原档案件编号 TD24-396-6。

《惠民县青杨店在庙乡全乡经济情况变化表》，原档案件编号 TD26-47-131。

《惠民县结束土改工作中几个基本问题基本总结》，原档案件编号 TD26-515-1。

《惠民市龙池区房家、孙家庙土地改革经验介绍》，原档案件编号 TD26-516-2。

《关于惠民县城郊区肖家、王范公、高官三个村的调查材料》，原档案件编号 TD26-73-11。

《惠民县城关区李家坟地亩登记表》，原档案件编号 TD24-13-19。

《渤海区典型户全年产量负担比例调查》，原档案件编号 TD26-29-3。

《渤海区何坊乡土地调查情况》，原档案件编号 TD26-250-4。

鲁中南

《鲁南区土地村庄人口分类统计表》，原档案件编号 TD4-187-4。

《鲁中南四专署土改总结》，原档案件编号 TD4-354-8。

《鲁中南土地改革工作》，原档案件编号 TD4-364-7。

《淄博总结》，原档案件编号 TD4-114-3。

《鲁中南邵家湖村典型负担调查说明》，原档案件编号 TD4-396-2。

《鲁中南、胶东典型负担调查》，原档案件编号 TD4-396-3。

《钦风镇四个村各阶层土地变化表》，原档案件编号 TD26-251-6。

《山东昌潍公署九个月工作总结》，原档案件编号 TD4-296-2。

《潍县各种主要情况统计表》，原档案件编号 TD4-177-2。

《博兴县河东村土地关系调查材料》，原档案件编号 TD26-266-67。

《本村工作简录》，原档案件编号 TD24-1-152-2。

《潍坊项家村阶级调查表》，原档案件编号 TD4-175-7。

《岸堤区艾山乡土地材料调查》（鲁中党内刊物），TD0029。

《滨海区的利涨准折地》，原档案件编号 TD24-153-3。

《桓台县索镇区宫家庄初步调查材料》，原档案件编号 TD26-37-1。

《桓台县田庄区后大王庄调查材料》，原档案件编号 TD26-260-6。

《桓台前七里庄农村经济调查》，原档案件编号 TD24-576-21。

《桓台县索镇区六个村初步调查材料》，原档案编号 TD26-37-1。

后　记

作为一个专门研究中国史的学者，我读过很多古诗文，也很喜欢古诗文中的抒情言志篇章。但古诗文给我影响最深最能触动我心灵的，却是在冯沅君先生家里看到的一副对联。那对联的联语是："平居无事有所思，收拾河山要有人。"这副对联的上联，脱胎于杜甫的《秋兴八首其四》中的"故国无事有所思"，下联源于南怀瑾的《自题照影》之"收拾河山亦要人"。作者我不记得了，冯先生把这幅对联挂在家里，说明冯先生很喜欢这幅对联。我喜欢它，因为这与我们年轻时有很浓重的家国情怀有关。古人说"人生如梦"。我们年轻时读到这句话，只是笑古人不够弘毅，不够浩然。那时正当少年，意气风发，以天下为己任，想有所创造，有所发明，觉得春光无限好，收拾江山，平治天下，责任在我，舍我其谁。

可转瞬五十年过去了，这五十年，我们经历了三年大饥荒，经历了三年社教与接下来的十年"文化大革命"浩劫，又经历了"文化大革命"后的改革开放。昔日的少年垂垂老矣，这才发现人生易老，到头来空有大志，碌碌无为，五十年真的是恍若一梦。

认识我的朋友，都认为我虽然"文化大革命"中历经磨难，九死一生，但一路走来，还算是个很幸运的人。以我的家庭出身，却能在出身决定一切，血统代表一切的 60 年代考上大学，就被认为是个奇迹。是的，我这辈子要感谢两个人，一个是彭真先生，一个是邓小平先生。彭真先生在 1963 年有一段讲话，后来成为教育部的文件，说像我这样家庭出身的人，"如果本人表现比较好，高考成绩在 85 分以上者，必须录取"。("文化大革命"前高考录取分，是五科平均分，北京大学是 82 分，山东大学是 79 分。）我不早不晚，恰恰就在 1963 年高中毕业参加高考，我有幸成为山东省当年被特别录取的两个学生之一。如果我早一年或晚一年考大学，都是不可能考上的。

1963 年我考入山东大学历史系后，陈同燮教授最早错爱我，建议学校留我给他做助手。我知道陈同燮教授是现代中国的学术先驱，齐思和先生与杨向奎先生也都是他的门生。陈同燮教授把他想收我当助手的想法告诉我之后，我感到喜出望外，受宠若惊，很愿意跟随陈同燮教授从事学术研究。为了能做陈同燮教授的助手，我也听从他的建议，学起了英语。然而到“文化大革命”发生前，我唯一帮他做的事，就是帮他清抄过部分译稿，那是商务印书馆送请陈同燮教授校译的《波罗奔尼撒战争史》（谢德风译），看到陈先生的校译在原译稿上几乎页页是大开花，我对恩师的景仰之情无以言表。然而我的学术梦却被“文化大革命”打得粉碎。在被“文化大革命”荒废 15 年之后，我已是人到中年，蹉跎岁月，徒叹壮志难酬。

“文化大革命”后是杨向奎先生首先引导我从事学术研究。1978 年成立中国社会科学院，我是第一批报考研究生的人，报考了杨向奎先生和牟安世先生的清史研究专业。1979 年 5 月我赴京参加复试，杨先生在面试之后，问我愿不愿意到历史所工作？并告诉我：“你被录取了”。我当时告诉杨先生说：“杨先生，我还没有参加笔试。”杨先生还是肯定地说：“你被录取了。”事后我知道杨先生为了录取我，与院方发生了分歧，再后来听说当时的社会科学院院长对要不要录取我的表态是“我们不能培养这样的人”。

我并没有因为考研究生不被录取而有情绪波动，因为我不敢奢望能跟中国的学术大师当学生从事研究工作，甚至不敢奢望与出身好的人有平等的竞争机会。大学毕业时，当时的系主任找我谈话，他很诚恳地对我讲：“你的政治生命已经结束了，但你还是不要灰心丧志，要努力做一个对社会无害的人。”我明白我自己的身份，我曾经多么希望我出生在一个贫农家庭，哪怕我的父亲是个瞎子，是个白痴，是个无赖小偷，只要他是贫农，我就可以脱颖而出。1979 年我已经 36 岁了，我对自己未来的判断是：“这个世界上有千条路，但能让我走，还可以走得通的只有一条路，就是从事学术研究。”我选对了路，找到了自己的位置，其后的事实也证明我的政治生命并没有永远结束。一个人只要自己不妄自菲薄，不自甘堕落，就总会有“山重水复疑无路，柳暗花明又一村”的机会。

所以我这一生特别感谢的第二个人，就是邓小平先生。是他主持改革开放，给了我一个可以从事学术研究的机会。

我大学毕业后十年不与山东大学的老师同学联系，我怕给人家带来灾难。我常常怀念山东大学历史系的老师，特别怀念我入大学后第一个对我有知遇之恩的陈同燮教授。只是我从离校后再也没有见到恩师陈同燮教授，他逝世在曲阜，我都没能去看他最后一眼，还是在多年之后才得知他去世的消息。这成为我内心永远的痛。“文化大革命”后山东大学历史系主任是葛懋春教授。葛先生在得知我的下落后，主动将山东社会科学研究所的招生简章寄给我，在信中说：“蒋捷夫先生任社科所所长，他一定乐于录取你，如果社科所不录取，明年（1980 年）历史系的张维华先生招收 5 名研究生，郑鹤声先生招收 6 名研究生，我们就是只录取 1 名研究生，也要录取你”。葛懋春教授的信让我十分感动，我彻夜不眠，思绪万千。我感到惭愧，自己何德何能，能让老师这样为我焦心，这样器重我？我的结论是，老实人吃亏，老实人倒霉，但我这一辈子，还是得做老实人。

1980 年我考入山东社会科学研究所。所长蒋捷夫先生是原山东大学历史系的系主任。他在十年后再次见到我，对我有一针见血的评价。当时我和另一位同学去见他，他说那位学生政治上成熟了，“十年宣传部的干部没有白当”；而后面对着我，却摇了摇头，深深叹了一口气，说我“（毕业）十年了，一点进步也没有，还是那个老样子，实在得吓人”。我知道蒋先生特别爱护我，我的愚笨本性是改不了的，我既是个百无一用的人，这辈子也学不聪明，也就只能安心读几本书，写几个字。到了研究所，本来以为可以拼命一搏了，后来才发现，原来从事研究工作比其他我做过的农活、木模活等工作都难。我像是在置身于一个没有门窗伸手不见五指的大屋，找不到方向，看不到光明，我甚至不知道该怎么确立研究方向，怎么选取研究题目，怎么撰写论文。在我最苦闷的时候，我很想得到前辈学者的帮助，然而所里的专家，在人前人后都讲我的好话，甚至说我是“未琢之璞，可造之才”，唯独在怎么从事学术研究的问题上，人家一句话也不告诉我。我当时就发誓，等我成名后，我一定要反其道而行，要真诚帮助青年，要厚待青年。其后是孙思白先生、蒋捷夫先生鼓励我研究山东地方史，我才慢慢步入正轨。可以说，我的每一个小的进步，都是恩师悉心教导的结果。

我在37岁之后还有机会从事学术研究，我真的是很幸运的。我的《近代山东农村社会经济研究》出版后，在国内外产生了一定的影响。日本的东洋文库专门为这部书撰写了上万字的书评；承蒙杨奎松教授错爱，还把该书列入他开列的研究生的书目。这些都是我始料不及的。从我1981年最初提议与省档案馆合作编辑出版档案算起，我的学术研究走过了35年。我倡议编辑出版的一套二十多本的《山东革命历史档案资料选编》，也成为学术界引用频率很高的资料书。

对我而言，撰写《近代山东农村社会经济研究》和这部《山东粮食经济研究》，不过是愚人做了一件笨事。正像我在《近代山东农村社会经济研究》后记中所说的："前有贤哲不可及，后有英才不可比。"我是个先天不足的人，我只求对得起自己的良心：我下工夫了，我尽力了，毁誉得失，在所不顾。

我一直有一个想法，就是我写出的论著不论水平高下，一定要体现我自己的学术个性，要写出有分量有特点的书。而且我认为，在同一层次同等水平的人当中，能出成绩的人，并不是最聪明的人，而是善于开发出特点的人。从某种意义上讲，特点就是生命力，特点就是高水平，特点就是第一流。我的恩师蒋捷夫先生强调学术创新的"四新"是："新资料，新观点，新结构，新语言。"我给自己定下的研究原则是"不研究一般的问题，不一般地研究问题"。别的我不敢说，我只敢说，我下了工夫，我开掘出大量新资料，我也运用新资料来写作，我的书是有我自己的学术个性和学术特点的。这部书的出版，让我自己觉得总算没有白忙活。将来，人们可以从我的书中找出一千个毛病，把它批得体无完肤，但我的这部著作毕竟为学术界提供了数百条从未面世的新资料，这些资料在是在我之前，在我之外，没有人整理和运用的，是有科学价值有历史真实性的资料。

我有时翻阅我复印的山东省档案和我整理出来的一两万张资料卡片，感叹青岛大学这样一个地方性的高校，没有一个研究机构，没有一批热心研究的青年学子，我的研究后继无人了。我对相识与不相识的凡是求到我的青年，都尽我所能去帮助他们。我把我整理的近两万条资料，无偿地给愿意从事山东农村研究的青年学者，只求他们愿意去做研究，在研究过程中可以节省搜集资料的时间。

但是，我费去了二十多年的时间整理的资料，如果仅仅是我一个人或少数几个人用了其中一小部分就从此散失，实在是可惜。于是，我想到，如果将来有机会把我整理的近两万条档案文献资料编辑出版，以精选300万字的一套资料书印它一千部，如果有一百个学者看到并利用了这部资料集，每个青年学者就可以省下五年搜集资料的时间，一百个人就可以省下五百年的时间，等于是我多活了五百年。

编印资料集的事要等有资金、有出版单位时再议，眼下我最紧迫的事，就是利用档案文献资料再写一部著作，这就是现在呈现在读者面前的这部《山东粮食经济研究》。为了写这部书，我想到要利用1983年后出版的山东各县市的地方志，因为这种志书是当地的文化人自己撰写的，他们对乡邦文献较为熟悉，志书中会有意想不到的有特色的资料出现。我到青岛档案馆待了三年多，把山东的县市志下载下来，又用了6年的时间把七八十部县市志逐一分类摘抄。

我拟研究山东粮食经济的想法，最早得到青岛市社科规划办负责人王春元博士的鼓励。他听说我想撰写一部山东粮食经济的著作，当时就表示赞同，半开玩笑地说："就冲着你这个题目，我就得给你两万元的资助！"这样，我就拟定了大纲，开始撰写了。全书分为几编，分别是粮食生产，粮食征收（田赋制度）、储存（仓廪制度）、运销（调运、运输、销售）、粮食加工、粮食安全几编。全书分为上下两部，每部都可以独立成书。上部主要由我撰写粮食生产，下部的几编，请我很敬重的任银睦博士和我的学生陈静博士撰写。我们约定好，全书能一起完成就一起出版，如果万一后半部一时写不完，为防止全书拖黄，就先出版已经完稿的部分，同一个题目，正续编上区分。

我在这部书中，提出美洲种子引发山东绿色农业革命的"美洲种子革命论"。众所周知，近四百年中国的传统农业技术没有重大突破，甚至被公认为是技术停滞；资本投入也未见明显增加，农药化肥没有出现。在土地后备资源增加不足，国外进口粮食微不足道的情况下，养活几亿人口的粮食从何而来？在资本、土地、技术无大变化的情况下，单靠投入大量劳动力，显然是不足以使粮食供应增加到大体满足人口增长需要的程度。人口的增长，必定要以粮食的相应增长为基础。自清初至1933年，中国的人口增长了三倍，在土地没有与人口同步增长、土地垦殖赶不上人口增长速度的情况下，中国的经济结构和人均收入并没有明显的下降，粮食平均占有量也没有明显的降低。所以，可以合理推论，必定有一种因素，使粮食总产量快速增长，大体满足了人口大量增长的需要，而不致使人均粮食占有量大幅下降，使劳动力生产因饥荒而停止。

我认为，山东的农业粮食生产，从明中期到现在的四百年间，其实是一场延续四百年的悄悄的绿色农业革命。引进推广美洲玉米、甘薯、花生、土豆、棉花等代表先进科技的作物品种种子，使山东农业表面上悄无声息，内部却发生了比原子弹爆炸的威力更强大千百倍的革命性的变化。

可以说，美洲作物的引种和推广，使山东农业科技在貌似停滞不前的困窘外壳下，发生了重大农业科技进步。新作物品种，作为种子技术的核心，成为传统农业中最先进的科技结晶，成为第一生产力。诚如研究者所断言，新品种种子的引进，一则引发相关技术的连锁反应，来适应新品种的引进与推广，二则引发传统农业进入快速发展期，使人口和劳动力达到高速增长的时期。以美洲作物引种为标志的绿色革命，引起农业种植结构和粮食作物内部结构革命性的变化，也引起人口分布与粮食分布区位的大幅度的重新调整和组合；种植即开垦，以种植代开垦，成为一种原有生态环境下变废地为膏壤的垦殖土地的新方法，其直接结果就是为大量新增人口提供了虽不富裕但却可以满足最低限度需要的口粮。

我由此认为，以往的所谓“农村落后论”，生产力“唯工具论”，都是应该重新修正的。诚然，元代以后农具种类和性能没有多少进步，但作为科学技术结晶的新品种种子，就可以是新的生产力的代表，也已经引起农业巨大的革命性的飞跃。我对锱铢计较的所谓亩产量总产量的研究方法，敬佩其功力，不赞同其方法。我认为那是利用了不完备的资料所做的片面性的研究，得出的结论无疑也是片面的。这种研究得出的晚清较比清中期每亩增长十几斤粮食的结论，无论其亩产量还是其总产量，都无法养活清中期后增长的几亿人口，也就是说，这种研究无法解释清中期后几亿人口有饭吃可以生存发展的历史事实。

我认为是山东这块土地产出的粮食，养活了清中期后增长的几千万人口，这些人口的增长与生存本身，就证明所谓中国的农业“有发展无增长”、

"过密论"、"内卷化"等理论与历史事实是悖离的，是似是而非的理论。难道山东的土地从养活二三千万人发展到养活五六千万人，不是农业增长？何况人口本身并不都是饭桶，也是劳动力的再生产，正是这些新增的劳动力支持了近四百年因美洲作物种子引进而发生的种植制度的变化，推动了美洲作物的扩大种植。人口对土地，不只是压力，也是生产力。这个最简单的道理，往往被人们所忽视。

我以山东农村经济研究为突破点，提出农民的后备土地是农民经济的"蓄水池"的观点。明清两朝，都有畸零小地不计税的政策，也对荒废地屡屡实行蠲免除豁。这样，不计税的山头地角畸零小地，免税的山荒，海荒、河荒湖地等荒废地，税地之外的大量无税地，大量黑地隐瞒地，成为农民的后备土地，而这些后备土地成为农民经济的"蓄水池"。农民在无税地种植高产作物，在荒废地上种植地瓜花生，反而化腐朽为神奇，变废地为膏壤。这就产生了一种奇怪的现象，形成官方统计上土地总量没有增加甚至还有减少，而实际上山东已有的土地却养活了几千万新增加人口的秘密。当然，清中期以后间作复种的常态化也是扩大土地使用面积增产粮食的重要方面。推而言之，在全国也都存在着这个情况，即美洲作物的引种推广，同样在全国各地引起绿色农业革命，引起农业种植结构和粮食作物内部结构革命性的变化，同样是大量无税地、畸零小地、隐瞒地等后备土地，成为农民经济的"蓄水池"，同样是大量荒废地上种植了地瓜、花生、玉米后，产出了超越土地总产量统计数字很多的粮食，成为现有土地养活了新增加几亿人口的秘密。

还有一个聚讼多年的问题，就是农村是否有大量闲置人口、是否真的有大量多余劳动力的历史现象问题。我在研究山东解放区的课题时，看到国共战争时期，农村的青壮劳动力大量参军参战当兵出民工，致使农村土地荒芜，耕作失时。而当时真正离开土地的农民，不过占农村劳动力的百分之五六。农村整劳动力一般占农村人口的百分之三十几，少了百分之五六，就明显地感到人手不够，耕作不力。土地垦辟需要大量劳动力人口，土地的持续耕种，更需要大量的劳动力。精耕细作需要劳动力的养成和农业技术的传承，美洲作物新品种的引进，改变了传统耕作制度和粮食作物内部结构后，需要年轻劳动力来栽培和传播，农田耕作的园艺化，更需要投入大量的有一定技艺的劳动力。农业虽说是季节性较强，春播，夏耘，秋收，冬藏，周而复始，但播种、田间管理、收获、运输、贮藏、加工，处处都需要劳动人手，老人妇女和孩子只是做点辅助性的劳动，农业劳动力的男性化青壮化是提高农业产量的极为重要的因素。农民一年到头田间场园劳作、牲畜饲养、拾粪、修理农具、盖房修屋、赶集买卖、乡里互助，婚丧嫁娶，看不见数不出的活多的是，一天到晚有忙不完的活，哪一样没有人手都不行。以城市工业生产的开工、上下班、就业、失业观念看传统农业，真的只能把农村人口劳力当饭桶，把土地耕作中劳动力的理论需求量之外的劳动力，看成是隐蔽性失业，断定农业生产力边际效益为零，甚至比零更不堪。

我的这些观点，需要再验证，也期盼得到国内外贤哲的批评指教。

在《山东粮食经济研究》被列为青岛市社会科学规划重点项目之后，青岛市委宣传部，市社会科学规划办，规划办主任王春元博士，都给予破格的关照和指导，使我一直心存感激。

青岛大学党委书记、校长范跃进先生，青岛大学副校长夏东伟先生，青岛大学副校长李军先生，特别厚待我，支持我的研究工作，关怀支持本书的出版。离退休工作处张国辉处长及各位同仁，人文社科处钟永光处长，历史哲学学院马斗成院长，为该书出版费心费力，给予我本校专项出版基金资助。所有这些，都使我铭记在心，感念惕励。

“亚伯环保科技有限公司”李翠雯先生，“山东呈元金石古籍博物馆”，为本书问世提供了宝贵的出版资金。

我的学生陈静、陈妍嫣、刘月云、刘悦琴、万常林等同学，吴兵先生等，不辞辛劳，为我校对文稿。距离《近代山东农村社会经济研究》出版又过去十三年，我想在新书出版之际再次感谢我的妻子萧海鹰女士。在我们患难与共的45年中，是她一个人无怨无悔地独任生活繁剧，使我得以专心读书写作。我的研究方法是使用资料卡片，在制做资料卡片时，她还帮助我把打印好的几千条资料一张张粘贴到卡片上理平压好。有一次在裁剪资料时划破了手指，就翘着一个指头继续粘贴卡片。我想，如果我的妻子是个急功近利的人，或者是另一个完全不理解我的学术研究是何物的人，我不会整理出上千万字的资料，也不会在退休后再写出这样一部六七十万字的著作。因为我妻子太勤劳，而我从来不管买菜做饭做家务的事，所以在我的同事中，有人批评我四体不勤。以我的庸懒从反面衬托我妻子的贤惠，这也算我对她的成全。

值此拙著出版之机，我谨向所有帮助过我的师友，致以衷心的感谢。我在全书写作过半的时候，发现并读到了李令福的著作《明清山东农业地理》，及王宝卿的著作《山东种植结构的变迁及其影响研究》。我从二位青年学者的著作中得益良多，面对二人著作，我只能说“后生可畏”，绝非愚笨如我者所敢望其项背。

最后，特别要感谢人民出版社，感谢责任编辑夏青编辑，对本书内容和结构提出过许多中肯的意见，使本书纠正了一些错误而臻于完善。在此，我再次诚挚请求国内外的贤能之士，不吝赐教，使我能改正错误，把论著写得好一点。

唐致卿

写于青岛大学泽园十驾书屋

2016年6月6日

责任编辑:夏　青
封面设计:周方亚

图书在版编目(CIP)数据

山东粮食经济研究:全 2 册/唐致卿 著. —北京:人民出版社,2017.12
ISBN 978 - 7 - 01 - 018003 - 8

Ⅰ.①山…　Ⅱ.①唐…　Ⅲ.①粮食问题-研究-山东　Ⅳ.①F326.11

中国版本图书馆 CIP 数据核字(2017)第 189122 号

山东粮食经济研究
SHANDONG LIANGSHI JINGJI YANJIU

唐致卿　著

人民出版社 出版发行
(100706　北京市东城区隆福寺街 99 号)

北京中科印刷有限公司印刷　新华书店经销

2017 年 12 月第 1 版　2017 年 12 月北京第 1 次印刷
开本:710 毫米×1000 毫米 1/16　印张:64.25
字数:960 千字

ISBN 978 - 7 - 01 - 018003 - 8　定价:160.00 元(全 2 册)

邮购地址 100706　北京市东城区隆福寺街 99 号
人民东方图书销售中心　电话 (010)65250042　65289539